中国远洋海运发展史

COSCO SHIPPING
HISTORY OF
DEVELOPMENT

第8卷

《中国远洋海运发展史》编委会 · 编

中国海运集团发展史
1997—2015

人民交通出版社股份有限公司
北 京

内 容 提 要

本书为《中国远洋海运发展史　第 8 卷》，全面而翔实地记录了在国家改革开放、经济建设以及国际航运市场起伏变化的大背景下，中国海运集团的成长经过与发展历程，展示了中海人砥砺奋进、争创一流的精神风貌与奋斗足迹。

本书遵循“准确性、真实性、权威性”的原则和“存史、资政、育人”的要求，时代特征明显，航运特色突出，内容丰富详实，结构布局严谨，历史脉络清晰，既是一部全面记录企业发展的历史书籍，也是涵盖发展战略、船队建设、市场营销、船舶管理、企业文化建设等各方面的航运企业“大全”。

图书在版编目（CIP）数据

中国远洋海运发展史 . 第 8 卷 /《中国远洋海运发展史》编委会编 . — 北京 : 人民交通出版社股份有限公司，2020.6

ISBN 978-7-114-16354-8

Ⅰ . ①中…　Ⅱ . ①中…　Ⅲ . ①海上运输—交通运输史—上海　Ⅳ . ① F552.9

中国版本图书馆 CIP 数据核字（2020）第 030792 号

ZHONGGUO YUANYANG HAIYUN FAZHANSHI DI 8 JUAN

书　　名：**中国远洋海运发展史　第 8 卷**
著 作 者：《中国远洋海运发展史》编委会
责任编辑：黄　蕊
责任校对：孙国靖　扈　婕
责任印制：刘高彤
出版发行：人民交通出版社股份有限公司
地　　址：（100011）北京市朝阳区安定门外外馆斜街 3 号
网　　址：http://www.ccpress.com.cn
销售电话：（010）59757973
总 经 销：人民交通出版社股份有限公司发行部
经　　销：各地新华书店
印　　刷：北京印匠彩色印刷有限公司
开　　本：787 × 1092　1/16
印　　张：35.5
字　　数：820 千
版　　次：2020 年 6 月　第 1 版
印　　次：2020 年 6 月　第 1 次印刷
书　　号：ISBN 978-7-114 -16354-8
定　　价：280.00 元
（有印刷、装订质量问题的图书由本公司负责调换）

2004 年 11 月 7 日，国资委主任李荣融到访中国海运集团。

2011 年 3 月 18 日，交通运输部部长李盛霖和副部长翁孟勇到上海看望中海驻吴淞 VTS 值班人员。

2014 年 11 月 18 日，国务院国资委党委书记张毅一行来到停靠在上海外高桥二期码头装卸作业的“新常熟”轮视察。

2010 年 7 月 5 日，交通运输部副部长徐祖远参加中国海运与上港集团联合研发船舶岸电系统启动会。

2004 年 6 月 16 日，中海集运在香港联交所挂牌上市，中国海运集团总裁李克麟参加上市仪式。

2009 年 5 月 13 日，李绍德总裁（右三）入选第十八届国际海运名人堂，成为当年全球唯一获此殊荣的船公司代表。

2012 年，许立荣当选党的十八大代表。

2001 年 5 月 30 日，中国海运召开集团领导班子及成员“三讲”学习教育活动动员大会，集团党组书记戴金象作动员报告。

党组书记马泽华（右三）在中海集运开展学习实践科学发展观活动调研。

2015 年 4 月 29 日，集团总经理张国发参加中海集运 19100TEU 集装箱船交船仪式。

1997 年 7 月 2 日，中国海运（集团）总公司召开成立大会。

中国海运（集团）总公司召开第一届董事会第一次会议。

1998年，中国海运召开船舶改造表彰大会，表彰船舶改造工程中涌现的先进集体和先进个人。

2001年10月11日，中海货运与日照木浆公司签署运输合同。

中海工业立新船厂职工在烈日高温下坚持修船作业，确保完成船舶修理任务。

2007 年 2 月 28 日，中国海运与神华集团签署战略合作协议。

2010 年 2 月 5 日，中海货运第一艘 23 万吨级 VLOC“中海兴旺”轮在广州举行首航仪式。

2011 年 7 月 22 日，中国海运集团制造的第 100 万个集装箱正式下线。

中海油运“新平洋”轮船员们，船舶挂满旗并鸣笛，迎接 2009 年中国航海日。

杨怀远以“小扁担”精神，入选“100 位为新中国成立做出突出贡献的英雄模范人物和 100 位新中国成立以来感动中国人物”。

荣获上海市“巾帼五一奖”的场中路海嫂联络站海嫂们。

2009 年，中海货运“华德”轮船员冒着漫天大雪抢修设备，确保电煤运输生产。

2014 年 8 月 20 日，小黄鸭“游进”美国洛杉矶港，靠近中海码头，揭开洛杉矶大船嘉年华活动序幕。

2012 年 6 月 27 日，中国海运集团举行庆祝中国海运成立十五周年文艺汇演，集团青年表演诗朗诵《放歌十五年》。

2011年，应国家有关部委要求，中海油运“盛池”轮圆满完成我国向日本地震灾区援助2万吨燃油的运输任务，受到社会各界关注和好评。

坐落于美国新泽西州蒙特韦尔市的中海北美控股公司办公楼。

1.91 万 TEU 的“中海环球”轮是 2014 年世界最大集装箱船。

2004 年 12 月，中国首艘悬挂五星红旗的 VLCC——“新金洋”轮正式投入使用。

《中国远洋海运发展史》编纂机构

《中国远洋海运发展史》编审委员会

主　任：许立荣

副主任：付刚峰　孙家康

委　员：（以姓氏笔画为序）

丁　农　万　敏　王宇航　王海民　叶伟龙　孙云飞　刘鸿炜

张　为　俞曾港　黄小文

《中国远洋海运发展史》顾问委员会

主　任：钱永昌

委　员：（以姓氏笔画为序）

马贵川　马泽华　王云茂　王富田　毛永芳　白金泉　邬　丹

朱超刚　江　波　刘国元　刘松金　刘锐祥　孙月英　孙治堂

李　伟　李建红　李绍德　李云鹏　吴子恒　吴中校　肖亮涌

闵希候　陈忠表　陈洪生　陈德诚　林祖乙　林建清　杨　斌

张　良　张际庆　张国发　张建华　张富生　卓东明　金瑞升

周祺芳　宫尚竺　骆九连　徐祖远　徐晓杰　高伟杰　高志明

寇来起　傅　伟　董　明　雷　海　虞国伟　魏　卿　魏家福

戴金象　戴淇泉

《中国远洋海运发展史》编纂工作委员会

主　任：刘海涛

副主任：海　峡　徐永上

委　员：朱雪峰　吴　腾　郭庆东　吴彦红

《中国远洋海运发展史》编纂工作组

组　长：佟成权

副组长：相熔钢　桑史良

本卷参编人员：佟成权　朱文樵

第一执笔人：佟成权

总　序

2019年，是新中国成立70周年，是中国海运事业发展70周年。沿着新中国“站起来、富起来、强起来”的历史主轴线，中国远洋海运集团也走过了屡领风潮、慨然前行的非凡历程，创造了一个壮阔的“云帆远征”之传奇，书写了一部煌煌的“家国天下”之史诗。在这个特殊的历史时刻，追溯企业发展源头，回望企业发展道路，对于我们重温当年初心，勇担历史使命，积极助力“一带一路”及海运强国建设，赓续薪火相传的企业精神，凝聚改革再出发的磅礴力量，具有十分重要的意义。

一

海运与国运从来都是息息相关的。海运的引领性和保障性，决定了它不是一般的服务业，而是关系国家安全与经济命脉的特殊性产业。一道“海运与国运”的历史命题，既蕴含了人类社会发展的普遍规律，也是中远海运集团所肩负的历史使命。

2018年11月，习近平总书记在上海考察时指出，“经济强国必定是海洋强国、航运强国”①。习近平总书记的重要论述，深刻阐明了海运与经济、海运与国家战略的关系，为我们建设海洋强国、航运强国指明了方向，也让我们在实现中华民族伟大复兴中国梦的历史征程中，更加深刻认识到建设海运强国的责任与担当。

海运强国的演变实际就是国家强盛的发展过程。纵观世界发展史与世界航海史，一系列国家兴衰及大国崛起的历程，都充分证明了这一点。公元前1000年之前，地中海东岸的腓尼基人就凭借出色的航海技术，控制了地中海地区；古希腊人通过帆船和发达的航海技术，将文明散播到整个地中海沿岸，使之成为西方文明的摇篮。15世纪末，葡萄牙、西班牙、荷兰引领了以季风帆船为特征的大航海时代，通过发展海运成为欧洲三强。近代的英国开启了蒸汽船时代，通过海运成为“日不落帝国”，主导世界格局三百年。之后，美国取代英国，凭借强大的海权控制实力，成为当今世界霸主。此外，当代日本、韩国、新加坡等国的快速崛起，也都离不开海运的发展。

中国历史上曾经是一个海运大国和海运强国，特别是在东西方“海上丝绸之路”的开辟与发展方面，中国人的航海活动贡献巨大，在人类文明发展史上写下了不朽篇章。明朝

① 《习近平在上海考察》，《人民日报海外版》，2018年11月08日第02版。

是我国古代海运发展的高峰，郑和七下西洋，航行距离、规模和技术均遥遥领先于世界；与之相对应，七下西洋所处的永乐年间，中国的综合国力和总人口均排名世界第一。而明朝中后期和清朝的海禁，令我国海运业落后于西方，国力也快速衰落。从 1840 年鸦片战争到 1949 年中华人民共和国成立的 109 年间，中国遭受了帝国主义列强的侵略。外国资本经营的轮船公司垄断了中国的海上运输业务，国家海运业日益衰败；而一场甲午海战，更把国家拖入深渊。面对“千年未有之大变局”，近代仁人志士都把振兴民族海运作为毕生追求的梦想。为了这个振兴之梦，多少次旗竖旗倒，多少次人聚人散，多少英雄饮恨苍天，多少豪杰壮志未酬。孙中山认为“自世界大势变迁，国力之盛衰强弱，常在海而不在陆，其海上权力优胜者，其国力常占优胜”，并在《建国方略》中对发展海运和海港作了专门论述。然而，这些梦想在旧中国都没有实现。

新中国成立后，中国海运事业在一穷二白中开始建设。经过 70 年发展，特别是自 1978 年中国实行改革开放，海运业进入了“由小到大”的发展轨道。目前中国已经是名副其实的海运大国：年造船产能达到 6000 万载重吨，全球第一；海运量世界占比达到 26%，全球第一；注册运力 1.8 亿载重吨，全球第二；全球前二十大货物吞吐量的港口，中国占 15 个；全球前十大集装箱港口，中国占 7 个。

翻阅厚重的世界史与中国史，研读世界强国的发展历程，都印证了英国探险家沃尔特•雷利（Walter Raleigh）的看法——“谁控制了海洋，谁就控制了贸易；谁控制了世界贸易，谁就控制了世界的财富，最终也就控制了世界本身。”海运作为强国背后的重要动力，是其他产业所难以比拟的。

在中华民族“站起来、富起来、强起来”的历史进程中，中远海运集团始终与中华民族伟大复兴之路同向同行，始终与新中国现代化建设共进共强。1949 年新中国成立，1978 年中国改革开放，2001 年中国加入 WTO，2018 年中国开启改革再出发新时代……这一系列重大历史时刻，成为中国经济发展的关键节点，也恰是中远海运发展的关键节点。一方面，中国经济发展给中远海运带来无限商机；另一方面，中远海运也用自身不断增长的业绩，助推中国经济不断飞跃。

由此可见，中远海运的发展历程，是国家富强与民族振兴伟大征程中的重要组成部分，是我国航运业由弱到强的生动写照和具体体现。在海运与国运的同步变化之中，伴随新中国的发展，中远海运从孤帆远影，到百舸争流，历经风雨，高歌猛进。1949–1950 年，“招商起义”的 17 艘船舶中，返回新中国的共计 15 艘、3.37 万载重吨；而今天，中远海运共有船舶运力 1200 余艘、1 亿载重吨。当年 15 艘船舶载重吨的总和，只相当于今天 1200 艘船舶中的 1 艘小型船。如今，由中远、中海重组而成的中国远洋海运集团的船队规模位居世界第一，综合运力大约是海运大国德国全国运力规模的总和。中远海运集团数十年的发展实践，不仅印证了全世界海运与国运的“普遍规律”，还印证了中国特色社会主义的“特色规律”，那就是：国企强，国家强；海运央企强，则国家海运强，国家经济强。

二

中远海运集团是新中国航运事业的开创者，参与了中国航运 70 年从近海到远洋、从追随到领跑的历史进程，亲历了改革开放 40 年波澜壮阔的伟大变革。回望 1949 年以来走过的航路，梳理一代代远洋海运人的创业历程，贯穿始终的，是不变的初心和海运强国的使命。

中远海运集团发展史是一部艰苦卓绝的革命斗争史。

很难想象，中远海运这支商船队，竟然是在新中国遭到经济封锁和海上禁运的围堵中起步的。而一条条航线的开辟，竟然是我们的船员出生入死、浴血奋战拼杀出来的。

追溯中国远洋海运集团的发展源头，自招商局海轮起义开始，中远海运人就以大无畏的英雄气概，书写了一部惊心动魄、扣人心弦的革命斗争史。一次次冲破海上封锁，一次次抵御敌机轰炸，一次次开展护船护航的殊死搏斗，一次次战胜国际敌对势力的突然袭击……中远海运人的使命，不仅体现在与狂风搏斗，与恶浪搏斗，更体现在与敌对势力搏斗；中远海运人的担当，不仅是要流汗，要流泪，更要流血。所有这些，都彰显了中远海运人的拳拳报国心、殷殷航海情，谱写了一曲惊天地泣鬼神的壮丽史诗。

招商局海轮起义掀开了新中国海运事业的崭新篇章，也是中远海运的重要源头之一。1949 年 9 月 19 日，“海辽”轮在从香港赴汕头的航行途中，船长方枕流率领全体船员庄严起义，历经九天九夜惊险航程，胜利到达大连。1949 年 10 月 24 日，毛泽东主席发电报给方枕流船长和全体船员，表示祝贺和嘉勉。在“海辽”轮的感召下，新中国成立之前及成立初期，国民党当局控制下的香港招商局和 17 艘海轮、近 700 名海员，先后分别在东海、南海海面和中国香港、新加坡等地宣布起义，投入新中国怀抱。

抗美援朝战争期间，上海海运的船员积极投入“抗美援朝、保家卫国”运动。在鸭绿江运送志愿军渡江和运输物资的任务中，船员们不顾生命安危，提出“鸭绿江水炸不干，运输线就炸不断”的口号，不分昼夜，有时一夜往返横渡四次，为抗美援朝战争的胜利做出了贡献。

在反封锁、反围剿斗争中，从欧洲承运进口成品油的“工作”轮于 1953 年被劫持到台湾高雄，17 名中国船员遭到关押。政委刘学勇被关押在台湾火烧岛（绿岛），几经拷打，始终坚贞不屈，最后被秘密杀害；二副姚淼周临刑前高呼“新中国万岁”“中国共产党万岁”，在国民党当局的枪口下英勇就义，年仅 29 岁。

20 世纪 60—70 年代，广州海运在援越抗美斗争的运输中，被炸沉船舶 1 艘、救生艇 1 艘，炸伤船舶 14 艘次，共有 36 名船员负伤，12 名船员献出了他们宝贵的生命。“红旗 151”轮船长周茂臣长眠在越南荣市的海边，在越南广宁省锦普市和义安省荣市烈士陵园纪念碑上，刻下了广州海运英烈们不朽的名字。他们用鲜血和生命，谱写了一曲“英雄赞歌”，耸起了中远海运的精神桅杆，挺起了共和国的坚强脊梁。

南北航线是我国沿海最长的海上航线，途经沿海10余个省、自治区、直辖市，是关乎国计民生的重要运输通道。为了冲破封锁禁运，1968年4月25日，“黎明”轮由湛江港起航，航行12个昼夜，完成了新中国成立后首次南北航行。1968—1979年，广州海运和广州远洋运输公司恢复了中断十多年的南北海上交通线。

“银河”号是一艘从事正常国际商业航运的远洋集装箱班轮，1993年7月，在执行第81航次由天津、上海至海湾的定期班轮运输任务中，被美国无端指责载有制造化学武器的前体硫二甘醇和亚硫酰氯。美国派遣军舰监视、飞机骚扰，致使该轮被迫在公海上中止正常航运33天之久，全体船员不畏强权和围追堵截，敢于斗争，维护了国家利益，树立了良好形象。

中远海运集团发展史是一部风雨砥砺的不懈奋斗史。

中远海运从初始创业到不断壮大，是几代人艰苦奋斗、顽强拼搏的结果。几十年来，广大船岸干部职工为企业发展做出了不懈努力，经受了各种考验，取得了辉煌业绩，创造了许许多多工程的奇迹、运输的伟业、发展的壮举。这其中，既有步入“贷款买船、负债经营”壮大之路的成功探索，也有“文化大革命”时期“风庆轮事件”给运输生产带来的种种干扰；既有抓住中国加入WTO以及航运市场空前繁荣带来的发展机遇，也有面对后金融危机时期国际航运市场大萧条的严峻挑战；既有打造世界一流航运企业的憧憬和志向，也有“做大”后何去何从的深刻思考。

一条漫长的企业发展之路，犹如一条波涛汹涌的大江，一路跌跌撞撞，曲曲折折，浩浩荡荡。无论遇到多少艰难险阻，却总是能在逆境中找到新路，在纷扰中坚定方向，在跌宕中保持前行。一部中远海运企业发展史，就是一部波澜壮阔、惊天动地的奋斗史。

“席卷神州解放风，雄师百万下江东。”1949年5月27日，中国人民解放军宣告上海解放。5月28日，人民解放军上海市军事管制委员会主任陈毅、副主任粟裕签署军事接管招商局的命令。这些被接管的招商局留沪船舶及人员，在新中国航运事业建设中发挥了重要的积极作用，而经过招商局改组成立的国营轮船总公司，则成为新中国最早的国有航运企业，也成为中远海运集团重要的发展源头之一。经过数十年的发展，今天的中远海运已是世界最大的航运企业。从百废待兴中艰难起步，到成为“世界之最”，漫长的发展道路上，留下了中远海运几代人艰苦创业的汗水和闻鸡起舞的足迹。

第一艘悬挂中华人民共和国国旗航行国外的“光华”轮投入运营，标志着新中国远洋运输事业的开端。该轮源于国务院总理周恩来的亲切关怀。当时周总理十分关心远洋海运事业，提出建立中国自己的远洋运输船队，并从国库中特批26.5万英镑，从国外购买了这艘船，改名“光华”轮，意为“光我中华”。1961年4月28日，伴随“光华”轮起锚登程，一条从广州到印度尼西亚的新航线艰难起步。时隔半个多世纪的今天，中远海运集团已成长为一家具有强劲国际竞争力的跨国航运企业，其远洋航线覆盖全球160多个国家和地区的1500多个港口；其境外机构覆盖全球10大区域、50多个国家和地区，共计1055家企业。现已成为全球航运业的重要引领者，成为平衡东西方航运格局的重要力量。

中远海运集团发展史是一部敢为天下先的开拓创新史。

新中国成立以来，特别是改革开放以来，远洋海运人勇立时代潮头，创造了一个又一个"时代第一"，书写了一个又一个先行者传奇。

"平乡城"轮开辟了中国第一条国际集装箱班轮航线。1978 年 9 月 26 日，该轮装载 162 个集装箱从上海港起航，先后于 10 月 12 日、15 日抵达澳大利亚悉尼港、墨尔本港，11 月 12 日返回上海，结束了中国没有海运集装箱运输航线的历史，翻开了中国现代海运史新的一页。

"柳林海"轮是抵达美国本土的第一艘悬挂五星红旗的船舶。1979 年 3 月 25 日，该轮由上海起航，横跨太平洋，于 4 月 18 日首次抵达美国西雅图港。从此，中美海上航线正式开通。2015 年 9 月 22 日，习近平主席在访美时指出：中美建交刚刚 3 个多月，中国"柳林海"号货轮就抵达西雅图港，结束两国几十年不曾通航的历史[①]。23 日参观美国微软公司总部期间，习近平主席接受了微软赠送的 3D 打印"柳林海"号船模。

"新金洋"轮是首艘悬挂五星红旗的 VLCC。2004 年 12 月，该轮正式投入使用，实现了真正意义上的"国油国运"，也填补了五星红旗大型油轮在国家进口原油运输市场上的空白。2015 年 2 月，随着中缅原油管道工程正式投运，"新润洋"轮靠泊中缅项目装货港缅甸马德岛港，成为首艘靠泊该港的 VLCC，并奏响了"准班轮"服务新模式的号角。

比雷埃夫斯港投资经营是"一带一路"建设的经典项目。2009 年 4 月，希腊国会以 149 票对 139 票，通过了中远集团与希腊比雷埃夫斯港务局签署的码头专营协议。这是中国企业首次在国外获得港口的特许经营权。2016 年 8 月，中远海运再次收购比港 67% 股权，正式成为比港经营者。作为中希合作的典范，比港正按照习近平主席的指示，致力"将比雷埃夫斯港建设为地中海最大的集装箱转运港、海陆联运的桥头堡，成为'一带一路'合作的重要支点，并带动两国广泛领域务实合作"[②]。

"永盛"轮开创了中国商船首次经北极东北航道抵达欧洲的历史。该轮于 2013 年 8—9 月，圆满完成北极东北航道首航任务。此后，2015 年，"永盛"轮成功完成"再航北极、双向通行"任务；2016 年，中远海运 5 艘船舶航行北极；2017 年，中远海运航行北极实现项目化、常态化。目前，中远海运是全球唯一一家穿越南北极、运营南北极航线的航运企业。

"紫荆松"轮是停靠瓜达尔港的第一艘商业货轮。2015 年 5 月，该轮停靠巴基斯坦瓜达尔港，承载了装有当地渔业产品的 7 个冷藏集装箱，驶向中东地区，开启了瓜达尔港历史上首次货物出口记录。而瓜达尔港杂货班轮航线的开辟，不仅极大降低了当地进出口货物的物流运输成本，更为"中巴经济走廊"的建设，提供了坚实可靠的支持。

实际上，这样的中国第一、亚洲第一和世界第一，还有许多许多。一桩桩，一件件，

---

① 《习主席的"西雅图不眠夜"》，新华网，2015 年 09 月 24 日，http://www.xinhuanet.com/world/2015-09/24/c_128264518.htm。

② 《书写新世纪海上丝绸之路新篇章——习近平总书记关心港口发展纪实》，《人民日报》，2017 年 07 月 06 日 01 版。

都彰显了中远海运人上下求索、开拓进取、敢为人先的创新精神。

中远海运集团发展史是一部精忠报国的爱国奉献史。

如果说，战争年代的爱国精神体现为英勇献身；那么，在和平年代，爱国精神则体现为无私奉献以及社会责任。

长期以来，中远海运人始终怀揣着精忠报国的“长子”情结，承载着铁肩担道义的央企责任，忠诚服务于国家，积极贡献于国家，全心全意为了国家。在煤电生产濒临断档危机的紧要关头，总是中远海运的船舶冲在运输第一线；在国际政治动乱危及华人华侨及中国籍员工的焦急时刻，总是中远海运海外接侨的船舶送去温暖；上海世博会、金砖国家工商理事会、国际航运中心发展、“一带一路”建设项目，到处都有中远海运人辛勤的汗水；地震灾害、冰雪灾害、支援新疆、支援西藏，到处都留下中远海运志愿者忙碌的足迹。

20 世纪 80 年代末，我国电力供应主要靠火力发电，华东、华南等地因电力需求变化，出现煤炭运输供应不足的情况。上海海运担负上海地区 80% 的煤炭运输任务，公司树立“多运煤就是保上海，保上海就是保全国”的大局意识，发扬“以苦为荣，无私奉献”的精神，1989 年完成煤运量 3340 万吨，为改变上海煤炭紧缺局面做出了重要贡献。时任上海市市长朱镕基同志亲笔书写嘉奖信给予充分肯定：“你们作了大贡献，创造了历史的业绩。”

“服从外交，服务外贸”，是中远海运的企业宗旨。中远海运坚持履行企业的社会责任，在浮动国土上完成了一系列国家外交任务，在历次海外撤侨接侨工作中都扮演着重要的角色。20 世纪 60 年代，“光华”轮、“新华”轮等一直活跃在新中国撤侨战线上；20 世纪 70 年代，“明华”轮等赴越南、柬埔寨撤侨；20 世纪 90 年代，“富清山”轮赴刚果撤侨；2011 年 2 月，在新中国历史上最大规模的利比亚撤侨行动中，“天福河”轮等 16 艘商船待命，其中“天福河”轮成功撤离 559 名同胞。

如果说，一个船队，构成了中远海运精忠报国的物质基础；那么，一个团队，则构成了中远海运爱国奉献的精神载体。船队与团队，不仅成为企业腾飞之两翼，前进之两轮，更成为我们建设海运强国的物质与精神财富。而这一代又一代航海家、一辈又一辈管理者，总是用他们的奋力拼搏和无私奉献，打造了中远海运积极向上的团队精神，凝聚成建设海运大国、海运强国的磅礴力量。在这个团队中，有一大批英雄人物、模范人物和优秀人物，贝汉廷和杨怀远，就是其中的杰出代表。

新中国培养的第一代远洋船长贝汉廷，先后驾驶 15 艘远洋轮船，到过 40 多个国家、80 多个港口，为发展祖国的远洋运输事业，倾注了一生心血。他说：“为了发展祖国的航海事业，我一辈子不离开船，不离开海洋！”在 59 岁生日时，因为劳累过度，不幸去世，在挚爱的远洋船上，工作到生命的最后一刻。

杨怀远同志在 38 年的船舶生涯中，始终以雷锋为榜样，甘当人民的“挑夫”。他挑着一根为人民服务的小扁担，从青年、中年一直挑到老年，始终不计报酬、不求职务，全心全意为人民服务，创造了让全国人民，乃至国际友人都为之敬佩的“小扁担”精神，于 1985 年被授予“全国劳模”称号，2019 年被评为新中国成立 70 周年的“最美奋斗者”，受到历代党和国家领导人的接见。

三

历史，是人类记忆的年轮，是人类繁衍的根脉。历史，连接着昨天与今天，定义着过去和现在，昭示着当下与未来。历史，既能激发人们情感的力量，也能赋予人们理念的启迪。

站在一个承前启后、继往开来的时空交汇点，我们需要扪心自问：我们从哪里来，要向哪里去？

我们从百年沧桑的历史深处走来，要向强国梦、强企梦的指引方向走去。回望历史，从 1919 年孙中山发表《建国方略》并提出海洋兴国与东方大港的战略构想，到 1949 年新中国成立以及上海、广州、大连海运局的艰难起步；从招商局的 17 艘海轮、700 名船员举起义旗，到援越抗美斗争中 12 名中远海运船员血祭大海、浩气长存；从“光华”轮在广州港拉响的第一声远航汽笛，到“平乡城”轮开辟的第一条国际班轮航线……百年风起云涌，百年沧海桑田。在百年的崎岖道路上，一批又一批、一代又一代中国海运业的“逐梦人”，前赴后继，艰辛探索，苦苦追寻，孜孜以求。前瞻未来，我们怀揣着中华民族的伟大复兴“中国梦”，也怀揣着打造航运翘楚的“中远海运梦”。所思所想，所寻所觅，乃是百年一脉，百年同系。

1405 年 7 月 11 日，一支由 200 余艘海船、上千面风帆组成的世界最大船队，从长江入海口的太仓浏河港出发，开启了郑和下西洋的壮举。7 月 11 日，遂成为“中国航海日”。611 年后的 2016 年 2 月 18 日，一家世界最大的航运企业，在长江入海口的上海挂牌成立。这一漫长的“历史轮回”，演绎了中华民族航海史上自强不息的传奇，成为古老民族从辉煌到衰落再到复兴的历史注脚。今天，经中远、中海两大集团重组整合而成的中国远洋海运集团，正站在新的起点，开启了新的航程。新集团构筑了“6+1”产业结构（航运、物流、金融、装备制造、航运服务、社会化服务，互联网 +），确立了“四个一”（一个文化、一个团队、一个目标、一个梦想）的企业理念。如果说“6+1”是新集团这艘巨轮的船体结构，那么，“四个一”则是新集团的船舶动力。在走向未来的征途中，我们应坚持不忘初心，不忘历史，传承企业优秀的历史文化，以前辈打造出的企业文化与航海精神，推进新集团的“四个一”理念。

以同舟共济的合作精神打造“一个文化”。同舟共济精神，是古老的航海文化中的精髓，也是中远、中海几十年积淀的企业文化留给新集团的精神财富。现在，它理应成为我们新集团的文化基因。在加强文化融合的过程中，我们每一名员工都应积极传递正能量，努力为企业创造稳定和谐的良好氛围。石墨和钻石都是由碳元素组成，但由于两者的碳原子排列不同，结构不同，结果是一个变成石墨，一个变成钻石。今天，我们就是要凭借同舟共济的企业精神，通过新的排列，新的组合，打造“高效、协同、融合、智慧”的钻石团队，打造“美美与共、天下大同”的企业文化；心往一处想，汗往一处流，劲往一处使，同舟共济，众志成城，汇聚千里奔涌、万壑归流的洪荒伟力，驶向世界一流、领航全球的光辉彼岸。

以精益求精的工匠精神建设“一个团队”。在中远海运的历史长卷中，民族精神的养育，精忠报国的志向，敬业精业的示范，造就了一代又一代“大国工匠”：方枕流、贝汉廷、杨怀远、严力宾……这一串串闪亮的名字，构成了中远海运人的历史文化底蕴；他们的精神，就是我们的海之魂、企之魂、国之魂。今天，我们应借助这样的历史文化底蕴，继承发扬老一辈航海人坚守星辰大海的工匠精神和劳模精神，一丝不苟，呕心沥血，恪尽职守，精益求精，努力打造一支精业敬业、脚踏实地的务实型团队，打造一支攻坚克难、敢于突破的开拓型团队，打造一支见贤思齐、不断进取的学习型团队，一棒接一棒地做好事业接力，一步一个脚印地走好发展之路。

以开拓进取的创新精神追求“一个目标”。过去数十年来，敢于第一个吃螃蟹的中远海运人，创造了一个又一个中国第一、亚洲第一和世界第一。今天，我们依然需要继承和发扬敢于第一个吃螃蟹的精神，以创新为引擎，驱动企业向“做强做优做大”和“世界一流供应链服务商”的愿景目标不断前行。应继续探索创新领先的“无人区”，继续拓展新兴市场的“开发区”，继续打造全球航运的“生态区”。鸡蛋从外部打破是食品，从内部打破是生命。我们应以创新为内生动力，大力推进体制机制创新、商业模式创新、经营管理创新、航运科技创新；以高质量的发展创造企业新业绩，以革故鼎新的魄力建设航运新业态，以抓铁有痕的韧劲构建产业新布局，以不断增强的国际竞争力打造 COSCOSHIPPING 的市场新形象。

以坚忍不拔的执着精神构筑“一个梦想”。我们的梦想就是“海运强国梦”，它是“中国梦”的重要组成部分，是新时代赋予我们的新使命。回顾企业漫长的发展史，我们看到，一代又一代中远海运人就是一代又一代“海运强国”的“逐梦人”。在新的历史方位中，中远海运人应以梦为马，不负韶华，把实现“两个一百年”奋斗目标作为企业发展的着眼点，真正承担起“一带一路”、海运强国先锋队的历史使命，真正扮演好全球航运舞台上彰显中国力量、平衡东西方格局的时代新角色，真正发挥好国家经济建设与经济安全的重要保障作用。应在新时代与大变局中，校准中远海运前进的方位，准确把握大国新博弈、世界新变局下的国家之需，准确把握全球航运竞争新模式、新业态下的立足之基，准确把握科技变革新潮流冲击之下的发展之路。

不忘初心，方能承前启后；致知力行，旨在继往开来。我们正是本着“不忘初心、牢记使命”的宗旨，组织力量编写了《中国远洋海运发展史》丛书（共八卷），回顾总结企业 1949—2015 年 66 年来的发展历程。该丛书不仅是一套信息丰富、内容详实的历史资料书，还是一套爱国主义和社会主义教育的有益教材，更是一套具有海运特色的企业战略、经营管理与企业文化的“企业全书”。

“路漫漫其修远兮，吾将上下而求索。”一代人有一代人的使命，一代人有一代人的责任。历史意识的深度有多深，前瞻意识的高度就有多高。正是这深厚的历史意识和高远的前瞻意识，成为我们不懈努力、不息奋斗的前进动力。今天，我们驾驭着“中远海运”号超大型巨轮，开始了新的整队、新的集结、新的航程、新的升华。置身扬鞭催马、奋力奔跑的新时代，站在承接历史、对接未来的新起点，我们要高举习近平新时代中国特色社会主义思想伟大旗帜，弘扬“三舱精神”：理想信念坚定“压舱”，坚守海运强国的初心使命，坚如磐石，矢志不渝，推动事业行稳致远、破浪前行；工作责任落实“满舱”，聚焦世界一流的愿景目标，全力担当，实干兴企，促进企业提质增效、做强做优；精神状态迸发“爆舱”，砥砺领航全球的壮志豪情，只争朝夕，砥砺奋进，引领企业跑赢未来、驶向卓越。要把稳舵，坚守航运强国的理想信念；要定好锚，坚守脚踏实地的实干精神；要扬起帆，坚守战风斗浪的奋斗精神；要拧成绳，坚守同舟共济的团队精神。团结拼搏、砥砺奋进，让初心照亮航程，让使命激励未来，为建设卓越中远海运而努力奋斗！

凡是过往，皆为序章。

中国远洋海运集团有限公司

党组书记、董事长

前　　言

1997 年 7 月 1 日，是一个三喜临门的好日子。这一天，恰逢中国共产党建党 76 周年纪念日；这一天，百年“游子”香港回到了祖国怀抱；还是这一天，一艘中央国有企业的“超级航母”中国海运集团在上海北外滩启锚远航。从此，一面印有由“CHINA SHIPPING”首位字母“C”“S”合成的“中”字蓝色司旗，与五星红旗一道高高飘扬在四大洋五大洲的各个港口。

中国海运集团的成立，标志着中国航运史以及世界航运史翻开了新的一页，标志着中国的国有沿海海运企业从分散经营走向集约化、规模化的重大转变。中国海运集团的组建，是中国深入推进国企改革的重要成果。中国海运集团的发展历程，是中国由计划经济转向市场经济、由封闭型经济转向开放型经济、由经济起伏波动转向持续高速发展的缩影。

中国海运集团自 1997 年组建开始，到 2016 年与中国远洋集团改革重组为中国远洋海运集团，共走过 18 个年头。

18 年风雨砥砺，18 年岁月如歌。

18 年来，中国海运集团发展经历了三个阶段：

第一阶段为创建发展期（1997—2005 年）。

在这一时期，中国海运集团按“集约化、规模化、专业化”原则进行资产重组，成立了集、油、散、客、特种运输五大船队，初步建立了与航运主业相关的陆岸产业体系；大力发展集装箱运输，确立了中国海运全球承运人地位；实施“以船舷为界”的船员统一管理模式，提高了船员管理效率；提出“巩固沿海、发展远洋”战略，从传统的沿海内向型逐步发展成为沿海远洋协调发展的综合性、国际化企业。在这一时期，广大船岸干部职工艰苦创业，奋力开拓，为集团跨越式发展奠定了良好的基础。

这一时期的发展特点，可用“三化”来概括。一是资产规模化。针对集团组建初期资产规模和船队实力偏弱的状况，加大规模扩张力度，以做大带动做强。二是管理集约化。针对初期内部资源分散、管理重叠的状况，进行专业化重组整合，实施“六个统一”。三是经营国际化。针对企业以沿海运输为传统优势但沿海市场趋于饱和的状况，积极拓展国际市场，打造国际竞争力。

第二个阶段为协同发展期（2006—2010 年）。

在这一时期，集团确立了“百年中海”的企业愿景；瞄准世界一流航运企业，全面开展对标工作；按照“大船 + 低碳”与“瘦身 + 强身”思路调整优化船队结构，形成了集装箱、油轮、干散货三大船队“三足鼎立”“船岸联动”协调发展的基本格局；积极推进“大客户大合作”战略，为企业稳健发展提供坚实保证；围绕制度建设与流程优化，坚持不懈抓好精细化管理；各项业务特别是航运主业发展迅猛，资产规模与船队规模大幅度增长；创造了年盈利 110 亿元的历史最高纪录；朝着做大做强的方向快速前行。

这一时期的发展特点，可用“三个发展”来概括。一是快速发展。集团船队规模和总资产增速、年平均利润均高于其他时期。二是均衡发展。提出船队“三足鼎立”和产业结构“船岸联动”的发展思路，由过去集中发展海上运输业转为强调航运、陆岸产业协同发展。三是稳健发展。以“百年”愿景、做优做久为导向，强调不把鸡蛋放在一个篮子里，减少对集装箱的过度依赖；实施“大客户大合作”，以实现企业稳定的业务和稳定的盈利。

第三个阶段为转型发展期（2011—2015 年）。

全球金融危机后，国际航运市场环境持续恶化。集团积极应对挑战，勇于逆势突围，坚持“调结构、促转型”，大力推进深化改革与商业模式创新，加强内部资源整合，提高资源配置效率；积极开展“卓越运营”，打造“卓越的成本竞争力”；在经济新常态、市场新挑战面前重新谋篇布局，从“三大板块”的结构调整到“1+6”业务板块初步形成，使产业结构逐步得到优化，航运产业链不断得到延伸升级，企业创收创利、创新创业能力有了实质性的突破，在市场持续低迷的环境下实现了可持续发展。

这一时期的发展特点，可用“三个转变”来概括。一是由原来强调发展速度转向强调发展质量。这一时期的转型，突出表现是“从做大到做优”的切换。企业从数量型、规模型增长，走上效益型、质量型增长的发展之路。二是由原来强调船的竞争转向强调链的竞争。通过“1+6”产业结构调整整合物流供应链，通过发展航运金融实施产融结合，加速发展“大物流”业务，继续深化大货主合作战略，提升了“链与链”的竞争能力。三是由原来旧模式下的单一业务竞争转向新模式下的融合发展。对此，集团积极打造产融结合能力，积极打造融入大客户战略的能力，积极打造融入“平台经济”的能力，把融合能力作为中国海运集团转型发展的新引擎。

中国海运集团的快速崛起，在中国航运史以及世界航运史上留下了浓墨重彩的一笔。18 年来的发展成就，来自中海人的团结拼搏、共同开拓，来自中海人一步一个脚印坚定前行，一步一个台阶奋力攀登。

18 年历程，是中海人的创业史、成长史、奋斗史，很厚重，很宏大，很辉煌，将永远为人们所铭记。

回顾中国海运集团波澜壮阔的 18 年发展过程，是对 4.7 万中海人在建设世界一流航运企业中所体现出的风雨同舟、拼搏奉献精神的大力弘扬，是对肩负建设海运强国使命而继续奋斗的新时代中远海运人的积极勉励，也是为企业可持续发展以及其他企业的改革创新提供借鉴和启迪。

2020 年 2 月 18 日

目　　录

第一章　创建发展期（1997—2005）/ 001

第一节　概述……003
一、外部经济与市场环境……003
二、发展理念与发展特点……004
三、历年经济增长情况……005

第二节　新集团的筹建与诞生……005
一、新集团组建的背景……006
二、新集团组建的历史意义及筹备过程……008
三、中国海运（集团）总公司的成立……012
四、确定新集团的未来发展战略与发展方向……014
五、李克麟与他的“世界一流梦”……016

第三节　新集团的改革与整合……022
一、确立改革重组的“六个统一”原则……022
二、加快组建专业化公司……024
三、改革整合初期的专业化公司基本情况……025
四、改革整合初期的“突破口”攻坚……037
五、专业化重组优势显现……040

第四节　集装箱船队的跨越式发展……042
一、“货”改“集”，实施自有船舶技术改造……043
二、抓住机遇，低成本租船造船双管齐下……045
三、布局全球班轮航线……046
四、美西大罢工的最大赢家……050
五、大幅度提升上市公司品牌形象……051

第五节　油货客运输稳步发展……052
一、打造世界级油轮船队……052
二、货运业务实现扭亏为盈……058
三、建设新型客运船队……069
四、中海海盛确立特种运输发展方向……071
五、浦海航运增强支线驳运能力……072
第六节　陆岸产业多元化格局基本形成……073
一、海外相关产业形成覆盖全球的营销网络……073
二、码头业务成为集团重要板块……074
三、船代业务迅猛发展……076
四、形成依托集装箱运输的物流产业……078
五、修船业实现扭亏为盈……083
六、中海电信艰难转型……085
七、中海国贸积极拓展船舶贸易业务……086
八、积极推进“大供贸”经营战略……088
第七节　探索船员管理新模式……089
一、成立上海船员公司……089
二、组建中国最大的船员与船舶管理公司……091
三、加大船员培训力度……092
四、进一步拓展船员劳务输出市场……092
第八节　创建发展期的党建工作……094
一、在专业化重组整合中加强党的建设……094
二、开展“三学一创”活动……097
三、巩固和扩大“三讲”学习教育成果……098
四、开展“一个新起点”大讨论……102
五、开展“树新风创一流”主题活动……106
六、深入开展保持共产党员先进性教育活动……108
第九节　积极履行社会责任……114
一、确保煤电运输……114
二、帮困扶贫奉献爱心……117
三、关心离退休职工……119
四、海上救险彰显人道主义精神……120

第十节　结语……123
一、主要业绩和亮点……123
二、主要问题和短板……124
三、启示："世界一流梦"乃企业发展之引擎……125

第二章　协同发展期（2006—2010）/ 127

第一节　概述……129
一、外部经济与市场环境……129
二、发展理念与发展特点……130
三、历年经济增长情况……131
第二节　确立企业愿景与可持续发展理念……132
一、"百年中海"企业愿景与可持续理念的提出……132
二、确立"百年中海"愿景与可持续理念的积极意义……133
三、企业愿景与可持续理念下的战略管理……134
四、企业愿景与可持续理念下的对标……135
五、中海油运：新愿景新理念下的对标与战略管理……140
六、中海集运：新愿景新理念下的新定位……143
七、李绍德与他的可持续发展理念……145
第三节　实施"大客户、大合作"战略……151
一、广泛开展上下游企业及政府间的合作……151
二、散货运输的大客户合作联营……157
三、散货运输联营公司基本情况……159
四、香港海宝航运公司实现平稳快速发展……163
第四节　航运主业形成"三足鼎立"格局……164
一、集装箱船队：规模和船型迈入世界班轮公司前列……166
二、油轮船队：抓住机遇，加快发展……174
三、干散货船队：再造一个新货运……177
四、客轮船队：在渤海湾唱响中海品牌……179
五、中海海盛：在船队和货源结构调整中求发展……182
六、组建中海 LNG 投资公司……184
七、加大汽车船、特种船发展力度……185

第五节　加快陆岸产业发展……187
一、加快长兴修船基地建设……187
二、“修造并举”战略下的造船业务……190
三、中海投资：大力拓展集装箱制造业务……193
四、构建相对完整的码头产业体系……195
五、中海物流：打造综合物流服务供应商……197
六、中海船务：建设国内一流船代企业……199
七、“大船贸”格局初步形成……201
八、中石化中海燃供：综合实力不断增强……202
第六节　开展精细化管理……204
一、突出重点，开展精细化管理……204
二、信息化“登高”与中海信息公司的组建……206
三、中海集运：围绕“三精”开展精细化管理……209
四、中海油运：化高油价之压力为精细化管理之动力……213
五、中海货运：着力抓好“三全”管理……217
第七节　深化船员管理体制改革……219
一、中海国际的新定位与新作为……219
二、推行“三管”船员管理模式……223
三、“三管”模式下的制度化建设……224
四、船员招募与基地建设……225
五、做强引航试航业务，拓展海事服务……226
第八节　科学发展观指导下的党建与企业文化……228
一、深入开展学习实践科学发展观活动……228
二、加强领导班子建设……232
三、创新基层党组织建设……233
四、大力实施人才强企战略……236
五、加强企业文化建设……238
第九节　协同发展期的企业社会责任……245
一、让船岸职工共享改革成果……245
二、保障国计民生物质运输……247
三、社会救助与捐助……250
四、积极助力上海国际航运中心建设……255

第十节　结语……257
一、主要成绩和亮点……257
二、主要问题和短板……258
三、启示：可持续发展需要打造“中海定力”……258

第三章　转型发展期（2011—2015）/ 261

第一节　概述……263
一、外部经济与市场环境……263
二、发展理念与发展特点……264
三、历年经济增长情况……266
第二节　确立转型发展新战略……266
一、中国海运集团面临前所未有的新挑战……266
二、提出“五个转型”发展思路……269
三、开展转型升级大讨论……273
四、许立荣：航运转向点的掌舵人……274
第三节　产业结构调整与“1+6”业务板块……281
一、航运板块：从外延式扩张转向内涵式增长……282
二、金融板块：积极推进产融结合……300
三、码头板块：业务快速发展……308
四、物流板块：积极推进转型升级……312
五、工业板块：中海工业转型谋发展……318
六、科技板块：上海船研所整体加盟……321
七、航运及社会化服务板块：积极培育新业务……323
第四节　内部资源整合……334
一、散运业务整合……334
二、码头业务整合……335
三、物流业务整合……337
四、科技信息业务整合……337
五、不动产业务整合……339
第五节　完善企业治理结构……342
一、集团建设规范董事会的背景和意义……342

二、集团董事会成立及运营…… 343
三、逐步完善二级公司董事会 …… 346
四、油运及散运公司积极推进规范董事会建设 …… 348

第六节 改革创新驱动 …… **351**
一、推进集团总部机构改革…… 351
二、进一步推行船员管理体制改革 …… 353
三、积极妥善解决历史遗留问题 …… 358
四、积极推行商业模式创新项目 …… 360

第七节 开展“卓越运营” …… **362**
一、开展集中采购…… 363
二、大力加强安全管理…… 364
三、加强法务管理与全面风险管理 …… 373
四、中海集运：加强燃油成本控制（2014 年卓越运营优秀案例之一） …… 379
五、中海油运：实行跨界管理（2014 年卓越运营优秀案例之二） …… 383
六、鑫海航运：积极开拓东南亚支线业务（2014 年卓越运营优秀案例之三）· 388

第八节 国际化经营 …… **392**
一、国际化经营基本情况…… 392
二、“一带一路”建设基本情况 …… 394
三、国际化业务发展及管理…… 396
四、转型发展中的海外控股公司 …… 399
五、香港控股：“走出去”的桥头堡 …… 405

第九节 科技创新与教育培训 …… **408**
一、“十二五”时期的科技管理与科技创新 …… 408
二、“十二五”时期信息化建设 …… 414
三、上海船研所的科技创新…… 417
四、中国海运党校组建与干部人才培训 …… 423
五、船员教育培训…… 428

第十节 转型发展中的企业党建 …… **436**
一、积极开展“创先争优”活动 …… 436
二、深入开展群众路线教育实践活动 …… 437
三、 建立健全惩防体系…… 443
四、建立企业巡视制度…… 448
五、加强干部人才队伍建设…… 449

六、积极发挥政治思想研究会作用 …… 451
七、加强集团工会工作 …… 454
八、加强集团共青团工作 …… 458
第十一节　打造幸福中海与责任中海 …… 461
一、积极承担海运强国的国家战略使命 …… 461
二、大力推进绿色航海 …… 463
三、着力打造“幸福中海” …… 466
四、展现责任担当，彰显公益魅力 …… 469
五、开展海上救助与国际援助 …… 472
第十二节　结语 …… 475
一、主要成绩和亮点 …… 475
二、主要问题和短板 …… 476
三、启示：创新是转型发展的灵魂 …… 476

附录 / 479

附录一　大事记 …… 481
附录二　中国海运（集团）总公司领导班子成员名单（1997—2016） …… 501
附录三　中国海运集团个人与集体获得省部级以上荣誉称号名录 …… 503
附录四　航运业常见专业名词解释 …… 512
附录五　主要历史文件文号索引 …… 518

跋　中远集团与中国海运实施改革重组 …… 520
参考文献 …… 525
编后语 …… 526

中国远洋海运发展史

COSCO SHIPPING HISTORY OF DEVELOPMENT

第⑧卷

中国海运集团发展史

第一章

创建发展期

（1997—2005）

第一节　概　　述

一、外部经济与市场环境

（一）经济环境概述

1997—2005 年，全球经济发展可大体分为两个阶段：第一阶段自 1997 年开始，受到亚洲金融危机、美国“9·11”恐怖袭击等重大突发事件的剧烈冲击，全球经济在衰退与复苏之间挣扎徘徊。第二阶段自 2003 年开始，经济处于全面繁荣发展时期，且一直持续到 2008 年，长达 6 年之久，直至国际金融危机爆发。这一期间，全球贸易发展明显加快，给全球航运业的繁荣带来重大利好。2003—2005 年，全球国际贸易增长分别为 5.1%、8.8% 和 7.2%，成为拉动全球经济的主要动力。

1997—2005 年的 9 年，中国处于“九五”时期的后 4 年和整个“十五”时期。在“九五”时期，面对亚洲金融危机阴霾导致的世界经济低迷，中国政府坚持扩大内需方针，实施积极的财政政策和稳健的货币政策，引导中国经济进入新一轮周期的上升期。国内生产总值年均增长 8.8%，人均 GDP 超过 1 万元。“十五”时期的重大利好是中国加入 WTO。2001 年 11 月 10 日，经过 15 年的艰苦谈判，世界贸易组织的多哈会议审议通过中国入世的决定。自此，中国获得了更多更好参与经济全球化的机遇。中国进出口贸易额由排名世界第六而一跃为世界第三大贸易国，对全球经济的影响力显著增强。

（二）国际航运市场概述

国际航运市场走势可大致分为两个阶段：亚洲金融危机后的 1997—2002 年为市场衰退期；2003—2005 年为市场繁荣期，一直持续到 2008 年下半年，直至全球金融危机爆发。这一走势与全球经济走势大体一致。

1997 年，亚洲金融危机中的重灾区国家和地区进口减少，经济萎缩，牵连整个国际航运市场需求低迷。1998 年为市场低谷，BDI（Baltic Dry Index，波罗的海干散货指数）指数从过去 10 年来 1000 余点跌至 946 点；在 1997—2002 年的 6 年间，除 2000 年有一个短暂的小高峰，BDI 指数达到 1608 点外，其余 5 年的指数均在 1000 点上下徘徊。2000 年，航运市场本来已有起色，但随之受到 2001 年“9·11”事件影响，全球经济贸易再度滑落，航运市场也再度低迷。集装箱班轮市场所受影响尤甚，各主要班轮航线运价全面下滑。直至 2002 年第三季度，航运市场才开始反弹。

2003—2005 年，直至 2008 年上半年，是国际航运市场难得的盛世丰年。与整个世界经济全面向好相同，集装箱、油轮、干散货三大主要市场全面复苏。BDI 指数一跃冲过 2000 点，2003 年、2004 年、2005 年分别达到 2615 点、4509 点和 3375 点。特别是 2004—2005 年，市场跃上了一个新的高峰。2004 年 12 月 6 日，BDI 指数创下 6208 点的历史最高纪录。在此期间，班轮市场、干散货市场还是油运市场，乃至造船市场，均有极佳表现；货源之充足，船只之紧缺，运价涨势之火爆，造船订单之充沛，均为历史罕见。国际船运公司也因此获利颇丰，业绩节节攀升。2004 年，马士基集团以总收入 238.9 亿美元的业绩进入世界 500 强，列 201 位。在此后的十余年间，马士基一直是全球航运企业的翘楚，成为业内公认的“世界一流航运企业”。

二、发展理念与发展特点

坚持“发展是硬道理”，是中国海运（集团）总公司（以下简称“中国海运”）在初创期所秉持的发展理念。加大发展力度，加快发展速度，成为企业的最强动力。在以“发展是硬道理”这一理念的推动下，集团确立了“资产规模化、管理集约化、经营国际化”的战略方针，即：针对集团组建初期资产规模和船队实力偏弱的状况，加大规模扩张力度，以做大带动做强；针对初期内部资源分散、管理重叠的状况，进行专业化重组整合，实施“六个统一”；针对企业以沿海运输为传统优势但沿海市场趋于饱和的状况，积极拓展国际市场，打造国际竞争力。上述“三化”遂成为集团初创期的发展特点。

（一）资产规模化。按照初期编制的中国海运“十五”规划，到 2005 年资产规模要比“九五”末有大幅增加，营业收入比“九五”末翻一番。据此，集团以提升市场竞争力、增强集团综合实力为目标，不断加大投资力度，加大船队扩张速度。到 2005 年，集团总资产是 1997 年的 2.6 倍，净资产是 1997 年的 3.4 倍，船队综合运力是 1997 年的 1.8 倍，营业收入是 1997 年的 8.1 倍，已经超额完成了“十五”规划目标。“十五”期间，集团加大了船队建设力度，总计新增船舶 91 艘、762 万载重吨，其中新建船舶 74 艘。特别是集装箱船队发展十分迅猛，2005 年的载箱量比 1997 年增长了 35.1 倍，运力规模从名不见经传发展到居世界班轮公司第 6 位。短短 8 年间，中国海运创造了集装箱发展的“神话”。

（二）管理集约化。中国海运刚一成立，就依据“集中经营、分级管理”的工作思路，制定了“六个统一”原则，即集团内部实行统一计划、统一经营、统一对外、统一调度、统一核算、统一收支。在“六个统一”的原则下，进行资产重组，实行专业化分工、集约化管理、多元化发展，形成三个层次（决策层、经营层、执行层）和三个中心（投资中心、利润中心、成本中心）的集团化管理模式。在专业化重组中，先后对油运、货运、集运、工业、贸易、船代、货代、劳务、中海香港控股、中海（日本）株式会社、中海新加坡控股公司等企业和业务进行整合与产业结构调整，强调充分发挥各业务板块的规模化经营与专业化分工的优势，走集约化发展之路。

（三）经营国际化。“抓住沿海，拓展远洋”是集团初创期确立的发展战略。基于中国海运的传统“根据地”是沿海市场，抓住沿海，企业的生存就有了保证，拓展远洋也就有了依托。而国际化远洋运输，则是中国海运集团要拓展的主要市场。在这一战略之下，国际化经营不再是沿海运输的一种补充，而是企业未来发展的方向。集团未来的发展规划与发展目标能否实现，在很大程度上取决于国际化远洋运输及相关业务的发展程度。为此，集团以发展集装箱为切入点，以集装箱国际班轮业务带动国际化经营。2005 年，外贸货运周转量占比达到 67.89%，比集团成立初期 1998 年的 58.52% 高出 9.4 个百分点。“十五”时期，集装箱外贸箱运量占比在 60%—65% 之间，而组建初期的外贸箱运量则少得几乎可以忽略不计。到“十五”末，集团境外企业总数超过 90 家，资产和收入稳步增长，中国香港、北美、欧洲、东南亚控股等都实现了较好的经济效益，2005 年境外产业实现利润已占到集团利润总额 50%。

三、历年经济增长情况

在创业发展期（1997—2005 年），中国海运集团历年主要生产经营、财务状况、职工人数变化情况见表 1–1。

中国海运集团经济增长情况（1997—2005 年）　　表 1–1

船队			运量		资产		财务		职工
年份（年）	船舶艘数	载重吨（万吨）	万吨	其中万 TEU	总资产（亿元）	净资产（亿元）	总收入（亿元）	利润总额（亿元）	全年平均人数
1997	403	814	14409	9	251.21	100.68	67.00	–1.84	46989
1998	369	796	14284	25	262.65	115.09	75.51	2.79	46374
1999	379	872	15412	77	280.45	116.18	89.83	2.17	46106
2000	384	902	17751	150	288.45	107.06	156.92	3.45	43869
2001	396	1003	18720	217	296.51	100.36	172.32	–3.65	43762
2002	402	1062	21292	277	372.10	110.45	216.90	5.69	43896
2003	412	1154	24574	331	409.40	120.75	315.00	19.85	46962
2004	413	1275	26862	421	564.13	265.61	369.63	75.15	46121
2005	431	1469	30032	585	642.20	342.62	539.95	90.95	45239

第二节　新集团的筹建与诞生

伴随着中国改革开放的主旋律，中国海运史掀开了崭新一页。

1997 年，黄浦江畔升起了由“CHINA SHIPPING”两个单词的第一个字母组成的“中”字司旗，中国海运这艘秉持着建设“爱我中海、世界一流”企业愿景的国字号“大船”开始扬帆远航。

中国海运（集团）总公司一成立，就被列入国家 120 家大型试点企业的行列。集团经过成立初期的整合重组，及时确立新的发展定位和发展思路，有序有效实施专业化重组，各主要业务板块实现了良性发展，特别是集装箱运输实现了跨越式发展，集团总体实现了扭亏为盈。企业站到一个新的发展起点上，呈现出蓬勃发展的新生机与欣欣向荣的新面貌。

一、新集团组建的背景

上海、广州、大连三家海运局，在重组之前，都有一段悠久辉煌的历史。

1949 年新中国成立，中国的航海事业迎来新生。从接管招商局、招商局海轮起义，到抗美援朝、援越抗美，上海、广州、大连三大海运局与共和国同步发展，历经艰辛，不断壮大。

在新中国成立后的几十年里，海运业支撑着中国水上运输的半壁江山，承担着全国 80％以上煤炭、90％以上石油的海上运输任务，被称为国民经济发展的海上先行官。这其中，沪、穗、连三大海运局发挥了重要作用。

到 20 世纪 80 年代，三大海运局已各具规模，成为海上运输与陆岸产业相配套的、生产与社会功能兼备的国有大型企业。

“六五”期末，上海海运的运输和陆岸产业配置基本完善，成为中国沿海运输的中坚力量；广州海运不断成长壮大，成为南方海区重要海上运输力量；大连海运也成为北方海区的主要运输企业。

20 世纪 90 年代，随着国有企业改革的不断深入，三大海运局先后进行了体制改革。1993 年 1 月 1 日，广州海运管理局重组为广州海运（集团）有限公司；同年 6 月 1 日，大连轮船公司更名为大连海运（集团）公司；同年 6 月 18 日，上海海运管理局改组为上海海运（集团）公司。此后，三家企业又都以海运为核心，分别开始组建广州海运集团、大连海运集团、上海海运集团，朝着现代企业制度方向迈出了坚定而有力的步伐。

截至 1996 年年底，上海海运（集团）公司拥有总资产 143.52 亿元，各类运输船舶 208 艘、408 万载重吨，职工人数 25578 人，下属二级单位 19 个。广州海运（集团）公司拥有总资产 78.1 亿元，各类大型运输船舶 141 艘、321 万载重吨，职工人数 19242 人。大连海运（集团）公司作为渤海湾地区的旅客运输和重点能源、物资运输的国家重要骨干企业，拥有总资产 28.33 亿元，各类船舶 35 艘、24.9 万载重吨，职工人数 4329 人。

不过，在三大集团快速发展的同时，也面临着业内新公司数量出现井喷、市场竞争加剧的新挑战。截至 1995 年年底，从事内河运输、沿海运输和国际运输的航运公司已经分别达到 5000 多家、1300 多家和近 300 家。外国航运企业也纷纷抢滩我国航运市场。航运市场的竞争异常激烈，以适应市场新形势变化为主题的国有航运企业改革迫在眉睫。

随着我国改革开放和社会主义经济体系的建立，三个海运集团公司虽然不断地调整内部结构和经营方针，但因经营分散，生产经营发展不平衡，尤其是业务交叉重复，且大多规模偏小，内部互相竞争，对外缺乏竞争能力和抵御风险的能力，因而海运总体优势得不到充分发挥，规模经营效益更不能显现。特别是 1996 年的航运低谷期，客运全线萎缩，货运连年下滑，油运面临危机，海运业成了交通系统的亏损大户。各自为政，缺乏规模优势和核心竞争力，已经逐渐成为三大海运集团可持续发展、拼抢中国乃至全球航运市场的“短板”。三大海运集团船队与运输货运量情况见表 1–2。

三大海运集团船队与运输货运量情况（1996 年年底）　　表 1–2

项　目	上海海运集团	广州海运集团	大连海运集团
船队	*		
综合运力（艘 / 万载重吨）	208/408	141/321	35/24.9
油轮（艘 / 万载重吨）	59/112.3	38/107.2	4/1.5
干散货（艘 / 万载重吨）	119/283.5	57/118.6	17/22.9
客轮（艘 / 万客位）	20/1.56	—	14/1.3
全集装箱船（艘 /TEU）	7/2426	2/1.7 万载重吨	—
平均船龄（年）	13.99	14.70	14.00
运输生产			
货运量（万吨）	8014.1	5203.88	1348.49
货物周转量（亿吨海里）	946	818	61.71
客运量（万人次）	1980.3	129.2	363.6
旅客周转量（亿人海里）	5.23	0.35	4.01

注：* 上海海运集团船队数据为 1997 年 2 月统计情况。

除上述三大海运集团公司外，中国海员对外技术服务公司和中交船业公司也面临深化改革与发展的问题。五家企业基本情况见表 1–3。

五家企业基本情况（1996 年年底）　　表 1–3

项　目	上海海运	广州海运	大连海运	中国海员	中交船业
总资产	143.5 亿元	78.1 亿元	28.3 亿元	1.38 亿元	—
净资产	55.8 亿元	35.4 亿元	4.3 亿元	0.28 亿元	—
资产负债率	61.15%	54.67%	84.77%	79.71%	—
主营收入	34.86 亿元	24.3 亿元	4.96 亿元	0.42 亿元	374.6 万元
主营利润	3.97 亿元	3.2 亿元	0.34 亿元	—	—
利润总额	–2.35 亿元	200 万元	–1.49 亿元	166 万元	298.5 万元
职工人数	25578 人	19242 人	4329 人	765 人	16 人
其中船员	13533 人	9602 人	3069 人	538 人	—

注：中国海员对外技术服务公司的财务数据截至 1996 年 1—10 月；职工人数数据截至 1996 年 1—11 月。

中国海员对外技术服务公司于 1984 年 4 月 24 日经中华人民共和国国务院批准组建，同年 8 月 8 日正式挂牌成立，是向境外输出海员劳务的专业性公司，也是当时交通部对外的窗口单位之一。除在全国范围内组织开展海员技术服务输出工作外，该公司还参与中国海员劳务输出行业发展初期有关海员劳务输出规章制度的研究与制订。截至 1996 年年底，中国海员对外技术服务公司共有子公司 14 家、合资公司 5 家、代表处 5 家，其中在国外设有合资公司 2 家、代表处 4 家。公司注册资金 4200 万元。1996 年 1—10 月，公司共完成合同额 2122 万美元，实现收入 4225 万元，实现税利 166 万元，劳务输出 2520 人次。至同年10月底，公司总资产1.38亿元，净资产0.28亿元。至同年11月底，公司共有职工765人，其中自有船员538人，高级船员占47.5%。在公司业务稳步发展的同时，也面临着国内海员劳务输出市场无序竞争的挑战，出现了诸多海员公司“小、散、乱”，行业管理规范性缺乏，海员劳务品牌缺失等问题。

中交船业公司是1993年1月经交通部和国家经贸委批准成立的交通部直属一级全民所有制企业，注册资金1000万人民币。其经营范围包括收购废旧船舶，开展拆船业务，船舶工程机械与配件、船用燃料、船舶备件及设备的销售等。公司编制为30人，1997年年中有职工16人。公司办公地址设在北京东城区东四礼士胡同161号。截至1996年12月31日，公司固定资产84.4万元，营业收入374.6万元，利润总额298.5万元，净利润33.6万元。进入20世纪90年代中期，拆船业不景气。当时进口废船价格高企，加之进口关税和增值税，使得进口价格优势大幅降低；此外，国家环保部门发文将进口废钢船舶视同洋垃圾而加以限制。这些因素使得拆船市场迅速从高峰跌入谷底，国内拆船量从1992年的250万轻吨锐减到1996年的50万吨。此时，以拆船为主业的中交船业公司面临巨大的生存压力。

面对如此严峻的航运市场和海运状况，中国的国有海运企业特别是国家骨干海运企业已到了需要彻底改革的时候。

遵照党的十四届三中全会精神，即“发展一批公有制为主体，以产权为主要纽带的跨地区、跨行业的大型企业集团，发挥其在促进结构调整，提高规模效益，加快新技术、新产品开发，增强国际竞争能力等方面的重要作用”的精神，根据国家组建集团的有关规定，1996年5月31日交通部向国家经济贸易委员会发出《关于组建中国海运集团的函》，拟将部属上海、广州、大连三个地区性海运（集团）公司，中国海员对外技术服务公司和中交船业公司以资产纽带联结，组织起一个全国性的跨地区、跨行业的特大型企业集团。在组建中国海运集团的同时还请求将该集团作为国务院选择的第二批大型企业集团参加试点。

与国有航运企业改革同时提出的，还有加快上海国际航运中心建设的历史命题。国务院总理李鹏在1996年年初考察浙江、江苏、上海等地时指出：“把上海建成国际航运中心是开发开放浦东，使上海成为国际金融、贸易中心之一的重要条件，对我国的对外开放，对长江经济带的经济发展意义重大。”把上海建成国际航运中心，其中最关键的要素就是在上海要有一批相当规模的水上运输企业。而上海当时具有一定规模的水上企业为数不多，中国海运集团的组建并落户上海，必将有助于加快上海国际航运中心建设的步伐。

二、新集团组建的历史意义及筹备过程

1997年1月2—3日，中国海运集团筹备领导小组第一次（扩大）会议在交通部四楼会议室召开。交通部副部长刘松金主持会议。参加会议的有：交通部机关有关司局领导胡汉湘、张富生、李庆轩、薛庆祥、付国民、刘鹏、何捷、李浩、局成志及有关人员；中海集团筹备组李克麟、戴金象、李绍德、钱维扬、孙治堂、吴中校、张建华、黄万江、于海明及有关人员。

交通部水运司司长胡汉湘传达了交通部党组第二十七次会议决议，宣读了国家经贸委

《关于同意成立中海集团的批复》。人劳司司长助理何捷宣布中国海运集团筹备组名单。体改法规司副司长薛庆祥对《关于组建中海集团有关问题的若干意见》作了说明。会议对该《意见》进行了讨论，并决定由与会代表将《意见》带回去进一步征求各方意见。

（一）组建中国海运集团的历史意义

在中国海运集团筹备领导小组第一次（扩大）会议上，交通部副部长刘松金作了重要讲话。他指出，党的十四届三中全会以后，交通部党组就决定组建中海、中港、路桥三个集团，并争取进入国家第二批大型企业集团试点。自 1996 年开始，在部党组的领导下，各有关司局和中国海运集团成员企业共同努力，为新集团组建做了大量工作；眼下中国海运集团通过了国家经贸委正式批准，并初步确定为进入国家第二批大型企业集团试点行列。组建中国海运集团，是为了适应社会主义市场经济的需要，是企业本身发展的需要，也是在新的历史时期实现“两个根本性转变”的需要，更是抓住机遇、发展壮大的良机。具体体现在以下几个方面：

（1）组建中国海运集团，是贯彻落实党的十四届三中全会精神的具体体现，是交通部对直属企业实施集团战略的重要组成部分。党的十四届三中全会提出，要“发展一批以公有制为主体，以产权联结为纽带的跨地区、跨行业的大型企业集团，发挥其在促进结构调整，提高规模效益，加快新技术、新产品开发，增强国际竞争能力等方面的重要作用”。根据这一方针，交通部提出了对直属企业实施集团战略的设想，决定组建中海、中港和路桥三个大型企业集团。实施集团战略，使部属远洋、沿海和长江的航运企业形成中远集团、中海集团和长航集团为主的格局。

（2）组建中国海运集团，是提高部属企业整体竞争实力的需要。改革开放以来，我国航运业发展很快，外国航运企业也纷纷抢滩我国航运市场，航运市场竞争异常激烈。部属三个海运公司的市场份额逐年下降。组建集团，能够通过企业组织结构的调整，实现专业化、集约化经营，形成群体合力，提高部属企业的整体竞争实力。

（3）组建中国海运集团，是调整企业组织结构，提高规模效益的需要。三个海运公司虽然已经成为国家大型骨干航运企业，在为我国国民经济提供运输保障方面发挥着重要作用，在国内航运业中占有举足轻重的地位，但是与国际国内先进的航运企业相比还存在较大的差距。尤其是各家企业分散经营，自成体系，大而全，小而全，各自为战，不能形成规模经营，不能发挥规模经济效益。

（4）组建中海集团，是确保国家对水上运输宏观调控能力，促进我国航运市场发育的需要。三个海运集团资产总额在 250 亿元以上，运力占全国沿海跨省运力的 61%，在原油等专业性较强的运输领域占有绝对优势。中国海员公司和船业公司也都在各自经营范围内具有一定的优势和影响。因此，把中国海运建成一个以航运为主、多元化经营的大型综合性企业集团，就可以充分发挥其在调节航运市场价格、规范市场秩序等方面的示范带头作用，可确保国家对水上运输实施宏观调控，保证水运市场的稳定，促进我国航运市场的健康发育。

（5）实施集团战略，是国际国内实践证明了的成功经验。随着市场的开放和航运市场竞争的加剧，航运企业的多元化经营和集团化趋势日益明显。在美国、日本和西欧各国，虽然水运在国内运输中占有重要位置，但航运企业的数量并不多，一个重要因素就是企业都具有一定规模。中远集团和长航集团自成立以来，取得了良好的效果，积累了成功经验。航运业集团化趋势的出现，是有其内在原因的，是航运企业为提高规模效益、增强竞争能力的需要，也是政府为了避免航运市场过度竞争作出的一种政策导向。可以说，组建中国海运集团，是符合航运市场发展客观规律的。

（二）组建中国海运集团的原则和要求

中国海运集团筹备领导小组第一次（扩大）会议提出了组建中国海运集团应把握的原则和要求：

（1）要按照现代企业制度的要求组建。一是要按照“母子”关系结构构建中国海运集团，即中国海运（集团）总公司是母公司，三个海运公司和船业公司以及中国海员公司为子公司，原来五个公司拥有的全资子公司是集团公司的二级子公司；二是对于法人财产权制度，原五个公司的国家资本由集团公司持有，并作为集团公司对五个子公司的长期投资予以明确，各子公司对集团公司的长期投资依法享有法人财产权，向集团公司负责保值增值。

（2）中国海运集团要体现集约化、专业化和规模化的要求。实现集约化、专业化经营是组建集团的目的之一，要分步组织实施。船员管理、劳务外派、船舶修造及拆解、海外机构的管理等，要尽快统一经营管理。运输的专业化经营要早作策划，创造条件，适时组织落实。

（3）中国海运集团一个头对交通部，向部负责。集团成立后，计划、财务、人事、生产经营、文件传递等，全面向部负责，各子公司向集团公司负责。要根据这一要求，本着精简、效能的原则，设置集团总公司的内部机构。

（4）筹备组要立即开展工作。这是一项光荣而艰巨的任务，筹备组成员要以对党和人民负责的态度对待这项工作，要有使命感。筹备组成员在集团组建期间已任职务不变、各种关系不转。这是考虑到工作交接和任免干部要经过规定程序，不得有临时思想，要真正负起责任来。

（5）交通部部内有关司局要按照各自的职责分工，协助筹备组工作，帮助解决工作中的困难和问题。

（6）上海海运（集团）公司为上市公司海兴公司的主要股东，处理好中国海运、上海海运集团和海兴公司三者之间的关系是重要而敏感的问题，交通部体法司要协助筹备组组织专题调研，提出可行性方案。

（7）广州海运（集团）公司是经国家经贸委选定的现代企业制度百家试点企业之一，要妥善处理好中国海运集团与广州海运集团进行现代企业制度试点涉及的投资主体、监事会组成、《试点方案》等方面的关系。

（三）新集团的筹备过程

中国海运集团筹备组于 1997 年 1 月 3 日上午召开了第一次全体会议，安排组建中国海运集团的具体工作计划。

会上，刘松金副部长做了会议小结并明确了以下事项：

一是宣布组建中国海运集团领导小组名单。组长：刘松金；副组长：胡汉湘、张富生；组员：胡景禄、李庆轩、付国民、刘鹏、何捷、李浩、李克麟、戴金象。各有关司局另指定一名处级干部为联系人。

二是由交通部体法司、水运司共同研究，拟定中国海运集团筹备组的职责，明确目标，做好有关各项筹备工作。

三是确定筹备组工作期限为1997年1月1日至6月30日。

自此，在交通部具体领导下，中国海运集团筹备组工作正式启动，办公地点设在大连海运集团驻北京办事处内。同时，交通部大楼二层安排222房间作为筹备组与交通部的联系办公用房。筹备工作具体如下：

（1）成立四个临时工作组，即综合组、财务组、行政组和人事组。综合组负责办理新集团注册登记、新集团成立有关文件、规章制度编写以及日常事务工作，组长由李克麟担任，副组长由张建华担任。财务组负责开办费预算、资产清理、财务制度制定等，组长由吴中校担任。行政组负责开业前办公楼布置、装修、抽调人员户口及住房等事宜，组长由李绍德担任。人事组负责新集团成立之后的机构设置、人员及干部选配，组长由戴金象担任。

（2）资产产权变更与新集团的注册。在交通部的具体指导下，筹备组首先进行了资产的产权变更，确立了中国海运（集团）总公司的经营范围，交通部体法司于1997年3月31日发文批复同意。此前，根据国家有关规定，新成立的公司不能以“中国”冠名。于是，交通部将在北京的中国海员技术服务公司改名为中国海运集团总公司，而原中国海员技术服务公司则重新注册为中海海员技术服务公司。同时明确，中国海运集团的核心企业是中国海运集团总公司，英文名为China（Shipping）Group Company，缩写为CSCO，在上海注册。1996年11月4日，国家经济贸易委员会《关于同意成立中海集团的批复》称：“同意中国海员对外技术服务公司更名为中国海运（集团）总公司并以该公司为核心企业组建中海集团”。

（3）对五家企业特别是三大海运集团展开调研。自1997年3月起，筹备组在北京集中听取了五家公司的专题情况汇报。主要听取了各家公司的经营、管理、资产、人员等情况。从3月17日至4月初，筹备组先后到上海、广州、大连三大海运集团公司进行了实地考察和调研，并专程拜访了上海市人民政府交通办公室、广东省经委和广州市交委、大连市人民政府，就中国海运集团的组建和筹备情况向他们作了通报，以期取得支持与合作。

（4）在广大干部群众中开展思想动员工作。针对五家企业干部职工中存在的各种担心和思想疑虑，结合企业实地调研，筹备组分别在沪、穗、连三地召开处以上干部会议，广泛进行思想动员，着重阐明组建中国海运集团的目的和意义，分析新集团发展前景，通报新集团筹建进度，对广大干部群众提出了筹备过程中不断不乱的工作要求。从总体情况看，整个系统的广大干部和职工思想是比较稳定的，对组建新集团是积极支持的。他们在对新集团组建意义有了积极认识的基础上，还对改革重组提出许多好的意见和建议。

（5）确定了新集团总部机关的机构设置和干部配置。经筹备组研究讨论，新集团总部机关行政共设置 7 个部，即总裁事务部、运输部、人事部、计财部、企管部、发展部、监审部；党群共设 3 个部和 1 个工会办公室，3 个部分别是党委办公室、组织部、宣传部。在部的建制下共设置 23 个处。总计需配备干部人数为 167 人。根据计划，总部部一级干部 5 月 4 日前到位，处一级干部 5 月中旬到位，处以下干部职工 6 月全部到位。

（6）做好总部向上海迁移的准备工作，包括新集团总部办公用房的装修以及外地调沪干部住房选定等。其中，总部办公用房的装修明确在 1997 年 6 月 15 日前完工，外地调沪干部住房在 6 月前选定。总部主要人员（即筹备组主要人员）从 6 月上旬开始分批从北京向上海迁移，以保证 7 月 1 日在上海开始正式办公。

三、中国海运（集团）总公司的成立

1997 年 7 月 1 日，交通部直属上海海运、广州海运、大连海运与中国海员对外技术服务公司、中交船业公司共同组建的中国海运集团正式在上海成立。新集团大楼地址为上海市虹口区东大名路 700 号。原先由上海、广州、大连海运集团公司三分天下的区域性经营模式被彻底打破，一个新型的以资本为纽带、市场为导向、效益为中心的跨地区、跨行业、跨所有制和跨国经营的海运大集团应运而生。

新组建的中国海运集团是继中国远洋、长航集团两大集团组建后我国水运业又一“中”字号的国有大型航运企业集团。随着中国海运集团的组建，部直属的航运企业除黑龙江航运公司外，已基本完成集团化的重组归并，形成了以远洋运输为主的中远集团、以沿海运输为主的中海集团和以长江内河运输为主的长航集团“三足鼎立”的基本格局。三大航运集团作为国家主力船队的重要地位业已确定，总运力达 2800 万载重吨，占全国水上运力的 56%。

成立之初的中国海运集团呈现以下几个特点：

一是综合实力比较雄厚。成立之初，集团拥有资产总额 251.4 亿元。其中，流动资产 54.5 亿元，占总资产的 21.7%；长期投资 10.1 亿元，占总资产 4 %；固定资产 185.6 亿元，占总资产的 73.9 %；负债总额 155.4 亿元，资产负债率 61.8%；净资产 96 亿元。1996 年主营业务收入 64 亿元。

二是海上运输能力较强。成立之初，集团共有海上运输船舶 413 艘，从事的航区以沿海为主。其中，客轮 44 艘，货轮 262 艘，油轮 107 艘，共计载重吨 836.7 万吨（其中载货吨 746.5 万吨）、载客量 3.2 万人。船舶类型中，客船有高速、客箱、客滚、客货船，货船有集装箱、多用途、散货、杂货、自卸、顶推船，油船有化学品、成品油、原油船。船队平均船龄 14.4 年。1996 年完成客运量 691 万人次、旅客周转量 95.8 亿人海里，完成货运量 1.45 亿吨，货物周转量 1826.5 亿吨海里。

三是有一支规模较大、素质较高的职工队伍。截至 1996 年年底，新集团共有在职职工 46534 名、离退休职工 9226 名，两者合计 55760 名。在职人员与离退人员的比例为 5.04 ：1。在职职工中，干部 19670 名，占总数的 42.3%；工人 26864 名，占总数的 57.7%。在干部中，专业技术干部 15889 名，占干部总数的 80%。船舶船员（不计港作船

船员）25559 名，占在职职工总数的 55%；其中干部船员 9949 名，船长 692 名，轮机长 685 名。

四是初步形成以航运为主、多元化经营的格局。新集团除航运业以外，还有其他多元化业务。其中比较有优势的是修船业，总资产约 12.4 亿元，1996 年利润总计为 4170 万元。同时，贸易、船代、货代、通信、房地产、燃物料供应、对外技术服务、教育培训等都形成了一定的规模，且大多数业务保持盈利。

1997 年 7 月 2 日，新集团召开成立大会（图 1–1）。集团总裁李克麟发表讲话，强调组建中国海运集团的重要意义，分析国内国际经济与市场形势，提出新集团未来的发展思路以及做好下一步工作的具体要求。他在讲话中说："组建中国海运集团就是要发挥集团的整体优势，通过对集团的生产要素和资源重新进行合理组织和配置，使资源在整个集团范围内达到优化配置；组建中国海运集团就是要发挥规模经济效益，达到降低成本、提高服务质量、增强集团竞争力之目的；组建中国海运集团就是要按照现代企业制度的要求，对所属各公司的管理体制、经营业务加以梳理并理顺。"据此，他提出下一步发展思路，主要包括四个方面：一是实行规模化、专业化、集约化经营；二是实施航运为主、多业并举的多元化战略；三是尽快在集团内建立起现代企业制度；四是积极进行资本运作。

1997 年 8 月 18 日 18 时，中国海运（集团）总公司在上海市银河宾馆举行成立庆典活动。交通部副部长刘松金、上海市副市长夏克强为中国海运集团成立揭牌。如图 1–2 所示。

图 1–1　1997 年 7 月 2 日，中国海运（集团）总公司召开成立大会。

图 1–2　1997 年 8 月 18 日，中国海运（集团）总公司在上海银河宾馆举行成立庆典活动。

庆典活动由五部分组成：一是召开干部大会，集团总部和下属单位干部共计 520 人参加，听取交通部副部长刘松金的讲话。二是举行升旗仪式，18 日上午，中国海运的司旗冉冉升起，标志着近 5 万名干部职工在 CHINA SHIPPING 的旗帜下将励精图治，创造辉煌。三是举办商务洽谈活动，集团各单位利用客户与来宾参加庆典活动之机，广泛深入沟通，洽谈合作意向。四是举行新闻发布会，通过新闻媒体宣传新集团，打造新集团的新形象，扩大新集团的影响力。五是举行隆重的庆典招待会，广交全球各地各界朋友，为企业发展营造良好氛围。

此次庆典活动规模大，规格高，关注度强。有 850 多名中外来宾参加庆典活动，250 家单位和个人送来鲜花、发来贺信与贺电，近 30 家主流媒体对中国海运集团的庆典活动进行了报道。国务院副总理吴邦国、国务院副总理邹家华、全国人大常委会副委员长王光英为集团成立专门题词。吴邦国还题写了“中国海运（集团）总公司”的司牌。交通部部长黄镇东、副部长刘松金、副部长洪善祥出席庆典仪式。上海市委书记黄菊、上海市市长徐匡迪分别为新集团成立写了贺信，题了词。

刘松金在成立大会上发表长篇讲话，肯定了新集团前期的筹建工作，分析了新集团面临的机遇和挑战，对下一步做好新集团工作提出六点意见：一是认真研究制定集团发展战略；二是强化集团意识，规范集团行为，发挥集团优势；三是在高起点上推进改革；四是加强领导班子和干部队伍建设；五是从加强管理基础入手，切实加强企业管理；六是认真处理好企业内外部关系。

四、确定新集团的未来发展战略与发展方向

1998 年 2 月 9—11 日，中国海运集团成立以来首次年度工作会议在北京隆重召开。此次工作会议地点选在北京，主要考虑新集团的首次工作会议需邀请许多帮助筹建新集团的交通部等国务院部委有关领导和嘉宾。交通部部长黄镇东、副部长刘松金、副部长洪善祥以及 13 位司局级领导到会表示祝贺。黄镇东和刘松金在会上分别作了热情洋溢的讲话，充分肯定中国海运集团成立半年来的成绩，并宣布将中国海运集团作为交通部抓大放小突破口的决定。会上，集团总裁李克麟作了题为《沿着党的十五大指引的方向，抓住新机遇，迈向新世纪，开创中海事业辉煌明天》的工作报告。集团党委书记戴金象作了总结讲话。会议期间，副总裁李绍德受总裁李克麟的委托，与集团所属的上海海运、广州海运、大连海运、中海集运、中海油运、中海对外技术服务、中海国际贸易、中海船务等 11 家公司分别签订了 1998 年生产经营目标责任书。按照责任书上所定的目标，1998 年要实现扭亏为盈（不包括处置资产的收入），目标定得很高。李克麟说：“各家想摘到这个果子不仅要跳，而且必须跳得很高。”参加这次工作会议的中海所属一、二级子公司的党政工领导共 86 人。会议期间，与会代表围绕加强管理、控制成本、加大市场运作力度、巩固和扩大航运市场份额、增强集团意识、发挥集团整体优势、实现当年“管理效益年”的目标等 11 个问题，结合各自单位的实际情况进行了讨论。与会代表还利用中午、晚上等空余时间召开货运改革发展等专题工作会。会议期间，中海发展股份有限公司油轮公司、中海海员对外技术服务公司、中海集团国际贸易有限公司还在北京昆仑饭店举行了开业庆典仪式。

李克麟在 1998 年工作报告中，回顾总结了 1997 年下半年的工作，提出了 1998 年度工作要求，同时发布了新集团的发展战略、经营方针和 2000 年、2005 年发展目标。

（一）确定中国海运集团的发展战略

新集团的发展战略为：抓住沿海，拓展远洋；一业为主，多元发展。

抓住沿海，拓展远洋，是中海集团发展战略中方向性的战略定位。沿海运输是中海集团经营的基本市场，远洋运输是中海集团发展的潜在市场。抓住沿海，集团根本利益就有

了保证，主力船队就有了可靠的“根据地”，拓展远洋就有了依托：远洋运输是集团要拓展的主要市场，且不再是沿海运输的一种补充，而将与沿海运输一样在集团发展过程中具有同等重要的地位和作用。中国海运集团八年发展规划能否实现，在很大程度上将取决于远洋运输业的发展。抓住沿海，拓展远洋，就是集团把经营的重点放在航运主业上，一手抓沿海，一手抓远洋；紧紧抓住油运、煤运等大宗物资的运输，培育和发展集装箱运输，优化客运，拓展特种运输。

一业为主，多元发展，是集团发展战略中根本性的产业政策。一业为主，就是以航运为主业，使航运业在集团的发展战略中占有绝对重要的地位；但是，由于航运业是一个高投入、高风险、低回报的产业，受世界经济影响较大，市场的竞争越来越激烈，所以必须依托航运主业的优势，慎重地在其他相关的优势产业和项目上实行适度的、优质的多元发展，以降低航运风险，积极培育和形成工业、贸易、货代、船代、劳务、通信、旅游、海外、金融等多元化产业，尽早形成规模效应，发挥企业综合优势和实现规模效益，形成有中海特色的多元产业结构和经济体系。

（二）确立新集团的经营方针

根据企业发展战略，中国海运集团的经营方针是：以效益为中心，市场为导向；以生产经营为基础，资产经营为手段；以优质服务为宗旨，加强管理为保证，实现资产规模化、经营专业化、效益最佳化、管理现代化的目标。

以效益为中心，是由企业的经济性质所决定的。集团的主要症结是企业经营亏损。解决这一问题的根本出路，就是大力发展生产，提高企业的经济效益。因此必须把提高经济效益作为一切经济行为和经济活动的核心和出发点，凡是有利于经济效益提高的都必须坚决执行；相反都应该被否定和制止。以效益为中心，是检验集团经济工作的客观标准，任何时候都不能动摇。市场为导向，是市场经济对企业经营的客观要求。导向问题，就是一个方向问题，就是要求企业的经营方向以市场为本。一方面要抓住已有的市场，适应市场的需要，保持较好的市场占有率；另一方面要研究市场，开拓市场，扩大市场占有率。任何脱离市场，违背市场经济规律，仍然沿用计划经济的做法，都是不符合集团根本利益的。

以生产经营为基础，是中国海运集团发展状况所决定的。集团最大的实际，就是海上运输生产，其主要资产、从业人员、经营优势、经济效益都是在海上运输生产上，同时在与运输生产相关的陆上产业中也有许多重要的生产经营项目和业务。因此抓好集团各方面的生产经营，尤其是抓好运输生产经营，是做好各项工作的基础。任何时候、任何情况下，生产经营都不能有丝毫的放松，这是企业生存的基础。资本经营是中国海运集团优势的体现和企业发展的有效途径。资本经营作为现代企业发展的一种有效手段，已经被实践所证明。集团要实现自己的战略发展目标，也需进行资本经营运作。集团的资产规模、资金优势，已经具备了资本经营条件。对资本经营的定位是，以生产经营为基础，依托于生产经营开展资本经营；同时必须以适度规模为原则，以规避风险、慎重运作、效益第一为前提。

以优质服务为宗旨，是经营的取胜之道。市场经营的竞争，从内容上讲，是实力、价格、服务的竞争。而在这三个方面，服务竞争在通常的情况下起着决定的作用。运输企业本身是一个服务企业，服务如果不是优质的，实力再强，价格再便宜，照样不会被市场选择。因此，这类企业必须坚持优质服务的宗旨，提供安全、诚信、周到、及时的服务。加强管理为保证，是企业适应市场，实现经营目标的主观要求。管理之所以是经营的保证，是因为现代化的、科学的、严格的管理可以保证经营方针得到最有效的贯彻和实施。现代企业的发展历史证明：成功的经营必然以最现代化管理为基础。

（三）确立 2000 年和 2005 年发展目标

中国海运集团到 2000 年，基本形成以航运为主业，以多元发展为产业的规模化经营、专业化分工、集约化发展的格局：总资产大幅度增长；总收入力争达到 130 亿元以上；企业的经济效益在 1998 年实现扭亏为盈的基础上，进一步得到提高；职工的收入随着经济效益的提高不断得到改善，经济体制和经济增长方式基本上完成两个根本性转变，建立起适合社会主义市场经济需要的经营管理体制和机制，初步建设成为符合现代企业制度的国有大型企业集团。

中国海运集团到 2005 年要建设成为一个跨地区、跨行业、跨所有制、跨国经营的企业集团；在航运业有较大发展的同时，形成产业结构比较合理、产业门类配置优化、产业优势综合互补、产业效益明显提高的完善的经营格局；总资产、总收入力争比 2000 年年末翻一番；企业的经济效益要有明显的提高；职工收入达到较高水平。中海集团要发展成为国际上有重要影响的航运企业，并为后十年的发展打下一个坚实的基础。

思路决定出路，起点决定全程。这些战略的制定，决定了中国海运后来的成长轨迹和命运，成为企业发展的关键要素。

五、李克麟与他的“世界一流梦”

李克麟，1942 年 9 月生于浙江镇海。1961—1980 年，分别在上海海运局和上海远洋公司从事船员工作，从船舶报务员做起，最后升任远洋船长。1983 年 9 月，任上海远洋运输公司经理。1993 年 7 月，任中国远洋运输（集团）总公司副总裁。1997 年 7 月，任中国海运（集团）总公司总裁。2018 年 2 月因病逝世，享年 76 岁。

李克麟从筹建中国海运集团那天起，心中就有一个打造世界一流航运企业的梦想。他心目中的中国海运集团应该是一家在全球竞技场上实力强劲、品牌卓越的大型企业集团。然而，他正式提出把中国海运打造成世界一流航运企业的战略目标还是在 2004 年。从 1997 年到 2004 年，这 7 年的时间里，他考虑中国海运初创期的综合实力与心中的图景相差太远，并按照自己“世界一流梦”的路线图确定下了发展时间表。

可以说，“世界一流梦”是他不竭的动力，是他不忘的初衷。从推行改革重组到全力发展集装箱业务，从奋力开拓国际市场到着力推行集约化管理模式；都是他的圆梦行动。

（一）改革重组：为“世界一流梦”夯实基础

组建初期，中国海运集团的实际状况与李克麟的“世界一流梦”还有太大差距。虽然组建后的新集团有一定的综合经济实力，有较强的海上运输能力，也初步形成了航运为主、多元经营的产业格局，但也存在明显的短板。集团是一家亏损企业，将原来五家企业的效益累加，1996 年总共亏损 7.08 亿元。长期在计划经济体制下进行生产和管理，原三家海运公司的运输生产主要依赖于计划经济体制的保护，在市场上缺乏竞争力。此外，船队不仅船龄老、吨位小，且经营非常分散。组建初期的中国海运系统内，共有 41 家船公司，在市场竞争力、资金实力上都形不成规模优势。

思进先思改。李克麟深深感到，若把“世界一流梦”建立在上述基础上是不可能圆梦的，必须要花大力气先行改革。

改革犹如一场战争，没有敌人却有对手，对手就是自身；没有战火却需浴火，浴火才能重生。中国海运初创期的改革就是凤凰涅槃，雄鹰换羽，要拿出敢为天下先的精气神、披荆斩棘的攻坚力、善作善成的真本领。

李克麟在中国海运集团推行的改革，可用大刀阔斧来形容。其推动力度之大，推进步伐之快，触及利益之深，影响范围之广，都是令人赞叹的。

改革是企业未来发展的关键，只许成功，不许失败。为此，他首先确定了改革的三项原则：一是积极稳妥的原则，强调改革方案要考虑周全，既要积极进取也要保持稳定；二是发挥集团与子公司两个积极性的原则，坚持谁投资、谁得益，确保责权利统一；三是以提高经济效益为中心的原则，改革的结果以能否取得良好经济效益为最重要的评价标准。

在他改革的大棋局中，有几个关键棋子，也即关键的改革大项，决定了集团的新走向与新格局，甚至影响了整个中国航运业的基本格局，也为他的“世界一流梦”奠定了坚实基础。

一是实施专业化整合。在李克麟的大力推动下，中国海运集团按照“规模化、专业化、集约化”的原则，进行了以资产重组、结构调整为重点的内部资源整合重组，实施了“集中经营、分级管理”的运营框架，先后组建了油运、货运、集装箱运输、客运与特种运输五大专业船公司，同时组建了物流、劳务、工业、电信、供贸、国贸、投资、仓储、码头、空运 10 个陆上专业公司。由此，中国海运也开始成为一个跨地域、跨行业的大型航运企业集团。

二是推行“六个统一”。即统一计划、统一经营、统一对外、统一调度、统一核算、统一收支，是针对当时经营管理分散状况提出来的管理原则。其抓手则是实施规范的公司制改造，按照现代企业制度建立母子公司架构体制。集团在这一原则下成立的资金结算中心是一大突出亮点。集团结算中心每年的资金结算超过 3000 亿元，形成了强有力的资金规模优势，有效节约了资金成本，大大提高了集团的资金使用效率。

三是上市公司改组。李克麟的基本思路是：盘活存量，优化增量，为企业改革发展解决“钱从何来”的问题。在他的推动下，中海原两家上市公司，即上海海兴公司和海南海盛公司，由子公司控股划转集团直接控股，并分别更名为中海发展股份有限公司和中海海盛股份有限公司。此后，根据改组目标，将原成员单位主体资产逐步进行专业化重组，更名后的两家上市公司以配、扩股方式逐步将重组后的专业公司吸纳入盘，实施集约化管理。

四是船员管理资源整合。李克麟发现，原有的船员管理是一种分散的低效的管理，即每家船公司均各自拥有并管理船员，是一个封闭的自给自足的模式。为了强化专业船公司的经营管理职能，使船公司摆脱沉重的船员管理日常事务和人事管理，集中精力搞经营，提高市场竞争力，他决定整合船员管理资源。于是，一种新的管理模式随之诞生，即成立船员管理公司，统一管理船员的调配、晋升、考核、培训、分配和劳务外派，船公司与船员公司按照“船舷为界”的分工原则，建立起一套全新的高效率的运行机制。

（二）发展集装箱：为“世界一流梦”扬帆远航

平心而论，组建初期的中国海运集团并没有发展集装箱运输业务的优势。论船队，只有不到10艘小型集装箱船，单船载箱量仅有300TEU有余。论航线，主要还是局限于沿海内贸市场。论人才，有关集装箱运输的经营管理人才更是捉襟见肘。这样的条件且不说与世界一流的大型班轮公司比较，就是与国内的中远集团集装箱业务实力比较，也要差好几个档次。中远当时已经拥有几十艘第三代、第四代大型集装箱船，在全球的网络布局已经基本完善。

与油轮、干散货运输比较，集装箱运输具有投资数额大、管理复杂程度高的特点。鉴于在中国海运集团组建初期的条件下发展集装箱存在很大风险，上级主管部门并不支持李克麟发展集装箱业务。在集团内部，不少干部职工对发展集装箱也持反对态度，认为这样做是放弃油轮、干散货的传统优势，拿自己的短处去跟人家竞争，结果肯定是失败的。

究竟要不要发展集装箱业务？新组建的中国海运集团处于关键的十字路口，面临严峻的选择。

李克麟的选项是：大力发展集装箱业务，毫不犹豫。他的态度是：有条件要上，没有条件创造条件也要上。

面对企业内外的反对声音，面对如此薄弱的基础条件，李克麟为何如此执着、义无反顾？他的动力在哪里？他的自信心又来自何方？

说动力，还是源于他的“世界一流梦”。他认为，要把中国海运打造成一个世界一流航运企业，就必须抓住全球航运业发展大趋势，而集装箱运输正是代表了全球航运业的发展方向。

论自信，则源于他在集装箱经营业务上有着丰富的经验，源于他的管理智慧和专业才能。李克麟曾被人们称之为“中国集装箱之父”。早在20世纪70年代，他在远航途中发现多国采用集装箱运输，回国看到货物仍装入纸箱、叠堆在托盘上再吊进船舱，装卸一艘万吨船至少要二三十天，遂决心改变落后的状况。1983年，他在上海远洋运输公司任职总经理期间，率先组建“环太平洋集装箱支线网络”，大力发展集装箱运输，并将中国集装箱船队打入国际市场。公司效益因而翻倍增长，当年便名列交通部运输企业第一名。在他的带领下，中远（实际也是整个中国）的集装箱班轮运输业务从无到有、从弱到强。

在中国海运是否发展集装箱问题上，许多人看到的是风险，是挑战。而李克麟则与众不同，他看到风险与挑战的同时，更看到了机遇。在一次中海集运公司召开的讨论会上，李克麟谈道：看看中国沿海地区“两头在外、大进大出”的经济发展模式，再看看中国港口集装箱吞吐量连年大幅度上涨的势头，可以断定，这是我们发展集装箱班轮业务黄金期。这个千载难逢的好机会，你不抓就拱手让给别人了。尽管我们起步晚、底子薄、实力弱，外部市场竞争也十分激烈，但只要大家坚定信心，抓住机遇，照样会大有作为的。

征途处处有起点，只要心中有梦，再晚的出发都不算晚。

李克麟经常告诉大家，要少空谈，多务实。这是他做人的风格，也是他管理的风格。在发展集装箱运输的工作中，面对集团起步晚、起点低的问题，他以只争朝夕的精神，不断加快建设步伐，向市场抢时间，靠打拼抢速度。他给集运发展提出了近期目标和长期目标，这是他“世界一流梦”时间表、路线图中最重要的部分。他在 1998 年提出的近期目标是，到 2000 年要基本完善沿海及近洋航线网络布局，公司的重箱运量超过 100 万 TEU，同时涉足国际集装箱三大干线；到 2005 年要进入世界十大班轮公司行列。按照这样的时间表，每周上五天班是不够的。于是，在他的带领下，中海集运的中层以上干部每周六都要参加公司召开的业务研讨会。这无数个“5+2”“白 + 黑”串起来，就是他与时间赛跑的生命轨迹，就是他“世界一流梦”的路线图。

李克麟管理企业以铁腕著称。他强力正风肃纪，强力从严治企，强力管控成本，强力抓工作效率。而在这铁腕背后，支撑他的则是一定要将集装箱运输搞上去的“精气神”，是一定要实现的“世界一流梦”。可以说，对于发展集装箱运输业务，他已经达到了忘我的境界。他坚持每天下午准时听有关集装箱运输的工作汇报，研究布置运输生产，即使是 2003 年“非典”期间也不例外。他给自己做了规定，每天下午 4 时半，不管在哪里，不管多忙，都必须看到当天集装箱船舶在全球各港口的“预配表”。由于当时信息系统尚处于建设期，这个“预配表”是纸质的，有时多达 200 余页，他翻看这个表少则 2—3 遍，多则 10 余遍，每日如此。他说，通过“预配表”不仅能了解船舶装载情况，而且也为判断市场变化提供基础信息。在李克麟言传身教与影响下，中海集运一批年轻人迅速成长，成为集装箱运输业务的行家里手。

李克麟认为，跨越式发展集装箱运输业务，就是一场紧张激烈、规模浩大的战争。要夺取战争的胜利，就必须攻下一个又一个隘口，打赢一个又一个战役。

第一个战役，“货”改“集”。面对集装箱船队运力规模太小、造船周期长且融资有限的重重困难，李克麟采取了一个低成本扩张策略。用不到半年时间，集团先后完成了将中海货运 22 艘吨位小、油耗高、不适应市场需求的货轮改造成集装箱船的任务。这样，在极短的时间内，就使中海集运的集装箱船运力迅速上升。“货”改“集”更实现了“一举多得”，除快速扩张集装箱船队，还拉升了集团内修造船业的发展，解决了集团干散货船队过剩运力的出路问题，同时还解决了富余船员的上岗就业问题。

第二个战役，低成本租船。受亚洲金融危机影响，2000 年前后航运市场持续低迷，与之相关的租船市场也很不景气。李克麟认为，这正是低租金租船的最佳时机。为此，在他的推动下，中海集运开始大量租入船舶，快速扩大船队规模。仅 1998 年，就以很低价格一口气租入 25 艘集装箱船。2000 年，又以长期租约租入 25 艘船舶，其中不乏 5600TEU 大型集装箱船。

第三个战役，提前进入干线。李克麟最初设计的时间表是在 2000 年前进入国际班轮三大干线，但在他快马加鞭的推动下，中海集运于 1999 年上半年就开始涉足三大干线。1999 年 4 月 15 日，中海集运开辟了首条远东—欧洲集装箱班轮航线，共投入 9 艘 2000—3000TEU 的全集装箱船。此后，远东—地中海和远东—北美航线也相继开通。在不到三年的时间里，中海集运公司就从 5 艘小船起步的名不见经传的小企业，快速发展成与国际一流班轮公司同台竞技的大型班轮公司。

第四个战役，变美西大罢工之危机为机遇。干事创业不会一帆风顺，这似乎成为一条铁律。正当中海集运攻克一道道难关，打赢一个个战役，进而大踏步地前行之际，一个大的打击从天而降。2002 年国际集装箱市场运价大幅下滑，给势头正旺的中海集运当头一棒，也给李克麟的集装箱运输发展战略以及他的“世界一流梦”泼了一盆冷水。极度低迷的运价使中海集运陷入了财务困境，进而也拖累了整个中国海运集团。雪上加霜的是，下半年美西大罢工又让美西船舶压港严重。然而，透过危机，李克麟看到的则是机遇。凭着对市场灵敏的嗅觉，他判断罢工结束后运价会大涨。于是，一方面把准市场节奏，调整美西运力；另一方面又抓紧定制箱子。果然，美西罢工结束后的市场走势和美西码头对箱子的井喷式需求，都在李克麟的预料之中。在短短几个月的时间内，中海集运就盈利 6 个多亿，成为美西大罢工事件中唯一获利颇丰的班轮公司。中海集运也由此迅速摆脱困境，实现扭亏为盈。

第五个战役，推动集运上市。中海集运上市，不仅拓宽了公司融资的渠道，更为打造企业国际化品牌形象、践行“世界一流梦”创造有利条件。2004 年 6 月 16 日，中海集装箱运输股份有限公司在香港联交所主板挂牌上市。挂牌当日，香港联交所为中海集运举行上市仪式。李克麟在交易大厅发表新闻讲话，并向香港联交所赠送了印有“CHINA SHIPPING LINE”字样的集装箱船模（图 1–3）。为确保中海集运顺利上市，李克麟以集团总裁身份在全球进行了 32 天的路演，历经东南亚、欧洲、美洲近 20 个国家和地区，受到了众多投资机构、策略投资者和其他投资者的关注。

图 1–3　2004 年 6 月 16 日，中海集运在香港联交所挂牌上市，中国海运集团总裁李克麟参加上市仪式。

没有比人更高的山，没有比脚更长的路。李克麟把生命放在事业征途上，让“世界一流梦”做强大引擎，让勇气、智慧和耐力决定道路的宽窄和长短。到 2005 年，中国海运的集装箱运输业务已经令人刮目相看。其航线已基本覆盖了全球；其运力规模不仅进入世界十大班轮公司之列，且在 2005 年排名第 6 位。在发展集装箱运输业务上，中海的“蝶变”之快、之大，令世人惊叹不已。李克麟也在中国及世界航运史上创造了一个“中海奇迹”，同时也创造了一个“中国奇迹”。

（三）国际化改造：为“世界一流梦”拓宽道路

李克麟清楚地知道，要使中国海运集团实现“世界一流梦”，就不可能不拓展国际化经营。因为航运业本身就是一个开放性、国际性很强的行业，中国海运作为一家以航运为主业的企业集团，推行国际化战略，从沿海运输向国际化经营转变乃是企业发展的必由之路。

中国推行市场经济特别是加入 WTO 以后，国有企业面临的是一个全新的环境，有更加开放的全球市场造就的现实机遇，更有与众多国际知名企业同台竞争而引致的严峻挑战。现实地看，不论企业是否“走出去”，都必须面对全球经济一体化大潮，即使是在自己的国土上也要与世界一流企业展开一场“世界大战”。在这样的形势下，以沿海运输为传统优势的中国海运集团面临的是一个“国际化改造”的历史命题。

李克麟经常告诉大家，现在的中国市场对国际是开放的，国际市场对中国也是开放的。从这个角度看，我们的市场不是变小了，而是扩大了。关键的问题是，当国际上的一流企业对我们市场完全读懂、读透后，我们对全球市场、对国际游戏规则、对未来走势知道多少？我们拿什么赢得未来？可以肯定地说，传统的观念不行，国内眼光也不行，需要有国际化的视野、国际化的竞争力。

为此，李克麟推行了他的“国际化改造”三部曲。

一是制定国际化战略，这是“国际化改造”的出发点。

李克麟始终强调，5 家企业合并不是简单相加，不是只做加法，而是必须做乘法，有一个放大的乘数效应。而要有这个乘数效应，集团必须有新定位、新战略。因此，李克麟把企业战略放在首位。在新集团筹备期间，李克麟就已经考虑企业战略问题。集团刚一挂牌，就着手抓战略规划。1997 年，集团制定了 2000 年、2005 年的发展规划，确立了“抓住沿海、发展远洋”的发展战略。

1998 年 2 月 9 日，中国海运集团召开年度工作会议。李克麟作总裁工作报告。他在报告中说：抓住沿海，拓展远洋，是中海集团发展战略中方向性的战略定位。而远洋运输是中海集团要拓展的主要市场，且不再是沿海运输的一种补充。中国海运集团八年发展规划能否实现，主要取决于远洋运输业的发展。在讲话中，他又进一步描绘出 2005 年的发展图景：到 2005 年，中国海运集团“要建设成为一个跨地区、跨行业、跨所有制、跨国经营的企业集团”，要“成为国际上有重要影响的航运企业”。应该说，这是他对“世界一流梦”一次较为清晰的公开表述。

二是建设国际化网络，这是“国际化改造”的着力点。

国际化网络布局是开拓国际化业务的基础工作。集团成立的第一家海外公司是中国海运（日本）株式会社，于 1997 年 10 月 14 日成立。在随后的 1998 年，又组建香港控股公司、新加坡控股公司及澳大利亚代理公司。1999 年组建中国海运（韩国）株式会社和欧洲控股公司。2000 年，成立北美控股公司。至此，一个覆盖全球主要航线的国际化网络已初步形成。到 2005 年，集团的境外企业总数已超过 90 家，境外产业实现利润在集团的占比达到 50%。中国海运集团已不再是一个传统的单纯的沿海运输企业，而是一家具有较强国际化经营实力的大型航运企业集团。

三是培育国际化人才，这是“国际化改造”的根本点。

十年树木，百年树人。与制定国际化战略、建设国际化网络比较，打造国际化人才队伍是一项更为艰巨、更为复杂的工作。对此，李克麟强调，要花大力气建设国际化人才队伍。这些国际化人才要具备宽广的国际化视野和强烈的创新意识、开拓意识，具备很强的跨文化沟通与融入能力，具备国际化水平的专业业务能力，要在全球化竞争中善于把握机遇、赢得机遇。他还强调，要培养一大批了解国际市场经济规律、懂得国际运作惯例、掌握先进管理技能的高级经营管理人才，要建立和营造留住人才、吸引人才、充分发挥各种人才聪明智慧的氛围和机制，以适应中国海运集团的国际化经营需要。从境外企业本土化方式聘用国际化人才到不拘一格招聘外籍船长驾驶中海超大型集装箱船，从举办国际化人才培训班到明确驻外干部选拔标准，从规范驻外干部薪酬管理到严格落实驻外干部任期制，在李克麟的一手推动下，一项项国际化人才建设举措和机制逐步推出，一个个国际化人才培养与管理制度逐步完善。

李克麟于 2006 年 5 月卸任中国海运集团总裁一职。虽然他仅仅是为“世界一流梦”打了个基础，但正是有了这样的良好基础，有了这样的不竭动力，有了这样的宏伟目标，才激励中国海运在动荡变化的经济与市场环境中砥砺奋进、笃定前行，才使得“China shipping”的品牌在世界舞台上越叫越响，也才使得集团距离世界一流企业目标渐行渐近。

第三节　新集团的改革与整合

中国海运集团成立之后，即着手启动企业改革工作。首先成立了集团改革领导小组，组长由总裁李克麟担任，副组长由党委书记戴金象、副总裁李绍德担任。改革领导小组负责整个集团的改革工作。领导小组下设改革工作办公室，负责集团改革的日常事务与综合协调。改革办公室根据需要成立以总部有关职能部室职责为主要内容的专项课题组，课题组组长则由相关职能部室的负责人担任。

集团确定了企业改革的基本目标：通过改革，确立适应社会主义市场经济的体制机制和经济增长方式，建立符合国家要求、符合集团发展实际的现代企业制度。

一、确立改革重组的“六个统一”原则

中国海运是新集团老企业，原先三大海运集团的历史都比较长，受计划经济影响比较深，开展市场化经营比较晚，市场经济经验不多。鉴于此，集团成立之初深化改革的切入点就是转变观念，适应市场经济新变化、新要求。

究竟采取什么样的发展思路，在新成立不久的中国海运集团中存在两种较大的争议：一种是在集团成立以前管理模式框架的基础上，以区域管理为主进行调整；另一种是打破区域管理模式，按照业务分类进行专业化重组整合。就改革的难易程度和风险大小而言，前一种改革思路简单易行，风险较小，有利于重组整合后的平稳过渡，特别是有利于处于困境中企业干部职工队伍的稳定。然而，这种重组方式不是真正的改革，仅仅是在原有基础上进行简单的物理相加。这样的重组只能产生量变，却难以产生质变。

1997 年 7 月 2 日，在中国海运召开的成立大会上，中国海运提出了改革三原则：积极稳妥的原则；发挥母子公司两个积极性的原则；以市场为导向、效益为中心的原则。

根据上述改革原则，集团的首要任务就是彻底摆脱计划经济时代形成的观念，调整和解决与资产重组不相适应的企业制度和治理结构，对业务与财务进行重组整合，理顺集团内部的关系，建立起母子公司运行体制，逐步强化集团自身的功能建设。同时根据财政部、国家经贸委下发的企业集团资本金管理办法，集团研究和探讨国家出资和企业法人财产权的关系，解决下属单位在资产重组整合中的有关遗留问题，规范以资本和产权为主要连接纽带的母子公司体制，调整、完善法人治理机制；加强专业公司董事会制度建设，发挥董事会决策作用。

自 1997 年 11 月到 1998 年 2 月，中国海运依据“集中经营、分级管理”的工作思路，按照交通部“中海集团集中一头对部、向部负责”要求，制定了“六个统一”原则，即集团内部实行统一计划、统一经营、统一对外、统一调度、统一核算、统一收支。在“六个统一”的原则下，进行资产重组整合，实施规范的公司制改造，建立母子公司结构体制；按照现代企业制度的要求，实行专业化分工、集约化经营、多元化发展，逐步形成三个层次（决策层、经营层、执行层）和三个中心（投资中心、利润中心、成本中心）的集团化管理模式。实施“六个统一”，母公司享有重大投资决策权、任免子公司经营者权、资产收益分配权；子公司享有企业法人财产经营权，独立自主地进行生产经营活动，自负盈亏，全面向母公司负责。

实施“六个统一”，意味着中国海运采取的管控模式是集约化管控，也表明从战略管控到财务管控再到操作管控均由集团负责。在这一模式下，大部分事务的最终决策权均收归集团，而下属企业基本是集团决策的执行者。“六个统一”中对旧有模式冲击最大的是资金的统一管理，即资金的统一调度、统一核算与统一收支。实施资金统一管理，旨在规范中国海运集团资金运行秩序，发展融资渠道，用好用活资金，加强集团融资与投资管理工作，发挥集团资金的规模效益。自 1998 年 1 月 1 日起，按照“集中管理，统一调度，有偿使用”的原则，总公司负责统一实施中国海运集团资金的管理办法，宏观掌握资金筹措、来源、运用及综合平衡；所属公司在总公司领导下，根据业务范围，具体负责本公司的资金核算工作。在此背景下，集团组建了中海结算中心，以便进一步强化集团资金的管理，降低货币资金存量，降低筹资成本，提高集团整体资金使用效益；同时将集团内部分散的资金集中起来，统筹运转，调剂使用，有助于减少资金的在途时间，节约利息支出，提高盈利能力。中海结算中心成立之后，首要任务是清理已有企业的开户情况，增强集团整体意识。根据资金管理规定，对不按规定要求在结算中心开户的单位将给予严肃处理，同时不予贷款，不予担保；而资金是否及时按规定上缴，则成为集团总公司考核各企业总经理、总会计师和财务处长的重要内容之一；各企业如果违反资金管理规定，擅自调度使用资金，集团将追究主管领导的责任。

推行“六个统一”原则，使得企业在重组中，职权分明，关系顺畅；管理由块块管理为主转变为以条条管理为主，理顺地区（集团）公司与专业公司的关系、专业公司与专业公司关系；理顺产权关系，使得产权清晰；理顺责任关系，使得权责明确；理顺利益关系，使得权益分配合理；理顺上市公司与非上市公司的关系，规范集团运作。在此基础上，强调尊重各地区（集团）公司在地域文化上差异、职工的观念和收入上的差异，由此理顺干部职工的情绪。

在“六个统一”原则下推进改革，使中国海运充满了生机和活力。集团实现了三个转变：从原来计划经济体制机制下的老企业，转变成适应市场经济的新企业；从原来以沿海运输市场为主的区域性企业，转变为以远洋、沿海市场兼营的国际化企业；从原来由行政方式组合起来的传统企业，转变成以资产为纽带、市场为导向、效益为中心，具有较为健全的法人治理结构的现代企业。改革使中海人的观念和精神面貌焕然一新。

二、加快组建专业化公司

中国海运组建初期，面临的改革和发展任务十分艰巨。任务主要集中在两个方面：一是打破不适应市场经济的原有体制与机制，尽快建立与市场经济需求相适应的体制和机制；二是针对主业发展动力不足，核心竞争力不强的局面，积极寻找和培育新的产业，使之成为集团利润增长、竞争力强的核心产业。

为解决上述问题，集团首先从实施专业化整合入手，结合“管理效益年”活动，强调在专业整合中牢固树立市场意识、效益观念、严格管理等观念，克服“集”而不“团”现象，防止只要投资、只求规模、不计效益的倾向和行为，提升企业核心竞争力。

遵循“积极稳妥，发挥两个积极性，提高经济效益”和“集中经营、分级管理”的组建原则，中国海运步入了“专业化分工、规模化经营、集约化管理”的发展轨道。

1997 年 8 月 28 日，中海集运和与之业务密切相关的中海船务同时成立，10 月 28 日正式挂牌开业，这是集团成立后最早成立的专业公司。就是这个在当时的中国集装箱运输行业几乎没有引起多少人注意的名不见经传的小公司，从 2004 年起竟连续多年稳居世界十大班轮公司行列，拥有世界最先进的集装箱运输船队，创造了世界班轮公司发展史上的一个个奇迹。

集团成立后，在加强生产经营的同时，充分利用海兴、海盛两个上市公司的优势，进行了资产运作和融资工作；对两个上市公司的董事会按照法定的程序，经交通部和有关上级部门的批准，进行了调整和充实，理顺了（集团）总公司对上市公司的控股关系。1998 年 1 月 1 日，上海海兴轮船股份有限公司正式更名为中海发展股份有限公司。同日，海南海盛船务股份有限公司变更为中海（海南）海盛船务股份有限公司。与此同时，集团对上述两个上市公司进行了注入优质资产的运作。

与此同时，中国海运日本株式会社成立，这也是集团成立后挂牌的第一家海外公司。

1998 年 2 月 10 日，中海油运成立。新组建的中海油运拥有各类大小型油轮 107 艘，总载重吨 260 万吨。以此为起点，公司获得了长足发展。

1998 年 5 月 28 日，中海货运公司成立，拥有散货船 184 艘，517 万载重吨。组建初期的中海货运亏损包袱沉重，后经努力拼搏，实现了扭亏为盈，成为全球同业中效益突出的企业之一。

1998 年 6 月 8 日，中海工业公司成立，将集团下属的修船企业纳入其中。

1998 年 8 月 18 日，中海客运成立，当时有客轮 44 艘、客位 3.2 万个，年客运量 400

万人次，运载车量 5 万多辆。

1998 年 12 月 28 日，中海集团投资有限公司、中海供贸有限公司、中海电信有限公司在上海同时成立。至此，集团成立以前已有的产业全部整合重组为相应的专业化公司。随后，集团又陆续开发新业务，成立了码头、物流、信息等新的专业化公司。

专业化重组的实施，实现了集团相关产业资源的集中、专业化管理，规模优势得到发挥。各专业公司在各自的业务领域都取得了令人瞩目的发展成就，共同构成集团改革发展的坚实基础。

为了发挥专业化重组后的优势，中国海运将 1998 年确定为集团的“管理效益年”，强调从十个方面加强基础管理，注重建章立制，实现经济工作由粗放型向集约化转变。

一是加强以宏观调控为主要内容的部室职能管理，主要体现四大职能：下管一级干部、负责权益的分配、重大经营管理决策、资产运作。按照总部是决策中心、各专业公司是利润中心、分公司是成本中心的定位，进行宏观调控。

二是加强以基础制度为主要内容的专业化管理。重点放到基础制度建设上来，走内涵挖潜、提高效率的集约化发展道路。

三是加强以集中结算为主要内容的资金管理。资金流通必须经过结算中心，实行严格的监督考核。

四是加强管理费用的节支管理。节支指标一项一项确定，措施一条一条落实，责任一个一个部门明确，堵塞每一个漏洞，拧紧每一颗螺丝。

五是加强以预防为主的安全管理，建立安全与利益挂钩的考核机制。

六是制定统一的制度和标准，加强以总部机关为重点的规范化管理。

七是加强船舶基础管理，特别是外贸运输船舶的基础管理，使船舶都成为管理严格、市场青睐、服务优良、货主欢迎的船舶。

八是加强计算机开发和应用管理，实现经济信息、生产计划、财务核算、资金结算、箱管跟踪、成本控制、人事管理、办公自动化七个方面的计算机信息化管理。

九是加强以块为主的境外产业管理。以块块管理为主，统一归口管理境外的资产、业务、人员和发展。

十是发展战略实施的决策管理，聘请高层次专家为集团的高级顾问；加强公关宣传工作，使社会各界了解中海、熟悉中海、支持中海。

这些措施确保了专业化重组优势得以发挥，效果得到体现，集团发展呈现六个方面良好势头：大局意识得到增强；集团政令畅通，集团各项功能不断完善；资产重组、专业化格局初步形成；集团的规模优势、资金优势、人才优势、经营优势初步显现；集装箱运输跨越式发展，特别是内贸运输势头发展良好；职工观念转变大，精神面貌好，人气旺，士气高。

三、改革整合初期的专业化公司基本情况

到 2000 年，中国海运集团基本完成了专业化重组，形成了集、油、散三大船队为主

业的多元产业互相补充、互相支撑的产业结构。到年末，集团有下属一级子公司 23 家（其中境外公司 7 家）、二级子公司约 180 家。

（一）航运主业

在创业发展期，集团经过专业化整合重组后，初步打造了以集装箱、油轮、干散货三大船队为主要力量，以海上旅客运输、化学品及 LPG（ Liquefied Petroleum Gas，液化石油气）等特种运输为补充力量的航运主业，在国家中的战略地位、行业话语权以及综合竞争能力等方面实现了新的飞跃，成为国家进出口物资海上运输的主力船队之一和确保国计民生与国家经济安全的重要载体。到 2000 年，航运主业的总资产达到 178.91 亿元，总收入达到 132.99 亿元，在集团中的占比分别达到 62.02% 和 84.75%。

1. 中海集装箱运输有限公司

中海集装箱运输有限公司（简称“中海集运”）成立于 1997 年 8 月 28 日，是中海集团所属主要从事集装箱运输及相关业务的多元化经营企业。公司总部设在上海，2000 年共有员工 332 人，注册资金总计 180105 万元，其中中国海运（集团）总公司持有 40.06% 的股份、中海发展股份有限公司持有 25% 的股份、广州海运（集团）有限公司持有 15.44% 的股份、上海海运（集团）公司持有 19.5% 的股份。

中海集运主要经营范围涉及集装箱运输，船舶代理，揽货订舱，运输报关，仓储、集装箱堆场，集装箱制造、修理、销售等业务。

中海集运是中国海运集团的重点发展企业，2000 年以拥有 92 艘、11.46 万箱位的集装箱船队，位列世界二十大班轮公司第十五位；相继开辟了中国各港至日本、韩国、泰国、澳大利亚和中国香港及远东—欧洲、远东—地中海、远东—美国等数十条国际集装箱班轮航线及沿海内贸集装箱航线，形成了内外贸兼有、布局合理、航线集中的集装箱运输网络。其中，中国至日本、东南亚各主要港口间航班密度大、布局广，已形成网络运输的格局；远东—欧洲、地中海航线投入 16 艘 3000 箱位级别船舶，国内直挂港口多、运力投入大，国内沿海内贸线干支线配合，贯通中国南北，具有强大实力。

1998 年，中海集运共完成货运量 340.5 万吨、货物周转量 32.6 亿吨海里，实现主营业务收入 98047 万元。截至 1998 年 12 月底，中海集运资产总额 127146 万元，负债总额 72919 万元，资产负债率为 57.4%。

2000 年，中海集运共完成货运量 2475.0 万吨、货物周转量 772.1 亿吨海里，完成箱量 150.2 万箱、集装箱周转量 648516.5 万箱海里，实现主营业务收入 706317.2 万元，利润总额 6403.7 万元。截至 2000 年 12 月底，中海集运资产总额 507747.9 万元，负债总额 345729.9 万元，固定资产净值 128280.0 万元，资产负债率为 68.1%。

2. 中海发展股份有限公司

中海发展股份有限公司（简称“中海发展”），原名为上海海兴轮船股份有限公司，系由上海海运（集团）公司于 1994 年 5 月重组而成，并于同年 11 月在香港联合交易所有限公司挂牌上市。1997 年，上海海运（集团）公司将持有的该公司全部股份转让给中国海运（集团）总公司，上海海兴股份有限公司亦更名为中海发展股份有限公司。公司总部设在上海。2000 年年底股本总计 297600 万元，其中国有法人股为 16.8 亿股，占总股本的 56.45%，由中海（集团）总公司持有；在香港联合交易所有限公司上市 H 股为 12.96 亿股，占总股本的 43.55%。公司下设中海发展股份有限公司油轮公司和中海发展股份有限公司货轮公司，共有船舶 145 艘。其中，油船 66 艘，载货定额 153.2 万吨；货船 65 艘，载货定额 193.3 万吨；集装箱船 14 艘，载货定额 18 万吨。

中海发展股份有限公司主要从事沿海、远洋、长江货运，国际旅客运输；船舶租赁、货代、船舶买卖，集装箱修造，船舶配件、备件代购、代销，船舶技术咨询和转让等业务。中海发展下属的油轮公司和货轮公司已成为中海集团支柱产业，在中国航运市场也具有举足轻重的地位。

1998 年，中海发展共完成货运量 12912 万吨、货物周转量 1791 亿吨海里，实现主营业务收入 327573 万元，利润总额 5558 万元。截至 1998 年 12 月底，中海发展资产总额 953017 万元，负债总额 483615 万元，资产负债率为 50.7%。

2000 年，公司完成货运量 8238.7 万吨，比 1999 年同期增长 6.6%；完成货物周转量 754.5 亿吨海里，为 1999 年同期的 96.3%；实现收入 327143.2 万元，利润总额 35507.5 万元。截至 2000 年 12 月底，中海发展资产总额 814176.4 万元，负债总额 313298.9 万元，固定资产净值 625049.5 万元，资产负债率为 38.5%。

（1）中海发展股份有限公司货轮公司

中海发展股份有限公司货轮公司（简称“中海货运”）于 1998 年 5 月 28 日正式开业，是中国海运集团下属的中国沿海最大的货轮运输船队，由上海海运（集团）公司、广州海运（集团）有限公司、大连海运（集团）公司所属的三家专业货运公司组建而成。中海货运总部设在广州，在上海、大连分别设有分公司。成立之初，中海货运管理门类齐全的散、杂、自卸货轮 105 艘、292 万吨载货量。

中海货运拥有一支管理严格、训练有素、技术精良的员工队伍，支撑着中国沿海货运的半壁江山，是中海集团海上运输的生力军，并且拥有一大批船舶投入远洋运输。

1998 年，中海货运完成货运量 7523.1 万吨、货物周转量 1250.5 亿吨公里，实现主营业务收入 192000.8 万元，利润总额 –57590 万元。

2000 年，中海货运完成运量 7968.5 万吨、货物周转量 899.7 亿吨海里，实现收入 250419.3 万元，利润总额 –22328 万元。截至 2000 年 12 月底，中海货运资产总额 579198.4 万元，负债总额 312503.3 万元；固定资产净值为 498051.8 万元，资产负债率为 54%。

（2）中海发展股份有限公司油轮公司

中海发展股份有限公司油轮公司（简称“中海油运”）成立于 1998 年 1 月，由上海海运（集团）公司、广州海运（集团）有限公司下属的油运公司组建而成，是中海集团专业化船公司。中海油运总部设在上海浦东新区。成立之初，公司经营管理各种油轮 92 艘，其中原油船 55 艘、成品油船 37 艘，载货量 229.3 万吨。中海油运经过强强联合，已成为中国最大的海上石油运输企业，也是中国海运集团重要的支柱产业。

中海油运船队规模宏大，管理科学，所属油轮船型齐备，设备先进，技术力量雄厚，船员训练有素，形成了一套严格按照国际安全管理规则、符合国际著名石油公司检查标准的油轮管理体系，是中国沿海、沿江、海洋平台石油运输的中坚力量。中海油运在国际油运市场享有盛誉，油轮航线遍布世界各地。

1998 年，中海油运完成货运量 5389 万吨、货物周转量 540.8 亿吨公里；主营业务收入 26 亿元，利润总额 4.8 亿元。

2000 年，中海油运完成货运量 5604.6 万吨、货物周转量 476.8 亿吨海里，实现收入 279248.1 万元、利润总额 45955.8 万元。截至 2000 年 12 月底，中海油运资产总额 458085.9 万元，负债总额 257803.1 万元，固定资产净值 382547.3 万元，资产负债率为 56.3%。

3. 中海客运有限公司

中海客运有限公司（简称"中海客运"）成立于 1998 年 6 月 18 日，是中国海运集团下属的中国沿海最大的客运船队。公司总部设在大连，在上海设有分公司。公司注册资金总计 3 亿元，2000 年年底实收资本增为 3.4 亿元。其中，大连海运集团占 57.76%，上海海运集团占 42.24%。中海客运拥有先进豪华的大型客 / 车滚装船、大型游轮、高速客船和常规客船 17 艘、总载客位 16097 个、载车 637 辆，并拥有 3 艘货运船和特种货运船。

中海客运主要承担我国沿海的客、车、货物运输及特种货运输，同时经营海上旅游及其相关产业，成立时经营航线有大连—烟台、大连—威海、大连—上海、大连—天津、上海—宁波、海口—蛇口、大连—秦皇岛、烟台—天津等。

1998 年，中海客运共完成客运量 381.22 万人次、旅客周转量 5.5 亿人海里，完成货运量 535.1 万吨、货物周转量 7.0 亿吨海里；实现主营业务收入 13478 万元，利润总额为 –7135 万元。截至 1998 年 12 月底，中海客运资产总额 117752 万元，负债总额 94887 万元，资产负债率为 80.6%。

2000 年，中海客运共完成客运量 320.2 万人次、旅客周转量 3.9 亿人海里，完成货运量 718.4 万吨、货物周转量 10.5 亿吨海里。2000 年，中海客运实现主营业务收入 45652.2 万元，利润总额为 –1330.3 万元。截至 2000 年 12 月底，中海客运资产总额 129253.4 万元，负债总额 113685.5 万元，固定资产净值 90209.3 万元，资产负债率为 88.0%。

4. 中海（海南）海盛船务股份有限公司

中海（海南）海盛船务股份有限公司（简称"中海海盛"）原名海南海盛船务实业股份有限公司，创立于 1989 年。1993 年以定向募集方式改制为股份有限公司，1996 年经中国证监会批准发行股票并在上海证券交易所挂牌交易，成为上市公司。1997 年 7 月中国海运集团成立，并成为中海海盛的大股东，公司更名为中海（海南）海盛船务股份有限公司。该公司是中海集团当时在国内唯一的上市公司。

中海海盛总部设在海南省海口市。成立之初，中海海盛共计拥有特种货运输船和货船 18 艘，总载重吨 24 万吨，员工 73 人。中海海盛于 1996 年 5 月 3 日在上海成功上市，注册资金 31728.255 万元人民币，其中中海集团总公司所持股份占 38.74%，其他法人股占 12.07%，社会公众股占 49.19%。

中海海盛重点发展特种货船运输，包括化学品、液化气、散装沥青、散装水泥、木材、沙石自卸、重大件等，以及与运输相关的仓储、船代、贸易等业务，形成独有的经营特色。

此外还从事房地产开发、实业投资等业务。公司在海南大宗散货运输市场占有突出地位，是海南省规模最大、实力最强的海运企业。

1998 年，中海海盛累计完成货运量 405.1 万吨、货物周转量 68.7 亿吨海里，实现主营业务收入 29291 万元，实现利润总额 11476 万元。截至 1998 年 12 月底，中海海盛资产总额 86490 万元，负债总额 30600 万元，资产负债率为 35.4%。

2000 年，公司累计完成货运量 454.8 万吨、货物周转量 63.4 亿吨海里，实现主营业务收入 42866.1 万元、利润总额 9133.4 万元。截至 2000 年 12 月底，中海海盛资产总额 110918.9 万元，净增 15884.8 万元，负债总额 24231.0 万元，增加 8457.5 万元，固定资产净值 42420.5 万元，资产负债率为 21.8%。

5. 上海仁川国际渡轮有限公司

上海仁川国际渡轮有限公司（简称“仁川渡轮”）作为中国海运（集团）总公司所属控股的中外合资一级子公司，是由中国海运（集团）总公司和韩国沆林海运株式会社、大韩通运株式会社共同投资组建的专业航运公司。公司成立于 1998 年 8 月，主营上海—仁川—济州岛—上海的集装箱、旅客运输。提供周班服务。当时，公司投入从荷兰引进的豪华客箱船“紫丁香”轮，总吨位 12304 吨，航速 20 节，拥有 2281TEU 箱位、134 个冷藏箱插座、50 吨的船吊和 272 个豪华客位等。上海—仁川集装箱直达周班航线的开辟，改变了以往至韩国集装箱运输需从釜山中转的惯例，缩短了华东地区与韩国经贸中心汉城（现为首尔）、仁川等中西部地区的运输距离。

1998 年，上海仁川国际渡轮实现主营业务收入 942 万元，利润总额为 –567 万元。截至 1998 年 12 月底，公司资产总额 1322 万元，负债总额 1309 万元。

2000 年，上海仁川国际渡轮有限公司共完成客运量 1.2 万人次、货运量 13892 万吨，实现主营业务收入 5549 万元，利润总额为 –1327 万元。截至 2000 年 12 月底，公司实收资本 1656 万元，资产总额 4203 万元。

（二）陆岸多元产业

创业发展初期的中国海运集团陆岸产业基本都是围绕航运主业布局的，应该说，这样的多元化是以航运为特色的相关多元化，或称同心多元化。这样的格局体现了集团以航运主业为基础发展相关产业的多元战略，有利于集团利用已有的航运优势获得新的融合优势。创业期的陆岸产业虽然门类较多，但总体上规模较小，大多依赖集团内部的航运主业生存，对外竞争能力尚处于培育期。截至 2000 年，陆岸多元产业的总资产为 42.88 亿元，营业收入 24.34 亿元。

1. 中海工业有限公司

中海工业有限公司（简称中海工业）是中国最具规模的航运工业企业之一，是中国海运集团多元化发展的支柱产业。中海工业是以原注册在北京并于 1998 年迁入上海的中交船业公司为母体，在 1999 年年初整合原上海海运（集团）公司下属的上海海运联合船务有限公司、获港船厂以及原广州海运（集团）公司下属的菠萝庙船厂和城安围船厂，重组成立的专业公司。公司注册资金为 80095.8 万元，其中中海（集团）总公司占 1.25%，上海海运（集团）公司占 76.6%，广州海运（集团）有限公司占 22.15%。

公司于 1999 年正式运作，主要从事船舶修理、改造，兼营与船舶相关的机械、备件、代理、租赁等业务，拥有立丰、立新、菠萝庙、城安围、外轮、荻港 6 家船厂和坞修部。组建初期在岗职工总人数达 5250 人。

2000 年，公司完成工业总产值 63219 万元，厂修船舶产量 417 艘，年修船平均周期为 17.98 天，多种经营产值 8488.80 万元。2000 年年末，资产总额为 146541 万元，负债总计 98669 元，固定资产净值 88394 万元，资产负债率为 67.3%。

2. 中海船务代理有限公司

中海船务代理有限公司（简称"中海船务"）成立于 1997 年 8 月 28 日，是中国海运集团直属的从事船舶代理、货运代理业务的专业公司。公司组建之初，共有员工 1320 人，总部设在上海，注册资金总计 1.5 亿元，其中：中国海运（集团）总公司持有 39% 的股份，上海海运（集团）公司持有 20% 的股份，广州海运（集团）有限公司持有 20% 的股份，大连海运（集团）公司持有 20% 的股份，中海海员对外技术服务有限公司持有 1% 的股份。公司在国内沿海各大口岸设有 34 家控股子公司，6 家联营公司。

中海船务从事代理欧洲线、地中海线、美西线、澳大利亚线和上海至日本、韩国、东南亚等主要城市、港口的国际集装箱班轮，国内沿海各主要港口的内贸集装箱快航班轮、外贸内支线中转船舶和货物的代理，包括：船舶进出港联检申办手续，联系引水靠泊、货物装卸；组织承揽海运货物、集装箱运输及订舱、报关、转运、仓储和多式联运、代签提单、合同、结算运费、代收代付款项；代办船舶供应、劳务输出、旅客服务等委托业务；联系水上救助，洽办租船、理赔、海商、海事处理等相关业务。

1998 年，公司实现主营业务收入 5196 万元，利润总额为 1389 万元。截至 1998 年 12 月底，资产总额 21608 万元，负债总额 15096 万元，资产负债率为 69.9%。

2000 年，公司共代理各类内外贸船舶 21218 艘次，代理集装箱 158.9 万 TEU，累计承揽集装箱 20.9 万 TEU，实现主营业务收入 19678.0 万元，利润总额为 8541.0 万元。截至 2000 年 12 月底，资产总额 65636.3 万元，负债总额 43928.3 万元，固定资产净值 4794.6 万元，资产负债率为 66.9%。

3. 中海物流有限公司

中海物流有限公司（简称"中海物流"）是 2000 年 8 月 18 日由中海国际货运代理公司改制组建的从事综合物流业务的专业公司。公司总部设在上海。公司组建之初共有在岗职工 448 人，其他从业人员 432 人，注册资金总计 1 亿元，其中：中海（集团）总公司持有 51% 的股份，上海海运（集团）公司持有 31% 的股份，广州海运（集团）有限公司持有 15% 的股份，大连海运（集团）公司持有 3% 的股份。

中海物流依托航运业的规模优势，以沿海和内陆城市为枢纽，拥有自营的集卡车队、仓储、堆场，在全国建有广州、深圳、厦门、青岛、大连等 46 家子公司和 79 个代理网点，综合物流业务向世界延伸，为客户提供全球性物流服务。

中海物流主要经营海运进出口货物的国际运输代理业务和沿海内贸货物的运输代理业务，包括揽货、订舱、仓储、中转、集装箱拆箱拼箱、结算运杂费、报关、报验保险、相关的短途运输及咨询服务等。

2000 年，公司累计揽货箱量 270042TEU，其中内贸箱 216645TEU、外贸箱 53397TEU，实现主营业务收入 8795.6 万元，利润总额为 435.4 万元。截至 2000 年 12 月底，公司资产总额 37150 万元，负债总额 26956.8 万元，固定资产净值 2758.0 万元，资产负债率为 72.6%。

4. 中海供贸有限公司

中海供贸有限公司（简称“中海供贸”），是中国海运集团所属从事船舶燃料、润料、物资、配件及相关业务的专业公司。公司于 1998 年 9 月 7 日注册成立，同年 12 月 28 日正式挂牌营运，企业注册资金 4 亿元，其中：上海海运（集团）公司持有 54.04% 的股份，广州海运（集团）公司持有 45.39% 的股份，大连海运（集团）公司持有 0.57% 的股份。公司总部设在广州，注册地在广州经济技术开发区，下辖广州燃料分公司、广州物资分公司，上海船舶燃料供应公司、上海物资分公司、大连物资分公司和海南国盛石油有限公司。公司组建初期共有员工 3149 人。

中海供贸拥有配套完整的燃料、润料及物资供应保障体系，成立时拥有大型油库 5 座，罐容 24.55 万立方米；专用铁路线 2 条，长 850 米；油码头 5 座，14 个泊位，靠泊能力 2000—35000 吨，岸线长 863 米；物资仓库 4 座，仓储面积 1.7 万平方米；各类型供应船 65 艘，运输车辆 45 辆。供应网点遍及国内沿海各大港口，业务范围涵盖船舶燃油、润滑油、物料、备件和淡水供应等领域，拥有船舶救生筏和消防系统检修、舱容检定等专业资质。

2000 年，中海供贸实现主营业务收入 114541.3 万元，利润总额为 415.2 万元。截至 2000 年 12 月底，中海供贸资产总额 65410.8 万元，负债总额 25945.1 万元，固定资产净值 28716.9 万元，资产负债率为 39.7%。

5. 中海海员对外技术服务有限公司

中海海员对外技术服务有限公司（简称“中海劳务”）成立于 1997 年 10 月 7 日，是中国海运集团经营劳务输出的专业公司。公司共有员工 1273 人，注册资金总计 3523 万元，其中：中国海运（集团）总公司持有 55% 的股份，上海海运（集团）公司持有 15% 的股份，广州海运（集团）有限公司持有 15% 的股份，大连海运（集团）公司持有 15% 的股份。

中海劳务主要从事海员、海务、港口技术和其他工程、生产技术人员及服务人员的劳务输出，承包境外与港口及航运相关的工程及境内国际招标工程，出口上述工程所需的设备、材料。公司总部位于北京朝阳区。成立之初，公司在境内主要港口城市和希腊、新加坡、韩国、中国香港等国家和地区设有近 20 家子公司或代表处。劳务输出业务遍及亚洲、欧洲、北美洲等 20 个国家和地区的 80 多家船公司，在东南亚和欧洲建有稳定的市场，年劳务输出达 1 万人次。中海劳务拥有一支经过专业培训、素质较高的专业劳务输出船员队伍，在上海、广州、大连设有外派人员培训基地。

1998 年，中海劳务实现主营业务收入 7440 万元，利润总额为 –402 万元。截至 1998 年 12 月底，资产总额 13197 万元，负债总额 8148 万元，资产负债率为 61.7%。

2000 年，中海劳务输出共计 8487 人次，其中海上劳务 7165 人次、陆上劳务 1420 人次。2000 年，中海劳务实现主营业务收入 6096.0 万元，利润总额为 1517.3 万元。截至 2000 年 12 月底，中海劳务资产总额 13536.6 万元，负债总额 7470.2 万元，固定资产净值 2573.6 万元，资产负债率为 55.2%。

6. 中海电信有限公司

中海电信有限公司（简称“中海电信”）成立于 1998 年 9 月 7 日，是中国海运集团所属的一家从事电信产业、跨地区经营的专业化公司。中海电信总部设在上海。成立之初，公司共有员工 896 人，其中有各类工程技术人员 600 多人。公司注册资金总计 2 亿元人民币，其中：中国海运（集团）总公司持有 51% 的股份，上海海运（集团）公司持有 27% 的股份，广州海运（集团）有限公司持有 15% 的股份，大连海运（集团）公司持有 7% 的股份。

中海电信主要从事水上无线电通信服务，通导代管、账务代管，船用通信导航设备的安装、开通和维修，船用电子设备的制造和贸易，计算机软件开发和信息服务，承接各类通信工程包括大楼智能化、微波传输和各种天线等工程项目。

中海电信所属的上海海岸电台和广州海岸电台是我国规模、通信量最大的两座海岸电台，负责发播中国沿海及各港口的气象、航运警告等安全信息，确保海上航行安全。上海海岸电台还是我国唯一参加国际选择性呼叫值班的海岸电台。公司在上海、广州、大连分别设有三家专业从事船用通信导航设备安装、开通和维修的修理厂，是多家国际制造厂商的维修代理。公司专业生产和销售各类通信导航设备，承接国内外电子产品的来料加工，享有进出口权，并已取得 ISO 9002 质量认证。

2000 年，中海电信实现主营业务收入 13479.9 万元，利润总额为 -225.97 万元。截至 2000 年 12 月底，中海电信实收资本 8185.1 万元，资产总额 20817.8 万元，负债总额 15187.7 万元，固定资产净值 7100.6 万元，资产负债率为 72.96%。

7. 中海集团投资有限公司

中海集团投资有限公司（简称“中海投资”）成立于 1998 年 6 月 26 日，是中国海运集团下属的一家专业从事资本经营和对外投资的全国性公司。公司注册资本 3 亿元人民币，其中：中国海运（集团）总公司持有 93.333% 的股份，上海海运（集团）公司持有 5% 的股份，广州海运（集团）有限公司持有 1.667% 的股份。公司注册在上海市外高桥保税区，共有员工 12 人。

中海投资主要经营实业投资、房地产经营、国际贸易及相关的咨询服务。成立之初，公司积极开展事业投资和短期资金运作，取得了良好的经济效益，先后参股投资的近 10 项集装箱运输业有关项目发展良好，经济效益不断增长。

截至 1998 年 12 月底，中海投资资产总额 31114 万元，负债总额 57 万元。

2000 年，中海投资实现主营业务收入 4072.5 万元，利润总额为 11401.1 万元，为 1999 年同期的 207.7%。截至 2000 年 12 月底，中海投资资产总额 65686.7 万元，负债总额 20284.2 万元，固定资产净值 4993.3 万元，资产负债率为 30.88%。

8. 上海海运（集团）公司

上海海运（集团）公司（简称“上海海运”）是中海集团下属的一级子公司，其前身为上海海运管理局，1993 年改组成立上海海运（集团）公司。1997 年作为组建中海集团的成员单位之一加入中国海运集团。公司总部设在上海市东大名路。

在中国海运集团组建初期，上海海运原有的航运主业逐步转移到集团内其他专业航运公司，主要功能向投资管理、属地管理和后勤服务转化。公司下属企业包括上海海运实业有限公司、上海海运基建住宅发展有限公司、上海海运技术有限公司、上海海运服务有限公司、上海裕海实业有限公司、船舶污水处理厂等。

1998 年，上海海运实现主营业务收入 119467 万元，利润总额为 –11606 万元。截至 1998 年 12 月底，资产总额 592723 万元，负债总额 348454 万元，资产负债率为 58.8%。

2000 年，上海海运实现主营业务收入 16659.2 万元，利润总额为 –18575.9 万元。截至 2000 年 12 月底，上海海运实收资本 122600 万元，资产总额 397097.9 万元，负债总额 235167.1 万元，固定资产净值 169580.6 万元，资产负债率为 59.2%。

9. 广州海运（集团）有限公司

广州海运（集团）有限公司（简称“广州海运”）是中国海运集团下属的一级子公司，其前身为 1949 年成立的广州海运管理局，后于 1993 年改制为广州海运（集团）公司，1996 年再次改制为广州海运（集团）有限公司，1997 年作为组建中国海运集团的成员单位之一加入中国海运集团。

与上海海运相同，在中国海运集团组建初期，广州海运原有的航运主业逐步转移到集团内其他公司，主要功能向投资管理、属地管理和后勤服务转化。广州海运下辖企业包括广州海宁海务咨询服务公司、广州海辉公司等。

1998 年，广州海运实现主营业务收入 192001 万元，利润总额为 5490 万元。截至 1998 年 12 月底，资产总额 830709 万元，负债总额 431427 万元，资产负债率为 51.9%。

2000 年，广州海运实现主营业务收入 184665.3 万元，利润总额为 12633.6 万元。截至 2000 年 12 月底，广州海运实收资本 307534 万元，资产总额 793834.9 万元，固定资产净值 221500.0 万元，资产负债率 56.1%。

10. 大连海运（集团）公司

大连海运（集团）公司（简称“大连海运”）是中国海运集团下属的一级子公司，其前身为交通部大连海运管理局，1997 年作为组建中国海运集团的成员单位之一并入中国海运集团。公司总部设在大连市中山区，注册资金 19877 万元人民币。

中国海运集团组建后，经集团内部专业化重组整合，大连海运与中海客运实行“两块牌子、一套人马”运营模式。

11. 中海集团国际贸易有限公司

中海集团国际贸易有限公司（简称“中海国贸”）成立于 1997 年 12 月 31 日，是对外经济贸易合作部批准设立的综合性贸易公司，是中国海运集团开展对外经济贸易的窗口。中海国贸注册资金总计 5000 万元人民币，其中：中国海运（集团）总公司持有 27.66% 的股份，上海海运（集团）公司持有 35% 的股份，广州海运（集团）有限公司持有 25% 的股份，大连海运（集团）公司持有 7.5% 的股份，中国海员对外技术服务有限公司持有 4.84% 的股份。公司下辖企业包括中海国贸（北京）有限公司、中海国贸（大连）有限公司、中海国贸（沈阳）有限公司、中海国贸（广州）有限公司、上海中海机电设备有限公司。

中海国贸总部设在上海。公司拥有完善的贸易网络，主要经营二手船 / 废钢船买卖业务、船舶租赁、新造船代理、船舶融资、船舶改造、设备进出口代理、船舶监造监修、船型开发、招投标代理以及油品贸易等业务。

1998 年，中海国贸实现主营业务收入 5181 万元，利润总额为 1336 万元。截至 1998 年 12 月底，资产总额 12636 万元，负债总额 6392 万元，资产负债率为 50.6%。

2000 年中海国贸实现主营业务收入 13748 万元，比 1999 年同期增长 46%。利润总额 –20.6 万元，累计上缴税金 313 万元。截至 2000 年 12 月底，中海国贸资产总额 14198 万元，比 1999 年 13018 万元净增 1180 万元；负债总额 7780 万元，固定资产净值 500.3 万元，资产负债率为 54.8%。

（三）境外产业

在“抓住沿海，拓展远洋”战略的推动下，中国海运集团成立伊始，就开始布局境外业务。除中国海运（日本）株式会社成为集团最早挂牌的海外企业，集团还分别于 1998—2000 年间先后成立香港控股、新加坡控股、北美控股、欧洲控股，此外还成立了澳大利亚和韩国等海外的国家公司。其中，中国海运（香港）控股有限公司是集团境外产业中发展最好、综合实力最强的企业。中国海运集团组建初期的组织架构图见图 1–4。

1. 中国海运（日本）株式会社

中国海运（日本）株式会社成立于 1997 年 10 月 14 日，是中国海运集团在日本投资设立的一家全资子公司。公司设在日本东京，下辖中海集装箱日本株式会社。中国海运（日本）株式会社主要对下辖公司进行控股管理，经营范围包括远洋运输、船舶代理等业务。2000 年，中日间航线由年初的 12 条增为 14 条，船舶也由年初的 12 艘增为 14 艘。公司在 2000 年共代理中海集运船舶 761 艘次，挂靠港口总次数 1694 次，进出口总箱量 247797TEU，其中中国—日本 181132 TEU、日本—中国 54940TEU ；北美航线中转箱量完成 39019TEU，其中东行 25729TEU、西行 13290TEU。

1998 年，公司实现主营业务收入 8807 万元，利润总额为 23 万元。截至 1998 年 12 月底，资产总额 2026 万元，负债总额 1848 万元。

2000 年，公司实现主营收入 4925.1 万元，利润总额 299.6 万元。截至 2000 年 12 月底，公司实收资本 133.5 万元 , 资产总额 7176.6 万元，负债总额 6699.4 万元。

2. 中国海运（香港）控股有限公司

中国海运（香港）控股有限公司（简称“香港控股”）成立于 1998 年 3 月 6 日，是中国海运集团在香港投资设立的一家全资子公司，注册资本 1000 万港元。中国海运（香港）控股有限公司是中国海运集团在港澳地区的投资中心、规划中心、管理中心。公司成立后对中国海运集团所属成员单位原有十余家在港企业进行了专业化重组，组建了包括中海（香港）航运有限公司、中海（香港）船务代理有限公司、中海（香港）投资发展有限公司、东方国际投资有限公司、维利有限公司、浩东船务有限公司等新公司，管辖的公司包括中海集团结算中心香港分部、鹏达船务有限公司、中海劳务香港代表处、香港海通中海部等在内的多家独资、合资专业化公司和机构，初步形成了以航运为主，集投资商贸、船代、货代、租造箱、劳务输出、燃料供应等为一体的产业结构，成为中国海运集团拓展境外业务的生力军。

图 1–4　中国海运集团组建初期的组织架构图

1998 年，香港控股实现主营业务收入 19444 万元，利润总额为 1931 万元。截至 1998 年 12 月底，资产总额 184596 万元，负债总额 181414 万元。

2000 年，香港控股实现主营收入 11924 万元，利润 2284.1 万元。截至 2000 年 12 月底，香港控股实收资本 1069.3 万元，资产总额 281134.69 万元，负债总额 273158.1 万元。

3. 中国海运（新加坡）控股有限公司

中国海运（新加坡）控股有限公司成立于 1998 年 7 月 27 日，是中国海运集团在新加坡投资设立的一家全资子公司。公司注册资本 200 万新元，是中国海运集团在东南亚地区的投资中心、规划中心、管理中心。公司下辖中国海运（新加坡）代理有限公司、中国海运（印尼）船务有限公司、中国海运船务（曼谷）有限公司、中国海运（马来西亚）代理有限公司、中国海运（马尼拉）代理有限公司、中海劳务新加坡代表处等多家独资、合资子公司和机构。中国海运（新加坡）控股有限公司主要对下辖公司进行控股管理，经营范围包括船舶代理、货运代理、投资、供应、集装箱运输及相关业务、劳务输出等业务。

1998 年，公司实现主营业务收入 1546 万元，利润总额为 388 万元。截至 1998 年 12 月底，资产总额 2327 万元，负债总额 1215 万元，资产负债率为 52.2%。

2000 年，公司实现主营收入 3478.4 万元，利润总额 638.4 万元。截至 2000 年 12 月底，公司实收资本 498.6 万元，资产总额 5538 万元，负债总额 3830.9 万元，资产负债率为 69.2%。

4. 中国海运（北美）控股有限公司

中国海运（北美）控股有限公司成立于 2000 年 2 月 24 日，是中国海运集团在美国纽约投资设立的一家全资子公司，注册资本 50 万美元，是中国海运集团在美洲地区的投资中心、规划中心、管理中心。公司下辖中国海运（北美）代理有限公司、中国海运（加拿大）代理有限公司。公司主要对下辖公司进行控股管理，经营范围包括货运代理、船舶代理、贸易、投资、码头、堆场、陆上运输、供应、集装箱运输及相关业务。

2000 年公司实现主营收入 138.3 万元，利润总额 –12.6 万元。截至 2000 年 12 月底，公司实收资本 414.0 万元，资产总额 25335.2 万元，负债总额 24933.7 万元。

5. 中国海运（欧洲）控股有限公司

中国海运（欧洲）控股有限公司成立于 1999 年 6 月 11 日，是中国海运集团在欧洲投资设立的一家全资子公司，注册资本 50 万美元，注册地在德国汉堡，是中国海运集团在欧洲地区的投资中心、规划中心、管理中心。公司下辖中国海运（英国）代理有限公司、中国海运（法国）代理有限公司、中国海运（德国）代理有限公司、中国海运（比利时）代理有限公司、中国海运（荷兰）代理有限公司、中国海运（西班牙）代理有限公司、中国海运（意大利）代理有限公司、中海劳务希腊代表处等多家独资、合资子公司和机构。中国海运（欧洲）控股有限公司主要对下辖公司进行控股管理，经营范围包括船舶代理、货运代理、贸易、投资、供应、集装箱运输及相关业务、劳务外派等。

2000 年，公司实现主营收入 636.5 万元，实现利润总额 56.1 万元。截至 2000 年 12 月底，公司实收资本 77 万元，资产总额 334.3 万元，负债总额 257.9 万元，资产负债率为 77.1%。

6. 中国海运（澳大利亚）代理有限公司

中国海运（澳大利亚）代理有限公司成立于 1998 年 12 月，由中国海运集团总公司和新西兰 OWENS 集团公司各持有 50% 的股份。公司于 1999 年 3 月开始组建，实收资本 8 万澳元。2000 年 3 月，中海集团总公司受让 OWENS 集团公司所持的 50% 股份。转让合同经公证后，从 2000 年 4 月起中国海运（澳大利亚）代理有限公司成为中国海运集团全资子公司。

公司在布里斯班、悉尼和墨尔本设有办事处。公司从事船舶代理业务，主要代理中澳集装箱航线。

2000 年，公司实现主营收入 1511.2 万元，实现利润总额 234.1 万元。截至 2000 年 12 月底，公司实收资本 36.7 万元，资产总额 1251.0 万元，负债总额 1212.2 万元。

7. 中国海运（韩国）株式会社

中国海运（韩国）株式会社成立于 1999 年 4 月 1 日，是中国海运集团在韩国地区的总代理。公司由中国海运（集团）总公司与韩国沆林和韩国海兴三家公司合资组建，出资比例分别为 51%、24.5% 和 24.5%。公司注册和办公地点在韩国汉城（现为首尔），主要从事船代、货代业务等。公司在光阳、釜山、仁川等地设有分公司，到 2000 年底已逐步建成在韩国的揽货服务网络。挂靠韩国的中海集装箱航线有远东—北美的 4 条航线，远东—欧洲、远东—地中海、中国—澳洲 3 条航线，中国—韩国 3 条航线以及 1 条“紫丁香”客箱运输航线，共计 11 条航线。其中中国海运集团自有航线 7 条，合作航线 1 条，互换舱位航线 3 条。从 2000 年下半年起，公司开始承接中海货运、中海油运、中海香港航运、中海客运和中海海盛到韩国各个港口的代理业务。

2000 年中国海运（韩国）株式会社完成出口揽箱 29151TEU，进口箱代理 27079TEU，中转箱量 25841TEU，代理集装箱船 263 艘次、散货油轮 34 艘次，旅客 6207 人次。2000 年，公司实现主营业务收入 1354.9 万元，利润总额为 –668.3 万元。截至 2000 年 12 月底，公司实收资本 248.4 万元，资产总额 3619.5 万元。

四、改革整合初期的“突破口”攻坚

（一）打响集团“突破口”攻坚战

1998 年，受 1997 年爆发的亚洲金融危机的影响，全球航运企业经营处于举步维艰的困境之中。

中国海运集团重组前，原重组企业大多处于亏损状态。1996 年，5 家单位总计亏损额为 3.79 亿元。重组后，集团首先成立减亏领导小组，由李克麟任组长，李绍德任副组长。在调研过程中，找出了主要经营亏损点在上海海运的四条客箱船、海兴公司集装箱运输、大连的四条高成本客船上。针对这一状况，采取减少出血点、寻找盈利增长点等多种措施：

1. 开辟一条市场需求和经济效益均佳的集装箱运输快航班轮航线，把这些快航班轮航线延伸至北方各港口，进一步拓展国内沿海集装箱运输市场。

2. 停止原海兴公司香港—台湾—马尼拉航线，减少亏损。

3. 按市场需求对“郁金香”“紫丁香”等客箱船进行改造。首先将“郁金香”轮改建为专业冷藏集装箱船，当年 5 月下旬开辟上海—日本特快冷藏集装箱快航定班定时航线。

同时决定，尽快成立集团集装箱运输股份有限公司，加快发展集装箱运输业务，理顺机制，抢占市场。

到 1997 年年底，合并重组仅半年的中国海运集团已实现减亏。不过，在全球航运业整体低迷的大环境中，集团仍处于亏损状态，总计亏损额为 1.84 亿元。

1998 年，党中央和国务院提出国有企业 3 年扭亏和建立现代企业制度的要求。2 月 10 日，交通部部长黄镇东在中国海运集团工作会议上宣布，将中国海运作为交通部企业深化改革的“突破口”，目标是“一年扭亏持平，三年基本建立现代企业制度”。

1998 年 2 月 16 日，中国海运成立“突破口”工作领导小组，下设 6 个专业工作小组，进行“突破口”工作专项部署，建立起由上而下、逐级负责的责任体系。

1998 年 3 月 5 日，中国海运集团召开抓好“突破口”工作动员电视电话会议。李克麟总裁号召全体职工以“突破口”工作为中心，带动其他各项工作，实现“当年效益明显提高，三年建成现代企业制度”的目标。

（二）新组建的中海货运实现扭亏增盈目标

新组建的中海货运是集团的主干企业之一，其运力占据中国海运集团的半壁江山，是中国沿海最大的货运船队。然而，资产重组整合后的中海货运还面临许多问题，如船队结构尚不尽合理、船龄老化、企业亏损包袱沉重等。相比而言，中海货运比其他专业公司面临的困难更为严峻。成立之前的 1997 年，中海货运年度同口径亏损总额约为 6.6 亿元。中海货运的经济效益直接关系到整个集团的经济效益。

鉴于此，中国海运确定中海货运公司为未来三年改革“突破口”的重点。1998 年 4 月 17 日，集团总裁李克麟在广州宣布：集团决定把中海货运作为集团“突破口”中的重点“突破口”，要求中海货运总公司采取有效措施，做好扭亏增效工作。

随后，集团副总裁李绍德带工作组赴穗调研，指导中海货运的“突破口”攻坚。中海货运领导班子与总部有关部室、相关专业公司负责人分 4 个专题，分别就中海货运船舶航线的配置、船舶结构的调整、亏损船舶的处置、部分船舶设备的改装和资金缺口的弥补等问题进行集体“会诊”和专项研究，审定中海货运“突破口”工作的具体实施方案。

同时，中海货运着眼于深化管理和制度创新，制定“向市场要空间，向管理要效益，向机制要活力”的管理思路，提出“员工第一，严管善待”的管理理念，使员工思想从“失落感”到“危机感”，再提升到新的“责任感”，确立以“弘扬中国海员艰苦创业精神”为中心的共同责任观、价值评价观、相互信任观、优质服务观、勤劳务实观、创新进取观、无私奉献观和利益分配观八个观念，市场意识、竞争意识和“以效率促效益”的观念普遍得到强化，突破口工作层层推进，扎实前行。

（1）在试点基础上，1999 年正式推行海务主管制、机务主管制；

（2）实施出发港负责制，明确经营部门、船舶管理部门的责权利；

（3）发挥集中经营、统一管理、分工负责的优势；

（4）适应拼抢市场的需要，实施“基础货源岗位责任制”；

（5）根据效益指标倒算出成本指标，分解到每个部门限额控制；

（6）调整收入分配机制，适当拉大营销、船管与综合职能、配套辅助部门之间的收入差距。

1999 年，中海货运按照“总量控制，整体组合，确保沿海，适度富余，内外交叉，优势互补”的原则，对船队结构进行调整，使资产负债率从 1998 年年底的 67％降低到 2000 年年底的 55％；处置、改造了一大批不适合市场需要、无市场前景的小吨位船舶，使船队结构得到较大改善；航线结构从“沿海远洋并举”转移到“重点以沿海为主”，经济效益明显提高。

公司实行“船舶工作部”管理模式后，内、外贸运力统一调配和统一经营，有效挖掘运力使用潜能，使运输效率尤其是国内航线运输效率得到显著提高，其中综合效率吨船产量指标提高 9.56%。在“能守则守，守不住就随行就市，以增量保效益”的总体策略下，有效地遏制了华东市场份额下滑趋势，为拼抢市场增量、拓宽发展空间奠定了信心基石。

多措并举使中海货运的“突破口”工作年年创出佳绩：1998 年，减亏 8763 万元；1999 年，减亏 35623 万元，平均每天减亏近 100 万元。2000 年，中海货运全年实现利润 300 多万元，比 1999 年减亏 2.265 亿元，胜利完成中国海运集团赋予的“突破口”目标任务。

（三）新组建的中海油运创效益降成本

作为中国海运集团的支柱产业和主要利润来源的中海油运，积极为集团实现“突破口”目标，进一步争创效益，努力做好成本控制工作。重点抓住修理费、润物料费、燃油费三项成本控制，从源头上把住成本关口，为企业争取良好的经济效益打下基础。

1998 年，中海油运发挥资产重组的优势，实现利润 4.6 亿元。公司的三项成本比重组前的 1997 年减少 10885 万元，下降了 14.26%；管理费用也得到了有效控制，比 1997 年减少 1486 万元；应收账款余额同比减少 2513.1 万元，下降 14.5%。

1999 年，中海油运发扬了拼搏精神，克服困难，加强市场揽货，精心组织运力，货运量达到 5050 万吨，三项费用的支出比计划减少 7345 万元；应收账款余额同比减少 193.6 万元，下降 1.3%，当年完成利润 4.6 亿元。

2000 年，中海油运建立成本费用分析例会制度，严格执行三项成本及管理费用的审批、审账、核价制度。上半年，在油价上涨的情况下，燃料费用只占到全年计划的 46%，修理费为全年计划的 35%；润物料费为全年计划的 49%；管理费支出 2200 万元，仅为年指标的 36.7%；应收账款余额同比减少 1424 万元。通过规模化经营与成本控制，中海油运连续三年完成利润指标，累计达 13 亿元，成为中国海运集团的重要支柱产业和主要利润来源，为中国海运实现“突破口”任务目标——“一年扭亏，三年建立现代企业制度”作出重要贡献。

（四）陆岸产业以中海工业为“突破口”

针对多种经营企业亏损严重、资产流失、与集团主业争资源的情况，中国海运对多种经营企业（简称“多经企业”）进行清理整顿。集团对 265 家多经企业进行普查，建立台账，制订和实施多经企业整顿办法。对 53 家扭亏无望的多经公司，实施关闭、停业、转让、破产。对于像中海工业等骨干企业，则采取整改挖潜等措施，促使其减亏、扭亏以致盈利。

组建初期的中海工业是修船为主、多元化经营的跨地区性的企业。它由上海海运和广州海运所属的 6 家大中型修船厂和控股、参股的 17 家企业整合组建而成，拥有 8 个大船坞、3454 米修船专用码头。

受种种因素的影响，当时的中海工业亏损严重，已经资不抵债。在“突破口”攻坚活动中，中海工业将立新厂、外轮厂、荻港厂作为“突破口”工作的重点单位。一是充分利用在改造船工程中积累的技术优势和技术营销团队，加大市场开拓力度，使业务量较快提升；二是加强内部管理，深化劳动人事制度改革，提升企业活力，强化成本管控，止住“出血点”；三是实施修船生产经营的统一调度，建立科学的核算制度，使企业的管理更为科学。

通过上述“三管齐下”，中海工业的“突破口”工作成效明显。2000 年：减亏 9500 万元; 2001 年：完成利润 364 万元。在短短 3 年时间里，在没有大的投入、市场没有大的好转的情况下，通过自身努力，减亏 1.5 亿元，实现扭亏为盈。

五、专业化重组优势显现

组建初期，中国海运按照市场需要的专业化配置原则，理顺了集团和地区公司、集团和专业化公司、地区公司与专业化公司、船员管理和船公司经营有偿服务等方面的管理关系和权益关系。

集团专业化重组整合收到三个方面的良好成效：

一是形成规模化的经营优势，提高了市场竞争能力。货主更注重中国海运集团的规模能力和合作关系。

二是通过专业化分工，减少了内耗。根据专业化原则，一些陆岸单位配套产业协同性增强，实行集团内部市场的统一分工，增加了业务收入，节约了成本。

三是集约化管理，产生了较高的效率。在专业化重组整合中，三大船队得到了良性发展，特别是集装箱运输发展迅猛，在国内沿海、日本、韩国和东南亚地区形成了经营网络；澳大利亚和欧洲航线的开通，标志着中国海运进一步走向全球运输市场；集团的规模优势、经营优势、人才优势、财务优势初步显现，生产、经营取得了较好的效益；集团内人气旺、士气高，企业的凝聚力不断增强。

1998 年，中国海运一举扭亏，并略有盈利，实现了“扭亏持平”的阶段性目标。1999 年提前一个月完成全年任务，运输量达到集团历史以来最好水平，实现近 2 亿元的利润，被列入中央管理的 39 家涉及国家安全、经济命脉的重要骨干企业。

进入 21 世纪，中国海运集团的发展进入新阶段，一年一个新台阶，年年都有新发展。

2000 年，中国海运在激烈的市场竞争当中，克服燃油价格长期居高不下等不利因素，加快集装箱运输发展，优化油运和散货船队结构，配套发展船务、物流、码头、堆场、仓储等相关产业，基本实现国有企业改革和脱困的三年目标。当年，中海集运完成箱量突破

150 万 TEU，运输收入和经济效益有了质的飞跃，已名列世界二十大班轮公司第 15 位，向实现“全球承运人”奋斗目标迈出坚实的步伐；中海油运继续创造良好的经济效益；中海货运和中海客运实现扭亏为盈；中海船务、中海海盛、中海劳务、中海供贸、中海电信等都较好地完成年度生产任务；中海投资、中海结算中心在资金运作上取得良好的业绩；中海工业减亏明显。2000 年，集团全年完成货运量 1.77 亿吨、货物周转量 2506.5 亿吨海里，分别为年度计划的 118.1％、121.2％；完成营业收入 157 亿元，创集团运输生产和营业收入历史新高。至此，中国海运率先走出困境，为 21 世纪持续长远发展打下坚实基础。

2001 年，世界经济增长减缓，特别是受“9·11”事件影响，全球贸易增幅回落，航运市场处于低迷状态。中国海运集团面对市场逆境，积极应对挑战，货运量、货物周转量保持持续增长，经济效益保持盈利。其中，油运盈利 7.52 亿元，货运盈利 1.48 亿元；海盛保持稳定效益；客运亏损得到控制；码头、劳务、供贸、投资、国贸、电信等公司都实现盈利；工业公司首次实现扭亏；境外企业收入 13.16 亿元，盈利 4500 万元。集团经济运行质量得到新的提高，取得了“十五”发展良好开局。

2002 年，货运量、货物周转量首次突破 2 亿吨和 3000 亿吨海里，为 2.13 亿吨和 3267 亿吨海里，提前 60 天完成年度计划，同比分别增长 14.5%、15.2%；总收入首次突破 200 亿元，为 216.9 亿元，增幅为 25.9%；实现利润 5.69 亿元，缴纳税金 5.84 亿元。地区公司亏损下降；境外公司收入和盈利继续保持增长。企业运营成本得到控制，管理费、燃油费、修理费、润物料费按同口径考核都完成了控制指标；财务费用、运费回收、港使和箱管费、船舶保险和租赁费等保持在合理水平，经济运行质量明显提高。

2003 年，中国海运集团抓住市场复苏、需求逐步增长的机遇，对外积极开拓市场，对内控制管理费用、三项成本和应收运费，取得显著成效；运输生产保持持续增长，货运量、货物周转量完成 2.46 亿吨、3880 亿吨海里，同比分别增长 14.6% 和 18.8%；重箱完成 340 万 TEU，同比增长 22.7%；油品运输完成 6150 万吨，同比增长 15.3%；煤炭运输完成 9200 万吨，同比增长 12.8%；金属矿石运输完成 1650 万吨，同比增长 16.1%；旅客运输完成 230 万人次，为年计划的 115%。总收入突破 300 亿元，达到 315 亿元，增幅为 45.2%；主营收入 305.6 亿元，增幅为 43%，为总收入的 97.1%。利润总额 20 亿元。集装箱运输收入达到 174 亿元，利润 18 亿元。企业发展迈上新的起点，为建设世界一流航运企业奠定了扎实基础。

2004—2005 年，全球经济呈现明显增长，复苏步伐加快，国民经济在宏观政策调控下继续保持健康较快平稳发展，航运市场步入了新一轮增长周期。中国海运集团抓住机遇，努力拼搏，经济效益大幅提升。2004 年和 2005 年是集团成立以来，改革发展和经济效益取得成效最为显著的一个时期。两年间，运输生产持续增长，货运量分别完成 2.69 亿吨、3.00 亿吨，同比分别增长 9.31% 和 11.53%；货物周转量分别为 4512.60 亿吨海里、5163.97 亿吨海里，同比增长分别为 16.2%、14.44%；总收入分别为 369.63 亿元和 539.95 亿元，同比分别增长 34.19% 和 46.08%；利润总额分别为 75.15 亿元和 90.95 亿元，同比分别增长 278.59% 和 21.03%。2004 年，提前一年完成了集团“十五”发展规划的主要经济指标，被中宣部、国资委评为国有企业改革发展重大典型。

值得一提的是，通过专业化重组整合，经过 8 年的船队建设，集团船队大型化程度明显提高。2005 年，船队总运力为 431 艘、1469 万载重吨，平均载重吨为 3.4 万吨，比 1997 年成立之初的 2.02 万吨增长了 68%；其中集装箱船舶大型化尤为明显，2005 年平均单船载箱量为 2468TEU，而 1997 年的平均载箱量仅为 232TEU。到 2005 年，集团集装箱运输船队总箱位达到 34.8 万 TEU，其中更有世界上最大的 8500TEU 集装箱船，在世界班轮公司排位中跃升至第 6 位，基本形成具有世界级的结构合理、竞争力强劲的大型化、规模化、专业化的集装箱船队。

中国海运集团船队增长情况见表 1–4。

中国海运集团船队增长情况（1997—2005 年）　　表 1–4

年份（年）	船舶（艘）	总载重吨（万吨）	平均载重吨（吨 / 艘）	总箱位（万 TEU）	平均船龄（年）
1997	403	814.30	20205.84	1.90	14.60
1998	369	795.7238	21564.34	2.036	15.77
1999	379	871.63	22998.21	10.26	14.94
2000	384	902.13	23493.05	11.72	15.30
2001	396	1003.29	25335.55	16.13	14.90
2002	402	1061.92	26415.95	16.80	14.80
2003	412	1154.29	28016.68	20.13	15.01
2004	413	1274.57	30861.16	25.83	14.85
2005	431	1469.107	34085.89	34.78	14.38

第四节　集装箱船队的跨越式发展

集装箱运输是一种先进的现代化运输方式，具有标准化程度高、装卸作业快、货物安全性好的优点。但在中国海运集团组建初期，对于要不要发展集装箱运输，集团内部尚有不少争议和担心。主要担心资金投入大，经营风险高。过去三大海运局也曾涉足该项业务，但都程度不同地出现亏损。

是安于现状，只限于发展沿海散货和油运？还是顺应趋势，开拓进取，发展国际化集装箱运输？是关乎集团未来发展的重大战略问题。集团领导班子经过认真研究分析，果断地做出决策：在继续积极发展油运、货运的同时，必须走发展集装箱运输的道路。集装箱运输是未来发展方向，集团发展集装箱运输是先进生产力的发展要求，代表海运业的发展趋势，也是国家经济安全的战略需要。中国海运集团要做大做强，建设一流航运企业，要想在未来的国际市场竞争中占有一席之地乃至重要地位，就必须拥有自己强大的集装箱船队和集装箱运输业务。

在统一思想后，集团坚定不移地以发展集装箱运输为发展战略突破口，通过低成本租赁、自有船舶改造、市场的反周期运作、与大货主联营合作等一系列战略举措，实行低成本扩张，反周期操作，实现了集团集装箱运输的持续、跨越发展。

1998—2005 年短短 8 年，集团集装箱运输量从 24.9 万 TEU 增加到 584.6 万 TEU；船舶从 47 艘增加到 141 艘；总运力从 1.9 万 TEU 增加到 34.8 万 TEU；单船箱位从几百 TEU 增长到 2468TEU。随着全球最大的 8500TEU 新船交付，公司船队的大型化程度更进一步得到明显提高，船队结构得到根本性优化。

集团在“十五”计划中，重申“抓住沿海、拓展远洋，一业为主、多元发展”的发展战略不变，同时赋予其新的内涵：沿海和远洋市场已经成为一个有机的整体，都是集团的重要市场。“抓住沿海”主要是指在提高质量效益的基础上，巩固和提高沿海集装箱运输和以石油、煤炭为主要货种的经济效益；“拓展远洋”主要是指发展国际集装箱运输，逐步确立中国海运集团全球承运人地位。

中国海运集团在其整个发展历程中坚持高起点地发展集装箱运输，并始终把发展集装箱运输作为企业做强做大的载体，以此撑起了中国海运发展壮大之“帆”。短短数年，中海集团集装箱运输船队就跻身全球十大班轮行列。中国海运也以集装箱运输为平台，就此登上世界航运舞台，真正成为令世人瞩目、举足轻重的航运企业。

一、“货”改“集”，实施自有船舶技术改造

中海集运组建时，恰逢亚洲金融危机爆发，世界航运处于低谷。组建初期，集团的集装箱运输船队只有 5 艘自有小船，再加上光租、期租的 10 艘小船；单船箱位最大的只有 614TEU，最小的仅为 113TEU，总箱位仅 5705TEU。整个船队不仅船小、船型落后，而且市场单一，几乎全部局限于沿海集装箱市场。而当时全球集装箱船队正以每年 15% 的速度在增加，货量的增长速度只有 5%，运力远远大于运量，运价一降再降，许多公司濒临倒闭。与当时的世界班轮公司相比，中海集装箱船队就像一株刚出土的幼苗被周边一棵棵参天大树遮挡着。

面对巨大的实力差距和市场困境，刚刚诞生的中海人没有向困难低头，大胆地实施低成本扩张的手段，对没有市场前景、亏损严重、几乎处于闲置状态的中海货运的“堡”字号、“新”字号、“振奋”号等数十艘的散货船进行技术改造。

在集团的统一部署下，1998 年 7 月 23 日，中海货运所辖的 5 艘被封存的“堡”字号和“友谊 22”共 6 艘同类型多功能散货船支援给了中海集运，由中海集运将这些船改建成可装载 184—190TEU 集装箱的专用运输船。这项改造船舶的重大任务落到了中海工业肩上。

1998 年 8 月 17 日，经中海工业立新船厂员工近一个月冒高温酷暑日夜奋战，中海货运第一艘 5000 吨级多用途货船改造为集装箱运输船工程圆满竣工。该船以崭新的面貌缓

缓驶离立新厂码头，投入营运。新改造船命名为“向菊”轮（原“星堡”轮），可装载集装箱184TEU。“向菊”轮从1998年7月31日图纸到位，到8月13日就离厂试航，改造时间不到半个月。到9月中旬，6艘改装船相继投入集装箱运输。改造的“堡”字号船，从船进厂拆卸到试航出厂，平均只有20天修船期。这样的改造速度、紧张程度都是集团乃至当时国内修船行业十分罕见的。

短短半年不到，中海工业就成功改造27艘船舶，其中包括22艘集装箱船、2艘沥青专用船、3艘油船，取得骄人战绩。

改造船工程的实施“一举多得”：

一是通过船舶改造，使中海集运实现低成本快速扩张。中海集运在短短一年多的时间里，集装箱船从最初的5艘增加到90多艘，迅速形成初具规模的船队，为中国海运集团发展沿海内贸集装箱运输，形成以沿海、内河、内支线、近洋为主的集装箱运输网络注入新的活力，中海集运由此驶上快速发展的航道。

二是通过船舶改造，使富余船舶得到充分利用。由于运输市场的变化，中国海运约有40万—50万吨船舶因不适应市场需求而成为富余运力。这些船净值较高，船龄仅有10年左右，在当时船舶买卖市场低迷的情况下处置难度很大。船舶改造既减少了亏损，又为这批船找到了出路。

三是通过船舶改造，带动了中海工业公司的生产发展。44艘货轮改装成集装箱轮的艰巨任务，平均9.5天出厂一艘改造船，耗用钢材6万吨、电焊条2000余吨。各厂的钢质工程换钢能力从过去的日均5吨提升到日均30—40吨；各厂合计平均每天的换钢量达到110吨左右。改造船工程使中海工业摆脱了开工不足的困境，获得了饱满的生产任务，并积累了改造集装箱船的经验，锻炼了员工队伍，提升了组织大规模生产的能力，技术能力明显提升，也为以后承接集团外的改造船订单奠定了扎实的基础。

四是通过船舶改造，为广大船员提供了新的就业岗位。船舶改造使原来由于船舶闲置等种种原因待岗的船员重新上岗，减少了下岗船员，提高了船员收入，增强了企业的凝聚力，为集团后来的快速发展留住了不可缺少的宝贵人力资源。

五是通过船舶改造，促进了集团其他相关产业的发展。在航运市场极度低迷的状况下，船舶改造拉动了集团内需，带动了油轮、特种船等相关产业。当时，作为油轮主力船的大多为20世纪70年代建造，平均船龄达22.8年。经改造，旧油轮产生新的价值。据统计，这些改造为沥青船的老旧船每年产生1000万元的净利润。同时，沥青船的改造成功，也为中海海盛特种船运输的发展增加了运力。此外，改造船舶所用的钢板、压舱铁，大部分是通过钢厂欠中国海运的应收账款来“抹账”，对中国海运降低应收账款起到一定作用。

此次改造任务，涉及船舶的强度、稳性、动力等各方面协调，是一项复杂的系统工程，又有高难度技术需求。在众多前所未遇的困难面前，广大干部职工充分展现了识大体、顾大局的集团意识，展现出吃苦耐劳的连续作战的作风，展现了团结协作、无私奉献的集体主义精神，涌现出一批先进集体和先进个人（图1–5）。整个集团也通过这一过程，锻炼了队伍，提高了企业整体素质。

图 1-5　1998 年，中国海运召开船舶改造表彰大会，表彰了船舶改造工程中涌现的先进集体和先进个人。

上述改造船舶及时投入沿海内贸集装箱航线和外贸内支线运输，1998 年共完成 113 航次，重箱运量达 1 万多 TEU，实现利润达 3000 多万元。船舶改造一举数得，价值重大，不仅使中国海运的集装箱运输船队在资金短缺、市场需求紧迫等情况下实现了低成本跨越式快速发展，而且成为当时世界航运界的一个亮点。中国海运以“改”突破困境，以“改”创造佳绩，大大提升了中国海运在世界班轮的知名度。

二、抓住机遇，低成本租船造船双管齐下

2002 年以前，受亚洲金融危机的影响，航运市场持续萧条，船价也一直很低迷。借此时机，中国海运开始进行反周期运作，实施低成本扩张战略，租船、造船双管齐下，发展和控制了大批低价优质集装箱船。

1998 年，新租入船舶达 36 艘，总箱位 19391TEU。

2000 年，中海集运租入 25 艘长期期租船，主力船型有 12×2500TEU（如“中海雅加达”）、8×4050TEU（如“中海汉堡”）、5×5600TEU（如“中海洛杉矶”）等。上述船舶均投入远洋航线。

自此，中国海运集装箱船队的发展驶入“快车道”，一支大型化、现代化、多元化经营船队雏形基本形成，船队结构得以升级。

2000 年，鉴于国内船厂订单不足，国家为扶持造船业发展出台的出口退税等优惠政策，集团于当年 6 月与沪东中华船厂、大连新船重工一举签订 8 艘 5600TEU 船型订造合同（即 2003—2004 年间陆续投运的“新浦东”“新大连”等）。这是中海集运成立以来第一次订造新船，使船队建设有了新突破。2001 年，中海集运又向沪东中华船厂订造 4 艘 4050TEU 船型（即 2003—2004 年投运的“新重庆”等）。

2001—2002 年，美国本土相继发生“9・11”事件和西海岸码头工人大罢工事件，国际集装箱运输市场持续走弱。中国海运集团通过实施反周期运作策略，再一次率先抢占到发展先机，及时抓住机遇，超低价订造 41 艘全集装箱船舶，一举奠定中海集团低成本扩张的发展基础。

2002 年 12 月，与韩国三星船厂签订 1 艘 8468TEU 全集装箱船舶订造合同，与 SEASPAN 合作签订 5 艘同类型船舶订租合约。该类型船舶居当时世界最先进行列。2003 年，中海集运迎来“船舶订造高峰年”，集中签订一批订造与租船合同，船型有 4000TEU、5600TEU、8500TEU、9600TEU 等，船队结构进一步优化。

1997 年 4 月 5 日，500TEU 的“林园”轮首航，拉开中海内贸集装箱运输的序幕。到 2003 年，一艘艘 5668 箱位的第四代集装箱投入洲际航线，集团以快速发展的业绩谱写了“发展是硬道理”新篇章。短短 7 年间，中海集运新增运力 82 艘，合计 200622TEU；处置船舶 18 艘，船队大型化、规模化、专业化程度大大提高。船队结构发生巨大的变化，核心竞争力大大增强，为企业的持续、健康、快速发展奠定了坚实基础。

2003 年，美国航运杂志将中国海运集团的核心船队中海集运评为全球年度收入利润率排名第一的船公司，航运主业全球市值排行第五位。

2004 年 7 月 7 日，超大型集装箱船 8500TEU 的“中海亚洲”轮在韩国交付。7 月 9 日，该轮由上海港首航。“中海亚洲”轮是当时全球载箱量最大、具世界领先水平的集装箱船，也是中国海运集团订造的 5 艘 8500TEU 集装箱船中的第一艘。该轮总长 334 米，型宽 42.6 米，航速 25.2 节，可装载 8500TEU，并配有 700 个冷藏箱插座，堪称海上集装箱运输的“航空母舰”。

截至 2005 年年底，“中海欧洲”“中海美洲”“中海非洲”等具有世界先进水平的大型集装箱船也相继下水，极大地提高了中海集装箱运输的核心竞争力。

三、布局全球班轮航线

（一）以内贸班轮运输为突破口

中海集运以内贸班轮运输作为突破口，开始拓展班轮航线网络。1998 年年初成立了内贸航线经营小组，在内贸航线采取航线合作、青岛中转、南北直航等措施，首先投入“林园”“桃园”“泉城”三条船，建立了沿海九港周班大循环航线。在箱量稳步上扬的基础上，3 月份调整航线，投入“向华”轮、“桃园”轮从青岛掉头南下，与山东海丰合作，在北方实行船舶交接作业，从而减少 4 个挂港和 1 条船的投入。航线总成本因此降低，经济效益明显提高。4 月份经济效益基本持平。5 月底投入 1034TEU 的“向安”轮，在广州、营口、天津、青岛之间开辟黄金水道，开通南北直航的内贸精品航线。8 月底“桃园”轮下线后，相继投入 5 条“堡”字号船，进一步调整航线。至此，内贸航线完成了上海—蛇口—广州之间的双周班和重续天津—上海—大连周班航线。

1998 年 5 月 28 日，中海集运在广州黄埔港举行仪式，开通集装箱直达特快内贸班轮，并与铁路专列组成海铁联运南北大动脉。

1998 年 12 月 27 日，中海集运首条 1000TEU 集装箱船——“向平”轮，满载货物缓缓驶离上海龙吴港，拉开了我国内贸集装箱运输大扩容的序幕。11 条以原“振奋”轮为主的改装船投入内贸运输，使得内贸航线的箱位从过去的 1800 个增加到 8000 个，停靠港口从过去的 9 个发展到 14 个。

（二）从沿海走向近洋

1997 年 11 月 20 日，中海集运举行首航仪式，正式开通“ 青岛 / 上海—大阪 / 神户”全冷藏箱特快定时航线。这是公司成立以后开通的第一条近洋航线，标志着中海集运跨出了从沿海走向近洋的关键一步。经改造的“郁金香”轮投入该航线营运。以此为起点，中海集运近洋航线陆续开航，多点开花。

1998 年 11 月 19 日、1999 年 1 月 14 日，“烟台—日本”“南京 / 南通—日本”航线相继开通，中海集运近洋航线经营进入新阶段。1998 年年底，中海集团公司已拥有各类全集装箱船 47 艘，箱位近 2 万 TEU，累计开辟航线 23 条，形成覆盖中国、东北亚、东南亚的航线网络。航线的增加，也使得运输收入逐步增加。1998 年运输收入比 1997 年增加 3.2 倍，重箱完成量增加 3.3 倍。到年底，公司开始实现整体盈利，由此驶入“做大做强”的发展轨道。

1998 年年底，中海集运公司已拥有各类全集装箱船 47 艘，箱位近 2 万 TEU，累计开辟航线 23 条，形成覆盖中国、东北亚、东南亚的航线网络。航线的增加，也使得运输收入逐步增加。1998 年运输收入比 1997 年增加 3.2 倍，重箱完成量增加 3.3 倍。到年底，公司开始实现整体盈利，由此驶入做大做强的发展轨道。

（三）全面开拓远洋市场

1999 年是中海集运全面开发远洋市场的重要一年。

当年 3 月 26 日和 28 日，中海集运分别在青岛、上海举行“中国—澳大利亚”集装箱班轮航线首航仪式。这标志着中海集运向远洋运输迈开了第一步。

“向津”轮承担了此次远洋运输首航任务。该轮是集团 44 条改造船之一，载箱量 1002TEU，冷插 100 个；航速 14 节。此次开辟的中澳集装箱班轮航线，实行周班服务。除首航的“向津”轮，之后又投入“向济”“向洲”“向沧”“向滨”“向浩”“向宁”等 7 艘 1000 箱位的全集装箱船，全程挂靠青岛、上海、香港、悉尼、墨尔本、布里斯班、马尼拉、门司、博多等多个港口，同时可接转中国沿海北至大连、天津，南到汕头、黄埔等港的货物，往返航次时间为 49 天。至此，中海集运集装箱航线贯穿中国南北各大港口，并初步形成覆盖北亚、东南亚、大洋洲的集装箱运输网络。

1999 年 4 月 25 日，中海集运开辟首条“远东—欧洲”集装箱班轮航线（图 1–6），共投入 9 艘 2000—3000 箱位的全集装箱船，为客户提供快捷、经济的班轮服务。航线沿线挂靠天津、青岛、上海、香港、新加坡、鹿特丹、汉堡、费利克斯托等港口，国内可接转中国沿海北起大连、南至珠江三角洲诸港及相关内陆点的货物，国外可接转日本、韩国和东南亚各港中转的货物。9 艘全集装箱船的船名分别是“凯普兰”“布雷特”“克立斯”“阿

图 1–6　1999 年 4 月 25 日，中海集运开辟首条“远东—欧洲”集装箱班轮航线。

波罗”“阿弗立”“阿斯特”“摩塞尔”“英特若”和“曲劳菲”。首航船为期租租入的“凯普兰”轮，箱位2259TEU，冷插（冷藏集装箱的电源插座）300个，航速19节。“凯普兰”轮成为中海集运走向欧洲市场的第一船。

1999年8月5日，中海集运在大连举行第二条“远东—欧洲”集装箱班轮航线首航仪式。11月5日，中海集运首辟“远东—地中海”航线，投入了9艘2000箱位、航速18.5节的全集装箱船，挂港包括大连、天津、青岛、上海、宁波、香港、雅加达、新加坡、比雷埃夫斯、那不勒斯、热那亚、巴塞罗那。至此，中海集运在欧洲航线已投入18艘全集装箱船，覆盖国内沿海8个主要港口，已成为国内经营“远东—欧洲”航线直挂港口最多、运力投入量最大的班轮公司。

欧洲线由于准备充分，开线时机好，运价贴近市场，取得了很大成功。上线后每个航次的装载率达到90%以上，7月初达到100%，连续出现暴舱。欧洲线的成功开辟，使中海集运的知名度迅速上升。同时，各主要口岸的市场份额也相继提高，其中天津口岸自开线以来箱量迅速上升，中国海运的市场份额居各公司之首；上海口岸的市场份额也始终保持良好的势头。

1999年11月17日、18日、19日、22日和12月6日，中海集运分别在厦门、盐田、香港、神户和洛杉矶举行“远东—美国”集装箱班轮航线首航仪式。“远东—美国”航线，共投入6艘2000—2500TEU、航速20节的全集装箱船，实行周班服务，分别挂靠厦门、盐田、香港、神户、洛杉矶、西雅图，西行返回为横滨、神户至厦门。在美国可通过洛杉矶、西雅图转接美国中部和东部地区的货载；国内华北、华东货载则通过中海集运自有的大连、天津、青岛、上海至日本的中日精品航线，将货物经神户港中转美国；在东南亚则转接通过香港中转至美国的货载。首航船“阿波罗”号箱位2482TEU，冷插170个，航速20.5节。“阿波罗”轮是见证中海集运走向世界的又一艘期租船。

中海集运开辟的“远东—美国”航线，支线网络完善，干支线衔接紧密，为集装箱客户提供了更广泛、更优质的服务。

1999年，中海集运共开辟、调整内贸航线10条、外贸航线25条，国内共挂靠28个港口，外贸挂靠15个国家28个港口，形成了有35条内、外贸干支线衔接相连的运输网络。

中国海运在一年内先后开辟了中澳、中欧和中国—地中海、美西四条中远程班轮航线，以密集出击的方式，以惊人的开拓速度，形成了覆盖全球南北、东西主要贸易区的集装箱运输干线网络。而远东—美西航线的开辟，标志着中国海运集装箱运输已完成由沿海走向近洋、进军远洋的大跨越，并全面进入全球集装箱运输市场。此举为集团实现全球承运人的目标迈上一个新的台阶。

总部设在上海的中海集运的快速发展也带动了上海国际航运中心及上海港的发展。当年，中海集运在上海港的集装箱装卸量超过135万TEU，同比增长66.2%，居上海港各大班轮公司首位，企业收入和效益大幅度增长。2003年美国航运杂志将中海集运评为全球年度收入利润率排名第一的船公司。

集装箱运输的快速发展，为中国海运集团塑造了良好的国际形象。2004年5月15日，柬埔寨王国政府在首都金边举行隆重仪式。在仪式上，洪森首相的特命代表向中国海运集团总裁李克麟颁发了柬埔寨“国家建设金质勋章”和洪森首相亲笔签署的授勋证书，以表彰中国海运集团和李克麟总裁本人对促进柬埔寨进出口贸易和国民经济的发展所作出的巨大贡献。

集装箱船队的快速发展，还培养和造就了一批年轻有为的大型集装箱船舶干部船员，辜忠东船长就是其中的一位典型代表。辜忠东1992年毕业于大连海事大学航海系驾驶专业，1998年成为远洋船长，2003年成长为中海集运5688TEU大型集装箱船船长，先后获得中国海运集团“最佳船长”“优秀党员”“十佳青年”等荣誉，获得中国海员工会“金锚奖”、上海市劳动模范、首届全国“十佳船长”暨郑和航海贡献奖，享受国务院特殊津贴等。2005年辜忠东作为全国唯一的海员代表，参加了在人民大会堂举办的庆祝国务院批复设立“中国航海日”大会并做精彩发言，此时的他已被交通运输部评定的最年轻的高级船长。辜忠东先后在“新蛇口”“新连云港”“新秦皇岛”“新盐田”“中海亚洲”等多艘大型集装箱船舶担任船长。在此期间，他驾驶船舶安全航行50余万海里，始终保持安全生产的“七无”：无海损、无机损、无火灾、无货损货差、无工伤、无污染、PSC检查无缺陷。辜忠东刻苦钻研，技术精湛，凭借自己的学习积累和船长经验，编写了厚厚的《航行手册》，成为公司集装箱船队配备的重要参考资料。一位在埃及苏伊士运河从事40年工作的63岁老引水员，见到当时只有33岁的辜忠东指挥大型集装箱船如此熟练，心理素质如此之高，不禁连连称赞：“一艘大型集装箱船船长如此年轻，如此沉稳，简直令人难以置信。”

（四）成功破冰台湾航线

2002年4月1日，中国海运集团在基隆港举行台湾—美西航线集装箱班轮首航仪式，中海的5700TEU超巴拿马型集装箱船“神户”轮，成为大陆班轮公司在台湾鸣笛起航的第一艘船舶。台湾航运界人士发表文章称“中国海运集团破冰成功”。

台湾—美西航线是中国海运集团跨太平洋集装箱班轮航线的重要组成部分，该航线共投入5艘5500—5700TEU超巴拿马型全集装箱船，营运航速为26节。航线的挂靠顺序为宁波—上海—盐田—香港—基隆—釜山—洛杉矶—宁波，提供周班服务，从基隆至美国西海岸航行时间为11天。此前，大陆班轮公司还未曾在台湾开辟美西集装箱航线。

（五）加大远东—欧洲航线运力投入

2002年四季度，欧元呈现升值趋势，中国海运高管层认为，欧共体经济在形成欧元统一货币后，经济将会加快复苏；加之伊拉克战争后，中东地区经济重建，市场需求必然上升；而中国产品大量出口到上述地区，集装箱货量增长也是必然。据此，集团立即安排8条5600TEU大船投入远东—欧洲航线。2003年，该条航线运力出现了供不应求、舱位爆满现象，中海集运也取得很好的经济效益。在相当一段时间，远东—欧洲航线一直是世界上最旺的航线。

2003年年初，中海集运抓住市场有利机会，合理调整航线和运价，又适时将4艘5668TEU大型集装箱船投入欧洲航线，提高航线竞争力，仅半年时间就取得了收入55亿元的良好成绩。2003年中海集装箱运输完成重箱266万TEU，同比增长26%。

（六）充分发挥片区公司优势

2003年年初，集团实施货运体制改革，整合原来中海船务、中海物流和鹏达船务的集装箱揽货资源，成立了中海集运八大区域公司，分别为：大连公司、天津公司、青岛公司、上海公司、厦门公司、深圳公司、广州公司和海南公司。随着各区域公司成立，中海集运在各口岸综合实力得到进一步增强，揽货工作开展有显著突破和进展，货运体制改革带来的活力和生机得到较好体现。各口岸货的量增长显著，市场份额不断扩大。各口岸中海市场份额均名列前茅。

中海集运八大区域公司在集装箱运输发展中均有不俗表现。特别是集运所属深圳公司更是取得骄人业绩。2004年，深圳公司抓住航运市场旺盛的时机，根据地区实际情况，提出了“西固东扩，南展北拓”的战略措施，将市场拓展到东面的东莞，西面的肇庆、高要，南面的顺德、鹤山、开平、恩平，北面的从化、清远、韶关等地，相继设立了惠州、防城、南宁、昆明、梧州、东平、虎门等地的分公司和办事处，形成了网络化销售渠道。

（七）国际化网络日臻完善

集装箱运输作为全球化的竞争行业，必然也是全球化的网络竞争。身处国际竞争的大环境，中海集运确立行业领先者的目标，制订更高层次的全球化竞争战略，通过建立、完善全球化网络，大幅度提高营销能力。

按照集团关于国际化代理网点要适应集装箱运输发展需要的战略思路，自2004年以来，中国海运通过合作，以遍布全球五大洲各主要贸易区的航线网络、代理网点为依托，在世界范围内整合包括干支线海运、铁路、拖车、仓储和虚拟交易平台等物流资源，打造覆盖全球的综合航运物流网络，为市场客户尤其是直接客户提供包括“门到门、点到点”在内的、具有较高附加值的全程物流服务，其目标是把中海集运建设成世界一流的集装箱航运物流企业。

随着集团集装箱运输业务和境外产业的发展，中国海运集团相继成立了香港、新加坡、欧洲、北美地区控股公司，业务遍及欧美、地中海、大洋洲、亚洲43个国家和地区，经营项目有船务、揽货、造箱、航运、投资、劳务、码头业务等。这其中，中海集运在世界70多个国家和地区建有控股公司、分公司和代理点，形成了“区域控股、布局合理，洲际成网、全球连线，依托主业、立足当地，经营自主、效益明显”的体系。快捷有效的现代化网络为中国海运快速发展集装箱运输提供了坚实的保证。

四、 美西大罢工的最大赢家

2002年下半年，美国西海岸出现了劳资纠纷，最终导致9月29日发生工人罢工。论常理，工人罢工对船公司经营是不利的。但是，中海集运将不利事件化为市场机遇。在美西罢工事件中，只经历短短的几个月内，中海集运就实现盈利6个多亿人民币，成为当时世界所有班轮公司唯一赢家。

2002年初，中海集运知悉，根据美国法律，美国西岸劳资合同5月份将要重新谈判，谈判无非有两种结局：一是谈判顺利，双方签订新的劳资协议；另一种是谈判破裂，发生罢工。对上述两种情况，中海集运密切关注，安排专人及时收集信息。

随着时间的推移，6月份劳资双方谈判分歧明显对立，这意味着美国西岸港口将要发生罢工事件。对此，中海集运立即着手制订应对航线修正预案：首先在航线设计上，针对西岸可能发生罢工，航线改从加拿大港口进入，然后加强加拿大到美国内陆的铁路运输力量，确保不因罢工发生航线中断。其次，将运力作出相应调整：一是罢工发生前期，减少大船发往美西，以防止船舶压在港口回不来。二是精心安排船期，将大船安排到其他航线，充分发挥大船在其他航线的营运效率。因为整个美西罢工期间，全球有三分之一集装箱运输运力压在美国西岸港口等卸。同时，在班期上安排这些大船10月初都能回到中国港口待命，以应对罢工发生后，远东发往美西运力的需要。三是利用当时造箱淡季，价格十分优惠，下单订造了一大批新箱。

正如所料，当年9月，美西港口发生全线罢工，世界各大集装箱班轮公司都因此而受到了很大影响和损失。得知罢工消息后，正在美国调研的李克麟总裁立刻回国，做出了一个惊人之举：给集装箱制造厂下了8万个集装箱的紧急订单。集装箱企业对此感到不可思议，美西在无限期罢工，明摆着会大大影响航运业，中国海运怎么还投巨资造箱子？原来，李克麟总裁判断，港口罢工必然导致过去的货物无法卸船，到罢工结束时大量货物没有集装箱可装。到10月9日，许多船公司决定造箱子的时候才发现，集装箱厂的制造箱位已经没有了。由于没有箱子，罢工结束后大批的货物无法承运。

与众不同的是，中国海运却在低迷的形势中看到了商机，事先采取一系列出奇制胜的措施：安排加班运力，提前两个月进行空箱回调并组织新箱建造，确保航线用箱需求。

一个月后，当美西港口恢复开工作业，在许多航运公司还来不及调整运力的情况下，中海集运1艘5500TEU、3艘2500TEU及1艘3000TEU箱位的船舶已经投入了美西航线营运，抢尽先机，成为当时整个国际班轮市场上的大赢家。许多货主对中海集团在困难的时候及时将货物送达纷纷表示感谢，因为他们避免了支付更大的违约金。

五、大幅度提升上市公司品牌形象

2004年6月16日上午10点，中海集装箱运输股份有限公司（中海集运，股票编号2866）在香港联交所主板挂牌上市。上午9点30分，香港联交所为中海集运举行上市仪式。李克麟董事长在交易大厅致辞，并接受新闻媒体的采访，发表新闻讲话，向香港联交所赠送印有“CHINA SHIPPING LINE”字样的集装箱船模。

中海集运H股首个交易日交投活跃，总成交金额约为港币20.36亿元。此次中海集运在港发行H股24.2亿股（为行使超额配股权统计），其中22亿股根据条例规定为售股，另外2.2亿股国有股减持供认购。为确保中海集运顺利上市，李克麟总裁在全球进行了32天的路演，历经东南亚、欧洲、美洲近20个国家和地区，受到了众多投资机构、策略投资者和其他投资者的关注和认购，中海集运反周期发展策略获得广泛认同。6月15日下午，香港特首董建华致电李克麟总裁，对中海集运上市表示祝贺。长江实业李嘉诚主席、中海集运策略投资者和记黄埔董事总经理霍建宁在香港与李克麟总裁会晤，对中海集运表示祝贺。

此次中海集运上市，成为其发展历程中具有里程碑意义的重大事件，也为中海集运进一步做强做大、晋升全球一流集装箱班轮公司奠定了基础。

在中海集运不断塑造资本市场品牌形象的同时，船队品牌也得到大幅度提升。当时世界上最大的 8500TEU 集装箱船“中海亚洲”“中海欧洲”相继投入营运，使中海集运的竞争实力大为增强，基本形成了具有世界一流水平、现代化、大型化、规模化、专业化的核心船队。至此，中海集运经营的航线已经从当初沿海的 6 条支线，发展到欧美、澳大利亚、地中海等 40 多条国际班轮航线，覆盖美洲、欧洲及地中海、澳大利亚、东南亚、西非及中东等国际主要贸易地区，实现了从沿海走向远洋的跨越式发展。

中海集运 1998—2005 年主要经济情况见表 1–5。

中海集运主要经济数据（1998—2005 年） 表 1–5

年份（年）	船队（艘 / 万 TEU）	全球班轮运力排名	货运量（万 TEU）	主营业务收入（亿元）	利润总额（亿元）	总资产（亿元）	总负债（亿元）	资产负债率（%）
1998	47/1.9	—	24.92*	9.80	–0.79	12.71	7.37	57.40
1999	93/10.00	—	77.80*	29.12	–0.64	31.42	15.51	49.37
2000	92/11.46	15	150.21	70.63	0.64	50.78	34.57	68.08
2001	98/15.4	14	187.80	78.40	–10.96	55.61	50.32	90.50
2002	95/16.3	14	247.50	102.94	–4.24	86.37	75.15	87.01
2003	99/19.4	11	281.60	152.22	11.34	162.65	123.89	76.17
2004	114/25.4	8	365.51	201.45	45.81	276.06	128.82	46.67
2005	141/34.8	6	584.61	275.91	42.59	315.58	141.32	44.78

注：*1998—1999 年货运量为重箱量。
资料来源：中国海运集团统计年鉴。

第五节 油货客运输稳步发展

在全力推进集装箱运输快速发展的同时，中国海运集团还坚持加强油运、货运、客运和特种船队的建设。根据“抓住沿海、拓展远洋”的发展战略，集团以市场为导向，发挥和增强石油运输、煤炭运输优势，进一步加大油轮、干散货船队的结构调整，确立从“拥有船队”转向“拥有和控制船队并举”的经营思路，确保主力船队的健康发展，逐步形成集运、油运、货运互相依托、互为支持、优势明显、协同发展的格局。

一、打造世界级油轮船队

中海油运自 1998 年组建到“十五”末，积极贯彻“发展主力船型，壮大船队规模，巩固中海油运在沿海油运市场的份额，并积极参与国际市场竞争，在竞争中发展壮大”的方针，充分发挥专业化运输船队的规模优势，船队实力不断得到发展壮大。船舶向大型化、现代化发展，油轮船队向世界级目标不断迈进。1998—2005 年 8 年间，公司市场占有率进一步巩固和扩大，累计石油运量达 4.39 亿吨，企业利润逐年增加，盈利水平不断提升，成为集团的盈利大户。

（一）组建初期的生产经营情况

1997 年 11 月 15 日，中海油运筹备工作启动。这是中国海运成立后规模最大，也是最受关注的一次资产重组。

1998 年 1 月 19 日，经上海市工商行政管理局核准，公司以“中海发展股份有限公司油轮公司”登记注册。同年 2 月 10 日，在北京举行开业庆典。由此，上海、广州、大连 3 家地区公司油轮重组合并完成。中海油运作为中国海运第一家跨地区的专业化船公司，拥有 92 艘各类油船，总载重吨 229 万吨，资产总值逾 51.87 亿元，成为当时国内最大的海上石油运输专业公司。

然而，组建初期中海油运的实力并不让人乐观，当时的油轮船队可用“多”“老”“小”“少”概括。

“多”——船舶数量多。92 艘数量在国内首屈一指，船型结构品种繁多，原油船有 1.5 万、2.4 万、3 万、6 万和 8.9 万吨级，成品油船有 3 千吨、6 千吨、1 万吨左右三种。尽管船舶艘数多，但总体技术状况并不好，规模优势并不明显。

“老”——船龄老。1998 年船队平均船龄为 15.5 年，其中近一半的船舶已经超过 20 年。

“小”——船舶吨位小。1998 年船队平均每艘船 2.49 万载重吨。其中最大船舶仅 2 艘 Aframax 型，有 35% 的船舶为千吨小船。

“少”——双壳油轮少，外贸航区的船舶少。1998 年双壳油轮艘数仅占船队的 6%；A 类航区的船舶不到一半，实际从事远洋运输的更少。

公司重组后，面临“三大挑战”：一是亚洲金融危机造成的国际油运 WS 指数下跌，市场疲软、需求不旺；二是长江特大洪水造成的严重压船，运输效率受到很大冲击；三是成品油走私猖獗，造成市场混乱、运价起伏动荡。

面对挑战，中海油运及时制定了“确保安全、强化管理、降低成本、抢占市场、确保效益”的工作思路，精心组织，发挥专业化船公司的规模优势；坚持以变应变，利用国家加大打击油品走私力度、市场回暖的有利时机，采取“确保运力、抢运原油，调整运力、开拓市场、多装快跑”的有力措施。1998 年，公司创下旺季运量连续三个月突破 480 万吨、运费收入突破 2.3 亿元的高产、高效、高占有率的“三高纪录”；成品油市场的占有率从年初的 20% 猛升到第四季度 50%，全年共完成货运量 4911.6 万吨、货物周转量 498 亿吨海里。

实行资产重组后的中海油运，成立当年就创下了令人刮目相看的优异成绩。利润达到了 4.8 亿元，显示了强大的创利能力，成为国内营收利润最大的油品运输公司，为完成中国海运集团的“突破口”工作献上了一份厚礼。

初战告捷后的中海油运，又遇上 1999 年长江枯水封航、成品油市场运力和运量失调、炼油厂减产需求不足、外贸运价下跌和燃油费大幅上涨的五大拦路虎。

对此，中海油运采取了三项积极应对的措施：

一是调整运力适应市场。主动与“三桶油”（中石油、中石化、中海油）进行协商合作，在内贸原油、成品油和外贸油运输方面进行全面出击，做到管道油、平台油、过驳油全面抓住不放。同时，开拓干线运输和支线运输，在扩大市场份额上找出路，在多点发力上做文章。

二是制定正确的经营竞争策略，确保成品油运输不滑坡。1999 年 3 月下旬起，中油集团以低价包租油轮，实施成品油配送制，打破了国内成品油货源和运力的均衡格局。针对不利局面，中海油运进一步加大与各大货主的合作力度，拓宽沿海成品油支线运输的渠道，当年的成品油运量就达到 844 万吨，并取得较好的效益。

三是加强对市场的研究，捕捉机遇。1999 年 9 月、10 月，国内油运市场因受国际原油价格上涨的影响，各大炼油厂出现了不同程度的亏损，内外贸油品运输全线滑坡，原油市场需求严重不足，公司的经济效益亦出现滑坡的不利局面。中海油运统筹安排船期，积极做好货载衔接，落实专人揽货操作责任制，做到了货源一载不丢。

1999 年，中海油运原油运输达 3663 万吨，成品油运输达 1427 万吨，实现利润 4.63 亿元，超额完成了中国海运集团下达的利润指标，有力地支持了“突破口”工作和扭亏任务的完成。

2000 年，中海油运抓住进口原油增加，货源较充足的有利时机，加强揽货和运输管理，积极抢运内贸原油，落实货源，排好船期，腾出富余运力投入外贸运输。同时大力开拓成品油支线运输，形成了海洋油、管道油、进口油、成品油、外贸油全线出击，提前 20 天实现运输量和周转量双过半，全年完成货运量达 5308.9 万吨，增幅 10.8%，内外贸运量均比上年明显增长，外贸运量增幅达到 24.6%；实现利润 4.6 亿元，在亚洲金融风暴后的航运市场复苏当口又一次超额完成了集团年度生产效益任务。

2001 年，中海油运面临国家对原油运输计划和运输价格全面开放的新格局，及时调整运输结构，积极拼抢市场，完成内贸原油 2918.93 万吨、成品油 400 万吨，运输收入 3.9 亿元；增加外贸运力的投放，抢占海洋油运输的增量市场，完成 800 多万吨 COA 合同运输；抢运运价较高的三角航线，完成外贸原油运输 1570.57 万吨、周转量 274.56 亿吨海里。全公司实现运输收入 31.01 亿元，实现全年利润 7.6 亿的新突破。

自公司组建 8 年来，中海油运经受住了市场经济的严峻考验，在激烈的竞争中增强了抗御市场风险的能力，提高了在市场经济中的竞争能力。在集团初期发展中，成为中国海运重要支柱产业和主要创利来源。

（二）打造世界级油轮船队

随着我国国民经济的快速发展，石油进口量呈现持续上升态势。但国内进口石油的海上运输渠道却大部分是由国外船公司承担的。在国际能源争夺十分激烈、能源储备日益高涨的大环境下，我国的能源安全问题引起了国家领导人的高度重视。组建挂五星红旗的油轮船队，为国家运输石油，确保国家能源安全运输，建立国家石油战略体系已刻不容缓。

国家有关航运政策的实施，为中海油运提供了一个极好的发展机遇。2003 年 7 月 1 日，李克麟总裁在中海油运调研时，提出“建设世界级油轮船队”的要求。8 月 18 日，在中海集团的经理书记会议上，李克麟总裁、李绍德书记再次提出“在 2010 年末，将中海油运建成世界级油轮船队”的目标。

据此，集团制定打造世界级油轮船队的发展规划，提出到 2010 年基本建成世界级油轮船队的宏伟战略目标。根据规划，中海油运将打造成为一支世界级的油轮船队，2005 年末油轮船队将达到 400—500 万载重吨，形成以 VLCC、阿芙拉型、巴拿马型、灵便型为主的船队；2010 年末油轮船队将达到 750—850 万载重吨，建成以 VLCC 等大型化船舶为主力船型，资产优质、结构合理、具有较强内外贸竞争优势的国家石油运输骨干船队之一。

为此，中海油运坚持推进油运船队结构调整，积极扩大船队规模，加速推进油轮船队向大型化、现代化转变，切实提升公司在中转油运输和第三国石油运输等外贸运输市场的竞争能力，不断加快向世界级油轮船队迈进的步伐。

“十五”期间，集团对中海油运船队结构进行了大幅度调整：新建、购置一批 VLCC 承运进口原油，将 LR2 油轮投入第三国成品油运输，将 10 万吨油轮投入日益增长的海上平台油运输，建造一批 4.2 万吨级的兼用船并逐步替代在外贸航线上的 3.5 万吨级船舶，原先承运原油和成品油的 3.5 万吨级船舶转入内贸，替代被淘汰的 1.5 万吨级和 2.4 万吨级老旧船。

1998 年 11 月 9 日，中国海运集团与比利时 CMB 集团合资建立“中欧油轮有限公司”，中国第一艘“巨型航母”25 万载重吨油轮“太平洋力量”在新加坡接船投入营运，标志着中国海运集团的水上石油运输翻开了新的一页。“太平洋力量”轮是当时中国石油运输船中最大的一艘巨轮。

2000 年，中海油运从马士基公司购买了一艘 11 万吨级的二手成品油轮，拉开油轮船队结构调整的序幕。该轮投入营运当年就创造了丰厚的利润。

2000—2005 年，中海油运共建造 22 艘不同类型的船舶。截至 2005 年年底，公司共有船舶 88 艘，总运力 372.8 万吨，其中原油油轮 259.9 万吨、成品油轮 112.9 万吨。“枫林湾”“柳林湾”等 11 万吨级的阿芙拉型油轮相继投入运营。2005 年年底前，2 艘 30 万吨级 VLCC 船舶交付使用，极大提高了船队的核心竞争力，公司向建设世界级油轮船队战略目标迈出了坚实的步伐。

在淘汰单壳油轮的国际新规影响下，发展双壳油轮成为一种大的趋势，大型油轮效益优势越来越明显。据此，中海油运加快老旧船的处置，积极采取技术改造、出售、报废等措施，先后对一批老旧单壳原油船和小吨位、技术设备较差、经营亏损的成品油船进行了处置，同时开始订造双壳油轮。

“九五”期间，中海油运对老旧船舶实行分别处置，对部分油轮进行技术改造，对船舶构造相对较好的一部分油轮进行“油改煤”的改造工作。2004 年，公司先后将“大庆 31”“大庆 46”“大庆 61”“大庆 63”共 4 艘老旧油轮，通过技术改造成为货轮，陆续从事煤炭运输。2004 年 5 月 14 日，首批“油”改“煤”船舶“大庆 31”轮和“大庆 63”轮相继进厂，同年 7 月底交付以煤炭运输为主要业务的中海货运，投入电煤运输。在“油改煤”业务中，共有 6 艘 15000 吨油轮改装煤炭船，为集团的沿海煤炭运输做出了贡献。

中海油运利用 11 万吨阿芙拉型船投入使用后的优势，积极抢占中东至远东的石脑油运输市场，发挥规模经营的优势，逐步提高市场占有份额。船队结构调整对油轮运输生产发展起到重大作用，也为建设世界级油轮船队打下良好的基础。

（三）第一艘 VLCC——“新金洋”轮投入运营

中国当时是世界第二大石油消费国，还是世界第三大船籍国，但是多年来，在全球 400 余艘 VLCC 中竟然没有一艘悬挂五星红旗的，在进口石油运输中 90% 以上份额是国外船东承运的。2004 年 7 月 22 日，中海油运第一艘 30 万吨级 VLCC，也是中国首艘悬挂五星红旗的 VLCC——“新金洋”轮举行下水仪式（见图 1–7）。2004 年 12 月，正式投入使用，实现了真正意义上的“国油国运”，也填补了中海集团大型油轮在国家进口原油运输市场上的空白。

图 1–7　“新金洋”轮是世界首艘悬挂五星红旗的 VLCC。图为 2004 年 7 月 22 日举行的“新金洋”轮下水仪式。

“新金洋”轮是由大连新船重工为中海油运建造的，船体总长 330 米，型宽 60 米，货油舱容量达 34 万立方米，最大航速 16.7 节。

2004 年 8 月，全国人大常委会委员长吴邦国兴致勃勃地登上系泊交验中的“新金洋”轮。站在距地面有 50 米高的宽阔甲板上，吴邦国感慨地说：“这真是庞然大物啊！”当听说“新金洋”是我国船厂为国内船东建造的首艘 VLCC 时，吴邦国连声说“好，很好”，称赞这是贯彻国家有关造船政策及航运政策的结晶。同年 12 月 21 日，在飘扬的五星红旗伴随下，“新金洋”轮踏上了远航的征程。经过 42 天的风雨兼程，“新金洋”轮由沙特阿拉伯满载 27.43 万吨原油，于 2005 年 2 月 1 日胜利返抵青岛港，成功完成了处女航。

“新金洋”轮的投入运营，改写了中海油运没有超大型油轮的历史，也实现了中国海运集团拥有 VLCC 自营船零的突破。这是中海油运抓住发展机遇、踏准市场节拍、提升船队竞争力的成功案例，也是中国海运集团战略决策能力和市场驾驭能力的具体体现。

进入 20 世纪 90 年代后期，VLCC 市场出现持续低迷状况，2002 年更是跌入谷底，VLCC 一年期租金从 2000 年的 40490 美元跌至 25824 美元，油轮运价指数从 2000 年的 WS115 跌至 WS52。全球经营者出现了大面积亏损，整个国际市场对 VLCC 普遍持悲观态度。随着运价持续走低，造船价格也持续下滑。到 2002 年，新船造价跌至 6500 万美元 / 艘。而 1993 年、1995 年，则分别为 9500 万美元 / 艘和 8500 万美元 / 艘。

对于船东而言，低运价伴随低船价，是发展机遇还是扩张陷阱，取决于人们的选择。不同的市场判断必然带来不同的战略决策。

当整个国际油运市场弥漫着悲观气氛时，中海油运总经理燕明义却有着与众不同的分析和判断。燕明义毕业于大连海事大学驾驶专业，毕业后就一直和油轮打交道。从油轮的三副到油轮的船长，再到中海油运第一任总经理，几十年的经历使他在油轮驾驶操作、船队管理、市场营销、战略经营等各个环节都积累了丰富的经验，练就了对市场独特的敏感度和洞察力。他认为，尽管眼下市场持续低迷，船公司普遍亏损，但从长期看，中国经济快速发展毋庸置疑，石油进口依存度不断提升，会长期支撑 VLCC 市场需求。同时，市场供需关系随着过剩运力减缓也将会得到大幅度改善，意味着运价将很快走出谷底回暖且很快攀升。特别是作为国有大型航运企业，应承担保障国家能源安全的历史使命。而中国船队承运的进口石油占比却仅有 14%。其中以 VLCC 为主要运力的中东航线，中国船队总的承运量仅有 4%。这对于我们这个石油进口大国而言既不合理也不安全。因此，燕明义总经理的判断是，眼下的低运价、低船价应该是发展 VLCC 的大好时机。在他的主持下，公司迅速开展调研，并将发展 VLCC 的可行性报告上报集团，提出首批建造 4—6 艘 VLCC 的建议。由于资金平衡问题，最终只有 2 艘 VLCC 在大连造船厂下了订单。该 2 艘船即“新金洋”轮、“新宁洋”轮。

后来的市场走势和船价走势，验证了燕明义总经理对市场的预判是正确的。自 2003 年，市场果然出现回暖。2004 年、2005 年出现新一轮高峰，一年期租金达到 55557—58529 美元，运价指数为 WS105—WS150。与此同时，VLCC 新造船价格也大幅攀升到 1.1—1.2 亿美元，到 2008 年更升至 1.5 亿美元。由于找准了进入市场的最佳时机，“新金洋”等部分“洋”字系列船舶造价仅为 2004 年以后的一半，使得这批船舶具有非常好的经济效益和非常强的市场竞争力。而直接参与国家进口原油一程运输，更使公司的国际竞争力上了一个新台阶。“新金洋”投入营运后的 2005 年，全年盈利 1.18 亿元人民币。这为公司后来发展 VLCC 奠定了良好基础，为公司整个船队拉低了平均建造成本，同时也标志着中海油运打造世界级油轮船队跨出了实质性的一步。

（四）积极拓展市场，提高运输效益

为加快海上石油运输的发展，集团还专门成立了中海油运发展领导小组，对市场进行认真分析研究，制定加强对外合作的经营思路以及与发展世界级船队相配套的人才培养等有关规划。

在竞争激烈的市场中，中海油运在坚持巩固和增强沿海运输基础上，积极发挥管道油运输优势，拼抢海洋油、进口中转油增量；精心组织 VLCC、阿芙拉等大型化船舶的运行，拓展外贸市场；加强与大货主合作，加大远洋石油揽货力度；稳定货源和运价，以提高运输效益；在拼抢市场中探寻参与远洋一程运输途径，确保大吨位油轮的外贸收益，综合运输效率和市场份额得到逐步提升。

2003 年，国内爆发了严重的“非典”疫情，国际上又发生了美伊战争，因战争而被征用的运力开始回流到市场，运价指数一路下跌，对原油的经营运输造成极大的影响。针对这些困难，中海油运狠抓内外贸货源，精心组织管道油和燃料油运输，科学安排运力，把各种不利影响减小到最低限度。 2003 年 1 月，在运输生产处于淡季的情况下，实现了运量突破，打破了历年来首月运输生产持续在 400 万吨左右徘徊的局面，首次突破 500 万吨，达到了 509.52 万吨；同时实现了中海油运组建以来 1 月单月最高收入和最高利润，同比分别增加 28.95％和 37.99％。

为实现内贸收入稳定和外贸收入大幅度增长，中海油运通过加大揽货力度、精心安排好运力等措施，使投入营运的船舶得到满负荷运转。如针对“淮河”轮与“柳河”轮装原油出口日本后空放而回的情况，通过加大揽货力度，在回程中增加韩国至大连的货载，使两船多装油 11 万吨。

为改变过去新船投入营运即亏损的不利局面，中海油运对新建造出厂的 11 万吨级的“松林湾”轮和 4 万吨级的“平池”“安池”轮，加之 2001 年投入使用的“枫林湾”轮，统筹合理安排，在 2003 年 5 月投入营运的头一个月运输收入达 4166 万元，创利润 2077 万元。中海油运全月外贸运量同比增长 43.22％，使外贸收入取得历史性突破，首次超过内贸运输收入，占公司收入的 51.37％。船队结构调整对提高运输收入和利润水平的作用充分显现。

中海油运作为集团航运业的支柱，每年均超额完成利润指标，并保持了盈利快速上升的势头。2005 年完成利润 17.4 亿元，比 1998 年初建时期利润翻了两番，增幅为 260％（表 1–6），实现了船队结构调整和利润稳步上升的双丰收。

中海油运主要经济数据（1998—2005 年） 表 1–6

年份（年）	船队（艘 / 万 DWT）	货运量（万吨）	主营业务收入（亿元）	利润总额（亿元）	总资产（亿元）	总负债（亿元）	资产负债率（％）
1998	92/229.0	5389.0	27.92	4.84	51.87	32.99	63.61
1999	93/230.0	5090.5	25.78	4.65	49.46	30.25	61.16
2000	92/229.4	5604.6	27.92	4.60	45.81	25.78	56.25
2001	85/227.3	4930.3	31.01	7.59	47.56	25.33	53.26
2002	83/225.9	4948.1	28.77	6.97	47.88	29.36	61.30
2003	85/252.7	5798.3	34.08	10.10	50.14	7.40	14.76
2004	87/305.9	5863.2	38.98	12.97	66.52	17.39	26.15
2005	89/372.8	6227.7	50.11	17.42	76.47	15.85	20.73

二、货运业务实现扭亏为盈

中海货运成立初期，正值航运市场持续低迷期，市场运力供大于求，运价一落千丈，BDI 指数跌到历史最低位。企业船队结构也不尽合理，主力船型比例小，相当部分船舶船龄老、船况差，参与竞争能力弱。此外，企业冗员多，人员分流压力大，企业成本居高不下。中海货运经营发展面临重重困难。

（一）打好扭亏增效攻坚战

面对恶劣的外部环境和艰巨的扭亏任务，总经理徐祖远、书记姚作芝等公司党政领导迎难而上。交通部部长黄镇东宣布将中国海运集团作为交通部深化企业改革的“突破口”，而集团又将工作重点落在中海货运的肩上。扭亏的挑战，是磨练，也是企业创新的动力和发展困境的突破口。公司管理层看到：中海货运面临的困难虽很大，但也有其优势。公司拥有一支久经考验、能打敢拼的职工队伍，这是公司最大的财富；公司拥有中国沿海最大的货轮船队，能适应不同客户的要求；公司还拥有三家海运公司几十年来创下的企业名牌，在广大客户中有良好的声誉。上述优势是公司树立信心的基础。广大干部职工一致认为，只要努力发挥自身优势，公司一定能走出困境，有所作为，取得这场扭亏战役的胜利。

经过广泛宣传发动，中海货运的全体干部职工提振了信心，决心为重振国企的雄风努力拼搏，背水一战。公司领导班子制订了“一年打基础，两年稳起步，三年上台阶”的扭亏发展计划，从理顺关系入手，以“理顺关系、调整机制、创新务实、安全高效”为当年的工作方针，提出要处理好广州海运与中海货运之间的关系以及广州海运、中海货运与中国海运集团、交通部、当地政府、区域货主等“八大关系”。抓住提高效益和效率两个重点，做好市场、船型、运力结构三个调整，突破观念转变、市场竞争策略、运输管理和机制创新上的四个难点，抓紧抓好以下六方面工作。

一是抓运力，根据市场需求，合理调整运力；二是抓货源，充分运用下辖的上海、大连、广州等地的揽货点，四面出击抢货源；三是抓理顺关系，理顺中海货运和分公司关系，理清中海货运和地区集团之间的关系；四是抓应收账款落实，将合同签订和账款的催收责任具体到人；五是抓不良资产处置，对经营状况不好、船型老化的船坚决封存和处置；六是抓管理，从加强劳动纪律、提高劳动技能、提高职工文化素质等方面着手，全面提高公司员工的素质。

中海货运把重点放在船舶管理上，制订“强化船长在船舶行政管理上的权威，赋予船长相应的权力，并承担相应的责任”“设立星级船长制度，与工资奖金直接挂钩”的新激励制度，以及“实施船长三审制度和末位淘汰制度”等新约束制度，逐步形成“以航运生产为中心，经营围绕市场转，生产围绕经营转，机关围绕一线转，全员围绕效益转”的新机制。之后，又在用人制度、分配制度、财务管理、成本控制、资金运作、考核约束、服务质量等方面建立 8 个配套的管理子系统。

1998 年 11 月，按照“机构不重复，岗位不重叠”“整体组合、统筹安排、稳住一头、分步规范”的原则，广州海运和中海货运管理机构合二为一，达到了有机组合。合并具有深远的意义，既充分利用广州海运数十年创下的无形资产，又使全体职工的劲朝一处使，形成强大的合力。1998 年年底，中海货运全年亏损约 5.8 亿元，比成立初时减亏 8000 多万元。

（二）稳起步，上台阶，“出血点”变“盈利点”

1999 年是中海货运“稳起步”的一年。这一年，中海货运以航运生产为中心，从提高单船航次的效率、效益入手，促进了整体效益的提高。根据市场的需要和船队的实际情况，公司进行了资产结构的调整，使资产负债率从 1998 年底的 67％降低到 2000 年底的

55％；处置、改造了一大批不适合市场需要、无市场前景的小吨位船舶，使船队结构得到较大改善；航线结构从“沿海远洋并举”到“重点以沿海为主”的调整，使经济效益明显提高。同时，通过抢占市场、提高市场占有率和科学调配运力，使货运量在运力下降的同时保持稳步上升；从严控制各项费用，使生产成本和非生产成本大幅度降低。到1999年底，中海货运经济效益明显好转。全年共亏损2.23亿元，同比减亏3.5亿元，平均每天减亏近100万元。

世纪交替的2000年，是中海货运实现“上台阶”目标关键的一年。随着美国新经济的持续强劲增长，亚洲国家经济全面复苏，国际航运市场好转。在国内，国家宏观调控政策开始奏效，对交通、能源、城市建设等基础设施的投资为航运业的快速发展创造了良机。中海货运及时抓住机遇，采取有力措施，在运力减少的情况下，一方面通过科学决策和加强管理，提高营运率和载重量利用率，另一方面租进船只，投入市场。随着油价持续上升，燃油成本在2000年占了运输成本近40％，仅此一项就使公司当年多支出燃料费2.5亿元。公司在抓增收的同时狠抓节支，使成本增加的幅度小于收入的增幅，其中管理费下降尤为明显。

2000年5月，中海货运首次出现单月盈利。到年底，中海货运实现利润300多万元，比1999年减亏2.26亿元。主营业务实现了两大突破，一是外贸运输扭亏为盈，二是内贸大宗散货运输扭亏为盈，“出血点”变成了“盈利点”。

从1999年的“拼抢市场”到2000年的“拓展市场”，从“能守则守”到“寸土不让”，从主动出击、稳扎稳打到打一仗、进一步，中海货运奋战三年，实现了扭亏增盈的工作目标。此后，中海货运运输生产一路高歌猛进，经营利润也逐年增加。2001年，公司加强联营合作，保持货源稳定，完成货运量8514.3万吨、货物周转量929亿吨海里；盈利继续上升，利润达到1.37亿元。

（三）市场营销的“四个转”

在中海货运，流传着一段顺口溜：“经营围着烟囱转、船舶围着货主转、机关围着船舶转、全员围着效益转。”“四个转”的落脚点是效益，而重点则是市场。

“围着烟囱转”来自公司市场营销的一段经历。一次，中海货运市场调研团队拜访镇江谏壁电厂。谏壁电厂位于镇江市东南约15公里的谏壁镇，是国家华东电网的主力电厂，也是江苏省内最大的电厂。按照事先约定，营销团队与电厂领导会晤洽谈的时间定在上午10点半。也许由于电厂大门没有正对大街，营销团队的汽车兜来兜去，就是找不到大门。几经问路，汽车仍然像在迷宫里七转八拐，让人心急如焚。就在此时，他们看到四根硕大的电厂烟囱高耸入云，近在咫尺。“不要再兜了，汽车对着烟囱开就是了。”有人大声喊道。这一喊，果然管用。汽车对着烟囱只开了几分钟就到达电厂大门口。此时，厂长、副厂长等一行人早已在电厂门口迎候。

“吃一堑，长一智”。自此，市场营销团队每逢出行前都必须仔细做好功课，包括汽车驾驶员也要提前摸清行车的路线图，做到了然于心。在市场调研的实践中，中海货运人已经约定成俗：“烟囱”就是“上帝”的指路牌，围着烟囱转也就是围着货主转。从此以后，人们对“烟囱”特别感兴趣，不少营销员只要看到烟囱，就能通过其外型的粗细高低，准确判断出电厂发电机组装机容量的大小，从而推算出电厂每年的耗煤数量。

“重点突破”是中海货运市场调研、货主拜访时最常用的方法。抓重点就是抓主要矛盾、抓主要问题，确定“重点”也就是确定工作的目标方向。“重点”往往也是市场调研的“亮点”，确定“重点”就是确定“升级版”市场调研的新“导标”。帕累托定律揭示出的“二八定律”表明，一个企业 80% 的利润通常来自 20% 的重点项目、重点客户。中海货运确定市场“重点”的实质就是要紧紧抓住“二八定律”中的“二”，抓住影响企业 80% 效益的关键货主、重点客户不放松。当然，所谓“重点”常常也是工作的“难点”，必须舍得下大力气、花大功夫。

2001 年，每年一度的全国煤炭订货会在烟台召开。尽管全国煤炭订货会正逐步褪去切分全国煤炭资源配置“大蛋糕”的光环，但是围绕煤炭“黑金”旋转的各种物流、人流、信息流仍然如百川归海般奔涌翻腾。中海货运对参加烟台煤炭订货会极为重视，早早就开始谋划与会的细节。对中海货运人来说，烟台煤炭订货会不仅是市场营销、签订年度运输合同的大舞台，也是学习市场、锻炼队伍、培养人才的大课堂，更是获取市场信息的大平台。为了让尽可能多的机关干部能到全国煤炭订货会的现场感受市场竞争的氛围，锻炼市场调研、市场营销的实战能力，收集更全面的市场信息，公司领导精心安排，组织航运部所属部门负责人倾巢而出，到煤炭订货会现场摔打学习、锤炼提高。订货会上，中海货运组成 30 多人的代表团参加会议，成为船东公司最大、最引人注目的代表团。在会上，代表团大力推介、展示公司形象，给客户留下深刻印象。其间，代表团还分成几个小组，对全国的重要港口、货主进行拉网式的普访，先后拜访 70 多家客户，获取了大量的市场信息，也提升了公司的市场形象。

古人言，兵贵神速。市场调研，货主、客户拜访，就是将宏观市场信息与微观市场实现直接对接，具体兑现为实实在在的市场份额，为企业扭亏脱困赢得真金白银的效益。公司市场营销的口号是:“中海货运人打市场、访客户，不讲苦累，不论时间，不需动员，随时出发。”

烟台全国煤炭订货会开幕的次日，中海货运营销团队立即奔赴黄骅港进行调研。黄骅港地处渤海湾半月形西弧的中段，是我国北煤南运第二条大通道的出海口，也是集路、矿、港、航、电为一体“神华工程”的龙头。准确的市场信息对于细分市场、制定正确的市场策略、形成正确的运力投放决策至关重要。

正月十五元宵夜，当人们都在举家团圆、共度佳节之际，中海货运的营销团队已经连夜赶到黄骅港。次日早晨，营销团队早早赶来拜访港口管理层。港口负责人感到意外惊喜，感动地说:“你们是黄骅港建设以来，接待的第一个海运代表团。你们是港口最珍贵的朋友。港口就是欢迎船舶来靠舶，越多越好。眼下，黄骅港工作的重中之重就是为开港首航做准备。”大家你一言、我一语，很快达成了一个重要共识：中海货运将担任为黄骅港开港的首航重任。当神华集团高管层得知中海货运积极营销并为属下的黄骅港开港首航，禁不住伸出大拇指表达对中海货运的谢意和敬意。

（四）中海货运的体制机制创新

组建初期，中海货运面临着市场运价剧跌、船队总体老化以及作为改革增效“突破口”的多重压力。压力也是动力。企业内外困境及“突破口”任务是压力，但也是企业变革的好时机。思进先思改。推行体制机制改革，实施“干部能上能下、员工能进能出、收入能增能减”的原则，是国有企业最难攻克的碉堡。就从这里突破，这是“突破口”的关键点，也是国家、交通部、集团逐层聚焦下来的制高点。

1. 赛马场上选良马

自 1999 年起，中海货运逐步建立和完善了八个管理体系，其中“以市场为中心的人力资源优化及配置体系”是重中之重。公司总经理徐祖远深深感到：在传统的“伯乐相马”选人用人体制下，时常会出现一面是“求贤若渴”，另一面是“怀才不遇”的纠结；一面是“千军易得，一将难求”的感叹，另一面是“我劝天公重抖擞，不拘一格降人才”的呼唤。市场经济大潮的涌浪必然地冲击着计划经济体制下形成的人才封闭藩篱，涤荡着各种“关系人才”“人情人才”的旧套路，托举出另外一种选拔人才的新形式。敞开大门、放眼世界、明确标准，公开招聘所需人才，就是“市场赛马”。正如老百姓所说，“是马是骡子，都出来遛遛”。

2000 年 12 月 9 日，广州海运、中海货运召开“深化干部人事制度改革”动员会，拉开体制机制改革的序幕。在改革动员会上，徐祖远总经理强调，非常时期需用非常之策，攻坚克难须用非常之才。要在三年内完成扭亏脱困的“突破口”任务，首先要突破选人用人的狭隘眼界，打破选人用人的僵化框框，大胆创新机制，通过公开招聘、公平竞争，选拔、任用一批素质好、会管理、肯吃苦、善协调的优秀人才。会上，公司公布了干部人事制度改革的具体操作程序和办法。

“一石激起千层浪。”公开招聘启事一经张贴公布，立刻在广州海运、中海货运引起热烈反响。大家深深感到，这次改革不是喊喊口号，而是动真格的。“竞聘”两个字，立即成了公司上下热议的话题，尤其引发了年轻人对自己职业生涯设计的美好憧憬。几位年轻人看了招聘告示后都激动地说：“公开竞聘打开了人才流动的闸门与通道，为凭本事吃饭的人实现自己的职业梦想敞开了大门。”有的说：“虽然我的自身条件目前还不具备参与竞聘的条件，但是，我看到了希望。”有的感慨地说：“公开竞聘使埋头苦干的‘老黄牛’有了出头的希望，否则，如果只能通过‘搞关系’‘走门子’才会获得提拔，那么‘老黄牛’就永远会吃亏。”广大职工群众发自内心的话语，寄托着他们对干部人事制度改革的热切期盼。可见，从“伯乐相马”到“市场赛马”的改革有着广泛的群众基础。

公开面试和答辩会的场所设在广州海运大厦 28 楼小会议室。主考官端坐会议桌顶端的执行主席位置，主持面试答辩；公司领导，组织、人事、工会、纪检以及相关业务部门负责人，还有两名职工代表，分别列席会议桌两侧，同为考官。与会的所有考官均可向答辩人提问。每当涉及如何开拓市场、如何提高市场占有率、如何实现扭亏为盈等一些重大而又紧迫的问题，面试答辩会的辩论研讨气氛都相当浓烈。好几次面试、答辩会，仿佛就是如何打好突破口“攻坚战”的研讨会。

经过“市场赛马”，公开、透明、竞争而选拔出的干部，一经公示，就受到广州海运、中海货运干部职工群众的肯定和欢迎。群众说得最多的一句话就是，“这样选出的干部，我们心服口服”。参与竞争的员工都有一个共同感受，那就是晋升靠工作实绩、靠群众口碑、靠真本事，不需要搞“走门子”“通路子”“请客送礼”那些东西，人际关系反而简单了、干净了。在公开竞聘的用人机制下，即使竞聘失利也能平静面对、坦然接受，只要勤奋好学、踏实工作、埋头苦干，相信今后还会有机会。

2. 全员竞岗激发活力

中海发展作为上市公司，其属下有中海货运、中海油运两个子公司。这两个子公司整合重组背景相同，资产规模相当，但中海货运连年亏损，而中海油运则持续盈利。比较一下员工，中海货运的陆岸管理人员数量竟然比中海油运多出一倍，其管理成本也高出 80%。当徐祖远把这些数字告诉大家，中海货运的干部职工深为震动，顿觉压力山大。当时正处于全国国企员工大面积下岗的年代，公司员工无不忧心忡忡。上海分公司有人编了句顺口溜：“分流消肿没有钱，三年五年就玩完。”

对此，公司总经理徐祖远告诉大家：人多不是问题，人浮于事才是问题。一说改革就要大批裁员，是对改革的曲解。找到一个好的体制机制，把大家的积极性和创造性充分调动起来，把人力包袱变成真正的人力资源，才叫改革。

大凡在企业推行劳动人事制度改革都是难度最大的改革，因为此类改革涉及干部员工的切身利益，必然会触动一部分人的奶酪。牵一发而动全身，从本质上看就是一场企业革命。为了平稳有序推进改革，公司领导班子成员做足了功课，狠下了一番功夫。学习教育，宣传鼓动，这些工作自然一项都不能少；交流谈心，慰问家访，做细致的思想工作，一个环节也不能偏废。

2002 年年中，在业已试行的“缺位竞争上岗”基础上，广州海运、中海货运全面铺开“全员竞争上岗”工作。公司首先颁布《广州海运、中海货运 2002 年全员竞争上岗实施方案》，同时成立领导小组，徐祖远任组长，公司党委书记姚作芝任副组长。全员竞争上岗包括宣传发动、组织培训、公开报名、资格审查、笔试、面试、群众测评、组织考察、初定人选、任前公示、决定任命等诸多环节。

此项工作，共有 707 人竞聘 566 个岗位，竞聘岗位中包括处级 92 个、科岗位 250 个、员工岗位 224 个。竞争上岗后，公司干部职工的平均年龄有所下降，而大专以上学历占比则有所上升。在严把人员“进口关”的同时，公司还通过学习培训、调整工作岗位、船上挂职或代职等方式，努力创造干部职工的“出口”。

与全员竞争上岗制度相配套的，是全员绩效考核。对此，公司领导班子坚持把自身摆进去。领导班子除了要接受中国海运集团的年度经济责任指标考核之外，还主动接受公司员工的评议与监督。在每年的职工代表大会上，公司领导班子全体成员都必须向职工代表作述职、述学、述廉报告，然后由职工代表对领导班子成员进行“民主评议”并打分。评议结果由职代会“干部民主评议领导小组”负责向党委报告反馈。由于领导带头、全员参与、程序透明，领导与群众处在同一起跑线上，“全体起立”接受考核，没有“特殊公民”“不搞例外”，尽管考核跨地区、范围广、力度大，然而考核工作自始至终进行得平稳有序。

全员竞争上岗和全员绩效考核的“两全”机制，在干部员工中引起了普遍的震动和反响。再也没人对改革采取驻足观望或“事不关己，高高挂起”的态度了，干部员工的精神面貌、思想观念发生了显著的变化。“两全”机制“竞”出了活力，“考”出了干劲，一扫机关过去那种“不求有功、但求无过”“明哲保身、四平八稳”“画地为牢、唯我独尊”等慵懒习气，焕发出一种“人人有危机、个个争上游”的新气象。改革的浪潮还冲破了“避风港”“关系网”和论资排辈的旧框框，给想干事、有思路、有激情、能干事的年轻人提供了展示才智、脱颖而出的擂台与平台，使广大干部职工焕发出生龙活虎的精气神和崭新的市场竞争活力。

3. 从长期运输合同（COA）到运力招投标

20 世纪 90 年代，中国航运市场雨后春笋般地涌现出一大批地方、民营、合资合作船公司。与此同时，各种水运经纪人、代理商、中间商也如潮水般涌现出来。航运经纪人，大都是无船、无货、无钱的“三无”者。为了获利，他们的目光总是专注于船东的运力资源，企望通过权力、人脉等关系资源，获得“瓜分”船东的部分直至全部运力资源的配置权；他们往往先从航运企业拿船，取得运力资源，然后再将船舶转租出去，从中赚取租金差价而获利。

由于航运市场发育不良，法治不健全，航运服务“中间商”良莠不齐、鱼龙混杂，因此，国企与“三无”经纪人合作，常常发生应收账款拖欠、海事纠纷、运力寻租三大风险。最典型的案例，就是香港一些经纪人多年租用公司旗下船舶，累计拖欠近亿元船舶租金不还，造成船东巨额应收款坏账，教训极其深刻。

为解决上述问题，公司出台了三项举措：一是不与无货、无船、无钱的“三无”经纪人合作；二是与电厂、钢厂、煤矿等大货主直接签订一揽子年度 COA ；三是对运输粮食、大豆、化肥、饲料等散杂货船舶运力的配置，率先试行招投标。

显然，出台不与“三无”经纪人合作的改革措施，必然断了一些人的财路，同时也会得罪某些“关系户”。但是，广州海运、中海货运却有效地堵住了经营上的“跑冒滴漏”，规避了“应收账款”风险。更为重要的是，该项改革措施的推出，逼迫公司的经营人员由在办公室坐收船舶租金的“坐商”，变成必须到市场上去“找米下锅”、积极揽货的“行商”。

保障性运输是电力、钢铁企业对运输的第一需求。对此类企业而言，确保煤炭、矿石等资源运输，就如同确保人对空气和水的依赖。中海货运拥有近百艘散货运输船舶，超过 400 多万载重吨的运力资源，有足够的实力确保满足电力、钢铁企业的运输需求。在搏击市场的实践中，中海货运人闯出了一条与大货主建立长期合作、互利共赢合作的关系，双方共同签署 COA 运输合同，一揽子敲定年度运力资源配置的新路。

思路决定出路，观念就是财富。与大货主、大客户签订合作双赢的 COA 运输合同是中海货运优化配置运力资源的战略首选。为此，徐祖远多次带队，与公司营销人员一道夜以继日，奋力开拓，一步一个脚印，相继与上海电力、江苏电力、浙江电力、广东粤电、漳州后石电厂、海南马村电厂、宝钢、武钢、马钢、南钢等十余家知名钢铁、电力企业签下 COA 运输合同，号称“十大协议”，累计年货运总量超过 6000 万吨。以大货主 COA 为基础，中海货运的举措遂演变深化成中国海运集团后来的“大客户大合作”整体战略。

探索运用招投标配置运力资源，是徐祖远在广州海运、中海货运创新运力资源配置方式的又一项重要举措。2000 年 1 月 1 日，《中华人民共和国招标投标法》正式实施，为中海货运探索运用招投标优化配置运力资源，提供了法律依据。实行船舶运力资源招投标的实质，就是将运力资源的配置权交给市场这只“看不见的手”，遵循公开、公平、公正和诚实竞争的原则去配置。实践证明，运用招投标方式配置运力资源，有利于将运力资源配置权关进制度的笼子里，使运力资源的配置在阳光下运作，既公开透明，又可以实现运力资源效益最大化。实行运力资源配置招投标，可以摆脱权力“看得见的手”的干扰，同时也使企业和个人摆脱“关系运价”“朋友租金”等许多人情烦恼，使经营人员“堂堂正正做人、清清白白做事”有了制度和机制保证。

为保证运力资源配置招投标能够顺利开展，中海货运成立了由经营处、市场处、商务处、调度处负责人参加的招投标工作小组，负责确定运价标的底线、发放投标邀请书、公开开标等项工作。为了确保招投标整个过程的信息不被外泄，体现公正性，中海货运特意在航运部专门设置一间招投标室，配置一台专用传递招投标相关文件的传真机。房间的门锁钥匙，分别由经营、市场、商务三个部门的负责人掌管。也就是说，只有三人同时到场，方能开启招投标室的房门。

普普通通的 6 平方米大小的“招投标室”，临近过道的墙壁是一块近 4 平方米的大型玻璃窗。就是这么一间极其平常的小屋，却牵动着许多人的心，吸引着人们关注。有的人关心自己熟悉的货主与客户是否中标，一些人关心哪些客户没有中标，更多的人关心的是中标价与运价标的“底线价”的溢价是多少。每周三下午 4 点，都有三人同时打开那间“招投标室”的房门。开标的那一刻，气氛总是十分热烈，而这也正是市场的魅力所在。

运用招投标方式配置运力资源，尤其是在需求大于供给的情况下，获益最大的自然是船东企业。尽管难以排除某些投标人通过串联、搞价格联盟来压低运价的可能，但事实是，每一次的中标运价均高于经营部门事先预测的价格。实践证明，将运力资源的配置权交给市场，只要制度公开、操作透明，招投标配置运力资源的结果就一定会体现出公平正义。曾经有一位没有中标的客户，对中海货运的经营人员大发牢骚，尖刻地说，“你们的做法简直比私企还要私企”。乍听此话，似乎有些刺耳。但仔细一想，作为国有骨干航运企业理应是航运业先进生产力的代表，在效率和效益上不应比民营企业差。至于在运用市场的机制与手段方面，国有企业也不应该是短腿。国有企业不仅应该在解决效率和效益上具有比较优势，同时在解决公平正义上更要做出表率。这不仅是国企的历史使命，也是国企生存的合理性之所在。从这个意义上说，那位客户的一句批评又何尝不是一种肯定。

凭借中海货运体制机制改革的先手棋，公司干部职工整体素质有了显著提高，风清气正、人才辈出的良好生态逐步建立。同时，中海货运也成功实现了“突破口”扭亏增盈的目标任务，使这家以老企业为班底的新公司真正焕发了新的朝气与新的气象。从全员竞争上岗到全员业绩考核，从市场化选聘干部到市场化配置运力资源，一系列体制机制改革是总经理徐祖远在集团内最早推行的创新之举。这使得他不仅成为集团内第一个敢吃螃蟹的人，而且在整个航运国企范围内也有理由凭此进入体制机制创新的先行者之列。

（五）优化船队配置，向专业化挺进

2000 年中海货运首次实现扭亏增盈后，根据市场需要，集团进一步提出了优化散货船队资源配置、积极稳妥推进和加快调整中海货运船队结构的思路，做出了货运船队向大型化、规模化、专业化发展，增强干散货船队运能的决策。

自 2003 年，集团新购置一批 5.7 万吨级的货轮。到“十五”末，集团共有干散货船 171 艘、622.7 万载重吨，其中中海货运的船队为 110 艘、382.8 万载重吨。

按照集团不同时期的要求，中海货运围绕做强、做大的发展思路，加强运力调控，抓好经营、运力、航线结构的调整，以适应国家能源体制改革需要。同时，在经营上依然抓两头：一头坚持强化沿海运输优势，另一头加快拓展规模化的远洋运输。在巩固原有的联营优势基础上，加强与大货主新的合作，努力把握市场主导地位。

2003 年上半年，中海货运抓住沿海散货运输市场需求旺盛、外贸运输市场持续走高的机遇，调整经营策略，科学配置运力，大力拓展市场，生产经营指标屡创新高。4—6 月，在货运量、货物周转量、利润 3 项生产经营指标上连续 3 个月刷新历史纪录，做到了“时间过半，任务过半”，超计划进度完成指标。2003 年，煤炭运输完成 9263 万吨，同比增长 12.8%；金属矿石运输完成 1650 万吨，同比增长 16.1%；货运收入 30 亿元，利润 3.5 亿元。

2004 年 3 月，国际干散货运输市场继续保持良好势头，中海货运适时把握良机，不断加大经营管理力度，运输生产形势不断趋好，运输量继续攀升，各项指标又有新的重大突破。据统计，当年 3 月完成的货运量和货物周转量分别比上月增长 10.30% 和 35.41%。其中直属船舶完成的货运量和货物周转量分别比上月增长 12.46% 和 41%，单月实现利润首次突破亿元，创历史最好水平。4 月，公司抓住有利的市场环境，合理调配运力，积极拼抢货源，各类货物运输呈现齐头并进的好势头；直属船舶平均使用运力达到 378.9 万吨的历史高位，比上月增加近 50 万吨，比 3 月底船舶拥有量多 31 万吨，加上日历天数增加的因素，营运运力达到 11474.5 万吨天，比上月增加 21.15%。与上月相比，直属船舶承运内贸煤炭增长 3.96%，内贸金属矿增长 23.35%，内贸其他大宗散货增长 32.56%。直属船舶外贸货运量和货物周转量分别激增 88.87% 和 208.52%。

2004—2005 年，公司运输生产和经营都创造历史最好成绩，主营业务收入分别为 41.39 亿元和 51.49 亿元，同比分别增长 13.49% 和 24.41%；利润总额分别为 14.67 亿元和 20.76 亿元，同比分别增长 455.12% 和 41.52%。

中海货运 1998—2005 年主要经济指标情况见表 1-7。

中海货运主要经济数据（1998—2005 年）　　表 1-7

年份（年）	船队（艘 / 万 DWT）	货运量（万吨）	主营业务收入（亿元）	利润总额（亿元）	总资产（亿元）	总负债（亿元）	资产负债率（%）
1998	58/160.03	7523.1	19.2	–5.795	74.07	49.99	67.49
1999	74/168.26	7370.6	23.61	–2.2328	68.69	43.98	64.03
2000	105/292.0	7968.5	25.04	0.0327	57.92	31.25	53.96
2001	106/325.6	8514.3	25.91	1.365	53.03	26.41	49.81
2002	112/373.1	9706.3	26.03	2.5978	55.22	29.28	53.03
2003	132/337.3	11499.6	30.68	4.1310	52.23	21.84	41.82
2004	131/343.8	14142.3	41.39	14.67	51.96	9.61	18.50
2005	110/382.8	12080.53	51.49	20.76	66.10	9.50	14.38

（六）加强船舶安全质量管理

中海货运着力抓船舶安全管理责任制和安全规章制度的落实，严格执行 SMS 文件，安全管理保持了良好的稳定局面。2000 年，公司的安全管理重点是抓安全责任制的落实和船员综合素质的提高。组织各类船员培训 58 期，培训船员 2956 人次，重点提高船员的责任心和管理能力、技术水平、应变能力。为了突出船长在船舶管理的中心地位，建立健全船长的激励和约束机制，确保船长在船舶安全生产管理中心的指挥权、决策权到位。施行新船长“三审”制度，并把好考试关、实习关和上岗关，下力气提高船长综合素质。

2001 年 8 月，公司开始着手推动建立质量安全体系（QSMS）。该体系以已有的安全管理体系为基础，将质量管理的内容纳入其中，进一步规范质量管理，适应客户的更高要求。2001 年共有 87 艘次船舶接受 PSC（Port State Control，港口国监督）检查，其中 59 艘次获无缺陷通过，无缺陷通过率为 67.82%，没有船舶被滞留，首次实现了 PSC 检查零滞留；共有 157 艘次船舶接受 FSC（Flag State Control，船旗国监督）检查，103 艘次获无缺陷通过，无缺陷通过率为 58.86%；劳动安全状况较好，实现了重大伤亡事故为零的突破。

2002 年，为更好地服务客户，推动树品牌工作，公司在安全管理体系（SMS）的基础上，进一步引入质量管理的内容，建立质量安全管理体系（QSMS），并于 6 月底通过 ISO 9001:2000 版的认证审核，推动质量管理工作迈上制度化、规范化的轨道。

2004 年，公司积极开展以“以人为本、安全第一”为主题和“关爱生命、关注安全”为宗旨的“安全生产月”活动。活动中，公司以实施“安全生产线”和贯彻落实中国海运集团安全生产工作会议精神为主线，强化安全生产岗位责任制，完善应急预案，探索建立长效的安全生产运行机制；积极开展“百日安全无事故”活动和“中海杯”劳动竞赛等活动，加强安全监督管理，组织消防安全大检查和开展社会治安综合治理工作，彻底排查各种事故隐患，落实隐患整改，制定应急预案；开展多种形式的宣传教育活动，营造人人关心安全生产、珍惜稳定生产局面的良好氛围。

2004年12月26日，印度洋发生了40年来世界最强烈地震，引发海啸波及东南亚数国，霎时死伤无数，损失惨重。正在印度金奈港（CHENNAI）装货的“桃花山”轮，亲历了这一惊心动魄的时刻。当日上午，晴空万里，海面风平浪静，一望无际。骤然，一股强大而奇特的潮水来势凶猛袭击该港，持续7个多小时。海啸袭来时，并非像台风来临那样有狂风暴雨，大浪滔天，而是暗涌滚滚，形成不规则的水流，潮水涨退异常，大起大落，来势凶猛，频率非常快，高位低位又比正常潮水高出十几倍，大起大落循环反复，由此产生的动量十分骇人。涨潮时，像神话般的“水牛出水”，怒号席卷，惊天动地，速度快得连栖息在码头底下的鸽子也来不及飞走便被急剧上涨的潮水吞没；落潮时，则是“一落千丈”，以巨大的力量洗劫港口，席卷市区。港内浪潮滔天，码头上多个集装箱被卷下海，海面多艘渔船翻沉，数艘大型油轮和集装箱船在浪潮中断缆失控，互相碰撞，港池内乱作一团。面对突如其来的灾难，“桃花山”轮船长陈延临危不惧，马上发出紧急命令要求船舶进入紧急状态，训练有素的全体船员齐心协力沉着应战，依靠自己的力量成功实施自救。全体船员从9时10分开始至21时15分船舶终于离开码头，12个小时中一直坚守岗位，始终保持着高度的警戒。大副陈世鸥带领木匠梁土胡仅用1分钟就抛下双锚，机舱仅用6分钟就成功启动了主机，为抢险赢得了最宝贵的时间。政委黄彦新在密切协助船长指挥的同时，组织人员做好后勤服务，不时给大家送水送饭，确保船员有足够的体力和精力应对这场劫难。三副王朝胜确保通信畅通，及时按船长指令向公司报告情况并准确传递公司指令。轮机长、轮机员、机工加强对设备的检查。二管轮何永红寸步不离守在空压机旁，随时监测空压机的运转情况，确保主机启动用气，尽管主机频繁启动200多次，但没有一次启动失败。大副、二副准确执行船长的每一个指令，不时反馈艏艉现场情况，为船长陈延的决策提供了有效依据。在7个多小时的抢险中，累计使用车钟466次，在与海啸的一次次较量中，成功控制住了船舶，保障了船舶、船员的安全，还以临危不惧的精神在半分钟内迅速挽救了当地一名代理人员的性命。“桃花山”轮以实际行动创造了海啸中船舶安全自救的奇迹，谱写了中国船员抗击自然灾害的凯歌，得到了国际海事组织和当地有关部门、航运界同行的高度赞扬，为中海货运、中国海运集团，也为中国船员赢得了良好声誉。

“桃花山”轮成功抗击海啸灾难，主要得益于中海货运船舶安全管理体系的建立和有效运行，得益于把培养良好的职业道德素养与增强安全生产意识紧密结合的做法。“桃花山”轮船员在抗击海啸的过程中，按照公司安全管理体系的要求，采取了及时、得当的应急措施，并保持与港口当局和公司总调度室的密切联系，有效地控制住船舶，化解了险情。船员一丝不苟地执行岗位职责，甲板部和轮机部协同作战，现场人员互相提醒站位安全，后勤人员及时做好保障工作，使船长的每一个指令都能得到正确有效的执行，最终保证了人、船、货和码头的安全，体现了良好的职业道德素养和强烈的安全意识。

2005年1月15日下午，交通部在南京新生圩国际货运码头举行欢迎仪式，热烈欢迎成功战胜特大海啸的英雄船“桃花山”轮凯旋，慰问该轮30名机智勇敢的中国船员。受交通部委托，江苏海事局党委书记于庆昌主持欢迎慰问仪式，江苏海事局局长张同斌代表交通部领导宣读交通部对中国海运集团“桃花山”轮船长陈延、政委黄彦新及全体船员的慰问信。来自江苏海事局、中海集团领导和中央电视台、新华社、《人民日报》等 20 多家新闻单位的记者共 70 多人参加了欢迎慰问活动。

三、建设新型客运船队

进入“十五”后，在主力运输船队快速发展的带动下，中国海运的旅客运输、特种运输也在努力拼抢市场，不断提升市场竞争实力。

（一）困境突围，坚持发展

中海客运组建初期，船队老旧船舶居多，不少还是市场竞争力弱的常规客船。从 1998 年 6 月成立至年底仅半年时间，累计亏损高达 7000 多万元。

新公司面临三大难题：

一是客源萎缩，竞争激烈。渤海湾客运市场年客运量只有 500 多万人次，竟有 17 家航运单位 40 多条客船在抢这块原本不大的“蛋糕”。另外，华东、华南的海上客运市场受航空规模扩大、铁路提速、高速公路开通的立体冲击，渤海湾海上客运迅速萎缩，所属上海分公司的客运市场占有率由原来的 90％逐年下降，至中海客运成立时仅为 60%。二是企业内部计划经济色彩浓厚，向市场经济转型的观念还比较淡薄。三是以老旧船、常规船为主的船队结构不适应市场的需求。

中海客运还背负着两大包袱：一是公司负债率高达 84%，二是 44％待岗船员。

针对这一状况，集团确定的中海客运突破困境、坚持发展的思路主要包括：

一是优化并维持已有的沿海客运，同时积极开展旅游业务。“优化”，就是逐步调整不适合沿海运输的船舶结构，优化已有的客运资源，引进具有市场竞争力的客滚船，处置落后的常规船；“维持”，即客轮船队不做大的发展，维持适度、有效的规模。

二是积极稳妥发展特种船队。中国海运以成本价光租给中海客运 5 条船起步，发展远洋木材船、重吊船和特大件运输船队，逐步使中海客运成为中海集团以特种船队为主、兼营客运的船队。

三是船岸并进，积极发展与航运相关的陆上产业。

四是降低成本，改善经济状况，提高经济效益。

（二）丢掉包袱，轻装上阵

根据企业发展新思路、新要求，中海客运确定了“依托中海集团整体优势，迅速转变观念，大步走向市场”的工作方针，从船队结构、航线布局、运价浮动三方面入手进行调整改造，打破过去那种“长期亏损的老旧船凑合跑”“无利可图的航线照样开”“客、车、货运价一年甚至几年不变”的明显带有计划经济色彩的经营模式，先后处置常规客船 5 艘、老旧客滚船 2 艘，从国外引进二手客滚船 1 艘，关停连龙、烟新、申青、申甬、申温 5 条亏损航线，保持和新增连秦、申青、蛇琼、烟新 4 条季节性航线，开辟北海—越南国际客运航线。同时，打破海域界限，客运旺季实行南船北调，加强渤海湾运营。

中海客运总部所属大连地区的 14 家陆地产业和上海分公司的三产单位，在 4 个月的模拟市场改造后，1999 年全面推行经营目标责任管理。经过一年的运作，到 1999 年底，大连地区的陆地产业由原来亏损面 90%，减少到当年低于 10%，进入了良性循环的轨道。

1999 年，中海客运分别提前 51 天和 69 天完成了客货生产任务，比计划减亏 7200 万元。

到 2000 年 6 月底，亏损额又比 1999 年迅速减少 7 成多。2000 年 8 月，提前 4 个月实现中海集团下达的 2000 年扭亏持平的目标和“国企三年改革与脱困”的任务，步入健康发展轨道。

到 2004—2005 年，公司分别盈利 7400 万元和 7500 万元。

（三）优化结构，保持龙头地位

中海客运成立之初，公司共拥有各类客轮 25 艘，但随着市场的不断变化，许多老旧船已不适应市场的需求。为此，中海客运及时调整结构，优化资产。2003 年后，为发挥和保持经营渤海湾航线多年的优势，实现企业的新发展，巩固渤海湾市场的龙头地位，公司加快了船队结构调整步伐，将 4 艘无市场竞争力的常规客船和 1 艘老旧客车滚装船提前退出营运。虽然运输船舶艘数减少，但由于新造大型客滚船性能优良，市场竞争力强，弥补了因处置船舶而减少的运力损失。2003 年 1 月，中海客运委托上海船舶设计院设计，由江南造船集团建造“普陀岛”和“葫芦岛”2 艘 16000 总吨客滚船。2 艘客滚船均按短程国际航线设计，由双机、双桨推进，服务航速 19 节，船长 137.5 米，型宽 23.4 米，最大吃水 5.8 米，载客定额 1426 人，车道总长 835/1178 米，可载 84 辆大型车或 232 辆小轿车。新建客滚船客舱分为 4 个等级，有床位 1243 张，坐席 185 个，其中设有 19 间豪华一等舱。船舶设施齐全，配置舒适，设有大型舞厅、电影院、电子游戏房、棋牌室、酒吧、商场、大型餐厅、诊疗所和洗衣房等。

2000 年 4 月，公司从意大利引进了大型客车滚装船“长兴岛”轮。2004 年底“普陀岛”和“葫芦岛”交付使用，投入有渤海湾“黄金水道”之称的大连—烟台航线，与已有的“海洋岛”“棒棰岛”轮组成一条安全、快捷、舒适的客滚班轮航线，中海客运在渤海湾客运市场的规模实力和整体竞争力得到进一步提升。

中海客运 1998—2005 年主要经济情况详见表 1–8。

中海客运主要经济数据（1998—2005 年）　　表 1–8

年份（年）	船队（艘）	客运量（万人次）	主营业务收入（亿元）	利润总额（亿元）	总资产（亿元）	总负债（亿元）	资产负债率（%）
1998	25	381.2	1.35	–0.71	11.78	9.49	80.56
1999	28	336.92	3.60	1.06	12.40	10.30	83.07
2000	17	320.20	4.57	0.13	12.92	11.37	88.00
2001	10	253.00	3.07	–1.06	11.89	11.42	96.10
2002	10	260.90	2.83	–0.21	11.38	11.17	98.20
2003	8	278.35	2.88	–0.59	10.77	11.16	103.64
2004	8	278.35	4.18	0.74	10.37	10.55	101.68
2005	10	279.70	4.83	0.75	13.01	12.48	95.61

四、中海海盛确立特种运输发展方向

中海海盛公司是原广州海运的一家一级子公司。1989 年，在海南建省办特区的热潮中，海盛以现代企业制度为模板，正式组建了有限责任公司。1993 年，经政府有关部门批准，海盛改制为定向募集股份有限公司。1996 年 4 月，经中国证监会批准，海盛向社会公开发行股票并于当年 5 月在上海证券交易所挂牌交易。随中国海运组建，海盛也整体纳入中国海运集团。2006 年，中海海盛经过股权分制改革，实现了全流通。

中海海盛的散货运输船队独立承担了华能海口电厂电煤的海上运输任务，与中海货运共同承担了石碌铁矿矿石出岛运输任务，为特区建设和海南经济社会发展做出了重大贡献。

1998 年 4 月 10 日，新调整的中海（海南）海盛船务股份有限公司围绕上市公司和特种运输的定位，瞄准国家化工业发展迅猛、液态化学品进口量激增的契机，根据政府加大基础设施建设投入、高品质筑路沥青需求高涨的形势需求，通过股东大会，决定采用多种形式重点发展特种运输船队。同时，中海海盛股东大会通过了公司董事会关于中海海盛 1998—2000 年改革发展战略及 2000—2005 年远景目标的工作报告。

中海海盛提出的战略目标是：到 2000 年，公司继续坚持“生产经营为基础、资产经营为重点、多元拓展为补充”的指导思想，充分发挥上市公司融资、改制、重组的功能，通过购并、租赁、托管等多种经营形式，实现资本的低成本扩张；按照中海集团专业化思路，以散货运输为基础，重点发展化学品等特种运输及陆岸相关多元化产业。通过三年的努力，实现特种运输一年稳起步，两年上规模，三年见成效；主营业务战略转移，逐步将中海海盛发展成为具有中海特色、业绩优良、国内规模最大的特种运输船队。

根据上述发展战略，中海海盛于 1998 年 1 月收购上海金海船务公司 80% 股权。公司与上海海运（集团）公司经协商，以光租的形式，由上海金海船务公司租赁经营上海浦东实业 3 条化学品船舶，并争取尽快完成收购。中海海盛还通过各种渠道筹集资金购置其他特种运输船舶，迅速扩大特种运输船队规模。

公司结合自身特点和优势，抓好船队结构调整，坚持沥青船、化学品船的调整向大吨位发展，提高远程运输能力。随着特种运输不断发展，特别是介入散装化学品运输后，公司针对各管船部门在信息沟通、业务协调、反应速度等方面表现出一系列不适应的情况，于 2003 年 1 月对已有的管理机构设置进行调整：撤销了公司原技术部门、安监室和安体办，新增船舶管理部、安全监督部；机务管理、船员管理、船舶日常安全管理全部纳入船舶管理部，由船管部统一进行船舶管理，体制改革使船舶管理得到了进一步强化。新体制克服了多头管理、职责不清的弊端；同时船舶营运成本控制得到切实加强，突破了管理瓶颈，为确保特种运输不断发展提供了管理上的保障，并为全面推行 CWBT（《船舶维修保养体系》拼音的首字母大写，是集计划、管理、指导于一体的一种新型、科学、实用的船舶设备管理模式）打下了基础。

2002 年初，中海海盛为了加大经营力度，租用 3 艘化学品船开展经营。2003 年，签订建造两艘 5.7 万吨散货船合同（分别于 2005 年和 2006 年建成投产）。与此同时，中海海盛下属全资子公司上海金海公司完全纳入经营体系，公司的化学品运输实力进一步壮大。

上海金海公司自 1989 年开始经营化学品运输，经过多年发展，成为我国首家散装液体

化学品运输专业公司，在国内石化行业中享有良好的声誉。2006 年，上海金海在拥有 6 艘散装化学品运输船舶后，又新签约建造 2 艘 7000 吨级化学品船，从而其旗下的船队发展成为亚洲区域一支重要的化学品船队。

除发展上海金海公司业务，中海海盛还加大了沿海和周边化学品和沥青市场开拓力度，积极推进联营合作，巩固和增强特种运输优势，加快形成特种运输持续发展能力，树立了散装化学品和沥青运输品牌。

在充分把握进口品牌沥青运输的宝贵机遇后，中海海盛首开国内改造沥青船舶之先河，将多艘散杂货船改造为沥青船，低成本扩充运力，抢占市场先机，先后承运了深圳高速公路、安徽芜湖高速公路、海南高速公路等道路工程使用的进口沥青，航线遍布东亚、东南亚。在周边市场进入沥青运输淡季时，中海海盛还开辟了非洲和澳大利亚航线。

中海海盛 1999—2005 年主要经济情况见表 1–9。

中海海盛主要经济数据（1999—2005 年）　　表 1–9

年份（年）	船队（艘 / 万 DWT）	货运量（万吨）	主营业务收入（亿元）	利润总额（亿元）	总资产（亿元）	总负债（亿元）	资产负债率（%）
1999	21/44.9	492.2	3.4348	0.7860	9.502	1.583	16.66
2000	15/18.1	454.8	4.2866	0.9133	11.09	2.423	21.85
2001	15/18.0	421.0	4.6760	0.6624	10.716	1.883	17.60
2002	15/18.0	437.9	4.3403	0.7572	10.5429	1.4715	13.96
2003	11/5.9	472.0	4.9706	0.6537	10.7235	1.1838	11.04
2004	11/7.0	107.4	5.6178	0.5246	10.8493	1.1640	10.73
2005	17/26.3	656.58	7.2675	1.4546	11.7149	1.0638	9.08

五、浦海航运增强支线驳运能力

上海浦海航运公司是中国海运集团所属的从事内河集装箱中转运输的专业公司。集装箱船队的扩张，需要货源支撑，而支线运输则可将港口周边及长江水系地区的货源驳运到主干线集装箱船，是主干线航运的补充。为了配合中海集运发展，由中海集装箱运输有限公司、中海船务代理公司、中海物流有限公司、鹏达船务有限公司、中海工业有限公司共同投资组建的浦海航运公司于 2000 年 1 月正式开业，上述各方的股权比例分别为 30%、20%、20%、20%、10%，主要经营国内沿海及长江水系集装箱内、外贸支线运输。

2004 年，浦海航运新开辟越南胡志明市到柬埔寨金边航线，成为第一家获准进入湄公河经营国际集装箱运输业务的中国航运企业。5 月，浦海航运 120TEU 集装箱船“MEKONG EX–PRESS”号从越南胡志明市首航至金边的航线。这条航线的开辟受到柬埔寨政府及商界的广泛关注。之后，该公司又投入 1 条 1048TEU 船，开辟胡志明市到巴生港航线。浦海航运在东南亚地区投入多艘船舶，通过舱位互换，基本形成可覆盖槟城、巴生、雅加达、泗水、新加坡、胡志明和金边等港口的东南亚支线网络，很好地开拓和发展了东南亚地区的集运业务。

随着中海集运航线铺设，进出的箱量越来越多，每年有25万箱进出长江。这些集装箱均由浦海航运租用50—130TEU集装箱船舶进行运输。为做好支线运输，更好地为干线服务，2004年浦海航运与芜湖大江造船有限公司签订了2艘200TEU内河集装箱船的建造合同。这是浦海航运成立4年多来第一次自己建造新船，预示着浦海船队结构调整步入新的发展阶段。

自2004年8月第一条新船动工以来，历时24个月，浦海航运的12艘新船陆续建成并顺利投入运营，使该公司的长江自有船队具备了一定规模。该公司建造的12艘202TEU新船是交通部推广的长江中下游集装箱运输标准船型。新船结构科学，船体强度较高，安全性能较强。

浦海航运多次获得过中国货运业最佳船公司内河支线金银奖等各类奖项。2006年11月7日，被业内称为中国货运行业"奥斯卡"奖的第五届中国货运业大奖颁奖典礼在广州隆重举行。浦海航运在众多船公司中脱颖而出，一举囊括"沿海支线运输最佳船公司金奖""内河支线运输最佳船公司银奖"两项殊荣。

第六节　陆岸产业多元化格局基本形成

要把"一业为主，多元发展"的文章做好，必须促使航运和陆岸修造船、物流、码头等产业协同发展，形成一个"两栖"的中国海运互动产业链，这是中国海运"做强做优做大"的必由之路。为此，中国海运集团坚持依托主业，做好船岸联动，实现集团整体上的平稳发展。

一、海外相关产业形成覆盖全球的营销网络

中国海运集团成立以来，根据国际集装箱运输业务扩张需求，积极拓展海外产业。经过8年不懈努力，海外产业实现了跨越式的发展，并成为集团整体发展的有机组成部分和经济效益的重要来源。

根据"航线开到哪里，营销网点就要延伸到哪里"的原则，中国海运不断拓展海外相关产业，努力营造覆盖全球的营销服务网络。为适应集装箱运输发展需要，海外代理网点的建设不断加快推进步伐。在创业发展期，先后在海外（境外）成立了欧洲、北美、东南亚、西亚、韩国、中国香港等六大控股公司，海外网络覆盖全球五大洲。整个海外产业涉及远洋运输、船代、货代、租船、租造箱、供贸、劳务、码头、集卡运输、计算机信息技术、船舶管理、物流等众多项目，逐步形成了"区域控股、布局合理，洲际成网、全球连线，依托主业、立足当地，经营自主、效益明显"的业务体系。

海外综合物流经营范围涵盖海外拖车、驳船和支线运输及海外空运代理等业务。围绕中海集装箱运输，集团在泰国、英国和德国投资建立了拖车公司；在美国、英国、德国签

订了铁路运输合作协议，并在东南亚、欧洲开辟了驳船、支线运输服务。特别是东南亚的支线网络连接了东南亚地区的所有国家。中海环球空运在美国、加拿大、爱尔兰、英国、德国等数十个国家和地区拥有自己的销售和操作代理业务，“点到点”“一线式”“一站式”的物流运输代理服务日趋成熟。

截至 2005 年，中国海运集团境外企业和机构从集团建立之初的 20 家发展到 90 家，总资产从 18 亿元发展到 120.78 亿元，主营业务收入从 2.5 亿元增加到 17.40 亿元，经济效益从亏损到盈利 8.61 亿元，境外员工人数从 100 余人发展到的 1500 余人。

各大控股公司通过加强对代理网点的管理，确保海外（境外）业务健康发展。在管理中，各公司坚持以市场为导向，以效益为中心，加强控股管理，提高效益，成为中国海运全球化经营的重要支持保障体系，使海外（境外）产业在集团产业中发挥着越来越重要的作用。8 年来，海外（境外）产业成为中国海运建设世界一流航运企业的重要组成部分和经济效益的增长点，成为中国海运实现全球化经营的重要基础和保证；CNINA SHIPPING 的国际品牌形象和“诚信四海、追求卓越”企业理念、经营实践，为祖国和人民赢得了荣誉。

二、码头业务成为集团重要板块

中国海运的“十五”战略任务，是要确立以集装箱船舶为主力船队的航运产业体系，其船队规模和总收入进入世界先进行列，而大力拓展集装箱码头业务正是打造全球领先的航运产业体系、建设世界一流航运企业的重要构成。

（一）组建中海码头发展有限公司

集团成立初期，根据集装箱运输的发展需要，分别在大连、连云港、上海、湛江等开展了码头业务。随着该项业务发展步伐加快，为理顺机制，便于管理，2001 年 4 月 18 日集团在上海成立中海码头发展有限公司。码头公司受让总公司和中海投资在大连、连云港、上海、湛江的中海集装箱码头有限公司和美国洛杉矶码头的全部股份，并对其实施有效管理。港口码头的专业化经营，是延伸海上运输功能、提供综合物流服务、实现全球承运人目标而启动的一项重大工程。

中海码头按照码头产业发展自身规律和要求，充分利用中国海运的综合优势，发挥集装箱运输产业与码头产业的协同效应，构建资产优质、重点突出、布局合理、管理优异、服务完善和效益显著的中海码头产业体系，并已成为以海上集装箱运输为主体和以码头装卸、仓储物流为延伸业务的运输物流产业链中的重要环节。

在发展方式上，中海码头立足于船东公司，依托中海集装箱运输船队运力、货源和航线网络化经营的整体优势，实施“强强联合、合作共赢”战略，与掌握港口区位资源优势的港口企业实行合资合作。在投资经营上，以投资经营集装箱码头为主，实施中国海运码头产业总体规划；以国内沿海和海外的枢纽港、中转港码头为投资重点，坚持投资开发与经营管理并重，项目推进与人才建设、资本运作配套，产业规模发展与经营机制创新相结合。

（二）快速发展国内码头业务

集装箱运输的快速发展，为中海码头业的经营带来了繁荣，而班轮公司参与集装箱码头建设经营也已成为一个大趋势。为此，根据中国海运加快发展集装箱运输的需要，首先在国内沿海布局集装箱码头业务。

1999 年 12 月 28 日，中国海运集团和上海港务局正式签订“上海港中海集装箱码头有限公司”合资协议。这是中国海运集团与上海港为拓展上海内贸集装箱运输业一次重要的港航联手。上海港中海集装箱码头有限公司，由中国海运集团投资有限公司和上海港龙吴港务公司共同出资 4000 万元组建并经营，合资双方各占 50％的股份。上海港投入巨资将下属的洋泾港等老港区码头改造为内贸集装箱专用码头和堆场，由合资公司租用 20 年。

2000 年 5 月，中国海运集团与连云港港务局合资经营连云港新东方集装箱码头有限公司。为进一步提高连云港集装箱码头的接卸能力，2002 年又把连云港庙岭三期集装箱码头新建项目作为码头投资开发的重点。合资公司成立不到两年，其经营业务就取得了突飞猛进的发展。截至 2002 年底，该合资公司就达到集装箱吞吐量突破 20 万 TEU 的目标要求。

2003 年初，中海码头与连云港港务局又共同向合资公司增加注册资本金 1.5 亿元，两期投资约 6 亿元人民币，建设 30 号泊位和更新泊位的集装箱装卸设备；设计标准为可停靠 4200TEU 集装箱船（远期可停靠 5700TEU 集装箱船）码头泊位，首期工程于 2004 年竣工投入使用。此举标志中海码头对连云港集装箱装卸业务实现了控股经营。

中国海运集团合资建设的连云港第五代集装箱码头，是交通部“十五”港口发展计划重点建设项目，包括庙岭三期 30 号和 29 号两个集装箱泊位。码头岸线长 644 米，前沿水深 14.5 米，可靠泊 5688TEU 的第五代集装箱船舶，年吞吐能力 100 万 TEU。该项目建成后，使得连云港新东方集装箱码头有限公司能够同时经营连云港岸线总长 860 米、年装卸能力达 75 万 TEU 的 30 号、32 号三个泊位，在号称“新欧亚大陆桥东方桥头堡”的码头上极大地提升了中海集装箱运输的吞吐能力和集疏运能力。

天津港是我国北方的国际性贸易大港，也是中国海运集团发展华北地区码头业务的重点。中海集运在天津港开设有美西、欧洲、东南亚等外贸航线及相关的内贸干支线。2003 年，中海集运在天津港的集装箱吞吐量达到 54 万 TEU，居各船公司之首。

鉴于天津港对于中海集运发展的重要性，中海码头开始在天津实施布局。2003 年底，中海码头与天津港（集团）股份有限公司、美国环球货柜码头有限公司、中远太平洋有限公司、招商局国际有限公司共同投资经营天津港东突堤集装箱码头，成立天津五洲国际集装箱码头有限公司。该项目投资 22.5 亿元，改造建设 4 个，可靠泊 9600TEU 船的全集装箱船泊位，并配备各类先进的港口作业设备于 2004 年初投入试营运，形成每年近 200 万 TEU 的集装箱装卸作业能力。

2005 年 8 月，中海码头与大连港集团签订了合作框架协议，投资建设大连国际集装箱码头 4 个大型泊位。

（三）开拓美国洛杉矶码头业务

在国内基本形成沿海码头产业战略布局和规模化体系的同时，中国海运集团还加快拓展在欧美、地中海、东南亚地区的码头业务，而首先就将目光落在美国的码头业务。

2000 年，中国海运集团经营的远东—北美集装箱航线发展迅猛，其麾下的 5500TEU 集装箱船“中海上海”轮和“中海香港”轮先后投入该航线营运。与之相对应，集团在洛杉矶港的集装箱吞吐量迅速增长，从 1999 年的几千 TEU 发展到 2000 年的 37.4 万 TEU，洛杉矶港已成为中国海运集团在美国最为重要的挂靠港口。

为进一步提高中国海运集团远东—北美航线的服务水平，确保航线班期，增强市场竞争能力，集团于 2001 年 3 月 9 日在洛杉矶成立中海洛杉矶码头公司，并正式签约租赁美国洛杉矶港 100 号码头。中海洛杉矶码头公司由中海码头发展（美国）有限公司和美国海运码头公司共同出资，主要业务是经营和管理洛杉矶港 100—102 号码头。洛杉矶港码头占地面积约 55 万平方米，码头岸线长 900 米，水深 16 米多，建有先进的超巴拿马型集装箱卸桥，并配有现代化电脑管理系统，为中国海运集团和其他集装箱班轮公司提供码头装卸和相关的服务。2002 年，中国海运集团抓紧进行美国洛杉矶一期项目开发，并在年内按期投产的基础上，进行二期项目建设。洛杉矶码头建成投产后，还成为全球唯一的绿色环保码头。

中海码头在上海、湛江、连云港、天津、大连以及美国洛杉矶等地合资经营的集装箱码头业务都取得较好的效益。据统计，2005 年中海码头总吞吐量达到 320.79 万 TEU，其中外贸 202.46 万 TEU、内贸 118.33 万 TEU。公司的主营业务收入从 2001 年的 8034 万元提升到 2005 年的 2.19 亿元；总资产从 2001 年的 10.18 亿元增长到 2005 年的 22.22 亿元；2005 年利润总额为 5389 万元（见表 1–10）。

中海码头主要经济数据（2001—2005 年）　　表 1–10

年份（年）	总吞吐（万 TEU）	主营业务收入（亿元）	利润总额（亿元）	总资产（亿元）	总负债（亿元）	资产负债率（%）
2001	57.00	0.8034	0.0127	10.1816	0.1458	1.44
2002	68.76	0.6496	0.0711	10.5830	0.4577	4.33
2003	91.00	1.2431	0.2181	12.1962	1.1962	9.81
2004	131.00	1.6364	0.3392	14.9518	2.8342	18.96
2005	320.79	2.1902	0.5389	22.2160	8.5442	38.46

三、船代业务迅猛发展

中海船务公司是中国海运集团最早成立的专业公司之一，由原上海、广州、大连海运集团所属三家船舶代理公司为基础整合组建而成。按照中国海运集团的发展战略，中海船务坚持“开拓为先，服务为本”的理念，一手抓网点建设，一手抓市场营销。营业网点从成立初期上海、大连、广州三家代理公司开始，迅速扩展到遍及国内沿海和长江流域主要口岸。

1997 年 8 月 28 日，中海船务公司在上海完成工商注册登记。面对市场业已成熟、市场份额基本被港口和外代等企业瓜分的局面，成立之初的中海船务开展经营困难重重。但新公司积极开动脑筋，知难而进，依托集团船队庞大的业务网络优势，把公司代理业务首先定位在服务集团内部船舶上，以代理集团内集装箱班轮、内外贸杂货轮和油轮为主，兼顾集团外集装箱揽货业务。由此起步，市场由内到外逐步拓展，船代业务不断壮大。

（一）加快代理网络建设

公司成立之初，并不被社会和客户认知了解，办理业务常常遇见意想不到的困难和阻力，市场营销难度很大。组建期间，根据集团“先难后易、先急后缓”的经营策略，着手谋划网点建设。

1997 年 11 月 24 日，中海船务公司在天津注册了第一家子公司，接着在营口、青岛、南京、宁波、厦门、深圳等地相继成立 7 个子公司。同年 12 月 22 日，中海天津船务公司成功地代理了外贸油轮“阳河”轮，实现了代理业务零的突破。代理过程中，中海天津船务公司以快速高速的服务，使该轮在压港严重的情况下，从锚地到码头完成卸油任务只用了 36 小时。船东对此十分满意，船长感叹道：“这是有史以来碰上的最顺利、卸货时间最短的一次船舶代理。”

1998 年 1 月 2 日，营口中海船务成功地代理了第一条内贸船“建设 21”轮，接着连云港、厦门、福州、青岛等子公司都顺利地开展了代理工作。

至 1999 年，中海船务从初创时仅 3 家子公司、108 人的规模发展到拥有 31 家子公司、近 600 员工的跨地区经营公司，初步形成以资产为纽带，产权清晰、分工合理、责权明确、管理科学的运作模式，实现中国海运集团运输船舶代理网络建设的阶段性目标，使集团自有船队的内外贸船舶代理率超过 90%，集团外船舶代理业务初显生机，代理船舶 442 艘次，代理货 160.2 万吨。

创立仅两年，中海船务的企业利润就实现翻番，从 1998 年的 1500 万元增长到 1999 年的 3508 万元。

2001 年，中海船务已有 40 个经营服务网点，代理船舶 2 万多艘次，揽箱 20 万 TEU，成为具有一定公共代理能力的专业化公司。另外，在境外先后设立了 43 个代理点，初步形成了全球代理网络。

2002 年，中海船务依托集团优势，业务进一步扩大，经营服务网点总数达 45 家，全年共代理各类船舶 32880 艘次，其中集团外船舶 5537 艘次，赢利 1.32 亿元，为发展中国海运的海上运输作出了积极的贡献，在国内享有较高的知名度。

（二）积极拓展集团外部市场

2003 年，集团货运体制的改革深入，集装箱船舶代理业务归口管理，给中海船务的业务带来很大的影响，营业收入全年减少约三分之二。加之“非典”疫情爆发，中海船务遭逢成立以来最困难的时期。

面对业务的调整、优质资产转移和市场份额减少的实际情况，中海船务及时调整思路，提出“集中力量走出去，进行再次创业”的奋斗目标，围绕“抓住内线，奋战外线”，对内继续为集团内的油轮、货轮及其他船舶做好船务代理服务，对外则积极拓展市场，寻找新的业务增长点。同时，加强与集团外部各大班轮公司的接触，通过合营合资等形式进行合作。为了完成奋斗目标，公司还充分挖掘潜力，在经营许可范围内发展与船代相关的服务业。面向内外两个市场，公司坚持以优质服务为宗旨，依托主业创一流代理品牌，在扩大与大货主、大船东的联营合作的战略方面取得了实效。2003 年，中海船务代理集团内外船舶 28238 艘次，全年实现利润 2505 万元。

2004 年是货运体制改革第二年，中海船务提出“建立市场经营机制，揽取更多外部船舶，确保利润 3000 万元”的工作目标，结合集团提出“树新风、创一流”活动，继续通过调整营销策略，加大市场开拓力度，使经营效益得到显著提升。44 家口岸公司经营均有不同程度增长，为数不少的口岸公司 9 月份已超额完成全年创利指标。全年代理集团外船舶 10765 艘次，首次超过 1 万艘次；总代理 29455 艘次。全年实现利润 4156 万元。

2005 年，公司的业务量、主营业务收入和利润总额进一步增长。船舶代理 30097 艘次，同比增长 2.2%；主营业务收入 1.96 亿元，同比增长 6.85%；利润总额 5027 万元，同比增长 20.96%（见表 1–11）。

中海船务主要经济数据（1998—2005 年）　　表 1–11

年份（年）	船舶代理（艘次）	主营业务收入（亿元）	利润总额（亿元）	总资产（亿元）	总负债（亿元）	资产负债率（%）
1998	—	0.5169	0.1389	2.1608	1.5096	69.87
1999	—	1.1812	0.3920	4.4554	3.0870	69.29
2000	21218	1.9678	0.8540	6.5636	4.3928	66.90
2001	25785	2.4095	1.0341	7.7775	5.2105	67.00
2002	32880	2.8795	1.1912	9.2365	6.0774	65.80
2003	28238	1.7898	0.2504	6.3236	3.4885	55.17
2004	29455	1.8331	0.4156	5.5426	2.5237	45.53
2005	30097	1.9586	0.5027	5.6274	2.4216	43.03

四、形成依托集装箱运输的物流产业

（一）中海货代成立

1998 年 4 月 28 日，中海集团物流有限公司前身——中海国际货运代理有限公司在广州揭牌开业。公司由原来上海、广州、大连三家海运集团的货运代理部门重组整合而成，主要为中海集装箱运输提供货运代理服务。

中海货代抓住中海集装箱运输高速成长的机遇，根据集装箱运输航线的开辟状况，制订网点拓展计划，做到“航线开辟到哪，网点就在哪建立”。1998 年短短 8 个月，网点就发展到 50 个；1999 年底，网点已超过 100 个。

中海货代起步阶段，沿海内贸集装箱运输市场并不大，很多货物是通过铁路、公路、散杂货船等方式运输。为了扩大揽货渠道，公司调整经营策略，充分发挥自身优势，扬长避短，借助集装箱运输航线密集的有利条件，实施“提升服务，努力为客户提供个性化服务”的方针，利用公司网点多、覆盖面广的网络优势和支线运输优势，挖掘潜在客户，与铁路、公路拼抢货源，在竞争中不断扩大沿海内贸集装箱运输市场。天津货代公司利用经营仓储、集卡运输的优势，大力开展拼箱业务，创造性地把带钢（厚度较薄、宽度较窄、长度很长的钢板。其宽度一般在 20—200 mm，成卷供应）这样的重货与麸皮轻泡货拼箱装运，不仅降低了两种货物的运输成本，而且成功地解决了类似麸皮等轻泡货物不能单独装箱的问题，使公司在和散杂货船竞争过程中，保持了价格优势和服务质量优势。广州货代公司经过努力，使原通过散装运输的江门“开元涤纶”的产品改走中海集装箱运输，每月承运 50TEU。山东物流公司除开发淄博陶瓷市场外，还发掘了胶州吉利化工、杜邦尼龙等客户。

在各网点员工的努力下，揽货箱量逐年递增。公司成立第一年为 6 万箱，1999 年为 17 万箱，2000 年达 26 万箱。

（二）组建中海集团物流公司

2000 年 8 月 28 日，中海物流有限公司在上海挂牌成立。中海物流在原中海货代公司基础上，整合了集团内相关的揽货网点及信息业务。公司的宗旨是：以全新的服务理念和技术手段，以全新的业务方向和经营模式，在物流服务市场环境中不断地铸造自己、提升自己。为此，新组建的中海物流公司强调从传统货代的共性化服务转向现代物流量体裁衣的个性化服务，强调引进并采用国际现代物流领域先进的组织方式和信息技术手段，为广大客户提供方便快捷、高附加值的综合物流服务。公司在业务方向与经营模式上进行了战略性调整，即充分利用公司拥有的遍及全国的百余家物流服务网点以及陆运、堆场、仓库、码头等基础设施，通过进一步完善电子商务网络及延伸新业务，构筑以内贸集装箱为主的供应链；并在此基础上，逐步拓展国际市场，向综合物流跨国企业迈进。

2001 年，新成立的中海物流，按照“先国内、后国外”方针，抓紧组建北方和华东物流有限公司；京津、广东、海南、山东、广西、福建等沿海省、自治区、直辖市和地区的物流业得到较快发展；中西部物流业也加快了发展步伐。到 2002 年，公司完成北方、华东、华北、华南、山东、海南 6 个片区物流公司组建，物流网点发展到 125 个，形成了沿海地区、东北、西北等 8 大片区的格局。

中海物流在依托中国海运的集装箱运输中得到了快速发展。经营重点也逐步确立：主要经营集装箱、散货、大宗货物的物流和国内货物贸易业务，负责物流电子商务平台和供应链建设，对集团物流业务进行总成本控制，履行对片区物流公司的控股管理职能。随着业务的扩展，集团物流产业发展相适应的营销队伍和网络也逐年壮大。

2003年，中海物流依托集团主业，积极开展项目物流，加强网络建设和拓展市场，实现了扭亏为盈。在当年的中国国际货运代理百强企业排名中，中海物流、中海空运赫然在榜。根据企业的综合实力和总营业额排列名次，中海物流跻身六甲，中海空运也成为进入百强的为数不多的空运代理企业之一。

（三）积极打造物流供应链业务

1.探索开发海铁联运业务

为完善以大连为中心的北方物流供应链，2001年1月16日，中国海运集团、沈阳铁路局在大连举行“大连一长春”集装箱铁路班列“中国海运一号”冠名仪式。“中国海运一号”由中海物流与沈阳铁路局、大连港务局合作，该班列自2000年6月试开通至2000年底，共运行88班次，运载集装箱14000多TEU，为东北地区的货物流通开辟了一条经济便捷的快速通道，并取得良好的经济效益和社会效益。在巩固完善东北海铁联运的基础上，中海物流又拓展了陇海线海铁联运业务，开发广州—昆明铁路“五定”（定点、定线、定车次、定时、定价）铁路班列，打通海运通往西南陆上通道，形成了东北内陆连接华中和西北、连通华南及西南的铁路网络，初步形成沿海向内陆延伸的运输网络，这对于进一步拓展内陆市场、塑造中国海运形象发挥了重要作用。

2.在大连、天津、上海等地建立配送中心

按照集团的物流发展总体规划，中海物流将大连、天津、上海、青岛、广州、深圳、海南等口岸作为开展物流配送中心项目的“突破口”，建设配送网络；并在大连、天津等地区首先开展配送中心项目建设，提升网点功能。经过一年多的开拓，形成了自有仓库面积17万平方米的规模；公司仅在大连港仓库面积就达5.5万平方米。2001年末，公司与国内10多家大型企业建立了物流配送业务合作。建成具有先进设施的大连配送中心以及华北、华东、华南等地的配送中心；配送库面积达6.5万平米。“家有梧桐树，引得凤凰栖。”先进的仓储设施，完善的服务内容，吸引了众多大客户纷纷与中海物流合作，仅大连仓库就有“露露”“上海家化”“TCL”等长期合作客户。

3.积极开展驳船支线运输

中海物流大力发展驳船支线运输，将集装箱运输从沿海向内陆腹地延伸，先后开辟了长江支线、渤海湾支线、珠江支线、福建支线的驳船运输业务。其中，珠江驳船出口箱量出现“井喷”式增长，2001年1月仅有320TEU，到2001年9月，创造了一个月突破1万箱的奇迹；2002年6月，新成立的华南物流公司，揽箱量再创新高，实现了单月2万箱的目标。驳船支线的开辟，扩大了长江、珠江流域和渤海湾地区的物流渠道。

4.启动“门到门”多式联运

围绕大客户营销，中海物流开展了门到门服务。根据各片区货源特点，公司积极筹建配送中心，利用自有拖车，通过公路运输向内陆腹地延伸，将揽货区域从口岸扩展到内陆腹地。中海物流于2001年7月启动公路快运项目，开展沪—津（天津）、沪—青（青岛）

等跨省市的公路运输，稳定了快运线路，理顺了操作费收，实现了定点、定班、定时、定价的公路快运精品线，提高了服务质量，增加了物流服务功能。

（四）开发“绿色通道”与第三方物流业务

中海物流在加大承揽集装箱的同时，还抓住重点，以点带面地开发物流项目；以海上集装箱运输为依托，积极拓展海运两头延伸服务功能，趁势加快配送中心、绿色通道项目建设，为中海集装箱主力船队提供货源保障，为公司发展打下基础。公司在服务功能上创新，推出了开发绿色通道、“两片一线”（以南北集装箱运输干线为依托，发展东北和华南地区的综合物流业务）和“一湾二江三线”（开展渤海湾、长江、珠江支线运输，发展陇海线、东北和华南的海铁联运业务）等诸多新业务、新项目。

2001 年 7 月 18 日，集团与海南永青集团合资成立中海永青现代农业有限公司。新成立的中海永青公司依托中国海运集团集装箱运输的规模优势，利用集团在大连、天津等地兴建的冷藏库、堆场等庞大的配送中心以及专运列车、集卡车队等物流供应链，迅速开展绿色物流业务，将海南瓜果蔬菜销往全国各地。集团专门开辟从海南到全国各主要港口的集装箱“海上绿色通道”，突显了瓜菜通过海上集装箱运输时间短（比陆路快 2 天）、运价低（降低 1/3）、保鲜程度高、货损少等特点。同时，中海物流着力构建庞大的营销网络，在东北、华北、上海、深圳等地建立了供销办事机构，形成东北、华北、华东、华南 4 个海南反季节瓜菜区域性集散地，业务范围涉及 100 多个城市和地区，形成了海南反季节瓜菜产、运、销一体化经营管理网络。在此基础上，中海永青积极构建“大基地、大流通、大市场”的新型发展模式，在巩固和发展国内冬季瓜菜市场的同时，积极探索向俄罗斯、日本、韩国等东北亚地区发展，使海南的反季节瓜菜走出国门，在国际市场上创建海南中海永青的优质品牌。新华社 2002 年 1 月 14 日专电，对中海永青将海南瓜果蔬菜直接从海口装船运到俄罗斯远东地区“龙头”城市——符拉迪沃斯托克（海参崴）的“绿色通道”项目进行了专题报道。然而，在我国发展物流的初期，在中海物流开展新业务的探索阶段，预想与现实往往存在很大差距。这其中既有成功也有失败，既有经验也有教训。由于中海永青在运作“绿色通道”的具体环节上存在诸多问题，如对绿色菜蔬种植的管理、在供应链环节的衔接、对冷藏运输管理以及对到港后的堆场、驳运、分销等环节都存在不足和缺陷，致使该项目始终处于亏损状态，公司最后已经资不抵债。鉴于此，经中海永青股东大会决议，该公司自 2004 年 9 月 4 日起停止一切经营业务，并根据公司章程有关条款，对公司进行清盘。

2004 年 3 月，齐鲁大地传来中海物流拓展市场的消息，中海物流与蒙牛乳业公司签订项目物流合同，蒙牛将其泰安基地的冰淇淋运输任务全包给中海承运。这意味着，中海物流在进入了汽车、电器等物流领域后，正式进入冷藏品物流市场。蒙牛乳业是国内知名的乳产品生产企业，在其迅速扩展过程中，对运输的需求不断提高，而中海物流遍布全国的服务网络以及国家重点扶持且首家通过 ISO 论证的物流企业等资质和良好信誉，成为蒙牛的首选。中海物流前期投入 30 辆冷藏车，利用专业物流服务技术和设施，以全过程优质服务降低物流成本，为提高蒙牛的市场竞争力作出努力。

中海物流主要经济数据见表 1–12。

中海物流主要经济数据（1998—2005 年） 表 1–12

年份（年）	揽箱量（万 TEU）	主营业务收入（亿元）	利润总额（亿元）	总资产（亿元）	总负债（亿元）	资产负债率（%）
1998	—	0.2677	0.0083	0.7033	0.4985	70.88
1999	19.93	0.5682	0.0431	2.9490	1.9105	64.79
2000	24.00	0.8796	0.0435	3.7100	2.6956	72.60
2001	42.37	0.9980	–0.2540	5.2250	4.5012	86.19
2002	56.08	6.1852	–0.2658	17.1456	10.1557	59.24
2003	9.70	3.6078	–0.9969	13.2317	7.9153	59.87
2004	14.53	5.2229	–1.0969	10.9314	6.7852	62.07
2005	22.01	5.9835	–1.1072	8.8452	5.5001	62.18

（五）中海环球空运公司成立

中海环球空运有限公司于 2001 年 6 月 18 日在上海挂牌成立，是中海集团所属的一家由商务部、中国民航总局和海关总署批准的一级国际货运代理企业，是中国最具规模的航空物流企业之一。公司由中国海运（集团）总公司、中海投资有限公司、中海船务代理有限公司三方共同投资组建，公司注册资本 8000 万元人民币。

公司主要承办空运进出口货物的国际运输代理业务；海关监管厢式卡车和集装箱卡车运输业务；海关监管仓储（储运）和中转、分拨业务；报关、清关、转关、报验业务；相关的短途运输服务及运输咨询业务；国际快递业务；国际展品、私人物品及过境货物运输代理业务等。

公司以资金投入大、经营起点高为基础，以先进的管理水平、超前的发展意识、良好的服务信誉为依托，向规模化、专业化、全球化方向快速发展，创造了中海空运品牌。公司于 2003 年 2 月通过了 ISO9001:2000 质量体系认证。公司在上海浦东国际机场海关监管区内拥有占地 24000 平方米的现代航空货运物流仓库，出入库货物均采用高科技的条形码电脑管理系统；同时，公司还在上海虹桥国际机场拥有面积为 10000 平方米的储运（物流）仓库；在上海外高桥保税区拥有面积为 2580 平方米的保税仓库。

公司在北京、南京、无锡、苏州、吴江、昆山、杭州、宁波、上海松江、上海外高桥保税区、温州、厦门、深圳和海口设立了分公司，形成了以中国沿海城市和长江流域城市为中心的国际航空货运物流销售网络，国内航空货运物流销售网络辐射华北、华东、华南、华中等地；上海至北京、上海至南京、上海至深圳等海关监管厢式卡车定时定班运输路线，为客户提供 7 天 ×24 小时服务，包括节假日及法定假日的全天候服务；同时公司以美国、欧洲、日本和东南亚等地区为重点，逐步发展全球性的空运销售和操作网络。

随着空运物流业务的发展，公司不断扩大卡车车队规模。至 2004 年底共拥有厢式卡车 78 辆，全部实行 GPS 控制、调度和管理。2004 年共代理货物 68641 吨，比上年增长

71.73%，其中进口 23087 吨，出口 43206 吨，代理国内航线货物 2348 吨。

2004 年实现主营业务收入 9658.83 万元，利润总额 621.15 万元。截至年底，资产总额 24719.54 万元，负债总额 15582.63 万元，资产负债率为 63.04%。

2005 年，中海空运完成航空货运量 11.45 万吨，为 2004 年的 167%，实现主营业务收入 13161.96 万元，利润总额 1284.35 万元，截至 2005 年底，资产总额 32588 万元、负债总额 22525.81 万元，资产负债率 69.12%。主要经济数据见表 1–13。

中海环球空运主要经济数据（2001—2005 年）　　表 1–13

年份（年）	航空代理货运量（万吨）	主营业务收入（万元）	利润总额（万元）	总资产（万元）	总负债（万元）	资产负债率（%）
2001	0.5860	951.6	5.30	12617.50	4612.20	36.56
2002	2.0037	4169.10	593.40	16176.00	7729.00	47.78
2003	3.9970	6466.40	558.90	21884.68	12890.00	59.91
2004	6.8641	9658.83	621.15	24719.54	15582.63	63.04
2005	11.4500	13161.96	1284.35	32588.00	22525.81	69.12

五、修船业实现扭亏为盈

1998 年 6 月 18 日，中海工业公司按照集团专业化分工原则正式成立。公司由原上海海运、广州海运所属 6 家大中型修船厂及相关陆岸产业整合组建，成立之初的总资产 14 亿元，修船年产值近 6 亿元；时在册员工 7800 余人，退休员工近 2000 人。主要经济数据见表 1–14。

中海工业主要经济数据（1999—2005 年）　　表 1–14

年份（年）	修船量（艘次）	主营业务收入（亿元）	利润总额（亿元）	总资产（亿元）	总负债（亿元）	资产负债率（%）	职工数（人）
1999	316	6.3440	−1.4385	15.2298	8.7088	57.19	—
2000	417	7.1710	−1.3550	14.6500	9.8670	67.36	5250
2001	498	8.1217	0.0364	15.5217	9.7133	62.58	7327
2002	588	8.2684	0.1020	15.7734	9.8741	62.60	7144
2003	492	8.8090	0.6187	16.2072	11.7542	72.53	6847
2004	490	10.8750	0.6615	17.3234	12.8954	74.44	6391
2005	547	14.6119	1.0196	18.0523	10.7830	59.73	5473

（一）大力推进机制体制改革与成本控制

由于历史的原因，中海工业作为一个新公司、老企业，人员年龄老化、冗员多、专业人才匮乏；同时，设备老化、船坞容量小、债务重的问题十分突出。公司成立时正值亚洲金融危机和航运市场低迷，修船市场的竞争进一步加剧，修船价格大幅下降，主要修船价格仅为

1995 年高峰时的三分之一，而修船生产发生的钢材、水、电费用和员工成本却同比大幅度增加，公司所属各大船厂都不同程度出现了经营困难。1999 年，中海工业亏损达到 1.45 亿元。

针对亏损局面，中海工业首先在企业内部的管理体制上进行变革，大力推进体制机制改革，大力加强成本控制。

公司首先实行集团内部修船“统一经营”，改进船厂的成本管理、资金管理和合同管理；探索价格调控机制，针对下属各船厂不同的品牌优势，以体现优质优价和供需平衡为原则，强调价格管控和优质优价。其次，公司强调建立健全企业的激励机制，初步形成了以年薪制为核心的企业激励机制；推行财务负责人、人事负责人委派制，加大对各单位的财务和人力资源监管力度。最后，强调实行公司“一本发票”制度，“统一资金”，降低内部结算成本，减少内部三角债，降低财务费用；制订符合修船企业实际的成本核算方法，即“9+1 表”（即按照在厂修船种类、收入、成本等不同情况细化成 9 张账目表，再加上 1 张汇总表），促进成本管理水平的提高；加强资产管理，通过内部调拨等措施，盘活了不良资产。

（二）调整产品结构，形成拳头产品

在产品结构调整方面，通过制定对承修不同船舶的激励措施，积极争取国外业务市场，特别是国外市场的船舶改造工程。通过努力，中海工业承修外轮的比例由 1999 年的 33% 提高到 2001 年以后的 40% 以上，从以前比较单一的船舶常规修理提高到能从事 LPG、油轮、集装箱、散装水泥、挖泥等船舶的技术改造，在国外市场的知名度亦有了很大提高，初步形成了中海工业的拳头产品。

（三）从减亏到盈利

2000 年，通过艰苦努力，较好地完成了集团下达的各项考核指标，全公司完成工业总产值 6.3 亿元，同比增长 6.8%；实现主营业务收入 8.2 亿元，同比增长 28.6%，当年减亏 9600 万元。

2001 年，公司撤销了联合船坞部建制，理顺了坞修与厂修之间的关系，实现了坞修回厂的平稳过渡。针对各单位船坞配置状况，公司决定把原先在安徽荻港船厂的“庐山”坞调整到上海地区的外轮厂，使公司的资源分布更趋合理。同时，公司积极开拓外部业务，集团外的修船市场份额逐步扩大。在下半年修船市场很不景气的情况下，产值实现了难得的增长，全年属下六大船厂共完成修船产值 6.56 亿元，为 2000 年的 103.1%；外轮比例有了较大增长，达到修船产值的 40% 以上，产品结构同比上年有了较大的改观。2001 年，中海工业首次扭亏为盈，实现利润 364 万元。

2002 年，中海工业公司确立了“制定新战略，抓住新增长，制定新对策，建立新高地，推行新政策”的指导方针，进一步强化管理，调整结构，使得公司的规模优势得到充分发挥。全年完成修船产值 7.3801 亿元，为上年的 103.9%；实现销售收入 8.2684 亿元，为上年的 101.8%；实现利润总额 1026 万元，比上年增加 660 万元。2002 年 9 月，在集团的支持下，中海工业成功地以低成本收购了位于长江口长兴岛的粤海长兴船务有限公司 8 万吨级的“长兴”号浮船坞，并更名为“中海普陀山”，提升了修理大型船舶的能力，为抢滩长兴岛、建立长江口大型修船基地跨出了成功的第一步。

2005 年，修船生产在立足中海、确保完成集团船舶修理任务的前提下，把目光瞄准高附加值船舶，加大高附加值船舶承揽力度，并加强修船管理，修船生产取得了突破性进展，创造了修船生产历年来的最好水平。据修船质量征询统计，船东满意度达到 99.7%，修船重点项目一次检验合格率达 100%。在修船业务取得新进展的同时，企业的经营效益也有了新的突破，主营业务收入达到 14.61 亿元，利润总额达到 1.02 亿元，均为历史最好水平。图 1–8 为船厂职工在高温下坚持修船作业。

图 1–8　中海工业立新船厂职工在烈日高温下坚持修船作业，确保完成船舶修理任务。

六、中海电信艰难转型

在企业发展过程中，中海电信先后经历了数次架构调整与体制变革，包括 2003 年的信息中心划出、2005 年上海海岸电台和广州海岸电台移交海事局、2006 年将生产业务萎缩严重的上海电子产品分公司与上海船舶通信导航修理厂合并等。

在数次调整变革中，公司不断调整经营策略，在传统通信和通导设备生产、安装、维修等原有业务基础上，进一步调整业务发展方向，构建起海上电子综合服务产业和陆岸通信信息技术综合服务产业两大体系，挖掘新的增值业务，保持了企业的持续发展。

2005 年电台通信业务全部移交海事局，中海电信则将原来以 SSB、NBDP 通信业务为主的服务转向以卫星通信服务为主，积极与各大卫星通信商和卫星地面站进行合作，运用现代通信技术推出了船队在线跟踪系统服务、卫星 D + 船位跟踪、卫星 C 站通信、卫星中文 EMAIL 系统平台业务等多项新的通信业务。此外，公司充分利用销售、安装、调试、指导、维修等业务链服务优势，立足于上海、广州、大连三地，积极拓展长江、珠江及沿海的产品销售市场。

随着航运业的发展，新造船的数量迅速增长，中海电信抓住机遇，积极开发新造船配套通信导航设备的销售业务。新造船设备配套业务开展大大促进了公司产品销售业务的成长，销售收入得到大幅增加。在陆岸通信信息技术综合服务产业中，宽带网络业务和通信工程业务成为支柱产业。

中海电信的广州宽带网自 1998 年创建以来，业务不断壮大。到 2004 年，具有 500 多公里的水运光纤网，遍布广州市的 5 个城区，宽带网络进入近 300 个小区及商业楼宇。通信工程业务经营模式也由最初的劳动密集型向项目管理、工程分包方向突破，并进一步提高了信息集成能力，不断向通信工程新技术领域发展。

随着莫尔斯电报等传统通讯方式逐步被现代通信技术所取代，在现代通信导航技术中更多地出现了计算机的应用。而随着中国海运集团的迅速发展，船舶信息化工作的重要性也越来越突出。对此，中海电信突破传统通信技术的局限，围绕水上运输及其相关产业的 IT、ICT 和 ICP 新技术应用，开展相关的产品研发和信息技术项目建设；先后参与了中国海运船舶保安警报系统 SSAS、船舶局域网、智能引航系统、航运信息系统等信息化项目工程的开发和建设；完成了 NR–1 型 490/518 中英文航行警告接收机、GPS 车载移动跟踪终端、风速风向仪、E 视通视频会议系统等产品的研发并被广泛应用。

中海电信无论是从业务拓展、社会效益，还是技术、服务和管理等各个方面都较成立之初有了长足的进步与发展，并连续多年获得了全国交通系统文明行业先进单位和上海市文明单位等荣誉称号。主要经济数据见表 1–15。

中海电信主要经济数据（1999—2005 年）　　表 1–15

年份（年）	主营业务收入（亿元）	利润总额（亿元）	总资产（亿元）	总负债（亿元）	资产负债率（%）	职工数（人）
1999	0.8304	–0.0370	3.6553	1.6418	44.92	
2000	1.3480	–0.0226	2.0818	1.5188	72.96	896
2001	1.2617	0.0236	1.6831	0.8841	52.53	1009
2002	1.2606	0.0377	1.5427	0.6947	45.04	980
2003	1.4783	–0.2433	1.5727	0.9614	61.13	993
2004	1.4565	–0.0310	1.2507	0.7347	58.74	979
2005	1.4718	–0.0208	1.1157	0.5927	53.12	628

七、中海国贸积极拓展船舶贸易业务

中国海运集团成立之初，即着手大力发展船队特别是集装箱船队，需大量购置和建造船舶，因而需要有一家专门从事船舶贸易的专业公司来配合集团运输船队的发展。鉴于此，在集团成立后，第一时间即组建了中海集团国际贸易有限公司。

根据业务发展需要，中海国贸相继开发和拓展了船贸、租船、造船、工程技术服务等业务，为集团船队发展壮大做出了积极贡献。作为集团对外的“窗口”，公司积极走向市场，充分发挥船舶贸易的骨干作用，形成了贴近集团发展需求和体现行业特点的经营模式。主要经济数据见表 1–16。

1998—2000 年，是中海国贸的业务探索期。公司贯彻“依托航运、开拓市场、争创高效、持续发展”的工作方针，建立并完善一系列业务框架及内部管理制度，经营重点从集团内部为主逐步转向内部与外部市场齐头并进；以一般贸易为基础，积极拓展船贸业务，逐步朝“船舶经纪”专业领域方向迈进。

1998 年，公司开拓了以船舶工程技术、监理为主的船舶改造业务。当年所改造的两艘沥青船成为中海海盛沥青船队的重要组成部分。

1999 年，公司利用已建立的国际经纪网络和国外船东关系，加强信息交流，集团外的船舶买卖开始占据主导地位；此举也为集团在购置新船方面提供了不少决策依据。2000 年，公司开展了中海客运购置客滚船的贸易业务，同时拓展境外废钢船的进口业务，开展国内废钢船拆解基地业务以及船舶设备、配件综合利用等贸易。当年，还完成了对 4000 吨高温沥青船“友谊 12”轮的修复改建工程。

中海国贸主要经济数据（1998—2005 年）　　表 1–16

年份（年）	主营业务收入（亿元）	利润总额（亿元）	总资产（亿元）	总负债（亿元）	资产负债率（%）
1998	0.5181	0.1336	1.2636	0.6392	50.59
1999	0.7398	–0.0483	1.3018	0.6340	48.71
2000	1.3700	–0.0021	1.4198	0.7780	54.80
2001	1.2856	0.0511	1.8421	1.1803	64.08
2002	0.9266	0.1162	1.3678	0.6576	48.08
2003	0.7308	–0.2024	1.3023	0.8132	62.45
2004	1.2589	0.4966	2.3423	1.6457	70.26
2005	1.3857	0.5611	1.3805	0.4051	29.34

2000 年，公司将总体业务调整为船舶贸易和船舶技术服务。船舶贸易包括：船舶买卖、船舶租赁、新造船代理、船用设备进出口代理、设备进口开证代理、备件物料出口贸易、油品贸易等。船舶技术服务包括：新造船船型开发技术服务、造船监造服务、修船监修服务、船舶改造等，初步形成了船舶的造、买、卖、改、拆、租多种业务不断发展的新格局。

在集团的支持下，公司的造船代理业务于 2001 年实质性启动，成为公司新的经济增长点。2001—2003 年间，共开展造船代理业务 32 艘次，包括沪东中华造船有限公司建造的 4 艘 4100TEU 集装箱船项目和日本名村造船厂建造的 1 艘阿芙拉型油轮项目等。同时，还开了展集团新造船的船用设备进口代理业务。

在开展集装箱船租船业务方面，中海国贸为中海集运续租 2 艘 1700TEU 船、1 艘 700TEU 船，为中海浦海租入 1200TEU 船“国泰轮”，为中海集运租出 3 艘 200TEU 船及“向鹰”“向达”“丽洋”“向旦”和“向莲”等船。

在开展船舶技术服务方面，公司大力拓展船舶监造、监修、船型改造、绑扎件等业务。具体包括：为中海海盛“化 5”轮的监测报警系统进行了改建；为中海集运等提供绑扎件代理送船服务；为集团新造船提供应急拖带、锚及锚链、系船索、绝热材料等船用设备及物料；为船公司提供“关于将二手散货船改建为集装箱船的费用测算”；为时代航运公司提供“29000 吨货轮舱口盖改建的可行性方案及费用估算”等。2000 年，公司扩大集装箱绑扎件贸易业务，与中海工业公司、德国 MEC 船舶设备公司合资成立了上海中海麦克公司，获得多艘国内外船舶绑扎件生产定单。2002 年，公司开展了 8000 吨成品油轮监造项目。2003 年，为城建集团参与东海大桥的投标做了大量的技术服务，为其提供了 500 吨浮吊的设计方案、插桩式工作平台的可行性方案、混凝土搅拌船的设计方案，同时完成了“月亮湾”号混凝土搅拌船的监造。

2004 年，中海国贸为上海“绿地集团”下属船公司进口了一条 27000 吨级散货船。与此同时，还尝试新的业务模式，为客户融资购船提供中介服务，按照客户购船计划为客户提供和跟踪相关船舶信息。据不完全统计，当年为各船公司提供超过 400 多艘船舶的购买信息，安排协助勘验船舶 30 多艘。

八、积极推进“大供贸”经营战略

中海供贸根据集团“六个统一”要求，统一负责集团船舶燃油及物资、备件等供应。1999 年，按照集团“大供贸”战略构想，公司以“理顺关系稳起步，内外并举创效益”为指导思想，在为集团船舶提供专业化后勤保障服务的同时，依托内供规模优势，广开营销渠道，努力拓展市场。公司采取下属单位区域分工的供应模式，积极铺网设点，完善服务网络，提升服务质量，积极拼抢外部市场，在国内船舶燃供市场树立起中海供贸品牌形象和良好声誉。

2003 年，为应对中国加入 WTO 后的市场竞争，中国海运与中国石油化工股份有限公司（以下简称“中国石化”）依托各自主业优势，加强战略合作，达成了合资合作框架协议。中国海运优先把经营的 VLCC 及内部燃油市场提供给中国石化，中国石化优先在进口原油 VLCC 运输上与中国海运加强合作。在此基础上，确定组建海上船舶燃料供应合资公司。9 月 25 日，中国海运与中国石化合资合作签字仪式在北京人民大会堂举行。中国海运集团副总裁徐祖远、中国石化高级副总裁张家仁分别代表双方签字并交换文本。签字仪式还邀请了国资委、发改委、商务部、财政部、交通部等相关部门以及《人民日报》、新华社、中央电视台等多家新闻媒体到场见证。

按照合作协议，双方共同设立新的合资公司，合资主体为中国石化销售有限公司和广州海运集团、上海海运集团，合资公司名称为：中石化中海船舶燃料供应有限公司（简称“中石化中海燃供”），注册地在广州，注册资本 8.77 亿元，股比结构为中国石化销售有限公司持股 50%、广州海运集团持股 28.84%、上海海运集团持股 21.16%。其中，中国石化方以货币形式出资，中国海运方以中海供贸经审计评估确认的净资产出资。2003 年 12 月 30 日，双方在上海举行合资公司成立仪式，中国海运总裁李克麟、中国石化高级副总裁张家仁共同为新公司揭牌。

合资后，依靠股东双方资源、市场、品牌和资金等支持，公司得到较快发展。2005 年，公司实现营业收入 88.72 亿元，增幅 116.9%；实现利润 1.35 亿元，增长了 62.38%。主要经济数据见表 1–17。

中海供贸主要经济数据（1999—2005 年）　　表 1–17

年份（年）	主营业务收入（亿元）	利润总额（亿元）	总资产（亿元）	总负债（亿元）	资产负债率（%）
1999	9.0372	0.01445	6.7650	2.6377	38.99
2000	11.4540	0.04152	6.5400	2.5495	39.70
2001	7.1315	–0.01141	6.4860	2.2607	34.86
2002	10.0229	0.0573	6.2971	2.0450	32.48
2003*	16.6825	–0.2324	6.6109	2.7014	40.87
2004*	40.8958	0.8314	13.7255	2.8294	20.61
2005*	88.7185	1.3512	18.9966	7.8054	41.09

注：* 自 2003 年开始，公司名称为中石化中海燃供，其资产结构已发生变化。

第七节 探索船员管理新模式

一、成立上海船员公司

集团重组初期，在上海、广州、大连三地均设有隶属于各专业船公司的船员公司、船舶管理公司和船员教育培训中心，分别负责中国海运集团各专业船公司所需船员的配置、船公司委托的船舶技术管理、有关船员的学历教育及职业培训。

由于历史原因，分散的管理资源和条块分割的管理体制产生一系列问题，主要包括：资源相对分散，无法体现整体优势；经营管理不统一，不利于对外竞争；缺乏统筹规划，制约可持续发展；各家利益不一，制约了人力资源的充分利用和优势发挥；总体投入不足，船员素质和船员利益受到影响。当时的船员体制对集团的集运、油运、散运三大船队的快速发展严重不适应。

1998—2000 年，集团的集装箱运输超常规发展，船舶从 10 多艘增加到 98 艘；总箱位从 2 万 TEU 增加到 12 万 TEU，跻身世界班轮公司前 15 位。而船队快速的发展，却没有对应的配备集装箱船舶的船员库。

中国海运要建立世界一流的船队，必须要建立与之相匹配的船员队伍，建立现代化的船员管理制度。经过研究讨论，集团决定必须对现有船员管理体制进行改革，并在上海地区实行船员专业化管理试点。

（一）中海上海船员公司在沪挂牌

1998 年 3 月，整合上海地区船员管理资源、组建“中海上海船员公司”开始列入重要议事日程。中海油运首先从财务、组织、人事、船员调配、政工等部门抽调骨干人员 100 多人，充实到上海船员公司，使各项船员管理工作的衔接有序进行。同时，中海油运将 54 套上海船员班子，共计 3211 名油轮船员整体转入中海上海船员公司，原船员与船公司的劳动关系全部转由与上海船员公司签订。

1998 年 7 月，中海上海船员公司成立揭牌，掀开了中海上海地区船员专业化管理崭新的一页，也意味着上海地区几十年来实行的“人船合一”船员管理体制的就此画上句号。与此同时，广州英华、大连英才等船员公司，也开始实施转型，对船员集约化和专业化的管理进行了探索。

当时，中国海运集团在上海地区共有 16000 余名船员（包括离退休船员 4000 余人）。1949 年以来一直沿用“人船合一”的管理模式，各船公司在管理标准、管理制度和管理手段方面不尽相同，造成了管理水平的参差不齐。而组建中海上海船员公司是遵循市场经济规律，建立与国际接轨的新型管理体制和企业经营机制，从根本上打破经营、船队、船员“三位一体”的传统管理模式，把船员的管理工作从各专业船公司中分离出来，实行船员的专业化管理，并通过建立一整套分工明确、责权清楚、利益共享的激励和监督保障制度，来强化对船员的管理和培训，提高船员队伍的整体素质，提升船员的工作积极性和进取精神，增进企业的市场竞争能力。同时，各专业船公司可以从繁杂的船员管理事务中解脱出来，专注于船舶经营管理，有助于提高营运水平，提高经济效益。

组建上海船员公司，通过集中船员资源，还解决了船舶技术干部尤其是持有甲类证书的远洋船舶技术干部紧缺的问题。当时，上海船员公司仅船长和轮机长缺口就分别为 81 名、45 名；船舶技术干部年龄老化问题也很严重，55 岁以上的船长、轮机长有 94 人；文化程度偏低，大副、大管轮以上船舶技术干部中专以下学历占 59.9%；证书结构不合理，持有甲类证书、能从事远洋运输的船长和驾驶员约占 53%，轮机长和轮机员约占 62%。特别是船舶技术干部之间互通性差，开货轮的不能开油轮，做客轮的不会做货轮，操双车的不懂操单车。要提高船员队伍综合素质，强化培训是唯一途径。

2000 年，中海上海船员公司根据集团船队发展要求，制定了 2000—2003 年船员队伍结构调整规划。在此基础上，重点解决船员队伍总量富余、结构不合理的问题，花大力气培养一大批适应大型集装箱船舶、大型油轮、化学品船需求的技术干部船员，进一步加大以市场为导向的船员培训力度，使公司船员队伍结构调整紧紧跟上集团船队结构调整步伐。

公司还按照“以人为本”的管理理念，建立了 ISO9001 质量体系和计算机局域网，形成了从船员派前教育到派中考核、船舶“三长”派后述职一体化的管理模式，健全和完善了船员考核档案，做到“一人一档”，对船员实施动态跟踪管理。

（二）为大型集装箱船配备船员

2003 年，中国海运集团租用 2500TEU 班轮上工作的船员均为外籍船员，中海船员还从未涉足此项工作。为满足集装箱船队发展步需要，集团从操纵 2500TEU 集装箱轮入手，抓紧进行船员选拔。上海船员公司从中澳航线抽调 44 名干部船员，组建 4 套 2500TEU 集运船员班子；随后，又完成“新浦东”“新大连”“新青岛”“新天津”“新重庆”轮 5 套 5668TEU 船员班子接船配备。在此基础上，集团又进一步在广州、大连、北京等地挑选优秀船员作为大型集装箱船船员资源，经集团管理部门筛选后提交选拔专家组审核，最后确定一批新入选的大型集装箱船的船员，共计 256 名，包括船长、政委、轮机长、大副、电机员等。

为了盘活用好船员资源，上海船员公司又进行了机构调整与管理机制改革，船员管理机关的职能部室由原先的 15 个归并为 4 个，管理人员减少至 60 人以内；4 个船员管理部组合成船员资源配置部，按照集、油、货、客以及主营船、非主营船等不同类别，设立项目主管，实行主管负责制；经营业务部改制为对外劳务部，专门负责开拓集团外船员劳务市场。公司在机关分配制度方面也作了相应改革，按照“多劳多得、少劳少得、收入靠贡献、奖金靠业绩”的原则，把机关人员的工作绩效与利益分配紧密挂钩，形成了从船员派遣数量到派遣质量、船员队伍结构调整、内部基础管理包括待岗船员数量等环环相扣的跟踪考核机制。上海船员公司成立不久，就与油运、集运、货运上海分公司签订租用船员合同，向上述 3 家船公司出租 170 余套船员班子。

1999—2003 年的 5 年内，上海船员公司共培养提升了 157 名船长、197 名轮机长、303 名大副、335 名大管轮，船长和轮机长队伍中 45 岁以下的所占比例分别提高了

27.54%和27.06%，船舶驾驶员、轮机员中持甲类证书的比例提高了13.82%，船舶技术干部与中普船员的比例也由1 ∶ 1.38提高到1 ∶ 1.18。150余名优秀船舶技术干部分别被选送到集团下属的专业公司，成为企业参与市场竞争的骨干力量，有效地缓解了集装箱运输、油轮运输船队发展与船员队伍不足的矛盾。

几年来，上海船员公司积极探索实行“人船分离”船员管理模式，实现了船员资源统一管理，为集装箱船队建设发展提供了人力保障，也为下一步进行船员公司与船东公司专业化改革打下了坚实基础。

（三）船员管理以船舷为界

1998年8月17—18日，中国海运集团在大连召开船员管理工作会议，会议确定了船员管理以船舷为界的原则和船员统一管理的新型运营模式。

按照新模式，集团形成内部船员模拟劳务市场，船东以租赁合同为契约形式，租用船员公司的船员（包括套派、单派），合同条款必须明确双方各自的责权利。船员公司负责船员的招聘、培训、调配、晋升、考核、奖惩、离退休管理等工作。船员上船前的各项管理工作和离船后的生活福利由船员公司负责，对船员队伍建设和持续发展进行全过程管理。船东负责船员在船期间的管理，船员上船后由船东按船员职务规则对船员进行跟踪考核。船东根据船舶实际，对船舶管理、安全生产、规章制度以及一些特定工作（如PSC）提出要求，根据考核结果落实奖惩制度。

二、组建中国最大的船员与船舶管理公司

2004年，集团船队向大型化、现代化、远程化快速发展，一批新造的大型船舶陆续投入营运。满足集团船队发展对船员人才的需求，确保船舶配员、确保开船，事关全局，意义深远。在这历史当口，集团做出了成立中海国际船舶管理有限公司、实施船员资源统管的战略决策，这是探索船员管理新模式的重大举措。

2004年年初，集团工作会议提出要适时推进大劳务体制改革的要求；7月份，成立了以李克麟总裁为组长，张建华、王大雄两位副总裁为副组长，集团有关部室和各相关单位负责人为组员的集团劳务体制改革领导小组；2004年10月9日，召开了劳务体制改革动员大会，成立了劳务体制改革筹备工作小组，劳务体制改革进入具体实施阶段。

2004年12月8日，中海国际船舶管理有限公司（简称“中海国际”）在上海国际会议中心上海厅举行了隆重热烈的开业典礼。国内各方面嘉宾、世界著名船公司和船舶管理公司代表、各国驻沪领事官员等400人参加了公司的开业典礼，宣告了公司进入实质性操作阶段。在不到两个月的时间里，顺利地组建了一个拥有两万多员工的新公司。

中海国际开业，意味着集团在建设现代化的船队同时，在整合企业船员人力资源、加强船员队伍建设方面迈出了关键步伐。公司注册资金为2亿元人民币。由总公司和上海海运、广州海运和大连海运三地区公司分别以40%、30%、22%和8%的股权比例注册。新公司注册在上海浦东，并在陆家嘴地区设立办公地点。

新公司整合了集团内的船员人力资源、船舶管理资源和教育培训资源，旨在努力打造

一支数量充足、结构合理、素质优良、船东欢迎的船员队伍，为主营船公司提供优质和全方位的服务，目标是打造一支具有国际先进水平和规模经济效益的船舶管理公司，打造集团新的支柱产业。图 1–9 为集团表彰先进集体和个人。

图 1–9　2004 年 12 月 21—23 日，中国海运集团召开集团 2004 年船舶管理工作会议。图为大会表彰船舶管理与船员管理先进集体和先进个人。

新公司按照现代企业制度，实行董事会领导下的总经理负责制。新公司经营范围是国际和国内船舶管理（包括船舶买卖、租赁及资产管理；船舶机务、海务管理和维修安排；船员招聘、培训和配备）；向国外提供海员、港口技术及工程劳务服务，对外派遣各类劳务人员；国内船员配置管理服务；承包境内、境外与港口及航运相关的工程及境内国际招标工程；上述境外工程所需的设备材料出口和职工的学历教育与职业培训等。

2005 年，中海国际拥有员工 22543 人，其中，船员 20947 名，高级船员占到 48.4%；管理国内外船舶 80 余艘，与世界上 80 余家船公司建立了稳定的业务合作关系，年劳务输出 7935 人次；拥有国内最大的船员培训基地，年培训能力超过 16000 人次，是当时中国最大的船员管理与船舶管理公司。截至 2005 年底，公司总资产 5.43 亿元，资产负债率 56.76%；主营业务收入 3.41 亿元，利润总额 4299 万元。

三、加大船员培训力度

2004 年，中海集团被劳动和社会保障部、国资委列为高技能人才队伍建设工作 34 家试点企业之一。以此为契机，由集团人事部牵头、所属有关单位参与，中海国际将船舶水手、船舶机工、修船行业主体工种列为培养高技能人才的试点工种，加大对员工特别是船员的教育培训力度。

在培训中，中海国际重点抓好船公司的“适岗”培训和船员公司的“适任”培训，以提升船员队伍的整体素质。2004—2005 年，短短两年，集团共有 17590 人次的船员接受了套派前培训，14110 人次干部船员参加了安全专题培训；还有 1075 人参加了适任考证培训，1348 人参加了船舶保安员培训，7595 人参加了专业培训和特殊培训。2005 年底，集团有 18 艘大型集装箱船舶先后下水投入运营，此次大规模培训为大型集装箱船集中投入运营，提供了相对充足的船员人力资源尤其是干部船员的储备资源。

在经营管理中，中海国际与船公司“资产、财务、人员、机构、运作”上实行“五分开”，依照以“船舷为界”的原则，船员公司主要负责资格性“适任”培训，为船公司提供“持证、合格、健康”的船员；船公司主要负责实际操作技能性的“适岗”培训，使船员能够“适船、适航、适货”。

四、进一步拓展船员劳务输出市场

集团船员劳务输出的发展可以追溯到 20 世纪 80 年代初，作为中国海运集团公司组建单位之一的中国海员对外技术服务公司已获国务院批准成立，成为国内最早、规模最大从事国际海员劳务输出的公司。

同一时期，上海海运局也成立了上海海运对外技术服务公司。在随后的几年里，广州、大连海运局也相继建立了以从事船员劳务输出业务为主的机构。这些单位发扬勇于开拓、艰苦创业的精神，在船员劳务输出领域开辟了一个新天地，并在业内创出了良好的业绩和品牌，也成为我国海员输出的重要窗口。

集团重组后，纳入集团的中海海员对外技术服务公司（简称“中海劳务”）作为集团海员劳务输出一级子公司，主体经营船员招募和海员输出业务。同时，原各单位各具规模的船员劳务输出业务，经资源重组后，也借助中国海运品牌释放出更大的能量，中海劳务一跃成为国内海员输出的龙头企业，同时也牢固确立了中海海员在国内外海员劳务市场上的地位。

1999 年，集团及时对海员劳务工作提出了“大劳务”的发展战略，使得集团在亚洲劳务市场的地位得到了巩固，世界上最大的船舶管理公司 V.SHIP 开始录用中海的劳务人员；欧美海员劳务市场也打开了局面，输出人数和合同额都比过去有显著增长，已有成套劳务班子进入美国市场；陆上劳务在不断拓展，劳务输出人员数量显著增加，劳务合同呈现出多样化。

与此同时，集团还加强与国际劳务组织的合作，积极参与相关行业活动，与新老客户建立和保持了良好的业务关系，如与挪威海员机构开展联合培训项目，由此逐步建立起一支劳务输出骨干队伍。船员公司在确保主业的前提下，千方百计挖掘潜力，支持劳务事业的发展，劳务输出逐渐成为集团船员管理业务中一个重要组成部分。

然而，集团重组后，原广州、上海、大连三家船员公司的劳务输出业务并没有整合，这在业务上难免产生内耗。随着集团体制改革的不断深入，国家社会保障体系的逐步完善，推进集团劳务体制改革的基本条件已成熟。

2004 年 10 月 9 日，集团在上海紫金山大酒店召开劳务体制改革动员大会。李克麟总裁在会上作了劳务体制改革的动员，分析了集团目前劳务体制存在的问题，强调了“高标准、高起点、高要求”等改革基本原则，确定了改革的基本框架，内容包括：打破条块分割体制；整合产业资源；实行集中经营、分级管理和六统一原则；统筹规划，可持续发展；调整兼顾各家利益；增加经费投入。对集团内派、外派船员资源实行统一配置，按各地区船员的特点和对航区航线的熟悉程度来调配船员。

2004 年，中海劳务实现主营业务收入 7463.68 万元，利润总额 1731.76 万元。截至年底，总产总额 13699.6 万元，资产负债率 37.88%。

2004 年 12 月，随中海国际船舶管理有限公司成立，中海劳务遂划入中海国际，并成为中海国际的子公司。

劳务输出体制改革有效推动了该项业务的发展，提升了管理效率。通过船员劳务输出，学习了国外船公司、船舶管理公司先进的管理理念和管理方式，也为集团培养了一批大型船、特种船船员。如上海船员公司利用向集团外大型油轮派员的机会，抓紧做好输出过程中主要干部船员的跟踪培养和滚动替代，以加快大型油轮船员队伍建设步伐，取得了一定成效。在集团大型船舶主要干部船员和机关管理人员中，有许多是通过劳务输出积累了管理经验的。此外，通过向国内船公司派员，还增加了船员就业岗位，分流了部分富余船员，为稳定船员队伍发挥了积极作用。

中海国际成立以来，每年劳务输出收入过亿元，劳务外派利润过千万元，在国内同行业中名列前茅。与德国、丹麦、希腊、美国、日本、新加坡、中国香港和中国台湾等 30 多个国家和地区的百余家船东建立了劳务输出业务关系，向包括马士基、东方海外、新加坡海皇轮船公司等一流船公司派出中海船员。美国、德国、希腊等船公司特别欢迎素质良好的中海船员。劳务输出船舶种类涉及集装箱船、散货船、油船、滚装船、化学品船、LPG、客船等各类型船舶。

第八节　创建发展期的党建工作

一、在专业化重组整合中加强党的建设

组建初期，中国海运集团的发展面临市场诸多挑战，各项改革任务繁重，扭亏增盈“突破口”工作艰巨。对此，集团党组认识到，中海的改革与发展能不能搞好，能不能真正打赢“突破口”攻坚战，其中的关键要素是能否坚持与加强党的领导。为此，集团党组围绕改革发展中心工作，坚持纵览全局，协调各方，统一思想，凝聚力量，从政治上、思想上、组织上和作风上全面加强党的建设，为企业改革发展提供坚强的政治保证。

2000 年 8 月 31 日，中共中央下发《关于成立中国海运（集团）总公司党组及戴金象同志任职的通知》，决定成立中国海运（集团）总公司党组，同时撤销中国海运（集团）总公司党委；而戴金象同志则由原集团党委书记改任党组书记。由党委改党组，旨在强调党的领导核心作用，在企业经营管理实践中进一步贯彻党的领导。

（一）在企业改革中充分发挥党组织的政治核心作用

中国海运党组认识到，集团要深化改革，增强活力；要加强管理，提高效益；特别是困难企业要摆脱困境，要做好“突破口”攻坚，都离不开党组织的建设，离不开党组织的政治核心作用。为此，集团党组重点抓好五个方面工作，以充分体现企业党组织的政治核心作用。一是保证监督党的路线、方针、政策在企业的贯彻执行。这是一项“管方向”的工作，即坚持党对企业的政治领导，把握住企业改革与发展的正确方向。二是确保企业党组织参与重大问题的决策。强调执行《中国共产党章程》《中华人民共和国公司法》赋予自身的职权，协调内部各方面的关系，调动各方面的积极性，这是发挥党组织政治核心作用和政治优势的重要方面。三是积极参与经营管理。在经营管理中，强调抓好职工队伍建设，培养和造就建立现代企业制度的合格人才，建立国有企业的人才队伍，因为企业的竞争说到底是人才的竞争。四是坚持两个文明一起抓。在领导企业进行生产经营的同时，更要搞好思想政治工作和精神文明建设；强调物质文明、精神文明两个文明建设一起抓。五是领

导工会、共青团等群团组织，让其发挥职能作用，保证工人阶级的合法权益。以上五个方面，是党章和法律赋予企业党组织的职责，也是深化改革、建立现代企业制度的需要。例如，在中国海运集团起草公司章程时，初稿里没有党委会一章。为了强调党的领导，修改稿把党委会写进集团的公司章程。最后定稿中，在章程里明文规定公司党委会是政治领导核心；公司党组织的主要职责和任务、党组织的机构、与子公司党组织的关系包括党组织的活动经费等内容均写入章程。这为企业改制中党组织开展工作提供了有力的前提条件和法律依据。

（二）在专业化重组整合过程中坚持“四个同步”

中国海运组建初期，专业化重组和资源整合是一项重大工程。在此阶段，集团党组突出强调了“四个同步”：一是新公司组建时，同步建立各级党组织。集团有上万名党员，数百个大大小小的基层组织。如果不把组织同步健全起来，是行不通的。在集团筹备期间，筹备组设立了临时党支部。为此，集团党委强调组建公司要同步组建党组织，特别是规模较大的公司，必须设立党的组织机构，要有组织、宣传、党办等基本功能。二是配备董事会、监事会、经理班子人选时，同步考虑党委班子成员进入董事会、监事会和经理班子。强调书记、副书记、工会主席要任董事，纪委书记要进入监事会，任监事主席。党委要和经理班子交叉任职，组建班子时一并考虑进去。三是企业建立健全各种经营管理制度时，同步建立完善党的工作制度。每个新建公司都要有一套党的工作制度。集团党组先后制订了《中海集团重大问题议事规则、决策程序和报告制度》《中国海运（集团）总公司领导干部管理暂行规定》《关于领导干部选拔任用的有关规定》《政委工作手册》等规章制度；强调在企业改革进程中，必须进一步完善党委工作制度，便于按制度办事，使党务工作走上规范化制度化。四是新公司按新机制投入运营时，同步开展党的建设工作。集团党组强调要不断不乱，在服务于企业中心工作的同时，要加强党组织的自身建设，增强凝聚力和战斗力；每个公司要开展经营活动，党组织要同步开展工作。

（三）在机构调整与战略规划中坚持党管干部原则

与专业化重组和资源整合相配套的，是集团各单位的组织架构调整，涉及干部人事的调整；此外，新组建企业的未来发展战略规划，也涉及干部人才的培养计划。对此，集团党组强调坚持完善党管干部的原则。按管理权限，依法选派推荐国有资产代表和经营管理负责人，并对其实施培养、考核和监督。强调无论是依法推荐干部，还是民主评议干部，或者实施考核干部，都必须认真贯彻党的干部路线和方针，坚持德才兼备和任人唯贤，严格按照党章和有关法规办理；唯如此，才真正体现党管干部原则。在组建初期，各级党组织根据企业整合重组实际与发展目标要求，积极探索适应现代企业制度要求的选人用人机制，把党管干部原则与董事会依法选择经营管理者以及经营管理者依法行使用人权结合起来，按政治强、素质高、善经营、会管理的要求，加强各级领导班子和干部队伍建设。集团党组特别注重抓住领导班子尤其是“一把手”的建设不放松，注重加强对领导班子和领导干部的考核、调整工作。例如，在专业化重组基本完成的 2000 年，集团党组累计调整交流直属企业领导班子成员 34 人次，调整交流总公司机关部处级岗位领导干部 12 人次。

此外，集团党委（党组）还注重加强后备干部队伍和境外干部队伍管理；进一步完善后备干部工作制度，建立了集团领导人员、直属企业和总部机关部处级岗位干部、专业技术人才和境外企业人才等五支后备干部队伍。根据中海组建初期“发展远洋”战略和境外企业的发展需求，加强境外企业干部培养和管理，及时向境外企业委派董事会、监事会，推荐高级经营管理人员；加强对驻外干部进行组织纪律、外事纪律、国家安全等方面的教育，制定了有关干部管理制度。

（四）坚持做好改革初期的凝聚共识与思想稳定工作

中国海运改革重组初期，干部职工的思想稳定与文化融合成为关键。对此，集团党组强调做好深入细致的思想工作，围绕专业化改革重组阶段的重点、难点问题，进行思想动员，形成共识，在广大干部职工中树立政治意识、大局意识、责任意识、创新意识，确立市场观念和效益观念，充分调动干部职工群众的积极性和创造性。发挥党员队伍的先锋模范作用是做好思想政治工作的关键。1998 年，集团共有基层党委 39 个，基层党总支 13 个，基层党支部 800 个，党员 13697 名，占职工总数四分之一。针对改革初期容易产生思想问题的状况，集团党组注重发挥党员的先锋模范作用，带动广大群众理解改革和支持改革，加强敬业爱岗的职业道德教育；强调既要看到中国海运集团的优势和有利条件，也要正确看待存在的问题和不利条件，减少怨气，增强信心，振奋精神，同舟共济。同时，集团党组还把宣传思想工作融入企业安全生产、经营管理和稳定工作的全过程；紧紧围绕企业经济工作中心，开展形势任务教育，激发广大干部职工斗志。结合深入开展“两珍惜”（珍惜生命、珍惜健康）安全宣传教育活动，从讲政治的高度，进一步增强广大干部职工的责任感和责任意识；敏锐地把握企业改革发展过程中的矛盾和问题，及时做过细的思想工作，化解矛盾，安定人心，确保企业稳定。

（五）组建初期不忘从严治党、从严治企

在中国海运集团的创业发展期特别是组建初期，各级党组织认真贯彻落实中纪委四次全会精神，不忘从严治党、从严治企，深入开展争创党风廉政建设先进单位活动和警示教育活动，完善企业内部、外部相结合的监督机制，制订和完善一系列党风廉政建设和审计工作制度，严肃查处大案要案，为企业改革发展提供有力保障。一是坚持开展党风廉政教育活动。集团把“争创党风廉政建设先进单位”活动从上海地区推向集团所属各单位。“争创”活动以领导班子和领导干部为重点，以加强教育和制度建设为基础，以惩治违法违纪现象为手段，促进企业发展，全面推动企业的党风廉政建设。2000 年是第一轮“争创”活动的考核评比年，一批工作突出的单位被评为党风廉政建设先进单位和表扬单位，其中不但有长期坚持“争创”活动的上海海运、中海电信，也有组建时间不长的中海集运，还有上海以外地区的广州海运和大连海运等。二是加强警示教育。根据中央关于利用胡长青等典型案件对党员干部进行警示教育的精神，在集团系统开展了“学法规、学党纪、警钟长鸣”警示教育，组织党员干部学习江泽民同志“三个代表”的重要思想、《国有企业党风廉政建设必备》等材料，举办领导干部警示教育培训班，集团党、政、纪领导亲自讲课，运用身边的案例教育党员干部，使广大党员干部进一步确立了对党风廉政建设和反腐败工作的“思想红线”。三是严肃查处违法违纪案件，大力加强行风建设。按照“纠建并举、标本兼治”的纠风方针，起草下发了《中海集团2000年纠风工作要点》，突出纠正了客轮多种经营不正之风，特别是纠正客轮中物资采购、医药购销等环节中的不正之风。四是不断加强审计工作；审计部门认真贯彻全国交通审计工作会议精神，改进工作方法，提高工作效率，切实抓好财务收支审计、经济责任审计、基本建设审计和各项专项审计，为加强企业管理、理顺法人治理结构、维护财经法纪、确保国有资产保值增值发挥了积极的作用。

二、开展“三学一创”活动

“三学一创”活动是我国交通行业精神文明建设的主要抓手。1993年，交通部、中国海员总工会、中国公路运输总工会联合做出开展“向两个文明建设标兵船‘华铜海轮’学习的决定”；1995年，交通部在学习“华铜海”轮基础上，又提出了学习包起帆、青岛港的要求。1997年，交通部为落实党的十四届六中全会精神，在“三学活动”基础上，提出了“创建文明行业、文明窗口”活动，这就形成了以后航运系统持续多年开展的“三学一创”活动。该项活动在提高航运企业员工队伍建设、争先创优、促进改变船风船貌、提高经济效益与社会效益等方面起到了积极作用。

在中国海运集团重组前的几年间，中海系统原各单位在开展学包起帆、学“华铜海”轮、学青岛港，创建文明行业的“三学一创”活动中，以抓深化、抓特色、抓典型、抓提高为契机，把“三学一创”活动作为企业两个文明建设有效载体，把“三学一创”活动纳入企业党政主要工作中去，进行统筹安排，以提高企业经营管理能力、增加员工的向心力。活动中，涌现出一批先进单位和“华铜海”式的标兵船、先进船。上海海运（集团）公司被上海市政府授予1995—1996年文明单位称号。广州海运“罗浮山”轮1997年被中华全国总工会授予“五一劳动奖状”。1996—1997年，大连海运所经营的13艘客轮中，有4艘客轮分别被交通部、团中央、辽宁省及大连市授予文明示范窗口或青年文明号牌匾，有6艘船16次获得市级以上先进荣誉称号。

集团重组后，如何更大地发挥资产重组优势，真正做到“集中经营、分级管理”和“六个统一”，使原先来自五家企业员工真正融合在一起，这就需要一个抓手来凝聚人心、鼓舞士气，而“三学一创”活动正是这样的抓手。

为此，新集团成立以后，继续把“三学一创”活动作为开展精神文明建设的主要内容来抓。首先是抓好基础工作，初步形成“三学一创”活动的管理体系和工作机制；采取多种方法，宣传先进人物，推广典型经验，理顺工作关系，确保“三学一创”活动不断不乱。

1998年2月17日，集团召开中国海运1998年党委工作会议，集团党委书记戴金象作了题为《同心同德、艰苦奋斗、努力开创中海集团党建工作新局面》的工作报告；报告总结了1997年党委工作，部署了1998年党委工作，对搞好党的建设和精神文明建设、发挥党组织政治核心作用、加强干部职工思想政治建设、加强党风廉政建设等项工作提出要求。对于开展“三学一创”活动，他强调:“要把‘三学一创’活动与‘讲文明，树新风’活动结合起来，与推行规范服务达标活动和发挥‘窗口’示范作用结合起来，与实现‘管理效益年’的任务结合起来，与企业改革和发展的实际结合起来，不断为‘三学一创’注入新的内容，赋予新的内涵，使‘三学一创’活动成为企业实现两个根本性转变，争创经济效益，提高职工素质和企业文明程度的重要抓手和载体。”

1998 年下半年，中国海运集团总公司党委决定建立上海、广州、大连、北京地区精神文明建设指导委员会。各地区精神文明建设指导委员会受集团精神文明建设委员会的委托，对本地区的中海各单位的文明单位创建活动实施领导，并切实做好组织、指导、协调、监督、检查、建档、申报、评审、表彰、命名和管理等项工作。

活动中，集团系统各单位结合自身特点，把“三学一创”活动不断引向深入。

船舶学习“华铜海”轮，从抓“船风船貌”入手，特别是一些老旧船，通过学习“华铜海”轮，加强了船舶的管理、维修保养和安全工作，延长了船舶的使用寿命，降低了运输成本，经济效益明显增长。通过“三学一创”活动，使得原来薄弱的安全基础得到了加强。1998 年，PSC 港口检查工作取得了通过率 97.93％的理想成绩。

企业学习青岛港，注重强化管理与责任意识。而个人学习包起帆，则强调苦练内功，爱岗敬业。通过“三学一创”活动，培养锻炼了集团干部职工队伍，一支有理想、有知识、有文化、有纪律的“四有”职工队伍逐渐形成，为集团做强做大提供了良好的人力资源保证。

在“三学一创”活动中，中海集团所属单位不断创新活动形式和内容，取得了良好效果。上海海运集团公司结合纪念改革开放二十周年活动，开展了“三颂一树”活动：组织群众歌颂十一届三中全会以来祖国取得的伟大成就，歌颂邓小平同志南方谈话以来上海的巨变，歌颂本单位的变化和职工生活的改善；树立坚持党的基本路线，坚定走中国特色社会主义道路的信心。

1997 年通过“三学一创”活动，涌现了“华志”轮等一批先进船舶、秦剑石等一批先进个人。自 1998 年开始，“三学一创”活动总结、考核及评比工作更加规范，形成了“十佳华铜海式标兵船”“十佳文明示范窗口”“十佳双文明标兵”“十佳新人新事”的“四十佳”评选推荐活动。这种层层宣传发动、上下互动地开展评优方式，使得先进典型的示范作用更加明显，在企业内部形成学有榜样、赶有方向，后进赶先进、先进更先进的“争创一流”良好风气。

三、巩固和扩大“三讲”学习教育成果

2001 年，党中央决定在国有大中型企业开展以“讲学习、讲政治、讲正气”为主要内容的“三讲”学习教育活动，这是新时期加强国有企业党的建设，提高领导班子成员整体素质特别是思想政治素质，加强国有企业改革与发展步伐的重大举措。根据中组部的统一部署，中国海运集团从当年 5 月 30 日起，领导班子及成员正式开展了为期一个月的“三讲”学习教育活动。

1.“三讲”学习教育活动的基本做法

中国海运集团领导班子及成员的“三讲”学习教育活动，分为三个阶段：

第一阶段：学习理论，提高思想认识。

一是认真做好开展“三讲”学习教育活动的前期准备工作。在中组部、中央企业工委

召开国有大中型企业开展“三讲”学习教育活动工作会议之后，集团领导班子及时认真传达了中央文件精神，深刻认识和理解开展“三讲”学习教育活动的重要性和必要性，讨论制定了《中海集团系统领导班子及成员开展“三讲”学习教育活动实施方案》，并报经中组部企业“三讲”教育办公室批准同意。调整了集团“三讲”学习教育活动领导小组及其办公室，加强对集团系统“三讲”学习教育活动领导。同时，对集团系统领导班子及成员学习《国有企业“三讲”学习教育活动必读》作出安排，列出学习计划，请专家教授举办3场“三讲”学习教育辅导讲座。召开了直属企业党政主要领导、总部机关部门负责人、机关职工代表、民主党派代表、老干部代表和直属企业纪检、组织人事部门负责人等7个座谈会，认真听取意见，帮助领导班子及成员查找影响企业改革发展的突出问题，着手准备动员报告。

二是开好动员会，广泛征求职工群众意见。2001年5月28日，中组部企业“三讲”指导检查组进驻中国海运；经过认真准备，5月30日，中国海运召开了集团领导班子及成员“三讲”学习教育活动动员大会，充分认识开展“三讲”学习教育活动的重大意义，初步查摆了影响企业改革发展的突出问题，表明了领导班子及成员听取干部职工意见、搞好“三讲”学习教育的态度和决心。集团党组书记戴金象作动员报告，强调了四点意见：首先强调集团上下要充分认识开展“三讲”学习教育活动的重要意义；其次强调以邓小平理论和“三个代表”重要思想为指导，认真查找并切实解决影响中国海运集团进一步改革发展的突出问题，务求取得“三讲”学习教育活动实效；再次强调抓住学习提高、找准问题、落实整改等三个关键环节，高标准，严要求，扎扎实实地推进“三讲”学习教育活动；最后强调加强组织领导，讲究工作方法，确保中国海运集团“三讲”学习教育活动健康开展（见图1–10）。动员会议收到了良好的效果。会后发放90份征求意见表，回收率100%。指导检查组也通过召开座谈会、个别访谈等形式，听取干部职工的意见。这些意见，由指导检查组及时反馈给领导班子及成员。

图1–10　2001年5月30日，中国海运召开了集团领导班子及成员“三讲”学习教育活动动员大会，集团党组书记戴金象（中）作动员报告。

三是集中学习、交流心得体会，提高思想认识。领导班子及成员在自学的基础上又集中学习了《国有企业“三讲”学习教育活动必读》有关篇目，按照“三讲”学习教育“三个结合”的要求，联系企业改革发展的实际，联系自身的思想和工作实际，列出九个方面的专题，各有侧重地进行交流学习心得体会。领导班子及成员态度端正，认真写学习笔记，准备交流发言提纲。有的同志写稿写到凌晨四点。通过集中学习和专题交流发言，领导班子及成员的思想认识水平得到进一步提高。

第二阶段：找准问题，开好领导班子民主生活会。

一是深入查摆领导班子及成员存在的影响企业改革发展的突出问题，认真撰写自我总结材料。对照中办发〔2001〕8号文件提的六个方面问题和干部职工所提17个方面207

条意见，领导班子及成员本着对党负责、对事业负责、对自己负责的精神，查找自身存在的突出问题，深入分析产生的原因，撰写自我总结材料。在撰写领导班子自我总结材料前，领导班子成员集体讨论，查摆问题，剖析原因，多次研究，征求指导检查组意见，反复修改不下 10 次，领导班子集体又最后开会讨论通过。领导班子成员认真做好个人自我总结，并互相启发，由第一责任人和指导检查组逐个提修改见，反复修改，数易其稿。

二是召开民主评议大会，接受干部职工监督。2001 年 6 月 14 日，中国海运集团召开"三讲"学习教育自我总结大会，领导班子及成员逐个进行自我总结，集团领导班子、指导检查组、直属企业党政主要负责人、总部机关处以上干部、老干部代表、民主党派代表、职工代表共 79 人参加了大会。会上发放了民主评议表。参加评议的同志，认真负责，坦诚中肯，既充分肯定集团领导班子及其成员的自我总结，也提出诚恳的意见和建议。指导检查组把这些意见原原本本反馈给个人。领导班子和个人又根据干部职工反馈意见对自我总结进行了修改。

三是认真开展谈心活动，为开好民主生活会作好充分准备。集团党组把谈心活动作为开好民主生活会的重要前提和进行批评和自我批评的基础。主要领导有针对性地和班子每个成员谈心，班子成员之间互相谈心，襟怀坦白，出于公心，推心置腹地沟通思想，开诚布公地交换意见，真诚地指出对方存在的问题，帮助分析问题的原因，既谈工作又谈思想，既谈感情又谈问题，既谈现象又触及灵魂；广泛深入的谈心活动，进一步提高了领导班子对开展批评和自我批评重要性的认识，进一步找准了自己的主要问题，为营造良好的民主生活会氛围打下基础。四是认认真真开好民主生活会。在民主生活会上，领导班子及成员根据反馈的民主评议情况，认真开展批评和自我批评，深挖产生问题的原因，提出改正的措施和努力的方向。领导班子成员的自我批评敞开思想，不遮掩，不护短，不怕痛，检查了个人在班子存在的主要问题中应承担的责任。主要领导带头开展批评，坦诚地向班子成员指出存在的问题与不足，班子成员相互批评，态度真切，没有顾虑，也不留任何情面，气氛融洽。此次民主生活会在上海市委党校持续开了近 9 个小时，相互开展批评达 72 人次，达到了帮助同志，增进团结，互相信任，共同进步的目的。

第三阶段：制定整改方案，完善整改措施。

在"三讲"教育活动中，中国海运广泛发动干部职工帮助领导班子搞整改。集团"三讲"办公室召开集团职能部门负责人会议，发动干部职工群策群力，针对存在影响企业改革发展的六个方面突出问题，帮助领导班子提出整改措施和建议。

集团党组召开会议，对《中海集团领导班子"三讲"学习教育整改方案》进行了认真的研究讨论，对六个方面突出问题提出了非常具体的整改措施，明确时间进度，整改目标，并将责任落实到人和部门。六个方面突出问题主要包括：决策体系不够完善，缺乏科学性与民主性；对企业快速发展所出现的问题重视不够，配套措施和管理手段明显滞后；现代企业制度建设不规范，改革有待于进一步深化；统筹兼顾，协调发展不够，影响企业健康发展；人才开发、培养、使用力度不够，个别单位还存在人才缺乏与人才浪费并存的现象；领导班子和干部队伍建设力度不够，班子合力与整体优势没有充分体现等。

在决策方面，集团党组强调重点完善决策体制，民主决策，科学决策，着手成立集团专家咨询委员会，健全和完善决策程序，完善决策项目方案评估制度，建立决策项目指标体系和标准，建立和健全监督机制，强化市场调研功能和建立“决策责任制”；在重视企业快速发展所出现的问题、加强管理、协调发展等方面，强调坚持效率优先、兼顾公平原则；考虑历史包袱与现状，适当提高在岸公休期间船员待遇问题；重点解决困难企业改革发展问题。

在建立现代企业制度方面，强调进一步争取国家对中国海运集团资产授权经营的资格，进一步理顺集团内部的产权关系，规范法人治理结构，明确董事会、监事会和经理层的职责，完善董事会、监事会议事程序，规范运作；在人才队伍建设和人力资源开发方面，重点加快企业亟需人才、复合型人才、高级经营管理人才的培养和引进，以中海码头、中海空运作为集团模拟合资企业试点，积极探索劳动用工和分配制度等方面的改革；在加强领导班子和干部队伍建设方面，制定和完善《中国海运（集团）总公司党组职责、议事规则》，加强“十五”时期集团领导干部的教育培训，从理论基础、世界眼光、战略思维、党性修养等方面加快干部队伍建设，转变观念，增强创新能力，抓好后备干部队伍建设，保证集团持续健康发展。

2. 狠抓整改方案落实

整改是“三讲”学习教育活动的着眼点和落脚点，“三讲”学习教育是不是有成效，是不是真正解决了问题，归根到底要落实到整改上。

在“三讲”学习教育过程中，领导班子及成员立说立行，边讲边改，注意把思想政治素质提高的成果，及时转化为进一步做好当前改革发展各项工作的实际行动，使教育活动真正收到实效。针对职工群众提出的意见，强调凡近期能够解决的问题，必须采取措施，立即整改，切实让广大干部职工看到“三讲”学习教育带来的效果。

在“三讲”学习教育期间，李克麟总裁带队到中海工业现场办公，帮助中海工业解决改革与发展过程的困难与问题；针对集团决策机制不健全问题，由主管战略管理的集团副总裁林建清牵头，集团企管部和总裁事务部参与着手筹建中海集团专家决策咨询委员会；在关心职工方面，针对中海上海地区职工从 7 月 1 日起参加上海市城镇职工基本医疗保险的情况，为化解职工患大病、重病的医疗风险，工会着手为上海地区职工办理补充医疗保险，解除职工的后顾之忧。对职工提出的其他意见，集团党组还进行了梳理，班子认真讨论研究，提出整改方案，并以正式文件下发。对整改方案中列出的需要解决的问题，则按照整改工作的领导分工，责任到人，责任到部门，按时间进度表，组织力量一项一项地实施整改，拿出知难而进、迎难而上的勇气和锐气，积极协调有关方面，努力探索解决问题的办法，给广大干部职工一个满意的答复。

3. “三讲”学习教育活动取得的主要成效

第一，领导班子及成员普遍受到了一次深刻的马克思主义教育，增强了贯彻落实“三个代表”重要思想的自觉性，坚定了搞好国有企业和中国海运集团的信心和决心。

此次集中学习，系统性和针对性强，真正学有所得，思有所悟，更加坚定了共产党人的理想信念，在“参加革命是为什么、现在当干部应该做什么、将来身后应该留点什么”等根本问题上，澄清了模糊认识，提升了精神境界。通过中国海运改革发展的实践，领导班子及成员更加深刻地体会到党中央、国务院关于国企改革一系列方针、政策的正确性，更加自觉地认识到必须按照“三个代表”重要思想的要求，认真贯彻落实党的十五届四中全会、五中全会精神，从国际市场竞争大环境、国际政治大背景中增强搞好国有企业的紧迫感和责任感，从巩固党的执政地位和国家经济发展的全局认识搞好国有企业的重大意义，坚定搞好国有企业责任感和信心。

第二，领导班子及成员普遍经受了一次严格的党内生活锻炼，增强了贯彻民主集中制的自觉性，增强了领导班子的整体功能，增强了党组织的凝聚力和战斗力。

开展“三讲”以前，大家认为领导班子开拓进取意识强，集团组建四年来做了不少工作，职工群众的评价也比较好。但对照“三个代表”重要思想的要求，从大型国有企业干部所肩负的责任出发，认识到距离党中央要求还有不小的差距，自觉坚持民主集中制的意识还不够强，充分发挥领导班子的整体作用还不够，领导班子的整体素质仍有待进一步提高。通过开展严肃认真的批评和自我批评，进行积极健康的思想斗争，增强了党性观念；通过自查与整改，逐步从思想上、作风上、业务上提高领导班子整体素质，发挥领导班子的整体功能，进一步加强企业党组织建设。此次教育活动使大家深刻认识到，企业党组织要进一步改进领导方式方法，一要把握全局，协调各方，充分调动各方面的积极性，充分发挥行政领导班子作用，形成各司其职、团结奋进、协调推进工作的整体合力；二要从集团的大局出发，坚持“两手抓、两手都要硬”的方针，加强企业思想政治工作和精神文明建设，处理好改革发展稳定之间关系，集中精力把好方向，抓好大事，出好思路，管好干部；三要坚持深入调查研究，贯彻民主集中制原则，提高民主决策、科学决策水平；四要坚持博采众长，补己之短，立足于创新，走出一条具有中海特色的发展之路，从而进一步增强党组织的凝聚力和战斗力。

第三，领导班子及成员普遍受到一次群众观点、群众路线再教育，增强了群众观念，提高了全心全意依靠职工群众办企业的意识。

经过真心诚意地发动群众，征求意见，广大职工群众过去不想讲、不敢讲的意见，这次讲出来了；领导干部过去听不到、不愿听的意见，这次听到了。大家更加深切感到，职工群众是真正的英雄，职工群众的眼睛是雪亮的，对干部功过是非的评价是公正的，所提的意见是非常中肯的。只要诚恳地接受群众的监督和帮助，认真改正缺点，就能得到广大干部职工的谅解。领导班子及成员认真反思了自己在实践党的根本宗旨上存在的问题，从世界观上去找原因，剖析深刻，心灵受到震撼，思想得到升华，从而增强了群众观念，密切了党群、干群关系。大家认识到，只有相信群众，关心群众，依靠群众，才能把广大干部职工蕴藏的积极性、智慧和创造力调动好、发挥好、保护好，才能在企业改革发展的实践中更加自觉地实践党的全心全意为人民服务的宗旨，把中国海运集团的改革发展搞好。

此次“三讲”集中学习教育活动，在提高领导班子成员整体素质特别是思想政治素质方面发挥了积极作用，对推进中海集团改革发展产生了积极的影响。

四、开展“一个新起点”大讨论

2003 年 8 月 13 日，中国海运集团党组发出通知，决定在中海全系统广泛深入开展

“一个新起点，我该怎么办”的大讨论，以此凝聚各方面力量，进一步推动中海集团新一轮的改革发展

8 月 18 日至 19 日，在江苏无锡举行的中海集团 2003 年经理书记会上，集团党组书记李绍德在会上宣布集团党组决定：下半年要在整个集团系统广泛开展“一个新起点，我该怎么办”的大讨论，目的是进一步统一思想，统一行动，为确保完成当年的任务指标和实现世界一流航运企业长远目标奠定思想基础。

李绍德要求，要站在一个新起点，激发中海新一轮发展的精神动力；要抓住发展的重要战略机遇，实现新的发展；与时俱进，在改革中加强党建工作，加强企业的两个文明建设，把握今天，开创明天，乘势而上，奋发有为，为建设世界一流航运企业作出应有的贡献。

大讨论活动自 2003 年 8 月下旬开始，到 2003 年 11 月下旬结束，为期 3 个月。

大讨论主要围绕以下几个方面内容展开：

一是深入总结中国海运集团改革发展的成功经验，认真分析集团和本单位的优势和短板，结合实际，提出持续发展的具体措施。

二是对集团成立以来人、财、物、海外企业发展和生产效率、经济效益及职工收入等进行全方位纵向比较，用数据说话，以充分认识集团的跨越式发展。

三是对照国际国内一流航运企业，找出企业存在的差距，不断提高企业综合竞争力。

四是根据集团加强企业文化建设的总体思路，总结提炼各单位企业文化建设方面的做法和特点，形成与集团融为一体、与世界一流航运企业相匹配的企业文化。

五是认真总结集团党建工作、思想政治工作的经验和不足，以进一步探索改进企业党建等各项工作的新路子。

为加强组织领导，集团成立了大讨论领导小组和工作小组。领导小组组长由李克麟担任，副组长为李绍德、张建华、陈德诚。工作小组组长由陈德诚担任。

集团《海运报》积极做好宣传发动工作，分 3 次刊登大讨论辅导材料，推动各单位结合本单位、本岗位实际，切实把“一个新起点，我该怎么办”大讨论活动切实抓好抓实。

集团党组要求，在开展大讨论中，要充分听取党员、干部和职工群众的意见和建议，把一切积极因素充分调动和凝聚起来，营造尊重劳动、尊重知识、尊重人才、尊重创造的氛围，激发出劳动、知识、技术、管理的创新活力。

在大讨论活动中，强调瞄准同行业国际一流企业，主要指标逐项进行对照，通过与世界一流航运企业“对标”，找出自身的差距与不足，看清自己在世界航运企业所处的位置，制定措施，缩小差距，不断提高核心竞争力。通过“对标”，使每个单位和个人都有压力；同时变压力为动力，变动力为创新活力，使员工的思想观念、精神状态、工作作风都有触动和提高；强调不要小富即安，要反骄破满，奋起直追，勇创一流。

集团将“一个新起点，我该怎么办”大讨论作为一个集思广益的过程。通过开展大讨论活动，提炼和归纳员工对推动企业发展的合理化建议，使广大干部职工以新的精神面貌，按照建设世界一流航运企业目标，立足岗位，从我做起，从现在做起，从身边的具体事做起，努力做到岗位建功、岗位成才，为企业改革发展作出新的贡献。

此外，集团还把大讨论活动与企业文化建设有机结合起来，旨在通过开展“大讨论”活动，总结、提炼、升华在改革发展实践中形成的企业文化，提炼企业核心价值观和经营理念，努力建设具有中海特色、航运特点、与世界一流航运企业相适应的一流企业文化。

历时3个多月，在全集团广泛深入开展进行的“一个新起点，我该怎么办”的大讨论活动，画上了圆满句号。2003年11月20日下午，集团在总部319会议室召开大讨论电视电话交流会，对3个月来的大讨论活动开展进行总结，对促进集团未来全面持续发展作一个动员。

纵观企业大讨论的整个过程，可以用有力度、有广度、有深度、有热度等“四个有”来概括。

一是有力度。自集团党组印发《关于在中海系统开展“一个新起点，我该怎么办”大讨论的通知》后，各级党政领导都非常重视，制定了活动计划，并按照“分层次组织讨论”的要求，带头参加大讨论。

在讨论中，广州海运、中海货运党委中心组明确每位成员都要作大讨论专题发言，提出“四个在哪里”，即：本单位新起点在哪里、本单位与一流企业差距在哪里、本单位新发展方向在哪里、本单位实现新发展的对策和措施在哪里；要明确加快推进企业新一轮发展的思路。与此同时，他们还及时召开两级中心组学习交流会，进行专题研讨和书面交流，集思广益，共谋发展。

这次开展的大讨论，还有一个鲜明特点，即不少单位党政一把手就本企业在新的起点上如何跃上一个新台阶的问题，下基层进行调研和宣讲，亲自动手撰写研讨文章，提出自己的新观点、新思路。由于各级领导重视程度高，抓的力度大，使大讨论开展得有声有色，扎实有效。

二是有广度。这次大讨论中，各单位广泛发动员工积极参与。集团《海运报》《中海通讯》和内部简报都开设了大讨论专栏。《海运报》收到各类来稿100多篇，刊登大讨论文章50余篇，其内容有集团领导和有关基层单位领导撰写大讨论的文章和新发展思路；有基层单位开展大讨论特色经验和情况报道；有各类座谈会各层次员工发言要点，也有员工个人的心得体会等。此外，各单位还充分利用内部宣传媒介，发动广大干部职工积极参与大讨论，营造了良好的舆论氛围。从集团各个部门到基层单位一线操作部门，形成纵向到底、横向到边开展大讨论的局面。

在集团，纪检监察审计系统开展了“站在新起点、开创新局面”理论研讨活动；集团工会系统举办了大型演讲活动；举行中海上海地区老干部、劳模参加的讨论座谈；集团团工委举办了大讨论“英语演讲比赛”，开展了征文活动等。同样，集团所属各单位、总部机关各部门也结合单位和部门实际开展了形式多样的大讨论活动。中海集运将大讨论活动分解为三个阶段、24项内容，分工落实，举办了“中海集运成立6周年成果展”。中海货运船舶积极开展大讨论活动，并提出以此为动力，做好增收节支、安全航行工作。不少单位结合实际开展大讨论，形成了“群策群力创一流”大讨论局面。

三是有深度。各单位结合实际不断深化大讨论内容，寻找标杆企业，与国际和国内同行业一流企业开展“对标”。中海集运坚持与国际一流航运企业马士基集团进行横向“对标”；中海油运与世界最大油运企业 Frontline 对标；广州海运、中海货运组织两级党委中心组成员参观广东移动通信公司，学习他们的经营理念；大连海运（中海客运）组织有关人员到五星级宾馆学习他们管理服务经验，搞好客轮服务；中海工业等单位定目标、明方向，把大讨论作为一次解放思想、冲出困境、推进发展的契机。

中海物流、中海船务等结合“对标”活动单位，积极组织讨论，坚持用数据说话，提出从目标、管理、机制、服务、企业文化、人才培养等全方位赶超目标。处在改革调整当口中的中海供贸，以大讨论为契机，加强宣传教育，全面落实集团提出的“思想不能散、干劲不能减、指标不能降、工作不能乱”的要求。所有这些都有力推动了大讨论活动进一步深化，并在实践中进一步统一了思想认识，丰富了大讨论新的内涵。

四是有热度。随着集团大讨论活动不断深化，干部职工群众积极参与的热度不断高涨，各单位因势利导，积极开展大讨论征文和征集合理化建议活动，及时召开各个类型、各个层面座谈会，举办演讲比赛、板报展评，提炼企业文化核心内容。

集团各层面、各单位、各岗位的员工结合大讨论，找差距、促发展；鼓干劲、比贡献；形成了企业谈发展、部门谈管理、船舶谈安全、员工谈服务等“百舸争流”的局面。不少船舶在完成繁忙的运输任务同时，做到了人人动手写文章，呈现出极大的工作热情。充分说明了大讨论活动开展的适时、及时，贴近实际、贴近基层、贴近群众，具有一定感召力和渗透力。

从“新”字探索发展思路，由“我”字增强历史使命。在这次大讨论活动中，集团上下形成了一个催人奋进的氛围，每个岗位、每个单位都在为新的发展、新的目标而努力；特别值得一提的是，大讨论变成了一个工作的大舞台：即党政工团大合唱，着重思考了“怎么办”，形成了一个合力，取得了明显的实效。

此次大讨论取得的成效，主要集中表现在三个方面：

一是统一了发展集装箱运输核心业务的认识，进一步坚定了打造一流的信心和决心。

广大员工在讨论中认识到，1997—2003 年，中海 6 年来取得飞速发展，首先体现在核心业务即集装箱运输业务的跨越式发展。集团成立后，审时度势，瞄准现代航运发展方向，高起点、高标准、高效率地组建了中海集装箱运输船队。在中海各单位积极支持下，通过全体干部职工的共同努力，中海集装箱运输仅仅用了 6 年时间就跻身于世界著名班轮公司行列，成为中海集团的龙头和核心产业；集装箱运输业务的发展带动了相关产业和其他运输船队的发展，使集团综合经济实力得到明显增强。发展集装箱运输是中海抓住了培育发展核心业务的关键所在，也是实现世界一流航运企业目标的关键所在。

二是深化了建设世界一流航运企业目标的认识，进一步增强了责任感和使命感。

通过开展大讨论，各级干部和广大职工既充分认识了集团成立 6 年来的成绩，同时在与国际国内同行业先进企业进行“对标”后，看到了差距，也激发了奋起直追的动力。中海集运提出到 2005 年建成世界一流船队，到 2010 年达到世界顶级船队目标。不但规模上做大，而且要从质量上做强、服务上做优。中海油运根据集团“把中海油运建设成世界级油轮船队”的发展要求，制定《中海油运 2004—2010 年发展规划》，确定到 2010 年打造成世界级油轮船队的发展蓝图。广州海运、中海货运在加快新一轮发展中，提出了“十个坚持”，重点解决人工成本过高、经济效益和市场占有率较低、竞争能力不强、市场化程度和盈利能力不平衡、特色经营和特色服务不突出、人员素质结构与企业发展不适应等问题，积极打造中国干散货船队的品牌形象。大连海运（中海客运）通过大讨论，提出了“三双”，即：双稳定（安全形势稳定、职工队伍稳定）；双丰收（物质文明和精神文明建设双丰收）；双目标（2005 年底实现客运盈利、建成国内一流水上客运企业）。还有不少单位包括一些基层单位和经营网点通过“对标”，进一步找到了差距，并制定新措施，不断突破自我，超越自我，力争赶超标杆单位。

三是深化了加强企业文化建设的认识，增强了企业凝聚力。

此次大讨论，把加强企业文化建设、形成企业核心价值观作为一项重要内容。从各级领导干部到广大普通员工，从集团所属各单位和机关部室到船舶、班组，均以不同形式开展了讨论。广州海运专门召开了企业文化研讨会，发动职工群众积极参与，形成了 20 多篇研讨论文；中海油运发动机关员工对培育企业精神等开展广泛讨论并开展了企业理念、企业精神一句话征稿活动，收到 190 多份职工的来稿；中海工业研究制定了公司企业文化框架文件，提炼企业核心价值观和企业核心理念，其所属的菠萝庙船厂也专门制订了企业文化建设理念体系手册；集团工会、安管部、《海运报》联合开展企业安全文化大讨论，并在《海运报》开辟专栏，共收到 2467 条安全格言和警句。广大干部职工参与热情之高，充分反映了对培育企业精神、共同铸造企业核心价值观的高度认同感。

在此基础上，集团宣传部根据集团党组要求，着手讨论和提炼具有中海特色、航运特点、行业特征的企业文化。中海企业精神“爱我中海、勇创一流”，经反复宣传，已被广大员工接受，中海司歌《我和祖国一起远航》已在广大干部和职工群众中唱响。在讨论中，征集到了 100 多条对提炼中海企业核心价值观等的建议和看法，经集团上海地区党委书记双月例会等有关会议征求意见，形成了初步意向，为下一步加强企业文化建设打下了基础。由此，借助此次讨论，中海人进一步升华了企业文化，进一步培育和铸造出具有高度凝聚力和向心力的企业精神和企业核心价值观等无形资产，为集团新一轮发展，为建设世界一流航运企业，提供了强大的精神支撑。

五、开展“树新风创一流”主题活动

2004 年初，集团深入开展了“树新风，创一流”主题活动。

“一个新起点”大讨论之后，集团党组就在考虑以何种形式巩固和扩展大讨论成果，把广大干部职工所激发的智慧和热情转化为建设世界一流航运企业的实际行动。2003 年，李克麟总裁在“新青岛”轮上检查工作时发现船风船貌存在问题，联系到当年集团 PSC 检查有 9 条船被滞留等现象，从一个侧面反映了集团在快速发展过程中还存在许多问题，如抓基层、抓基础工作不够，必须采取措施，来提高企业的整体素质和管理水平。鉴于此，集团广泛开展了“树新风、创一流”的主题活动。

2004 年 1 月 29 日，春节后上班第一天，集团党组书记李绍德主持召开“树新风、创一流”主题活动工作小组第一次会议。接着，在年初的集团党政工作报告中，将此项活动作为重点工作进行部署。

“树新风、创一流”主题活动是集团经过7年多发展向世界一流航运企业迈进过程中酝酿已久的活动。集团把主题活动作为企业两个文明建设有机结合的载体，融合了经济工作、管理工作、思想政治工作和精神文明建设诸多方面内容，是对“一个新起点，我该怎么办”大讨论成果的巩固和延伸。

集团党组对开展“树新风、创一流”活动提出了6项要求：一要真抓实干，务求实效；二要加强组织领导；三要突出重点，兼顾全面；四要典型引路；五要制定整体规划；六要加大宣传力度，形成浓厚的活动氛围。同时，要求各单位在开展“树新风、创一流”主题活动中，摸清“家底”，选好契入点，根据自己的特点开展活动，制定出活动的总体规划和阶段目标，突出重点，树立典型，形成一个比学赶帮超的良好局面。

2004年2月16日，集团党组发出通知，要求对全系统广泛深入开展“树新风、创一流”主题活动做出全面规划，并要求通过活动将2003年“一个新起点，我该怎么办”大讨论中激发的智慧和激情化为广大干部职工建设世界一流航运企业的具体行动。

这次活动的指导思想是：以“三个代表”重要思想为指导，以建设世界一流航运企业为目标，以全面完成2004年两个文明建设各项工作任务为重点，通过开展“树新风、创一流”主题活动，切实体现新的作风、新的气象、新的面貌，培育和造就“从我做起，奋发向上，争创一流，永无止境”的企业氛围，集中展现中海人“诚信四海，追求卓越”的精神境界。

主题活动的内容主要体现在争创一流的管理、一流的效益、一流的服务、一流的文化、一流的船风船貌和一流的职工队伍六个方面。作为2003年“一个新起点，我该怎么办”大讨论的延续。主题活动把企业经营管理工作与党建工作紧密结合在一起，重点解决本单位、本部门存在的一两个突出问题。

“树新风、创一流”主题活动开展的时间为2004年全年，重点是运输船舶；陆岸单位则根据实际，有针对性地开展活动。整个活动分为三个阶段：第一阶段时间为第一季度，是宣传发动阶段。主要任务是部署动员，制定计划，舆论宣传，营造氛围，突出重点，形成阶段目标。第二阶段时间为第二、三季度，是组织实施阶段。主要任务是形成工作突破口，从船风船貌入手，从加强管理着眼，不断丰富和拓展主题活动的内涵和外延，突出解决船舶一两个重点问题，初步形成一批各具特色的先进典型。第三阶段时间为第四季度，是总结交流阶段。主要任务是总结前阶段主题活动工作，重点解决存在的薄弱环节和短板问题；并以典型引路，加强示范引导，形成先进典型层出不穷的局面。在此基础上，集团适时召开总结交流会议，并在2005年党组工作会议上对开展主题活动中涌现出来的示范船舶和先进集体等进行表彰。

集团党政领导高度重视此项活动，先后四次召开了集团“树新风创一流”主题活动和深化对标工作的推进会、交流会，提出了抓好“三船”的要求，即责任是船公司，重点是船舶，关键是船长。

2004年9月21日，集团召开深化“对标”工作交流会。李克麟总裁在会上强调：深化“对标”工作，是实现世界一流航运企业目标的重要途径；要求各单位通过开展主题活动和“对标”管理，以“对标”工作为载体，结合学习贯彻中央十六届四中全会精神，结合贯彻集团“8·18”经理书记会议精神，持续深入开展“树新风、创一流”主题活动，进一步促进各项工作健康、持续、协调发展；以优异成绩全面完成2004年全年各项奋斗指标；使集团在管理能力、经营理念、创新思维上与建设世界一流航运企业相适应；为企业发展创造良好的大环境，谱写中海集团新一轮发展的宏伟篇章。

“树新风、创一流”主题活动的重点落实在船舶。各船公司、各所属船舶，积极投入到“树”“创”活动中，力求抓出实效，抓出特色，促进了船舶管理水平的提高，涌现出一批标杆船、示范船、特色船，如中海货运积极争创一流的“长建”轮、中海集运基础管理出色的“向津”轮、中海油运创建“学习型船舶”的“枫林湾”轮、中海客运开展优质服务打造旅客“安全温馨”之家的“海洋岛”轮等。这些典型船舶起到了榜样引路、典型示范的带动作用，在集团内形成了船岸互动、你追我赶、创优争先的局面，集团所属的船舶努力争创一流，形成良好的船风船貌。

此次活动中，各家船公司加强机关管理和船舶管理。集团总部和船舶公司、船员公司的机关管理人员则深入一线，了解船舶、关心船员，积极做好服务工作，充分调动一线员工的积极性。广大陆岸单位也在“树新风、创一流”活动中，结合实际，制定活动规划，有针对性地采取措施，切切实实解决企业存在的突出问题，并形成各自的活动特色。

2004年12月21日，集团召开“树新风、创一流”主题活动总结表彰大会，对10艘先进船舶，42名优秀船长、轮机长、政委和机关干部，4个管理先进集体进行了表彰。

六、深入开展保持共产党员先进性教育活动

2005年1月20日，中国海运总部机关召开保持共产党员先进性教育活动电视电话动员大会，开启了保持共产党员先进性教育活动。该项活动共分两批进行。

（一）第一批先进性教育活动

根据中央部署，中国海运集团总部机关列入第一批参加先进性教育活动单位。集团总部机关党委所属11个党支部的104名党员均参加了教育活动。同时，中国海运驻深圳地区党委也开展了第一批先进性教育活动。集团总部机关先进性教育活动从1月20日正式开始，至6月10日基本结束，经历了学习动员、分析评议和整改提高三个阶段。

1.立足正面教育，精心组织好学习动员阶段的工作

学习动员阶段从2005年1月20日动员大会开始，到3月11日上级巡视组检查、验收，历时51天；集中学习15个单元、50个小时；分为思想发动、学习培训和明确新时期保持共产党员先进性具体要求三个专题。主要抓好以下工作：

一是明确学习任务，掌握学习重点。按照中央和上海市委的统一部署，在组织党员认真学习规定篇目的基础上，重点学习《保持共产党员先进性教育读本》《中国共产党章程》《江泽民论党的建设》以及胡锦涛等中央领导同志的讲话。同时，制定了详细的学习计划和时间进度表，特别是考虑到春节长假的因素，将原计划12个单元、40小时的集中学习，向后延长了10天，使集中学习达到计划要求。

二是创新学习方法，增强学习效果。在学习中，强调“四个结合”：正面教育与自我

教育相结合；集中学习与中心组学习、支部研讨与个人学习相结合；工作时间与业余时间相结合；普遍性教育与针对性教育相结合。为了增强学习效果，集团积极进行学习辅导，分别聘请专家学者作专题辅导报告3场，集体观看了上海市委“党在我心中”的党课和动员大会报告，邀请著名老劳模杨怀远谈老党员保持共产党员先进性教育的体会。

三是严格检查验收，确保学习质量。各级党组织普遍建立了学习考勤制度和组织监督检查制度。同时，要求每个党员做到“三个一”：读好《保持共产党员先进性教育读本》这一本书、做好一本读书笔记、写好一篇学习体会。每个党员都按要求进行学习，并撰写了2000字以上的学习心得体会。

学习动员阶段结束前，进行了先进性教育知识测试，参与率100%，平均测试分数达到了92分；随机抽查了30多名机关党员的学习笔记和党员手册，分别与11个支部党员代表进行面试，检查学习阶段情况。3月11日，中央督导组、国资委巡视组、上海市委督导组和市级机关工委一行10人来集团，对学习动员阶段的工作进行检查验收，并给予了很高的评价，认为中国海运集团先进性教育领导重视，发挥了表率作用，抓得早、深、细、实，学习阶段取得明显成效，同意转入第二阶段。

2. 立足找准问题，抓好分析评议阶段的工作

分析评议阶段从2005年3月14日开始，到4月28日，历时一个半月，基本完成了“规定动作”和“回头看”等有关环节。主要抓好以下工作：

一是广泛征求意见，开展谈心活动。为了搞好党性分析，真正做到找准问题，集团在各个层面上广泛征求了职工群众的意见，组织召开了各层次代表参加的7个座谈会，并走出去开门征求意见。集团领导到上海市虹口区，拜访和听取了区委书记、区长等领导的意见和建议，集团先进性教育办公室和机关业务部门也走访了上海海事局、宝钢集团、沪东造船厂和上海电力等单位，广泛听取业务往来单位、服务对象的意见和建议。据统计，党员领导干部之间、党员和党员之间、党员和群众之间谈心达676人次，共征求到意见和建议1132条。

二是严格按照规定程序，开好领导班子专题民主生活会和专题组织生活会。按照中纪委、中组部要求，集团党组进行了5次集体学习、举办了4场专题报告、召开了3次学习交流会；通过民主生活会，积极开展思想交流和谈心活动，班子成员之间深入交换了意见，认真撰写了党性分析材料。从4月12日到18日，总部机关11个党支部相继召开了专题组织生活会，党员出席率达到100%。在专题组织生活会上，集团领导以普通党员身份参加会议，带头分析评议，带头查找问题，带头开展批评和自我批评，起到了示范作用；普通党员也都结合实际查找问题、分析原因、提出整改思路。

三是充分研究讨论，准确提出评议意见。在专题组织生活会的基础上，按照要求，坚持做到评议意见与平时表现相符合，组织认定与民主测评相印证，评议结果与群众公认相一致，个人讲评、组织点评和群众参评有机结合；对每个党员都作了恰如其分的评议意见，由支委会集体讨论评定，党员本人认可，支部大会公布。

分析评议阶段工作基本完成后，4月20日至28日，对第二阶段的工作开展了“回头看”工作，之后接受了市级机关工委督导组的检查验收，并进入了第三阶段的工作。

3. 立足取得实效，做好整改提高阶段的工作

整改提高阶段从 2005 年 4 月 29 日至 6 月 10 日进行。在此阶段，开展了群众满意度测评工作，对先进性教育活动进行了总结，并对巩固和扩大整改成果工作做出安排。主要抓好了以下工作：

一是针对存在问题，认真制定整改方案与整改措施。6 月 3 日前，集团领导班子、总部机关党委和各党支部制定了整改方案，集团领导班子成员和每个党员制定了整改措施。5 月 23 日，召开了支部书记整改工作交流会，由部分职能部室介绍整改措施制定情况，以提供学习借鉴经验。在方案和措施制定中，广泛征求了职工群众的意见，逐级审阅把关。集团领导班子的整改方案，由领导班子成员共同研究、事先审阅、党组会议集体讨论确定；领导班子成员的整改措施，由集团党政主要领导审核把关；党员的整改措施，由支部书记审核把关。方案和措施制定后，召开支部大会进行讨论，使整改方案和措施都有较强的针对性和操作性。

二是抓好建章立制，探索建立保持党员先进性的长效机制。按照“四好班子”建设要求，建立了中国海运领导班子建设工作计划；以保持党员队伍先进性为目标，建立了党员队伍建设工作计划；以交通部开展的高技能人才试点工作为契机，建立了高技能人才队伍建设工作计划；以加强资金监管为重点，修订和完善了资金管理制度，完善了财务干部任用审核把关制度；以加强机关党的建设为目标，建立和完善了党内生活制度、党员民主权利保障制度，探索和建立党员到革命根据地接受教育等长效机制。

三是坚持开门搞整改，把上级领导机关监督和群众参与监督贯穿整改全过程。5 月下旬和 6 月上旬，集团分别向中组部、国资委、上海市督导组和上海市市级机关工委汇报了先进性教育活动的情况，接受领导机关的指导和帮助；同时，召开了支部书记扩大会议，邀请部分入党积极分子和非党群众参加，通报了整改方案与措施的制定情况，接受职工群众的评议，印发和公布了集团的整改方案。

按照整改提高阶段的工作要求，认真进行了群众满意度测评。6 月 8 日，集团召开了群众满意度测评大会，通报了集团开展先进性教育活动的基本情况和集团领导班子的整改方案，并按上海市市级机关工委下发的测评表进行了测评，测评满意度达 93 % 以上；市级机关工委督导组还组织了由 6 位各方代表参加的访谈；集团总部机关党委也召开了支部书记和群众参加的整改情况通报会。

6 月 10 日下午，中国海运召开了第一批先进性教育活动总结电视电话大会，359 人参会了会议。

（二）第二批先进性教育活动

参加第二批先进性教育活动的集团直属 21 个单位有 50 个党委、9 个党工委、47 个党总支、938 个党支部；共有 13137 名党员，占职工总数的 21.7%，其中在职党员占在职职工 24.2%，还有离退休党员 2478 人。按属地管理的原则，集团在华东地区（含上海）各单位先进性教育活动由集团先进性教育活动领导小组及华东督导组负责，并接受国资委党委和上海市市级机关工委的检查指导；集团在广州、大连、海南三地的先进性教育活动分别

由广州海运、大连海运、海南海盛等地区公司党委统一领导，并分别受中共广东省委、大连市委和海南省委及督导组的领导。中国海运集团成立先进性教育活动南方巡回检查组和北方巡回检查组配合进行检查指导。

从 2005 年 7 月起，集团全面进入第二批先进性教育活动。与第一批活动相同，第二批先进性教育活动包括学习动员、分析评议、整改提高等阶段。

1. 学习动员阶段

2005 年 7 月 1 日，中海船务召开庆祝中国共产党成立 84 周年暨保持共产党员先进性教育活动动员大会，在集团首先正式开展先进性教育活动。7 月 15 日，各直属单位和各基层党组织以及各船舶党支部先后召开了先进性教育活动动员大会。在一个多月的学习动员阶段中，主要开展了以下活动：

一是加强理论学习。各公司以支部为单位，组织广大党员学习中央领导同志的重要讲话，观看地方党委下发的教学录像以及中集团党组规定的 8 篇文章等教育读本；组织了 186 场理论辅导报告。

二是上好党课和开好学习交流会。在学习动员阶段，各单位共有 231 名党组织负责人带头讲党课，谈自己对党的认识和先进性教育活动的重要性，听课的党员仅上海地区就有 7854 人次；各单位行政主要领导也结合企业的发展和经济形势作专题报告。在学习过程中，注重开好学习交流会和汇报会，各单位以各种形式交流学习心得，交流对先进性具体要求的认识。

三是开展共产党员先进性具体要求的大讨论。各单位党组织引导党员在深入学习先进性的 6 项具体要求的基础上，开展了先进性具体要求的大讨论，结合本职岗位，从实际出发，明确党员个人保持先进性的具体要求。分层分类提炼领导班子和公司党组织、党员个人保持共产党员先进性的具体要求。

四是做好检查验收和“回头看”工作。为了保证先进性教育活动学习动员阶段取得实效，很多单位印发了《先进性教育活动学习动员阶段考核办法》，组织了先进性教育知识测试活动。集团督导组和巡回检查组对各单位学习动员阶段的工作进行了严格的考核验收。

2. 分析评议阶段

2005 年 8 月上旬，集团各直属单位召开了转段会议。分析评议阶段的主要工作包括：

一是开展了广泛的谈心和征求意见活动。召开了由群众、老干部、团员和入党积极分子等参加的各种形式的座谈会，征求下属单位党员群众和上级单位的意见，广泛听取客户意见。在开展谈心活动、征求意见的过程中，广大群众和基层党员围绕制订企业发展规划、创新管理、开展理论和业务培训、加强业务交流、加强基层党组织建设等问题，对领导班子、党组织和党员提出了许多好的意见和建议，还就关系到群众切身利益的问题提出了意见和希望。集团上海地区就有 6531 人次参加了 535 个座谈会，有 4372 名领导干部、党员、群众和服务对象接受个别访谈。整个集团征求到对各级领导干部的意见建议 2352 条，对单位和部门的意见建议 7649 条。

二是剖析问题，写好党性分析材料。全体党员特别是领导干部注意运用好学习动员阶段的学习成果，联系新时期共产党员的具体要求和集团“一流企业、一流员工”素质工程建设，对照检查自己在工作、学习方面的表现以及带动群众、服务群众的情况，结合领导班子和党员的先进性具体要求，找准存在的突出问题，深入剖析问题的根源，提出努力的方向和改进措施。

三是开好领导班子民主生活会和专题组织生活会。集团党组 8 月 18 日下发了《关于召开 2005 年度中海集团系统领导班子民主生活会的通知》，对民主生活会的主题、时间安排、准备工作和需要注意的问题等提出了具体要求。自 8 月 20 日起至 9 月 30 日，各直属单位陆续召开了领导班子专题民主生活会。中海广州、海南、大连等地区的民主生活会召开前均报当地省市委，并得到先进性教育活动领导小组督导组批准。

3. 整改提高阶段

2005 年 9 月 22 日，中国海运集团召开了整改提高阶段转段工作会议。会议学习了中央、国资委党委和集团党组的有关要求，部署整改提高阶段工作。10 月初，集团各直属单位陆续召开转段大会，进入整改提高阶段。为时一个半月，至 11 月底各单位整改阶段基本结束。

一是抓好整改方案和个人整改措施的制定。各直属单位领导班子和各基层组织都制定了整改方案，领导班子成员和每个党员制定了整改措施，在方法上做到“五个清楚”：清楚整改内容、清楚整改措施、清楚整改工作完成时限、清楚整改目标、清楚整改责任；让大家知道改什么、如何改、什么时候改好、达到什么目标；实行专人负责，以争取基层和群众支持，接受基层和群众监督。

二是加强整改工作力度，实施整改。各单位针对涉及群众切身利益、影响企业改革发展稳定以及党的建设中存在的突出问题，大力加强整改。在分析评议阶段查摆的 827 个大小各类问题中，有 452 个基本完成整改。在待整改的 375 个问题中，基本上落实了整改措施。整改工作让广大群众得到了实实在在的便利和实惠，看到先进性教育活动带来的新变化、新成果，得到了干部职工的认可。

三是把上级领导机关监督和群众参与监督贯穿整改全过程，做好群众满意度测评工作。9 月 29 日，集团转发了国资委党委关于做好满意度测评的意见，并下发给各单位统一的满意度测评表及汇总表。11 月，各直属单位都公布了整改方案，并将初步的整改情况向群众作了通报；到 11 月 20 日，集团第二批先进性教育各单位全面完成了满意度测评工作。共有 2151 人参加了测评，其中满意的 1906 人，占 88.6%；基本满意 233 人，占 10.8%，两项合计 99.4%。

截至 12 月末，集团各单位相继召开了总结大会，集团先进性教育办公室和华东督导组、南方巡回检查组、北方巡回检查组分别派人参加大会。集团第二批保持共产党员先进性教育集中学习活动圆满结束。

（三）主要收获

1. 广大党员的政治思想素质、理论水平、责任意识得到明显提高

在先进性教育活动中，集团各级党组织始终把理论武装放在首位，贯穿于先进性教育的全过程。全体党员对党的基本路线、基本理论、基本方针、基本政策和基本经验进行

了一次系统学习，加强了对党的政策和科学发展观的理解，增强了贯彻执行中央路线方针政策的自觉性。广大党员边学习边实践，通过心贴心交流思想，面对面征求意见，在桌面上开展严肃的批评和自我批评，普遍经受了一次严格的党性锻炼，党员意识和纪律观念得到了明显增强，学习政治理论和业务知识的积极性得到提高；丰富知识、开拓创新、追求发展和自我完善逐步成为大多数党员内在的自觉要求，增强了共产党员的使命感和责任感。

2. 基层组织建设得到全面加强

在先进性教育活动的各个阶段，各级党组织都严格标准程序，精心安排，稳妥操作，发挥了党组织的责任主体作用，努力成为实践“三个代表”重要思想的组织者和推动者，显示了强大的战斗力，提高了在职工群众中的威信。先进性教育活动以后，集团各级党组织将先进性教育活动中好的制度进行了总结和完善，共形成党员学习、教育、管理、联系群众和党员民主参与等制度和措施 735 个，出台“党员长期受教育，永葆先进性”长效机制 361 个。在开展教育活动中，集团各单位共发展新党员 453 名；另有 597 人向党组织提出入党申请，其中 324 人被所在党组织列为入党积极分子。中海货运试点船“雪峰岭”轮先后有船长、电机员等 5 名船员向党组织提出了入党申请。

3. 促进了“四好”领导班子建设，改变了机关工作作风

在先进性教育活动中，集团党组强调“重点在机关、关键在班子”，各级领导班子围绕能力建设和创建“四好”领导班子的目标，多层次、多渠道征求意见和开展谈心活动，努力查找领导班子和领导干部在影响企业改革发展稳定方面及理想信念、宗旨意识、坚持科学发展观、树立正确政绩观、求真务实、联系群众、廉洁自律等方面存在的突出问题；通过开展批评和自我批评，有针对性地制定整改措施，进一步提升领导干部的思想政治素质和业务工作水平，提高了认识问题、分析问题和解决问题的能力。在领导班子专题民主生活会上，大家敞开思想，畅所欲言，认真开展批评和自我批评，班子的民主氛围浓厚，生活会质量有了明显提高。

4. 在努力解决群众实际问题过程中密切了党群和干群关系

集团各级党组织坚持访民情、察民意、解民忧，努力解决职工群众关注的难点、热点问题，把联系实际、解决问题、出成果、见实效贯穿于活动全过程，对查找出的问题和群众需要解决的问题，召开有关会议专题研究，对具备整改条件的迅速拟定措施予以整改，积极兑现各种整改承诺，取信于民。截至 2005 年年底，在分析评议阶段群众提出的梳理过的 827 个问题中，有 452 个已经完成整改；待整改的问题也基本落实了整改措施，得到了干部职工的认可。集团在第一批先进性教育活动中，针对骨干船员收入偏低、薪酬分配制度不够完善等问题，对提高船员收入进行了调研，制定了船员工资调整方案并增加船员工资投入一亿多元。在第二批先进性教育活动中，各公司按集团确定的方案，实施船员工资改革，将企业的发展和船员的切身利益更紧密地联系起来，使全年船员合同续签率达到 92%。集团第二批先进性教育活动中解决群众关心的难点、热点问题的进程受到广大员工的欢迎，使群众切实感受到了先进性教育活动的成效，加强了领导干部与群众之间的相互理解，进一步密切了党群关系和干群关系。

5. 针对影响企业发展的突出问加强整改题，有力推进了“一流航运企业”的建设步伐

总部机关和各单位围绕集团创建世界一流航运企业的奋斗目标，查摆解决存在的问题，寻求新的发展思路。在征求意见过程中，党员、群众提出最多的也都集中在企业发展、改革和人才队伍建设问题上。民主生活会后，总部机关和各单位按集团的要求积极整改，使企业定位和发展方向更加清晰。中海工业确立了新的发展思路，即修船业的重心从中海工业逐步向中海长兴转移，以修造船、改装和海洋工程作为全产业战略定位。总部机关和各单位以建设世界一流航运企业为目标，积极推进“一流企业、一流员工”素质工程建设，研究制定本单位的“十一五”人才发展规划，努力打造一支由企业领导人才、高级经营管理人才和高技能人才构成的一流人才队伍。中海投资在开展先进性教育活动期间，正值集装箱制造业务开拓发展的关键时刻，公司党员们通过先进性教育，大大激发了工作热情，发挥了党员的先锋模范作用；中海投资控股的东方国际集装箱（连云港）有限公司自 2005 年 2 月 26 日破土动工到 8 月 16 日正式开工出箱，只用了短短五个月的时间建成投产；在项目取得巨大成功的背后，凝聚了中海投资全体党员和职工的智慧、汗水和心血。在公司领导的带动下，每个党员都吃苦在前、尽心尽责，做到了“困难面前有党员，党员面前无困难”，充分展示了党员的风采，体现了保持共产党员先进性教育的成果。

第九节　积极履行社会责任

中国海运集团在努力拓展市场、提高竞争能力与经济效益的同时，还积极履行社会责任，发挥“铁肩担道义”的央企作用，弘扬奉献精神，为确保国家经济安全提供坚实保障，为社会公益事业做出贡献。

一、确保煤电运输

集团坚持以服务国民经济为己任，牢固树立国有骨干企业的政治意识、大局意识和责任意识，在国家需要的关键时刻，挺身而出，勇挑重担，采取积极有效措施，确保煤电油运生产正常有序，发挥了国家经济安全保障作用，受到了社会各界赞誉。集团每年固定投入 300 多万吨沿海电煤运力，必要时还从远洋市场抽回运力支援沿海电煤运输，最多时抽回远洋运力达 100 多万吨。与此同时，集团通过老旧船及单壳油轮改造为煤船，增加煤炭运力；坚持稳定的电煤合同运价，合同兑现率超过 100%；加强运行组织和指挥，确保电厂和重点用户需要。2003 年上半年沿海原油驳运紧张，及时抽调 8 艘远洋油轮投入沿海中转，确保了炼油厂需要。

2003 年 4 月，中海货运提前启动的发电用煤炭运输供应“迎峰度夏”工作，按惯例本该到 9 月底便可告一段落，但直到 10 月以后，各大电厂耗煤量不减反增。由于中国经济快速增长，电力需求旺盛；加之部分地区严重干旱，造成水电减少，用电量全部压到火

力发电上。与此同时，国家又关闭大批事故不断的小煤矿以及整顿乡镇煤矿，加上国际海运运价上涨，促使日、韩由以往用澳洲煤转为从中国进口煤炭，内销煤源日渐紧张；另一方面，北方的强劲冷空气、大风造成黄骅港航道回淤严重，京唐港严格限制船舶进出港水尺[①]，对船舶效率造成极大影响，大量船舶积压到秦皇岛、天津等货、等泊。如此一来，导致大部分电厂煤炭库存下降到了警戒线以下，发电用煤难以为继，各大电厂纷纷告急。中海货运承运煤炭的 23 个主力发电厂中有 21 个电厂煤炭库存下降到了警戒线以下，部分电厂存煤仅够用一两天。电厂一旦断煤停产，将对国家经济建设和人民群众的生活造成严重影响。

对此，国务院及各级政府主管部门给予高度重视，先后多次召开专项会议协调、部署，向相关部门和企业单位发出“保障电力、冶金生产用煤炭供应”的指示。据此，李克麟总裁在 2003 年 12 月 5 日集团生产调度会上强调，中海集团作为国有大型航运企业，有义务承担事关国计民生的重任。为此，集团迅速成立了以徐祖远副总裁为组长的煤炭运输工作领导小组，明确指示中海货运要全力保障煤炭运输，并提出了具体要求。

中海货运作为中国沿海最大的散货运输船队，在国计民生的紧要关头打响了保煤战役，迅速实施了保障煤炭运输的一系列具体措施，全力以赴，确保电煤供应；跟踪各大电厂的存耗煤情况，重点确保库存量在 5 天以下的用户，力保其发电安全；加大疏港力度，加快船舶周转，组织人员进行现场疏港，疏港小组长期驻在北方各港口；科学调度运力，避免船舶等泊；加大运力投入，从讲政治的高度，牺牲远洋外贸高运价高效益航线，抽调部分远洋运力参与国内电煤运输；加强信息沟通，每周两次向有关单位通报船舶在北方三大煤炭装港等泊的情况，以便共同抓好煤炭供应各个环节的工作。从总经理到普通船员，中海货运员工共同的心声是：尽最大努力保障煤炭运输，不负政府和人民的重托。

2003 年四季度，外贸航运市场一片繁荣；国庆节前后 BDI 指数暴涨到 4000 多点，2004 年更是攀升到 5000 多点。如果中海货运把大部分适航船舶放到外贸航线去，公司将会赢得十分可观的效益。中海货运的“肥大型”船随意做一个国际货盘，每天都能有 18000 美元的收入，而跑国内则只有 8000 美元。但在国内电煤告急的紧要关头，作为国有企业，中海货运毅然承担起社会责任。为加大煤炭运输的运力投入，公司放弃了利润诱人的外贸业务，把运力调回国内抢运煤炭。这充分体现了国有大型骨干企业的社会责任感，体现了广大干部职工顾全大局的政治觉悟和奉献精神。

据统计，中海货运投入国内煤炭运输的运力，从 2003 年初的 160 万吨增加到年底的 250 万吨，共增加 90 万吨，相当于增加了 20 艘 4.3 万吨级的运煤船舶。广大船员着眼于国家利益大局，夜以继日，不辞辛苦，顽强拼搏，无私奉献，努力完成运煤任务。中海货运各级管理人员，对不惜代价抢运煤炭的认识高度一致，工作上更是脚踏实地，一丝不苟。

① 水尺计重是衡器计重的海运散装固态商品的计重的一种计量标准。对承运的船舶通过观测船舶吃水，求得船舶的实际排水量和船用物料重量，以计算所载货物的重量。具有省时、省力、省费用的优点，为国际贸易和运输部门所乐于采用。

为解决船舶压港、运力浪费等问题，中海货运的各驻港工作组人员日夜奔忙，积极疏港，工作组成员甚至记不清公休日是哪天。为保证船舶在繁忙的运输生产中安全无事故，各船工部的主管们几乎都是船到人到，具体细致地指导船舶的日常管理和设备保养维修工作，及时为船舶提供各种岸基支持。为最大限度提高效率，多装快跑抢运煤炭，船员们坚守岗位忘我工作，到港后放弃下地的机会，甚至船回到船籍港也没时间回家看看。一次又一次调整航线和靠泊计划，大大增加了船员们的工作量和工作难度，但大家埋头苦干，没有怨言。

在“全国青年文明号”“摩星岭”轮上，一位船员刚结婚才 15 天，便接到调令上了船。该轮投入到华东煤炭运输中，一跑就是好几个月没回广州。尽管这位船员一直牵挂新婚妻子，但他以大局为重，踏实工作，坚持站好每一班岗，做好每一项工作，全力投入煤炭运输工作中。

中海货运领导班子认真落实上级指令，精心组织，科学调度，把电煤运输作为头等大事认真抓好。在每天的生产交班会上，检查前一天煤炭运输工作情况，及时协调解决存在的问题，布置当日煤炭运输重点工作任务。

针对当时国内港口通过能力不适应运输需求的情况，公司研究提出了“排位调整”的船舶装港调度办法，有效地减少了因船舶在港等靠、等货时间过长而造成的运力浪费。据统计，2003 年四季度在国内几大煤炭下水港口，中海货运的船舶排队等靠等装，每天浪费运力达 43 万吨。经与各大港口协商达成共识，采取“排位调整”办法后，运力浪费情况大大缓解。

在黄骅港航道严重回淤的情况下，船舶不能满载出港。鉴于此，只能半载离港，到其他港口加载；但航运企业无疑要付出效益下降、损耗增加的代价，且进一步加大了船舶安全航行的压力。但为了抢时间拉高电厂煤炭库存，中海货运努力克服这些不利因素，在确保安全的前提下，把抢运电煤作为第一要务。

航运生产调度部门在加强对电厂每日存、耗煤的跟踪，掌握实际数据的基础上，把煤炭库存 5 天以下的电厂作为重点保障目标，及时调整运力给予补充。如珠海发电厂出现燃煤紧张，上海焦化厂因断煤即将停产民用生活燃气，漳州后石电厂只剩下 2 天煤炭库存，广州钢铁厂因焦煤运不来而即将面临高炉熄火停产困境。面对上述种种告急，中海货运都能及时抽调运力，在紧要关头一一化解了用户的燃眉之急。

抢运煤炭任务虽然繁重，但中海货运广大干部职工坚持任务越重越不能出事故，树立安全第一理念，在紧张的煤运工作中，仍认真贯彻公司“管理标准上移，工作重心下移，预控关口前移”的指导思想，积极响应公司号召，坚持加强学习和执行 SMS 体系，开展“冬季百日安全无事故”活动。尽管航运业遇上的是多年未有的“卖方市场”好年景，但中海货运领导班子仍强调并要求职工坚持服务承诺，确保货运质量，做到“标准不降，服务不减，态度不变”。

一场十万火急的煤电告急安然度过。在集团特别是中海货运广大干部职工的共同努力下，所有由中海货运负责承运煤炭的电力、冶金生产单位均未发生断煤停产事故。凭借强烈的社会责任感和强有力的组织运营，广大干部职工全力以赴，抓紧工作，确保了国民经济的正常运行和人民群众的正常生活。

2000—2005 年这 6 年来，中国海运集团以中海货运公司为主体，累计承运电厂煤 4.43 亿吨，其中沿海运量累计达 4.41 亿吨（表 1–18）。

中国海运煤炭运量及电厂煤运量统计（2000—2005 年）　　表 1–18

年份（年）	煤炭运输总量（万吨）			电厂煤运输总量（万吨）		
	合计	国内	国外	合计	国内	国外
2000	6528.77	6245.70	283.07	5512.22	5512.49	0
2001	6989.76	6648.91	340.84	5698.13	5691.48	6.65
2002	8155.05	7728.87	426.18	6573.65	6528.43	45.22
2003	9293.50	8657.79	635.72	7695.12	7630.55	64.57
2004	10870.43	10302.06	568.37	9263.08	9229.57	33.52
2005	11573.91	10989.04	584.87	9553.55	9515.53	38.01

二、帮困扶贫奉献爱心

集团党政领导高度重视帮扶工作，在推进改革发展的同时，坚持让企业发展成果惠及全体员工，定期召开专题会议研究和完善帮扶政策，如坚持每年三大节日向离退休及内退待岗、工伤劳保人员发放慰问金、慰问品。

集团坚持抓好矛盾纠纷动态排查和信访积案化解工作，多措并举解决维稳信访突出问题。经人力资源和社会保障部协调，在集团和集团有关职能部门的帮助下，广州海运解决了 1006 名广州地区在 1998 年 8 月底以前与企业解除劳动关系人员的养老保险关系接管和办理退休手续问题；上海海运、大连海运、中海国际、中海工业、中海国贸、中海电信等单位在维护企业稳定方面做了大量细致工作，在关心广大职工、提高福利水平、化解矛盾、履行社会帮扶责任的同时，体现以人为本理念，为集团全面协调可持续发展创造更好的环境。

集团还着力解决就业与再就业问题，做好根本性帮扶。帮扶不仅仅是发钱发物，更重要的是让职工活得有尊严、更自信、能自立。为此，中国海运把再就业培训作为帮扶的强有力的抓手，一大批因为装备淘汰和产业转移失去原有岗位的客轮及老旧船的船员、乘警、电报员，经过培训，提高技能后重新上岗，在大型现代化船舶上继续发挥作用。对年龄偏大、文化水平较低、劳动技能单一的下岗待岗困难职工，则将“输血”和“造血”相结合，各级工会先后举办各种维修、电子技术、理货装卸、房产经纪、保安服务等职业培训班，组织用人单位现场招工等，帮助数千名职工再次走上工作岗位，从源头上解决困难职工的帮扶问题。

集团强调，在结构调整、资产重组、转型发展等重大改革举措出台之前，在企业重组方案中要优先考虑职工安置问题，需将方案提交职代会，确保审议通过后实施。各级工会坚持“冬送温暖、夏送清凉、金秋助学”，坚持以现金救济与实物救济相结合，日常帮扶与定向、定额、定期帮扶相结合，组织救济与职工互助互济相结合，实现帮扶工作的常态化、长效化，最大限度减轻改革对职工的影响，为企业平稳健康发展起到了“减震”“润滑”和“平衡”作用。

“只要人人都献出一点爱，世界将变成美好的人间”。自 2000 年以来，中国海运集团坚持开展“一日捐献爱心”活动。据不完全统计，2003 年 1 月，集团各级工会纷纷组织开展了“捐出一天工资，献出一份爱心”的“一日捐”活动，有 10148 名干部职工参加，共捐款 330664 元。2004 年，集团内仅上海地区共有 10889 人参加了“一日捐”活动，合计捐款人民币 346945 元。所得捐款主要用于建立和扩大各基层工会的帮困基金以及开展职工互助互济活动。

2003 年，上海中燃船舶燃料有限公司对低收入、患重病、经济负担重等特困家庭进行多次摸底了解，积极组织慰问困难职工活动，在全公司范围开展了“一日捐献爱心”活动。715 名员工慷慨解囊，捐款 13925 元。公司工会还在“帮困基金”中拨专款购买慰问特困家庭的生活用品，确保“送温暖、献爱心”活动资金和物资落到实处。该公司属下的海滨油库是基层困难户较多的单位，油库领导非常重视送温暖工作，对困难家庭逐一进行慰问。

2005 年，中海船务各级党组织结合实际情况，积极开展扶贫帮困献爱心活动。6 月底，华南地区遭受洪水灾害，当地群众财产损失严重。属下的福州中海船务党支部（管理范围包括厦门、泉州、漳州地区）立即组织党员行动起来，发起救灾募捐活动。属下的大连中海船务党支部结合党员先进性教育活动，积极开展扶贫帮困活动，他们与大连海运困难职工结成了帮扶对子。属下的青岛中海船务党支部结合实际，开展“助学扶贫一日捐”活动；该支部每名党员捐出一天的工资，帮助病退职工子女入学。属下的日照中海船务党支部把组织党员到敬老院慰问老人作为一项联系群众、服务群众的实践活动；7 月 29 日，该支部全体党员带着防暑降温用品来到日照市石臼敬老院，慰问孤寡、病残老人，送上了对老人们的一片关爱之情。属下的南方片区党总支所属 4 个党支部开展了捐资帮扶活动；7 月，他们与广西防城港市有关部门达成意向，以党员捐款名义捐助 5 万元，支援广西少数民族干部培训基地建设。

中海供贸公司广州地区干部职工积极响应广州市残疾人福利基金会关于进行“助残爱心卡募捐活动”的倡议，组织职工进行捐款活动。5 月 21 日是“全国助残日”，为了唤起更多的人们关爱残疾人，推进残疾人事业的发展，使更多的残疾人可以得到治疗、训练和康复，公司广州地区干部职工于 2000 年当日，积极参加助残募捐活动，有 753 人参加了捐款活动，共收到捐款约 7000 多元，受到广州市残疾人福利中心的好评，并在残疾人康复中心铭刻功德碑文永久纪念，在募捐活动晚会上得到鸣谢。

2003 年，集团响应党中央、国务院号召，全力以赴，严密部署，取得抗“非典”斗争全面胜利，集团职工无一人被感染。同年 5 月 14 日，集团捐赠 800 万元，另有职工个人捐款 82 万元，积极支援上海和全国的抗“非典”斗争。12 月 29 日，集团又向上海市慈善基金会捐赠 100 万元，积极为上海的安老扶幼、助学济困出力。

帮困助学，是中国海运集团“帮困扶贫奉献爱心”活动的重要内容。自 20 世纪 80 年代以来，原上海海运集团工会每年都对困难职工子女上学进行经济补助，并赠送书包等文具用品。中国海运集团成立后，传承了这一做法。2005 年，集团总部工会帮困助学学生共 103 名，其中大学生 63 人、高中生 28 人、初中 8 人、小学 4 人。除集团总部工会补助以外，各基层单位的工会组织还对所在地的困难职工子女进行帮困助学。据不完全统计，2005 年，集团上海地区（包括集团总部）共帮助了 1387 人次，金额 565650 元；广州地区 113 人次，84300 元；大连地区 17 人次，8400 元。全集团总计 1517 人次，658350 元。

广州海运团委自 1997 年以来坚持开展“身边希望工程”，该项活动是广州海运青年职工针对部分职工子弟由于家庭困难而不能完成九年义务教育而进行的。1997—2000 年，共资助 35 人次。2000 年 6 月 6 日，公司属下的城安围船厂团委发出积极参与“身边希望工程”捐款的倡议，厂属各团支部积极响应，200 多名青年职工参与了捐献活动，以实际行动表达了城安围船厂青年职工的爱心。

2001 年 11 月上旬，集团捐资 20 万元人民币在河南省洛阳市嵩县建成两座交通希望学校，帮助千余名贫困地区的孩子实现了入校读书的愿望。

2004 年 3 月 19 日，中海结算中心启动了青年阳光助学活动。本次活动以“爱与阳光”为主题，帮困对象为因家庭经济困难而需要帮助的学生。在活动中，中海结算中心与帮困学生建立一对一长期助学关系，由中心全体团员青年自愿筹集助学基金，帮助其顺利完成学业。第一位帮扶对象是中海工业鸿滨公司一位困难职工的 12 岁儿子。除了经济上的支持，中心的青年职工还对助学学生给予学习上的指导和生活上的关怀，从精神上、心理上关心他们的成长。通过此次阳光行动，结算中心青年们帮助困难家庭缓解了经济压力，进一步唤起了社会上更多人的爱心，弘扬了助人为乐的良好风尚。

2005 年 8 月，中海船务公司工会将总部机关和华东片区全体党员的 1 万元捐款助送到上海海事职业技术学院，以帮助该学院贫困学子完成学业。

三、关心离退休职工

中国海运充分发挥地区海运局的职能，努力加强服务、共享改革发展成果，确保事关大局的老干部各项政策全部落实。为丰富老干部的精神生活，集团积极开展各项体现老干部特点、适合老干部参加的活动，把提高活动质量同丰富活动内容结合起来，创新活动形式和方法，吸引更多的离退休老干部参加。

上海海运集团老干部工作处积极组织各离休党支部同公司各单位团支部开展“忘年交”结对活动，发挥老干部的政治优势，勉励团员青年加强学习，做有思路、肯干事、会干事、干成事的青年一代。部分党支部还同街道、居委会和学校联系挂钩，以“老少牵手、共建和谐”为主题，围绕中华民族的传统美德和社会主义价值观，开展爱国主义革命传统教育，在关爱青少年健康成长的同时，发挥老干部的独特优势。在离退休干部家庭中开展“和睦文明家庭”和“好子女”评选活动，组织和鼓励老干部参加市级机关和市老干部局举办的征文、书画、摄影、歌咏、参观等系列活动，展示老干部新时期的新形象和新风采。

广州海运集团充分发挥离退休人员服务中心作用，以“安全、就近、小型、多样、灵活、健康”原则为前提，在公园和宿舍区建立老年健身活动网点，邀请有专长的离退休人员担任辅导员，带动宿舍区的离退休人员开展健身活动，展现老同志良好的精神风貌，成为社区活动一道亮丽的风景。公司每年在各个宿舍区开展深受老同志喜爱的投篮、足球射门、持乒乓球竞走、飞镖等趣味体育活动，适时举办书画、棋类、球类、体育舞蹈、太极拳、游园会、舞会等各类文化活动及比赛，举办老年保健、常见病防治等各种专题讲座，从1999年起每年举办“金婚纪念”活动，为“金婚”离退休职工颁发纪念证书、赠送吉祥物。公司还在老干部活动中心为有兴趣爱好的离退休人员举办“个人情趣展”；从2002年起开办了老年大学，使之成为老同志求知、求乐、求健康的乐园，老同志高兴地说：“在这里，我们圆了年轻时的梦。”

广州海运离退休中心鼓励引导老同志把本人志趣与社会需求相结合，建立了一支政治素质好、能力强、热情高的“广州海运关心下一代工作委员会”（简称“关工委”）队伍，为老同志发挥余热提供平台。中心组织关工委的老同志到中海广州地区各单位参观生产现场、了解企业发展的情况，为企业的改革发展出谋划策、奉献余热。组织关工委成员为新进企业的青年员工讲述企业艰苦创业的发展史和老一辈海运人的光荣传统，激励青年成长成才；担任海运技校校外辅导员，开办网络“家长学校”，编印《引领成长》一书，举办社区家庭教育讲座；与青年团组织携手开展“大手拉小手”结对活动，举办座谈会、报告会、学习会，举办“夕阳舞青春，结对唱和谐”文艺演出、赠书等活动。“十五”时期，广州海运离退休中心先后被评为“广东省文明单位”“广东省老龄工作先进集体”“广东省直属机关精神文明创建活动先进单位”“中国海运老干部工作先进集体”。广州海运离退休中心工会还荣获“广东省模范职工之家”称号。

四、海上救险彰显人道主义精神

集团组建以来，中海属下船舶在茫茫大海和狂风巨浪中全力抢救遇难船舶和遇险船员，保护了企业与社会财产，挽回了一个个生命。通过履行社会责任，发扬了人道主义精神，提升了企业品牌形象，增强了企业竞争力，也增强了船岸干部职工的凝聚力和自豪感。

1998年5月10日，受北方冷气流影响，黄海海面风浪激增，东北风达9级，浪高6米。一艘名为“浙普08088”的600吨级货轮满载590吨大理石航行至黄海东部（北纬33度20分、东经122度33分），由于船小超载，难抗风浪，大舱进水，船在海中摇摇欲坠。中海货运的“振奋2”轮上午9时30分收到求救信号时，距小船50多海里；该轮当即掉头，顶着狂风巨浪向小船靠近，指导小船放救生筏以及封舱自救，大船则放下安全网，以便小船船员迅速爬网求生。小船在大船掩护下继续南驶，拼尽全力坚持航行。至16时10分风力减弱，小船整理封舱逐渐恢复。19时08分小船开始可以正常行驶，“振奋2”轮仍继续护航至11日凌晨6时9分，直至小船到达锚地才离开。

在“浙普”小船遇险的同时，另一场救助也在紧张进行。遇险的是浙江岱山高亭海运公司所属一艘满载卷钢、不足千吨级的小船“浙舟503号”，位置在黄海南部（北纬33度10分、东经122度36分7秒）。“浙舟”与“浙普”的遭遇相似，发出的求救信号被中海货运的“宁安9”轮接收。该轮当即掉头回救，迅速赶到现场。11日凌晨4时45分将“浙舟503号”平安护航至长江口锚地。此次“浙普”“浙舟”两船若不及时遇救，后果不堪设想，“振奋2”号和“宁安9”号因此各损失24小时船期。在救助期间，两轮全体船员不计自身生产损失，心系小船安危，充分体现了中海人的人道主义精神。

1999 年 12 月 10 日早晨，一阵七八级的季节大风在南海海面掀起滔天巨浪。一艘海南儋州市海头镇港口编号为 311035 的渔船经受不住风浪袭击，于 10 时许沉没，船上 5 位渔民在寒冷的海水中挣扎。11 时 48 分，中海货运“红旗 123”轮从海南八所港装矿北上宝山钢铁厂，航行至北部湾海头港附近海面，值班三副突然发现右前方不远处有几位落水者在摇小旗求救。他当即向船长报告，并下令抛锚。12 时 08 分，该轮放左艇救人，经过近半个小时与风浪搏斗，船员们于 12 时 30 分将沉船上 5 位渔民全部救出并登上了“红旗 123”轮。与寒冷和风浪搏斗 2 个多小时的遇险者获救后，船员们纷纷取来衣服给他们更换，送上开水和热气腾腾的饭菜，令死里逃生的遇险渔民无比感动。

1999 年 12 月 16 日，“银杏”轮船员成功救起已沉没的巴拿马籍“海上紫罗兰”轮 17 名遇险外国船员。凌晨 1 时 30 分，巴拿马籍货船“海上紫罗兰”轮从巴布亚新几内亚运载 3000 吨原木驶往广州黄埔港，航行至汕头东南方向 50 海里的海域时遇见大风浪，突然发生船体倾斜，情况危急，被迫发出求救信号。此时，从天津开往欧洲途中的中海货运“银杏”轮接收到求救信号。随后，“银杏”轮立即调头前往救助。经过近 3 个小时的顶风行驶，于 4 时 30 分赶到出事海域并接近“海上紫罗兰”轮。当时风力大约 8 级，浪高 4—5 米，“海上紫罗兰”轮船体已倾斜 30 度左右。在这样的情况下，“银杏”轮被迫放弃使用梯子和安全网进行救助的做法，采取由本轮船员乘救生艇下海救助的措施。在当时风急浪高的恶劣条件下，要顺利将救生艇放下已不容易，而且救生艇要安全接近“海上紫罗兰”轮也存在巨大的风险。然而，“银杏”轮船员一心想着救人，不顾自己的安危。6 时 55 分，5 名船员以熟练协调的操作技能将救生艇放下海并迅速向遇难船舶驶去。8 时 45 分，“海上紫罗兰”轮 17 名船员全部被救上“银杏”轮。10 时 10 分，“海上紫罗兰”轮翻转沉没。轮 17 名获救的船员中有 2 名韩国人，15 名缅甸人。据被救上船的韩国籍船长说，该轮是一艘 19 年船龄的老旧船，由于船载过重，又遇上南中国海冬季大风，致使船壳板破裂进水，已在海上颠簸 4 天了。韩国籍船长说，船沉了很难过，但每个船员都能平安活下来已算万幸，由此非常感谢“银杏”轮船员的救助和很好的照顾。

2000 年 2 月 28 日，中海集运“向松”轮在琼州海峡风浪中救起 3 名翻船落水多日的遇险船员。当时，这 3 人已在海里漂流了几天几夜，几乎失去了求生的信心。当日上午，“向松”轮从防城开往湛江，当时海面上刮着五六级东北风。由于阴天，虽有 15 摄氏度，但海风依旧刺骨，寒意阵阵。当船行驶到琼州海峡北水道 4 号浮区至 2 号浮区时，值班三副突然发现右前方两三海里外有一艘船底朝天的红色小船，船上有 3 人正在朝“向松”轮频频招手求救。该轮立即减速向遇险小船靠拢，并抛出了救生圈。等遇险者套好以后，大家拉的拉，拖的拖。8 时 57 分，第一人被救上船，即刻被安排到船员房间恢复体力。8 时 59 分，第二人也被救上船。这时小船由于受到风浪的影响，又开始向远处漂移，情况非常危急。10 分钟后“向松”轮再次靠近小船，使第三人也抓到了救生圈，大家用尽全力，将他救上船。为了恢复落水者的体力，船员们赶忙为他们脱去湿漉漉的衣服，帮他们擦干身体，并用毛毯和棉被把他们裹住。等他们体力稍好些，大厨又送来了红糖姜茶和粥，让他们祛寒解渴。据了解，三位渔民已经漂流了 7 天。漂流中，虽然曾遇到不少大小船舶，但因风大浪高，都没能予以施救。在几天几夜的漂流中，他们已失去了活下去的信心。他们说，碰到“向松”轮前，他们已准备跳海，不想活了下来。16 时 30 分，“向松”轮抵湛江港，广东省搜救中心、湛江港监的同志上船接人。17 时，3 位遇险者离船去医院治疗。他们面对“向松”轮船员连连鞠躬，止不住热泪盈眶，感谢救命之恩。

2002 年 6 月 18 日，中海油运“大庆 47”轮装载 1 万吨燃料油从大连新港开出。5 时 50 分，驶至黄海北部海面，驾驶台值班人员通过望远镜发现前方 1.5 海里处有一艘船的艉楼正冒着滚滚浓烟，生活区外墙已烧得面目全非。驶近难船 1 海里处，看到难船上船员手摇旗帜求助。于是，全体船员立即出动，或冲上驾驶台，或跑下机舱间，或涌到艇甲板，仅仅一分钟时间，训练有素的船员们就按照救生应急部署的要求各就各位。6 时 07 分，2 号救生艇迅速放至水面。6 时 30 分，救生艇回到距难船 0.4 海里的“大庆 47”轮，带回了难船船长和一名伤员。惊魂未定的船长告知，这艘船名为“BUKHTANAGAEVA”，是韩国籍杂货船；此次空载从日本开出到中国石岛装冻鱼，船上共有船员 20 名，高级船员是韩国人，中普船员是印度尼西亚人。该轮凌晨 2 点左右船员房间突然失火，蔓延至机舱，电源被烧毁，所有通信设备还没来得及发海上求救信号就被大火吞噬，船也失去动力，船舶已无法自行施救。8 时 40 分，一直在大船旁待命的救生艇带着鸡蛋、饼干、矿泉水等，第二次驶向难船，给还在难船上等候消息的另外 18 名船员送去食物和他们船长的指令。9 时，救生艇带回难船的电报员。难船电报员报告：灾情还在进一步恶化，请韩国船长早作决断。9 时 04 分，韩国船长同其公司联系后决定弃船。此时，正在黄海海区巡航的“海巡 071”海巡船接成山角船舶交通管理中心指示赶到海难现场，将所有难船船员救到“海巡 071”海巡船上。

2005 年 10 月 29 日凌晨，中海集运的“新锦州”轮在连云港港受载完毕起航开往天津港。值班大副在雷达显示屏上突然观察到一个静止的光点，立即引起高度警觉，在驶近目标后，用望远镜辅助瞭望，发现是一条即将沉没的渔船，渔船上有明显火光在晃动，确认有人在求救，而且明显看到渔船倾覆达 90 度，大部分船体已经沉入水中，遇险船员拥挤在狭小的、尚露在海面的一小块船体上，拼命挥舞着救生圈、旗帜、随身的衣物求救，情况十分危急。时间就是生命。该轮船员与时间赛跑，迅速放下救生艇，发动艇机。救生艇在大副的操纵下急切地向遇难船驶去。 此时，遇险渔民已经历了近 4 个小时死亡威胁，当他们看到桔红色救生艇向他们驶来，激动万分。10 分钟后，8 位遇险船员全部登上了“新锦州”轮。据了解，该渔船船名为“鲁崂渔 0317 号”。成功施救后，“新锦州”轮则按照海事部门的要求改驶青岛港。

2005 年 10 月 29 日晚，中海货运“宁安 15”轮从青岛装矿石至秦皇岛。22 时 45 分，该轮三副发现左前方有船舶发出求救火焰信号，同时用雷达搜索难船位置。22 时 50 分，该轮接到船舶交通管理中心通知，得知遇难船为“沧龙”号，因机舱进水，失去动力，正快速下沉。此时，“宁安 15”轮距难船 4.5 海里。该轮全速驶向难船。不到 2 分钟，全体船员穿戴好救生衣并携带好救生工具、照明灯具、对讲机等在左侧艇甲板集合待命，并做好放艇的各项准备工作。23 时 20 分，该轮距难船只有 0.7 海里时，便开启全部照明灯，船员用高频电话与难船联系。因遇难船已无电力，无法联系上，只能看见零星手电光亮。当时海上风浪较大，气温又低，如果放艇靠近遇难船施救，难度很大。焦急之中，驾驶员发现附近有条较大渔船“1904 号”，船长立即通知大副用扩音器与其联系，问其能否协助前往救助遇难人员。“1904 号”渔船回答没有救助经验。船长遂与其协商，由“宁安 15”轮派遣人员登上渔船，指挥实施救助。23 时 45 分，大副带领 6 名船员沿软梯登上渔船驶往遇险地点。风大浪急，渔船多次尝试靠近“沧龙”号，都未成功。23 时 55 分，两船终于靠拢，在大副的指挥下，一场紧张有序的海上救援战开始了。“宁安 15”轮船员在船舶摇晃剧烈、施救困难的情况下，不顾个人安危，顶着寒风，把“沧龙”号船员 11 人全部安全转移上船，无人员伤亡。次日凌晨零时 18 分，遇险船人员全部登上“宁安 15”轮。该轮政委拿来事先准备好的御寒衣物和热姜汤送给难船人员，并安抚他们的情绪。1 时 17 分，“宁安 15”轮在锚地抛锚，海事局船舶海特“0401”轮靠上该轮，船长和政委率全体船员到甲板将“沧龙”号 11 名船员安全移交给海特“0401”轮。临别之际，“沧龙”号船员眼含热泪，纷纷与该轮船员握手作揖表达万分感激之情，并连连发出感叹：中海船员的素质就是好。

第十节 结　语

一、主要业绩和亮点

（一）“世界一流”目标导向下综合实力跨上新台阶

在这一时期，中国海运集团确立了“建设世界一流航运企业”战略目标。在这一目标的激励和导向下，集团的综合实力由弱到强，国际化竞争力日益提升。2005 年末集团总资产规模达到 564.1 亿元，净资产 265.6 亿元，比 1997 年分别增长 2.6 倍和 3.4 倍；国有资产实现了较高的保值增值率；这一时期的资产负债率基本维持在合理的范围，2005 年末资产负债率为 46.7%。资产结构和资金状况不断优化和保持良好状态，资产质量不断得到提高，核心竞争能力不断增强，营业收入和实现利税始终保持了快速增长和较高水平。“十五”期间，营业收入和实现利税累计完成 1570 亿元和 188 亿元，可持续发展能力大大增强，集团良好的经营业绩受到了国资委特别嘉奖。

（二）集装箱船队发展取得骄人成绩

自集团组建初期，集团凭着“有条件要上、没有条件创造条件也要上”的执着精神，通过改、造、买、租等多种方式，大力发展集装箱船队，并把经营能力建设锁定在“国际大舞台”，把目标定位为“世界一流集装箱班轮公司”，还建立了一个覆盖全球主要贸易区的航线国际化网络。按照这一战略定位的指向，经过 8 年的不懈努力和艰苦奋斗，中国海运集团的集装箱船队实现了跨越式发展。到 2005 年底，集团拥有集装箱船舶 142 艘，总运力 34.8 万 TEU，在国际班轮公司运力排名中列居第 6 位。与此同时，中海集运在资本运作方面也实现重要突破与进展：2004 年 6 月在香港 H 股上市，增强了发展后劲，扩大了品牌影响力。

（三）运输能力和支持保障能力不断增强

1997—2005 年，中国海运的货运量保持稳步增长，年均增长率为 6.9%。1997 年完成货运量 1.44 亿吨、货物周转量 1918 亿吨海里；2005 完成货运量 2.46 亿吨、货物周转量 5164 亿吨海里；分别增加 1.71 倍和 2.68 倍。截至 2005 年底，集装箱运量达到 584.6 万 TEU；煤炭运量 1.16 亿吨，其中电厂煤 82.5%；石油运量达到 6520.6 万吨，一程原油进口运量不断增大。集团在国民经济中发挥了重要的支持保障作用，多次受到国家和社会有关方面的充分肯定。

（四）航运相关产业结构不断优化

“十五”时期，码头业发展加快，洋山二期、南沙一期码头合资项目签约，连云港、锦州、天津港等新建合资码头建成投产，积极推进沿海和境外重点枢纽港码头合作项目，2005 年完成吞吐箱量 320.7 万 TEU，收入 20.24 亿元，盈利 1.23 亿元。连云港集装箱物流工业园区开始前期建设，连云港箱厂当年建成投产，制造干货箱 3.75 万个 TEU，产值 4.8 亿人民币，还签订了半挂车制造项目合资协议。中海工业积极推进中海长兴基地建设，拓展市场，产值和销售收入同比增长 15% 和 32.12%，盈利 1.02 亿元。中海燃供销售油品 285.46 万吨、收入 90.13 亿元，盈利 1.32 亿元。中海船舶代理超过 3 万艘次，集团外船舶 1.3 万艘次，收入 1.93 亿元，盈利 3988 万元。

（五）国际化经营能力不断增强

1997—2005 年间，中国海运集团不断加大境外产业发展，建立和完善全球化经营网络，“CHINA SHIPPING”以其“诚信四海、追求卓越”的风采，为祖国和人民赢得了荣誉，受到世人瞩目。到“十五”末，境外网络覆盖全球五大洲 86 个国家和地区，成立了香港、北美、欧洲、东南亚、西亚、韩国 6 个控股公司，下设 90 多家公司、代理、代表处，营销网点超过 300 多个；境外员工 2350 名，实现利润已占集团总利润的 50%，境外产业已成为集团全球化经营的重要基础和保证。

二、主要问题和短板

（一）在初创发展期，一些干部职工的思想观念还跟不上市场经济与国际化经营的发展需要，部分干部职工对市场经济运作方式还不适应，对国有企业改革重大意义缺乏深刻认识和正确理解，对集团的大局意识也没有完全树立起来。如何转变观念，适应社会主义市场经济的需要，适应集团的改革和发展，是初创期首先要解决的迫切问题。

（二）经济增长方式基本还是属于计划经济体制下的粗放型增长。集团内的市场经济运作机制和约束机制还不完善，发展质量总体上不够理想，船舶综合效率水平不高，资金利润率有待提升，部分企业亏损未从根本上得到扭转。

（三）安全基础还相对薄弱，安全事故及船舶在国外港口的滞留情况，时有发生；有的事故性质严重，损失金额较大；安全状况未能从根本上得到有效控制。一些单位在执行安全规章制度方面还存在“落实不下去，严不起来”的现象，安全检查和自查还不够严格。

（四）与世界一流航运企业比较，管理水平、管理理念和管理模式还有一定差距。特别是机关队伍总体素质距世界一流的要求，还有不小的差距；在船舶管理模式上，集团的管理理念和手段还需改进，业务水平还需要提高。

（五）在船队扩张、船型更新、船舶大型化速度加快的情况下，人才队伍特别是船员队伍的数量与质量问题凸显。最为突出的问题是大型船舶技术干部船员缺乏；而根据集团大型船舶建造计划，大型船舶船员队伍建设的任务还十分繁重；同时，船员队伍中水上专业大学毕业生向陆岸流失的现象也有加速趋势。

三、启示：“世界一流梦”乃企业发展之引擎

早在“九五”期末，中国海运集团就提出打造“世界具有重要影响力的企业集团”的战略目标。2004 年，又进一步提出“建设世界一流航运企业”。回过头来看，“九五”和“十五”时期的中国海运集团，无论在硬实力和软实力上，与世界一流企业都有很远的一段距离。当时，就曾有人怀疑，确立这样的目标是否有些高不可及，“世界一流”或许仅仅是个梦想。而站在 2004 年的时空交汇点向后看，中国海运用自身的发展实践证明，不怕做不到，就怕想不到；只要心中有梦想，心中有动力，就会不断前进。也正是当初以“世界一流梦”作为企业发展的引擎，才驱动中国海运在动荡变化的经济与市场环境中不断慨然前行，不断做强做优做大。

“十五”时期，中国海运已经深刻认识到，“国”字号企业要发展，就必须把目标锁定在世界一流企业标准上，因为这个世界已经全球化了，几乎任何行业、任何区域的竞争都将演变为国际化竞争，故只有世界一流才能生存得更好。在这一大趋势下的国际航运市场，给二流、三流船队和企业留下的空间已经越来越小。

走出国门，我们遇到的都是世界一流的竞争对手，他们是经过数十年、上百年国际航运市场竞争而成长起来的船队，是在最激烈的市场搏杀中打拼出来的企业；即使守在国门，在中国加入 WTO 与进一步开放的新形势下，我们也同样遇到世界级的对手，这将不再是中国船队依照国家政策洗下来的牌，而是世界一流船队依照国际市场规律洗下来的牌；即使想镇守一方，世界一流船队也会大举进入国门。市场优胜劣汰的规律告诉人们：要生存与发展就必须成为世界级和世界一流，我们别无选择。

如果不能做强做优做大，做不到世界一流，要想生存，也要纳入人家一流的产业链、供应链中，成为人家一流的某个环节，如同在中国境内为外国品牌做服装加工，出力最多的是你，但品牌是人家的，利润的大头也是人家的。

对于中国海运集团而言，要与世界一流为伍，首先要向一流学习，向竞争对手学习，以世界一流航运企业为标杆，通过目标升级，战略升级和愿景升级，使中国海运在更高层次、更新标准、更强实力上获得发展。企业只有不断超越自己原有的规模和实力，才能进一步激励员工，凝聚企业内部资源，以此提升综合竞争力。

建设世界一流的过程，既是自我提升的过程，也是更新观念、扩展视野、不断创新的过程。只有走出局限才能突破极限；只有打破组织上、管理上的封闭性，超越原有的观念

与经营管理模式，才能谋求新的发展空间；只有在世界级水平上利用最先进的管理理念、最好的技术、最优秀的人才和最低成本，才能与世界强手博弈和过招，才能以一个强者的形象保持持续的优势和长久的发展。

从“九五”时期确立“世界一流梦”，到后来一年接一年的圆梦行动，中国海运集团以不断深化的改革、不断增长的业绩、不断塑造的国际品牌，诠释了“发展是硬道理”这一发展理念，彰显了中海人以梦为马、心怀远方的宏伟志向。

第二章

协同发展期

（2006—2010）

第一节 概 述

一、外部经济与市场环境

（一）经济环境概述

2006—2010 年，全球经济经历了“冰火两重天”的剧烈动荡。而 2008 年发生的国际金融危机，则成为“两重天”的分界。2008 年以前，按照国际货币基金的统计，自 2002 年初摆脱新经济泡沫破灭带来的经济衰退而进入新一轮增长周期后，世界经济连续 5 年保持 4% 以上的增速，其中 2006 年达到 5.5%，2007 年达到 5.7%，2003—2007 年年均高达 4.9%，是 20 世纪 70 年代以来最为强劲的时期。2008 年，世界金融危机爆发。金融危机后，世界经济陷入严重下滑的困境，发达经济体经济持续疲弱，大多数新兴和发展中经济体的增长率也放慢到潜在增长率以下。全球经济呈现出低增长、低利率、低投资、低贸易、低物价的“五低”特征。

2008 年，面对全球金融危机，中国政府迅速调整经济政策，在“扩内需、保增长”作为首要原则的调控指导下，财政政策由“稳健”转向“积极”，货币政策由“从紧”转向“适度宽松”。2006—2010 年，是改革开放 30 年中国经济高速增长期的最后阶段。金融危机前的 2007 年，GDP 增长高达 14.2%；即使是金融危机影响最大的 2008 年、2009 年，其增长也依然分别达到 9.7% 和 8.7%。到 2010 年第二季度，中国按照美元计算的 GDP 总量首次超过日本，成为全球仅次于美国的第二大经济体。2007 年 10 月，中国共产党第十七次全国代表大会对深入贯彻落实科学发展观提出了明确要求。这一时期，中国经济成为全球经济增长的引领者，特别是国际金融危机后，中国经济引领了全球经济的复苏。

（二）国际航运市场概述

2006—2010 年间的国际航运市场走势与全球经济走势基本一致。不妨以 BDI 指数变化为代表，可大致看出航运市场的基本走势。有专家非常形象地将 BDI 走势图称为“笋图”，那些高低不齐的“笋尖”就是一次次市场旺季，而“十一五”期间几次市场旺季的主要拉动因素均来自中国。特别是 20 世纪初兴起的全国范围内的大规模基础建设，带动了原材料的进口，由此激发了 2003—2005 年的市场旺季。从 2006 年到 2008 年，BDI 指数继续保持高位，到 2008 年 5 月 20 日，更创下了 11793 的历史最高点，这是第二次世界大战以后出现的罕有的运力短缺年代，运价屡创新高，航运和造船业从以往人们眼中的夕阳产业此时则变成了一个仅次于房地产的高利润行业。金融危机后，随着全球经济下滑，市场出现了巨幅暴跌。然而，2010 年随着经济反弹，BDI 指数到年中又超越了 4000 点整数关口。人们以为市场恢复了原本的秩序，把指数大起大落归因于投机资本对 FFA 的炒作，认为实体市场供求关系并无恶化，尤其是 2008 年高峰过后，许多市场人士主观盼望新的高峰再现，进而继续大量建造新船。正是国际上许许多多的航运投资者、投机者误判了市场趋势，导致运力过剩越来越严重，这就为下一阶段即 2010 年以后长达 6—7 年的市场大萧条埋下了伏笔。

在中国政府出台的十大行业振兴规划中，船舶制造业振兴规划与中国航运企业的船队建设密切相关。其大致内容是围绕落实 2007 年出台的船舶制造业中长期计划，并针对 2008 年金融危机下船舶业亟待解决的问题展开。主要包括金融支持、淘汰老旧船政策、优化造船企业结构等；其中具体目标包括造船完工量占世界市场份额提高到 35% 以上、推进 2 家大型船舶集团成为世界一流大型造船企业等。船舶制造业振兴规划的实施，对中国大型航运企业的船队更新形成利好。

二、发展理念与发展特点

2006 年，中国海运集团提出了坚持科学发展观、建设百年中海的发展理念。“百年”不仅是一个时间概念，更是一种信念，一种价值追求，一种可持续发展理念。确立这样的发展理念，旨在建立一个推动企业不断发展的动力系统和导航系统；而将愿景植入组织内部，化为船岸职工的“逐梦”行动，使企业从单纯追求做大转向做强做优、做长做久，是中国海运集团此一时期坚持的战略重点。

这一时期，中国海运在“百年”愿景的激励和引导下，坚持打造做强、做优、做久的战略定力，实现了持续稳健发展。正是因为确立了“百年”愿景，打造了自觉克服短期行为、认准长期战略目标矢志不移的战略定力，中国海运集团才能在后期有效抵御国际金融危机带来的严重冲击，才能在国际航运市场剧烈动荡的环境中保持稳健发展。

这一时期的发展特点，可用快速发展、均衡发展、稳健发展“三个发展”来概括。

（一）快速发展

对于快速发展，可通过船队规模、总资产、年平均总收入和年平均利润数字的变化来说明。2006—2010 年的 5 年间，船队综合运力载重吨年均增长 10.67%，总资产年均增长 18.08%，均高于另两个时期的数字；而年均总收入和年均利润则分别为 646 亿元和 67 亿元，也均高于此前初创期的数字。2007 年，集团盈利 110.95 亿元，为中国海运集团整个发展史中最高。这一时期的快速增长得益于集团初创期的能量积累和外部市场环境的支持，同时更得益于集团的顶层设计和广大船岸员工的奋力拼搏。从集团三个发展时期主要经济指标变化的比较，可看出快速发展的发展特征，具体如表 2–1 所示。

中国海运集团主要经济指标（1997—2015 年）　　表 2–1

项　目	创建发展期（1997—2005 年）	协同发展期（2006—2010 年）	转型发展期（2011—2015 年）
船队年均增长率	7.66%	10.67%	9.78%
总资产年均增长率	12.45%	18.08%	9.73%
年平均收入	155 亿元	646 亿元	722 亿元
年平均利润总额	21 亿元	67 亿元	18 亿元

（二）均衡发展

如果说中国海运集团的初创期发展是“局部突破”（主要体现为举全集团之力发展集装箱运输），那么这一时期的发展特点就是强调“全面均衡”。这一时期恰好处于承前启后、继往开来的历史时期，既有对前期发展基础的传承和优势的接力，也有对过去短板的加强和问题的修正。如提出船队建设“三足鼎立”，由过去主要发展集装箱转为强调集、油、散三大船队同步发展；提出“船岸联动”，由过去集中发展海上运输业转为强调航运、陆岸产业协同发展等。1998 年，集团航运业收入占比为 82.6%；而在 2006—2010 年间，航运业收入占比降至 65%—75%，这意味着陆岸产业占比达到 30% 左右，其陆岸业务规模有了较大提升，船岸协同发展开始有所体现。

（三）稳健发展

如果说在 2006—2010 年间实现快速发展，既有企业的主观努力，也有市场形势的客观支持；那么，在这一时期实现稳健发展，则完全是企业主观上积极主动的追求。可以说，稳健，已成为一种战略风格，一种经营哲学。从提出“百年中海”的企业愿景，强调做优做久，强调发展的可持续性；到提出船队建设“三足鼎立”，强调不把鸡蛋放在一个篮子里，减少对集装箱的过度依赖；所有这些均体现出对“稳健”的追求。最为典型的是，在市场高峰时提出“大客户大合作”战略，实际是以市场繁荣时的“利益共享”换取市场低谷时“风险共担”，以实现企业稳定的业务和稳定的盈利。也正是这一时期对稳健发展的追求，才为后来应对国际金融危机与航运市场大萧条储备了抵御风险的能量，奠定了逆势发展的基础。

三、历年经济增长情况

在协同发展期（2006—2010 年），中国海运集团历年主要生产经营、财务状况、职工人数变化情况见表 2-2。

中国海运集团经济增长情况（2006—2010 年）　　表 2-2

年份（年）	船队		运量		资产		财务		职工
	船舶艘数	载重吨（万吨）	万吨	其中（万 TEU）	总资产（亿元）	净资产（亿元）	总收入（亿元）	利润总额（亿元）	全年平均（人）
2006	429	1557	32431	742	735.80	388.50	622.78	64.00	45740
2007	436	1768	37026	993	1092.86	617.26	763.32	110.95	45496
2008	440	1798	37349	1015	1126.79	681.15	748.62	90.56	45893
2009	442	2018	35549	963	1354.75	813.39	449.53	1.49	45549
2010	472	2346	39038	1044	1429.26	821.13	648.11	70.17	45030

第二节　确立企业愿景与可持续发展理念

一、“百年中海”企业愿景与可持续理念的提出

进入“十一五”发展阶段，中国海运集团站在一个新的起点上。回顾过去10年来的发展历程与取得的成绩，面对全球经济贸易以及航运业的新格局、新机遇、新挑战，中国海运如何保持继续前进动力，实现又好又快发展，这是一个亟待研究和解决的新课题。

在迈向“十一五”目标、实现企业可持续发展的道路上，中国海运还面临许多新的挑战：

一是全球经济一体化和全球贸易格局的新变化，给中国海运的国际化战略定位提出新的挑战。全球经济一体化从根本上加快了工业经济的发展进程，它在改变国与国的贸易形态、催生大批跨国公司的同时，也从海运需求、货物流向、运输组织、航线分布等方面改变了航运市场的结构。作为中央大型国有企业和以沿海运输为传统优势的航运集团，中国海运一方面需要承担国家煤电油运及有关国计民生的运输任务，另一方面还需要顺应全球经济一体化的大趋势和国际航运市场新变局，在完成从沿海向远洋扩展的基础上，进一步提高国际竞争力。

二是国际航运市场的周期特征发生了变化，给企业的持续性盈利能力提出了新的挑战。比较起来，以前的国际航运市场往往呈现周期长、波幅长的特点，但进入21世纪后，在全球经济一体化及信息化流动加速的影响下，市场周期逐渐变短，运价波动也愈加频繁；而如何把握市场机遇，增强航运企业的持续性盈利能力和抗风险能力，是中国海运需要解决的战略性问题。

三是国际航运业经营方式发生了新变化，给企业未来发展模式的选择与实施提出了新的挑战。国际航运业的竞争已经从航线竞争转向供应链的竞争，从海上运输价格战的“红海”转向航运上下游产业的“蓝海”，从即期市场与长期合同结合转向与大货主建立长期合作战略伙伴，从单纯拥有船舶运力转向船东、租船人、经纪人“三位一体”的经营模式，从传统的粗放式管理转向现代的精细化管理。这些变化，都需要中国海运以变应变，不断进行经营创新、管理创新和战略创新。

要实现又好又快和可持续发展，中国海运集团除需要面对外部挑战，还需要解决内部短板问题。例如，集团下属各单位企业虽然确立了可持续发展目标，但因执行力不到位往往使战略目标大打折扣；虽然有了比较长远的战略规划，但因领导任期制的机制往往使企业行为短期化，从而导致长远规划容易成为纸上谈兵；虽然为保证战略实施的有效性推行了各项激励措施及考核制度，但因员工缺乏共识与精神追求，最终依然导致战略实施打了折扣；虽然通过加大投资大大提高了企业硬件水平，但因软实力欠缺，企业依然没有进入顶级行列，等等。这一系列问题，皆因企业愿景与企业精神缺失制约了可持续发展的战略实施，因此，要解决这些新问题，不能就发展谈发展，就目标谈目标，而应该确立一种战略导向型的企业文化，使企业的愿景、价值观、行为准则与战略目标相和谐；应该从打造

企业愿景入手，通过愿景的引领作用，凝聚力量，明确方向，形成上下共识，增强执行力，从而为企业战略目标的有效实施和可持续发展提供保障。

在2006年年中集团经理书记会议上，集团正式提出了坚持科学发展观、建设百年中海的发展理念。李绍德总裁在工作报告中指出：中国海运的发展已经跨入了第十个年头，我们正在为建设世界一流航运企业而努力奋斗，这是需要我们为之代代传承、为之长期奋斗、为之忠诚奉献的宏伟事业。因此，我们提出坚持科学发展、建设“百年中海”的企业愿景和可持续发展理念。这既是中海人的共同心愿，也是中海人建设世界一流航运企业的必然追求；我们始终坚信，在科学发展观指引下，中国海运必将建设成为世界一流航运企业，必将成为充满朝气与活力、跻身于世界航运之林的百年企业。我们有信心，有决心，为建设“百年中海”做出我们这一代人的贡献。

二、确立“百年中海”愿景与可持续理念的积极意义

一是以企业愿景和可持续理念为发展动力。中国海运集团曾在2002年提出建设世界一流航运企业的战略目标，要实现这一宏伟目标，需要十几年乃至更长的时间，需要数任领导者和全体员工共同、长期努力，这就需要有一种不会衰竭、不肯满足的动力。而构筑企业愿景，就是在企业内部建立一个发展的动力系统。在战略目标追求上，确立了建设百年中海的愿景，可在追求做大的同时追求做强做久。有了清晰的愿景，能解决好短期目标与长期战略、年度考核目标与“十一五”规划目标的关系，可作为集团长期发展的动力。

二是以企业愿景和可持续理念鼓舞士气。集团总裁李绍德在“中国海运集团成立十周年纪念大会”讲话中强调：要努力把中国海运建设成为具有较强国际竞争优势的世界一流水平的航运企业。但是，与“世界一流”的目标比较，仍有很大的距离；从长远的可持续发展要求上看，仍处于创业阶段。中海人应是创业者、奋斗者、创新者，而不是享乐者、逍遥者；这需要舍得吃大苦、耐大劳，把艰苦奋斗当成战胜困难的助推器，把不断创新、迎接挑战当成实现科学发展的利器；需要发扬不畏艰难困苦的光荣传统，牢固树立为中国海运的可持续发展和百年基业的建立而长期艰苦奋斗的思想。为此，应在共同愿景和可持续理念的鼓舞下，形成不断创新、敢于挑战的进取精神，并将愿景和精神转化到组织的各个层面，化为企业战略目标、营销策略、管理流程、管理行为、制度建设等具体工作。

三是以企业愿景和可持续理念凝聚力量。中国海运的前身曾是几家以国内沿海运输为传统优势的航运企业。集团组建后，随着“走出去”战略的实施，外贸远洋业务不断扩大，细分市场越来越多，国际竞争力也显得越来越重要。然而，国际航运业不同于制造业和其他服务业，其市场波动非常剧烈，震荡的速度也非常之快。除此之外，中国海运要在国际市场上立足，还必须与国际老牌大型航运企业直面竞争，因此，必须摸清市场规律，为打造中国海运新优势凝聚力量。在市场竞争力上，确立了建设百年中海的愿景，能在愿景指向之下，通过形成共识，凝心聚力，在日益激烈、不断变化的国际国内航运市场环境中和强手如林的世界船队中，积极调整竞争策略，主动保持动态平衡，从而不断保持长期的竞争优势，不断创造新的竞争优势。

三、企业愿景与可持续理念下的战略管理

“十一五”期间，中国海运集团在“百年”愿景的激励和引导下，坚持打造做强、做优、做久的战略定力，坚持将“百年”的企业愿景转化为长期的战略目标，不断加强战略管理。在制定“十一五”发展规划中，始终贯彻做优做久、持续发展的理念。

集团“十一五”时期的基本发展战略是，坚持科学发展观，进一步做强做大主业，建设大型化、规模化、专业化、资产优质、结构合理、具有世界一流水平和核心竞争力的现代化船队；继续积极发展与主业相关的产业，形成依托和服务主业、产业结构合理、规模优势明显、经济效益显著的多元化产业体系；加强风险防范和管理，确保集团健康、持续、快速发展。

“十一五”时期的主要任务是“坚持一个目标、三个服务、四个着力于”：

“一个目标”：到2010年，集团基本建成更为完善的现代企业制度，成为国家30—50个重要骨干企业之一，努力成为具有较强国际竞争优势的世界一流水平的航运企业。

“三个服务”：按照国家对中央企业的总体要求，一是承担为国民经济建设、国家能源安全、重要物资运输服务，积极发挥国家安全、国计民生的运输保障作用。二是为客户服务，在服务中求得自身更好更快发展。三是为船舶、为基层、为群众服务，依靠广大干部职工构建和谐中海。

“四个着力于”：一是着力于坚持建立和完善现代企业制度建设；二是着力于经济结构调整，增强产业综合优势；三是着力于转变经济增长方式，把提高经济增长质量放在更加突出的位置；四是着力于坚持以人为本，正确处理改革、发展、稳定三者的关系。

规划着眼于发展的可持续性，制定出六项发展方针：

（一）增强航运主业优势的发展方针

航运主业是中国海运集团的生存之本，立足之基，优势之源，是中央企业所承载的责任与使命之体现，也是集团多元业务发展壮大所依赖之根基。在做强做大集装箱运输船队的同时，还要进一步加大油轮、干散货船队结构调整和发展步伐，加快从“拥有船队”向“拥有和控制船队并举”的方式转变，加快从“拥有控制企业资源配置”向“同时配置社会资源”的方式转变，逐步形成集运、油运、货运互为支持、优势明显、协同发展的格局，增强主业抗风险能力，实现从周期性波动发展向可持续稳定发展的转变，做到市场萧条时下滑比人家要少要慢，市场繁荣时增长得比人家要更好更快。

（二）水上和陆岸、境内和境外产业协同发展方针

在发展集、油、货等航运主业同时，陆岸产业的规模实力、经济比重、投资回报、支持能力仍要进一步发展和增强。继续加大陆岸、境外产业结构的改革、调整和发展，坚持“一业为主、多元发展”的方针，实现主业和相关产业的系统集成、上下游支持的产业链综合优势，增强对社会资源的配置能力，形成若干个与主业发展相适应的支柱产业，提升陆岸和境外产业在集团经济结构中的比重，实现水上和岸上、境内和境外互为支持、可持续发展的产业格局。

（三）生产经营、资本运作“双轮驱动”的发展方针

集团以从生产经营获取收益为主，逐步向生产经营和资本经营并重获取收益转变，通过把生产经营做强，把资本经营做优，努力实现“1+1>2”的整体效果和最佳效益。集团坚持以一手抓生产经营，一手抓资本运作，两手抓，两手都要硬；坚持“安全、规范、慎重、有效”的原则，严格执行国家政策和法规，严格资金管理，积极培育优质资产，通过资本运作，实现集团生产经营和资本运作的“双轮驱动”和持续稳步发展。

（四）与大货主长期联营合作的发展方针

坚持与大货主长期联营合作，已是国际上大集团、大公司首选的发展方针；抓住了20% 大客户，就能抓住 80% 的利润，就能最有效地规避市场波动风险，同时能够为企业拓展更大的市场空间和增强可持续发展能力。集团需在巩固提高原有联营合作水平基础上，坚持平等、互利、共赢和长远发展的原则，继续拓展新的联营合作领域和合作对象、合作项目，在联营合作中求得自身又好又快的发展。

（五）人才适度超前培养和储备的发展方针

一流企业人才是关键。在制订“十一五”发展规划的同时，集团就人才培养和发展专门进行研究。2005 年 9 月 15 日，集团召开“十一五”人才发展规划工作电视电话会议，明确了集团“十一五”人才发展规划的构成、内容和有关要求。“人才”是企业最宝贵的资源，随着航运不断发展，需求持续增大，人才仍然十分紧缺。人才队伍的培养刻不容缓，应坚持人才超前培养和储备的方针。要下定信心，采取措施，加快步伐，创新人才工作思路，努力打造出一支一流的人才团队，形成更加符合集团发展需要、符合市场需求的人才培养机制，为企业可持续发展提供更多的人才支持。

（六）建设“四好”班子、构建和谐中海的发展方针

中国海运是国家特大型航运企业，加强党的领导和建设是关键。要坚持不懈地加强领导班子建设，加强先进性建设，充分发挥企业党组织的政治核心领导作用、战斗堡垒作用和党员的先锋模范作用，为改革、发展、稳定提供强有力的政治保证、思想保证、组织保证。继续加强精神文明、企业文化和惩防体系建设；坚持以人为本，正确处理改革、发展、稳定三者的关系，不断增强凝聚力，紧紧依靠广大干部职工，为构建和谐中海而奋斗。

四、企业愿景与可持续理念下的对标

标杆管理即对标，是中国海运集团建设世界一流航运企业的有效手段，是在“十一五”期间以及未来实现又好又快发展的必经之道。应该说，确立企业版“偶像”，全方位地对标和学习世界一流航运企业，是一个无法绕过去的阶段。因为通过学习，可减少摸索规律的成本。特别是 WTO 已将中国经济与世界经济一体化了，当国际航运市场游戏规则是人家制定的时候，把目光对准国际标杆企业且坚持学习，是十分必要的。在众多优秀企业中，无论是国外的ＧＥ、可口可乐，还是中国的海尔、联想，都是通过学习其他优秀企业提高自身竞争力的成功典范。

2003 年 8 月 18 日召开的中国海运集团经理书记会议首先提出了开展对标活动。而该

项活动大规模、大范围地深入开展，则是在“十一五”时期。

（一）与世界一流的“百年老店”开展对标

在对标活动中，中国海运以企业的“百年”愿景为动力，围绕“跟谁比、比什么、怎样比、怎样做”四个环节，把“百年”愿景与标杆管理有机结合起来。

对于“跟谁比”，集团以“百年”愿景为引领，选择世界一流的“百年老店”马士基集团作为标杆。丹麦马士基集团最早可追溯至穆勒家族于 1904 年创建的家族企业。2003 年，穆勒家族的两大企业合并为新的 AP 穆勒马士基集团，一举成为丹麦最大的企业。马士基集团的业务主要包括航运物流、能源、零售以及其他业务，而航运物流业务则进一步细分为马士基航运、丹斯克物流、APM 码头等。其中的马士基航运 1999 先后收购了美国的海陆公司（Sealand）和南非的 Safmarine，2005 年又收购当时排名第三的班轮公司铁行渣华，自此，马士基航运稳固了其世界最大班轮公司的地位。2006—2010 年，马士基集团在世界 500 强排序中始终保持在 100 多位，其中 2009 年最靠前，为 106 位；2010 年为 147 位。

对于“比什么”，主要与马士基集团比船队规模和结构；比船舶技术状况；比船队的发展和管理模式；比盈利能力和财务状况；比生产绩效；比管理理念和管理体系。在比较中，发现与马士基集团的最大差距是盈利能力，在 2006—2010 年间，马士基集团累计净利润 136 亿美元，约为中国海运的 4 倍；特别是 2010 年，马士基集团净利润达到 50.18 亿美元，约为中国海运的 9 倍。

对于“怎么比”，集团强调对标既是一项涉及长期发展的战略性工作，也是需要坚持学习、逐步完善与提高的基础性工作。为此，集团技术中心每季度编发一份对标报告，主要从船队指标、财务指标和经营管理指标进行对比，从中找到与世界一流的差距，看到自身存在的短板，并制定缩小差距、弥补短板的措施。

对于“怎么做”，强调三个步骤：第一步是理论导入，要让广大船岸员工知道对标管理的含义、相关的理论知识、实施步骤及意义，建立对标管理体系；第二步是做好组织动员，成立组织领导 / 工作班子，发动员工参与，评审对标管理体系；第三步是全面实施，按照预定目标和主要措施予以推进。

随着集团标杆管理的不断深入，在原有基础上，对标内容又进一步细化，更加突出效率、效益、成本等重点，主要分为五大部分：

一是集团总体层面对标，重点指标为：经营效率（包括净资产收益率、收入利润率）、资本结构（包括资产负债率、资产流动比率）、全员劳动生产率、燃油单耗。

二是集装箱运输对标，重点指标为：经营效率（包括主要航线单箱收入）、运输效率（箱运量、运力、收入、单位运力收入等）、市场占有率（包括集运主要国际航线市场份额和外贸出口、内贸航线市场份额）、业绩对标（包括净资产收益率和收入利润率）、管理对标（包括燃油单耗、营运成本分解）。

三是货运及油运对标，重点指标为：经营业绩（包括收入利润率、净资产收益率、主营业务利润、应收账款占总资产比例）、分部经营对标（包括主营收入、船队营运率、前五大客户收入比例、主营业务利润率）。

四是物流和码头对标，重点指标为：业绩对标（中海物流与中远物流、总统轮船物流的收入利润率比较、中海码头与和黄港口、新加坡港务集团的收入利润率、净资产收益率对标）、经营对标（中海物流与中远物流、总统轮船物流的物流与主营收入对标；中海码头与和黄港口、新加坡港务集团的集装箱总吞吐量、集装箱单箱平均收入等指标对标）。

五是其他业务对标，重点为：船员管理对标（中海国际与 V.Ship、香港华林的全球网点、船员数量、船舶管理数量、客户数量对标）、修造船业绩对标（中海工业与中远船务工程、马士基工业的业绩如收入利润率、净资产收益率对标）；修造船能力对标（中海工业与中远船务工程的修造船能力如船坞总吨位、修船收入、年船舶修理数、平均修船收入、新造船订单等指标对标）。

（二）对标工作持续推进且不断深入

从“十一五”前最初提出标杆管理，到“十一五”期间的广泛开展，广大干部职工的认识不断深化，针对性、有效性更加突出。到“十一五”末，对标已经成为集团的学习型战略和学习型文化的重要组成部分。而对于标杆管理，更有了新的视角，主要为：

一是对标不仅是全方位学习，还是一种颠覆和超越。中国海运集团认识到，聪明的“模仿”不是传统意义上所理解的抄袭，而是一种“颠覆性思考”和“新规则重建”行为。在“颠覆”中思考，在“模仿”中重建新规则，要求企业在对标对手的基础上，瞄准建立真正全新、具有颠覆性的事物，形成差异化的产品和市场竞争力。对手有先发的优势，学而不超永远只能是跟随者而不可能成为挑战者，更不可能成为领导者。

二是对标不仅要学长，也要寻“短”。对手的长处在经过多年的积累之后，在某种程度上已成为其核心竞争力，很难一下子完全学会，就是学会了，也很难超越。长的背后必有短，作为对标来说，更重要的是通过对标来发现对手在运作市场上的长处中的短处，找到对手最强处之后的弱处，击对手之弱，立自身之强，在对手强处的对立面建立优势。

三是对标不仅要学“形”，还要学“神”。前者是低层次的对标，后者则是高层次的对标。技术模仿、战术模仿、手段模仿是低成本的学习，但这种学习是低层次的，也不是真正意义上的对标，其目的往往是为了获得一时的优势或缩小一时的差距。优秀的企业不应停留在此一层面上，而应通过学习把握规律，真正从学习型战略、学习型文化上认识对标。

“十一五”期间，对标工作在全集团各单位得到普遍推广。

中海工业分不同层面有针对性地确定对标企业，公司总部对标中远船务，总部各部室制订了对标工作目标和计划。中海工业属下的中海长兴对标大连中远船务，江都造船基地对标外高桥造船基地，立丰船厂和菠萝庙船厂对标中远南通，立新船厂对标菠萝庙船厂，城安围船厂对标立丰船厂，荻港船厂对标公司内部先进企业。一线单位组织修船总管、主管等管理人员到标杆企业学习，实行公司对标、班组对标、工种对标、单船项目对标等方式，进一步推动经营管理上水平。

中海国际以对标为手段，明确公司的努力方向与赶超措施。总部机关各部室分别以中远、厦门海隆、菲律宾 PTC 的船员管理、船员劳务等业务板块为标杆，以 V.SHIPS 为船舶管理的标杆，以青岛远洋船员职业学院为教育培训的标杆，寻找差距，明确任务，不断改进工作。在劳务输出方面，各分公司则以中海海员技术公司为标杆，进一步拓展海员劳务输出业务，提升市场开拓能力。

中石化中海燃供公司选取了中国船舶燃料有限责任公司为标杆，从油品经营量（分内外贸经营量）、业务收入、利润指标、网点建设等方面进行对标；物资板块标杆则选取中国远洋船舶物资供应公司为标杆，对标重点是市场开拓、质量管理、ERP 信息管理、成本控制和安全管理等方面。通过对标，公司认识到外贸保税油尚处于起步阶段，沿海经营网点建设还存在很大差距。在改进工作中，ERP 系统对供应商信息进行了梳理，对 9000 多个物品代码进行了分类整理，加强了合同审批的力度和执行情况的跟踪。

中海投资旗下的上海寰宇公司，其主营业务为集装箱制造，公司选取业内的中集集团和胜狮货柜公司为标杆。通过对标活动，开拓了经营思路和视野，看到了自身存在的差距，确定了努力方向，制定了改进措施。在生产经营方面，该公司借鉴标杆企业发展理念，坚持业务结构和产品结构的多元化发展，防范产品周期和市场周期对企业的稳定经营造成大的冲击和影响；在加快资本积累的同时更注重技术积累，以提高企业快速应对市场变化的能力。在基础管理方面，该公司向标杆企业学习，加快 ERP 信息系统建设，通过改进管理手段来加强内部管理与成本控制，加强生产质量管理，以优质产品立足于市场竞争。

（三）中海集运：抓好标杆管理的“五环”

2010 年，中海集运发起了全员参与的对标活动。由董事总经理黄小文亲自挂帅，广大员工积极响应，开始了综合竞争力对标项目研究。在此过程中，中海集运从盈利能力、成本控制、品牌服务、人力资源、信息系统五个方面开展对标。项目小组成员群策群力，对公司未来发展提出了有前瞻性、可操作性的合理化意见和建议。

对标工作中，公司坚持抓好标杆管理的“五环”：立标、学标、对标、达标、创标。

第一环是立标，即找到同行、同业的先进企业为模范和标杆，学习、了解和应用他们的最佳实践。

中海集运综合竞争力的标杆是全球大型班轮公司，借此建立中海集运综合竞争力指标体系，客观评价中海集运的综合竞争力水平，并基于对标差距分析，提出公司发展的方向性建议和实施路径建议，以促进公司在“十二五”末年实现“综合竞争力全球班轮公司前 5 位”的目标。

为了更好地推进对标工作，使建立的指标体系、评估结果、提升措施能贴近中海集运的实际情况，中海集运还建立了综合竞争力对标内部研究团队。

第二环是学标，即学习与掌握多方面最佳实践，根据企业实际需要以及标杆企业的实际情况，确定一系列分析指标。

2010 年 3 月，公司面向全体员工征召项目组成员。按照指标体系的五个方面，项目组分为 5 个专题团队，每个团队有 5 名员工，由员工自愿报名。这 5 个专题团队分别从盈利能力、成本控制、品牌服务、人力资源、信息系统 5 个方面开展对标研究。此次活动得到广大员工的积极响应，有多名中层管理者报名参加，并负责相关的专题团队研究活动。公司董事总经理黄小文和党委书记黄新明等领导坚持每月度分别召集各个小组成员深入研究对标情况，把对标活动不断引向深入。

2010 年 9 月，中海集运在苏州召开综合竞争力对标项目专题会。5 个小组负责人分别代表各小组对前期对标工作做了总结汇报，并提出了相应的发展和提升建议。公司领导层对各小组的对标工作进行了点评，并对下一步的工作提出了方向性的指导意见。

第三环是对标，即企业围绕现状分析、标杆选取、工作实践等工作，开始进入实操阶段，并确保持续学习与不断改进。

项目小组的成员群策群力，围绕公司重大问题深入的研究与分析，并取得了重要的研究成果。

盈利能力团队：与全球前十大班轮公司，尤其是 2009 年取得较好效益的班轮公司进行综合指标对标；分析公司的主业和相关产业成长性；利用财务杠杆优化企业资本结构，实现资本成本最小化。

成本控制团队：分航线进行班轮公司成本的差异化对标；分项目（箱管、燃油等）进行班轮公司成本的差异化对标。

品牌服务团队：分析全球主要航区 TOP3 班轮公司的品牌差异性，各主要航线上班轮公司的排名；研究班轮业中的品牌价值以及在不同区域的品牌影响力；制定中海集运在不同区域市场的差异化定价策略，打造中海集运的品牌，提升品牌价值。

人力资源团队：开展公司治理结构对标，研究对比全球前十大班轮公司管理方式和决策流程；通过比较同业员工的产出效率，研究如何建立有效薪酬激励机制，提升员工工作效率；调研各大班轮公司集权式管理与分权式管理的差异，提出建立合理的管控模式的建议。

信息化团队：调研顶级班轮公司的信息系统，包含客户服务信息化功能，内部业务模块信息化管理；参考学习银行业的客户信息化服务实践，寻找符合中海集运实际的最佳实践；制定未来几年中海集运信息化建设规划。

第四环是达标，即达到阶段性目标。通过与标杆企业对照差距，采取措施，缩小差距，进而实现阶段性目标，同时进入下一个 PDCA 循环（策划—实施—检查—改进的循环管理模式）。

内部对标的开展对于中海集运来说是一次企业内部的头脑风暴，是一种企业文化的培育，更是一次全新管理的变革。我们更从中看到了公司领导层对未来持续发展的决心和信心。

工作中，各专题团队所提交的报告主要就是围绕未来如何提升中海集运盈利能力、成本控制、品牌服务、人力资源、信息系统 5 大方面竞争力，也是对公司领导层未来发展决策制定的重要参考依据。由于这些建议来自公司多个层级、多个部门的员工，因此它们更贴近中海集运的实际，具有可操作性和综合性，且通过多视角以更全面、更综合的思维关注公司的整体发展。

第五环是创标。对标不是简单模仿，而是根据企业实际不断创新；实际上，创标是知识管理的过程，也是最佳实践的创新过程。

内部对标所强调和提倡的无障碍沟通、组织成员的平等参与等，有利于中海集运培育创新型的企业文化，这对于改变领导层的决策都有十分重要的意义。一个创新性的对标建议，其最终落脚点往往是具体部门需要在一定时间内解决某些问题，甚至是一套相对完整的方案；这也从另一侧面使领导层进一步了解组织的营运情况和面临的问题，而通过创新则有利于破解这些难题。

此外，跨部门的对标研究，还有效发挥了中海集运全员参与的积极性和创造性。不同岗位、不同管理层级的员工们集中在一起，针对某些问题提出改进意见。这些员工平时在工作中很少有机会深入接触，而通过对标研究则增进了相互之间的信任；同时，这种管理方式也减少了大量中间环节，提高了管理效率。

五、中海油运：新愿景新理念下的对标与战略管理

以建设“百年中海”愿景和确立可持续发展理念为动力，以打造世界一流油运企业为目标，中海油运选取了 Teekay、MOL 等“百年老店”且为世界级大型油轮船队作标杆。对标内容分为企业文化、发展战略、经营管理、组织结构、经营业绩等几项内容，共 35 项指标，将公司现状与标杆企业逐项对比，按筹划、分析、综合与交流、行动、实践与应用 5 个阶段开展活动，从 10 个方面制定了具体的工作计划与行动方案，同时将其分解到机关各部室，明确方向，认识差距，制定措施，形成全员参与、人人对标的局面。

对标工作推进了企业的持续性发展，使中海油运发生了跨越性飞跃。对标的过程，是不断与标杆企业寻找差距，并不断采取措施缩小差距、不断自我提高的过程。中海油运在对标工作中，坚持将对标工作与战略管理紧密结合，此为推进对标工作的一大特色，也是建设世界级油轮船队的着力点。

（一）将对标工作与企业战略规划相结合

中海油运战略规划的制定，始终与对标工作紧密结合。标杆企业的发展业绩，成为中海油运确立战略目标的依据；对标工作中找到的差距，成为战略规划突出解决的重点问题；对标工作中形成的学习理念，丰富和拓宽了制定战略规划的发展思路；对标工作中采取缩小差距的手段，成为实施战略规划的具体措施。

2003 年，与集团提出的到 2010 年建成世界一流航运企业的时间节点相一致，中海油运结合对标工作，也提出到“十一五”末建成世界级油轮船队的目标，船队规模争取达到 700—800 万载重吨。到“十一五”末，船队规模与目标下限已非常接近，但与标杆企业的差距其实还很远。有一个方面差距还很大，那就是企业软实力。

一个值得认真思考的问题是：究竟什么样的公司及船队才能称得上世界级？实现世界级目标的道路到底有多长？企业还要采取什么样的发展战略？根据著名咨询机构麦肯锡和我国学者的一些分析，世界级企业可归纳为五个方面：一是主要业务规模和营业收入处于全球前列；二是引领全球行业技术或商业模式的创新；三是在全球确立了突出的企业品牌形象；四是在全球范围内拥有独特企业核心竞争力；五是公司职工具有世界一流的职业化和专业化水平。世界级船队虽与世界级企业不属同一概念，但对前者有一定参照意

义。“十一五”期间，中海油运可实现部分目标，如到“十一五”末船队规模接近700万DWT。不过，要真正赶上标杆企业，全面实现世界级目标，特别是在软实力建设上，还需要“十二五”“十三五”等几个发展阶段，需要几代人坚持不懈的努力和奋斗。

通过对标，中海油运进一步看到了差距之根本，进一步理顺了建设“世界级船队”的战略思路，因而不仅加强了硬实力的对标，更注重软实力对标。与之相对应，公司的“十二五”战略规划也不仅包括硬实力建设（主要是船队建设）战略，还包括了完善软实力建设战略，其目的是使企业在盈利能力、创新能力、服务品牌、经营管理水平、船岸职工综合素质等多方面均达到世界同业领先地位，其中，坚持战略管理制度建设尤为关键。

（二）将对标与战略管理制度的持续改进相结合

随着船队规模不断扩大，油运业务不断拓展，公司战略管理制度也必须不断完善，流程也必须不断优化，否则，陈旧的制度与流程就有可能成为企业发展的短板乃至成为阻力。因此，制度与流程的持续改进是企业发展的必然要求。这就意味着，对标工作本身是不断循环、不断改进的过程，它必须是动态的；与之相对应，企业战略规划也需要根据外部环境变化进行调整，它也必须是动态的。因此，中海油运还按照集团要求，在五年规划基础上每年制定三年的滚动计划，对近中期目标进行修订。

在战略管理制度持续改进过程中，中海油运注意把握“三个变与不变”的原则：

一是对标方式要变但对标宗旨不变。受国际金融危机影响，国际油运业出现大洗牌。面对新形势，标杆企业可以调整，对标方式可以改变，它不拘泥于简单指标对比，其标杆选取既可在某一方面眼睛向外，还可在某一方面眼睛向内；例如，在油轮管理方面，可通过培育公司内部的优秀船舶作标杆，在船舶管理方面开展对标；不过，对标作为一种学习型战略和学习型方法，其争创一流、坚持上水平的对标宗旨要坚持，不能因对标方式的调整而改变。

二是经营策略要变但“走出去”战略方向不变。例如，针对2009年市场危机，需要及时调整经营策略，重新评估有关合同条款，重新开展COA谈判，及时调整内外贸市场的运力配置，积极争取新的市场增量及新客户等；这些均要求管理制度要持续改进。然而，尽管在国际市场大幅度下滑的情况下，相对稳定的沿海运输是公司稳步发展的基础，但着眼于长远战略，中海油运不会因巩固沿海市场而放弃对国际市场的开拓，还将坚持“走出去”，以便不断提高国际市场上竞争力。

三是管理模式要变但战略目标不变。随着2009—2010年交船高峰期到来，随着业务的不断拓展，原有的管理架构及船员管理模式都进行了调整，与之对应的管理制度、管理流程都需进一步完善和改进。但无论管理模式怎样调整，中海油运建设世界级油轮船队的战略目标不变，做优做久企业愿景不变。坚持“世界级”，需要一种定力，要坚持企业的核心理念不变，坚持企业的发展方向不变。困境时不屈不挠，成功时不骄不躁；市场低迷时，坚持是对信念的高扬；市场繁荣时，坚持是对毅力的警策。

（三）将对标与战略管理创新相结合

对标不仅是全方位学习，还是一种创新和超越，是一种新的战略管理、新规则的重建。

这要求企业在研究标杆企业的基础上，瞄准建立真正全新、具有颠覆性的事物，形成差异化的产品和市场竞争力。对手有先发的优势，学而不超永远只能是跟随者而不可能成为挑战者，更不可能成为领导者。

与之相对应，中海油运战略管理也应不断创新，这也是适应国际市场环境变化的需要。国际油运市场始终是一个变化莫测的市场，有高峰，有低谷，且波动频繁，波幅巨大。实际上，这种周期性波动是一种常态，但如果企业发展也随之呈周期性形态，大起大落，急进急退，因市场兴而兴，因市场衰而衰，那就很难实现科学发展。如何让企业在大起大落、急进急退的外部环境中实现平稳发展，是战略上的关键，更是一大难点。为平抑市场波动，中海油运采取了一系列战略措施，如签订 COA、加入 Pool、锁定价格、调整运力配置、加强战略合作、控制投资节奏、寻找“蓝海战略”等。而上述战略措施能否有效，则取决于制度与流程的有效性。对此，公司坚持抓好制度创新与流程再造，为企业平稳发展提供保障。例如，结合航运部、船管部的组织架构调整，公司对市场调研分析、燃油采购与补给等项业务进行了流程再造；新建立或重新修订了一系列市场营销制度，如航运部部务会制度、内外贸货主联系会制度、客户开发制度、客户服务制度、COA 合同管理制度；此外，还按照学习实践科学发展观整改方案“路线图”，完善战略管理、营销管理、船员“三管”等方面的制度和流程。

几年来，中海油运基本实现了平稳发展。这离不开对标活动的创新意识和战略管理上的创新思路。特别是在 2007 年和 2009 年的两次市场波谷中，更实现了逆境生存，逆市发展。2009 年受全球金融危机影响，国际油运市场全线下跌，且长期跌破保本点，VLCC 中东—日本航线（TD3）全年同比下跌了 68.73%，LR2 下降 62.9%，MR 下降 64.1%。但公司依靠超前思考，依靠制度创新与流程再造，顶住了重重压力，闯过了道道难关，危机变成了生机，压力变成了动力，熬冬变成了冬训，信心变成了黄金。早在金融危机爆发之前，中海油运就预测 2009 年为油运市场低谷，并加强了战略管理，做好了“过冬”准备，及早应对，未雨绸缪：一是提前加快船队结构调整步伐，及早准备“过冬奶酪”；二是提前与大石油客户签订了运价下保底的 VLCC COA 合同；三是提前加强与交通部的沟通以继续获得政策支持；四是提前进行了迎接船队发展高峰期的模拟推演。通过上述举措，中海油运在国际国内许多大型油运企业当年出现亏损的情况下，依然取得较好的盈利。多年来，无论市场处于高峰还是低谷，中海油运在极其动荡的市场环境下均取得了相对稳定的经营业绩，变被动跟随市场为主动驾驭市场，变周期性波动发展为稳定可持续发展，连续多年实现集团下达的盈利目标，为中国海运集团的发展做出了积极的、持续性的贡献。

（四）将对标与战略管理的执行力相结合

对标是一种学习。如果只“学”不“习”，对标就变成了空中楼阁。在对标引导和促进下的战略管理，也同样需要落实。因此，应让战略管理制度从墙上走下来，从文件与图表中走出来，要让制度落地生根，这就涉及制度执行力问题。没有执行力，再好的制度也是一纸空文，形同虚设。为了提高战略管理执行力，中海油运注重从三个方面抓起：一是在对标中，通过与标杆企业指标对比的变化，检验企业规划的执行情况；如果发现规划没有较好得到执行，就需查找执行不力的原因，并针对原因提出对策，确定下一轮对标的措施。二是抓好公司的月度和年度考核，虽然从表面上看，考核的是一项项任务指标，但每项任务指标的后面其实是一项项制度、一个个流程，只有提高了制度与流程的执行力，才有可能完成指标，因此，公司坚持科学制定各部门生产经营等各项指标考核办法，以此带动执行力。三是确立“赢在中层”的理念，重点抓中层管理者的执行力，利用中层干部考核、测评等手段促进管理层提高执行力，通过公开竞聘、竞争上岗等干部制度改革强化执行力，借助中海油运发展论坛、党委中心组扩大学习、领导干部培训等平台，培养中层管理者的团队意识和执行力意识。

中海油运“十一五”时期的船队大发展就是提高战略规划执行力的具体体现。油轮船队规划是一项事关企业长远发展的战略管理制度，对此公司始终给予高度重视，始终坚持抓贯彻落实，抓执行力。早在 2004 年年初，公司在集团内出台了“油轮船队发展战略规划”，该规划成为集团内唯一经职代会程序通过的规划。为了让规划真正落地生根，公司结合对标工作，并根据动态变化，修订规划，修订战略措施，以增强战略管理制度的执行力；此外，还梳理并优化了船舶建造与投资管理流程，同时加强了对流程操作与执行的监控。经过几年的努力，船队建设已取得跨越式的发展。当时，与世界级油轮船队的差距是非常大的，而到“十一五”末，差距正一天天缩小。例如，与国际标杆企业的平均水平比较，船队规模当初（2003 年）的差距是 700 万载重吨，2010 年缩小到 300 多万吨；过去的全球排位在 25 名前后，而 2010 年为 10 名；同时，公司也从根本上改变了小船、老旧船为主的船队结构，平均单船吨位过去与标杆企业比较相差 15 万吨，2010 年缩小到 10 万吨；特别是船队年轻化趋势十分显著，与标杆船队比较，平均船龄过去相差 10 多年，2010 年相差仅 1 年多。

“十一五”期间，中海油运在向世界级发展的道路上，迈出了坚实步伐，实现了新的跨越：

一是船队规模不断扩大，现代化趋势日益显著。规模由 2006 年的 369.4 万载重吨发展到 2010 年的 666.1 万载重吨，增长 1.8 倍；平均船龄下降了 6.7 年。国际油运船公司排名第 10 位。

二是大型船快速增长。平均船舶吨位从 2006 年的 2.1 万吨上升到 9.3 万吨，增长 1.8 倍；30 万吨级 VLCC 从无到有，到 2010 年，拥有 11 艘 VLCC，共计 329.1 万载重吨。

三是企业的创收能力与创利能力有了新的飞跃。2006 年实现利润 16.5 亿元，此后，一直保持较高的盈利水平；即使是 2009 年受到国际金融危机的影响，利润有所下降，仍创造出 9.4 亿的利润。整个“十一五”期间，经济效益保持稳定。

对标促进了中海油运的发展，也促进了中海油运战略管理制度建设。而只有一个不断完善的战略管理制度，理念才能植入行动，目标才能变为现实，企业才能基业长青，事业才能永续发展。

六、中海集运：新愿景新理念下的新定位

中国海运集团提出了打造“百年中海”的新愿景和可持续发展的新理念，这意味着企

业将从过去追求做大转变为做强做优。将这一愿景目标和新理念落实到中海集运，就是企业要立志做世界最好最优的班轮公司，即打造世界一流集装箱物流航运企业，成为行业的领先者。这实际是一次新的定位。定位，顾名思义，就是确定位置，就是锁定目标，是关系企业未来发展的战略指向，是战略管理的 GPS，也是中海集运实现战略转型的导航仪。

中海集运领导层认为，公司能不能实现可持续发展，能不能成功打造核心竞争力，能不能在复杂多变的新环境下实现战略转型，首先就是要找准定位。定位找准了，中海集运的战略目标就找到了依据，战略管理就找到了思路，企业转型也就找到了方向。

中海集运发展 10 多年来，其定位是一个追赶者的定位。自 1997 年成立开始，公司主要任务是在竞争激烈、险阻重重的市场环境中站稳脚跟，尽可能快地发展壮大，以适应集装箱海运业规模化经营的要求；具体手段是借助对标，通过不断追赶，在全球众多老牌班轮公司中争得一席之地，赢得参与世界集装箱班轮竞争的入场券。与此任务相适应，在这一阶段，中海集运给自己设定的市场定位是“国际大舞台”，业务定位是“集装箱班轮”，由此确定的目标定位是“世界一流集装箱班轮公司”，是要建立一个覆盖全球主要贸易区的航线网络，为市场客户为主、直接客户为辅的客户群提供令人满意的海运服务。按照这一战略定位的指向，经过 10 年的不懈努力和艰苦奋斗，中海集运基本实现了第一个 10 年的跨越式发展。

到 2010 年底，中海集运拥有船舶 143 艘，总运力 50.6 万 TEU，国际、国内班轮航线 70 余条，覆盖世界各主要贸易区，并拥有较完善的国际、国内支线网络，公司在全球 101 个国家（地区）设立 81 家代理、300 个销售网点，成为在世界航运业拥有重要影响的集装箱班轮公司。与成立之初相比，中海集运总资产从 8.5 亿元增长至 495 亿元，增长了 58.24 倍；总收入从 1.5 亿元增长至 344 亿元，增长了 229 倍。与此同时，公司在资本运作方面也实现重要突破与进展：2004 年 6 月在香港 H 股上市，2007 年 12 月在国内 A 股上市，进一步优化了资产负债比例，扩大了品牌影响，增强了发展后劲。

中海集运的成功首先源于定位的成功。不过，这个定位还是一个追赶者的定位。而当中海集运要跨越一个新高度，就需要重新进行定位的“调焦”。为此，中海集运锁定为“行业领先者”，这是从“鸡头”“凤尾”到“凤头”的定位。对于怎样才能调整好定位、如何才能成为“行业领先者”等问题，中海集运从三个方面找到切入点：

一是想到位。公司领导层首先提出几个问题让公司船岸员工认真思考。首先问问自己，公司确定了“世界一流集装箱物流航运企业”定位，要成为行业领先者，究竟是喊喊口号，还是真的下了决心；如果只是喊喊口号，作作秀，那这个定位就是假的；如果下定决心瞄准这个定位，那就必须坚持不懈，要艰苦奋斗，真抓实干。接下来还要自问：这个定位高不高，会不会脱离实际，遥不可及？如果认为经过一段时间，比如 10 年左右的奋斗可以实现目标，那这个定位基本就是合理的、可行的。还需要思考的一个问题是：究竟什么才是行业领先者，是规模最大吗？通过学习动员，公司员工普遍认识到：船队规模并不能完全证明企业实力；中海集运做领先者，最需要的不是做全球最大的船队，而是做全球最好的船队、做最优的船队。通过比较分析，公司上下看到了自身的优势，也看清了自身的短板。对此，领导层要求需根据“长板”与“短板”情况调整工作思路，这都有助于中海集运朝着“行业领先者”的战略指向不断迈进。

二是做到位。做到位的关键，是找准建设“世界一流集装箱航运物流企业”的着力点。从企业自身情况看，中海集运经过 10 余年的发展，无论是船队规模、资产规模等硬实力，还是人才队伍、管理能力和企业文化等软实力，都已具备了在全球范围内与集装箱班轮巨头竞争的条件。新形势、新起点，必然对企业进一步发展提出新要求，那就是：经营重点从单一的扩大运力规模、增加承运箱量转向追求提高经济效益、优化货源结构和可持续发展上来，这就是以内涵式增长取代外延式增长，以打造效益质量优势取代规模数量优势。要实现这样的“转移”和“取代”，就需围绕提高经济效益和优化资源结构，调整定位的着力点，由此保证中海集运顺利进入新一轮发展周期，在不断的螺旋式上升中实现可持续发展。

三是转到位。对此，中海集运确定了战略转型的工作思路，即以新的战略定位为导向，结合中长期发展调研成果，对进一步提高综合竞争力、成为行业领先者的关键点和难点进行了研究梳理。按照新定位，从行业追赶者到领先者，是一个渐进的、长期奋斗的过程，不可能一蹴而就，需要扎扎实实、一步一个脚印地向前迈进。以 2011 年为时间节点，前 10 年，中海集运根据“世界一流集装箱班轮公司”的定位，不断追赶，不断加速，从小到大，由弱到强，成功跻身世界航运巨头之列，写就了一部追赶者的创业史。在后 10 年，需立足新起点，根据“世界一流集装箱航运物流企业”的新定位，抓住中国发展的重要战略机遇期，科学把握发展规律，扎扎实实地推动企业转型，从粗放式转向精细化，从速度型转向质量型，实现从集装箱班轮运输的行业追赶者向领先者转变，让定位在转型中“软着陆”。

七、李绍德与他的可持续发展理念

李绍德，1950 年 8 月出生于上海。1968 年 12 月入职上海海运局。1988 年，任上海海运局副局长，38 岁成为上海市交通系统最年轻的局级领导。1995 年 12 月，任上海海运（集团）公司总经理、党委委员。1997 年 6 月，任中国海运（集团）总公司副总裁、党组成员。2003 年 2 月，任中国海运（集团）总公司党组书记、副总裁。2006 年 5 月，任中国海运（集团）总公司总裁。2011 年 8 月，任中国海运（集团）总公司董事长、党组书记。

李绍德作为一把手执掌中国海运集团，跨越了企业发展的两个阶段，即快速发展期（2006—2010 年）和转型发展期的前半期（2011—2013 年）。在这两个阶段，企业处于剧烈动荡的外部环境中，既有国际航运市场百年难遇的丰年盛世，也有金融危机之后航运市场的持续萧条。2008 年 5 月 20 日，国际干散货运价指数 BDI 达到 11793 点，创下历史新高；而 2011—2013 年的最低点则为 2012 年 2 月 3 日，仅为 647 点；最高与最低竟然相差 18.22 倍。冰火两重天的大涨大跌，让全球航运企业坐了一遍异常惊险的过山车。

在极不稳定的全球经济与市场环境下，能否实现企业的稳健发展，这是一道历史性难题。

如何破解这道难题？从上海海运局的风雨沧桑，艰苦创业，到中国海运集团的砥砺前行，迅速壮大，几十年经济与市场中的摸爬滚打，几十年企业成长过程中的成功与教训，让李绍德深深感到：航运市场大起大落是个常态；在这样的环境下，航运企业要更好地生存与发展，就必须把战略目光放远，把事物本质看透，既要善于抓住机遇，也不能被市场表象所迷惑；特别是在企业做大的情况下，更重要的是考虑如何把企业做优做久。思想必须先于行动。所以，破解上述历史难题的关键，是首先要确立企业的可持续发展理念。在此期间，中国海运集团不仅能在市场高峰时展示一份亮丽成绩单，且在市场萧条时也依然递交一份合格答卷，其中一个重要因素，就是得益于执掌人李绍德的可持续发展理念。

对于他的可持续发展理念，可从“中海愿景”“中海定力”“中海答卷”三个视角来诠释。

（一）确立凝心聚力的“中海愿景”

2006 年 5 月，李绍德接替李克麟，成为中国海运集团的第二任总裁。这一年，恰是“十五”结束、“十一五”起步的交汇之年，同时也是集团从初创发展期进入快速发展期的转换之年。对于中国海运而言，这是一个承前启后、继往开来的历史承接点，也是一个新的起点。

摆在李绍德面前的是一个亟待回答的战略问题：年轻的中国海运要在传统的航运业与实力强劲、历史悠久的大型跨国航运公司，特别是像丹麦马士基、日本 MOL 等这些“百年老店”同台竞技，究竟能不能赢？依靠什么才能赢？面向未来，中国海运确立了建设世界一流航运企业的长远战略目标，制定了“十一五”发展规划。但是，在未来发展进程中，如何以更加开阔的视野、更加积极的市场把握能力应对新的挑战，如何以更长远的目光、更强的凝聚力、更扎实的执行力来确保企业战略目标的实现，这是一项需要深入研究的新课题。

经过深入思考，李绍德在 2006 年 8 月 18 日召开的集团经理书记会议上，正式提出确立建设“百年中海”的企业愿景。

“百年”愿景提出后，在集团广大干部职工中形成“热议”。对此，李绍德要求通过座谈会和媒体宣传等不同形式，提高大家对企业愿景的认识。他强调，“百年”不仅是一个时间概念，而是为企业构筑一个确立核心价值、瞄准未来前景、坚持长远发展的企业愿景；这个愿景的本质，就是保持企业的持续发展，把企业当作事业代代相传、生生不息。他指出，“百年”愿景不仅要做大，更要做优做久。久而不大是无实力，大而不久是伪实力。可持续发展的基业长青型企业，其做强做大与做优做久是统一的。不能将其统一的企业，不论其暂时成长多快或市值多高，从长远来看都是不具备竞争力的；相反，只有那些目光远大的企业，才有可能实现可持续发展，最终实现做大、做强、做优、做久的目标。做久体现了发展的持续性，体现了优势和竞争力的稳定性、长期性。做大又做久，是真正的做强做优，否则，就不是真正的强大。如果大而不强、不优，企业就难以做久，就成为“泥足巨人”，特别是面对动荡变化的国际航运市场，就很难具备抗风险能力，很难承受外部环境的冲击，像韩国一些在亚洲金融风暴中倒闭的大企业就是警示。所以，强调“百年”、强调做久的实质，是突出做强做优。

从这个意义上说，李绍德提出的“百年”愿景，并非简单追求一百年，而是强调企业发展的可持续性。因此可以说，“百年”仅仅是一个符号，一种意向，而真正追求的则是企业的长远发展、稳健发展、可持续发展。

不过，这个“百年”企业愿景以及可持续发展理念不是空中楼阁，它需要落地，需要有具体行动去支撑、去实施。为此，李绍德在集团的战略管理中重点抓了四项工作。这四项工作正是他确立“中海愿景”和可持续发展理念的具体体现。

一是“三足鼎立”。在集团初创期，集装箱运输业务曾有一段起伏动荡的经历，市场低谷时一度把整个集团拖入困境。这让他深深感到，尽管集装箱运输代表航运业的发展趋势与先进生产力，但如果把鸡蛋放在一个篮子里，则企业的风险势必增加，这样就无法实现企业的可持续发展。为此，他提出集装箱、油轮、干散货船队建设要“三足鼎立”。因此，在“十一五”时期，集团开始加大了对油轮和干散货船队的投资力度。从后几年的实践看，集、油、散三大市场不同表现以及集团三大船队的不同经营业绩，可证明这种“三足鼎立”的相对均衡，是践行“中海愿景”、实现稳健发展与可持续发展的有力保障。

二是“船岸联动”。李绍德强调，在坚持航运主业的同时，还要加强陆岸产业的发展，这种思路与“三足鼎立”如出一辙，属于同一个逻辑，也就是说，整个集团的发展不仅不能放在集装箱一个篮子里，也不能放在海上运输的一个篮子里。由于航运市场具有很强的周期性，如果过度依赖航运主业，随着市场的周期性变化，则中国海运集团的经营发展也就必然表现为大起大落，高温高寒。这种在两个极端之间的频繁摆动，显然不是稳健发展和可持续发展。因此，需要发展与航运不同周期的陆岸产业进行对冲。

三是“大客户大合作”。这是李绍德执掌中国海运期间始终强调的经营战略。“大客户大合作”战略突出“稳定”二字，强调发展的可持续性。通过与大客户建立长期稳定的战略合作关系，来稳定货源，稳定运价，以此平抑市场波动带来的冲击、抵御市场风险，进而稳定集团的收入和效益。在推行“大客户大合作”战略中，他既抓宏观也抓微观；既对各单位、各部门提出要求，也身体力行，经常亲自带队到客户那里逐家拜访，逐个调研，逐项落实。

四是精细化管理。精细化管理的工作表现在具体细节上，其目的是夯实企业的发展基础，而其落脚点也正是践行“中海愿景”、实现企业的可持续发展。2006 年，李绍德提出在整个集团内开展精细化管理的要求。此后，集团坚持每年召开两次精细化管理专题推进会。从中海集运的“三精”管理到中海货运的“三全”管理，从中海油运的标杆管理到中海海盛的“三率”目标，从集团的“B 级登高”到制度建设与流程再造；在他的推动下，集团的精细化管理不断深入人心，管理水平不断得到提升，可持续发展的基础不断得到夯实。

（二）打造矢志不移的“中海定力”

“咬定青山不放松，立根原在破岩中。千磨万击还坚劲，任尔东西南北风。”李绍德曾多次在讲话中，引用清代诗人郑板桥的《竹石》一诗，以此激励中海人坚定信心、排除万难、勇往直前的气概和执着精神。这种气概和精神，彰显的正是“中海定力”，是中海人在长期经营实践中修炼磨砺出的战略定力。

何为战略定力？此乃排除干扰、应对挑战、自觉克服短期行为、认准长期战略目标矢志不移的能力。

中国海运集团实现持续稳健发展，依靠的就是“中海定力”。市场高涨时，不随波逐流，盲目扩张，而是理性控制投资，追求发展质量；市场低迷时，也不心灰意冷，患得患失，而是积极应对严峻挑战，努力实现逆市上扬。

实际上，打造这种战略定力的关键时点，还不在于市场低谷期，而是在市场高涨期。因为高涨期的诱惑多，心气旺，容易让人失去冷静而变得狂热，遂开始极速扩张，结果把风险和隐患留给未来，进而使企业失去了发展的可持续性。在后金融危机时代，国际航运市场之所以出现长期萧条，正是市场高涨期出现太多非理性船东的狂热性投资，导致市场运力严重过剩，进而导致市场狂热后的断崖式下跌，让整个国际市场从酷暑快速进入寒冬，也让全球航运企业普遍深陷困境，苦不堪言。

难能可贵的是，李绍德提出建设“百年中海”、确立可持续发展理念、打造矢志不移的“中海定力”，并不是在市场萧条期启动，而是在市场高涨时就已经开始了。本着“下雨之前带好伞”的原则，早在金融危机到来之前，李绍德就为他执掌的中国海运集团准备好了三把伞：

第一把伞：严控企业债务。市场巅峰时，人们普遍头脑发热，不断加大投资力度，这势必提高企业的负债率。但李绍德不同，他则越是外部疯狂越是让自己保持理性，越是注重控制企业负债。市场好时赚钱机会多，人们都在做“加法”。同样，中国海运能实现快速发展，也离不开积极做“加法”。但与其他人不同的是，中国海运在做“加法”的同时也没忘记做“减法”。例如，他砍掉了不少高价格造船、高租金租船的投资项目，还砍掉了不少前景不明朗且风险高的陆岸投资项目。在 2006—2010 年的快速发展期，集团的资产负债率始终没有超过 55%，5 年平均值为 45.52%；即使是在市场巅峰、业界疯狂时的 2007 年、2008 年，集团的资产负债率也仅为 44% 和 40%。

第二把伞：坚持以丰补歉。李绍德一直强调过日子要从长计议，懂得以丰补歉；要学会未雨绸缪，及早准备“过冬奶酪”。具体说来，就是在市场高峰时不求利益最大化，而是适度让利给大客户；当市场低迷时，再从大客户那里获得适度补偿。例如，他所力推的“大客户大合作”战略，正是在市场高峰、在船东主导市场时期开始的，这些合作不仅包括签订长期运输合同 COA，特别是带有稳定运价条款的运输合同，更包括很多与大客户共同组建合资公司项目。2012 年，当全球干散货船公司因市场低迷而普遍亏损时，中海货运则凭借“大客户大合作”战略，实现可观盈利，对平抑干散货市场和提高集团航运板块竞争力发挥了重要作用。

第三把伞：建立风险防控体系。实际上，从集团成立那天起，就一直强调风险防控。而在李绍德执掌集团时期，风险防控则从口号、从意识层面进入体系建设层面。他认为，建立和完善体系既是风险防控的有力保障，也是实现可持续发展的有力保障。建立体系有两个关键时点：一是 2008 年，中国海运根据国资委《中央企业全面风险管理指引》要求，按照“整体设计、突出重点、分步实施、务求实效”的建设方针，在总部和三家控股航运上市公司（中海集运、中海发展、中海海盛）开展了全面风险管理体系建设，初步构建了较为完整的风险管理制度体系。二是2012年，中国海运在过去的基础上，进一步加强集团对重大风险管理和内部控制全过程的动态监控，进一步健全高风险业务、重大改革以及重大海外投资并购等重要事项专项风险评估制度，加强对各板块中长期滚动发展所面临风险的全局性、趋势性研判，初步建成了覆盖集团主要业务和相关地区公司的内控流程、风险管理基本框架体系。

在纪念中国海运集团15周年华诞之际，有人总结其成长历程，曾用“波澜壮阔”一词来概括集团的发展特点；而李绍德则将这个“波澜壮阔”改为“波澜不惊”。有人说，用“壮阔”体现的是一种气势。而李绍德则说，从长远看，从可持续性上看，企业发展固然需要一种气势，但更需要一种定力。这个“波澜不惊”体现的就是中海人的战略定力，即“中海定力”。

（三）递交含金量高的“中海答卷”

看李绍德执掌中国海运时期的“中海答卷”，不妨分为快速发展期（2006—2010年）和转型发展期（2011—2012年）两个阶段。

在快速发展期，中国海运集团的成绩单无疑是亮丽的。在这一时期，集团的总资产年均增长18.08%，船队综合运力载重吨年均增长10.67%，均高于另两个时期的数字；特别是集团盈利水平，这一时期的年均盈利为67亿元，也远高于另两个时期。2007年，集团盈利110.95亿元，为中国海运集团整个发展史中最高；次高年为2008年，集团盈利达到90.56亿元。

不过，尽管2006—2010年间，中国海运集团创造了盈利的最好纪录，但如果跳出中海，站在全球航运业的大环境中看中海，这样的数据还算不上惊艳。倒是数据不及快速发展期亮丽的2011—2013年，“中海答卷”反而令人赞叹。因为前者是“森林之中一片绿”，而后者则是“沙漠之中一片绿”。

不妨看看2012年的“中海答卷”。

对于全球航运企业而言，2012年是充满艰辛的一年。玛雅人关于2012的末日预言虽未灵验，但却把危机阴影投射给了国际航运业。这一年，航运市场延续后危机时代的低迷态势，到处是风云变幻，险象环生，危机重重；班轮市场、油运市场运价指数持续在低谷徘徊；干散货BDI指数更大幅下滑，全年平均跌破1000点，仅为920点，同比下跌了40.6%，最低点跌到647点，破了以往26年的最低纪录。诸多国际上实力超群的大型航运企业接连亏损，一些颇为活跃的大型国际班轮公司普遍陷入困境。人们惊叹：航运业的严冬真的降临了。

在这样的环境下，中国海运集团则递交了一份与众不同的“中海答卷”：

这一年，集团运输生产继续保持增长势头，尽管基数在逐年增大，但全年完成货物周转量同比仍有14.2%的增长，货运量同比增长6%，箱运量同比增长9%。

这一年，受运价低迷与油价上涨的双重压力，全行业普遍出现亏损，但中国海运集团全年营业总收入及净利润依然实现正增长，且保持了较好的盈利水平；资产负债率为53%，财务状况继续保持稳健。

这一年，集团安全生产形势保持相对平稳。船舶水上交通事故同比减少3起，下降了11.1%；船舶检查无缺陷通过率70.04%，同比提高了5.7个百分点；各类事故均控制在集团年度安全工作计划指标内。

国资委、交通部等上级单位和领导对此均给予了充分肯定和高度赞扬，国资委王勇主任强调指出：中国海运坚持稳健经营，控制投资规模，加强内部管理，在水运行业全面亏损的情况下，实现效益正增长，实属不易，应该给予充分肯定。

英国《劳氏日报》这样评价："中国海运集团2012年的表现证明了该集团对市场低潮的适应能力"；中国海运"凭着良好的经营模式及审慎的风险管理，表明在国际国内市场上具有巨大的潜能"。同时，在《劳氏日报》发布的"2012全球航运界百位最具影响力人物"的榜单中，李绍德名列全球第六位、华人第二位。

《人民日报》也曾在报道中说："在应对这场危机中，中国海运苦练内功，不断增强企业的抗风险能力和抗市场波动能力。"

应该说，市场萧条期的"中海答卷"，是一份按时间进度和质量要求、按全年预算目标要求全面完成的答卷，是一份困境突围、逆势上扬、价值颇高的答卷。

图2-1　2009年5月13日，李绍德总裁（右三）入选第十八届国际海运名人堂，成为当年全球唯一获此殊荣的船公司代表。

将上述两个发展时期综合起来，看李绍德执掌中国海运集团的"中海答卷"，可认为是对他的可持续发展理念的检验（图2-1为李绍德入选第十八届国际海运名人堂）。2006—2012年的7年间，在市场剧烈动荡的大环境中，中国海运集团的总体成绩单概括如下：

一是运输生产保持强劲增长。2012年，集团全年共完成货运量4.6亿吨、货物周转量8820亿吨海里、箱运量1198万TEU，分别为2005年的1.54倍、1.71倍和2.05倍。

二是资产规模保持递增有序。2012年，集团总资产为1758.1亿元、净资产为826.9亿元，分别为2005年的2.7倍和2.4倍，有效实现了国有资产的保值增值。7年来，集团的资产负债率始终维持在53%以内，财务状况始终保持稳健。

三是船队发展保持良好态势。2012年，集团船队规模达到491艘、3016万载重吨，分别为2005年的1.14倍和2.05倍，集装箱、油轮、干散货三大船队的大型化、现代化日益凸显，国际竞争力日益提升。

四是经济效益保持健康稳健。7年来，集团累计实现盈利345.9亿元。即使是在市场大萧条的2009—2012年，在世界全行业亏损的恶劣环境下，集团依然实现总体盈利，累计实现利润总额80.4亿元，不仅优于国内同行，也在国际同业中成为佼佼者。

五是安全生产保持平稳局面。7年来，集团在安全生产上总体保持相对平稳，历年均能实现安全管理目标。尽管船队规模成倍增长，但水上交通事故却从 2005 年的 77 起降至 2012 年的 24 起，安全面从 2005 年的 97.5% 提升至 2012 年的 99.5%。

六是坚持忠实履行央企责任。坚持依法经营，打造“诚信中海”；认真履行央企的政治责任、经济责任和社会责任，认真贯彻落实国家经济政策，在国家重点能源进出口贸易中发挥重要的运输支持和保障作用，承担国家 60% 的沿海原油运输和近 30% 的沿海煤炭运输；7 年来累计上缴税收 176 亿元，年均缴纳 25 亿元；扶贫救灾等社会捐赠累计 1.25 亿元；2009 年被国务院授予“定点扶贫先进单位”；2011 年，获“中国 AAA 级信用企业称号”。

七是坚持走资源节约型、环境友好型发展之路。扎实推进节能减排工作，积极降低单位能耗和排放指标，加强船舶设备节能技术改造，建造绿色集装箱码头。中海洛杉矶码头获得“绿色环保贡献奖”，中海集运获得“中国上市公司环境责任交通运输行业领袖奖”和“中国上市公司环境责任百家企业奖”（2012 年）。2012 年，全集团实现燃油单耗 4.975 千克 / 千吨海里，比 2005 年大幅下降 31.6%。

7 年来，中国海运集团在李绍德的带领下，坚持铭记做优做久的“百年”愿景，坚持瞄准做强做大的“一流”目标，始终保持清醒头脑，增强忧患意识，在剧烈动荡的国际市场环境下，实现了稳健发展与可持续发展。

第三节　实施“大客户、大合作”战略

在竞争日益激烈的国际航运市场上，中国海运努力探索新的经营模式与发展模式，跳出恶性竞争的“红海”，努力驶向合作双赢的“蓝海”。

集团首先从企业长远发展、稳健发展的高度来认识和推进大客户合作，积极实施“大合作”战略，推行差异化战略来应对同质化竞争，将产业链向航运上下游两端延伸，以优质高效、合作共赢的理念来提升对客户的服务。在推行“大客户、大合作”的战略方针的过程中，进一步巩固了集团在市场中的战略地位，保证了业务收入的稳步增长和市场占有率的稳步上升。

在大客户、大合作战略的实施过程中，其内涵和外延不断扩大：从锁定和电厂、钢厂和炼油厂的年度运输合同、与大客户签订年度 COA 合同开始，进而将生产经营与资本合作结合起来，与大客户合资组建联营公司；再进一步发展到与大客户合作的范围由航运业务向产业链上下游两端延伸，实施企业的收购兼并。一系列举措为保持企业全面持续稳定发展奠定了坚实的基础。

一、广泛开展上下游企业及政府间的合作

“十一五”期间，为了谋求集团的更快发展，集团与运输产业的上下游大企业进行强强合作，与沿海的地方政府开展战略合作，以谋求互利共赢。

（一）开展与大客户及沿海地方政府的战略合作

“十一五”期间，集团尤其注重与大客户的战略合作，每年都有新的大客户加入战略合作同盟（见表2–3）。先后与中石化、中石油、中海油等石油巨头建立战略合作关系，推进原油、成品油以及化工产品运输的合资合作；与宝钢集团、武钢集团、鞍钢集团、首钢集团、沙钢集团等钢铁企业建立战略合作关系，推进铁矿石、煤炭和成品钢材的运输合资合作；与神华集团、华能集团、中电投集团、华润集团、大唐集团、中煤能源等煤炭电力企业建立战略合作关系，推进煤炭运输的合资合作；与中铝集团、中储粮等建立战略合作关系，推进矿石、粮食等散货和集装箱运输合资合作。同时积极推进与广州控股、上海申能等地方企业的合资合作。

2005—2010年中海集团总公司对外合作一览表 表2–3

序号	签约单位	协议名称	签约日期	签约地
1	太平船务	战略合作框架协议	2005年4月	上海
2	上海市虹口区人民政府	战略合作意向书	2005年9月	上海
3	首钢总公司	战略合作框架协议	2006年10月	北京
4	民生实业（集团）有限公司	战略合作框架协议	2006年12月	上海
5	海南省人民政府	战略合作框架协议	2007年2月	海口
6	中铁集装箱运输有限责任公司	战略合作框架协议	2007年2月	北京
7	神华集团有限责任公司	战略合作框架协议	2007年2月	北京
8	武汉钢铁（集团）公司	战略合作框架协议	2007年10月	北京
9	广西壮族自治区人民政府	战略合作框架协议	2007年10月	南宁
10	秦皇岛港务集团有限公司	战略合作框架协议	2007年10月	秦皇岛
11	广东省经济贸易委员会	海上煤运战略合作框架协议	2007年11月	广州
12	宝钢集团有限公司	合资框架协议	2008年2月	上海
13	中国电力投资集团公司	战略合作框架协议	2008年3月	北京
14	上海国际港务（集团）股份有限公司	战略合作框架协议	2008年6月	上海
15	宁波港集团有限公司	合作意向书	2008年6月	宁波
16	中国中煤能源集团公司	战略合作框架协议	2008年7月	上海
17	宝钢集团、烟台港集团	战略合作意向书	2008年10月	上海
18	大连港务集团有限公司	战略合作框架协议	2008年11月	大连
19	深圳市人民政府	战略合作框架协议	2008年11月	深圳
20	鞍山钢铁集团公司	战略合作框架协议	2008年12月	北京
21	天津港（集团）有限公司	战略合作协议	2008年12月	天津
22	高雄港务局	合作意向书	2009年3月	上海
23	宁波港集团有限公司	合资意向书	2009年7月	北京

续上表

序号	签约单位	协议名称	签约日期	签约地
24	中铁集运、沈阳铁路、哈尔滨铁路、大连港集团、大连市政府	战略合作框架协议	2009年7月	大连
25	上海交运（集团）公司	战略合作框架协议	2009年8月	上海
26	华润（集团）有限公司	战略合作框架协议	2009年8月	香港
27	华润水泥控股有限公司	合资意向书	2009年8月	香港
28	中国铝业	战略合作框架协议	2009年8月	上海
29	中国海洋石油总公司	战略合作协议	2009年11月	北京
30	神华集团有限责任公司	海运合作框架协议	2009年12月	北京
31	上海市人民政府	海上煤运战略合作框架协议	2010年1月	上海

在与中石化、中石油、中海油“三桶油”合作方面，早在2003年，集团即与中国石油化工股份有限公司合资组建中石化中海船舶燃料供应有限公司，合资公司开业仪式于12月30日在广州举行。两家中央直属的国有特大型企业强强联手，优势互补，在确保集团燃油供应的同时，共同拓展中国船舶燃料供应市场，以谋求互利双赢。除开展船舶燃料油供应业务合作外，中国海运还与中石油、中石化两大集团组建LNG合资公司，为两大集团承运进口LNG，并与两大集团签署了VLCC进口原油长期运输协议；与中海油推进海洋原油运输合作，稳定中国海运的承运份额。

2008年2月21日，中国海运和宝钢集团在上海签署了《合资组建航运公司框架协议》和进口铁矿石长期运输《包运合同》，中海旗下的中海发展与宝钢集团全资附属公司宝钢贸易有限公司分别就相关事宜达成共识。

宝钢集团是我国现代化程度最高、规模最大的钢铁联合企业；“十一五”期间，每年产钢能力2300万吨，铁矿石进口量近3400万吨。作为我国最强的综合性航运企业之一的中国海运，与宝钢有着长期运输合作伙伴关系，每年为宝钢运输矿石约千万吨。鉴于国际铁矿石价格大幅上涨以及国际航运竞争的日趋激烈，双方谋求更深层次的合作，一方旨在进一步降低运输成本，一方期望获得稳定的市场；通过强强联合，不仅巩固和增强了原有的业务关系，同时还促进双方从业务合作提升到以资产合作为纽带，为双方共赢发展创建新的平台。鉴于此，双方共同出资组建合资航运公司，即香港海宝航运公司。该公司拥有2艘30万吨级和4艘23万吨级大型矿砂船承运进口铁矿石，当时确立的发展目标是到2015年底，该公司的总运力达到300万载重吨。

“十一五”期间，集团还与武钢签署1艘23万吨级和4艘30万吨级大型矿砂船长期运输协议，为武钢集团承运进口铁矿石；随即双方进一步深化合作，再签署4—6艘18万吨级大型散货船的运输协议。与首钢签署了2艘23万吨级和2艘30万吨级大型矿砂船运输协议，为首钢承运进口铁矿石。同时，双方还组建合资航运公司，为首钢承运成品钢材。与鞍钢集团组建合资汽运公司，推进成品钢材散货改集装箱运输业务合作，并积极推进进口铁矿石运输业务合作。与沙钢集团开展合作，积极推进铁矿石运输。

中国海运与中国能源工业的龙头企业——神华集团早有煤炭运输合资合作，于2001年7月20日就合资组建航运公司，初期总投资约1.5亿元人民币，投资建造和购买一批1—2万吨级的散货船，用于国内沿海及长江中下游各港口间的水上货物运输和国际海上货物运输。2007年2月，在双方的支持下，原合资公司珠海新世纪航运有限公司更名为神华中海航运有限公司，并将注册地由珠海迁移到上海洋山保税港区，双方向公司增资，以做大神华中海运力规模。

在电煤运输上，中国海运与一系列大集团建立了合资联营公司。与华能集团组建时代航运公司，为华能沿海各电厂提供煤炭运输保障和服务；与中国电力投资集团（简称“中电投”）组建友好航运公司，为中电投华东电厂提供煤炭运输服务；与华润集团组建中海华润航运公司，为华润电力所属电厂提供煤炭运输服务；与国电组建银桦航运公司，为国电沿长江部分电厂提供煤炭运输服务；与大唐集团签署长期运输协议，为其所属电厂提供煤炭运输服务；与广州控股、上海申能分别组建合资航运公司，为两家企业所属电厂提供煤炭运输服务和生产保障。

集团还注重加强与港口的合作，先后与上海港、宁波港、天津港、大连港、秦皇岛港、烟台港等签署战略合作协议或项目合作协议，加快推进与港口的项目合作和业务合作。先后与连云港港、大连港、秦皇岛港、天津港、烟台港、营口港、锦州港、宁波港、广州港等组建合资码头公司，推进集装箱码头合资合作发展。集团还将台湾高雄港作为航线配置港之一，与高雄港务局签订合作意向书。会同宝钢集团共同参与烟台港股份公司组建。

除上述大客户外，中国海运还积极开展与沿海地方政府的战略合作。“十一五”期间，中国海运先后与上海市、广东省、广西壮族自治区、海南省、河北省、广州市、深圳市、大连市等签订战略合作框架协议，在为地方经济发展做出贡献的同时，也谋求地方政府对集团航运及相关产业的发展给予支持。

（二）各业务板块积极开展大客户合作

集团内各业务板块根据行业特色，针对客户需求，创新形式和内容，加强与大客户合作力度，加大新客户的开发，取得了显著成果。

1. 中海集运：以新的节奏“与象共舞”

“十一五”期间，中海集运把“大客户”开发置于公司发展战略的重中之重。公司首先从优化、完善全球服务网络着手，不断优化航线设计与服务网点的设置，在全球101个国家（地区）共建立了近300个营销网点，开辟了76条内外贸航线。

随着中海集运运力不断增加，船队结构不断优化，公司对外合作方式也呈多样化，合作规模不断扩大，合作层次不断深化。公司已与世界班轮前20强中的17家公司开展了各种方式的合作，涉及96%的外贸远洋干线，航线覆盖范围也由传统三大东西干线发展到几乎所有贸易区；合作方式由以往以舱位互换为主逐渐向共同投船、舱位互换并重的转变。

中海集运积极推出内贸精品航线、多式精品联运服务，为客户提供物流解决方案，提供“无缝衔接”式贴心服务，重点开发了中石油、中石化、鞍钢、中储粮等战略大客户。依靠技术创新、转变营销方式开发大客户，其开发的整车车架集装箱，开启了国内整车运输新模式，不仅稳固了中海与海南马自达的长期合作关系，还吸引了一大批整车汽车客户与中海开展业务合作。通过创新集装箱装轻泡货方式，占领了原汽车运输的轻泡货货源市场，优化了集装箱运输货源结构，使得集装箱班轮运输满舱又满载，航线营运效率、经营效益同步提升。中海集运陆续与美国 TOP100 进口商中的近 30 家客户建立了较为稳定的业务合作关系，其中包括 Ashley Furniture、CANON、GE、Sears、Target 等知名企业。公司每年与其签订的货物包运量约占当年直接大客户（BCO）的一半，占有举足轻重的地位。

在大合作战略中，中海集运抓住国家加快产业结构调整、西部大开发等战略机遇期，从与中铁集装箱总公司合作入手，抢占国内海铁联运“制高点”，开辟铁路专列、班列，初步建立起具有中海集运特色的海铁联运服务体系与服务网络，中海集运全球“网络化营销”能力大大增强。例如，与中铁集运、沈阳铁路、哈尔滨铁路、大连港集团、大连市政府共同签订战略合作框架协议，共同开发建设铁海联运体系、加强铁海联运的业务经营合作。内陆一大批大客户相继成为中海集运的战略合作伙伴，如蒙牛乳业、中石油大庆炼化、中储粮、黄龙食品等，中海集装箱运输在北方重要口岸的吞吐量也连创新高。

2. 中海油运：加强与大客户战略合作

中海发展油轮公司积极与中国石化、中海油等国内大油品公司进行战略合作。2009 年 8 月 7 日下午，中海发展与联合石化就《运输长期合作协议》举行签字仪式。根据协议，双方加强油品运输合作，增加货载和货量，调整运价机制，更好地促进中海油品运输的发展，保障中国石化石油运输的需要。

2009 年 11 月 23 日下午，中国海运与中国海洋石油总公司（简称“中海油”）在北京签署战略合作协议。根据协议，双方深入推进油品运输、石化产品物流以及资本等方面合作，充分整合和发挥各自优势，共同促进双方在各自领域的发展，以此增强各自企业的核心竞争力。中海油是我国最大的石油能源企业之一，也是我国最大的海上油气生产商，是集上游油气勘探、开发、生产及销售，中下游天然气及发电、化工、炼化、化肥，以及专业技术服务、金融服务、新能源等产业板块于一体的综合型能源集团。中海油和中国海运两家均为国资委直接管理的国有特大型骨干企业，双方加强长期紧密的合作关系，对实施国家航运政策以及推进国有企业发展有着十分积极意义。

3. 中海投资：坚持营销转型，推进大客户战略

中海投资的集装箱制造板块坚持以市场营销为龙头，大力推进大客户战略。一方面，加强市场营销力量；针对细分市场，充分调动总部市场部和工厂业务部两个“积极性”，逐步形成多梯队、多方位的市场营销队伍，开拓国内外大客户和特种箱市场；另一方面，充分依托集团运输优势，通过强化异地交箱服务、优化物流运输等方式，为客户提供差异化服务。此外，公司还坚持走科技创新之路，成立了技术研发中心，加快特种箱和非箱型产品开发，改善产品结构，满足客户的不同需求；并通过建立全面质量管理体系，强化产品质量控制，打造中海箱、车产业品牌。依靠良好的产品质量和售后服务，使得公司与全球主要班轮公司、租箱公司等大客户建立了良好的合作关系。

4. 中海船务：向“大客户、大合作”战略转型

中海船务从长远和可持续发展出发，按照集团要求，坚定不移地实施“大客户、大合

作”战略，加强与大客户及国内沿海、沿江主要港口的合作与交流，由“单航次委托代理”向“大客户、大合作”战略转型；与中石油、中石化、中海油、首钢、武钢、宝钢、鞍钢、神华、华能、大优等国内主要大客户保持密切联系，积极听取意见及建议，扩大业务合作，大客户战略取得了很大进展。

5. 中海客运：积极推进港航合作

中海客运跳出“红海”恶性竞争，积极探索客运发展新思路，积极与大连、烟台两港协商洽谈，与大连、烟台两港推行实施合作双赢的战略构想。2006 年 12 月，与大连、烟台两港签署了“一航两港”战略合作意向书。2007 年 7 月，中海客运与烟台港集团在烟台签订了合资组建客货滚装码头公司框架协议；与大连港集团、烟台港集团签订组建合资航运公司框架协议。2008 年 1 月，开创性地与港口合作成立了中海港联航运有限公司，同年 11 月成立烟台同三轮渡码头有限公司，依托两港优势，公司的可持续发展能力显著增强。

（三）大客户大合作产生积极效果

一是增强了在国民经济中的“顶梁柱”作用。中国海运坚持着眼于互利共赢，平稳发展的方针，自 2006 年起，相继租入和订造了多艘 VLCC，为中石化、中石油等大型石油公司承运进口原油，稳步巩固国轮在原油运输中的比例；同时，在散货运输方面，巩固和加强了与大型煤炭、钢铁等中央企业的战略合作，合资订造了一大批特大型散货船，并通过加强资本层面合作，巩固长期运输业务合作；集团在国内沿海煤炭运输市场占有率逐年回升，同时也为进口铁矿石等国家重要能源物资运输提供了更好的保障，打破了国家重要物资进口运输受制于他人的局面，体现了中央企业强烈的责任意识，更好地发挥了中央企业在国民经济中的“顶梁柱”作用，也为国内企业合理控制成本和风险，提高资源利用效率，带来了明显的协同效应。

二是有效抵御了市场剧烈波动带来的冲击。抱团取暖，合力应对，共抗“严冬”，是中国海运迎战国际金融危机与航运市场波动的关键手段。2011 年，全球航运企业普遍遭遇市场低迷的剧烈冲击，在应对危机中，央企合作战略发挥了重要作用，中国海运的全年干散货 COA 合同签订量 1.63 亿吨，同比增长 17.6%；油品 COA 合同签订量 4300 万吨，同比增长 15.7%；完成中国石油进口运量达 2007 万吨，同比增长 31.6%；承运战略合作客户货运量同比上升 13.4%。旗下所属的中海货运，在同业普遍亏损的情况下依然取得可观的经济效益，中国海运集团实现了整体盈利，其中央企合作成为市场逆境中应对挑战、化危为机的关键因素。

三是为企业平稳发展提供了坚实保证。中国海运的集装箱、油运、货运三大船队及业务的平稳发展，得益于央企之间的合作，从而在稳定货源、稳定效益上提供了保障。“十一五”时期，集团属下的中海集运在东北与中石油、中储粮以及鞍钢集团加强合作，为内贸南北集装箱航线提供了大量稳定的基础货源；与上汽集团加强合作，为相关专线的开辟和稳定发挥了重要作用。中海油运三大主要客户（中石化、中石油、中海油）运量、收入占中海油运总运量、总收入的比重一直超过 70%；中海货运（不含联营公司）大客户运量、收入占中海货运总运量、总收入比重位于 60%—75% 之间；“十一五”时期，平均保持在70%左右。

四是促进了产业链上下游业务的延伸。通过央企合作，促使中国海运将自身发展成为客户供应链和价值链中不可或缺的一部分，使之与客户简单的交易关系上升到长期协作的伙伴关系，由点到点的传统运输方式转换到点对面的现代物流配送体系。同时，央企合作还促进了中国海运的转型升级，使其在国际航运市场上，从船与船的竞争升级为链与链的竞争。例如，中海集运通过与中铁的集装箱运输合作，开辟了海铁联运业务，实现了商业模式创新。中海码头通过参与连云港、大连大窑湾、广州南沙、广西钦州等集装箱码头投资，延伸了集团的航运产业链，扩大了企业的综合优势。

二、散货运输的大客户合作联营

20世纪末至21世纪初，国际上的工业船队、贸易船队和商船队三种船队出现了自由竞争的发展模式，而国内各类型航运企业的竞争格局更是发生了深刻变化。首先，不少国内大型工业企业纷纷借鉴外国发展工业船队的经验，筹措资金组建自己的货主船队，但受限于船舶管理、船员素质等因素，举步维艰；其次，民营企业抓住散货运输门槛低、运价起伏波动较大、船舶资产处理便利、船员劳务市场千差万别、经营手段灵活等条件，即使在没有货源支撑的情况下，仍通过“超额”贷款或融资租赁等形式快速发展运力；最后，实力雄厚的大型船队也与一些中小型船队实行兼并整合等发展模式。

在这种大背景下，中国海运集团传统的散货运输市场受到冲击，形势严峻。如何使集团在沿海运输市场的激烈竞争中保持主导地位，在巩固已有市场份额的基础上，进一步拓展市场增量，充分发挥自身运力规模和专业管理优势，就成为一个亟待解决的课题，而探索“强强”联营合作遂成为当时的必然选择。

散货运输虽然门槛低，但是与油气运输、集装箱运输相比，涉及的产业较多，在上下游产业链上涉及面比较广泛。通过与大型电厂、大型钢铁、煤炭经销商、矿石经销商、粮食经销商等的合作，有助于加深了解，促进沟通，在取得其理解和信任的基础上，扩大在散货运输的影响力，实现稳定的可持续发展。

（一）联营合作的三个发展阶段

初期发展阶段为1998—2003年。当时航运市场低迷，船价相对较低。为遏制市场占有率下滑的态势，采取“稳住两头，中间突破”的策略，中国海运集团首先通过出售自卸船成立上海时代航运有限公司，稳住东北电煤市场。此时，华南电煤的市场占有率仍处于一个合理水平。在巩固东北市场占有率的同时，还在华东与上海电力（中电投集团）组建上海友好航运有限公司，促进华东市场占有率的提升，随后再与煤炭销售方神华集团在珠海成立珠海新世纪航运有限公司。

这批联营公司初期的运力发展是由中海发展以及旗下的中海货运直接以船舶评估出资或出售船舶。此阶段，对于合作方具备怎样的条件可以与公司成立联营公司，以及联营公司如何只管经营而船舶管理委托中海货运等课题，在政策和法规上尚存在空白。但是，政府交通主管部门非常支持中海货运所做的联营探索，以期维护国内沿海良好的运输秩序，确保水上运输安全。在当时，中海货运还借鉴国外经验，率先成立专门的船舶管理公司，为联营航运公司专注经营而受托代管船舶。

探索发展阶段为 2006—2008 年。这一期间，国家政策框架逐步明晰，如中海发展是否为中外合资企业、具有外资成分的企业能否与公司联营成立经营国内沿海航线的航运公司等问题逐步明确，区分船舶所有人、经营人、管理人的新版《船舶营业运输证》启用，船舶管理条例也相继出台等。这一时期，先期成立的航运公司主要通过租入公司的船舶与先前购入的运力来开展业务，有的进入了运力自我发展阶段，或开始批量新造船舶，或购置适应特定航线的二手船。此阶段航运市场迎来了百年难遇的繁荣时期，客户联营合作的期望高涨。但是，为规避市场高位合作可能带来的长远收益风险，也本着对合作方负责的态度，中海货运适度放慢了成立联营公司的节奏。与此同时，一些客户从航运市场旺盛、高额运输利润独家分享的角度，按照国家有关法规成立了独资或控股的船公司，还充分利用市场上船管公司逐步走向成熟、社会聘用船员租金相对较低的时机，在短期取得较高利润的基础上，大力订造高价位新船。

优化发展阶段：2009 年以后。经过金融危机的洗礼，航运市场呈现出与以往不同的波动幅度大、频率快等特点，未组建船公司的大客户对联营合作转为持观望态度，已组建航运公司的客户则深感高价位船舶的经营压力和船舶安全管理的压力。由于造船船台紧张或经营压力较大，通过转让新船建造合同或转让已有航运公司股权来成立联营航运公司，是这一时期的一个显著特点。

图 2-2　2007 年 2 月 28 日，中国海运与神华集团签署战略合作协议。

截至 2010 年年底，中国海运散货运输船队相继与华能集团、中电投集团、神华集团（图 2-2）、国电集团、宝钢集团、首钢、上港集团、华润集团、申能集团、广州发展集团等大客户建立了紧密型的战略联盟，先后投资设立了 10 余家控股、参股联营散货航运公司。

（二）联营公司的管理

联营公司设置股东会、董事会与监事会、经营班子三个管理层次，实施对联营公司战略决策、生产经营与日常事务管理等职能。

第一层次：股东会。股东会是联营公司的最高权力机构，具体履行投资者管理职责的有两个单位：一是作为中国海运散货专业公司的中海货运，受委托负责中海发展投资的散货联营公司的相关管理职责，具体由中海货运企划部开展管理、监督、服务等工作；二是作为投资主体的中海发展，负责需由股东会审批的投资决策程序以及报中国海运履行相关的审批程序。

第二层次：董事会与监事会。董事会是联营公司的经营决策机构，负责重大事项的制定或审议以及应由董事会审批的事项。同时，还设有监事会，负责对董事会及高级管理人员履行职务行为进行监督。

第三层次：经营班子。对董事会负责，其主要职责是负责联营公司生产经营及管理事务。同时，根据业务需要，相应设置管理机构，如综合管理、经营管理和安 全技术监督管理等部门，主要负责生产经营管理和技术安全监督工作。

在联营公司的管理制度方面，2010 年 6 月，集团出台《中国海运联营散货航运公司管理暂行规定》，将中海发展境内散货联营公司的管理职权授予中海货运。中海货运公司根据中国海运的有关规定，结合自身实际以及联营公司特点，制定了具体操作规程，并印发《中海发展股份有限公司货轮公司联营散货航运公司管理实施细则（试行）》和《中海货运联营散货航运公司中层及以上干部管理暂行办法》等。这些制度的建立，明确了联营管理的责任，有利于实现对联营公司的管理、指导和服务，有利于促进联营公司又好又快发展。

在沟通机制方面，中国海运集团和货主单位建立交流互访机制，形成从集团高层领导、专业公司经营班子到经营操作层面的交流沟通机制，强化战略合作，落实合作项目，提高营运效率。中海货运与联营公司进行定期交流，在运力需求上相互支持与配合，共同提高船舶的运营水平和效率，确保涉及国计民生的合作客户重点能源物资的运输，确保大客户的运力需求。

经过多年发展，中国海运成立的联营公司已初具规模。截至 2010 年年底，联营公司的总资产达 131 亿元，船舶 56 艘、305.7 万载重吨，年货运量 3863 万吨。联营合作的建立，扩大了生产经营规模，增强了中国海运散货运输的综合竞争力和对市场的影响力与控制力，巩固和提高了市场份额。同时，借助于战略合作，公司实现了大型矿砂船的突破性发展，进入了新的运输市场领域，实现了与大客户、联营公司的共同发展，为股东创造更大的投资回报，保障了国家能源资源运输，取得了良好的社会效益。

三、散货运输联营公司基本情况

（一）上海宝江航运有限公司

1996 年 11 月 8 日，上海宝钢海洋运输有限公司和中国长江轮船公司成立上海宝强航运有限公司，注册地：上海自由贸易试验区，注册资金 2000 万元，股东和股权比例分别是宝钢占 49%，长轮占 51%。

2000 年 8 月 23 日，上海宝强航运有限公司更名为上海宝江航运有限公司，注册资金 2500 万元，股东和股权比例分别是：上海宝钢海洋运输有限公司占 40%，中国长江轮船公司占 30%，福建冠海海运有限公司占 20%，中海发展占 10%。

2001 年 4 月 10 日，公司增资至 4000 万元，股东和股权比例分别是上海宝钢运输有限公司（上海宝钢海洋运输有限公司更名为上海宝钢运输有限公司）40%，中国长江轮船公司占 30%，福建冠海海运有限公司占 20%，中海发展 10%。

（二）上海时代航运有限公司

上海时代航运有限公司（简称“时代航运”）成立于 2001 年，注册资本 5000 万元，注册地和办公地均为上海，成立时股东是中海集团下属的中海发展股份有限公司和华能集团下属的华能能源交通产业控股有限公司，双方的股比均为 50%。

时代航运自成立至 2010 年 12 月底，累计完成货运量 16657 万吨，累计运输收入 96 亿元；累计利润总额 18.3 亿元。

至 2010 年 12 月 31 日，时代航运自有船舶共计 29 艘、约 160 万载重吨，平均船龄 10.9 年。

时代航运有两家全资子公司，分别为新时代国际航运（控股）有限公司（2007 年 8 月 30 日在香港注册成立，注册资本 15 万美元），该公司是时代航运外贸租船窗口；上海达海航运有限公司（2009 年 11 月 6 日在上海注册成立，注册资本 1000 万元）。

时代航运货主股东是华能国际电力股份有限公司（简称“华能国际”），华能集团直接或间接拥有华能国际 51.3% 的股权。华能国际成立于 1994 年 6 月，是国内第一个实现在纽约、香港、上海三地上市的发电公司。其主营业务是开发、建设和经营管理大型发电厂，拥有多家煤电、气电、风电、水电及煤炭、港口、航运企业。华能集团发电装机容量达 1.6 亿千瓦，装机规模世界第一，每年发电量占全国发电量的 11%，电力产业覆盖全国 31 个省区市。

（三）神华中海航运有限公司

神华中海航运有限公司（简称“神华中海”）原名为珠海新世纪航运有限公司。珠海新世纪航运有限公司（简称“新世纪航运”）于 2001 年 9 月 25 日在珠海市注册成立，注册资本 6000 万元，成立时的股东为中海集团下属的中海发展股份有限公司和神华集团下属的神华煤炭运销公司，双方的股比均为 50%。2010 年 5 月，新世纪航运将注册地改为上海，公司名称变更为神华中海航运有限公司，中海发展出售神华中海 1% 股权给对方股东。

神华中海经过多次股东变更以及增资，目前的注册资本为 51.8 亿元，股东为：中海散货运输有限公司，占股比 49%；中国神华能源股份有限公司，占股比 51%。

至 2010 年 12 月 31 日，神华中海自有船舶共计 11 艘、约 49.6 万载重吨，平均船龄 10.9 年。

神华中海自成立至 2010 年 12 月 31 日，累计完成货运量 8532 万吨，收入 24.29 亿元；累计利润总额 9.69 亿元。

神华集团成立于 1995 年，是以煤为基础，集电力、铁路、港口、航运、煤制油与煤化工为一体，产运销一条龙经营的特大型能源企业，是目前我国规模最大、现代化程度最高的煤炭企业和世界上最大的煤炭供应商。

（四）上海友好航运有限公司

上海友好航运有限公司（简称“友好航运”）成立于 2001 年 11 月，成立时的注册资本为 2000 万元，股东为中海集团下属的中海发展股份有限公司和上海电力股份有限公司下属的上海电力燃料有限公司，双方股比均为 50% 和 50%。后经过多次股东变更和增资，2010 年注册资本为 3 亿元，双方股东变更为中海散运和上海电力股份有限公司，股比未变。

至 2010 年 12 月 31 日，友好航运自有船舶共计 5 艘，运力规模合计约 10 万载重吨。

2010 年，友好航运股东由原先的中海发展与上海电力燃料有限公司，更改为上海电力股份有限公司与中海发展。双方股东各出资 1 亿元，各占股权 50%。是年底，友好航运拥有自有运输船舶 3 艘，光租运输船舶 2 艘，共 5 艘船。分别为 2 万吨级“振奋 5”轮、“振奋 8”轮、“振奋 13”轮、“振奋 15”轮和“红旗 121”轮，总载重吨位超过 16 万吨。

2012 年 9 月，中海海运（集团）总公司下发《关于同意中海发展股份有限公司下属散货运输企业重组的批复》，同意中海发展股份有限公司将其所持有的上海友好航运有限公司等联营公司的股权以协议转让方式转给中海散运。中海散运遂取代中海发展，成为友好航运一方股东。股东双方股比未变。

友好航运自成立至 2015 年底，累计完成货运量 3167 万吨（其中货主股东运量 2924 万吨），累计运输收入 14.97 亿元；累计利润总额 1.185 亿元。

（五）上海银桦航运有限公司

上海银桦航运有限公司（简称“银桦航运”）成立于 2007 年 9 月，注册资金 2 亿元，股东分别为：中海集团下属的中海发展股份有限公司，股比 51%；中国国电集团下属的江苏新龙源投资有限公司，股比 49%。经过多次股权变更，2010 年前银桦航运的双方股东为中海散运和江苏苏龙能源有限公司，股比未变。

截至 2010 年 12 月 31 日，累计完成货运量 247 万吨，累计运输收入 1.4 亿元；累计利润总额 2097 万元。至 2010 年 12 月 31 日，银桦航运自有船舶 1 艘，计 2 万载重吨。

银桦航运的货主股东是江苏苏龙能源有限公司（简称“苏龙能源”）。苏龙能源是江阴苏龙热电有限公司（简称“苏龙热电”）的全资子公司。苏龙热电是中国国电集团控股的中外合资混合所有制企业，于 1993 年 12 月 28 日注册成立。该公司由中国国电下属的龙源电力集团股份有限公司（简称“龙源电力”）、江阴电力投资有限公司、江苏电力发展股份有限公司和江苏三房巷集团有限公司等投资方共同组建。

（六）香港海宝航运有限公司

2008 年 4 月，香港海宝航运有限公司（简称“海宝航运”）在香港注册成立，注册资金 800 万美元，中海集团下属的中海发展股份有限公司，占股比 51%；宝钢集团下属的宝钢资源有限公司，占股比 49%。海宝航运主要负责宝钢集团进口铁矿石一程运输。

海宝航运成立至 2010 年 12 月 31 日，完成货运量 138 万吨，累计利润总额 1106 万元。至 2010 年 12 月 31 日，海宝航运自有船舶共计 2 艘，约 45.8 万载重吨，均为悬挂香港区旗的船舶。

宝钢资源（国际）有限公司（简称“宝钢资源”）成立于 2006 年 7 月 21 日，是宝钢集团的全资子公司，主要从事矿产资源的投资、贸易及物流服务。

（七）广州京海航运有限公司

广州京海航运有限公司（简称“京海航运”）于 2009 年在广州注册成立，注册资金 1 亿元，股东为：中海集团下属的中海发展股份有限公司（简称“中海发展”），占股比 51%，首钢集团下属的中国首钢国际贸易工程公司和北京首钢钢贸投资管理有限公司，股比分别为 29% 和 20%。京海航运主要负责首钢集团内贸钢材的运输。

京海航运成立至 2010 年 12 月 31 日，累计完成货运量 138 万吨（其累计运输收入 1.3 亿元；累计利润 240 万元）。至 2010 年 12 月 31 日，京海航运自有船舶共计 1 艘 /1.5 万载重吨，长期期租船 1 艘，1.5 万载重吨，均为沿海钢材船舶。

中国首钢集团总公司（简称“首钢集团”），以钢铁业为主，兼营矿产资源业、环境产业、装备与汽车零部件制造业等，钢铁产能达 3000 万吨。京海航运首钢方两家股东均为首钢集团全资子公司，两家股东一直向新散运和京海航运提供货源，另外还有一家首钢集团下属的首钢京唐钢铁联合有限责任公司也向京海航运提供货源。

（八）天津中海华润航运有限公司

2009 年 5 月，华润集团下属的华润电力物流（天津）有限公司（简称“华润天津物流”）在天津成立了全资航运公司——华润电力海运（天津）有限公司（简称“华润电力海运”）。

2009 年 9 月，中海集团下属的中海发展股份有限公司（简称“中海发展”）与华润天津物流签署了合资协议书，中海发展收购华润电力海运 51% 股权。该收购通过增资扩股的方式实现，中海发展以船舶实物加货币的方式向华润电力海运增资，2010 年 1 月 1 日，中海发展增资的“宁安 1”轮到位，2010 年 5 月，华润电力海运更名为天津中海华润航运有限公司（简称“中海华润”）。中海发展拥有该公司 51% 的股权，华润天津物流拥有该公司 49% 的股权。

2010 年 12 月底，中海华润完成货运量 229 万吨，运输收入 1.28 亿元；利润 373 万元。至 2010 年 12 月 31 日，中海华润自有船舶共计 3 艘，计 12.97 万载重吨，平均船龄 16.6 年。

华润电力成立于 2001 年 8 月，是华润（集团）有限公司（“华润集团”）的旗舰香港上市公司，是中国效率最高、效益最好的综合能源公司之一，业态涉及火电、煤炭、风电、水电、分布式能源、核电、光伏发电等领域。

（九）广州发展航运有限公司

2010 年 8 月，中海发展股份有限公司（简称“中海发展”）与广州发展煤炭投资有限公司签署了广发航运的合资协议及股权转让协议，中海发展通过收购广发航运 50% 股权的方式实现与广州发展的合资合作。2010 年 9 月 10 日，中海发展中海散货运输有限公司正式成为广发航运的股东，占股比 50%；广州发展能源物流集团有限公司，占股比 50%。至 2010 年 12 月 31 日，广发航运自有船舶共计 4 艘，22.9 万载重吨。

中海集团参股广发航运的当年（2010 年），就完成货运量 464 万吨，收入 2.67 亿元；利润达到 3112 万元，显示了出良好的经营态势。

广州发展航运有限公司（简称“广发航运”）是广州发展集团股份有限公司（简称“广州发展”）于 2008 年通过其全资子公司广州发展煤炭投资有限公司设立的全资散货航运公司，成立时注册资本为 5.97 亿元。

（十）上海嘉禾航运有限公司

上海嘉禾航运有限公司（简称“嘉禾航运”）于 2010 年 2 月在上海注册成立，注册资金 2.4 亿元。中海集团下属中海发展股份有限公司，占股比 51%；申能股份有限公司，占股比 49%。

嘉禾航运成立当年，完成货运量 40 万吨，运输收入 2543 万元；实现利润 166 万元。

2010 年嘉禾航运成立时，投入一艘载重吨 2.4 万的货船，计划在经营发展中，逐步将运力增加到 4 艘船舶，15 万吨载重吨。

嘉禾航运的货主股东申能股份有限公司于 1992 年 6 月设立，并于 1993 年 4 月在上海证券交易所挂牌上市，其控股股东为申能（集团）有限公司（简称“申能集团”），最终股东方为上海市国资委。

四、香港海宝航运公司实现平稳快速发展

如前所述，香港海宝航运有限公司是中国海运与宝钢集团的合资公司。2010 年 6 月 18 日，随着首艘 23 万吨 VLOC 船“仁达”轮顺利投产，海宝公司实现了船舶从无到有的历史性跨越，并实现当年投产，当年盈利。此后，随着“义达”“礼达”“智达”等轮的相继投产，海宝公司的营运船队不断壮大，形成了初具规模的主力船队，成为我国进口矿石运输的一支生力军。海宝公司的货运量、货物周转量和营业收入也平稳增长，连年保持盈利。

“十一五”期间，海宝公司经受住了全球金融危机的挑战和航运市场持续低迷的严峻考验，取得了平稳较快的发展，这是中国海运和宝钢集团两大股东大力支持、密切合作、优势互补的成果，也是海宝公司充分发挥合资公司优势和自身能动性的成果。

（一）善于借力船东

海宝公司充分利用中国海运船舶管理的技术优势。作为航运企业，船舶安全是最大的风险，也是经营管理活动中最重要、最关键的环节。海宝公司的船舶均为大型船，资产价值高，安全风险大，安全责任重。为了加强安全管理，海宝公司充分利用中国海运在船舶管理方面的技术优势，船舶投产以后，均委托中海货运进行管理，使用中海货运的质量安全管理体系。而中海货运也全力支持合资公司的发展，为海宝公司配备了包括高级船长、高级轮机长在内的高素质管理团队，精心挑选了一批责任心强、业务精湛、富有大型船舶服务经验的优秀船员并派遣到海宝公司的船舶，按照自有船舶的标准，为海宝公司提供最优质的服务和保障。海宝公司与中海货运密切协作、积极配合，指导船舶严格执行质量安全管理体系，抓好日常安全管理工作和现场安全指导和监控。“十一五”时期，船舶营运安全平稳，安全面达 100%，PSC 检查滞留率为 0。船舶保修、保养按计划有序有效进行，技术状况和船容船貌、船员的精神状态始终保持良好。

（二）大力依托货主

海宝公司充分利用宝钢集团的货源优势。宝钢集团的稳定货源，是海宝公司生存和发展的重要基础。根据合资双方的安排，海宝公司的矿砂船与宝钢集团签订了长期包运合同。宝钢集团克服金融危机造成的种种困难，始终坚持“重合同、守信用”，为海宝公司提供了稳定的货源，并在货物配置、船货衔接、装卸港安排、运费支付等方面也给予海宝公司极大的支持。海宝公司也始终坚持“客户至上，服务优质”的理念，在认真履行 COA 的过程中，大力提高运输效率。通过加强与货主、船管单位、船代、港口等相关各方的联系、协调和配合，精心安排好每一个航次，科学调度，减少船舶停泊时间，提高营运效率；通过综合考虑装港潮水、备货情况，合理配载，尽量多装货、装满货，增加航次收入，充分发挥船舶运能。

（三）提升经营水平

为了抓好市场船舶的经营工作，海宝公司放弃“等靠要”的思想，发挥自身能动性，在船舶投产几个月之前，即提前开展市场调研，指定专人每天跟踪、收集市场信息，跟踪

指数、运价及租金情况，分析市场走势，研究经营策略。2010 年年底至 2011 年年初，抓住市场相对高位的机遇，果断决策，及时与租家签订期租合同，锁定收益。之后通过综合评估经营风险、效益、效率、安全等因素，又陆续签订了两份期租合同。从三个租期的综合经营情况看，租金高于市场平均水平，为公司的整体效益做出了重要贡献。同时，通过参与市场竞争，提高了公司对市场的敏锐度和把握市场的能力，锻炼了航运经营人员的实际操作水平和信心，拓展了租家和客户信息资源，为下一步的经营奠定了良好的基础。

（四）严格控制成本

海宝公司高度重视成本控制工作，将节能减排、控制燃油费用作为增创效益的重要手段，不断总结经验，积极推进节能降耗工作。在新船磨合期内，海宝公司与船管公司密切配合，跟踪船舶设备状况和各项参数情况。磨合期过后，在确保安全、保证主机正常工况的前提下，指导船舶逐步降低主机转速，详细记录和分析主机转速与油耗的对应关系和变化规律，并对船舶设备的运行状况进行连续跟踪和评估。从实际效果来看，适当降低主机转速对船舶航速影响不大，节油效果却十分明显。以“义达”轮为例，2010 年，通过开经济转速，航次油耗从最高 1500 吨降低到 1260 吨，平均每航次可节省燃油费用约 12 万美元，效益可观。开经济航速工作在各轮推广，操作上趋于稳定和成熟，效果明显，成为海宝公司经营管理中亮点。同时，海宝公司根据船舶的装卸计划，综合考虑燃油价格、各地价差、绕航等因素，科学选择加油地点和加油量。2011 年内，海宝公司自营船舶加装燃油均价为 634.56 美元 / 吨，低于新加坡（均价 646 美元 / 吨）、香港（均价 662 美元 / 吨）、上海（均价 668 美元 / 吨）同期的均价水平。

（五）着力加强管理

海宝公司组建之初，即按照“高起点、严管理、防风险”的要求，综合股东双方及董事会的管理要求、经验和行业规范，编制公司经营管理的各类文件，包括薪酬管理、资金管理、合同管理等十一项基础管理制度，做到凡事有章可循，有据可依，规范内部管理。“十一五”期间，随着船舶逐步投产，海宝公司根据实际工作需要和形势变化，按照合资公司的特点，在经营管理活动中，兼顾多方利益，统筹各方关系，对内部管理制度进行梳理完善，进一步明确管理职责和权限。重点是：加强资金管理，规范费用审批流程；建立工作会议制度和月度工作报告制度；推进管理信息化建设；理顺各方关系，加强与股东单位、货主、船管、船厂、银行等相关单位的联系、协调和配合；完善内部文件、档案管理等。

第四节　航运主业形成“三足鼎立”格局

进入“十一五”，中国海运集团的船队建设出现三个显著变化：

一是在继续加快发展集装箱船队的同时，也加大了油轮、干散货船队的发展力度，形成了集、油、散“三足鼎立”的格局。2006—2010 年的 5 年间，除集装箱船队继续保持高速增长外，油轮及干散货船队也开始发力，快速增长；5 年间，油轮船队载重吨的年平均增长率达到 15.98%，干散货船队年均增长 11.56%。而此前 1997—2005 年的 8 年间，油轮船队年均增长则为 6.26%；干散货船队年均增长率更低，仅为 2.69%。

二是船队总体规模实现了大幅增长。1997—2005 年的 8 年间，集团综合运力载重吨年均增长 7.66%，而在 2006—2010 年的 5 年间，综合运力年均增长达到 11.06%。综合运力的快速发展，源于企业战略的调整。在船队发展上，由原来的集装箱一枝独秀转变为三足鼎立，多点发力。到 2010 年，集团综合运力为 472 艘、2346 万载重吨，载重吨是 2005 年的 1.6 倍、是 1997 年的 2.9 倍。

三是船队质量有了很大提高。在大型化方面，1997 年的平均单船载重吨为 2.02 万吨，2005 年为 3.41 万吨；而到 2010 年，平均单船载重吨达到 4.97 万吨，是 1997 年的 2.46 倍、2005 年的 1.46 倍。在现代化方面，以平均船龄作为指标，可以看出船龄在逐年降低。1997 年、2005 年的平均船龄分别为 14.6 年、14.38 年；而到 2010 年，平均船龄为 11.27 年，比 1997 年、2005 年分别下降了 3.33 年和 3.11 年。

船舶运力分布情况以及主要航运企业经营状况见表 2–4 和表 2–5。

中国海运集团按船公司划分的船舶运力分布情况（2010 年 12 月 31 日） 表 2–4

船舶经营人	艘数（艘）	总吨（吨）	载重吨（吨）	载箱量（TEU）	载客量（人）	载车量（CEU）	船龄（年）
浦海航运	34	214413	265340	16010			11.32
中海发香港	4	116331	201006				16.25
中海海盛	20	358096	601986				16.60
中海货运	101	2584650	4275146				16.68
中海集运	130	5333732	6154244	493265			6.49
中海客运	7	82509	19053		8487	577	14.57
中海汽车	5	230533	78444			25892	6.20
香港航运	11	469149	893719				8.91
中海油运	70	3646886	6563174				7.47
专业公司合计	382	13036299	19052112	509275	8487	26469	10.64
上海海运	6	56111	35056	814	1178		20.17
中海工业	10	129373	210505				18.50
非专业公司合计	16	185484	245561	814	1178		19.13
合资公司合计	74	2389596	4163921				12.84
总计	472	15611379	23461594	510089	9665	26469	11.27

主要航运企业经营状况（2006—2010 年）（单位：亿元）　　表 2-5

船舶经营人	2006 年		2010 年	
	主营收入	利润总额	主营收入	利润总额
中海集运	305.61	39.25	348.09	43.20
中海发展	97.72	32.26	113.99	21.71
中海油运	55.46	16.47	60.98	9.54
中海货运	52.61	22.06	74.60	10.95
中海海盛	7.11	1.79	12.48	1.01
中海客运	5.89	1.11	5.60	0.44

一、集装箱船队：规模和船型迈入世界班轮公司前列

“十一五”期间，因受金融危机影响，国际集装箱运输市场发生巨幅波动，形成“过山车”走势，从危机前的高度繁荣急速滑落到谷底，各大班轮公司面临严峻挑战。马来西亚航运公司宣布退出集装箱运输业，南美航运大幅缩减运力并寻求股东注资支持，德国赫伯罗特的第二大股东也一直在寻求出售股权并退出公司。

在严峻的市场形势下，中海集运的经营状况则相对稳健，这主要得益于他们以前瞻目光早规划、早调整，实施稳健的经营策略。公司自“十一五”初期，就着手进行战略调整，发展定位从“世界一流的集装箱班轮公司”转为“世界一流的集装箱综合航运物流企业”，发展重点从注重外延式扩张转向以效益为中心，不求做大，但求最优，可持续发展能力逐步增强。

中海集运的船队结构调整可以用“三变两不变”来概括：所谓“三变”是指船队的载箱位、平均箱位、单位油耗等均发生重大变化。集装箱船队的载箱位从 2005 年末的 34 万 TEU 增长到 2010 年 49.3 万 TEU，增幅 45%；平均箱位从 2005 年年末的 2829TEU 增长到 2010 年的 3978TEU，增幅 40.6%，大型化趋势明显；单位油耗从 2005 年的 8.31 千克 / 千吨海里下降到 2010 年的 6.79 千克 / 千吨海里，下降 18.3%，节能减排效果明显。所谓“两不变”是指船队的艘数基本不变、船龄基本不变。船队的艘数从 2005 年年末的 120 艘增长到 2010 年的 124 艘，船龄也仅从 2005 年年末的 7.44 年降低到 2010 年的 6.49 年。2007 年，随着 9600TEU 超大型船舶“中海长滩”轮的交付，中海集运的整体运力超过了 43 万 TEU。根据行业权威咨询网站（www.axsmarine.com）数据统计，中海集运船队当时的运力位居中国第一、全球第六。

2008 年，中海集运签署建造的 8 艘 13300TEU 超大型船舶，于 2010 年年底前陆续交付使用。13300TEU 超大型集装箱船，是当时世界上载箱位最大、技术装备最先进的船型之一。

通过结构调整，集装箱船队的发展适应了大船、低碳的行业发展趋势，竞争力和社会效益均有明显提高（表 2-6）。

中海集运集装箱船队情况　　表 2–6

年份（年）	艘数（艘）	船龄（年）	船队运力（万 TEU）	平均运力（TEU）	自有运力比例	燃油单耗（千克 / 千吨海里）	重箱运量（万 TEU）
2005	120	7.44	34.0	2829	48%	8.31	428.7
2006	120	6.79	38.7	3226	51%	8.35	515.7
2007	121	7.38	43.3	3579	53%	8.12	657.9
2008	124	6.56	47.0	3793	56%	7.73	646.8
2009	128	5.78	49.7	3885	56%	7.95	624.1
2010	124	6.49	49.3	3978	57%	6.79	686.6

（一）四大措施确保船队规模发展

集装箱船队的规模扩张与质量提升，归因于中海集运在船队发展过程中采取的“择机新造、淘汰旧船、灵活租船、加强箱管”四大措施。

一是择机新造。中海集运顺应大船低碳的行业发展趋势，通过新造船舶来调整船队结构，并且成功地把握住市场波动规律，在市场上相对低位造船。2006 年以来，中海集运新交付运力共 23.4 万 TEU，对船队结构的优化调整起到了至关重要的作用，形成以 14000TEU、9600TEU、8500TEU、5600TEU、4250TEU 为代表的船型齐全、梯队合理的现代化集装箱主力船队。

二是淘汰旧船。2006 年以来，中海集运报废、出售、退租、光租租出老旧船舶 36 艘共 2.05 万 TEU。通过对这些老旧船舶的处置，优化了公司的船队结构，对节能减排、低碳环保也大有裨益。

三是灵活租赁。在集装箱船队快速发展过程中，中海集运大量租入运力，起到过非常重要的补充作用。随着公司经营能力的提升，经营理念也随之提升；租入运力的主要目的已经不是单纯补充自有运力，更成为调整船队结构、保持成本弹性、实施“轻资产化”的重要手段。

2008 年以来，中海集运更将资产经营作为一个重要的手段。在租入运力的同时，积极寻找租家，在租金相对高位及时出租部分运力，不仅给公司带来新的赢利增长点，而且也缓解了市场较差时富余运力给公司经营带来的压力。2008 年年初，市场处于相对高位，中海集运及时以高于市场租金水平转租了 4 艘 5600 TEU 的集装箱船两年，规避了 2008 年下半年开始的租船市场低谷，而在租赁期满还船时，租金市场又恢复到了高位。截至 2010 年，公司租入运力 28.1 万 TEU，与 2005 年相比较有显著增加（表 2–7）。

中海集运对外出租船舶　　表 2–7

年份（年）	对外出租艘次	对外出租箱位（万 TEU）	全年租金收入（万美元）
2009	27	7.69	8261
2010	34	12.43	8748
2011	25	9.33	13129

四是加强箱管。中海集运坚持加强精细化管理，控制集装箱保有量的增速，使其低于船队总体规模的增速，箱位比（集装箱保有量与船舶载箱量的比例）从 2005 年的 2∶1 左右下降到 2010 年年末的 1.7∶1 左右，接近世界先进船队的平均水平，而且自有箱的比重始终维持在 50% 左右。除了控制箱量总规模外，中海集运还重点加大集装箱结构的调整力度。2006 年以来，在新造箱 31.8 万 TEU 的同时，淘汰了 2 万多 TEU 的旧箱，既调整了集装箱队结构，也获得近 2000 万美元的处置收益；在增加长期租箱的同时，采用灵活的租箱手段保持合理的箱位比。通过以上措施，使得集装箱始终况保持良好状况，平均箱龄低于 6 年，集装箱的租金水平控制在较低水平上。

不求最大，但求最优；不求最大，但求最强。这是中国海运集团在船队建设与结构调整中所秉承的发展理念，也是中海集运的经营准则。面对国际经济形势和航运市场的剧烈动荡，公司大力推进调结构、促转型、上水平、控风险，积极推进中国海运集装箱船队的可持续发展。

2008 年 12 月 14 日，中国海运集团在天津港隆重举行了第 1000 万只 TEU 起吊仪式。截至年底，全集团集装箱重箱运输为 1016.4 万 TEU，其中中海集运 646.8 万 TEU、浦海航运 128.6 万 TEU、五洲航运 233.8 万 TEU，这标志着中国海运集团以及中海集运的集装箱运输站上了新的发展起点。

四大措施使得中海集运始终保持良好的发展势头。至 2010 年年底，中国海运集团的集装箱船队共有船舶 165 艘、64.24 万 TEU；其中中海集运拥有船舶共计 130 艘，平均船龄 6.49 年，其中 4000TEU 以上大型船舶 70 余艘，成为现代化、大型化、快速化、年轻化，具有核心竞争力的一支船队。同时，中海集运拥有 80 余条国际、国内集装箱班轮航线，拥有遍布全球近 100 个国家的 400 多个全球代理网点，全面实现了“营销网络化、服务一体化”的局面。

（二）努力提升经济效益

自 2004 年起，中海集运连续 2 年被国际权威机构评为盈利最好的班轮公司，能够获得如此骄人成绩，除了公司延续低成本发展方针，优化船队结构外，在经营管理上“三管齐下”也是重要原因。这样的“三管齐下”，使得中海集运始终保持市场优势、成本优势和资源优势。所谓“三管齐下”，一是优化航线，提升主干航线运力，完善全球航线布局；二是强化客户开发，努力拓展货源市场；三是细化管理，精打细算，降本增效。

在优化航线上，中海集运加强市场研判，及时调整航线运力，不断开发新市场。2008 年，公司积极拓展中东航线。与欧洲等航线相比，以迪拜为中心的波斯湾航线整体比较稳定。该航线也是中海集运为应对金融危机与航运低潮，在对外合作领域推出的新举措。2008 年 6 月 17 日，与长荣海运合作的欧美直达航线在青岛港首航。2008 年 7 月 9 日，在天津举行“中海集运中东航线升级推介会”，中海集运携手达飞航运升级的亚洲至中东和波斯湾地区的 AMA 航线，从天津港首航，新航线投入为同类航线上最好、最具竞争力的 6 艘 8500TEU 集装箱船，取代原有的 5700TEU 与 3000TEU 集装箱船，运力总量保持不变；新航线增加了阿联酋的豪尔法坎（KhorFakkan）与伊朗的阿巴斯（BandarAbbas）

两个挂靠港口，覆盖范围扩大了，航行时间却缩短了。

在强化客户开发上，中海集运注重培育优质客户群。“十一五”期间先后与中石油、中石化、上海海通、格力集团、奇瑞汽车、富士康科技集团、大连因泰集团、春兰集团等新老客户举行业务交流与会谈，深化了双方合作关系。通过 Global Account 项目小组积极推进“一体化服务，网络化营销”，大客户招投标工作取得新成果。与 LG、三星、富士通、EPSON、菲利普、家乐福、孩之宝、PPR、KARSTADT 等公司建立了合作的关系，直接大客户开发工作取得新进展，基础货源比例进一步提高。

在细化管理上，中海集运在船舶、港口装卸、燃油、箱管、中转费用等五项成本控制上花大力气，在油价高企、燃油费飞涨的情况下，公司采取锁定油价、船舶采取开经济航速以及调整挂靠港等手段，每月降低油耗 5 万多吨，一年降低油耗 65 万吨。除利用造、租船价格低的优势拼抢市场外，还采取与国际大班轮公司互换、买卖舱位以及全面合作等措施，稳固市场份额。企业效益因此大幅度提高，航线货源份额也不断提升。

（三）以培育“精品航线”起步，打造市场品牌

2006 年，按照“精心组织、精细管理、培育精品航线”的理念和要求，以培育内贸精品航线起步，不断提高航线经营的精细化程度；在推进精品航线中转变传统的揽货观念和经营思想，转变传统的货源结构，开辟“蓝海”市场，促进公司稳定、和谐、可持续发展。

一是开设内贸精品航线。内贸精品航线基本上达到预期目标，直接客户营销工作取得进展，特别是南下航线货量符合预期，平均箱量基本在 2000TEU 以上。精品航线经济效益达 1.17 亿元。随着内贸精品航线市场品牌形象不断提升，其航线的开辟也达到了既开花又结果的实效。

二是努力提高载箱率。通过转变营销观念，舱位分配、重量限制等措施，舱位利用率明显提高。“新洛杉矶”轮连续两个航次载箱量达 9100TEU ；中东线装载率由开线之初的 3200TEU，提升到年末的 3500TEU。日本航线的舱位利用率达到 97 % 以上，航线舱位利用率明显提高，运输收入有所增加。

三是稳定航线。以东南亚航线为突破口，通过稳定航线、加强舱位预控、稳定舱位和预告班期等措施，使航线的货物流向、箱型匹配、箱重限制、货物结构得到合理控制，中转港滞留货基本得到清理。

四是细化运价管理。欧洲航线、跨太平洋航线 2006 年全年分别成功提高运价四次，单箱平均涨幅均在 100 美元以上。澳洲线平均运价同比上涨 12.5 %。同时，按不同客户类型及货物不同流向、不同重量进行运价调控，减少了箱子积压。

五是改善货源结构。根据美国内陆点不同箱型成本和出货情况，鼓励多揽取低成本内陆货物，控制高成本内陆货；加强欧美回程航线的高值货、轻泡货、FOB 货的揽取，提高舱位利用率。

六是树立优质服务理念，精心培育和维护好优质客户群体，积极打造市场品牌新形象。

2007 年，为谋取内贸航线经营新的发展，中海集运将精品航线全面铺开。此时，中海集运内贸航线运作已有 10 年，投入内贸航线的船舶亦有 4500TEU 箱位的大型船舶，思想

准备和硬件基础都已具备。在公司年中会议上，总经理黄小文分别与中海集运公司内贸部、集运八大区域公司签订了关于实施精品航线的有关协议，内贸部计划投入的数艘4250TEU集装箱船舶，适时地逐步投放，开辟多条精品航线，即：天津—南沙—天津；锦州—营口—南沙—锦州；连云港—南沙—连云港。一场“多兵种”、全方位、各方面参与合作的系统工程建设全面持续展开。在全面推行精品航线工作中，中海集运坚持扩大对外合作，加大新兴市场开发，增强市场竞争力，培育优质客户群。

经过10年发展，中海集运内贸运输业从过去的单航线经营，逐步发展到遍布整个沿海的运输网络经营。航线经营船舶由当初的3艘增加到2007年的30多艘；总运力由9年前的1800TEU上升到2007的30000TEU；挂靠港口由原来的8个增加至30多个；月重箱运输量由最初的近2000TEU上升至90000多TEU。凭借中海的实力和品牌优势，中海集运内贸运输占据了沿海内贸集装箱运输市场的主导地位，市场份额超过50%。

（四）积极开展海铁联运业务

“十一五”期间，中海集运充分运用船舶规模及航线遍布世界各地的优势，抓住中国铁路快速发展的机遇，与中铁集装箱运输公司建立合作关系，使产业链向上下游延伸，大力发展“海铁联运”业务（图2–3），打造中西部地区出海的黄金通道，先后开通多条集装箱运输快运班列和“五定”（定点、定线、定车次、定时间、定价格）班列。

图2–3　中海集运在海铁联运业务中的集装箱装卸作业。

1. 开通“上海—合肥”海铁联运班列

2007年2月2日，在交通部、铁道部的关心和协调下，中海集运与中铁建两家合作开通了上海芦潮港站至合肥西站双向海铁联运班列。2月6日晚8时整，一列满载102个标准集装箱的火车从合肥西站缓缓开出，经过23小时后，顺利抵达目的地上海芦潮港。专列上102个标准集装箱按预定计划转装上各航线的远洋干线船，标志着中海集运与开通的“海铁联运”双向班列首发获得圆满成功。在此基础上，为促进铁路和集装箱运输更好地发展，2007年2月28日，中国海运与中铁集装箱运输有限责任公司在北京签订了战略合作框架协议。

2. 开通“南昌—上海洋山港”国际集装箱海铁联运专列

2007年4月18日，中海集运和中铁集运、南昌铁路局共同主办的“南昌—上海洋山港国际集装箱海铁联运专列”首发庆典仪式在南昌北站隆重举行。这是继开通上海—合肥海铁联运班列后，与中铁集运联营开辟的又一班专列。该海铁联运班列为集装箱“五定”班列。从南昌到上海全程仅21小时就可抵达上海芦潮港，而驳船运到上海再出海需5天时间。海铁联运大大缩短了时间，为广大客户带来快捷、高效、经济、安全的运输体验。“南昌—上海洋山港”国际集装箱海铁联运专列开通，为江西省的外向型经济打造了一条快速黄金通道。

3. 开通“连云港—莫斯科”国际铁路集装箱班列

中海集运与中铁集装箱运输有限公司联手推出的“连云港—莫斯科”国际铁路集装箱班列于2007年10月9日11时从连云港首发，于北京时间2007年10月23日9时35分顺利抵达莫斯科的帕维列茨卡亚车站，圆满完成首发运输，这标志着新亚欧大陆桥首次实现了亚欧贯通运营，对促进亚欧区域经济发展产生十分积极的意义。

1992年开通的东起中国连云港、西至荷兰鹿特丹港的铁路线，全长10900公里，是亚洲到欧洲最快捷、最经济的重要运输通道，被称之为新亚欧大陆桥。由于种种原因，开通15年来，新亚欧大陆桥的运行终点只能到达中亚，无法直达欧洲，难以发挥其贯通亚欧的作用。2007年元旦期间，温家宝视察连云港时强调要提升连云港的“桥头堡”作用。为此，中海集运于2007年10月，与中铁集装箱公司联手开通了“连云港—莫斯科”国际铁路集装箱班列。

该班列途经中国、哈萨克斯坦、俄罗斯3个国家，全程8301公里，运行时间15天左右，比海路运行节省30天，比从西伯利亚大陆桥运行节省10天时间，充分彰显了新亚欧大陆桥运输快捷、经济、安全的优势。该班列的开通运营，也进一步凸显了连云港港作为海铁联运重要衔接点的作用。

据统计，到2010年，亚欧间有30%的货物选择大陆桥运输，而通过“连云港—莫斯科”国际铁路集装箱班列运输，每只集装箱可节省运费500—800美元，其利润之高，是“连云港—莫斯科”国际铁路集装箱班列最具吸引力之处。2007年10月，“连云港—莫斯科”国际铁路集装箱班列甫一开通，其货物订单就已排到了当年年底。

4. 海铁联运向内陆延伸

2009年3月，中海集运抓住国家中西部大开发和国家铁路建设提速的发展契机，把昆明作为发展内陆海铁联运的试点之一，决定由广州公司昆明分公司和深圳公司南宁分公司昆明办事处共同筹备中海集运昆明联合办公室，协力推进海铁联运业务，进一步深度开发云南内陆市场。2009年前11个月，昆明联办的内外贸重箱出运量历史性地突破6000TEU，取得中海集运在昆明地区历年最好成绩，相比昆明联办成立前的2008年同期出运量增幅达33%。

（五）欧地航线经营转危为机

受2008年年底爆发的全球金融危机影响，国际航运市场在2009年直落千丈，运价大跌，箱量下滑，各大班轮公司的航线经营都遭遇巨大困难，许多航线被迫中止，大量船舶退出营运，航运形势一时间跌入了谷底。

中海集运与伊朗航运共同投船合作的远东—地中海航线在2009年1月终止后，由于危机中各家班轮公司都采取了收缩防御策略，地中海航线经营一时陷入了停顿状态，对中海集运持续保持在地中海地区的市场影响力造成了很大困难。

中海集运在此次危机中也受到很大冲击，运价“腰斩”甚至跌到只有以往运价的零头，航线舱位利用率也大幅度下降。为减少亏损，包括5600TEU船在内的一批运力不得不抛锚闲置。

进，找不到合作伙伴，独自开线又存在巨大的经营风险；退，很可能前功尽弃，以后恢复航线又要从头做起。

进也不行，退也不行，下一步该怎么办？

摆在中海集运董事总经理黄小文面前的，是一道亟待破解的难题。他清楚，这是一盘速战速决的快棋，又是一盘变化莫测的险棋。危局面前的考验是严峻的，信息要灵，思路要清，眼光要准，斗志要强，出手要快，中海集运能闯过这一关吗？

黄小文首先坚定了一个信念：只能进，不能退。进，就可以寻找转机，而退，就彻底失败了。不过，选择了进，就必须要做出第二步决策：怎样才能进？旧的合作伙伴已去，新的战略伙伴会有吗？谁会成为新的合作对象？经过开动脑筋，集思广益，他谋划了摆脱困境的关键性三步棋：

第一步棋，搜索目标。

中海集运全面搜集和研究其他班轮公司的运力闲置情况和航线经营状况，再进行抽丝剥茧，深入分析，最后，他们注意到了阿拉伯航运：这家公司前期订造了一批 13000TEU 集装箱船，估计有扩大航线经营的内在需求；这样就把目标锁定在阿拉伯航运身上了。

然而，对于中海集运而言，阿拉伯航运还颇为陌生，以前没打过交道。合作的成功性有多大，有没有潜在的风险？这些，都必须弄清楚。经过几番试探性的接触，了解到对方确实有寻找合作伙伴共同经营远东—地中海航线的意向，且对中海集运提出的使用 5600TEU 船升级航线的建议也颇感兴趣。

第二步棋，果断出招。

经过缜密的研究讨论，形成了一个互租船舶的经营新模式，既能盘活运力，节约船舶闲置成本，又能新开辟航线，增加经营效益，还能保持中海集运在地中海地区的品牌影响力。

于是，双方互租船舶的合作新模式在地中海航线推行了。中海集运将 6 艘 5600TEU 型船租给阿拉伯航运，再投入 2 艘同类型船，共同开辟新的远东—地中海航线。同时，中海集运从阿拉伯航运租入 6 艘 4250TEU 船，投入美东、南美东及黑海等外贸航线；而这些航线上替换出的中国籍同类型船，则转而投入运力紧缺的内贸航线。

第三步棋，盘活运力。

从签订合作协议到正式开线，只有短短半个月的时间。为此，中海集运将调度人员全部动员起来，连续加班确定港序，分配各港舱位、敲定各码头靠泊时间，制订危险品箱和特种箱操作规程等，保证了合作航线的顺利开辟。

这样，中海集运不仅在较低的经营风险下增加了一条远东—地中海航线，还盘活了 9 艘抛锚闲置的 5600TEU 船，每年仅抛锚成本就可节约 7000 多万美元。尽管国际金融危机阴霾未散，但该条航线在开辟后的一年时间里就产生了超过 2000 万美元的航线效益。租入的 6 艘 4250TEU 船投入美东、南美东及黑海等航线后，大大降低了航线成本，仅单船油耗一项就节约三成多。此外，从这些外贸航线上替换出的中国籍 4250TEU 船，又解了中海集运内贸运力紧缺的燃眉之急，额外增加了一笔收益。

走对了关键三步棋，盘活了整个一盘棋。

中海集运航线合作部的同事们记不清参加过多少合作谈判，而这次与阿拉伯航运的谈判，则让他们有一种莫大的成就感。一踏上归程，登上沙特至上海浦东的飞机，便有一种看天天蓝、看云云美的好心情。再看看电视屏幕上的天气预报：伦敦，阴有雨；巴黎，阴有雨；纽约，多云转阴；东京，阴，有时有阵雨；开罗，多云转晴。多云转晴，中海集运的地中海市场，将是一个风吹云散、阳光明媚的大晴天。

在远东—地中海航线成功合作之后，中海集运与阿拉伯航运通过互换舱位，继续深化合作，不仅盘活了运力，新开了航线，降低了成本，增加了效益，成为航运界应对经济危机的最大亮点之一，更重要的是中海集运在行业形势最低迷、人心最恐慌的时候不惧怕，不消极，不懈怠，开动脑筋，积极进取，善于从纷繁复杂的乱局中发现机遇，并果断决策，抓住稍纵即逝的机遇，逆势出击，进一步确立了公司的国际品牌形象。

大自然的多云转晴，那是冷空气与暖气流博弈的结果。要让中海集运的经营状况多云转晴，则要提前布局，未雨绸缪，波段操作，这是化危为机的关键，也是打造国际品牌的一种内功。

突如其来的全球金融风暴，将国际班轮市场冲击得满目凋零，各大班轮公司纷纷折戟沉沙。市场逆境中，中海集运依旧在低谷中看到机遇，并及早谋划，踏准节拍，调船舶，布航线，先后在欧地线、美西线打了多场胜仗。

在谋划地中海航线棋局的基础上，中海集运正下一盘更大的棋。棋更险，子更多，棋局更复杂，博弈更激烈。

市场陷入低谷之际，中海集运就着手准备箱源。在确保航线用箱的前提下，退租费率较高的箱子，吸纳费率较低的箱子，这样就保证了翌年各航线的正常用箱与加班用箱。同时，果断下单，用较低的价格建造新箱，且用低价果断锁定一批新旧箱租金。

2010 年，全球经济回升。欧洲地区由于采购补库，经济率先回暖，集装箱运输需求开始上升，但由于需求的不稳定性和新交付运力的压力，许多班轮公司不敢将封存抛锚的运力投入航线。然而，春江水暖鸭先知，由于有了提前的准确预判，中海集运则及时抓住了机遇，除保证欧地线正常班期外，又果断投入 3 艘 8500TEU 的船舶，由此一举走出了困境，提振了信心，赢得了效益。

紧接着，当许多班轮公司跟风而上，纷纷开辟欧地线时，中海集运又将目光转向了美国市场，凭借之前的空箱储备，加大了美线运力的投入。自二季度起，美西航线运价开始上涨，中海集运又从内贸线及早抽调运力投入该线，又一次抓住了市场机会。

2010 年，整个集装箱市场箱源紧缺，许多班轮公司心急如焚，但中海集运由于未雨绸缪，及早准备，已经储备了充足的箱源，因而市场回升时有条件增加运力，创造了十分可观的经济效益。

一步先行，步步领先；一招获胜，招招制胜。

这个多云转晴不是被动等来的，而是抢抓机遇抢来的，是巧借东风借来的，是及早谋划谋来的。

二、油轮船队：抓住机遇，加快发展

“十一五”期间，中海油运按照建设“国家级文明单位、世界级油轮船队”的发展目标，及时抓住市场机遇，积极落实企业发展规划，按照国际化、大型化、专业化方向，加快船队结构调整步伐，实现了业务重心由沿海向远洋、主力船型由中小型向大中型的转变，船队规模和企业核心竞争力得到进一步提升。

（一）积极利用外部有利因素与企业自身优势

从外部看，经济环境和市场环境为发展油轮船队提供了诸多利好因素：一是世界经济贸易增长支持着航运业及油轮运输业的发展；国际有关单壳油轮淘汰的公约、法规使全球油轮船队结构面临一个大调整的时期。二是国家能源战略计划的实施，保证了中国油轮市场的长期运输需求；国家石油安全战略储备，对进口石油产生的巨大需求，提供了大量的进口石油运输业务。三是经济全球化趋势，市场和客户突破国界，企业资源在全球范围内不断分化重组，航运企业间的收购兼并、船公司间以及船公司与货主间的“强强联合”日益频繁，在经营方式、货物流向、运输组织、航线分布等方面，航运市场格局发生变化，航运市场一体化的进程不断提速；大洗牌的过程，往往也是后来者发挥后发优势、实现赶超的过程。

从企业内部看，中海油运已经具备了一定的船队规模。到“十五”末，中海油运拥有 VLCC、阿芙拉型、巴拿马型、灵便型等各类船舶共 88 艘，为“九五”期的 1.6 倍。“十五”期末，中海油运总资产和净资产分别是“九五”期末的 1.7 倍和 3.03 倍。油轮船队大型化程度明显提高，船队规模达到世界第 16 位。同时，中海油运与各大石油公司和大货主建立了长期的密切合作，形成了优势互补、共同发展的战略伙伴关系，有持续的较强的盈利能力，资产运行质量在全球同业中位居前列，表现不俗，为股东带来了较高的回报，为国家、为社会创造了良好的经济效益和社会效益。“十五”期末的 2005 年，全年完成货运量 6230.0 万吨，周转量 841.6 亿吨海里，同比分别增加 6.3% 和 53.6% ；实现运输收入 50.1 亿元，利润总额 17.4 亿元，同比分别增加 28.6% 和 34.3% ；完成考核利润 16.9 亿元，是 15 亿元考核指标的 113%，经济效益刷历史新高。

总体而言，对于“十一五”时期加快发展油轮船队，中海油运已具备了比较好的基础和条件；尤其是国内外市场带来的发展空间，为向“世界级油轮船队”目标冲刺提供了难得的历史机遇，也为公司不断优化船队结构、提升核心竞争力带来新的动力。

（二）油轮船队规模大幅劲升

中海油运采取“造、买、租、改”等方式，多管齐下，加快船队结构调整步伐。正值全球航运市场一路下滑，一些船东感到前途未卜的时候，公司则实施“反周期运作”战略，把握造船市场的最佳良机，相继订造和投入不同类型的油轮。

2006 年是中海油运实施“十一五”发展规划的开局之年，也是该公司历史上船队结构变动最大、船舶资产交接和处置最多、订造新船力度最大的一年：3 月份，签订了 4 艘 VLCC、4 艘灵便型船的建造合同；5 月份，购置 1 艘 28.2 万吨级二手 VLCC，并完成“跃池”“天龙座”“凤凰座”轮的接船工作，同时还处置了 10 多艘老旧船、小船。截至 2006

年年底，中海油运拥有各类油轮77艘、375.4万载重吨。船龄的年轻化和平均船舶吨位的提升，使船队核心竞争力不断增强，船队规模居国内同业之首，国际排名也逐步上升。

“十一五”期间，公司坚持加大资金投入，加速船队扩充，于2006年、2007年、2008年分别与广船国际、大连船舶重工、广州中船龙穴、中海工业（江苏）等签订了27艘船舶、381.7万载重吨的购建合同（包括超大型油轮VLCC 9艘、巴拿马型10艘、灵便型8艘）。其中，有23艘船舶在“十一五”期间陆续交付使用。加上“十五”期间签订、在“十一五”期间投运的7艘船舶，同时还购进一艘超大型油轮VLCC二手船，至“十一五”期末，公司又有“新平洋”轮、“新安洋”轮、“新润洋”轮、“瑞金潭”轮、“天龙座”轮、“中池”轮等31艘新增船舶投入运营。

截至2010年年底，公司经营和管理船舶70艘、656.3万载重吨，平均单船吨位9.4万吨，平均船龄7.5年。其中，超大型油轮VLCC达到11艘、329.1万载重吨，阿芙拉型船队扩大到6艘、63.4万载重吨，巴拿马型船队发展到20艘、139.6载重吨，灵便型及通用型船舶为35艘、134.0万载重吨。公司船队实力、品牌影响力显著增强，国际排名上升到全球第10位。

与此同时，公司还提前启动“十二五”船队发展规划，在2010年先后与广船国际签订了8艘4.8万吨机级原油/成品油船建造合同，与大连船舶重工签订了2艘超大型油轮VLCC和3艘阿芙拉型油轮的建造合同，继续推动油轮船队建设向规模化、大型化、现代化迈进。

除建造和购买运力外，中海油运还将船舶的租赁业务作为补充已有运力的有效手段，采用长短租期结合的方式，以满足运输需求，增加市场份额，并借此打磨经营队伍，增强管船能力。

公司密切跟踪国际租船市场动态，于2007年4月13日从国际市场油轮联营体NORIENT PRODUCT POOL A/S租入首艘4.7万吨级灵便型成品油船“乐观”轮，并加入联营体（POOL），开始了真正意义上的租船经营，在船舶经营模式创新上迈出两大步：一是改变公司船队经营结构，除了拥有自有船，还拥有控制船，从单纯的船东角色转换为“船东+租家”双重角色；二是将租入船舶放入POOL联营体经营，变成了“二船东”角色，使公司实现了从单一拥有船向拥有船与控制船多种经营模式的转变。

2008年，公司租船业务取得新进展。5月13日，第二艘从国际市场租入的灵便型成品油船“乐海”轮交付使用。接着，又签订了2艘16年期的超大型油轮VLCC期租合同，并相继尝试将“中池”轮、“跃池”轮、“榆林湾”轮放入美国DORADO POOL联营体经营，将“昌池”轮放入新加坡Navig8 POOL联营体经营。至2009年，公司加入POOL船舶有“跃池”轮、“中池”轮、“昌池”轮、“榆林湾”轮等，经营效益明显高于船队中的同类型船舶。

在船队结构调整中，为了优化船队结构，中海油运加大了老旧油轮的处置力度。根据交通运输部对油轮使用年限的规定以及交通运输部关于“提前淘汰国内航行单壳油轮实施方案”的规定，公司积极采取技术改造、出售、报废等措施，先后对一批老旧原油船和小吨位、技术设备较差、亏损的成品油船进行了处置，2005—2010年的6年间，共处置船舶 41 艘，使得中海油运船队的结构不断优化，平均船龄进一步降低，船队质量显著提升。

（三）实现“从沿海走向远洋”的战略性转变

2006—2010 年，随着油轮船队结构从小型化向大型化转变，公司实施“从沿海走向远洋”的经营战略性转变也有了底气。为此，公司坚持以市场为导向，紧紧围绕“保效益、降成本、强服务”的经营策略，不断拓展市场，扩大业务范围，提高运输效率，转变粗放型经营方式，完善经营业务管理制度，经营风险得到及时有效的管控，国际业务有了长足发展。

为了加快“从沿海走向远洋”的战略性转变，打响中海油运国际化品牌，发挥船队规模效应，公司在外贸经营管理的实际工作中，突出抓了三个“点”：

1. 抓好起跑点。公司把抓市场营销作为拓展外贸市场经营的起跑点，从积极收集和掌握市场信息、主动联系和走访货主，到每年召开外贸货主恳谈会，坚持与货主建立经营沟通机制；特别是与进口原油的大客户中石化等公司，建立高层、中层和操作人员三个层面的互访机制，为业务合作打下了良好基础。

2. 抓好立足点。公司把强强联合、争取优质稳定货源作为拓展外贸经营的立足点，高度重视与大货主的长期合作。在充分论证和科学决策的基础上，推进与大货主建立长期合作关系，实施与大货主强强联合战略。2006 年 6 月，公司与我国最大的石油进口商中国联合石化签订了为期 10 年的超大型油轮 VLCC 一程原油运输协议，为公司超大型油轮 VLCC 提供了稳定货源保障。同时，还签订了巴拿马型油轮 COA 运输协议。此外，公司每年还与东南亚各大货主签订 600 万吨左右运输量的 COA 协议，为外贸经营创造了有利条件。

3. 抓好着力点。公司把三角航线和精细管理，作为拓展外贸运输争创效益的着力点，十分重视利用船况良好、设备先进的大型船、新船的竞争优势，加强船舶经营管理，落实重点船监控制度，不断提升航次效益，塑造中海油运良好的服务品牌，赢得了广大货主的高度赞誉。公司新造的“湾”字号阿芙拉型成品油 / 原油船，成为中东到远东石脑油运输航线上的主力军。为了提高船舶运营效率，公司积极组织三角运输，一些阿芙拉型、巴拿马型船在日本或韩国卸空油后，再承运国内成品油到东南亚，使油轮回程空驶距离大大缩短；灵便型船从新加坡装油到澳大利亚卸空油后，即装其他油到新西兰，做到来回有货。这些精品航线的经营管理，为公司外贸运输效益的提升发挥了重要作用。

经过多年努力，公司经营的内外贸格局发生了很大变化。2010 年，公司外贸货运量占 38.5%，而“十五”时期平均仅占 28.23%，初步形成了“从沿海走向远洋”、内外并举、比例协调、业务平衡、效益互补、良性循环的经营局面。

“十一五”期间，中海油运累计完成货运量 3.29 亿吨，周转量 4908 亿吨海里，运输收入 270 亿元，分别比“十五”期增长 18.5%、17.4% 和 47.5%；实现利润总额 66 亿元，比“十五”期增长 20%，公司发展规模和经营质量实现了同步上升。

“十一五”末，中海油运总资产达 186 亿元，比“十五”末增加 119.9 亿元，增幅达 181.4%。“十一五”期间，中海油运累计实现运输收入 270 亿元，创利超过 66 亿元，盈利水平在同行业中保持领先。特别是2008—2010年，国际航运市场受金融危机影响跌入波谷，中海油运变压力为动力，化挑战为机遇，科学分析判断油运市场长期走势和变化格局，采取积极拼抢货源、加强与货主战略合作、锁定运价油价、强化精细管理、加强成本控制、落实节能减排等有力措施，有效平抑了国际金融危机的冲击，生产经营、经济效益都取得了较好成绩，均圆满完成集团下达的经济效益指标。

“十一五”期间，中海油运品牌影响力得到提升。在坚持“世界级”发展的战略目标下，船队规模的国际排名不断上升，公司已位列全球国际独立油轮船队排名前十位。此外，公司还加大在国内外媒体上的宣传力度，借助国际国内的航运峰会 / 论坛 / 展会提高公司的影响力，在社会上的美誉度不断提升。中海油运凭借卓越表现，先后荣获“全国精神文明建设工作先进单位”“全国交通系统创建文明行业先进单位”“上海市文明单位”“中国货运业最佳船公司”金奖、中国国际海事“油轮营运商”奖等荣誉称号。

三、干散货船队：再造一个新货运

“十一五”时期，集团提出“调整优化上水平，再造一个新货运”的发展思路。中海货运把握良机，开拓进取，积极应对航运市场波动，有力推动了干散货船队的发展；公司及时调整经营策略，优化船队结构，加强联营合作，硬件和软件建设等诸多方面同步开展，在沿海运输、远洋运输、联营协作三大业务板块协调发展上迈出坚实一步。

（一）运输生产与经济效益保持增长

面对国际国内经济形势巨大变化和航运市场的跌宕起伏，中海货运采取积极有效措施，成功应对金融危机，经济效益保持稳定。

“十一五”期间，中海货运主营业务收入累计283.4亿元，实现利润累计111.8亿元，分别为“十五”期间的1.6倍和2.6倍。2008年实现利润42.2亿元，创下中海货运成立10年来的最高纪录。2009年航运业受金融危机严重冲击，中海货运身处逆境不动摇，稳中求进，稳中求好，做到了“市场不好的时候下滑比别人慢”。2009年下半年，中海货运牢牢抓住市场复苏的难得机遇，加快调整转型，又步入了新一轮快速发展轨道。2010年，实现利润达11亿元。

中海货运致力于发展与环保并进的发展道路，在企业效益步步攀升的同时，燃油单耗逐年降低。2003—2008年累计降幅5.65%，按同货物周转量的耗油量口径统计，年平均节油量达2万吨，相当年节约燃油费用近1亿元。2008年，中海货运“树立节能减排理念，创新经济航速管理模式”“提高副机运行效率，降低燃油消耗 ”两个科研项目，被交通部确定为“交通行业首批节能示范项目”。

中海货运坚持“做优沿海，做强远洋”的经营方针，积极拼抢市场增量，优化市场结构、货源结构，打造优质航线，培育优质客户群，货运量、周转量均大幅提升。“十一五”期间，直属船舶累计完成货运量44700万吨，周转量5070亿吨海里，分别比“十五”增长6.2%和3.7%，共运输国内煤炭34300万吨。

2007年货运量首次超1亿吨实现历史性突破。在迎峰度夏抢运电煤、2008年抗雨雪冰冻灾害以及2010年保障世博电煤运输等特殊“战役”中，中海货运顾全大局，科学调度，想方设法提高船舶效率，确保了所服务的各大电厂不断煤不停机，成为国内家喻户晓的电煤运输的中坚力量，多次获交通运输部、国资委和地方政府的表彰。

根据航运形势变化，中海货运不断优化经营结构，加大市场开拓力度。在重点关注COA客户、开拓新市场的同时，积极承揽粮食、钢铁、杂货等货源，改善货源结构单一状况，2010年，除电煤以外的其他货类运量占总货运量的比例比2006年上升3.8个百分点。

中海货运还紧紧抓住航运市场大幅调整和我国加大出口时机，大力开拓进口金属矿、煤炭等大宗货源，提高外贸自营比例。截至2010年年底，投入外贸运力月平均115万吨，比2006年增加29%；占总运力30.8%；外贸运输收入10亿元，比2006年增加7.2%；外贸实现主营业务利润占公司主营业务利润的31%，远洋经营成效显著提高。

（二）多种方式推进船队结构调整

中海货运围绕“再造一个新货运”的宏伟蓝图，确立了发展的总体方针：以煤炭和铁矿石运输为核心，巩固在沿海市场的主导地位，提高在远洋市场的竞争力，形成沿海、远洋、联营三大板块协调发展的新格局，迈入世界一流干散货船队前列。

中海货运采取建造、购买、联营、租赁等多种形式，积极推进船队结构调整，改善船队船型和船龄结构，增强市场竞争实力，努力建设一支适应沿海和远洋两个市场的大型化、规模化、远程化的干散货船队。按照“再造一个新货运”的目标，集团货运船舶大型化、现代化、远程化的步伐加快，先后签订了一批大型干散货船建造合同，数量之大前所未有。

2010年2月5日，第一艘23万吨级VLOC“中海兴旺”轮在广州举行首航仪式，中国海运拥有了属于自己的超大型矿砂船（图2–4）。2011年12月27日，30万吨级“中海荣华”轮投产，成为中国海运自有的最大的干散货船舶。即时，公司已有4艘VLOC（含2艘联营）投入营运，标志着中海货运船队迈入了大型远洋船队的行列。

图2–4　2010年2月5日，中海货运第一艘23万吨级VLOC“中海兴旺”轮在广州举行首航仪式。

“十一五”期间，直属船队新增船舶23万吨级2艘、7.6万吨级3艘、5.73万吨级9艘，共计14艘，120.4万载重吨。同时，签订新造（不含已投产船舶）30万吨级6艘、23万吨级1艘、18万吨级6艘、7.6万吨级8艘、5.73万吨级9艘、5.7万吨级4艘、4.8万吨级12艘，共计46艘、504万载重吨。

截至2010年年底，公司拥有和经营船舶101艘，430万载重吨，比“十五”末船舶载重吨位增加50万吨，增长13.2%。整个船队船型结构更加齐全、船龄更加合理，而且船舶的适航能力更强、设备设施更先进、安全性更可靠，能更好地满足各电厂需求。

根据集团的发展规划，“十二五”期末，散货船队规模（不包括联营公司）要达到

1000 万以上载重吨，实现从“拥有运力”到“拥有和控制运力”的转变，租船运输规模大幅增加，经营和管理灵便型、超灵便型、巴拿马型、好望角型、VLOC 等完整系列的各类型散货船，形成一支规模较大、结构合理的自营、联营、租船三个板块全面协同发展的干散货船队，迈入世界一流干散货船队前列，进入全球干散货船东前五位。

结合大客户战略，集团与大客户组建的组建联营公司也积极发展干散货船队。2010 年 6 月，集团将 8 家散货联营公司的管理职权授予中海货运，以发挥散货运输专业管理优势，进一步做强做大散货运输。2010 年年底，8 家联营公司干散货运力共计 53 艘 248 万载重吨，在建和拟建船舶共 44 艘 309 万载重吨。联营船队的发展也进一步提升了集团在干散货运输方面的综合竞争力和影响力。

四、客轮船队：在渤海湾唱响中海品牌

随着公路、铁路、航空业的发展，传统的海上客运市场逐步缩小。首先是福州和厦门的海上客运，接着是上海和宁波的海上客运，都相继退出了营运市场。唯有渤海湾，由于特殊的地理位置，客轮运输依然有一定市场需求。针对南方市场萎缩的状况，中海客运坚持把发展的目标放在渤海湾客运市场上。

然而，当渤海湾客运市场由计划经济转向市场经济后，中海客运一家独大的局面也被打破。“有水大家行船”，旅客有了选择船公司的余地，而且乘船的需求也由单纯的渡海转向享受旅行的过程转变。不少民营企业相继进入海上客运市场，特别是 2005—2007 年之间，民营企业渤海轮渡公司 3 艘大型滚装船和 4 艘大型客滚船先后投入运营；航运集团 3 艘新船上线。此外，中铁轮渡公司为加入渤海湾市场也先后建造 3 艘船舶。渤海湾水上客运市场竞争进一步白热化。

2008 年年底，受全球性经济危机以及国家整体经济形势变化的影响，渤海湾市场需求增长步伐放缓，市场竞争更加激烈。中海客运在渤海湾的运力已经不再具有独家优势。面对渤海湾市场开放、市场竞争日益激烈的态势，中海客运积极应对挑战，坚持与时俱进，努力为旅客提供一流的服务；公司创新营销方式，以“保运量、稳运价”的市场营销方针；凭借多年经营客运市场的经验积淀，采取了多项措施开发市场，加强运营组织和市场开拓，努力巩固市场份额，使中海的品牌形象依然矗立在渤海湾。

（一）加强客运船队建设

做大规模增强竞争力。根据渤海湾市场形势和发展需求，中海客运在硬件建设上加大力度，积极推进新造船项目。

2008 年，中海客运及联营公司中海港联公司分别与广船国际有限公司签订合同，建造 4 艘大型豪华客滚船舶。其中，中海港联公司建造的“龙兴岛”轮和“永兴岛”轮 2 艘客滚船于 2011 年投入营运；中海客运建造的“青山岛”轮于 2012 年 1 月投入营运，“长山岛”轮于 2012 年 6 月出厂。这 4 艘船舶均为 23000 总吨，船长 167.5 米，型宽 25.2 米，载客定额 1400 人，载车线 2000 米，是我国当时装备最新、技术最先进的大型客滚船，极大地提高了中海客运的市场竞争地位。

为实现公司的新发展，中海客运实施“瘦身”和“强身”并举，加快船队结构调整步伐，将“天江”“天淮”等 4 艘无市场竞争力的常规客船和老旧客车滚装船“长兴岛”轮提前退出营运。2011 年，随着“海鸥 6”和“海燕 6”2 艘高速客船的退出营运，中海客运实现了运输船舶的客滚化。虽然运输船舶艘数减少，但由于新造大型客滚船运能强，市场竞争力强，弥补了由于处置船舶而减少的运力损失。

通过转型发展，中海客运的资产也得到大幅度递增。1998 年，中海客运成立之初，公司总资产为 11.8 亿元，负债率为 80.56%，企业亏损 7100 万元。截至 2010 年年末，中海客运总资产为 21.01 亿元，资产负债率 77.08% ；实现利润 4439 万元。

2012 年，中海客运拥有客滚船 8 艘（包括中海港联 2 艘），总客位 11816 个，车位 1197 个，总载车线达 11340 米，总吨位 161876 吨。中海客运以全新的面貌出现在渤海湾客运市场。

（二）抓客源，创新营销方式

中海客运注重从源头抓起，不断创新客户营销方式。在保护好老客户的前提下，充分发挥自营票点和社会票点的窗口作用，高调醒目地开辟火车站、长途汽车站窗口，并延伸到列车及周边地区，延伸售票服务，加强市场营销，全力拼抢市场，从源头上掌握和开发客源。春运、暑运期间，营销人员深入各大厂矿学校，提供上门售票服务，并增设预定返程票业务；加大与各大宾馆、旅行社沟通联系，开发旅游团队需求，争取稳定客源。

公司还与 114 电话导航平台合作，拓展售票渠道。增设远程车辆售票处，业务人员深入到货运集散地进行市场开发，积极扩大客源。为保障市场良性发展，充分发挥行业引领作用，利用港航联席会等平台，打造规范有序的客运生态，维持票价稳定，开展合理竞争，促进行业健康发展。

（三）抓住三大节假日，确保经营效益

在确保日常营运的同时，中海客运坚持突出“国庆黄金周”、春运和暑运三个环节，抓重点、保效益。以 2005 年为例，“国庆黄金周”期间，中海客运围绕“散客 + 团队”“保住高端，增加中端，稳住低端”的经营策略，努力扩大市场占有率，共投入船舶 10 艘，比 2004 年同期增加了“普陀岛”和“葫芦岛”两条新造客滚船，安全营运 109 航次，比 2004 年多增 2 个航次，共安全运送旅客 9.1 万人次，同比增长 10% ；运送滚装车辆 0.6 万辆，同比增长 23%，客、车市场份额分别比 2004 年同期增长 7% 和 9.5%，运量分别占公司整个运量的 40% 和 43%。

“普陀岛”和“葫芦岛”两条新造船舶良好的硬件设施和温馨的客运服务受到了众多旅客的好评，为中海客运取得良好经济效益发挥了积极的作用。仍以 2005 年暑运为例，从 7 月 15 日到 8 月 31 日，中海客运共投放客轮 9 艘，圆满完成了持续 48 天的营运工作，共安全运送旅客 70.92 万人次，车 35750 辆，分别比 2004 年同期增长 10% 和 20.3%，市场份额稳步提升，实现了安全和效益双丰收。

2006 年是中海客运效益最好、增幅最高的一年。在为期 40 天的春运中，中海客运对安全保障、应急抢修以及现场管理、后勤保障等工作进行周密安排，全面部署 2006 年春运

安全生产工作。根据客流情况，科学调配连一烟、连一威航线营运运力。春运第一天，中海客运“海洋岛”轮载客从大连前往烟台，首开当年春运第一船，共安全运送旅客 7145 人次，运输汽车 540 辆，同比分别增长 18.9%和 35%。在渤海湾客流、车流量总体下降的情况下，中海客运各项指标保持稳中有升，取得了良好的经济效益。2006 年，中海客运确保安全，优质服务，盈利 1.11 亿元，取得了历史最好成绩。

2008 年，中海客运牵头召开渤海湾首届滚装运输港航峰会，建立了与地方公司和各港口的高层沟通协调机制，对于共同培育市场、及时稳定运价、增加运输收入起到了重要的导向作用。

（四）调整航线布局，完善安全体系

在巩固发挥大连、烟台老港客运优势的同时，中海客运及时调整航线布局，积极拓展新航线。根据大连市滚装车集疏中心逐渐向大连湾转移的整体规划，中海客运未雨绸缪，积极部署，抢占先机，率先将部分船舶移泊大连湾。2006 年，“海洋岛”轮由大连湾港开往烟台，开启了“岛”字号移泊大连湾港的第一个航程，为公司长远发展拓展了空间。

2009 年，公司恢复了停航已久的大连至天津的季节性航线，并将其培育为公司的精品航线，成为渤海湾客车滚装运输的新亮点。在完善连、津两地交通网络的同时，扩大了公司的社会影响力。2010 年以来，根据山东腹地经济的发展变化，公司积极筹备开辟旅顺至蓬莱航线，以显著的品牌优势，提升市场竞争力，为未来调整布局，优化运力配置做好准备。

中海客运在引进新型船舶、高新设备的同时，既注重从自己传统管理的积累中汲取精华，又注重吸收国际、国内有关规则及现代管理理念，形成了一套更加符合新时期海上客运实际的旅客海上安全体系。相继制定了一系列的管理文件，如《安全管理体系》《质量管理体系》《安全文化建设规划》《车辆星级管理服务规范》《汽车舱滚装车辆排车辆培训指南》《如何做好渤海湾滚装船航行安全工作》《连烟航线安全避让要点》《滚装船靠离泊注意事项》等，并在实施过程中与时俱进，改版升级，使中海客运的“岛”字船舶成为旅客乘船渡海的“安全岛”。2008 年 6 月，中海客运被评为中华人民共和国海事局首批“安全诚信公司”。

（五）提升服务创品牌

中海客运是中国海运的社会窗口，是以“安全温馨”为服务特色的旅客之家。为此，公司全体船岸干部职工坚持努力把“中海客运”这一名称打造成渤海湾家喻户晓的企业品牌。公司将此品牌作为企业生存和市场立足的根本，通过完善的管理制度和优质的客户服务，不断提升品牌的美誉度。

随着时代的不断进步和公司船舶结构的不断优化，中海客运先后到长江、民航、铁路以及海外旅游等同行业对标学习；请全国劳动模范杨怀远、吕玉霜等服务明星到公司传经送宝；聘请礼仪专业教授讲授迎宾礼仪；服务方式由微笑服务、承诺服务、信息服务升华为爱心服务、诚信服务、个性化服务、超值服务；设立了爱心客房、爱心基金、爱心卡、爱心充电站、绿色通道；一步一个坚实的台阶，一步一道感人的风景，使“安全温馨”的

品牌内涵始终与时代的脉搏一起跳动，形成了一套具有中海客运特色的服务文化，成为中海客运立足渤海湾客运市场的基石。

为提高服务质量，公司以“一流企业、一流员工”素质工程建设为载体，连续8年举办客轮船员技能大赛，建立了客运人员离岗述职考核制度和岗位跟踪考核制度，有效促进服务技能的提高；不断完善“服务链”建设，在大连火车站出站口设立候船厅，方便旅客休息；在船上实施各种便民服务措施，包括设立爱心客房、发放爱心卡、为旅客送水、VIP呼叫服务、雨中送伞、对老弱病残旅客重点登记照顾等；市场部专门成立了客服中心为大客户提供差异化服务，提高客户忠诚度。一系列服务举措使得中海客运在市场上赢得一片赞誉。“葫芦岛”轮(图2–5)、“普陀岛”轮、“棒槌岛”轮、“海洋岛”轮、“长兴岛”轮、“青山岛”轮、“长山岛”轮，宛如一座座流动的海上城市，为来自四面八方的宾客铺就了一条条蓝色通道。其中有5艘“岛”字号39次获市以上荣誉称号，“安全温馨——中海客运”的企业品牌享誉北方沿海。中海客轮有限公司先后18次获市以上荣誉称号；多次获得全国交通系统文明行业先进单位、辽宁省文明单位标兵等荣誉称号。

图2–5　暑运期间，中海客运“葫芦岛”轮组织旅客有序登船。

五、中海海盛：在船队和货源结构调整中求发展

2006年以来，中海海盛牢固树立科学发展观，以“经济效益良好、安全管理稳定、服务质量优良、发展能力强、社会形象良好”为目标，坚持做优做强，企业取得较快发展。

2007年，“中海海盛”(600896)成为上海证券交易所正式推出的“上证公司治理板块”199家样本股之一。2008年，中海海盛名列中国上市公司价值百强榜，被评为中国交通企业百强、海南企业30强、海南省三A级信用企业、海南省安全生产先进企业、海口市国税30强等，获得了海南“最具影响力十大品牌企业”的荣誉。

（一）船队结构不断优化，竞争力得到提升

中海海盛通过购、造、租等多种形式，大力发展沿海散货船队，适时发展远洋散货船队，积极稳妥发展特种运输，船舶逐步年轻化、大型化，资产和效益稳步增长。

2006年11月20日，中海海盛与上海石化投资发展有限公司签订合同，上海石化投资发展有限公司将其所持有的上海金海船务贸易有限公司20%的股权以2330.50万元人民币的价格转让给中海海盛。本次收购完成后，中海海盛持有上海金海公司100%的股权，此举促进了公司在化学品运输业务方面的发展。

“十一五”期间，中海海盛陆续购置运力17万吨，签订合同运力54万吨，总投资近40亿元人民币。2009年9月8日，中海海盛首艘5.73万吨散货船舶“盛兴海”轮正式交接投入营运。运力规模的扩大，使公司一跃成为海南省规模最大的海运企业，为中国海运

与海南省的战略合作和中海海盛的发展提供了十分广阔的空间。

在购、造、租发展船队的同时，中海海盛按照集团要求，加快调整船队结构，果断淘汰和处置了吨位小、成本高的3万载重吨以下的老旧散货船“东山岭”轮、“霸王岭”轮、“兴隆海”轮、“万宁海”轮和油改货船“剑池”轮，减少了亏损点，优化了船队结构，改善了资产质量，提升了经济效益。图2–6为中海海盛的5.7万吨散货船“盛旺海”轮。

图2–6　中海海盛的5.7万吨散货船“盛旺海”轮（2009年建造）。

截至2010年年底，公司共有运力20艘、60万载重吨，比“十五”末增加了3艘、34万载重吨，运力规模增长了2.3倍；船队平均船龄16.6年，比“十五”末降低了8年。当年新增投入运营散货船为6艘、34.2万载重吨，船队结构不断朝着大型化、年轻化方向发展。

（二）发挥特区企业优势，稳固和开拓市场

一是发挥特区优势。海南是中海海盛的传统市场；多年来，中海海盛以“立足海南、服务特区”为宗旨，承担了关系国计民生的大宗货物进出岛的海上运输任务，既支持了特区经济发展，也为企业谋得了一方生存发展之地。海盛与华能海口公司、海南联合矿业公司签订的电煤、铁矿石年度包运合同，在保证运量的基础上，运价也保持了相对稳定。多年来，海盛在海南的市场份额不断巩固和扩大，主要货物运输在海南市场占据绝对主导地位。

二是发挥内外贸兼营优势，踏准市场节拍，及时调整运力投放。当远洋市场好时，及时将部分运力调至远洋市场；而当国内市场好于远洋时，又及时将运力调至国内，实现了船舶效益的相对最大化。

三是发挥南北货物对流运输和运贸结合优势，提升船队效率和效益，稳定传统市场。中海海盛紧紧抓住海南电煤进口和铁矿石运输出口这个传统市场，将它作为双向对流的基础货源来抓。抓住海南电煤需求增长的有利时机，科学安排运力，同时与铁矿石贸易相结合，投入大吨位船舶承运矿石并在确保安全的前提下努力提高单航次货运量，海南线运输取得了比较好的效果。

2008年，面对电煤运输需求增长、运力阶段性短缺的严峻形势，中海海盛通过加快船舶周转、增加船舶北上空放艘次、高价租船、抽调下属公司船舶等措施，参与海南电煤运输，为海南的正常电力生产提供了运输保障，圆满完成了保煤运输任务。北京奥运会期间海南电煤库存始终保持在15天平均日耗量以上，全年完成海南电煤运输325万吨；同比2007年增加41万吨，增长14.4%。电煤运输的及时、安全和优质服务，为中海海盛赢得了良好的商业信誉和社会声誉，得到了海南省委、省政府的充分肯定和高度评价；省领导曾做出专门批示，对中海海盛的发展寄予厚望。

“十一五”期间，公司坚持奉行“优质、高效、诚信、安全、环保、健康”的经营管理方针，克服航运市场周期性调整困难，实施业务以依托海南市场、兼顾周边市场、发展外贸散货运输的经营策略，实现了运输量、运输收入和利润大幅提升，取得了良好的经营业绩。“十一五”期间，累计实现营业收入 48.3 亿元，实现利润总额 9.6 亿元，实现净利润 6.9 亿元，分别比“十五”期间增长了 71%、140%、130%。截至 2010 年年底，公司总资产为 49.1 亿元，净资产为 28.5 亿元，分别比“十五”末增长了 280% 和 177%；总收入 12.48 亿元，利润总额 1.01 亿元；完成货运量 897 万吨、货物周转量 146.4 亿吨海里，分别比“十五”末增长了 24% 和 50%。

六、组建中海 LNG 投资公司

21 世纪以来，随着国民经济快速发展，全国各地能源紧张，能源运输作为国民经济发展先行官的地位再次凸现。在关系国民经济发展、社会安定和人民生活需要的关键时刻，中海集团积极拥护国家关于发展 LNG，采取“市场换资源、以我方为主发展 LNG 运输和造船、招标择优选择”的工作方针，紧紧抓住国家能源消费调整的有利时机，配合国家能源战略调整，大力发展液化天然气运输，提高集团的综合竞争力。

2003 年年初，集团成立了中海集团能源运输发展战略研究领导小组，着重研究国家能源发展战略调整和发展 LNG 运输业务问题。经过一年多的不懈努力，取得了国家主管部门的支持和认可，国家发改委同意从山东 LNG 项目开始，由中海集团、中远集团、招商集团三家组成运输主体，共同参与以后国内所有的 LNG 项目运输工作。

2004 年 12 月 29 日，中海集团、中远集团、招商局在宁波召开 LNG（液化天然气）运输合作会议暨第一次委员会会议。集团副总裁张国发代表中海集团出席了会议，并本着平等互利、友好协商的原则，与中远、招商局达成原则协议，同意从山东 LNG 项目开始，以后其他国内 LNG 项目的运输均由 3 家共同组织、研究和筹备。

会议决定成立“LNG 运输项目联合办公室”，作为三方合作的最高决策机构，统筹下设上海、浙江、山东等各项目办公室。由此，中海集团会同中远、招商局的同行业开始了 LNG 运输项目的工作，标志着集团航运主业跨入了新的领域和中海 LNG 运输正式起步。

2005 年 4 月 18 日，中海集团注册成立“中海集团液化天然气投资有限公司”（简称“中海 LNG”），从各专业公司抽调行政管理、船舶技术、商务业务等骨干，积极发展 LNG 专项运输业务，提升集团海上运输综合能力和市场竞争能力。中海 LNG 员工经过两个多月的努力和积极工作，与中远、招商集团派出人员形成经营团队，各运输项目的建设工作得到快速、有效的推进。

2005 年 7 月，国家发改委对 LNG 运输体制进行改革，下发了《关于印发我国液化天然气发展规划工作的会议纪要的通知》，明确由国家航运公司控股、国家石油公司参股的方式组建南北两大 LNG 运输公司。其中中远、招商局、中海油负责长江以南 LNG 运输项目；中国海运、中石油、中石化负责长江以北 LNG 运输项目；江苏、山东、河北、天津、辽宁、广西 6 个 LNG 项目属于北方 LNG 运输公司的合作范围。此后，中海集团液化天然气投资有限公司，在国家发改委的支持、协调下，紧紧围绕“加强与石油公司的合资合作，启动 LNG 运输项目前期工作”这个中心任务，加强与中石油、中石化两大石油集团的联系和沟通，积极开展对外交流活动，为 LNG 运输项目做好充分的技术、商务和合作准备，扎实推进 LNG 运输项目建设的工作进程。

2009 年 2 月，集团决定由中海发展收购中海 LNG 公司和业务，然后由中海发展与中石油合资组建北方 LNG 运输公司。2009 年 4 月 28 日，中海发展顺利完成了全资收购中海 LNG 的工作。

2009 年 6 月 9 日，在与中石油成立合资公司的问题上取得了重大进展。在前期谈判取得一致意见的基础上，中海发展与中石油国事公司分别在股东协议上签字，在香港成立“中国北方液化天然气运输投资有限公司”，公司注册资本 500 万美元，中海发展持股 90%，中石油国事公司持股 10%。

2010 年 11 月 30 日，中海发展与中石化冠德投资公司正式签署合资协议，并在香港成立“中国东方液化天然气运输投资有限公司”，合资公司注册资本 500 万美元，中海发展持股 70%，冠德投资持股 30%（图 2-7）。

图 2-7　2010 年 11 月 30 日，中海 LNG 与冠德投资公司签署合资协议。

上述两家合资公司正式注册成立，是中国海运与中石油、中石化落实“青岛会议精神”，即关于我国 LNG 产业发展政策具体要求，通过优势互补，实现我国 LNG 产业“造船、运输本地化”战略的重要步骤。

七、加大汽车船、特种船发展力度

2004 年，为落实中国海运集团工作会议提出的“做好发展汽车滚装船运输发展规划，适应汽车进出口贸易需要”的工作要求，集团将发展汽车船运输摆上了工作日程。

2004 年年初，集团在大连注册成立中海川崎汽车船公司，并投资一艘 3294 车位的“东方高速”轮。紧接着，2004 年 8 月 11 日又在大连注册成立大连中海汽车船运输有限公司，并于 2005 年 2 月，购入中国最大的 3294 车位的“中海高速”轮。2005 年 2 月 24 日，大连中海汽车船公司与 RAY-SHIPPING 签订了 4 艘大型汽车船长期租赁协议。公司在上海设立分公司作为运营中心。

中海川崎汽车船公司的成立，满足了“一汽”丰田和广州丰田汽车的中国沿海运输需求；而成立大连中海汽车船公司则是中海志在发展自己的汽车滚装船队，提升中海航运主业的综合实力。

2007 年 5 月 16 日，集团召开总裁办公会议，研究加快汽车船运输有关事项。会议认为，随着中国汽车制造业的不断发展，汽车滚装运输市场前景看好，未来一段时期海上汽车运输量将会不断增长。会议决定在原有汽车运输发展基础上，抓紧对汽车船运输产业的重组，并对未来长远发展做出具体规划。

2007年6月18日上午，中海汽车船运输有限公司（简称“中海汽车”）揭牌仪式在上海中海本部大楼举行。中海汽车船运输有限公司是由中国海运（集团）总公司出资1亿元人民币，于2007年6月6日在上海注册成立的一级子公司，主要投资和管理中国海运的内外贸汽车船业务。经过资产重组后，该公司规划到翌年年底拥有29000车位的运力规模，成为国内最大的汽车船运输公司。同时，此前成立的中海川崎汽车船公司、大连中海汽车船运输有限公司遂成为中海汽车船运输有限公司的子公司。

然而，中海汽车船运输有限公司成立不久，就遭遇2008年的全球金融危机，危机对海运行业冲击巨大，汽车船运输市场这一板块更是首当其冲，全球汽车消费需求迅速衰减，导致主要汽车厂商产销量大幅度减少，全球汽车出口贸易下降约60%，进而使得海上运量锐减，全球汽车船运力严重过剩40%—50%，大量的汽车船在锚地抛锚待命。

面对国内外如此严峻的形势，中海汽车深入一线调研分析，积极开展外贸自营业务，合理布置航线，精心测算收益，在逆境中探索前行。公司开展外贸自营业务的3艘汽车船，运力规模合计13100车位。为打造优势航线，经认真分析和测算后，将“中海天津”轮和“中海上海”轮搭配，经营远东至地中海、西非航线；以韩国二手车出口货源为补充，选择天津、上海作为基本港，营销重点是国内的大型商用车出口；对于批量大的厂家建立直接的合作关系；而对于批量少的厂家以及FOB货出口的厂家，则充分发挥一些大型货代公司的货源整合能力；这些货物出口地一般在地中海的利比亚，西非地区的安哥拉、尼日利亚。经过几个航次的试运营，西非的高车货源基本能使船舶的高舱利用率达80%以上。在国内市场上初步形成了一个半月一班的相对较为固定的班期，对于吸引客户、稳定货源起到了积极作用。

中海汽车还采取多种方式，控制运输成本，提高运输收入。如加强船舶舱位的配载工作，根据航次货源情况将高舱货与低舱货科学搭配等，力争航次收入实现最大化。根据“东方高速”轮的实际船型和市场的货源分布，将市场开拓重点集中在红海航线。由于国内小型乘用车出口少，低舱货源仍以韩国二手车为主，公司则充分发挥“东方高速”轮船型小、灵活的优势，主打远东至红海、波斯湾航线。在加强与国内其他船公司合作方面，公司针对具体货量、配载要求、班期特点等情况，进行互换舱位的合作，力求达到互利互惠的双赢局面。

2009年，汽车船运输形势变得更加严峻，在集团和董事会的大力支持下，中海汽车船公司员工积极寻求和把握汽车船市场机会，以市场为导向，以效益为目标，采取自主经营与出租船舶相结合的灵活经营模式，努力形成权责清晰、运转协调、经营灵活的管理体制。

“十一五”期间，中国汽车工业蓬勃发展，中国汽车出口业务不断增多，为让更多的中国汽车走向世界，中海汽车船致力于为中国汽车工业提供优质物流服务，积极突破汽车出口的“瓶颈”，为实现“国车国运”而不懈努力。2010年，中海汽车船总收入2.95亿元，亏损7673万元，总资产2.82亿元，资产负债率26.72%。2012年，中海汽车船加强与国内汽车工业龙头企业上汽集团的合作，进入上汽整车物流沿海水运体系，全年承运上汽品牌车辆10174台。

第五节　加快陆岸产业发展

“十一五”以来，中国海运加大陆岸产业发展力度，培育陆岸相关产业核心竞争力，逐步提高陆岸相关产业在集团的收益比重和贡献度，提高陆岸产业的投资收益，与航运主业形成“船岸联动”的协同发展效应。主要陆岸企业经营状况见表2–8。

主要陆岸企业经营状况（2006—2010年）（单位：亿元）　　表2–8

企　业	2006年		2010年	
	主营收入	利润总额	主营收入	利润总额
中海工业	13.56	1.23	61.99	4.25
中海船务	2.10	0.40	2.98	0.59
中海物流	6.58	0.44	4.04	0.16
中海码头	3.45	–0.14	4.75	2.00
中海投资	20.39	0.83	28.80	3.01
中海电信	1.65	0.06	2.28	0.09
中石化中海燃供	137.73	1.61	97.07	0.40
中海国贸	0.94	0.58	1.60	0.75
中海国际	4.34	0.58	6.82	1.07

一、加快长兴修船基地建设

随着全球船舶大型化趋势愈加显著，加之上海国际航运建设进入功能提升新阶段，上海对市内的修造船厂布局进行了调整，将原来分布在黄浦江两岸的修造船厂集中搬迁到上海长兴岛。在这一背景下，中国海运在长兴岛建立了长兴修船基地。

（一）长兴修船基地项目立项

2004年12月18日，中海工业属下的中海长兴国际船务工程有限公司（简称“中海长兴”）在上海国际会议中心举行开业庆典。地处长江入海口长兴岛上的中海长兴船厂由中国海运集团通过股权收购和资产重组组建而成。

开业之时，中海长兴岛修（造）船基地建设已得到政府有关部门的立项批准，规划使用深水岸线3.5公里。中国海运规划，在未来的4—5年内，以中海长兴为基础投入巨资建造能承修VLCC和第六代集装箱船以及海洋采油平台等大型修（造）船基地。

中海长兴的开业标志中海长兴岛修（造）船基地建设正式拉开序幕。开业之初，已有超巴拿马型的船坞“中海普陀山”号服役；同时，公司还购买了13万吨级油轮，并改建为

20 万吨的大型浮船坞“中海九华山”号。

2004 年，中海长兴加大市场开拓力度，对修船设施进行了技术更新改造，提升了生产能力，全年共完成修船产值 1.2 亿元，实现考核利润 1800 万元，实现了边生产、边建设的良性互动。当年，在获得上海市政府主管部门关于长兴岛岸线和滩涂使用的施工许可后，公司以“建设现代一流修船基地”为目标，坚持绿色环保的理念，迅速展开了对长兴船厂的规划和建设。

2005 年，中海工业委托上海市城市规划设计研究院依据《上海市长兴岛总体规划》，编制成中海长兴岛修船基地规划。按照中海工业关于“滚动发展，建设一流修船基地”的规划要求，中海长兴岛修船基地一期扩建工程可行性分析中提出，一期扩建项目占地 49 公顷，主要为陆域配套项目，总投资为 10.4 亿元，建设周期 2 年（不含前期工作），整个建设突出了绿色环保的理念。

按照上海市政府批准使用的 3000 米岸线和前沿的宽阔水域，中海工业为充分利用宝贵的岸线资源，经过深入调研分析，针对长兴船厂的岸线特点，提出了新的发展思路，即根据长江口的水文地质条件，创造性地布置三个 F 型双层码头，解决外侧码头双侧靠船的问题，充分发挥深水岸线稀缺资源的利用率。为实现建造 F 型码头的规划，公司组织有关专家进行了多次调研和论证，并在此基础上委托中交三航院规划设计了 F 型双线码头和三艘浮船坞的布局规划。2005 年 6 月，上海市发改委主持召开了“中海长兴岛修船基地岸线规划专题论证会”，对中交第三航务工程勘察设计院关于“中海长兴岛修船基地项目岸线规划”和华东师范大学河口海岸国家重点实验室关于“中海长兴岛修船基地前沿河式演变的分析”进行评审。专家组认为：双线码头的布置和三船坞的布置，有利于充分利用岸线和减少水域的占用，均是可行的。

F 型双线码头的外层与内层之间相距 200 米，外层码头的前沿与驳岸相距约 300 米，同时 20 万吨级和 30 万吨级的浮船坞在江中锚泊；为防止 F 型码头有关设计影响水域航运的安全和相邻船厂的安全生产，公司专门委托国内权威科研机构进行建模试验和分析论证，采用科学安全的设计方案，确保了 F 型码头的顺利建造。

2005 年，中海长兴重点抓了基地滩涂圈围工程、“中海九华山”浮船坞建造工程以及码头建设、拖轮和浮吊建造的论证和前期准备工作。

基地滩涂圈围工程经过精心施工，主要工程于 2005 年 10 月底完工，工程进度、质量均满足规划和设计要求。滩涂圈围共新建顺堤 2896 米，南北侧堤 48 米，堤顶道路 2944 米，吹填土方约 200 万立方米，吹填造地近 50 万平方米，吹填高程 6.9 米，达到 50 年一遇高潮位加 10 级风的防洪标准。

2005 年是开业后的第一个完整年份。按照基地建设和生产经营“两不误、两促进”的要求，中海长兴全年共修理船舶 80 艘，完成修船产值 1.5 亿元，同比增长 25%。

“十一五”时期，中海长兴修船基地已经成为国内最大的修船企业之一，基地拥有 8 万吨级、20 万吨级和 30 万吨级浮船坞各 1 座，码头 3500 米，实现 3 坞 12 泊位的配置，可以承接包括 VLCC、10000TEU 集装箱船在内的各类船舶以及海洋平台的修理和改装工程，具备年修船 200 余艘次、改装船舶 20 余艘次、维修海洋平台 6 艘次的生产能力。

（二）“中海九华山”浮船坞竣工投产

随着长兴船厂码头、船坞的陆续建成和投入使用，生产规模不断扩大，中海工业通过打大仗、打硬仗，实现了从修小船向修大船的飞跃。

2007年11月，20万吨级“中海九华山”浮船坞竣工投产，使得长兴船厂承修船舶能级大幅度提升。“中海九华山”浮船坞作为中海长兴国际长兴岛修船基地的重大修船装备，长300米、内宽50米，举力为38000吨，可对好望角型（17万吨）散货船、阿芙拉型（11万吨）油船和5600TEU集装箱轮等大型船舶的进坞修理。当年11月28日，刚刚竣工投产的“中海九华山”浮船坞成功托举起中远天津散货的17.5万吨货轮“新发海”轮，并开始了坞内工程作业。这项坞修工程不仅意味着“新发海”轮成为中海长兴有史以来承修的最大吨位船舶，也标志着该公司在承修超大型船舶上迈出了重要一步。

（三）“中海峨眉山”浮船坞竣工投产

2008年11月29日下午，中海工业在上海国际会议中心举行了“中海峨眉山”浮船坞竣工投产仪式。上海市委副书记、市长韩正专门发来贺信，信中对中国海运落户上海以来快速发展取得的成绩，对中国海运为上海社会经济发展做出的重要贡献给予了充分肯定。30万吨级的“中海峨眉山”是当时世界最大的浮船坞，由中海工业自行建造。该船坞正式投产，使中海工业的修船能力跃居国内前列。至2009年9月，修船基地水域部分竣工，陆域部分的生产、生活等配套设施也基本到位。

“十一五”时期，随着一艘艘VLCC、VLOC和大型集装箱船陆续进厂修理，中海长兴的产品类型形成了从修小船到修超大型船舶全覆盖的局面，先后承修了中国海运和马士基、地中海航运、达飞等世界上著名航运企业的数十艘超级油轮、矿砂船和大型集装箱船的修理工程。

（四）船舶改造能力显著提高

在大幅度提升修船能力的同时，中海工业还坚持提高船舶改造能力，由常规修船向改装船转变，逐渐形成了完整的产品系列，先后成功实施了多艘船的改装工程；产品中包括单壳油轮改装成散装货轮、集装箱船改装成散装货轮、集装箱船改装液体硫磺运输船和沥青船等。“清华山”轮、“清泉山”轮、“高盛”轮、“好天”轮、“好地”轮、“好风”轮、“特雷西”轮、“彼特山”轮等一大批船舶改装成功，获得了船东的好评。以14.7万吨单壳油轮改造散货的“好风”轮为例，该轮钢质工程达4900吨、管路工程12000米，特涂面积29000平方米。该轮改造工程量大、改造周期短，而且存在一定的主机技术难题。船厂针对施工中遇到的难点及时组织攻关和整改，顺利完成“好风”轮改造任务，整个改造工程中，各级生产管理人员、施工人员的敬业精神得到了船方的好评。

随着中海长兴修船基地建设的不断推进，中海工业坚持将开发海洋工程作为新的发展目标，积极挑选合适的国内外合作伙伴，同时通过行业协会和参加各类国际性海事会展，不断扩大企业的影响力和知名度，提高海洋工程的竞争力。2007年12月，中海工业成功夺标中海石油基地有限公司的“长青号”浮体维修改造工程项目（FPSO），海洋工程实现了实质性推进，翻开了中海工业进军海洋工程领域的新篇章。海洋工程成为中海工业实现修造并举战略中的重要一环。公司在修复 FPSO“海洋石油 102”取得成功经验的基础上，积极挑选合适的国内外合作伙伴，通过引进和消化国外先进的技术和管理手段，不断创新，使得长兴修船基地成为国内有能力从事海洋工程的少数几家大船厂之一。

在修船业务长足发展同时，中海工业的修船利润也有很大增长。“十一五”期间，主营修船业务收入年均增长 43.18%，资产总额年均增长 55.83%，净资产总额年均增长 48.70%。

（五）整合修船业务资源

2010 年，在大力加强长兴基地建设的同时，中海工业还积极整合修船业务资源，加快修船统一经营步伐。

2008 年 1 月 15 日，中海工业公司召开上海地区修船企业整合干部大会，宣布公司决定：撤销立丰船厂、立新船厂、外轮修理厂三厂建制，组建一家新船厂。新船厂延用“中海工业有限公司立新船厂”（简称“立新船厂”）名称。

2009 年 5 月，中海工业（上海浦东）有限公司正式成立。成立之初的浦东公司按照“滚动发展，分步实施”的经营战略，将集团内和长兴的船舶修理纳入了统一经营的范畴，经过 5 个月的磨合，最终实现了在商务工作的界面分割。

在成功跨出第一步的基础上，浦东公司组织专题调研组对立新船厂商务生产管理模式、商务人员的资源情况、客户群的现状等情况进行调研。在详细掌握情况后，于 2010 年 1 月 1 日，立新船厂经营工作平稳有序地归入浦东公司，完成了中海工业统一经营的第一阶段第二步的工作，增强了中海工业整体对外的竞争力。据统计，当年进入上海地区修理的外轮中，中海工业长兴修船市场份额占到了 41.3%，比第二名船厂多出了 11%，统一经营的成果逐步显现。同年 7 月 1 日，菠萝庙船厂顺利纳入浦东公司经营体系，中海工业统一经营又迈出了决定性的一步。

（六）加快信息化建设

根据集团要求，中海工业对照自身实际，将下属企业进行细分，确定将长兴修船基地作为信息化建设示范点。基地经历了认证、规划、设计、实施等阶段。2010 年前，修船管理系统中物资管理、工程管理和经营管理 3 个模块已投入使用，并与一卡通系统实现了连接，运行结果显示，3 个模块的功能基本达到设计要求，对修船基地物资、工程、经营和外包工 4 个领域深化精细管理提供了很好的支持。江苏造船基地则以建立物资编码、成本编码、技术图纸编码和 OA 等信息化系统为开端，初步建成了物资成本管理系统、分段状态管理系统、OA 系统和监控系统等，同时进一步实施造船设计和生产领域的信息化工程。

二、“修造并举”战略下的造船业务

“十一五”期间，随着集团船队运力规模大幅提升和修船业的快速发展，集团实施了“修造并举”战略，并决定进入造船领域。这一决策思路，符合当时的国家产业政策，也符合当时我国规模化与专业化相结合、航运与造船协调发展的产业格局要求。而以修船为优势的中海工业作为中国海运重要的陆岸企业之一，其生产建设与经营状况则成为集团“修造并举”发展战略成功与否的关键。

（一）收购江都造船厂

2005 年，市场传出江苏省积极寻求出让国有江都造船厂的有关信息，集团对此给予了高度关注。江都造船厂地处江苏省江都市内，其三江营厂区地处长江边的夹江，有近 3500 米岸线，是长江沿线优势独特的造船地域，也是建立大型造船基地的理想选址。

2005 年 11 月 22 日，中国海运集团第 26 次总裁办公会研究认为：“采用低成本收购的方式，是迅速形成和扩大集团造船能力的一条比较好的途径。抓住时机尽快收购江都船厂，建立中国海运集团的造船基地是十分必要的。”会议通过了同意收购江都船舶集团两个船厂事项立项的决定，明确了整个收购工作原则。在集团收购领导小组的指导下，中海工业对江都船厂开展全面调研和洽谈，2006 年 12 月 27 日正式签署了收购协议。

（二）中海江苏造船基地破土动工

2007 年 4 月 28 日，中国海运江苏造船基地破土动工，规模宏大的建设工程由此拉开帷幕。中海工业积极贯彻集团“修造并举”的战略意图，坚持以推行现代规模造船为发展方向，以科学规划为手段，以精细化设计为标准，高起点、高标准地建设现代化的船厂。整个基地建设工程以长远发展目光，注重科学规划，注重技术领先和现代化标准。

2007 年初起，中海工业集中力量，全力推进造船基地规划建设和恢复生产的工作。

2008 年，造船基地的船坞、龙门吊和舾装码头三大重点工程项目顺利开工。

2009 年，造船基地 3 号干船坞、26 万平方米的配套厂房正式开工建设。“三坞一台”及 900 吨龙门吊机、“三场一库”等生产配套设施的陆续建成，为造船生产的快速发展奠定了硬件基础。

（三）创造“六浮三出”的造船纪录

江苏造船基地坚持边建设、边生产，当年就开始恢复造船，做到了生产与建设同步。2008 年下半年全球经济危机爆发前，通过多方努力，顺利签订了 100 亿造船订单，进入了以 5.73 万吨散货船为主打产品的批量建造阶段。其间，通过进一步加快造船生产方式转变，充分利用设备投入的优势，生产管理能力进一步提升，生产建造能力快速提高。

2009 年 9 月 20 日，江苏省政府和中国海运在扬州市共同举行“中国海运江苏造船基地新造船舶命名下水仪式”，分别为中海货运、上海时代航运和珠海新世纪航运的“安强山”“银致”和“新世纪 128”3 艘新造 5.73 万吨散货船正式命名下水。6 个浮船坞同时建造，加之 3 艘船同时命名，被称之为“六浮三出”。此举标志着基地在技改扩建方面取得重大进展，展示了边技改扩建边生产过程中形成批量造船的能力，而且成功创造了业内领先的坞内在建船舶“六浮三出”记录。

此后，中海货运一口气订造了 22 艘“安”字号系列的 5.73 万吨散货船。该船型是中海货运针对沿江沿海电煤运输特点，与上海船舶设计研究院共同开发的新船型。在当时运力偏紧的情况下，“安强山”轮顺利投入营运，为中海货运船队再添一支新的生力军。

（四）造船基地全部建成投产

2010年，中海工业调整了中海江苏造船基地和中海长兴修船基地的规划，为下一轮跨越式发展及早进行准备。为此，公司按计划，有序推进江苏造船基地26万平方米厂房、3号干船坞、900吨龙门吊以及长兴修船基地重件码头等重大建设项目；基地的2号船坞和900吨龙门吊同时交付使用，为其建成一流造船基地奠定了基础。

2010年9月28日，中海工业、中海工业江苏公司与中海货运、广州振兴船务、广州振华船务在海口市隆重举行了4.8万载重吨YangtzeMAX型散货船建造合同的签字仪式。YangtzeMAX型散货船是中国海运为适应市场需要开发的既满足国内沿海运输需求、又适应远洋运输的新船型，此次合同共计建造14艘船。

图2-8 中海工业在江苏造船基地举行5.73万吨散货船建造命名仪式。

2010年11月11日，随着中海工业（江苏）有限公司第18艘船——5.73万吨散货船“慈云山”轮的成功命名交付，中国海运江苏造船基地实现了2010年交船100万载重吨的目标(图2–8)。

2010年12月20日，中海工业有限公司与广东蓝海海运有限公司签订“中海·蓝海”战略合作协议书，并签订了为广东蓝海海运有限公司建造12艘散货船的造船合同。

整个“十一五”期间，江苏造船基地坚持边建设、边生产的工作思路，克服诸多不利因素，取得了一年一个样、五年大变样的优异业绩。

（五）积极拓展铝合金船艇建造业务

在发展修船业务同时，中海工业旗下的英辉南方船厂，充分发挥其技术优势，抓好技术开发和铝合金船艇建造业务。2007年11月7日，英辉南方与达门集团签订了6艘全铝质高速渡船的建造合同；6艘船舶包括2艘专门在海峡、沿海之间往返的豪华型高速铝合金双体客渡船，4艘城市观光型船舶。2009年，英辉南方成功制造两架船用太阳能铝结构风帆并交付客户，成功实现了产品结构调整。

自2004年以来，英辉南方已建造了近海快速救助船、高速车客渡船、高速客渡船、城市观光船等不同类型铝合金艇20艘，部分已出口到土耳其、新加坡以及中东各国。铝合金救助船的建造填补了国内空白，增加了我国渡船建造业务的国际竞争能力。

面对全球金融危机的冲击和严峻的市场形势，英辉南方沉着应对，对外狠抓经营，对内苦练内功，充分发挥质量和成本优势，同时积极调整经营策略，联合国际优秀设计公司，共同开拓国内外铝船市场。公司用一流的设计、一流的质量、合理的价格，积极拼抢国际市场，在国际市场上树立了自主品牌。 2010年9月13日，英辉南方与达门集团合作建造的 5 艘载客 100 人的客渡船装船出口离境并运往迪拜。

三、中海投资：大力拓展集装箱制造业务

（一）集装箱产量大幅增长

“十一五”期间，中海投资经历了两次重大的转型。第一次是由证券和集团内部股权投资为主转向以集装箱（车）制造业为主营业务；第二次是由箱（车）制造业务为主逐步转向物流装备制造、股权投资和资产租赁业务三大板块协调发展。自此，公司犹如凤凰涅槃、浴火重生。到“十一五”末，中海投资实现了自 1998 年成立以来的最好效益。

2005 年，中海投资开始从证券投资业务转型进入集装箱制造行业。第一家集装箱制造厂东方国际集装箱（连云港）有限公司的正式投产，创造了当年设计、当年建设、当年投产和当年达产的业绩，被江苏省领导誉为“中海速度”。2007 年，公司完成了连云港、锦州、广州集装箱厂，连云港车厂的布点建设任务。2008 年以来，公司在加强箱车制造业务经营管理的基础上，积极开拓股权投资和商业地产投资、租赁等业务，为建成围绕集团主业的多元化投资控股格局奠定了基础。

“十一五”期间，公司集装箱年产量由创业初期 3.8 万 TEU 上升至 22.0 万 TEU，在全球造箱市场的份额稳步上升到 10% 左右。客户结构也发生了显著变化，外部客户订单份额逐年增加，由 2005 年的 5% 增加至 70% 左右。2010 年，集团外部船公司、租箱公司订单份额分别达到 28% 和 68%。公司在为集团提供配套服务的同时，也增强了自我持续盈利的能力。

（二）连云港箱厂 15 万箱生产线投产

2005 年 8 月 16 日上午，在东方国际集装箱（连云港）有限公司集装箱制造生产线投产仪式上，江苏省副省长李全林、连云港市委书记王建华与集团总裁李克麟、党组书记李绍德同时按动出箱按钮，年产 15 万箱的现代化集装箱生产线正式投产。

东方国际集装箱（连云港）有限公司是中海投资与东方国际集装箱有限公司合资成立的集装箱制造、销售、租赁专业公司。该公司充分利用连云港大力发展临港工业有利时机，选择在连云港经济开发区投资建设大型集装箱产品制造基地。中海连云港集装箱制造项目首期工程于当年 2 月 26 日开工，至 8 月 16 日投产，在不到半年时间里，在一片白茫茫的盐碱地上建起了占地面积 30.7 万平方米的工厂，其生产厂房面积为 5.5 万平方米，堆场面积 12.6 万平方米，拥有从总装台到出口台长度超过 1100 米，年产 15 万 TEU 的现代化集装箱生产流水线。别人需要 1 年甚至更多时间才能完成的事情，中国海运却在 5 个半月的时间内办到了。这样的奇迹，集装箱制造业的许多人士对中海集装箱制造业的迅速崛起感到吃惊。

2006 年 5 月 22 日，集团首个专用车制造项目在连云港经济技术开发区开工建设。该项目的开工，标志着中海集团正式进军专用车制造市场，也是继集团在连云港投资建设第五代集装箱码头、集装箱制造基地后，进一步与连云港市开展战略合作的又一重大举措。负责开发专用车制造项目的连云港五洲专用车制造有限公司，是由集团中海投资和美国英特普公司、香港胜狮货柜企业有限公司共同投资设立的合资企业，注册资金 1.25 亿人民币，从事集装箱半挂车的设计、制造、维修及相关技术咨询服务。项目占地面积约 230 亩，

建设年产 15500 辆专用车生产线和相关配套设施。2008—2010 年的 3 年间，集装箱产量累计达到 13.1 万 TEU。

连云港集装箱制造业的投产，是中海向制造业发展的第一步。在此基础上，集团又着手筹划广州南沙、辽宁锦州等地的集装箱制造产业。此举在集装箱制造业中引起巨大反响。

图 2–9　2011 年 7 月 22 日，中国海运集团制造的第 100 万个集装箱在东方国际集装箱（连云港）有限公司正式下线。

2011 年 7 月 22 日，中国海运制造的第 100 万个集装箱在东方国际集装箱（连云港）有限公司正式下线（图 2–9）。

经过几年的努力，集团的集装箱制造业“从无到有、从小到大”，得到快速稳健的发展，初步实现了统一市场、统一采购、统一资金管理等有效管理模式，形成了“北、中、南”均衡发展的合理布局，年集装箱制造产量规模达到 45 万 TEU，在市场上唱响了中海的造箱品牌。“十一五”时期，累计实现产值 135.5 亿元、出口创汇 17.8 亿美元，不仅成为集团经济增长的新亮点，也为服务国家产业发展、支持地方经济和外贸运输发展做出了应有贡献。

（三）锦州箱厂建成投产

锦州公司于 2006 年 10 月 18 日奠基开工建设，除去东北地区 3 个月的封冻期不能进行基建施工外，实际上仅用了不到 6 个月的时间就建成投产，这是继 2006 年连云港箱厂高速度建成投产之后再一次向集装箱制造业界展示令人惊叹的“中海速度”。锦州公司是继连云港公司之后投产的中国海运第二个集装箱制造公司，由中海投资、香港东方国际和香港胜狮货柜 3 方共同出资兴建，总投资共 4995 万美元，设计年产能为 10 万 TEU。

2007 年 7 月 8 日 11 时 18 分，锦州箱厂为东方国际生产的第一只集装箱顺利下线，当年的集装箱产量达到 2.5 万 TEU。

2010 年，中海投资锦州箱厂抓住市场复苏的有利时机，大力提升产量，截至年底，该厂年生产箱量达 6.6 万 TEU，年产量创建厂以来的新高。2007—2010 年，产量累计达 15.6 万 TEU。

锦州箱厂投产以来，通过对生产线的技术改造与创新，生产能力由单一的 ISOTEU 产品，发展到具备开顶箱、侧开门箱、迷你箱、水溶油漆粮食箱、各类房屋箱等相关特种箱的生产能力。锦州箱厂加强市场开拓，在消化总部接单的基础上，积极参与锦州当地市政建设，开拓了钢结构桥栏杆工程和环保垃圾箱、消防箱等产品，2010 年还扩大到制造铁路箱、港口箱的业务。

（四）广州南沙箱厂建成投产

2007 年 3 月 30 日，东方国际集装箱（广州）有限公司集装箱制造基地在广州南沙举行建成投产仪式。广州箱厂是中海投资、东方国际集装箱有限公司和胜狮货柜企业有限公司共同投资建立的合资企业，2006 年 3 月 31 日开工建设。该厂充分利用广州市在能源、交通、土地、劳动力资源等优势，邀请专家布局规划，投资建设年生产能力为 20 万 TEU 的集装箱生产线。厂区占地面积近 19.3 万平方米，其中厂房面积 5.7 万平方米。该厂采用国际先进的生产技术和工艺，引进专业的管理人才和经验丰富的员工，高起点，严管理，重质量，致力于为全球客户提供国际一流水准的产品和服务。在举行投产仪式之前，广州箱厂已为中国海运、阳明海运等航运公司制造了 8000 只不同类型的集装箱。2008—2010 年的 3 年间，集装箱产量累计达到 14.91 万 TEU。

四、构建相对完整的码头产业体系

“十一五”时期，中海码头以效益为中心，实现了跨越发展，构建了较完整的码头产业体系。

（一）从租赁经营转向实体性投资

中海码头产业起步时，仅有国内 4 个租赁经营的集装箱码头，业务单一，产业不成规模，成长性较弱。

为适应我国经济快速发展和沿海港口码头新一轮投资建设的要求，中海码头及时调整投资方式，加强实体性投资，积极把握集装箱船舶大型化发展趋势，扩大码头产业规模，努力实现中海集装箱运输产业与码头产业的比翼双飞；并以此积聚码头优质资产和岸线宝贵资源，提升自身的竞争实力。

自 2003 年 4 月起，中海码头在已有码头租赁经营的基础上，先后增资建设连云港庙岭顺岸和突堤集装箱码头共 7 个大型深水泊位，大幅提高了码头集装箱吞吐能力。此后，又于 2006 年初，建成锦州港 2 个新的大型集装箱泊位并投入运营。

2007 年 11 月 22 日，中海码头与福州港务集团签署福州江阴新港集装箱码头合作协议，参股福州新港国际集装箱码头公司 20％的股份，并参股投资建设后续的集装箱码头。福州江阴港区是天然深水良港，航道水深 –15.5 米至 –17.2 米，10 万吨级船舶可乘潮进出港。“十一五”时期，福州港腹地经济及对台贸易快速增长，集装箱货源充沛。福州新港国际集装箱码头公司目前投资建设和经营的江阴 1 号至 3 号泊位，码头岸线总长 983 米，码头前沿水深 –16 米，陆域纵深约 1500 米。

2011 年，又在宁波和广西钦州等港口拓展了码头合资项目。至此，中海码头在国内沿海重要发展区域（环渤海湾、长江三角洲、珠江三角洲、北部湾等地区）都建成了合资码头，形成了码头产业的整体布局和区位优势。

实践证明，中海码头实行码头实体投资，有利于巩固港航企业以资产联营为纽带的合作关系，优化码头产业结构和资产质量；有利于进一步实施码头资产流转和资本运作，提高码头产业投入产出效益。

（二）拓展枢纽港和干线港业务

枢纽港是集装箱运输网络和综合服务的核心。随着集装箱运输干支线网络日益密集，货物中转量不断增长，集装箱枢纽港、干线港的地位进一步凸现。而投资经营集装箱枢纽港、干线港码头，则可占据要津，影响地域，辐射周边，提升码头企业的规模层次和品牌。为此，中海码头积极投资经营枢纽港和干线港，提升产业发展格局。

2006 年 3 月 13 日，中海码头发展有限公司成功地收购了广州南沙基础设施投资有限公司持有的广州港南沙港务有限公司 40% 的股份，正式入股广州南沙港区一期集装箱码头。南沙码头拥有 4 个现代化大型集装箱泊位，主岸线长 1400 米，驳船泊位岸线长 420 米；港区占地面积 182 万平方米；码头共配置 14 台装卸桥、6 台门机等装卸设备，能满足 8500TEU 等大型船舶的作业需求。2007 年 12 月 3 日，南沙码头完成新增 100 米的驳船岸线建设。2007 年，全年完成 380 万 TEU，增长 58%，位居国内沿海主要集装箱码头增幅之首。同时，在主码头上新增的 2 台双 40 英尺桥吊在 2008 年 1 月投入使用；驳船码头上新增的 3 台门机也在 2008 年二季度投入使用。

为适应中海集运国际航线经营发展的要求，中海码头积极致力于向国外集装箱枢纽港和中转港码头的新领域拓展。在 2002 年年底参与投资经营美国洛杉矶港集装箱码头后，又于 2007 年 8 月，投资了美国西雅图港集装箱码头，实现了国外重要港口码头项目开发的新突破。

2007 年 11 月 26 日，中海码头参股投资的埃及达米埃塔国际集装箱码头有限公司在当地举行了合资文件正式签字仪式。该合资公司成立于 2006 年 8 月，2007 年 10 月增资扩股，注册资金 2 亿美元。根据合资协议，中海码头香港公司拥有 20% 的股权。达米埃塔港位于埃及地中海沿岸，地处非洲、地中海和欧洲交界处，毗邻苏伊士运河与尼罗河河口。达米埃塔港集装箱码头处在远东—地中海、远东—欧洲国际航线要冲，地理区位优势明显。

（三）走内涵型和质量效益型的发展之路

2008 年国际金融危机骤然发生，全球贸易经济和航运市场进入了重大调整期。中海码头审时度势，从落实科学发展观的战略思维高度，积极应对外部环境和市场变化的挑战，适时调整和优化了码头投资发展方式，努力提高投资经营效益。

一是完善码头产业布局。跟进国家颁布实施的区域经济和产业调整振兴规划，先后参股投资了烟台、秦皇岛和营口港集装箱码头，并与已有的大连、锦州、天津等项目构成了环渤海湾的集装箱码头网络；2011 年又分别参股投资了宁波梅山和钦州大榄坪集装箱码头项目，充实及填补了中海码头在长江三角洲和北部湾等区域港口的布局空白。

二是优化码头产业结构。中海码头坚持实施港口战略性投资，优化股权结构，落实项目股权置换，积极盘活存量，促进滚动发展，参与发起成立了烟台港股份公司和秦皇岛港股份公司，实施了对烟台环球码头等项目的转股，获得了良好的投资收益。

三是提升码头投资质量效益。对合资码头进行重点投资管理，实施全面预算管理和完善董事会运作机制；积极推进经营管理机制创新，大力落实节能减排和绿色环保，履行企业社会责任，不断提高合资码头经营效益和社会效益。

中海码头合资经营的广州南沙港区集装箱码头，2008 年 4 月，经世界卫生组织（WHO）考核认证，成为全球首批国际卫生港口；2011 年 8 月，该码头通过了广东省 4A 级标准化企业评审，成为港口行业首家获此评级的企业；12 月，通过了国家级服务业标准化试点验收，成为全国首批服务业标准化试点单位，并且也是该批试点中唯一的集装箱码头企业。2010 年，在“中国港口集装箱吞吐量前十名”评比中，中海码头参股投资的广州南沙码头位列第六；在“中国港口内贸集装箱吞吐量前十名”评比中，广州南沙码头名列第一；营口新世纪码头、天津五洲码头、连云港新东方码头分获第四、第六、第八名；在“中国港口每米岸线通过最高 TEU 集装箱码头和杰出集装箱船舶装卸效率码头”评比中，广州南沙码头分获第一名和第六名；在“中国港口每 TEU 消耗电力和燃油最低集装箱码头前十位”评比中，广州南沙码头、天津五洲码头、营口新世纪码头分列第四、第七、第九名。

经受了国际金融危机和航运市场波动的考验，中海码头投资经营总体效益实现了跨越式增长。尤其是 2006 年后的五年，中海码头投资经营的合资码头年均集装箱吞吐量增长率达到 48.8%，显著高于行业水平；集装箱吞吐量占全国港口集装箱吞吐量的市场份额也由 2005 年的 3.6% 持续上升到 2010 年的 6.6%。“十一五”末，中海码头总资产比“十五”末增长了 2.23 倍，净资产增长了 2.37 倍。2010 年在中国海运对各专业公司 EVA 等综合考核中，中海码头位居前列。

根据德鲁里研究报告的数据，中海码头按所投资码头总吞吐量排序，2006 年居全球第 9 位，2010 年上升至第 7 位；按所占权益吞吐量排序，2006 年居全球第 16 位，2010 年上升至第 9 位。

据统计，2010 年中海码头总吞吐量 2629 万 TEU，总资产 55.59 亿元，资产负债率 44.45%；实现总收入 4.75 亿元，利润总额 2 亿元。

五、中海物流：打造综合物流服务供应商

中海物流坚持实施“依托航运主业、服务航运主业，发展综合物流”的发展战略，在综合物流领域有了长足的发展。

在成立初期，为配合集装箱运输的快速发展，中海物流以集团 60 余条遍及全球的集装箱海运航线为依托，大力构建营销网络，形成由陆到海、由海上陆的供应链网络。该公司在细分市场的基础上，重点开拓了家电物流、食品饮料物流、汽车物流、冷藏冷冻物流等重点领域，并树立了良好的市场形象，打响了“中海物流”的知名品牌。

当企业发展步入新的轨道，再沿袭初创时期的大规模扩张和投资做大企业的方式已不可取，必须深化结构，积极把握新的经济增长点，实现企业健康可持续发展。为此，集团一直在探寻中海物流发展的最佳模式。

2002 年 3 月，集团对公司进行改制重组，设立中海集团物流有限公司。2003 年 1 月，集团进行货运体制改革，物流企业货代业务及大量的相关人才划归中海集运口岸公司。因主客观等多种因素影响，上述几次改制未能让中海物流公司实现健康持续发展的目标，公司一直持续亏损，到 2006 年年初，累计亏损 3.8 亿元。

2006 年 8 月，集团领导对中海物流领导班子成员进行了调整，确定了中海物流“依托集运、市场运作”的发展定位。

从 2006 年起，中海物流按照集团的定位要求，围绕集装箱产业形成了航运项目物流、

仓储、货代、集疏运四大业务模块，积极开发该四大模块的 4 个细分市场，业务逐年扩展，利润逐步提高。

2006 年，公司加快调整资产结构和业务重心，积极推行物流总部与华东物流体制改革，清理不良资产和网点；建立 3 级服务网络，加快南北区域的联动，理顺并加强与中海集运的合作，不断完善集运内贸精品航线的货源支持和集疏港服务；实施统一采购阳光工程，降低管理成本；多种措施并举，完成了集团下达的利润指标。

2007 年和 2008 年，公司在原来航运项目物流、仓储、货代、集疏运 4 大业务模块的基础上，又加强了中短程航线合作，加大长江、珠江、环渤海地区海铁联运的开发力度，增加散货、制造业、汽车及工程物流新的 4 个业务模块；建立中海物流 4 个大型合资堆场，积极开展仓储业务，对华北和华南地区的箱量喂给及后续的集疏运提供了很好的保障作用，也为内贸精品航线提供后续支撑服务。企业利润增长率连年超过两位数。

2008 年底以来，公司继续在优化业务模块、优化资产结构、扩大合资公司规模等方面下功夫，努力实现“资产从拥有向控制、整合、共享转变”。公司的物流项目有了进一步发展，多式联运及海外业务取得重大进展，成功运作了神龙汽车、武汉钢铁、正泰电器、扬子石化、卡博特碳黑项目。特别值得一提的是，中海物流成功中标了中石油尼日尔油田建设物流项目。该项目包括海上运输、普通道路运输和沙漠段运输的所有物流运输环节，公司积极组织 40 英尺集装箱的运输任务，圆满完成从科托努到阿加德姆 8000 吨散杂货运输任务。该项目既是中海物流工程项目物流的新突破，也成了中海物流进入海外物流的切入点。

2008 年，为实现中海物流作为优质资产注入中海集运的目标，公司加强资产优化，清理不良资产，加大管控能力，加强风险管理，相继关闭了 30 家亏损网点，处置了 1392 辆老旧集卡，精简了 2000多名员工；新成立 6 家合资公司，价值链不断提升，公司经营效益显著提高，当年实现利润 8500 万元。

2009 年 3 月，集团启动中海集运收购中海物流的工作，由于客观原因，到了 2009 年下半年收购工作停止，公司战略再次发生重大改变。对此，李绍德总裁做出重要指示：中海物流要作为集团陆岸产业的第三大板块目标发展。围绕这个目标，公司经过调研，提出“介于传统货运和解决方案之间的综合物流供应商”发展战略，积极探索集装箱产业外的物流业务，开拓新的独立空间。

由此，中海物流加大合资联营力度，先后与港务局、中国储运和外资、民营企业等合作成立 8 家合资公司，主要开展堆场、仓储、海铁联运、分拨等方面的业务。合资公司逐渐成为中海物流公司重要的盈利增长点。

为进一步加强公司管控能力，中海物流根据集团要求，从 2010 年 3 月开始，所属华北物流、山东物流、华南物流、海南物流、西安物流、成都物流 6 家公司与中海集运当地口岸公司分开实行独立运作，此项改革不仅理顺了管理体制，而且有利于充分发挥物流与集运的各自优势，为进一步做强做大中海物流打下基础。

“十一五”期间，公司引进了数百名物流方面的专业人才，员工队伍素质大幅提升；理顺了区域公司股权结构，完成了所属 29 家公司的改制工作，公司经营效益得到显著提高。

到 2010 年，公司总资产 6.8 亿元，净资产 3.9 亿元，主营收入 4.04 亿元；整个“十一五”期间，公司每年保持较好的盈利水平。应该说，2006 年到 2010 年的 5 年，是效益增速最快、综合实力提升最显著的 5 年。

六、中海船务：建设国内一流船代企业

“十一五”期间，中海船务以“建设一流船代企业、争创最好服务品牌”为目标，牢牢树立“开拓为先、服务为本”的经营理念，坚持服务中海、面向市场方针，围绕船代主业切实推进精细管理，不断发展和完善服务网络，提升服务满意率，积极开拓集团外市场和其他相关业务，企业生产经营持续保持平稳、较快发展。

（一）完善资质，向外拓展

中海船务自成立起，就把外轮代理作为经营“突破口”，到 2002 年年底，中海船务有 18 家口岸获得外轮代理资质，2003 年上半年，全岸线已有 36 家口岸获得公共代理经营权。

针对国内由船代船东指定代理转为货主或租家指定代理的发展趋势，中海船务把大客户作为营销重点，通过船东会、货主会和业务恳谈会等环节，密切与大货主、大船东、大租家业务沟通，通过实施“大客户大合作”战略，中海船务外部市场蛋糕越做越大，其业务已占公司业务“半壁江山”。2008 年 9 月 28 日至 10 月 7 日，舟山中海船务成功代理 VLCC 船舶“新金洋”轮通过舟山深水航道，结束了舟山港 VLCC 船舶需在港口外减载的历史。

随着班轮代理市场逐步扩大，班轮一体化代理模式相应出现，对代理商服务和揽货等环节要求也不断提高。中海船务在提升服务上狠下功夫，赢得了客户的信赖。2006 年 12 月 30 日，太仓中海船务首次成功代理中海集运内贸船；2010 年 1 月 11 日，连云港中海船务代理大丰港首条大丰—上海集装箱内贸支线“向莲”轮。

中海船务曾代理台塑海运台塑“货柜 1 号”轮华中航线业务，由于多种原因，该轮华中航线停航，但中海船务与台塑海运一直保持良好业务往来。2010 年，在集团的支持和帮助下，台塑海运“华南—台湾”班轮直航许可证终获交通部审核批准，台塑海运为中海船务长期以来不离不弃的服务精神所感动，指定中海船务为其航线及揽货总代理。中海船务为台塑班轮精心设计代理方案，帮助台塑海运举行“台塑 6 号”轮首航仪式，该仪式于 2010 年 3 月 31 日在广东东莞成功举行。

（二）船货并举，提高市场竞争力

在货代板块经营模式上，中海船务实施由“传统货代”模式向“项目开发经营”模式转型，加大直接客户、大客户、项目货的开发力度，推动货代业务从传统经营模式向项目开发经营转型。在宜家、加丰、联合利华、BCO 等项目大客户代理操作的经验基础上，经中海集运的大力支持，公司又成功开发签约了沃尔玛项目物流业务，正式成为沃尔玛中国境内物流运输供应商，开始承担沃尔玛（中国）有限公司的集装箱国内物流服务。

公司坚持不断改进货运工作机制，适时召开货运营销工作专题会，全面布置推动货运

业务各项工作，一手抓货源箱量，一手抓经济效益，着力提高货运业务板块的利润贡献率。

围绕“服务集运、锻炼队伍，完善功能、服务船代”的目标，货代业务逐步恢复，并成为公司收入的重要支柱。“十一五”时期，集团外船舶代理艘次逐年提升，年均增长20.4%，累计达9.4万艘次。

（三）发展集装箱揽货业务

在坚持货代主业同时，中海船务积极发展集装箱揽货业务。公司两次召开货运专题业务专题会，在有条件的口岸建立机构，充实揽货队伍，在大客户项目的带动下，揽箱量不断攀升。2009年全年揽箱量21.8万TEU，恢复到货运体制改革前的揽箱水平。货运业务也逐年增长，揽箱量持续上升，“十一五”的5年累计揽箱102.4万TEU，逐步实现船货代业务齐头并举之势，连续5年超额完成集团下达的利润考核指标。2010年年底，中海（香港）船务正式划归中海船务，公司实现了跨境经营的突破。

按照同口径比较，到2010年年底，中国海运集团外部的市场收入占到公司总收入的64%左右，公司资产总额从“十五”末的5.6亿元增长到7.77亿元。“十一五”期间，公司累计实现收入13.6亿元，累计利润2.87亿元，总资产净增加值2.2亿元，经营网络由“十五”末的49家增加到61家。

（四）创建最好服务品牌

服务是中海船务赢得市场、立足行业、持续发展的根本，是企业的生命线。坚持服务为本、坚持服务创新是中海船务不断提高核心竞争力的关键。“十一五”期间，中海船务把握服务行业特点，提出了“全过程、全方位、全天候”“精细化、标准化、差异化”的“三全三化”服务理念。

2009年以来，公司相继开展了“服务文化年”“服务质量年”“服务创新年”活动。通过制定完善服务承诺和标准，着力提高员工服务意识、不断提高服务能力和水平，客户满意率明显提高，员工队伍“专业、职业、敬业”的服务操守不断增强；通过创新服务理念，强调走差异化服务竞争之路，提升了服务内涵和外延，丰富和完善了服务功能，也使得经营网络不断完善，企业文化特征愈加鲜明，中海船务独具特色的服务品牌也在航运界打响。

（五）企业管理上台阶

“十一五”期间，中海船务着力在“精、细、严”上下功夫，优化中海船务企业内部管理体系，陆续修订完善了近120项内部管理规章制度，工作流程不断规范，形成了更加适应企业科学发展的新流程。公司扎实推进信息化建设，制订了信息化建设中长期发展规划，建设实施了PAS业务管理系统，完成了NC财务系统上线，自主研发了资金监管系统；实施了企业无纸化办公、远程办公，完成了公司门户网站的升级。

“十一五”期间，中海船务精神文明建设成效明显，连续5年被评为上海市文明单位，2010年又被授予全国交通运输行业文明单位称号，公司多次获得“最佳船代公司及无船承运人奖”等荣誉。上海世博会期间，中海船务总部机关及上海公司又被评为上海市“优秀平安志愿者服务队”。

“十一五”末，中海船务制定了进一步贯彻落实科学发展观的总体思路：深入贯彻落实科学发展观，紧紧围绕建设一流船代企业、争创最好服务品牌的发展目标，坚持“依托中海、面向市场”，不断优化经营结构，实现船代货代协同发展，进一步加强精细化管理，提升服务水平和能力，进一步增强公司的核心竞争力、综合竞争力和可持续发展的能力，努力开创中海船务科学发展的新局面。

七、“大船贸”格局初步形成

经过 10 多年的发展，中海国贸经历了“创业期、定位期、发展期”的历史阶段，逐步成为以船舶经纪（二手船、造船、租船）、船用设备和备件代理及供应、船舶工程服务等为主营业务的专业化公司。“十一五”时期，中海国贸提出了立足航运服务，继续拓展“经纪”和“贸易”业务，发展信息、船贸、代理组合服务模式，形成围绕服务航运主业相对完整的产业链。

围绕企业战略，公司一方面继续发展传统的船舶买卖代理、造船商务代理、船舶租赁代理、船用设备进口代理等业务，在提高专业性和服务质量上下功夫，力求做精、做细，以此形成规模；同时还把工作重点放在船舶监造、监修、招投标、船舶信息咨询等新开发的业务上，积极走向市场。

在船舶建造与购置代理业务方面，“十一五”时期，公司为新世纪航运公司代理购入一条巴拿马型散货船，为中海油运代理购入一艘 VLCC，为唐山华山海运购入一条大灵便型散货船，为天津畅明海运代理购入“畅明海”轮，为锦州长兴海运代理购入一条大灵便型船，为福建官头海运集团代理进口了一条巴拿马型散货船，为上海海运服务公司代理购入“环海 1 号”交通艇。2008 年，公司借助成为韩国 STX 主机国内供应代理的机遇，促成了 2 艘 5.5 万吨和 3 艘 3.5 万吨散货船的造船代理业务，实现了集团外造船代理业务的突破。

在监造船项目上，公司以集团内合资合作公司造船项目为切入点，与神华中海、嘉禾航运、振兴船务、海电公司、友好航运、时代航运、金海船务等船东公司进行了广泛的联系，在原有船舶买卖业务的基础上，开拓实施监造船项目，努力打造最具竞争力的船舶监造队伍。通过建立完善的监造记录、监造档案、船舶监造资料、数据库，定期检查现场监造工作情况和监造进度，落实各项安全制度，确保工期与质量，打造中海国贸船舶监造品牌。对此，公司派出 4 个监造组到船厂实施现场监造，例如：嘉禾航运公司在澄西船厂建造的 2 艘 5.3 万吨散货船监造工作；友好航运公司在中海江苏建造的 2 艘 4.75 万吨散货船监造工作；时代航运公司在江南船厂建造的 4 艘 7.6 万吨散货船和金海船务在川东船厂建造的 2 艘 7800 吨化学品船监造工作等。

在招投标项目上，得到了集团的大力支持和认可。“十一五”时期，公司成功开展了集团内部分设备采购、工程装修等 10 多个招标项目。通过一系列有益的尝试，积累了一定经验。主要实施项目有：中海投资属下的锦州与广州箱厂的叉车、太阳能、除尘招标项目和连云港箱厂的空箱堆高机招标项目，中海发展、中海码头、中海投资、中海船务和航运产业基金等公司办公楼装修、办公家具采购招标项目。

在船舶信息咨询上，公司针对上海市国际航运中心建设中航运单位对融资有着强烈需求的特点，成立了船舶信息咨询部，对不同的信息进行深加工，为不同的客户提供个性化、差异化信息服务，将专业资源推上公司的信息平台，并与国际著名的航运网站相连接，建立具有中海国贸特色的船舶信息系统。例如，与招商银行、交通银行签订《船舶价格及风险评估合作协议》，并提供季度二手船市场报告。2008 年，公司开发了客户短信服务平台，第一时间通过短信将航运市场的行情、航运指数、船舶成交的价格和公司处置船舶的信息告知客户，为客户提供个性化、差异化信息服务，打造一个具备信息处理、市场分析、船东决策服务等综合功能的信息平台。

此外，公司还探索金融衍生品项目、船舶贸易经纪等项目的运营。

“十一五”时期，各项新业务皆有较良好开端。2010 年年底，公司实现主营业务收入 1.6 亿元，利润总额 7532 万元；当年公司资产总额 2.86 亿元；净资产 1.12 亿元。

八、中石化中海燃供：综合实力不断增强

中石化中海燃供组建后，充分发挥股东双方的品牌、市场和资源优势，加大市场营销力度，积极拓展燃油、物资等业务，经营规模、经济效益、竞争能力等各方面都有长足进步。油品经营总量由合资前（2003 年）的 88 万吨增加到两年后（2005 年）的 285.5 万吨，营业收入由 16.7 亿元增长到 88.7 亿元；利润总额由 500 多万元增长到 13512 万元。2007 年，公司发展达到新的历史高点，完成油品经营量 529 万吨，营业收入 145.3 亿元，物资板块实现盈利 939.5 万元。2008 年起，受国际金融危机影响，公司经营出现拐点，油品经营量和营业收入有所萎缩。2010 年，随市场复苏，经营状况也大幅改善，公司油品经营量 301 万吨，主营收入 97.07 亿元，实现利润 4039 万元；物资板块主营业务收入 50433 万元，实现毛利 5559 万元。

（一）经营网络不断完善

公司稳步推进经营网络建设，在国内沿海及长江中下游各主要港口城市设立分支机构，相继成立了厦门燃供、唐山燃供等分公司，合资组建天津船燃、深圳船燃、青岛船燃等子公司。同时，公司加大经营设施投入，与大连港签订协议建设储油基地，一期建成 4.4 万立方米储油罐及相应配套设施；委托广州市顺海船舶制造实业有限公司建造两艘 2980 吨大型沿海供油船。2010 年年底，公司经营网点扩大到 43 个，拥有大型油库 6 座，总库容增至 60 万立方米。

（二）内贸船供业务平稳运行

公司围绕优化结构、扎实经营的工作思路，重点推进大客户战略，内贸船供业务实现了平稳有序发展。2005 年，公司以广州地区为试点，推行燃料油以统购分销为主、各地自采为辅的采购模式，共统一采购燃料油 228.48 万吨，较好地发挥了规模优势。2006 年起，着眼于降成本、保供应、创效益，加强与集团企管部和各船公司沟通，积极探索推行燃油锁量锁价“双锁”机制。同时，落实与中国石化和中国远洋签订的《战略合作框架协议》，做好中远集团内贸船舶加油工作。2010 年与客户锁价共 21.6 万吨（其中与中国海运船公

司锁价 20.6 万吨)，有效缓冲了油价大幅波动产生的风险，达到了购销双赢的效果。为规避市场和价格的双重风险，公司于 2007 年 9 月 11 日正式开始燃料油套期保值操作，在实现保值的基础上取得了一定的效益。2010 年，全力推进下属单位自主经营工作的落实，宁波燃供、秦皇岛燃供、天津船燃等分公司和子公司基本实现自主经营，内贸船供应业务稳步提升。

(三) 保税油供应实现突破

2006 年 7 月，商务部、财政部、交通部、海关总署联合下发《关于增加中石化中海船舶燃料供应有限公司等四家企业从事国际航行船舶保税油供应的批复》，取得了为国际航行船舶供应保税油的资质。2007 年 8 月 8 日，在上海外高桥保税二期码头成功为中海集运 5 万吨级的“新洋山”号远洋集装箱轮供应 500 吨保税燃料油，实现了保税油供应进入国际市场零的突破。同年 11 月，正式开通海南保税油业务，结束了海南省无保税油供应的历史，在当地引起较强反响 (图 2–10)。公司在推进保税油业务进程中，采取“两条腿”走路的办法，在加快改造原有油库基础设施的同时，采取外租保税油库方式，坚持先易后难，稳步推进，做到成熟一个发展一个。2008 年，按照两大股东加速保税油业务拓展进程的要求，陆续开通宁波、广州、青岛、深圳、天津五个国内沿海主要港口城市的保税油供应业务，初步形成华东和华南的网点联动，发挥了区域供应的优势，覆盖和占领沿海市场。公司以中国海运外贸船供业务为依托，积极开拓外部供应市场，加强与美国、新加坡、韩国、日本等国外客商的合作。2007—2010 年共销售保税油 54 万吨。

图 2–10　中石化中海燃供海南第一船保税油于 2007 年 11 月 20 日运抵海南马村港油库。

(四) 中国石化长城牌船用润滑油在中国海运得到推广

2006 年 12 月 28 日，中国石化长城牌船用润滑油通过中国海运船舶使用准入评审。经过中国海运的大力支持，长城牌船用润滑油市场推广工作取得突破性进展。2007 年 1 月，中国海运将长城牌 5070 汽缸油、4008 系统油列入其所属船舶润滑油使用范围。当年，共销售长城牌船用润滑油 8053.1 吨，占公司船用润滑油总销量的 45.1%。2008 年 3 月，公司在新加坡实现长城牌船用润滑油的海外供应。2009 年 10 月，在上海外高桥船厂顺利完成长城牌保税润滑油供应。2010 年 7 月 29 日，中国石化高级副总裁章建华率相关部门人员与中国海运总裁李绍德等集团领导进行会晤，双方表示要进一步加强合作，并达成了新的共识：中国石化将新增的 2000 万吨原油全部交中国海运运输，这些运输船舶所需的润滑油将全部使用中国石化的长城牌产品。同年 9 月，公司主办专题技术研讨会，对长城牌船用润滑油在大缸径船舶的应用形成共识，使得该润滑油在中国海运三大主力船型上应用工作顺利推开。2010 年，公司销售长城牌船用润滑油占润滑油总销量的 70%，同比增加 12 个百分点。

第六节　开展精细化管理

精细化管理是关乎企业生存发展、保持竞争力的基本条件和重要因素。在市场经济条件下，随着行业竞争的不断加剧，面对越来越多、越来越强的竞争对手，精细化管理已经成为决定企业竞争成败的重要因素之一。

随着中国海运的快速发展，航运船队不断向现代化、大型化、规模化迈进，企业经营的规模和市场份额不断扩大，转变管理模式、提升管理水平势在必行。

2006 年 8 月 18 日，李绍德总裁在集团经理书记会议上提出在全集团内开展精细化管理的要求。此后，集团发布通知，要求将实施精细化管理提升到事关企业生存发展战略高度，作为坚持科学发展、建设世界一流企业的重要抓手和载体；通过精细化管理，促进企业由传统的经验管理向科学化管理转变，推动管理水平跃上一个新台阶。

一、突出重点，开展精细化管理

中国海运强调，要在强化企业基础管理中，坚持实施精细化管理，努力提升企业素质和管理水平，将精细化管理纳入企业日常工作中。“十一五”期间，集团坚持每年召开两次精细化管理工作推进会，每年突出一两个重点，解决一两个制约改革发展、效益提升、风险防控的突出问题，循序渐进，常抓不懈，持续推进精细化管理，向管理要效益，切实提升集团的管理水平。

2006 年，精细化管理工作重点集中在两个方面，一是加强集装箱运输的精细化管理，二是打响集团“一号工程”——信息化建设。集团强调，要以精品航线建设带动企业安全基础管理、燃油成本控制和船舶管理；以信息化建设提升管理效率。

2006 年 8 月，中海集运贯彻集团总裁李绍德提出的培育精品航线的要求，投入数艘 4250TEU 的集装箱船，相继推出天津—南沙—天津、锦州—营口—南沙—锦州、连云港—南沙—连云港 3 条集装箱内贸运输精品航线，把精细化管理转化为市场品牌和经济效益。

同时，按照集团“一号工程”的要求，信息化建设步伐不断加快，2006 年，集运综合业务管理信息系统、集团财务信息系统（包括集运财务系统）的建设全面启动。为了推进集团信息化建设，集团整合资源成立了专业公司——中海信息有限公司。

2007 年，集团提出精细化管理要理念先行，大力倡导树立两个意识，即从“要我做”变为“我要做”，树立精细化管理人人有责的意识。集团强调，要以效益质量为中心，以努力增产增收的目标，大力加强运输生产经营和燃油等成本控制，大力加强资本运营与资金预算管理，大力加强信息化管理，学习同行先进企业，全系统、全方位开展“对标”活动，把“对标”作为推进精细化管理的重要手段；强调与国内外同行先进的对标，不仅对照经济效益硬指标，也要对照企业管理、人员素质等软指标；围绕建设世界一流航运的目标，认真查找差距、抓好整改提高。

2008 年，集团确立坚持科学发展观，好字优先，强调以内涵增长为主，并对精细化管理提出新的要求，即强化两项基础管理：一是强化企业基础管理，以推进精细化管理为动力，以效益为中心，不断夯实管理基础，提高管理质量和效率；二是强化基层管理，缩短管理链条、增强有效管理、强身固本，提高效益。

2009 年，集团围绕“增收节支、控制成本”，突出阶段性工作重点，实施“海外管理年”，提升海外管理水平，同时以燃油集中采购和锁定油价为主要手段，加强成本控制，以 SAP 系统和中海集运电子订舱、总部 OA 系统为重点加强信息化建设，以信息化带动精细化，进一步强化资金和应收账款管理，降低财务费用，防范资金风险。

2010 年，在前 4 年努力的基础上，集团以制度建设和流程再造为重点，对精细化管理提出进一步的目标和要求：一是全面梳理各项管理制度，修订和完善“三重一大”决策制度实施办法、职务消费管理办法、法务工作管理办法等系列规章制度。二是强调精细化管理活动的持续深入，充分调动员工积极性，注重精细化管理的全员参与和全面铺开。为此，集团组织人员围绕制度建设与流程再造，编辑精细化管理小册子，以此指导精细化工作。

通过努力，集团精细化管理取得六个方面成效：

一是成本控制取得预期成效。以 2010 年为例，当年集团营业总成本 589.17 亿元，同比增幅 18.72%，低于营业收入增幅 25.23 个百分点；主营业务支出 573.31 亿元，增长 17.66%，低于主营业务收入增幅 26.2 个百分点；运输成本 393.15 亿元，增长 16.21%，低于运输收入增幅 36.92 个百分点。通过集团集中采购和锁定油价等各种手段，降低燃油成本，燃油单耗为 5.713 千克 / 千吨海里，而 2006 年、2009 年分别为 7.088 千克 / 千吨海里和 6.708 千克 / 千吨海里。

二是信息化建设实现新突破。集团分管领导兼任集团首席信息官，此举有利于加大信息化工作推进力度。2009 年，SAP 系统二期项目如期完成，三期项目深入推进；中海集运大客户电子订舱 EDI 项目按期上线；总部 OA 系统和久其报表系统上线运行；随着信息化建设“一号工程”加快推进，中海信息公司取得了软件企业 CMMI ML3 国际资格认证。

三是“海外管理年”活动有序推进。2009 年，海外企业制度建设全面加强，制定和修订了 13 项管理制度。境外投资和管理体制得到理顺，境外公司董事会运作机制趋于规范，全球现金管理系统得到推行，内控机制不断完善。欧洲控股、东南亚控股的专职审计工作有序进行，共完成 14 个审计项目。驻外干部队伍建设和管理步入轨道，共派出驻外干部 11 人，调回 10 人，交流 5 人次。

四是财务和资金管理得到进一步强化。资金管理业务形成全过程、全方位的资金监控体系，资金“集中管理，统一借贷”的优势得到体现，盘活并用好资金。“十一五”时期，集团的财务费用得到了有效控制，2010 年全年财务费用 8.04 亿元，比“十一五”初期的 2006 年减少 1.9 亿元。

五是风险管控能力得到提升。集团总部和中海发展全面风险管理体系从 2009 年 6 月起启动运行；应收账款考核办法进一步完善，催收力度加大，年末应收账款余额控制达到历史最好水平，实现重大商务案件为零的目标。内部审计进一步强化，海外运费和重大基本建设两个重点得以有效控制，增收节支 1270 万元；按“有保有缓”的原则，先后停止或放缓多个重大投资项目，涉及投资金额 60 多亿元。

六是全面预算管理工作稳步开展。制定了全面预算管理实施方案和管理制度，明确工作“路线图”。成立集团全面预算管理委员会；以中海货运为试点，启动预算管理咨询项目，并在推行全面预算管理体系之下开展 2010 年预算编制工作。

二、信息化“登高”与中海信息公司的组建

进入 21 世纪，信息化已成为国际航运企业实现全球运营的“门槛”；加快信息化建设，搭建航运企业商务平台，实行信息化管理，已经成为航运业的必然趋势。

中国海运成立之初，计算机在管理中的应用还仅限于单机应用，主要用于财务系统的文字处理和计划统计。真正意义上的信息化建设起步开始于 1999 年，主要侧重于集装箱运输业务应用系统建设。

随着中国海运的船队快速发展，全球的业务不断扩大，对信息化建设提出了更高的要求，用信息技术改造已有的经营管理系统，促进企业更新换代成为企业参与全球竞争、融入大客户供应链管理的迫切需要；同时，加快信息化建设，也是深入开展精细化管理，加强集团管控，提升企业素质，打造国际竞争新优势的内在需求。

2006 年，集团的信息化建设进入了全面、快速发展阶段。

（一）吹响“一号工程”号角，构建信息化系统新格局

2006 年 6 月，集团做出新的决策，将加快信息化建设作为集团“一号工程”来推进，由此吹响了集团信息化大规模建设的集结号。

为保证“一号工程”进展顺利，集团提出四项具体要求：一是各单位一把手要重视“一号工程”，亲自参与企业信息化规划和重要决策，亲自协调推动重大信息化项目建设，带头使用信息系统；二是全员参与，增强全员信息化意识，提高全员 IT 技能，规范系统使用要求，杜绝系统外操作；三是优先保障信息化建设资金和人力需求；四是从严落实、从严考核信息化工作，并建立红黄牌考核制度。

集团统筹兼顾、重点突破，依据管理要求和主业特点，将财务系统、集装箱运输业务系统建设作为信息化建设切入点率先推动，通过加强 IT 组织建设，健全 IT 管理体系，加大信息化建设投入，强化各类业务和应用系统建设，使信息化水平获得了实质性提高，为企业业务拓展、精细管理和科学发展提供有力支撑，成为中国海运建设世界一流航运企业的助推器。

为了推进信息化建设迈上新台阶，集团制定了《中国海运集团信息化发展规划》，以强化集团管控能力和集团内各专业公司信息系统建设为重点，不断优化业务流程，防范业务风险，加强集约管理，有效提高整体创新能力、市场竞争能力和现代管理水平，实现集团又好又快发展。在推进过程中，强调“顶层设计、业务驱动、集中投入”的方针，牢牢把握航运产业、陆岸产业两条主线，积极推进集团财务、预算、综合管理、人事管理、资金结算、辅助决策分析系统，以及集运业务、航运系统、船员管理、船务 PAS、物流管理和有关专业公司的信息系统规划建设，使信息系统服务覆盖到集团的各个产业板块。在集

团强力推动下，各下属专业公司均建立了业务系统，并实现了与集团信息系统的无缝接口，初步达到了集团的管控目标，规范了各业务环节的操作。

截至 2010 年年末，中国海运由中海信息负责开发、运维系统或项目已达到 58 个，专业服务覆盖集团内大部分企业。从 2006 年起，中海信息连续 5 年被上海市认定为“高新技术企业”。

2008 年 12 月，由国家信息化测评中心的专家们对中国海运信息化建设进行了全面的考察和审核，专家们从企业基本情况、信息化基础投入、人力资源、信息化应用、网络营销、信息化环境与文化、资源整合、信息安全 8 个方面对集团的信息化建设进行了评估和评分，最终确定中国海运为“中国企业信息化标杆企业”，并下发证书和奖牌。

（二）打响“B 级登高”战役，信息化建设再上新台阶

2006 年起，经过三年努力，信息化建设“一号工程”不断取得进展，但仍然满足不了集团的发展和管理需要，因此还需进一步推进信息化工作。根据国资委《关于加强中央企业信息化工作的指导意见》，2009 年年底，中国海运提出了关于 2010 年信息化实现 B 级登高达标的工作目标，即在 2011 年达到国资委的信息化 B 级水平。

为保证 B 级登高目标的实现，集团与各单位签订了信息化建设责任书，修订了信息化工作考核办法，进一步明确信息化考核管理的对象内容和奖惩机制，确保责任到人，考核到位；对集团信息化办公室和总部相关管理部门的业绩考核实行“一票否决”制。

开展“B 级登高”，集团着重抓好“两个重点”：以信息人才队伍建设和中海集运信息系统建设为重点；抓好“四个结合”，即旧系统改造与新项目结合，“旧城区改造”与“新城区建设”结合，突出重点与兼顾其他相结合，分步实施与整体规划相结合。逐步达到“三个转变”，即业务系统向管理系统转变，分散向集成转变，局部向整体转变，争取用两三年时间使中国海运信息化程度有较大水平的提升。

围绕登高目标，集团分析并梳理整改各项指标，将其归类为 12 项具体信息化建设项目，包括集团信息化建设总体规划、集团辅助决策分析系统、集团人力资源管理系统、集团信息化绩效考评体系、集团 IT 系统建设纲要、集团信息化标准和规范、集团信息安全管理体系、集团 IT 资产（软件）管理系统、集团 IT 服务（运维）管理体系、集团信息化项目管理系统、集团总部 IT 应用与优化升级、集团下属 IT 应用与优化升级。

集团于 2010 年下半年启动了集团信息化水平考核体系建设，修订了信息化工作考核管理对象、内容、程序和奖惩机制，并将考核结果与各单位年度经营责任制考核挂钩。信息化绩效考核的进一步科学化、系统化，确保了各单位推进信息化建设的积极性和自觉性。

2011 年 5 月 26 日，国资委信息化专家组、国资委信息化工作办公室副主任刘长虹一行，对中国海运 2010 年度中央企业信息化水平评价进行了现场复评。专家组宣布了现场复评结果：中国海运具备央企信息化水平 B 级企业所具备的特征，总分 88.35 分，达到 B 级标准。其评分在 119 家央企中排名 46 位。这标志着中国海运的“一号工程”“B 级登高达标”的圆满收官，信息化登高达标战略取得了阶段性成果。集团信息化建设跨上了新的台阶。

国资委专家组对集团“十二五”信息化提出新的要求：抓住“十二五”信息化建设和应用深化的重要机遇期，围绕“做强做优央企，打造世界一流企业”的目标，紧紧抓住企业信息化使命和目标不放松，坚持“自主可控、低成本、可持续”，总结并推广中国海运登高达标行之有效的经验，继续将企业信息化建设推向深入，努力为建设世界一流航运企业提供更好更优的信息化支撑。

经过 5 年努力，集团信息化建设已经形成一定规模，业务应用管理系统基本覆盖了航运主业的业务操作，信息化基础设施也基本完备，建立了数据生产中心、数据备份中心，并健全了相应的管理制度和应急方案；专用网络覆盖了全球大部分代理点，保证了全球业务的开展。集团专业技术人才队伍也得到锻炼。实践证明，信息化建设有效促进了企业精细化管理，有力提升了企业核心竞争力，是企业增强应变能力，转变发展方式的“助推器”。

实现信息化 B 级登高后，集团的信息化建设进入新的发展阶段，按照“旧城区改造”与“新城区建设”有机结合的方针，“倒排时间，倒逼机制，责任到人，考核挂钩”的要求，信息化逐步融入企业管理、业务活动，集团信息化管理向“集成、协调、共享”方向发展，信息化建设已由“一号工程”向“全员工程”转变。

2011 年 7 月 12 日，集团经理书记会对信息化建设工作又提出新的要求，要求坚持统筹兼顾，突出重点；加强总部信息系统的开发，做到集中管控类系统实施和各单位应用系统优化同时推进，使信息化管理和保障体系不断完善，为集团的精细化管理提供了有力的流程与技术支撑。同时，集团还强调，要加强信息化培训，继续强化全员信息技术普及，不断提升信息化应用能力，继续强化信息系统安全管理、运维管理，全面提升全员信息化应用水平，为集团各项战略目标实现提供有力支持，争取在 2012—2013 年达到国际同行业先进水平，达到央企信息化“A”级水平。

（三）组建中海信息系统有限公司

2008 年 7 月 31 日，集团着力加强信息化资源整合，将原来的环州电脑有限公司升级组建为中海信息系统有限公司（简称“中海信息”），专业从事集团的信息化建设工作，负责对信息化建设的协调和推进，综合实施集团的信息系统、财务信息系统（包括集运财务系统）建设；并根据各专业公司的需要，按照市场化的原则，做好各单位信息化建设和维护工作。同时，以中海信息为平台，加快人才的引进和培养，锻炼培养一支具有中国海运特色的自己的信息化人才队伍（图 2–11）。

图 2–11　中海信息公司开展信息化“登高”工作研究。

新组建的中海信息主要包括以下几项业务：

1. 集团总部系统建设。负责集团人力资源系统建设、集团辅助决策系统建设；在集团总部和中海信息范围内实施 IT 服务（运维）体系和 IT 信息安全体系，设立 IT 服务台。负责集团综合管理平台一期及二期建设，实现总部固定资产管理、燃润油消耗补给统计、运输计划和完成情况统计分析、公共代码管理、集团船舶信息、三项成本、生产运输监控、商务、企业信息、法律事务等信息化管理。此外，还负责集团 OA 系统二期开发与集团网站改造。

2. 财务系统建设。负责集团及下属企业的各类财务系统，包括航运企业 117 家应用单位的 SAP 财务系统和陆岸企业中近 200 个账套的用友财务系统；负责全集团范围内统一的久其报表系统的建设。在掌握财务业务的基础上，具备了 SAP、NC、久其等系统实施能力，并独立承担财务系统技术管理、运维支持和新设企业账套的实施等工作。

3. 集装箱运输系统建设。自 1999 年为集运总部和全球代理引进并实施了第一套 TS 信息化系统后，中海信息开始为中海集运提供自主开发的信息系统，并负责系统运维；帮助中海集运建立起一个覆盖运力计划制定和执行监督、船舶调度的监控和管理、集装箱的运营和管理、船货代操作和管理、费用精细化管理以及对外客服等核心业务的系统体系。

4. 航运系统建设。负责油运的航运系统建设，满足了航运业务管理、财务系统连接和船舶管理等需求，并按照要求完成 73 艘船舶的系统实施；同时根据中海海盛和中海客运的业务特点，从 2008 年 3 月起建设航运系统，系统基本实现和中海油运航运系统相同的应用功能。航运系统的成功建设，使集团内非集装箱运输的航运公司拥有了一套完整的信息系统。该系统中的 PMS 功能获得中国船级社、DNV 船级社认证；并被推荐为上海市企业引导资金项目。

5. 陆岸企业系统建设。负责中海船务 PAS 系统一期建设，实施全部 58 家口岸公司系统上线和 NC 接口；负责香港东方国际租箱系统一、二期建设，为东方国际的业务转型提供了信息系统支撑；负责中海国际船员系统一、二期建设和运维，满足日常业务操作和管理的需要；负责中海国贸 TMP 系统建设；推进中海物流新系统的实施；协助中海空运完成 CMP 系统一期项目建设和启动二期项目；开发燃供备件经营管理系统、上海海运医疗保险报销系统及内保系统等。

6. 机房网络及硬件运维。负责中国海运数据中心机房、中海大楼 8 楼机房和广州备份机房的建设和运维，确保数据机房全年安全稳定运行。负责运维 60 多个数据库、340 多台服务器、150 多台网络设备约 70 条集团的国内网络专线、50 多个海外 MPLS 网络节点等。推进实施服务器和存储设备的虚拟化，对重点系统进行虚拟化迁移，对新增信息系统尽量采用虚拟化设备来满足运行要求。

截至 2010 年年底，中海信息总资产为 10065 万元，营业收入 9426 万元，利润总额 116 万元；职工人数为 111 人，平均年龄 28 岁。

三、中海集运：围绕“三精”开展精细化管理

2006 年 7 月 6 日，李绍德总裁在中海集运调研时提出“精心组织、精细管理、精细服务”的要求，中海集运的精细化管理也由此拉开序幕。经过几年的探索，中海集运摒弃了粗放的管理模式，积极实施精细化管理，企业管理水平显著提高。

（一）适应企业发展新需要，确立精细化管理理念

在不同的发展时期，由于企业的行业地位、所处的竞争环境以及战略定位的差异，决定了企业的管理思想和管理模式也会随之变化。中海集运也面临着同样的问题。在短短几年的时间里，中海集运抓住了规模上扩张的最佳时机，从一个初创期的企业快速成长为航运业的巨头，实现了跨越式的发展。国际金融危机后，整个世界经济以及整个航运业陷入了一个前所未有的动荡时期。严峻的生存环境促使中海集运从单纯做大的追求变成了做强做优的追求。在战略转折点上，往往机会与危机并存，而新的管理方式可以使战略变得更为有效。

企业的管理方式和管理措施都源于对管理理念的确立和认识。在中海集运前 10 年的发展历程中，主要的精力还是放在船队建设、业务扩张和市场占有率上。在跻身全球班轮公司前 10 位的行列后，管理能力与业务规模已不能完全匹配。管理基础薄弱不仅制约了企业进一步做大，而且还将给企业可持续发展带来隐患。“十一五”时期，中海集运已显露出一些管理粗放问题：一是在制度的建设上比较薄弱，文件规范没有得到及时更新或是存在某些制度缺失的现象；二是机构的设置和流程体系不够优化；三是信息化建设程度远远落后于公司的发展要求；四是还有许多业务环节存在管理漏洞。精细化管理要求没有落到实处。

管理的滞后引发的矛盾也在日常的生产经营中不断地显现出来，甚至制约了业务能力的突破。中海集运针对自身存在的问题，抓紧补齐短板，加紧修炼内功，特别是在 2008 年年底航运业陷入低谷的时候，坚持变“熬冬”为“冬训”；通过自我诊断发现不足，并积极与一流企业对标，找出各方面的差距。在开展精细化管理工作中，中海集运确立了“做大莫忘做精”的理念，并以理念转变为突破口，大力推进精细化管理主题活动，把制度体系建设、组织结构调整、业务流程优化、信息化建设和预算管理作为工作重点，建立起一套独特的管理体系和机制，进一步推进精细化管理。

（二）深化制度体系建设，制定精细化管理标准

一个企业能否高效运作，要看是否有科学合理的制度和流程的支持。工作中，中海集运首先要抓的就是完善制度，并形成行之有效的管理体系。

一是梳理制度，强化基础。2008 年，中海集运着手进行制度汇编；经公司各部门认真整理、梳理和修订，2009 年 3 月，《中海集运管理制度汇编》正式发布实施。该汇编涉及总部 13 个门类、233 项管理制度。这是中海集运成立以来第一本完整、系统、全面涵盖公司各部门、各业务环节的规范性文件，从而基本建立起企业内部的管理制度体系。

各口岸统一按照 ISO9001 的标准实施制度化管理，全面梳理完善各项管理制度和业务流程，建立了覆盖营销、客服、行政、人事、财商五大类规章制度，并将所有制度流程汇编成册，形成了较为完备的制度体系，实现了 ISO 质量管理体系口岸全覆盖，真正做到了“岗、人、责、权”的全方位管理。

制度的建设在中海集运已经形成一个长效机制，公司上下都非常重视制度的完善与落实。公司还把制度的建设和组织架构调整、流程优化进行了有机结合；通过明确的业务流程，落实规范化的工作制度，确保制度的有效性与执行力。

二是建设体系，融入管理。建立有效的管理体系是实现工作规范化、程序化、标准化的一个重要途径。“十一五”期间，中海集运先后建立了惩防体系、内控体系和全面风险管理体系，并将体系的建设融入公司生产经营和管理的全过程。例如，在内控体系建设中，对关键业务流程进行了梳理，并推出了《内部控制手册》。《内部控制手册》涵盖内部关键控制描述、考核办法及内控体系制度汇编三个方面的内容，是中海集运及下属公司在日常经营和管理中的指引性文件。同时，在体系的建设中，还坚持不断探索、大胆创新，如通过内部控制关键点与惩防体系考核点进行对接，进一步补充和完善了内控体系考核机制。

借助上述体系的平台，中海集运不断推进制度建设，抓好流程再造和过程控制，提升了管理水平，增强了风险防范能力。

（三）调整和优化组织架构，提高精细化管理效率

市场的竞争要求组织架构能够支持集装箱运输业务的发展，所以中海集运坚持“以市场为主导，以顾客为中心”，积极调整组织架，以确保贴近市场、贴近货主，不断适应市场变化。

一是分层治理，快速反应。中海集运在集装箱班轮运输业务方面构建了总部和口岸公司二级管理的架构模式，初步形成了企业规划、市场、销售、计划、运营操作、物流保障和职能管理七大组织模块。总部和口岸公司在职能上有不同的分工，总部侧重于计划、管理、控制职能，不仅制定重大决策和战略，也决定航线、运价、舱位、调度等业务部署；而口岸公司负责执行操作层面的工作，运价管理方面按照总部指导方向具体操作。总部设立了专门机构对口岸公司进行日常管理；同时，总部各部门对口岸各相关部门给予业务指导和计划指令的下达。

这种集权式管理模式可以有效地控制和管理庞杂的经营活动，对企业内部各相关部门之间的定位和权责界定及划分也比较明确，客户的需求信息能畅通无阻地达到各管理层，从而确保对市场的快速反应。

二是总部集权，动态调整。由于中海集运总部集权程度高，为履行计划、管理和控制职能，在总部逐步建立起以业务流程管理为主的管理模式。同时，为适应公司业务的发展需要，中海集运总部也在不断完善和调整。

“十一五”期间，中海集运总部进行了四次比较大的组织架构调整。2006 年，成立市场三部、西亚部、口岸公司管理部和监审部；2007 年，成立船舶管理中心、船员管理部、航线合作部和组织部，撤销船工四部；2008 年，对核算中心原有的组织架构进行改革并调整，将审核和结算职能分开；2010 年，成立信息部、法律部，重组成立新的亚太部，局部调整船舶管理中心机构和职能。

以架构调整为契机，中海集运重新修订了部门职责，对流程进行了全面持续的改进，在运价管理、核算体系、船舶船员管理等方面取得了显著改善，大大提高了公司的运作效率。

三是团队协作，灵活高效。随着组织架构变化频率越来越快，除了职能部门外，中海集运也因项目和业务的需要，在内部组建了直接客户服务小组、全球财务小组、特种箱小

组等一些非常规部门。

这种新的组织形式适应性很强、变化迅速，打破了直线制的分工，是一种柔性、经济、灵活、高效的团队组织。例如，为了向全球大客户提供全程信息跟踪服务，中海集运组建了直接大客户服务工作小组（简称“BST”），参与 BST 的部门包括客服中心、市场部门、箱管部门和航线部门。中海集运通过 BST 工作平台开创了一体化服务之路，实现了无缝管理和协同服务。

（四）以信息工程和全面预算为利器，强化精细化管理手段

精细化管理的落地生根需要有一系列精细化管理手段的支持，而先进的信息系统和全面的预算管理则是精细化管理的利器。

一是信息支撑，优化管理。2006 年以来，中海集运在完善和整合已有信息系统的基础上，利用先进、实用、经济、高效的技术方法和手段，进一步搭建了核心业务平台、财务管理平台和人力资源管理平台，将“人、财、物”全面纳入信息化管理范畴，建设一流航运企业的管理信息系统。特别是 2008—2010 年，中海集运紧紧围绕着经营管理、财务管理、船舶管理三个方面进行了信息化建设，确保了系统有效开发和实施推进。

在经营管理方面，完成了 IMIS（集运综合管理信息系统）一期建设，完善了 TS（集运单证管理信息系统）、CARGO（集运口岸业务系统）、OIP（集运操作交互平台）功能，推进了中国海关新舱单报关项目和美国反恐项目。通过一系列系统的开发，进一步梳理和优化了业务流程，推动了业务管理模式的转变，形成了以 TS 系统为核心、IMIS 系统及相关系统为辅的业务操作管理平台。

在财务管理方面，配合中海集团实施了 SAP（财务信息系统）（一期）项目。通过 SAP 项目的实施，实现了业务系统与财务系统之间的数据集成、信息共享，提高了 SAP 与业务系统的集成度，同时也规范了公司的操作流程。

在船舶管理的方面，PMS（集运机务信息系统）的推进实施提高了船舶的安全管理水平，公司对船舶的安全投入有了决策依据，基本实现了船舶管理工作的公开和透明。

二是全面预算，层层分解。中海集运于 2009 年底启动了全面预算管理工作，制定了《全面预算管理办法》并成立了全面预算管理组织机构。

为了加强预算管理，切实有效地做好各项预算工作，在预算编制工作中强调了预算一致性原则、分级预算原则、全面预算原则和实事求是原则，即各预算单位的预算管理工作要与中海集运保持高度一致，各预算单位的预算都必须服从于中海集运的近期经营目标和长期发展目标；各预算单位分别编制本级预算，然后由上级预算单位审核确定，按一级管理二级、二级管理三级的原则分级管理。

各预算单位在编制预算时，注重层层分解落实生产经营指标和预算管理目标，形成年度财务预算。预算一经确定，各部门、各子公司和分公司将预算指标进一步分解，落实到各个环节和各个岗位，形成全方位预算执行责任体系。而在实施预算过程中，各预算单位需加强成本费用控制和工资总额管理，定期分析投资计划落实情况、考核指标完成情况、财务预算执行情况等。

中海集运已初步形成了事前预算、事中控制和事后分析的预算管理模式，为公司有计划、有步骤、可持续发展提供了重要保证。

四、中海油运：化高油价之压力为精细化管理之动力

高油价吞噬了中海油运的大量利润，给企业带来严峻的挑战。但换一个角度来思考，在市场好、压力小的环境下，人们往往容易忽视管理上的不足和漏洞；而在高油价、高成本的压力之下，推行精细化管理则更容易形成广泛共识，并成为企业全体员工的自觉行动。

“高油价固然是一种挑战，但只要开动脑筋，积极应对，知难而进，危机就可以转化为推行精细化管理的良机。因为人往往有思维惯性，如果不是危机迫在眉睫，这种惯性就很难打破。所以，我们应当善于把危机转化为机遇，把压力转化为动力”。这是 2010 年中海油运年中工作会总经理工作报告的一段话，它引起了全公司干部职工的强烈反响。

自 20 世纪 70 年代以来，国际油价经历了多轮涨跌周期。2007 年 8 月，西方国家的救市行动向市场注入大量流动性货币，美元贬值随即成为投机炒作的因素，国际油价从 70 美元 / 桶一路暴涨至 2008 年 7 月最高值，达到 145 美元 / 桶，升幅超过 100%。2009 年，国际油价更经历了交易历史上罕见的跌宕起伏，从年初的 40 美元升至年底逼近 80 美元。从长远看，全球石油勘探开发难度增大，石油在相当长时间内难以被大量替代，世界经济发展仍将推动石油需求稳步增长，这些均成为支撑高油价趋势的基本因素。因此可以说，整个“十一五”时期及未来较长时期，业已进入高油价时代。

飙升的油价令全球诸多行业遭受重创，而海上运输业是受油价影响最大的行业之一。在各种运输方式、各类船种比较中，油价高企对油轮运输的影响又是最大的，这与油轮的成本结构及耗油特点有关。据资料显示，在高油价时代，对于燃油费占运输成本的比重，油轮的比重明显高于集装箱船和干散货船；集装箱船队在 20%—30%，干散货船队在 25%—35%，而油轮船队则高达 40%—50%。为了有效规避和减少高油价带来的经营风险，确保企业健康与持续发展，中海油运采取了一系列精细化管理的应对之策。

（一）精益操作：将节能减排与技术创新紧密结合

面对高油价时代的来临，需要加强节能减排意识，加强技术创新与管理创新，一点一滴地挤压成本，积累效益，真正让企业从外延式发展走向内涵式发展，从市场机会型发展走向精细管理型发展。

从 2003 年至 2008 年上半年，布伦特原油从平均 30 美元 / 桶升至平均 109 美元 / 桶，上升了 3.6 倍；与之相对应，中海油运燃油费占总成本的比重也由 29.6% 升至 47.3%，上升了 17.7 个百分点。若按 2009 年油价水平测算，则公司全年燃油费同比上涨 25%，更比低油价时代的 2003 年以前增加 170%。尽管 2010 年油价已从高位回落到 80 美元 / 桶以上，但给从事石油运输的中海油运依然带来很大的压力。而实际上，燃油成本的增量部分就是企业利润的减量部分。

为了减少高油价给企业经营和效益带来的压力，规避高油价风险，中海油运注重从节能减排和技术创新入手，加强精细化管理。

一方面，努力抓好节能降耗。在油轮运输过程中，坚持合理制定燃油消耗定额，科学制订年度单船燃油消耗指标，同时根据船舶实际使用情况进行适当调整，使油耗定额的核定更加科学、更加合理，并在此基础上实行奖惩分明的激励机制，强化了员工的节能意识。同时，坚持科学合理采购燃油，并根据运行船舶的航线节点，尽量安排在已锁油价的港口或装卸港中油价较低的港口实行补给，有效控制了燃油成本支出。此外，还坚持合理调度船舶，科学设计航线，减少空驶里程，科学安排挂港顺序，避免不必要的绕航，坚持走最佳航线，开经济航速。

在开展节能减排工作中，中海油运努力抓好“两降”：一是降低船舶燃油单耗，要低于比集团下达的考核指标，进一步向管理要效益。二是降低润料单耗，继续抓主要矛盾，关注重点船，特别加强高消耗船舶的管理。

另一方面，鼓励开展各项节能技术创新，实现技术节油目标。中海油运坚持注重科学维护各运行机械，使运行机械的热效率与机械效率保持在较佳水平；正确使用航速与主机转速，使之匹配最佳；针对重质油价格便宜但杂质多、水分多、易结碳等问题，进行技术革新，使重质油能够充分燃烧，从而提高了燃料油消耗比例，降低了用油成本。公司还坚持抓好航速油耗档案管理、加温与货舱温升档案管理；强调货油的合理加温，维护好加温管的技术状况，加强船舶主机、辅机、锅炉等设备的保养与管理，使之处于良好的工作状态。

（二）精确控制：牢固树立流程为先的管理思想

在细节里掘金，靠精细化制胜。高油价对企业生存与发展提出了更高要求，这时候拼的就是看谁能有效控制成本，这实际是一场管理水平的竞争，是精细化的竞争。

“我们应锁定成本控制目标，确立流程为先的理念，提倡精打细算的精神，让每一个铜板发挥最大效用，让每一笔资源得到最佳利用。”在谈及精细化管理问题时，中海油运领导班子特别强调了流程为先的理念。

树立流程为先的管理思想，就是要狠抓工作标准化、规范化和程序化建设，分类建立健全各类流程，一切围绕流程作业，并以标准制度为支撑，严格监控，严格考核，有序推进。通过与世界级油轮船队对标，找出管理差距，不断改进；加强内控制度建设，利用财务指标进行分析性复核，监测成本费用的变动，实施闭环管理，从而不断完善整个流程，提高成本的预控能力。

在成本控制方面，中海油运坚持在“细节决定成败”的理念之下，把管理的规范化、流程化、标准化和制度化渗透到成本控制的各个环节中，将成本控制流程贯穿于业务发生的事前、事中和事后。

对于事前控制，公司按照“上下结合，分级编制，逐级汇总”的程序，加强预算计划管理。例如，公司将预算作为成本考核奖惩的依据，结合年度预算设置了三项成本进度、燃油单耗等考核指标，规定对超过指标的责任部门和主要人员的考核奖进行扣罚，建立了防止超标的机制。

对于事中控制，公司加强了内控制度建设，坚持各项开支的计划性、合理性，明确交易授权、不相容职务分离、超预算审批等规定，确保各项成本费用在公司预算总体控制范围内。“十一五”时期，公司规定除港口费、润物料费和燃料费外，对于在国内单项金额超过 2 万元以上的付款，对于与母公司以外单位签订的采购、订购、修理合同，或与母公司内单位签订的金额超过 100 万元的合同，规定必须由公司主管领导把关签字。

对于事后控制，公司加强了内部审计，对已发生的成本费用进行比较分析，及时查找问题，对细节问题穷追不舍，努力降本增效。结合上述成本控制，公司还形成了科学的资金风险与商务风险防范体系，提高了危机意识和预警意识，从而把风险和损失降至最低。

（三）精细服务：高油价压力倒逼企业增收增效

化解高油价之压力，既要抓好挖潜节支，严格控制成本，也要努力增收增效，眼睛盯住市场；要赢得客户，扩大商机，以精细化提升服务质量，以精细化铸就油运精品。

经营好一支油轮船队，必须要有精细的市场营销、精细的客户服务；成功的市场营销不仅是销售和广告，也不仅是一系列日复一日的琐碎的商业活动，而是体现了一种创意，一种文化，一种形象，一种抓住机遇、赢得机遇的胆识与智慧。这是中海油运在推行精细化服务过程中总结出的深刻体会。

随着中海油运油轮船队规模的扩大以及大型化、现代化的发展，其市场营销也需体现精细化特点，通过精细化服务，扩大市场影响力，树立中海油运品牌形象，加强与大货主、大客户的沟通联系，促进多方面的战略合作，实现互利多赢，和谐共存。对此，中海油运坚持“重视大客户、维护中小客户、培育潜在客户”的原则，对现有客户资源进行精细化管理，抓住重点客户，贯彻落实好集团的“大货主”“大合作”的战略思想，持续推进与大货主的合作，加强营销力度，实现客户服务精细化。同时积极推进与中海油以及其他大货主、大租家的战略合作，落实好与中石油成品油 COA 协议签订工作，力争多与国内外货主签订 COA 合同。在市场环境严峻的情况下，还积极开拓中小客户业务，将其视为新的增长点，通过公司年度内外贸货主会，加强与中小客户的联系。

在推行精细化管理过程中，负责市场营销的航运部坚持着力抓好市场占有率和客户满意率。在现代营销中，两者是相互关联、相互影响的，而巩固和提高市场占有率，创造客户满意是实现企业利润最大化目标的重要途径之一，其中客户满意营销已成为企业越来越重要的营销方式。一项权威的统计结果显示，客户一旦不满意，基本上不会给企业弥补的机会。对此，公司制定了适合自身特点的衡量客户满意的指标，及时与客户进行沟通和联络，并通过统计分析，找到导致客户不满意的关键因素和关键指标，制定并实施了客户满意度计划，以达到让客户满意的目的。

在精细化管理过程中，中海油运十分注重发扬精益求精的工匠精神，强调以一流管理赢得大客户赞誉。“要做就做世界最好的”，这是中海油运“最佳船长”朱迈进的一句口头禅。朱迈进船长自 1996 年从大连海事大学航海驾驶专业毕业上船后，就始终用最佳目标不断激励自己，曾先后获得上海市级机关“优秀共产党员”、国资委“国有企业学习型先进个人”和全国交通水运系统第十一届“金锚奖”等多种荣誉称号，他所在的船舶“新金洋”轮也荣获上海市模范集体称号。2007 年 11 月 2 日，刚从“新金洋”轮下船公休还不到一个月的他又接到公司新指令，马上赶赴大连去接中海油轮新建的第四条 VLCC——“新安洋”轮。在“新安洋”轮，朱船长每天不但对驾驶台工作巡检、关注、指导，还经常跑甲板、下机舱，以走现场、提疑问、查台账、看现状等多种方式对船舶关键岗位及全船工作进行检查，边查边记，发现问题及时指出、记录在案或开具书面整改清单。开航以后，全船先后自查整改各类缺陷一百多项。船员在他的带领下，克服一切困难，齐心协力，共同奋战，取得良好成果。在第一航次后，“新安洋”轮接受 SHELL 公司安全检查，检查官在有 3 个足球场面积大的甲板上没有看到一滴油渍，在巨大的机舱里可以穿袜子行走而没有沾上一点污垢，生活区更是一尘不染，整齐有序；所有的提问都得到满意的答复，船员的应急操作完全符合标准。检查官来到朱船长房间时，低头看看自己的白手套，也依然洁白如初，无可挑剔，心悦诚服。大客户检查官犀利的目光顿时变得柔和，紧闭的嘴角也开始露出笑容。“OK！”检查官对朱迈进船长竖起了大拇指，并在汇总报告中评价：“这就是世界一流的船舶。”图 2–12 为中海油运船舶接受大石油公司检查。

图 2–12　中海油运船舶接受大石油公司检查。

（四）精心谋划：积极探索“绿色航运”发展之路

开展绿色航运是中海油运走低碳经济之路、转变国际油运价值观的重要方面，也是中海油运提升软实力的具体体现；而节能降耗、推进精细化管理，则是有效实施绿色航运的保证，同时也是化解高油价压力和激发企业潜能的强大引擎。

长期以来，航运业对海洋环境以及全球气候变化产生的影响一直被低估，直至进入 21 世纪才开始受到瞩目，“绿色航运”也成了航运界倡导的一个热点词汇。开展绿色航运，将有益于转变国际油运业的企业价值观，激发新的企业管理理念，推动管理创新，防范和控制风险，从而促进节能降耗，有效化解高油价的压力。实行安全发展，开展绿色航运，形成了当时油运企业乃至整个航运业的共识。

对此，中海油运将节能降耗、精细化管理与开展绿色航运紧密结合，重点从四个方面抓起：

一是结合战略管理制度建设，加快船队更新速度。在船队建设上，中海油运在继续落实“十一五”发展规划的同时，还制定了“十二五”船队发展规划，新的“十二五”船队规划，更加注重船队发展质量，注重发展符合绿色环保标准的新船型，同时对不符合绿色环保标准的老旧船，例如部分单壳船，则抓紧进行改装或处置。经过几年来的船队结构调整、船型更新与技术更新，一个现代化、能源节约型、环境友好型的油轮船队逐步建立。

二是结合精细化管理，制订完善体系文件，建立防污染管理长效机制。中海油运在严格实施 ISM 规则、推行《油轮管理与自我评估》（TMSA）的基础上，又建立了包括环境体系（ISO14001）在内的综合管理体系。为此，公司开展标准培训、管理体系现状诊断与策划、环境因素识别与评价、危险源识别与评价等一系列工作。通过综合管理体系的建设和认证，进一步提升了公司的管理能力和管理水平，建立并完善了公司安全、防污染的长效机制。

三是加强安全与防污染培训，坚持从严从细。公司十分重视抓好广大员工，特别是安全防污染管理人员和船员的防污染意识的教育和技能的培训，例如，举办驾驶员和轮机员防污染、电子海图、驾驶台班组等多个培训班，加强上岗前培训以及驾驶员“避碰”培训等。

四是抓住船舶管理和节能减排细节，做好船舶设备维护保养。公司在船舶的建造、改造和修理过程中，严格执行建造和检验规范的各项要求，针对国际石油公司检查的要点，抓好整改项目，保证船舶始终处于一个良好的安全状况。同时，根据老旧油船的特点，加强安全监管，严格船体结构的检验检测制度，确保老龄油船的船体结构满足规范要求。此外，公司还制订船岸防污染应急预案，坚持按计划训练和演习。

面对油价飙升以及市场复杂多变的情况，中海油运还结合与世界先进油轮船队“对标”工作，认真研究标杆企业综合管理体系及其主要特点，定期对标杆企业期进行动态分析，发布对标报告，努力缩小差距，促进企业发展；在建立综合管理体系过程中，通过全员参与，使精细管理成为中海油运的一次管理变革与提升，成为化解高油价压力和激发企业潜能的强大引擎。

五、中海货运：着力抓好“三全”管理

中海货运把精细化管理作为建设世界一流航运企业的重要抓手，努力在“细”字上下功夫，在“精”字上做文章。其中，抓好全面风险管理、全面预算管理、全员业绩考核“三全”管理，是精细化管理的着力点。

（一）全面风险管理

2008 年下半年，集团将中海货运作为全面风险管理的试点单位，启动了全面风险管理体系建设工作。本着从实际出发、务求实效的原则，中海货运突出对重大风险、重大事件的管理和对重要流程的内部控制，积极开展全面风险管理工作。以风险管理系统、集团内部控制规范和公司规章制度体系为依托，建立了风险管理三道防线；相关职能部门和业务单位为第一防线，风险管理职能部门为第二防线，内部审计部门为第三防线；对主导管理责任的宏观经济风险、竞争风险、盈利能力风险、行业风险、客户信用风险、环境健康安全风险、财务监控风险、人力资源管理风险 8 个风险，采取事前、事中和事后管理措施，积极主动防范和加强控制。

中海货运作为以散货运输为主业的承运人，涉及的客户和环节比其他运输方式更加复杂，面临的商务风险也更大。为维护公司利益，避免和降低风险，公司对以往的各项经营管理规定进行了梳理完善，新制定了三项管理规定，对加强 COA 客户管理、减少商务纠纷、强化合同管理发挥了积极作用。

经过多年风险管理积累，公司及员工的风险管理意识、遵守规章制度的程度有了很大提升，大部分管理节点的内部控制比较全面和到位。一是全员特别是主管以上人员树立起

全面风险管理理念，在全公司培育起良好的风险管理文化；二是建立了风险管理组织和相应的工作机制，建立和完善全面风险管理体系，包括风险管理策略、风险理财措施、风险管理的组织职能体系、风险管理信息系统和内部控制系统，形成了涵盖企业运营主要方面的风险管理体系；三是对各种风险制定应对策略，正确运用风险控制、风险承担、风险转移与风险规避等策略组合工具进行全面风险管理，对各种风险进行事前研判及管理、事中应对以及事后评估改进。

（二）全面预算管理

根据集团的统一部署，2009 年集团将中海集运、中海油运、中海货运等航运企业作为集团第一批项目咨询试点单位，开始推行全面预算工作。经过咨询、调查、访谈和预算流程梳理等工作，中海货运顺利完成了全面预算项目咨询工作，初步确定了公司预算管理体系，为集团全面预算系统的开发积累了经验。

2009 年第 4 季度，在完成原有业务流程调研的基础上，制定了“运力安排计划—船货匹配—业务单元效益预算—财务预算”为主轴的全面预算工作模式。同时，按照全面预算管理要求，公司成立了预算管理委员会和预算管理办公室，制定了《预算管理暂行办法》，明确了各部门在全面预算工作中的具体职责，确定了预算的管理范围、工作组织、编制流程、预算控制与分析等，为全面预算工作开展提供了基本制度保障。

根据公司业务特点和管理实际，预算办公室积极推动月度滚动预算，提前明确各期经营效益目标，为运输生产实施事前管理提供相关决策向导。月度预算遵循“运力计划 / 货源计划 / 边际效益预测 / 财务预算”主线，相关部室按全面预算管理要求，分别对当月运力投放、运输计划、收入、成本费用进行预测，由预算办公室汇总、审核、调整，形成月度预算方案上报公司预算管理委员会。经预算管理委员会审批后，将预算方案分解成具体月度指标，下达至相关职能部门。在月度滚动预算推行中，做到兼顾各部门周期性生产计划与公司年度效益总目标的实现，有力保证了公司年度生产经营目标的实现。

2011 年年初，航运单位预算信息管理系统开始投入试运行，中海货运预算管理工作迈入信息化发展轨道。由于各单位预算管理办公室派员全程参与了系统开发，注重系统功能设计，克服了预算编制、审核、上报以及预算分析等工作中所存在的不足，使得实际业务与管理需求相结合，促进计算机信息系统进一步完善，确保预算在成本控制、决策导向、预控管理、绩效考核等方面发挥作用。预算工作形成“全员、全程、全方位”的新局面，“成本”“效益”的预算意识，在业务管理过程中得到进一步强化；生产部门的运输计划与运力资源，通过预算平台以效益性为原则进行透明化配比，实现了运力资源的有效配置。

（三）全员业绩考核

根据国务院国资委和集团关于全员业绩考核的有关要求，中海货运按照“效率优先、兼顾公平”的原则，积极实施全员业绩考核，把各部门业绩和全体员工的奖励与公司经济效益紧密挂钩。

为了落实内部责任制，中海货运根据船舶经营和船舶管理分属不同部门的特点，从 2000 年即开始实行船舶内部模拟期租操作，将船舶模拟期租给航运部经营，同时模拟委托船工部管理，并确定内部期租租金标准，以准确反映经营部门的经营业绩，同时以租金实现率反映管船部门的管船质量，将船舶内部期租作为内部市场化考核的基础，并与相关部门的绩效挂钩。

为了进一步推进全员业绩考核工作，从 2010 年开始，各船岸公司增加综合部门考核指标，做到公司所有部门均有指标，将上级下达的目标均分解落实到具体部门。在考核横向扩展的同时，也向纵深发展。公司选择客户经理和船舶主管作为细化考核对象，专门从所属部门分列出来，与专属指标挂钩考核。在明细考核的基础上，奖金向关键岗位倾斜，调动了广大员工的积极性和创造性，细化了管理，提高了效益。

中海货运业绩考核分三个层次：第一层为公司业绩考核。即公司共同考核指标（如公司利润、安全事故），主要根据集团每年下达给公司的生产经营和安全工作责任指标制定，与公司所有员工的薪酬挂钩。第二层为部门业绩考核。即公司对部门的考核，根据集团下达给公司的年度考核指标，公司与生产部门签订《责任书》，考核以《责任书》所明确的考核指标为标准，制定考核细则，明确各部门的考核指标、指标值及奖惩办法，通过月度奖和《责任书》专项奖的考核发放予以兑现。第三层为岗位业绩考核。公司要求各部门（特别是生产部门）制定详细的、可量化的员工考核细则对员工个人进行考核。

中海货运坚持业绩考核向生产管理一线倾斜，年度计划效益目标分解至各部门和具体岗位，并量化为各阶段的考核目标，与薪酬分配挂钩，较好地发挥了绩效考核的激励功能，基本达到了“工作有标准、管理全覆盖、考核无盲区、奖惩有依据”的既定目的。

第七节　深化船员管理体制改革

一、中海国际的新定位与新作为

中海国际自 2004 年组建以来，一直致力于建设一支与集团船队发展相匹配的高素质船员队伍。公司的定位是，把中海国际作为集团船员资源的“蓄水池”“人才库”，作为培养和造就船员人才的“大学校”，努力打造一支数量充足、结构合理、素质优良、船东欢迎的船员队伍，为集团主营船公司提供优质和全方位的服务。

（一）合理整合资源，提升管理大型船能力

公司规模大、人数多，成为中国最大的船员与船舶管理公司，但这不是集团组建中海国际的目的。通过船员与船舶管理资源的重组整合，创新发展，努力拼搏，使中海国际成为具有国际一流水平、经济效益显著、在世界航运界具有重要影响力的著名船舶管理公司，这才是集团组建中海国际的初衷。

2003—2004 年是中国海运船队规模发展较快的时期。2004 年，船舶总运力比 2002 年增长 20.1%，船队的平均船舶吨位也从 2.6 万 DWT 上升到 3.1 万 DWT。集团船队已经脱胎换骨，摆脱了船龄老旧、吨位偏小的总体形象，成为一支结构较合理、船型较优、现

代化程度较高的新型船队。这意味着，船队已朝大型化、远程化、现代化方向发生了实质性转变。船队的飞速发展，需要一支高素质的船员队伍与之匹配。中海国际成立之初的主要任务就是尽快整合资源，集中力量为快速发展的船队特别是为超常规发展的集装箱运输船队，配备一支素质过硬的一流船员队伍。

从2005年4月—2006年4月的一年内，中海国际接大型集装箱船14艘，平均每月接一艘大型集装箱船舶。值得提及的是，这期间先后有8艘9600TEU船舶加盟中国海运。这是集团为实现“十一五”发展规划，进行新一轮船队结构调整，加快建设大型化、远程化、规模化船队的重要举措。船队快速扩增，对中海国际建设船员队伍的要求也更加严格。船员资源的整合、大型船舶人才培养的任务十分艰巨。为此，中海国际集中精力，整合船员资源，优化船员配置，为大型集装箱船及时输送人才。

对于9600TEU等大型集装箱船，要做到接好船、开好船、管好船，这是中海国际2006年的“一号工程”。根据船员队伍实际情况，公司打破地区限制，统筹规划，积极挖潜，在制定配员方案过程中，明确派员指导思想，制订船员选拔标准，厘清有关部门分工协作、分公司的任务等重要事项。2006年，在承接9600TEU“洛杉矶”轮的两个月间，中海国际按照接船计划的时间节点，有条不紊地为船员进行了英语强化培训以及港监等单位所要求的其他特殊培训。首批3名中方船员于5月底在韩国登船，6月其他中方船员先后登船，6月22日，第一艘9600TEU船“新洛杉矶”轮从韩国三星船厂顺利启航，中海国际圆满完成了此次配员任务。基于首次派员的成功经验，中海国际于当年10月9日又完成了第二艘9600TEU船“新上海”轮的船员选拔、培训和接船任务。

2007年，另外两艘9600TEU船“新香港”轮、“新北京”轮也实现了成功配员和顺利接船。

9600TEU集装箱船的运营和配员任务，开创了集团内多个“第一”：一是该船集装箱装载量是当时我国乃至全球投入营运的装载能力最大的集装箱船；二是集团首次采用成立合资公司并采用国际一流船舶管理公司的管船模式进行船舶管理；三是集团首次在自有船舶上采用中外混编的方式为船舶配员。如此多的“第一”，是中海国际提升管理水平的成果，体现了中国海运在船员队伍建设方面创出了一条新路。

中海国际成立前，集装箱船舶的船员选派基本由原上海船员公司承担。然而，当集装箱船队急速扩张特别是16艘大型集装箱船舶集中投入营运，仅靠一家公司难以完成该项任务，因此必须打破地区壁垒，而采取集中管理方式，就成为十分迫切的当务之急。因此，新组建中海国际打破地区限制，整合船员人力资源，使得资源潜力得到充分挖掘；全集团船员人才资源实行统一招募、统一培训、统一调配、统一管理、统一服务的“五个统一”的体制机制，体现了大型企业“集中力量办大事”的独特优势。经过两年的优化组合，船员资源得到统筹配置，仅2006年一年中海国际就顺利完成了27艘集、油、货轮的船员置换工作；在32艘大型集装箱船配员中，上海分公司派员22艘，广州分公司派员8艘，大连分公司派员2艘。同时，还储备了一批合格的后备船员。

实践证明，集团成立中海国际，提升了人才资源规模化、集约化配置的科学管理优势，创新了船舶管理与船员管理模式，体现了市场化运作的效率优势，探索出一条集中内部教育培训资源为船员提供多层次、全覆盖的教育培训服务之路，使船员职业发展与企业同步可持续的发展成为一种可能。

截至2010年年底，中海国际在册船员总数21181人，总资产7.41亿元，资产负债率66.24%，实现主营业务收入6.82亿元，利润总额1.07亿元。

（二）细化船员管理，提高服务效率

十年树木，百年树人。集团在加强大型船舶船员队伍建设过程中，采取一系列有效措施。

1. 择优录用，加快审定任职进程。面对新船不断投入营运，技术干部船员总量偏紧的局面，对跟班熟悉的技术干部船员进行梳理，让其中的优秀者早日完成滚动培训并及时通过“专家组”的任职审定，特别是加快电机员的培训，很好地解决了公司成立初期船队发展快速而技术干部船员人才紧缺紧张局面。

2. 紧密衔接，及时初审和面试。对于技术干部船员的培养，从选送人员上报，到初审及面试、跟班滚动培训，再到考核评估、任职等一系列过程，花费时间较长。为尽量缩短滚动培训时间，公司从源头做起，选派素质高、业务能力强的技术骨干船员和机关人员当带教人员，科学布置带教任务，与船东共同对滚动培训人员加强教育，并严格按照时间节点完成各项学习项目，为培训者争取一次考核评估成功提供支持。

3. 贴近企业，创新选拔机制。几年来，经过层层选拔，完全符合要求的人员已基本被选用。而集团的发展并未减速，一批批大型船舶持续不断地投入营运，需要不断充实适航的船员班子。在如此大的人员需求压力下，结合实际，改进和完善原选拔办法可谓“上策”。中海国际与船东经过协商，达成一致，采取滚动培训和跟班等措施，创新人才选拔机制，使人才的选拔从单一看“硬指标”到更注重“软实力”和实操水平。同时，通过加快审定任职进程等措施，确保了更多合格人才汇流到大型船舶人才队伍的“蓄水池”。

4. 形成大型船舶船员培养自我递进、自我“供血”的机制。时经多年“海选”，集运、油运、货运等船队符合技术干部船员选拔标准的新人已经稀缺，且各个船队在“十一五”期间都面临大的发展。因此，中海国际推出了大型船舶干部在本船直升或压缩滚动培训的时间等措施，便于大型船舶船员的自我递进。加上随后的大批三副、三管轮不断加盟，为大型船舶的船员队伍梯队建设提供了后备力量。

中海国际与船东公司特别是与中海集运加强沟通和协调，形成了一套船员管理机制。如：每二周定期开一次协调会，解决实际问题，且形成会议纪要；每季度召开一次大型集装箱船舶船员队伍建设的研讨会，提出阶段性的工作打算。这些管理措施和机制使得集团大型船舶的船员队伍从弱到强，实力日益壮大，日趋雄厚。

与此同时，集团每年还通过新招毕业生面试，从中选拔一批优秀的可直接上大型船的毕业生，此举开创了大型船舶直接上见习生的先河。公司承诺实习生只要能一次在船做满12个月的实习期，圆满完成实习任务，取得合格证后即可在大型船任职。实习中指定由专人包干跟踪这批大学生的实习过程。实际上，这一做法就是因人而异、定人定向的职业生涯设计，既起到了对新人激励成长的作用，也及时给大型船舶队伍输送了新鲜血液。

（三）内派外派互动，实现跨界双赢

做强做大劳务输出是集团业务发展的需要，也是盘活船员资源存量、给富余船员提供再就业岗位、稳定船员队伍的需要。

北京中海海员对外技术服务公司（简称“中海海员”）是中海国际专门从事船员劳务输出的主力军。中海国际的成立给中海海员带来了新的发展机遇。2005 年以后，世界航运市场持续火爆，对劳务输出船员的需求量不断增加。中海国际以中海海员为平台，紧紧抓住这一市场机遇，步入新一轮快速发展之路，劳务输出船员人数屡创新高。

2008 年，公司推行劳务输出“三分开”，即：劳务输出经营机构分开、船员资源成本分开、考核机制分开，理清劳务输出成本结构，建立贴近市场运作的机构和机制。在此基础上，2009 年又着力建设劳务输出的工作平台，为劳务输出业务信息互通、船员互派、经营互利、优势互补提供条件。

中海国际在劳务输出经营中，推进思想观念、经营模式、队伍结构、管理方式的“四个转型”，加强对劳务输出的经营拓展、绩效考核和成本控制；力争通过机制变革激发活力，强化责任，优化激励，挖掘经营和管理人员的潜力；在竞争中，形成一支敬业、专业的劳务输出管理人员队伍和素质良好、结构合理、适应多船型、多船种的劳务输出船员队伍。

“十一五”期间，中海国际劳务输出派员的数量和质量逐年提升。2006 年：全套船员班子派员数 114 人，半套船员班子派员数 62 人，合计派员人数 4897 人；2007 年：全套派员数 142 人，半套派员数 61 人，合计派员人数 5145 人；2008 年：全套派员数 154 人，半套派员数 53 人，合计派员人数 5442 人；2009 年：全套派员数 181 人，半套派员数 44 人，合计派员人数 5878 人；总体呈现稳步上升态势。

2010 年，公司抓住航运市场回暖的之机，进一步优化客户结构，提升服务质量，扩大社会船员招募力度；进一步推进资源、成本、机制“三分开”，公司外派劳务有了进一步的拓展，效益增加显著。2010 年：全套派员数 227 人，半套派员数 41 人，合计派员人数 6952 人，派员数量比 2006 年增幅 41%。

同时，劳务输出业务的不断增长也为集团主力船队提供了源源不断的合格人才。船员劳务输出是典型的“服务他人，提高自己”“开拓外派，促进内派”的“双赢”举措。劳务输出方式已成为集团培养建设大型船舶船员队伍的一种便捷、有效的手段。通过船员劳务输出，学习了国外船公司、船舶管理公司先进的管理理念和管理方式，也为集团培养了一批大型船、特种船船员。

在中海油运大型油轮主要干部船员和机关管理人员中，有许多是通过劳务输出积累了管理经验的。中海油运规模初具的大型油轮船员队伍，就是当初原上海船员公司输出的“瓦尔达”“阿克亚”“太平洋先驱”等轮培养的船员班子打下了基础。9600TEU 集装箱船二副、二管轮及以下干部的成功组建，也是与 4 年前中海国际上海分公司劳务输出船员到 3 艘 2500TEU 集装箱船，且与外籍主要技术干部船员一起同船实践所成长起来的船员。中海国际的广州、大连分公司凡从劳务输出船上选调到大型集装箱船上工作的，基本上都能一次面试通过。实践证明，劳务输出岗位不仅是集团培养人才的摇篮，亦是使用人才的“蓄水池”。

二、推行“三管”船员管理模式

“十一五”期间，随着集团跨越式发展，变革船员管理模式成为必然。因此，船舶管理模式开始由“五个统一”逐步向“管人、管船、管事相统一”的“三管”过渡。

集团成立之初，船舶管理曾实行过“人船分离”“船舷为界”的管理模式，有利之处是“船管”与“人管”职责明晰，有利于打破“大锅饭”“铁饭碗”的观念，激发竞争活力，提升服务理念。然而，任何一枚硬币都有两面，“人船分离”“船舷为界”也带来了“雇佣观念”等负面的影响，降低了船员“以船为家”的主人翁意识，淡化了机关服务船舶、服务船员的理念。

为解决上述问题，集团决定改进船员管理体制，实行“三管”模式。推行过程中，实行两步走策略：

第一步是建立船员专属人才库。

中海国际以船员管理专业化、专属化、精细化为切入点，对应各专业船公司的需求，对船员资源进行了细分重组，以“实名、实用、实效”的原则，为各船公司建立了“专属船员人才库”，并建立了与其相配套的管理机制。

2007年3月，公司完成了“船员专属人才库”协议细则的制订，并与船公司以及所属各分公司多次沟通，几易其稿取得共识；4月中旬，配合船公司和所属分公司完成了船员库的建库工作，进行了“电子归档”正式锁定；4月17日，在集团主要领导的见证下，中海国际与船公司举行了建立船员人才库签字仪式；4月26日，完成了建立船员人才库宣传提纲的编写和与专属船员人才库管理协议相配套的维护细则的制定。

在集团指导下，统一建立了7家主营船公司的船员库。中海国际经与各船公司充分协商，制订了符合实际的船员库管理协议，确保了各项工作平稳过渡、不断不乱。主营船员库的顺利建立和有效运转为下一步工作的推进打下了坚实的基础。

第二步是推进船员“三管”模式。

2007年10月，集团从进一步调动船公司和中海国际积极性出发，决定在建立船员库的基础上，试行船公司“管船、管人、管事”相统一机制，并率先在中海油运试行。集团制定了《“三管”工作试点交接方案》，将中海国际油轮船员调配员整建制划转中海油运，相关船员调配职能也一并移交。

“三管”是集团船员管理模式的又一次大变革，中海国际的管理职能和内涵随之进行大变动。在这次管理模式变革中，中海国际又一次显示出高度的执行力。在“三管”试行工作中，公司与中海油运积极沟通、协调，通过互相配合、不断努力，使“三管”试点工作达到了预期目标，取得良好效果，突出体现在三个方面：

一是船员归属感明显增强。船员普遍反映船公司“三管”有利于稳定船员队伍，增强船员的归属感。船员上船前的岗前教育、领取调令、指导谈话等流程得到简化，真正实现了船公司一门式服务。特别是中海油运实行“三管”试点以后，在关心关爱船员方面推出诸多实质性的举措，如给油轮船员办理人身健康险、为冬季在船工作的船员每人做一件羊毛衫、行政与工会积极参与对船员的慰问等，更使船员感到实实在在的获得感。

二是船员资源利用率明显提高。船公司管船人员观念有了新的变化。过去经常发生的安全生产与培养使用新人之间的矛盾；实施“三管”模式后，船公司内部得到平衡化解。过去船公司从船舶安全角度出发，仅关心和解决船员的诉求；新模式下则更注重船员队伍的培养，更关注船员班子的优化组合。过去要培养或调动一个船员，由于船公司技术管理部门、船员管理部门出于各自定位见解不同，难免出现对船员缺乏公正、客观评估的现象；实行“三管”后，这一现象得以消除。

三是船员调配人员的工作积极性得到提高。中海国际船员调配员划转船公司后，他们的工作积极性、工作质量和效率有了新的提高，他们以往的劳动付出和成果得到船公司的认可，在船员调配过程中的工作难度也得到了船公司的理解，并得到支持和帮助。同时，他们的待遇也有所提高。

2008 年 3 月，在中海油运取得成功的基础上，集团在中海集运、中海货运、中海客运全面推广“三管”工作，中海海盛、香港航运、浦海航运也参照“三管”模式，落实了船公司的船员调配权。

“十一五”时期，中国海运集团新增运力共计 245 艘、1396 万载重吨；其中新建及购入的自有船舶 117 艘、977.29 万载重吨。在自有船舶中，大型船 21 艘，包括 8 艘 VLCC、4 艘 VLOC、9 艘 8000TEU 以上集装箱船。除此之外，还有一批老旧船、小船报废。船队的快速发展对船员的数量与质量提出新要求。由此，一大批船员队伍新生力量补充入库，也有相当一部分观念滞后、年龄偏大、技能单一的船员成为出库对象。在建立主营库以来的近三年时间中，中海国际将主要精力和工作放在接收主营船员库出库船员和为主营船队充实新鲜血液上，共接收 4 家实行“三管”主营船员库出库船员 2018 人（不包括退休和离职出库的人员 1427 人），接收三家专属船员库的出库 758 人（不包括退休和离职出库的人员 261 人）。同时，应各船公司要求向各船员库充实新入库船员 4265 人，其中 2475 人为新招募的航海院校毕业生和社会优秀船员，从而使主营船员队伍结构得到优化，素质有所提高，发挥了中海国际船员“主渠道”“蓄水池”的优势（图 2–13 为中海油运船员迎接 2009 年中国航海节）。

图 2–13　中海油运“新平洋”轮船员们，将船舶挂满旗并鸣笛，迎接 2009 年中国航海日。

“三管”实行后的两年多时间，集团主营船公司所出库的 2776 人，大多直接进入了中海国际综合船员库，给中海国际维护稳定工作带来巨大压力。中海国际认真履行服从大局、服务主营的职责。充分考虑到这些船员若常年沉淀在综合船员库，将给集团和船公司留下不稳定的因素，同时也增加了船公司分摊综合船员库在岸船员成本。公司通过办学习班、家访等形式，有重点、分批次做好稳定工作，加强了对这些船员的再教育、再培训、再安置工作。

三、“三管”模式下的制度化建设

2009 年 4 月，集团根据“三管”实施情况，制定了《中国海运船员管理工作职责界定》，进一步明确了实行“三管”后船公司和中海国际的船员管理职责。

“三管”模式的实施，有力地推进了船公司和中海国际制度建设；其工作流程的完善再造，促进了集团船员管理精细化水平的提高。

一是制度建设逐步完善健全。中海国际先后制订下发了《“三管”工作试点交接方案》《中国海运船员管理工作职责界定》等条文，建立健全了船员任用原则、选拔条件、面试程序、培训程序、待遇等方面的制度，对库内船员管理、上下船调动、组织建设、党建工作等有一套完善的工作流程，使船员管理有章可循。

二是“流程再造”推进加快。实行“三管”后，各相关单位都以促进船员管理精细化、船员资源利用率最大化为目标，及时设置相应的船员调配机构和党群管理岗位，完善和优化了船员晋升、聘用、考核等管理工作流程。中海国际在船员调配员划归主营船公司后，适时调整了机关机构设置，压缩了管理部门和管理层级，总部机关由 14 个部门 77 人缩减到 7 个部门 43 人，所属分公司统一取消了科级建制，信息流转加快了，工作效率提高了。

三是建立船员管理信息平台。在集团指导和支持下，中海国际建成了包括了集团所有船员信息的数据系统，为船员动态显性化、船员成本明细化、船员管理精细化搭建了操作平台。通过船员管理信息平台与财务系统的数据对接，使船员成本费用实现了“实名制”，精细到单船、单人、单项成本，规范了船员成本费用统计口径，加强了对可控成本的控制和管理。

四是完善船员套派体系。集团在原有“三管”工作基础上，将重点放在船员套派体系上。为此，中海国际强调督促船公司加快加强船员队伍建设，培养一定数量船员和构建船员梯队结构来做保障，以适应集团船员套派工作要求；坚持推进劳动组织规范化、精细化，要求船公司提高科学调配，优化组合船员资源水平，减少随意性，提高管理效能，促进船员劳动用工依法合理，做好船员套派工作；坚持不断完善船员套派工作体系，力保船员套派船员班子的稳定性。套派体系的科学性与合理性，有效促进船员之间的配合协调，为集团船舶安全生产提供重要保障。

经过持续不断的努力，船员管理向一流航运企业人力资源管理的目标不断迈进。“十一五”期间，集团经营的船队呈现迅速发展态势，其载重吨和箱位数分别是组建初期的 3.4 倍和 57 倍。在船队迅速扩张壮大的情况下，员工队伍却呈现了“三变一不变”的可喜局面。“三变”，即文化层次提高，大专以上学历从 24.9% 增加至 50.6% ；队伍年轻化程度提高，40 岁以下员工所占比例从 37.2% 增加 58.6% ；技术等级提高，中高级职称所占比例从 9.2% 增加到 21.5%。“一不变”，即职工队伍总数与集团组建初期基本保持不变。

四、船员招募与基地建设

集团坚持以人为本，平稳推进“十一五”船员发展规划：一是确保完成每年由各船公司提出的航海院校毕业生的招募计划，不但招募人数要达标，生源质量也须达标。建立船员库以来，共招募航海院校毕业生 4016 名。二是有序推进湖南、江苏劳务基地和云南扶贫基地的中普船员招募工作，使之成为改善集团中普船员队伍结构和实行中普船员社会化的重要途径。

随着沿海地区经济发展和就业取向的变化，海员后备资源向中西部转移已经成为不可逆转的大趋势。对此，中海国际及早在中西部地区建立稳定的船员人才资源供给基地，此举既是集团应对船员后备资源区域变化的有效对策，也是响应党和国家关于“西部大开发展战略”和“中部崛起战略”的实际行动。

2007 年以来，集团在湖南、江苏相继建立了两个船员基地。湖南、江苏船员基地的建立是中国海运集团与当地省政府“政企合作”的成功探索。湖南、江苏两省政府领导都对与中海集团共同建立船员基地高度重视。湖南省委书记张春贤、省长周强、副省长徐宪平等省领导出席了湖南省与中海集团战略性合作暨成立中海集团湖南船员基地的签字仪式。

在湖南、江苏两个基地基础上，集团又着手建立了云南基地。三个船员基地的建立是中国海运集团与当地省政府“政企合作”的成功探索。船员基地的建立显现出中海集团的规模效应、品牌效应，有利于募集优秀的船员人才。

中海国际在船员基地建设方面积极探索拓宽基地船员来源渠道，探索船员基地建设的新方法和新途径，摸索和采用企业与基地联合招募、定向培养干部船员的新办法，试行上海海事职院招收船员基地的高中生，定向培养干部船员并纳入船员基地管理。这些做法都大大促进了对基地三副、三管轮等干部船员的培养、输送和使用，提升了基地的资源优势。

五、做强引航试航业务，拓展海事服务

中海国际海事技术服务中心（原中海集团上海引航站）于 2005 年 5 月 26 日成立。2008 年 4 月 1 日归属中海国际船舶管理有限公司，改制为中海国际海事技术服务中心（简称“海技中心”）。

海技中心组建的初衷，是为适应集团航运业务不断扩展，船舶数量增加并向大型化、现代化发展的新要求，承担集团大批船舶在黄浦江、长江水道的引航任务，保证主营船队的船期，节省运营成本。中心成立后，坚持“服务集团、确保安全、确保船期、稳中求进”经营方针，克服引航船长紧缺、航区复杂、气象条件恶劣等不利因素，以竭诚服务集团、服务主营为宗旨，不断发展船舶引航试航业务。

（一）做强做优引航试航业务

海技中心主要从事集团内部引航服务。引航以保安全、保船期为重点，不以追求利润为目的。随着我国经济的高速发展，进出上海港、长江航区的船舶每年以 20% 的数量递增，而全国高级引航员全部仅有 150 名，引航员的供给与需求矛盾十分突出。与此同时，我国船舶建造业突飞猛进，大批新造船舶急需高素质的“试航员”，这些为海事服务中心实行“内外市场兼营”提供了新的机遇。海技中心顺势而为，抓住机遇，在坚持服务主营业务的同时，以市场需求为导向，以精细管理为抓手，确立了“开拓试航市场，引航、试航并重”的经营战略，实现了“以外养内”的经营目标（外部试航盈利补贴内部），扭转了企业因内部费率优惠而出现亏损的局面。

2008 年，在服务集团为宗旨不变的前提下，依托中海国际船员资源的优势，中心及时

调整了战略布局，提出了“做强引航、做大试航”的经营理念。通过经营战略的调整和市场目标的确立，海技中心实现了经营收入年年攀升，经济效益稳步提高的经营局面，试航利润占总利润的 65% 以上。

（二）试航领域向优质高端客户转型

面对风险与机遇同在的市场环境，面对后金融危机时代市场变化大、竞争激烈的特点，海技中心坚持为大客户提供优质服务，维护好与大客户的合作关系；舍弃一些经营质量不高、安全风险大、经济效益低的项目，选择试航船舶吨位大和经济效益好的造船企业，保持了良好的经营业绩。

2005 年 10 月 20 日，海技中心成功完成中海油运“大庆 91”轮进江引领任务，开创性地首次完成长江航道大吃水、危险品船进南京的任务。同时也为船东节约了 7 万多元的引航成本，进一步提高了船东对海技中心的信任度。此后，又安全引领 6 万吨级“锦河”轮重载直航南京，再次完成长江航道大吃水、重载进“宁”的任务。

2006 年 10 月 29 日，及时完成“新连云港”轮的洋山至舟山船厂的引领任务，为集运节约了 7 万多元的引航费用，同时确保了船期。11 月 18 日，对舵叶脱落而漂浮在海上的“大庆 94”轮进行拖带引领作业，开创了自救成功的先例，节约了救捞费用约 60 万元，并为船舶抢修赢得了时间。

2008 年，海技中心抓住江南长兴岛一号线建造大型船舶投产的契机，协调新船试航业务，达成了试航合作协议。9 月 8—20 日，中心成功为江南长兴船厂一号线制造的上海开埠后最大船舶 29.7 万吨超大型油轮“长江之珠”安全试航，该轮是中心试航以来吨位最大的船舶。10 月，又一次成功试航上海外高桥造船厂在建的 31. 8 万吨超级油轮“ HUA SAN ”轮，成功打响了中心海事服务的高端品牌；该轮船长 333 米、宽 60 米。9 月中旬，鉴于良好的服务意识及成功的试航品牌，中心接到了浙江岱山“金海湾”船厂洽谈新船试航业务的要求，协商后达成合作协议， 2 艘新船于 11 月中旬顺利完成了试航。据统计，中心试航的重点客户从最初的外高桥 1 家，发展到了 2010 年的 8 家。试航业务不断壮大，已成为海技中心重要的经济支撑。

2009 年，海技中心利用技术优势继续做大试航业务，开拓业务赢得试航高端市场——VLCC 试航，成为中心发展中的新亮点。2009 年累计 VLCC 试航 8 艘次，取得了可观的经济效益，为海技中心持续健康发展奠定了基础。

严格把好试航船员的质量关，规范试航安全操作，是海技中心的服务宗旨。自“安民山”轮重大事故后，中心介入中海工业（江苏）公司船舶的试航安全工作。安全完成中海“昌运 3”轮、“安民山”轮、“新世纪 128”轮等 6 艘新船的试航任务，得到了集团及中海工业的高度肯定。12 月 24—28 日完成大型集装箱船“新苏州”轮宁波港的首次指导作业。

2010 年，海技中心多次承担并圆满完成紧急情况下和艰难条件下的引航任务。例如，开通实施 4250TEU 集装箱船舶太仓航线的引航任务；为待泊 3 天，船期紧但无进港靠厂计划的 4250TEU 船紧急引航，业务人员冒着大风浪乘拖轮到长江口实施引航，并安全靠泊长兴中海修船基地；为集运改装船“新北海”“新九洲”轮实施上海保送到天津港的任务；为上海港、江苏太仓港 12.5 米深水航道开通首航引航，为船东提供及时的港口信息资料，提高了船舶的载货能力。

（三）提供船员实习操作平台

海技中心将引航移泊作为培训平台，为中海国际的船员培训工作提供服务。在移泊中坚持传帮带，做好移泊组新船长的培训工作，并充分发挥技能优势，利用不同船型、不同航段的有利条件提供较全面的实习操作平台，提高了船员素质。2005—2010 年，中海国际为集团培养和输送了共计 117 名合格的优秀的新船长，这些新船长都在海技中心进行过操作培训。中海货运的船长能够从驾驶 7 万吨级的船舶一步跨越到驾驶 27 万吨级的 VLOC 这样的超大型矿砂船，靠的就是海技中心这个实训基地。

第八节　科学发展观指导下的党建与企业文化

一、深入开展学习实践科学发展观活动

按照《中共中央关于在全党开展深入学习实践科学发展观活动的意见》的部署，根据中央深入学习实践科学发展观活动领导小组《关于第二批开展深入学习实践活动的实施意见》和中央企业学习实践科学发展观活动领导小组《中央企业开展深入学习实践科学发展观活动实施意见》的工作要求，中国海运集团于 2009 年 3 月 9 日开始启动深入学习科学发展观实践活动。

2009 年 1 月 20 日，集团召开 2009 年工作会议暨第三届职代会第四次会议；集团党组书记马泽华作了题为《同心协力，克难奋进，努力推进集团科学发展》的报告，部署了集团党组 2009 年需要抓好的 6 项重点工作，其中第一项工作就是认真开展深入学习实践科学发展观活动。他在报告中强调：开展学习实践活动，必须突出实践特色，要把应对国际金融危机作为学习实践科学发展观的生动课堂，以保效益、保平稳较快发展、保安全稳定作为开展学习实践活动的最大实践、最重要的实际、最需要取得的成效，着力转变不适应、不符合科学发展要求的思想观念，着力找准并解决影响和制约科学发展的突出问题以及党员干部党性党风党纪方面群众反映强烈的突出问题（图 2–14）。

图 2–14　党组书记马泽华（右三）在中海集运开展学习实践科学发展观活动调研。

在学习实践活动中，集团总部成立了学习实践活动领导机构和工作机构，认真制定学习实践活动方案，实施方案报中央企业学习实践活动指导检查组，同时报中央企业学习实践活动领导小组办公室备案。

（一）学习实践活动的三个阶段

学习实践活动为期 4 个月，从 2009 年 3 月开始，到 2009 年 6 月底结束。

学习实践活动分学习调研、分析检查、整改落实三个阶段。

第一阶段：学习调研（3 月初至 4 月中旬）。重点抓好学习调研、解放思想讨论等工作。

一是抓好学习培训。制定学习培训计划，合理安排学习时间，处理好工学关系，将个人自学、专题辅导、集体研讨相结合，组织党员、干部系统深入地学习党的十七大精神，学习胡锦涛总书记的重要讲话精神，学习《毛泽东邓小平江泽民论科学发展》和《科学发展观重要论述摘编》；处以上岗位领导干部还认真学习《深入学习实践科学发展活动领导干部学习文件选编》。同时，集团广大党员还认真学习党的十七大和党中央的一系列指示精神，不断加深对科学发展观的理解，努力做到在学习中统一思想、提高认识。活动中，注重发挥集团党组扩大会、党组中心组学习在学习实践活动的示范作用，采取多种形式抓好广大党员干部学习中央规定的文件和领导讲话。围绕科学发展观，集团领导班子成员率先进行集体学习，提升对集团科学发展的认识；结合当前经济形势和国际航运形势举办辅导报告会；总部机关党员以支部为单位，组织学习讨论活动、举办座谈会听取老同志和广大群众的意见建议，为集团科学发展献计献策。

二是深入开展调查研究。围绕“坚持科学发展、建设一流企业”主题，明确发展思路、完善发展战略、转变发展方式、调整优化结构、推进技术创新、提高核心竞争能力，抓住当前和未来时期影响制约企业改革发展的重点、难点问题，确定调研题目，领导班子成员结合工作分工，带队开展调研；同时建立领导班子成员联系点，深入基层一线、深入职工群众进行调研，从而更好地从理论和实践结合上加深对科学发展观的认识。在广泛听取和征求各方面意见的基础上，撰写有观点、有思路、有内容的高质量调研报告，并进行了成果交流。在活动中，坚持学习与调研相结合，边学习、边调研、边思考、边查找问题，通过广泛发动群众，问计于职工群众，虚心向广大干部职工、老领导、老同志、董事监事、专家学者、客户和上级管理部门等请教。通过座谈会、发放调查问卷、征求意见函等多种形式，广泛征集各方面对企业科学发展的意见建议。直属单位围绕科学发展主题，结合本单位实际确定调研题目，认真组织调研。

三是开展解放思想大讨论。在学习调研基础上，集团围绕企业科学发展进行解放思想大讨论。领导班子成员针对存在的问题，首先进行了思想务虚，并邀请专家学者针对存在问题进行研讨，以启发党员干部的思考，要求广大党员干部尤其是领导干部不受习惯做法束缚、不为任何困难所惧、不受工作分工所限，进一步开阔眼界、开阔思路、开阔胸襟；强调以党组中心组学习、专题组织生活会等多种形式，敞开思想、畅所欲言，讲真话、听真话，在充分讨论甚至争论中形成促进企业科发展的新认识、新共识。

第二阶段：分析检查（4 月中旬至 5 月底）。重点抓好召开领导班子专题民主生活会和党员专题组织生活会，形成领导班子贯彻落实科学发展观情况的分析检查报告等工作。

一是认真开好领导班子专题民主生活会。民主生活会紧密围绕“坚持科学发展，建设一流企业”的主题，认真查找个人和班子在深入贯彻科学发展观方面存在的突出问题以及在党性党风党纪方面群众反映强烈的突出问题，深入剖析影响科学发展的思想根源。在民主生活会前广泛征求意见，领导班子成员加强沟通，深入谈心、交换意见，认真撰写发言材料。此前，还对存在的问题进行初步归纳，结合企业实际，加强学习；通过中心组学习会，认真查找原因，研究整改措施。专题民主生活会重在分析问题、总结经验和明确解决办法与改进方向。

二是形成高质量的领导班子分析检查报告。民主生活会后，在充分运用学习调研、征求意见和专题民主生活会成果的基础上，集团和直属单位领导班子均撰写了分析检查报告。作为分析检查阶段的中心环节，分析检查报告突出分析、检查两部分内容。根据集团改革发展的实际以及本单位开展工作的情况，针对分析检查中提出的突出问题，提炼出了贯彻落实科学发展观、加强领导班子自身建设特别是思想政治建设的具体措施，明确下一步科学发展的工作思路。集团和各单位形成的分析检查报告，广泛听取了各方面意见，经党组（党委、党总支、党支部）扩大会议充分讨论，反复修改完善。

三是认真组织好群众评议工作。集团召开了总部机关部门主要负责人、直属单位主要负责同志会议，对集团党组贯彻落实科学发展观情况的分析评议报告进行评议。同时组织党员和职工群众对领导班子分析检查报告进行评议，听取上级主管部门、重要合作方及客户、独立董事监事、专家委员会成员、顾问等的评议意见，着重从领导班子对科学发展的认识深不深、问题查找准不准、原因分析透不透、发展思路清不清、改进措施行不行等方面进行评议；采取灵活多样的评议方式，尊重党员群众的评议意见，使群众评议的过程成为上下交流、取得广泛共识的过程。集团党组和直属单位党委分析检查报告的评议结果和修改后的分析检查报告在一定范围内进行了公布。群众评议中提出的正确意见则体现到修改后的分析检查报告中。

第三阶段：整改落实（6 月初至 6 月底）。重点抓好制定整改落实方案，完善体制机制等工作。

一是制定切合实际的整改落实方案。以分析检查报告为主要依据，对有待整改的突出问题区别轻重缓急和难易程度，集中力量研究解决职工群众反映强烈、影响和制约科学发展的突出问题，把分析检查报告提出的措施目标化、具体化、责任化，明确整改落实的目标、方式、时限要求和责任单位、责任人，制定符合科学发展观要求的整改落实方案。同时，坚持边学边改、边查边改、边整边改。集团还通过中海 OA 网、召开座谈会等方式向党员和群众公布整改落实方案，向参加评议人员进行通报，接受党员、群众监督；发动广大党员和职工群众围绕制定、实施整改落实方案，积极建言献策。

二是着力解决一些突出问题。对查找出的问题，进行归纳分类，分清哪些是学习实践活动期间能立即解决的问题，哪些是近期内通过努力能解决的问题，哪些是必须通过长期努力才能够解决的问题，量力而行、尽力而为，选取突破口和切入点，运用课题组、项目组等形式攻坚克难，推动整改，不断强化执行力和创新力，逐步落实整改措施，努力解决一些关系企业长远战略的重点问题和关系群众利益的实际问题，取得了成效。

三是完善体制机制。集团从促进企业科学发展的实际需要出发，在学习调研、分析检查基础上，不断深化对企业发展规律的认识，坚持改革创新，勇于突破制约科学发展的体制机制束缚，认真清理已有的规章制度，建立、健全、完善体制机制和制度，增强制度建设的科学性、针对性和创造性，切实取得一批推动集团科学发展的制度成果，逐步形成企业科学发展的长效机制。制定和完善集团符合科学发展要求的总体工作思路。直属单位党组织要按照科学发展要求，结合实际，进一步明确工作思路和努力方向。在开展群众满意度测评中，强调合理确定参评人员的规模、范围，使之既有一定的代表性，又规模适中，力求测评方式和程序简便易行，满意度测评客观公正。

学习实践活动三个阶段都有各自的工作重点，各项任务有的是阶段性的，有的需要贯穿于学习实践活动全过程，但每阶段均取得了初步实效。通过细致的安排，保证了学习实践活动扎扎实实推进，不走过场，确保各个环节之间相互联系、相互衔接，坚持时间服从进度、进度服从质量，以每个环节的高质量保证整个活动的高质量。同时还注意讲成本、重实效，防止形式主义。在学习实践活动中，总部机关、直属单位针对自身特点，积极探索形式创新，做到“规定动作”与“自选动作”相结合，务求学习实践活动更加丰富多彩、更加切合实际、更加取得实效。

（二）活动中形成的三个特色

1. 稳步扎实推进，凸显精细特色

集团在学习实践活动一开始，就把精细化管理的理念融入活动中，坚持活动周密部署，精心安排，扎实起步，打好基础。为此，集团建立了强有力的组织机构，由集团领导和总部机关相关部门负责人组成领导小组，由集团党组成员和相关部门主要负责人、部分骨干组成指导检查组；每周至少两次召开办公室碰头会，党组书记亲自参加，定方案，抠细节，环环相扣，层层落实；抓宣传，抓培训，三次召开各单位党委书记会和办公室主任会，两次组织骨干培训，将准备工作逐级落实，不留死角；认真推进，认真实施，既分工精细，又紧密配合，工作有条不紊。工作中，指导检查组办公室各成员发扬“白加黑”“5+2”的连续作战精神，任劳任怨，满负荷工作，保证了各项工作按时按质按量完成，体现了精细化理念。

2. 活动范围广泛，凸显海运特色

截至 2009 年，集团共有 23 家直属单位，62 个党委，46 个党总支，944 个党支部，在职党员过万人，退休党员 3000 多名。学习实践活动中，针对航运企业点多、线长、流动性大的特点，集团坚持克服重重困难，坚持活动范围全覆盖，强调覆盖所有党支部、一个党员“不掉队”的原则，务实开展好学习活动。对于船舶党支部和党员的学习活动，及时将规定的学习资料制作成电子版，发到航行于世界各地的船舶，使所有党员干部的学习活动始终保持同步；对海外企业的党员，明确由海外企业党工委负责开展活动；对于分散在外，党员人数少的单位，则充分运用视频、网络、电话等各种形式，组织学习活动。活动开展的第一阶段，广大船舶党支部见缝插针，精心安排，坚持做到人人不误学习。活动中，集团还广发问卷，一份包括 22 个问答题的问卷，经抽样分至 2000 名职工手里，广泛听取不同单位、不同层面职工的意见。

3. 紧贴经营发展，凸显实践特色

到 2009 年，集团已经过 12 年的改革发展，成绩显著，做强做大有目共睹，但是还存在航运主业结构不够优化、抗风险能力不强、人才队伍不齐、管理基础不牢、配套产业协同性不够和软实力建设不强等问题；同时，全球金融危机、全球经济低迷也给航运也带来巨大冲击，要应对和解决这些问题，都需要通过牢牢树立科学发展观来破解。为此，集团确定的学习实践活动主题是“坚持科学发展，建设一流企业”，要求活动既着眼发展，又要解决当前；要求围绕推进企业发展方式转型和“突出抓工作重点、集中力量解决难点、发现和培育工作亮点”的思路和要求，深入开展学习活动，把学习与本单位本部门的工作重点紧密结合，与本单位亟待解决的困难和问题相结合，强化学习效果，确保科学发展。

在开展学习实践活动期间，国务院下发了关于推进上海建设国际金融中心、国际航运中心的意见，给集团深入学习实践科学发展观活动注入了新的内容；对此，集团党组决定把学习科学发展观活动与上海“两个中心”建设对企业的新要求相结合，既坚持集团的科学发展，又要为上海“两个中心”建设积极贡献力量。如加大对上海集装箱枢纽港建设的资金投入，完善国际航线网络覆盖面，支持上海港发展集装箱水水中转和内贸箱业务；在发展集团船队“三足鼎立”的同时，抓紧时机发展 LNG 船队，把更多船舶登记注册在上海；在上海加快发展基团的船舶修造业，设立航运产业基金、船舶保险公司，推动船舶融资、海上保险业务、航运资金结算等金融业务。

二、加强领导班子建设

“十一五”时期，集团党组先后通过学习实践科学发展观、创先争优等活动，扎实有效地推动“四好”领导班子创建。各级领导班子政治意识、大局意识和责任意识不断增强，党的基层组织建设进一步加强。在参与激烈的国内外航运市场竞争中，领导班子的战略决策、经营管理、市场竞争、推动创新、应对复杂局面五个方面的能力和水平有了新的提高。

（一）牢牢把握正确的用人导向

集团从组建时起，各级党组织就把干部选拔、培养、使用作为服务集团发展的出发点和落脚点，坚持德才兼备、以德为先，坚持民主、公开、竞争、择优等原则，形成了“爱中海、有思路、能干事”的选人用人标准，形成了政治上靠得住、注重品行、突出业绩、崇尚实干、重视基层、鼓励创新、群众公认的用人导向，把民主测评与民主推荐结果作为重要标准，优先把长期在基层生产经营一线、长期在任务繁重的重点关键岗位上经受考验的优秀干部选拔上来，拓宽选人用人视野，面向市场，不拘一格选配优秀人才。

（二）加强领导班子的素质建设

一是加强思想政治建设。集团党组坚持“思想先行”，将思想政治建设作为引领企业改革发展一项十分重要的工作，作为企业党建的基础和中心环节来抓，把中心组学习作为加强领导班子思想政治建设的重要举措。从 2003 年起，坚持党组理论学习中心组学习制度，建立并坚持党委书记双月工作例会制度，搭建领导班子思想政治建设、交流党建工作、促进企业改革发展的工作平台。

集团党组充分发挥年度领导班子民主生活会、年初和年中工作务虚会、每月中心组学习的作用，深刻把握中央精神和国内外发展大势，围绕企业发展战略、转变经济发展方式、党风廉政建设责任制、信息化建设等进行专题研讨，破除“小富即安、甘居中游”和“片面强调市场客观因素而自身不努力、不作为”等思想；破除“面对困难、靠天吃饭”的“等、靠、要”思想，坚持“不抱怨、不懈怠、不推脱”，敢于担当重任，推动企业持续健康发展。

二是深入开展“四好”班子创建活动。企业改革发展的关键在于领导班子。集团党组始终把“四好”班子创建工作作为加强企业领导班子建设一项长期战略任务。

2004 年 11 月中组部青岛会议后，集团党组先后制定了《中海集团争创“四好”领导班子活动意见》《中海集团争创“四好”领导班子计划》和《中海集团“四好”领导班子考评办法》，明确创建活动的目标、内容和工作要求。并坚持按照“四好”领导班子的要求，结合年度考核工作，每年派出考察组，采用定性与定量相结合、与业绩考核相联系的方式对直属单位领导班子及成员进行全面考核测评，实行动态管理，并坚持每年表彰“四好”班子，进一步推动“四好”创建活动，有力促进了企业改革发展。

集团党组坚持以“四好”班子创建活动为载体，抓班子建队伍聚人才。经过多年的努力，集团基本建成了一支事业心和责任感强、坚持创新、作风务实的领导班子队伍。集团 2010 年度评比表彰的“四好班子”，占集团管理领导班子的 75%；主要专业公司“四好班子”的创建都取得良好成效。

三是不断推进民主集中制建设。集团及各级领导班子成员团结共事，保持日常的交流沟通，相互支持、相互配合，发挥领导班子的集体力量；坚持集体讨论研究问题，建言献策，凝聚共识，形成团结和谐、宽松民主和集中统一的氛围；坚持“三重一大”制度，形成靠制度管人，按规定、程序和流程办事的工作机制；集团先后制定了《中海集团重大问题议事规则、决策程序和报告制度》《中国海运进一步完善关于“三重一大”决策原则、范围和程序有关规定》和《中国海运（集团）总公司领导干部管理暂行办法》等干部管理制度，《中国海运关于重大资产处置、资产重组报备的有关规定》等资产管理制度，《中海集团资金管理办法》等资金管理制度，基本形成重大事项集体决策的制度体系。

三、创新基层党组织建设

集团党组坚持党对企业的政治领导，始终把处于生产经营一线、直接面向职工群众的基层党组织作为党建工作的重中之重，作为企业核心竞争力的重要组成部分，不断加强和提升基层党建科学化水平，坚持创新在基层、活力在基层的工作要求。

（一）坚持“一个理念”和“四个同步”

集团党组在工作中不断探索，形成了“围绕中心、服务大局、与时俱进、创新发展”的党建工作理念。围绕中心、服务大局，就是要求企业基层党建工作紧紧围绕企业中心工作，始终为企业改革发展给力、助力；与时俱进、创新发展，就是要求企业基层党建工作始终适应形势变化，研究新情况、新问题，努力做到研判形势有新视角，认识问题有新观念，推进工作有新思路，解决问题有新办法。

在基层党建工作中，集团把处于生产经营一线、直接面向职工群众的基层党组织作为抓安全、强管理、防风险、出干劲、增效益的战斗堡垒，作为企业价值链的重要一环，作为企业核心竞争力的重要组成部。为此，集团党组坚持党建的“四个同步”：基层组织与生产经营组织同步建立、党务干部和生产经营干部同步配备、党建工作制度和生产经营管理制度同步制定、党建工作和经验管理工作同步考核；以开阔视野谋划基层党建工作，不断改进和创新基层党组织工作思路、内容、方法，加强统筹协调、整合资源，不断提升基层党组织服务发展、服务党员、服务职工群众的能力和水平。

（二）抓好“四类支部”建设

“四类支部”建设是中国海运10余年开展党的基层组织建设实践中形成的经验。

一是坚持“支部建在船上”和船舶政委制度。集团党组充分考虑船舶党员配备的基本要求，做到每艘船舶都建党支部，确保每名船舶党员都能正常参加活动。对于集团所属船舶以及中海国际派员的合资公司的船舶，船舶党支部以套派期为任期，党支部书记由上级党组织指派的船舶政委担任。对于由集团派出部分船员的集团外船舶和由外籍主要人员管理的集团船舶，在派遣船员时，则充分考虑党支部或党小组、团组织的建设，指定或选举出兼职的党、团负责同志，积极开展工作。派出单位党组织需对其加强管理，派出任务结束后，听取其工作汇报。同时，根据船舶流动、分散和涉外等特点，制定和完善船舶党支部管理和考核制度。船舶党支部围绕服务船舶防污染、防海盗、防碰撞等安全工作和船舶节能减排、精细化管理、船舶文化建设、船员身心健康、船员人才培养、劳动竞赛、外事纪律、廉政监督、船风船貌等船舶和船员的方方面面内容开展工作，努力建设具有中国海运特色的优秀船舶党支部，为安全生产运输保驾护航。

二是加强境内陆岸生产经营一线党支部建设。集团党组坚持把支部建在经营网点和班组车间；加强企业生产经营一线党支部建设，把解决改革发展稳定中的难题作为党组织活动的重点；把促进生产经营的成效作为重要检验标准。通过党员责任区、党员先锋岗、党员品牌工程、党员攻关项目等有效载体，为党员发挥作用搭建平台，使党建工作成为企业价值链上的重要环节，成为企业发展的内在推动力量。集团选优配强党支部班子，找准基层党支部建设与经济工作的结合点，主动融入中心，创新务实地开展各项实践活动，为企业生产经营出力献策。围绕市场找货源、节省成本，发挥党员的先锋模范作用，调动干部职工的积极性；实施“双培养”工程，把生产经营管理骨干培养成党员，把党员培养成生产经营管理骨干，以党员队伍建设带动员工队伍建设。在境内陆岸基层党建工作中，注重将经营网点和班组车间党支部作为联系职工群众的一个平台，注意听取职工意见建议，了解职工思想动态，加强沟通交流，理顺情绪，凝心聚力，及时帮助职工群众解决困难和问题，做好和谐稳定工作。

三是加强海外企业党支部建设。集团海外企业党支部主动接受驻在地国家使领馆的领导，因党员人数不足以独立成立党支部的，在当地使领馆领导下，与其他中资机构党组织建立联合党支部。对此，集团积极创新海外机构党组织建设的新思路，积极探索海外党组织加强干部培训和党员教育的新途径、新方法。各海外党支部针对属地党员人数少、工作地点分散、工作任务独立性强等特点，加强党的组织联络和党员思想教育、廉政建设，严格执行集团各项规章制度，防范风险，保证海外企业的平稳健康发展。工作中，海外党支部按照分层分级管理原则，体现内外有别，因地制宜开展活动。海外企业党支部和党员把中海企业核心价值观、企业文化传播出去，同时把海外企业先进的管理文化带回来，积极开展企业公共外交，提升集团的品牌和影响力，并带领党员和中方员工在各方面工作中发挥带头作用，展现中国人、中海人、中海党员的良好品质和精神面貌。

四是做好离退休党支部党建工作。集团注重离退休党员教育和服务工作，加强离退休党员的思想政治建设。从符合老同志的生活规律和生理心理特点出发，适宜适度，探索丰富离退休干部党员喜闻乐见、务实管用的活动载体，方便党员参加组织活动，方便党员发挥作用。积极引导离退休干部党员“离岗不离党”，在加强学习、教育后代、爱护企业、保持本色上继续体现先进性，为推动科学发展、促进和谐稳定做出力所能及的贡献。

（三）加强基层组织和党员队伍建设

到“十一五”末，集团基层党组织建设和党员队伍建设得到了长足发展。中国海运有基层党委 65 个，党总支 51 个，支部 1079 个。党员 17091 人，其中在职党员 12703 人，离退休党员 4145 人，学生等其他党员 243 人；党员占职工人数（含离退休）的 23.9%，在岗职工党员占在岗职工总数的 28.46%。

企业党的基础组织是保证企业安全生产、经营管理的组织网络和发挥作用的发力点。“十一五”时期，各级基层党组织紧紧围绕企业的发展战略，围绕安全生产、节能减排、增收节支、提高效率与效益等工作，充分发挥党组织和党员的先进性；各级党组织逐渐成为改革发展的思想源泉，围绕中心、服务大局的执行力明显提升；党员主体地位进一步增强，党员先进性得到具体体现，集团党组的各项部署在基层一线得到了有效的贯彻部署：与时俱进、创新发展的创新力明显提升。各单位根据内外部市场的变化，及时调整策略，实现了平稳健康发展；团结带领广大群众的凝聚力明显增强、基层党组织的政治核心作用、党支部的战斗堡垒作用、党员的先锋模范作用得到充分发挥。

中海集运充分发挥基层党支部在“树立集运服务品牌”中的作用。一是服务一体化。建立了以“客户为中心”的环环相扣、协同作战的链型客户服务体系，对客户服务体系实行动态管理和维护，保持客户服务体系的生命力。二是服务标准化。细化了从“订舱预告”到“目的港交货”的 5 个重要操作节点，实现服务操作标准化、推进标准化和差异化服务的有机结合，赢得了大客户的信任，树立了中海集运的口碑和品牌。三是服务品牌化。以高水准的“准班率、装载率、客户满意率”打造集运精品航线，内贸航线形成稳定的品牌。 外贸经营凭借班期准、交货快、服务稳定等优势，吸引了众多世界 500 强企业，唱响了中海品牌。

中海油运积极扩大基层党建工作覆盖面。在公司所属船舶上深入开展学习实践科学发展观和创先争优活动，积极推进“我是共产党员践行先进性”“党员先锋岗”“学树创”活动，推广中央在沪企业党建工作示范点——“新金洋”轮经验，与中海集运开展船舶创先争优活动经验交流，推进船舶创先争优活动。通过党员先锋岗、党员责任区、党员身边无事故等载体，结合百日安全无事故、节支增效、船舶行风建设、立功竞赛等活动，发挥船舶党支部在安全生产、精细管理、增收节支、节能减排中的作用，努力提高船舶管理水平，推进“双培养”素质工程建设，落实《中海油运 2009—2011 年船舶发展党员工作规划》。

中海货运以“增强执行力，提升服务水平”为创先争优活动主题，各党支部按照工作重点、工作要求开展各具特点的创先争优活动；将创先争优与岗位练兵活动相结合，营造“干一行、爱一行、学一行、精一行”的良好氛围，使船员在思想建设、技术业务、应急反应等方面都有明显提高，船舶各种标识清晰，船员生活区、机舱设备处所无油垢积灰，工具备件摆放整齐，船容船貌更加靓丽。如分公司“金盘岭”轮党支部在创先争优活动中提出“四个创新”：创新思想观念、创新工作方法、创新工作载体和创新工作机制。以“四个创新”推动船舶党建工作，巩固和完善学习实践科学发展观活动成果，促进了船舶党建工作上水平。

中海工业的基层党建工作成为实施“修造并举”发展战略跨越式发展的根本保证和强大动力，促进了企业两个文明建设迈上新的台阶。公司紧扣活动主题，以创先争优活动为平台，紧贴中心工作，丰富活动载体，建立了活动的常态机制。开展以“凝人心、促发展”为主线的党支部示范点建设，20 家示范党组织亮点纷呈，使活动有创新、有特点、有特色、有实效。基层党组织的创先争优活动较好地带动了各科室、车间的活动开展，用党员的创先争优带动了全体干部职工的创先争优，推动了公司各项工作又好又快发展。

各级党组织深入有效地开展基层党员责任区等活动，充分发挥了党支部的战斗堡垒作用。通过深入开展“党员责任区”“党员身边无事故”“党员先锋岗”“一个党员一面旗”等富有特色的活动，把党员的先进性具体化，引导广大党员立足本职、无私奉献、勇创一流、永葆先进性，广大党员在企业生产经营管理、安全稳定中发挥了先锋模范作用。如 2008 年南方遭遇严重雨雪冰冻灾害，各级党组织、广大党员干部全力以赴保证救灾物资优先运输，确保煤电油运、确保安全稳定。“5·12”四川汶川特大地震发生后，广大党员自愿交纳“特殊党费”，支援抗震救灾工作，共有 8238 名党员总计交纳“特殊党费”316.5 万元、港币 7.2 万元，以实际行动体现了党组织和党员的先进性。再如中海货运“嘉宁山”轮从印度驶往南非德班港途中，船舶党支部、船员党员团结带领全船船员，冲锋在前，不怕危险，顽强抗击，成功挫败海盗武装劫持，受到交通运输部等上级部门的表扬。

四、大力实施人才强企战略

（一）加强国际化人才培养

集团始终注重驻外干部队伍建设。2010 年，集团驻外干部有 130 余人，分布在 5 家境外控股公司、114 家境外企业。集团相继制定驻外干部任期制、定期考核与晋升制度等驻外干部管理制度，形成驻外干部工作长效机制；不断加强对驻外干部的日常管理，指导各境外控股公司，强化驻外干部的现场管理；加大驻外后备干部的培养力度，坚持举办驻外干部派前培训制度，建立了驻外干部后备人员专库。

在国际化人才队伍建设上，积极转变工作思路，对内立足集团党校和管理干部学院，对外拓展培训渠道，打破传统的闭门考试选才，面向实践、面向基层、面向群众，采取多种措施，加快重要业务板块领军人才的培养，特别是大船、LNG 的高级船员以及经营管理方面的国际化复合型人才的培养。重点培训 1000 名集团重要岗位上的高级经营管理人才，包括100名国际化企业领导人才、200名驻外干部和在国外学习深造过具有海外资历的国际化人才、300名一线企业厂长经理书记、400名总部机关处级干部和直属企业部室负责人。同时，重点培养造就1000名现代化、大型化、全球航行的船舶“三长”，包括400名船长、400名轮机长、200名政委。另一方面，通过全球公开招聘、国际中介公司引荐等方式，引进海外游学人才，提升人才队伍的整体素质，加快培养集装箱、金融、码头、物流等业务的领军人才，为中国海运进一步拓展海外业务提供可靠的人才保障。

（二）有效实施干部全方位考核

一是规范干部选任程序和标准。在组织选拔前，规定经过差额提名或民主推荐、党政主要领导研究、征求纪检部门意见后确定考察人选，竞争上岗都经过报名与资格审查、笔试与面试等环节；公开选拔中经过差额考察、党组会议专题讨论、任前公示和任前廉洁谈话等程序。在确定不同岗位的任职条件上，规定一般领导逐级提拔、特别优秀人才破格提拔。在实行差额选拔上，规定任何选人方式均实行差额提名、差额酝酿、差额考察，做到好中择优、优中选强；在坚持集体决策上，严格按照党组议事规则，坚持标准、履行程序、充分酝酿，充分听取意见，取得共识后上会集体研究决定。

二是建立全方位干部考察体系。对于考察标准，坚持从“素质”“能力”“业绩”等方面对干部进行考核评价，并根据不同岗位，细化考核内容，设立评价指标和指标的权重。对于制定的考察方案，强调必须明确考核原则、目标任务、方法步骤和工作要求，做到“贯彻中央精神不走样，结合企业实际有特色”，确保考核质量。在考察中，坚持任期考察、年度考察和目标考察相结合，选准用好干部。2010年、2011年的两次年度考核民主测评中，95%以上的干部对班子成员评价为“优秀”和“称职”。

（三）加大干部人才的竞聘性选拔力度

一是逐步增加竞聘性选拔的比例。集团成立之初，便从加强干部建设角度出发，逐步探索、尝试公开选拔各级干部，特别是在“十一五”时期，公开选聘干部比例不断提高。2010年年初，对机关处级岗位干部采用“全体解聘、择优聘用”的方式，落聘和换岗交流比例达到总人数10%以上，对集团系统加大竞聘性选拔力度起到了示范作用。“十一五”末，面向系统内外竞聘性选拔集团干部达到同期干部总数40%以上，实现了集团的竞聘性选拔干部常态化、制度化、规范化。

二是逐步提高竞聘性选拔的层次和范围，将竞聘性选拔干部的层次从集团管理的一级子公司干部副职扩大到正职；运用网络视频手段，采取远程实时监考的办法，设置海外考场，将竞聘范围扩大到驻外干部，为更多优秀干部脱颖而出搭建了平台。“十一五”末期，有47位驻外干部参加了考试。

三是严格把好竞争性选拔的质量关。坚持从岗位实际需求出发，突出岗位特点，注重实绩能力，合理界定考试成绩与考察结果的权重比例，以“品德、能力、素质”作为衡量的主要标准。坚持竞聘过程公平、公正、透明，根据不同竞聘岗位，聘请系统内专业人士和外部专家担任考官，并让干部群众参与评价。

（四）提高选人用人工作公信度

一是在选人用人上，增加透明度。严格落实干部职工对干部选拔任用的知情权、参与权、选择权、表达权和监督权。考察组在每家单位均设立意见箱，公布考察组电话，让考察评价和干部聘任工作接受群众监督。在年度考核工作中，保证有各单位中层以上干部和职工代表参加民主测评。

二是实行干部选拔任用纪实制度，如实记录选拔任用干部推荐提名，差额考核、征求意见、差额酝酿以及集团党组讨论决定情况，明确选拔任用各个环节的责任主体，为选拔任用责任追究提供依据。

三是落实“一报告两评议”制度。该制度是指中组部印发的《地方党委常委会向全委会报告干部选拔任用工作并接受民主评议办法（试行）》。2010 年，集团党组率先进行了“一报告两评议”工作，并在 2010 年 6 月和 2011 年 9 月分别接受了中组部、国资委检查组对集团选用人员满意度的检查。根据反馈情况，集团选人用人总体满意度在中央企业中位于第 14 名，其中对选人用人工作的“满意和基本满意”率为 98.8%，高于中央企业水平 5 个百分点。集团干部选拔任用工作得到广大干部群众的公认。2011 年，集团对各单位进行专项检查，共召开测评会 22 场，有 2000 多人参加，对干部选拔任用“满意和基本满意”率为 99.1%。

五、加强企业文化建设

（一）形成完整的企业文化体系

中国海运集团自组建以来，集团始终高度重视企业文化建设，注重整合创新企业历史文化资源，不断加强和推进企业文化和精神文明建设建设，使优秀的企业理念在实践中不断得以提炼和深化，形成了“海”味浓厚、“中海”特色与时代特征显著的企业文化，并被广大员工认知认同，也促进了中国海运的品牌影响力不断提升。

集团根据企业的发展和领导人员变动，及时调整和充实集团企业文化建设小组，坚持每年召开企业文化建设推进大会，持之以恒地推进企业文化建设。

经过多年来的不懈努力，集团总结和提炼了管理文化、安全文化、服务文化、廉洁文化、制度文化、风险文化、品牌文化、团队文化、和谐文化等细化的特色文化，形成了一套完整的企业文化体系。

中国海运甫一组建，借助上海、广州、大连等海运集团丰厚的企业文化底蕴基础，就在广大职工中广泛征集符合中海特色、体现中海企业精神的司歌。1998 年，经过筛选，《我和祖国一起远航》正式定为中国海运司歌。司歌主旋律体现了中海人艰苦奋斗、无私奉献、报效祖国、发展海运的精神，体现了中海人建设世界一流航运企业的勇气和信心。

2004 年 8 月，集团正式确立体现时代特色、具有航运特征的核心价值观：“诚信四海、追求卓越。”从战略高度进一步认识转变企业经营理念的重要性，逐步树立了与市场经济体制相适应的价值观，提炼和培育了鲜明的企业宗旨、发展理念和经营战略，丰富了企业文化的内涵，使之成为推动企业改革发展的思想先导。

多年来，中国海运根据航运服务的特点，以“严管善待、优质高效”为企业的管理理念，建立严格、科学的精细化管理体系，使之贯穿企业管理活动的全过程；以尊重人、理解人、关心人为准则，最大限度地发挥全体员工的积极性和工作潜能；以工作高效率、生产高效能作为企业管理活动的价值取向；以出精品、创品牌、优质服务作为企业管理成果的衡量标准；以安全无重特大事故为企业安全管理的重要目标；以“爱中海、有思路、能干事”为企业员工管理的基本准则；有效规范了管理行为，促进了企业的管理升级。

2005 年，在集团全面开展“树新风、创一流”主题活动基础上，持续深入地开展“一流企业、一流员工”素质工程建设。并以“精细化管理”和“对标”为活动抓手，开展了与国际国内同行业先进企业“对标”活动，较好做到了把企业文化建设活动与企业管理创新、制度创新相结合。

2008 年，集团编制印发了《中国海运 2008—2010 年企业文化建设规划》，提出了通过“实践年”“推进年”和“提高年”的三年努力的计划和目标，力争“在 2010 年基本形成适应中国海运‘十一五’改革发展要求，具有航运特点、中国海运特色并逐步成为被广大员工认知认同的企业文化体系”。经过三年多来的不懈努力，企业文化的各项工作在集团各层面不断得以推进和提高，集团上下对企业文化的认识进一步增强，一些优秀的企业文化理念已潜移默化地影响着员工的价值取向和行为方式，企业文化内聚人心、外树形象的作用已清晰显现。

2010 年 5 月，集团根据国资委《关于开展企业文化建设评价工作的通知》精神，再次开展了为期一个半月的企业文化建设自查自评工作，进一步加强了企业文化建设。

为不断完善企业文化建设机制，集团两次调整和充实集团企业文化建设领导小组，多次召开了企业文化建设领导小组专题会议，制定了《中国海运“十二五”企业文化建设规划》，继续坚持每年召开企业文化建设推进大会，制定《中国海运机关员工行为规范》《中国海运船员行为规范》等制度，实施《中国海运司徽章管理办法》，确立《中国海运新闻发言人制度》《中国海运突发危机事件新闻宣传应急预案》等。

集团大力开展企业文化载体建设，充分发挥《海运报》《中海通讯》《中海文萃》等报刊宣传窗口作用，使之成为企业文化宣传的重要载体；制作集团形象宣传片和专题宣传片，印制新版宣传画册，筹建集团企业文化展示厅，编写企业文化手册；组织新中国成立 60 周年文艺汇演、建党 90 周年大型演出和上海、广州、大连三地文艺汇演活动，组织多次大型对内对外专题宣传报道活动；举办“爱国歌曲大家唱”职工群众文艺汇演.

2011 年，按照企业文化建设总体部署和工作会议要求，集团在总结前三年企业文化建设“实践年”“推进年”“提高年”的基础上，对“十一五”期间企业文化建设情况进行全面评价，通过分析现状，总结经验，巩固成果，修改完善并印发了《中国海运企业文化建设指标评价办法（试行）》和《中国海运企业文化建设示范、达标单位管理办法（试行）》，由集团直属各单位进行试运行，通过抓两头带中间，逐步解决企业文化建设发展不平衡的问题，通过自查、互查和集中考评，评选出一批集团企业文化建设示范、达标单位。

（二）不断加强企业精神文明建设

集团以创建全国交通系统文明行业、所属各单位以创建省市级文明单位为主线，大力开展群众性精神文明创建活动。

从“十一五”到“十二五”时期，集团坚持从战略和全局的高度，充分认识加强精神文明建设的重大意义，把企业精神文明建设始终摆在重要位置；每年制定印发集团《精神文明建设工作计划》，加强精神文明专兼职队伍建设，积极探索精神文明建设工作的新机制、新方法，拓宽开展企业精神文明建设的新渠道，不断提高精神文明建设工作的质量，推动企业精神文明建设不断取得新成效。

在精神文明建设中，集团始终弘扬“团结稳定鼓劲”主旋律，在《海运报》《中海通讯》开设学习论坛，结合实际，编写学习材料，组织召开现场交流活动，推广实践经验，并通过《海运报》电子版、电子邮件每周集中向航行在世界各地的广大船员传送国际国内和集团最新动态信息；各船舶党支部针对船员长期在海上航行等特点，广泛建立船员家属联络站，在心理和精神层面为广大船员提供有力的岸基支持。

集团始终将开展精神文明建设活动融入国家大政方针、社会大环境中。如抓住迎奥运和迎世博契机进一步推动精神文明创建活动；在“迎奥运”“迎世博”期间，着重抓好“文明参与、文明礼仪、文明服务、文明出行”工作，组织职工热情参与迎奥运和迎世博活动，集团有 7 名优秀职工代表集团参与奥运圣火传递，有近千人次加入上海有关部门、社区组织的平安世博交通志愿者队伍，发挥了大型国有企业在国家重大活动活动中的带头作用。

2005 年 12 月，中国海运集团被交通部授予“全国交通文明行业”称号并连续两次通过复核。“十一五”期间，荣获全国精神文明建设工作先进单位 1 个；荣获全国五一劳动奖章 1 名、全国“三八红旗手”1 名，荣获全国工人先锋号 5 个。中海油运被授予第四批全国精神文明先进单位，中海集运被授予全国交通文明行业先进单位；集团先后有近 40 家单位被命名为省部级以上文明单位和创建文明行业先进单位。精神文明创建活动与企业文化建设同步发展成效显著，涌现出一批精神文明建设先进集体和个人。

2009 年，集团组织员工参加评选“100 位为新中国成立做出突出贡献的英雄模范人物和 100 位新中国成立以来感动中国人物”以及“60 位新中国成立以来感动交通人物”的活动；中国海运的客轮服务员杨怀远分别被评选为全国“双百”和“交通感动人物”，“小扁担”成为无私奉献的代名词，成为雷锋精神在中海的延续。正是这些先进人物以实际行动体现党的先进性，铸就了中国海运“无私奉献”的海运精神。以此为契机，集团广泛开展了“传承杨怀远‘小扁担’精神、铸造新时期中海文化”系列活动；广泛宣传杨怀远为人民服务的感人故事，深入挖掘“小扁担”精神的精髓。通过搭建平台，将“小扁担”精神与企业拼抢市场、企业文化建设等实际相结合，挖掘新时期中海“小扁担”精神新的内涵，让“小扁担”精神不断深入人心，发扬光大（图 2–15）。

图 2–15 杨怀远以“小扁担”精神，入选“100 位为新中国成立做出突出贡献的英雄模范人物和 100 位新中国成立以来感动中国人物”。

集团每年利用 7 月 1 日纪念党的生日活

动，坚持评选先进单位和“四十佳”先进人物。一代又一代先进单位和先进人物用他们对事业的庄严承诺和自己的模范言行，在中国海运发展的各个阶段竖起了一根根标杆，激励着一代又一代的中国海运人弘扬“爱我中海，勇创一流”的企业精神，向着建设世界一流航运企业的目标奋力迈进。

（三）推进船舶文化建设

作为航运企业，船舶文化建设是企业文化建设的重心。中国海运自组建以来，不断加大船舶文化建设的力度，丰富船舶文化内涵，培育“以船为家”理念，形成了具有鲜明“海味”特色的文化氛围。在船舶文化建设中，集团结合船舶管理特点，提出基层“一线工作法”，即情况在船舶一线了解，措施在船舶一线落实，问题在船舶一线解决，情感在船舶一线升华，和谐企业在船舶一线构建。以船员为主体，以船员为本，是中国海运船舶文化建设的宗旨。对此，集团坚持每年评选先进船舶，负责船员与船舶管理的中海国际则坚持每年评选“十佳船员”“十佳海嫂”。同时，中海国际还坚持每年编辑一本海员与海嫂《风采录》，宣传他们的先进模范事迹，并使他们成为主流媒体和社会各界关注的热门人物。此外，集团还坚持开展体现船员与船舶特色的文艺汇演，如 2006 年举办“海员，我爱你”大型文艺晚会和 2008 年举办“情系中海、温馨港湾”文艺汇演，船员职工和家属们自编、自导、自演、自唱，弘扬开拓创新、安全和谐、同舟共济、积极进取的航海精神，唱响企业文化与船舶文化建设的主旋律。

中海货运把船舶文化建设纳入企业战略发展规划，以新的理念制定构建船舶文化建设目标体系。2009 年，公司提出实施船舶文化建设“五大任务”，即以“学树创”为载体建设船舶学习文化，以科学管理为主题建设船舶安全文化，以拓展市场为重点建设船舶服务文化，以党建促船建为抓手建设船舶和谐文化，以社会责任为目标建设船舶绿色文化。同时，结合开展科学发展观活动的整改落实工作，落实近、中期目标整改，使船舶文化建设在改进中不断推进和提高。中海货运一方面注重把船舶文化建设的“硬件”做实，如导入 CIS 系统（即公司的视觉形象 VI、理念形象 MI、行为形象 BI），统一船舶“三长”制服，建立船舶娱乐室、阅览室、图书室、健身室、运动室、电脑室等文化阵地，配置了电视、音响、健身器材、图书、乐器等等；另一方面，还注重把船舶文化建设的“软件”做活，塑造“爱我中海，勇创一流”的企业精神和“诚信四海，追求卓越”的核心价值观，把企业精神、价值理念贯穿于船舶运输生产的全过程，形成促进船舶科学管理的内在动力。同时，通过各种有效途径，搭建船舶文化建设的交流平台、传播平台、培训平台、展示平台，激发船员自觉参与船舶文化建设的积极性和创造性。如“嘉和山”轮领导班子倡导的“五个新”（船舶新精神、船员新理念、管理新方式、安全新格言、党员新信条），“飞凤山”轮推行的“五种意识”（服务服从意识、船东货主意识、市场竞争意识、安全预防意识、经营管理意识），都被船员普遍认同，培育了团队精神，发挥了船舶文化建设的推动作用。

在船舶文化建设中，中海货运努力打造“海味”特色。在打造船舶团队精神方面，强调尊重船员的首创精神，把个人自我价值实现融入企业发展和团队建设中去。“嘉和山”轮开展船舶和谐文化活动，被全国总工会授予“全国模范职工小家”称号。“嘉信山”轮船员在日常工作生活动形成的“周官”文化，即每周让船员轮流当“周官”，主持一周船舶日常管理工作，使大家交流中提升业务素质，提高船舶管理水平，培育船舶团队精神。“宁安10”轮以“管船育人”文化为抓手，培养出一批又一批的优秀的船舶管理人才。在打造船舶服务文化方面，强调以核心价值观引领船员恪守“安全、优质、诚信、高效”的服务理念，做到“一艘船舶，一个窗口”“靠离一次码头，展示一次形象”“完成一次任务，树立一次品牌”，为社会提供一流的海上运输服务。“十一五”时期，“大罗山”“金盘岭”“长建”等轮在保障关系国计民生的电煤运输中，以一流服务赢得一流的经济效益和社会效益，受到交通运输部、国资委和地方政府的通令嘉奖。

中海货运“振奋7”轮是船舶文化建设中涌现的先进船舶，曾先后获得“中海集团标兵船”“五四红旗团支部”“上海市共青团号”“中央企工委青年文明号”“全国青年文明号”等荣誉称号。在船舶安全文化建设中，该轮以争创“青年安全示范岗位”“青年岗位能手”活动为切入口，通过“安康杯”“中海杯”劳动竞赛等活动，将安全管理主旋律贯穿船舶运输生产的全过程。为改变主机运行的不良工况，船员把轮机部作为创建工作的“突破口”，2009年一年内自行主机吊缸6次、活塞解体4台次、电机马达拆检清洁20多台次，换新或者补焊海水管、蒸汽管逾百条。终于，主机扫气压力提高，燃烧良好，汽缸磨损率降低，重新在较高负荷状态下运转，使“振奋7”轮成为同类型船舶中营运成本最低、经济效益最好的船舶。在船舶学习文化建设中，“振奋7”轮组织开展“理想、责任、能力、形象”等教育活动。针对船员学习需求，开设业余学校，设置政治理论、业务技术、英语、电脑、音乐乐器等学习课程，举办形式多样的学习辅导班；设置了娱乐室、阅览室、健身房、电脑室、乒乓球室。该轮每月定期出版“青年文明号在行动”快讯，组织一次交流，读一本好书，写一篇好文章。

船舶文化建设激发了“振奋7”轮全体船员爱岗敬业的工作热情。他们把“抵一个港口，树一次品牌”当作创建“青年文明号”工作的重点。每个航次，他们都细心检查船舶舱密、水密等情况，核实船舶的各种装载数据，准确掌握常重与变重的关系，严格落实货运质量要求。有一次，该轮从上海罗泾码头卸完煤离泊后，便接到命令立即去连云港装矿，要求扫舱适货。真正能利用的时间非常短，扫舱任务艰巨，当时天空正下着大雨，青年突击队一马当先下大舱，拿起竹竿把舱壁的煤一点一点扫下来。由于大雨不停地下，船员眼睛被雨水溅红了，脸被煤浆染黑了。就这样，经过连续奋战，5个大舱全部清洗干净，全部验舱过关。直到这时，一个个“大花脸”才露出白牙开怀大笑。“振奋7”轮开展创建“青年文明号”活动一步一个脚印，一年一个台阶。“十一五”期间，先后有18名团员青年向党组织提交了入党申请，10名船员光荣地加入了中国共产党，31名驾驶员、轮机员走上了高一级技术岗位，一大批普通船员先后成为重要的业务骨干、岗位能手。

（四）积极打造海嫂文化

在业内，船员的妻子俗称为“海嫂”。以海嫂为轴心的船员家庭，始终是船员心中最大的牵挂。船员能安心在船工作、能在工作中有所成就，与船员家庭的支持是分不开的。为此，中国海运集团从建设和谐企业文化的高度出发，积极地开展船员家属工作，为海嫂们排忧解难；把工作中探索出的好方式、好做法，用制度形式固定下来，坚持下去，形成长效机制，为打造稳定的高素质的船员队伍建设一个坚强的“大后方”。

针对船员长期工作在外、无法及时照顾家庭的特点，中国海运专门设立了“海嫂联络站”“热线电话”等平台，为广大船员解除后顾之忧。为做好这项工作，工会给予充分物质支持和工作指导，使海嫂们走出家门，走进社区，开展丰富多彩的集体活动，增进沟通，团结互助，化解家庭矛盾，促进企业与船员的和谐关系。

早在 1998 年，上海船员公司就率先建立船员“热线电话”，以船舶为单位组成联系网络。船员班子上船前，公司向政委提供“热线电话”号码及电子邮箱地址，并由船长或政委夫人担任中继站志愿者，由志愿者负责联络公司及船员家属，及时传递信息，帮助船员及家属解决实际困难，受到广大船员和家属高度评价。该公司一年间即建立 46 条热线，约有 1380 户船员家属进入热线服务网络。同时还组织家属干部上门访问远洋外派船员家庭 367 户，受理咨询、调解电话两千多人次，以稳定船员思想情绪，做好船员家属工作。到 2010 年，通过“热线电话”的使用，在船员和家属中发生大量感人事迹，涌现出多名无私奉献的热心人。

继开展船员“热线电话”后，中国海运集团又在上海、广州、大连等地建起 8 个“海嫂联络站”。海嫂联络站被誉为船员的“家庭政委”、社区的“和谐大使”，在稳定船员队伍、活跃社区文化、建设和谐社会等方面发挥了独特的作用。经过多年的探索与建设，海嫂联络站已经成为集团船舶文化的延伸，成为企业文化的重要组成部分。集团的海嫂联络站的建设和相关活动，得到了国内主要媒体的高度关注。世界海员日来临之际，中央电视台、《中国日报》《工人日报》《中国交通报》和《中国水运报》等媒体记者应集团工会之邀请，到浦东塘桥海嫂联络站采访报道。《中国日报》报道：“公司成立了一个海嫂组织。这批海嫂们在她们丈夫上船去的时候常常聚在一起互相帮助，给予对方心理和生理上的支撑，对和谐家庭起到了重要作用。”《中国交通报》报道：“海嫂是可敬可爱的，是她们牺牲了自己的幸福，耐得住孤独和寂寞，承担着照顾家庭的重担，默默支持着海员的工作。没有花前月下的浪漫，朝夕相伴的温暖，却有着海枯石烂的勇气。海嫂的美如空谷幽兰，在寂寞中盛开。”《中国水运报》报道：“爱是恒久忍耐，一面是海员奔波劳累；另一面是海嫂辛苦持家。这些因爱守望的海嫂们，或许比常人更能体会到爱情的真谛。”

在迎接上海世博会、庆祝建党 90 周年等一系列活动中，“海嫂联络站”的“海嫂”多次参与集团和社区文化活动。2009 年，海嫂联络站的海嫂们积极参与《“微笑你我，精彩世博”——世博进社区》演出活动，她们在明快的节奏下，以满腔的热情迎接“世博会”的召开，用“海嫂迎海宝”的集体舞来支持“世博”进社区活动，同时代表海员丈夫表达对 2010 年“世博会”的热烈祝贺。

自 2005 年开始，中国海运集团在评选“十佳船员”的基础上，增加了“十佳海嫂”的评选；她们的先进典型事迹成为广大船员和全体干部职工竞相学习的范例。上海场中路的海嫂联络站曾于 2012 年荣获上海市“五一巾帼奖”称号（图 2–16）。上海地区的冯桂芳、广州地区的童慧玉、大连地区的刘敏是这个群体的代表。

图 2-16 荣获上海市“五一巾帼奖”的场中路海嫂联络站的海嫂们。

家住上海的冯桂芳是船舶政委的妻子。一个普通的女性，站在茫茫人海中，或许显得微不足道，但她整天东奔西走，忙得不亦乐乎。据说，一只蚂蚁可以举起比自己体重大许多倍的东西，而冯桂芳则用她并不强的身躯、并不大的气力，超体力、超能量地要帮助船员们筑起一个个温馨的精神港湾，帮助海嫂们在风风雨雨的人生路上撑起一把把大伞。有一年春节之际，她收到丈夫从船上发来的邮件，说船上一名水手长总是唉声叹气，心事重重。经了解，原来是妻子手臂受了伤，家里孩子又小，生活上遇到了困难。得知后，冯桂芳立即打听到水手长家里住址，买了一箱牛奶，一袋水果，急匆匆赶到水手长家里。冯桂芳家住上海闸北的北面，水手长家住上海奉贤的南面，这一北一南，要穿过整整一个大上海，需换几次车，要折腾小半天。水手长妻子见家里来了个陌生的大姐姐，竟一见如故，激动得半晌说不出话来，只是眼泪滴答滴答一个劲地掉。她抱住冯桂芳，激动地叫着：“姐姐，你怎么想来看我？姐姐，你比我亲姐姐还亲啊！”冯桂芳见这个家凌乱得一塌糊涂，立即动起手来，帮助她洗衣裳、整理卫生、做饭，一直忙到第二天，直到把家里收拾得清清爽爽，才放心地离开。水手长得知这一消息，十分感激冯桂芳，同时也安心在船上工作了。

家住广州的海嫂童慧玉，为了支持丈夫的船上工作，毅然放弃了在武汉大医院的职位，来到广州安家立业，开始新的生活。为了照顾家庭，她就地在距家最近的地区医院谋职。童慧玉是个热心人，有一年，已经几个月未回国的丈夫的船要靠广州南沙港，而好多船员家属带着子女也从四面八方赶到广州。但是，船期耽误，要晚一天到港。身为海嫂的童慧玉，深感姐妹们远道而来，探亲一次实属不易。于是把她们和子女接到自己的家中，买菜做饭，既盛情款待，又消除了她们地陌人生的顾虑。第二天，家属们开心地来到船上，圆满地进行了一次探亲之旅。船员后来知晓此事，纷纷向童慧玉道谢。

家住大连的海嫂刘敏，主动担负起海嫂联络站的工作。公司有一位远洋轮机长的妻子崔海燕患病要住院，女儿又快要高考了，她就向公司提出让丈夫提前回来，可是船在国外，丈夫回来很困难。当刘敏知道情况以后，就主动做她的思想工作，让她暂时不要告诉丈夫，以免轮机长在船上牵挂。刘敏表示只要有联络站的姐妹在，就一定会好好地照顾她。于是，刘敏安排联络站的姐妹们给她联系医院、帮她洗澡。手术以后，大伙又轮流陪护她、照顾她，帮她收拾屋子，买菜做饭，替她照顾即将高考的女儿。后来，这位轮机长外派回来知道了这个情况，非常感动，非要请联络站的姐妹们吃饭表示感谢。他说：“有你们这个联络站、有你们这群热心的姐妹们，我们船员在外工作也放心；让我老婆跟你们一起干吧，这样她的生活会充实，在家也不孤单了。把她交给你们，我在船上也放心了。”后来，崔海燕也成了海嫂联络站的一名骨干。

最令人动容的是一次发生在越南海域的海难，船员的安危牵挂着海嫂联络站每个姐妹的心。当时她们从公司得知这个消息的时候，船员们还生死不明，公司请求她们要守护好每名船员家属。她们聚在一起，一边祈祷上苍保佑这些船员兄弟，一边商量对策，如何向家属们通报海难的消息。恰在此时，一位海嫂找到联络站，对姐妹们说，她做了一个梦，梦见她的丈夫在船的甲板上向她招手，朝她微笑。听了她的话，姐妹们都强忍着不让泪水流出来。第二天，她又到联络站，说自己又做了一个同样的梦，梦见她丈夫拿了一件桔黄色的马夹，她不让穿，可丈夫非要穿。她说两天晚上都梦见丈夫，心里总是隐隐有一丝不安的感觉，让姐妹们解解梦。听了她的话，室内空气顿时紧张起来，联络站的海嫂们都将脸转向一边，大家都想哭。此时，站长刘敏赶紧打岔说："你这就是想你老公了呗。"桔黄色的马夹，不就是船上的救生衣吗？这难道就是人们常说的心理感应？也许冥冥之中真有神灵在保佑我们的亲人。后来得知，这艘船上的所有船员在救生筏上漂浮了整整一天，最终被经过船只救了上来。听到这个消息，大家全都释然；但同时，海嫂们也紧紧地抱在一起大哭了一场。后来船员们下船回来说："我们经历了一次'泰坦尼克号'的遭遇，当时心里啥都想了，可是就是没有想到我们家属之间会这么团结，相互之间照顾得这么好，这让我们太感动了，以后在船上工作就会更安心了。"

第九节　协同发展期的企业社会责任

一、让船岸职工共享改革成果

中海集团坚持锐意改革，实现了跨越式发展，企业盈利逐年上升。企业发展没有忘记职工的切身利益。"十一五"期间，集团在提高经济效益的同时，坚持不断改善和提高职工生活水平，坚持实行向一线员工、一线船员倾斜的分配政策；继续改善和提高离退休人员、待岗和困难人员的生活和收入水平，坚持共享改革成果；设立帮困基金，通过职工自愿募捐等多种途径，对困难职工进行慰问和补助；进一步加强再就业工作，增加就业机会，减少待岗人员；切实做好集团社保工作，维护职工切身利益。加强卫生防疫工作，确保职工健康和运输生产正常进行。

（一）不断提高船岸职工工资水平与福利待遇

随着企业的长足发展，船岸职工的工资水平与福利水平也不断改善。2010 年集团职工的年平均工资比 2005 年增长 1.5 倍；2006—2010 年的整个"十一五"期间，集团职工平均工资年均增幅为 11.02%。

2005 年，集团投入 1 亿多元巨资进行船员工资改革，船员待遇进一步提高，船员工资水平逐年得到提高。

2006 年，集团积极稳妥地实施欧美地区工资属地化方案；完善集团主营船舶船员工资改革方案；工资总额同比 2005 年增长 8.2%，职工平均工资增长 9.4%。同时，集团还制订和实施《中国海运集团运输船员退休养老金船岸差方案》，给 4005 名退休船员发放了退休养老金船岸差补贴；关心广大老干部、离退休和待岗困难人员的生活，通过多种途径改善他们的生活；积极稳妥地做好社保管理；加强再就业工作。

2007 年，集团按照国家政策规定和企业实际能力，加大资金投入，拿出近两亿元资金提高主营运输船舶在船船员待遇，按在船船员工资总额的 11% 和 5% 分别增加船员工资和奖金，提高船员伙食津贴。2007 年 4 月 1 日，集团设立的 1000 万元人民币退休运输船员帮困基金正式启动，为困难船员又增加一份生活保障。

2008 年，集团职代会通过了企业年金方案。2008—2010 年，企业年金计提了 1.62 亿元。从 2010 年起，每年拿出近 2 亿资金用于职工补充医疗保险和开展帮扶等工作；其中补充医疗保险基金计提了 8100 万元，每年分别按 5% 随工资总额计提基数的增长而增长；该项制度的实施，得到广大职工的一致好评。

2009 年，在金融危机背景下，集团加强工资总额预算管理，坚持工资分配继续向一线船岸职工倾斜则，特别是保持广大船员的收入稳中有升。调整了中海油运 VLCC 船员工资待遇，进一步调动大型船舶船员的工作积极性。

2010 年，全年职工实发工资同比增加 1 亿多元。职工企业年金制度平稳实施；企业补充医疗保险实施方案获得国资委备案确认，三个地区社保中心结合当地政策制定了实施细则。各级工会为广大职工办理各类医疗保障互助计划，提高了职工保障水平。

2011 年 4 月起，集团又在经营压力很大的情况下，每年支出近 1.8 亿元，为在职和离退休职工建立补充医保。此外，集团每年还投入 2600 多万元对困难职工进行帮扶，并相应提高船员社会保险和住房公积金缴费水平，职工的生活水平得到了较大的改善。

（二）关注关爱女工

集团设有女职工委员会，负责女职工利益维护、技能提升和职业发展。加强普法宣传，提高女职工懂法、知法、用法的能力；关爱女性健康，组织女职工专项体检；加大帮扶力度，为困难女职工排忧解难；关注女职工成长，开展形式多样的学习培训、岗位练兵和技术比武活动，不断提升女职工职业技能和职业道德水平。2006—2010 年，评选表彰集团级三八红旗手 45 名和三八红旗集体 23 个，有 12 名个人和 12 个集体分别被授予全国和省部级三八红旗手（集体）、巾帼文明岗等称号。

（三）保障农民工权益

集团高度重视农民工权益保障，制定下发《关于加强和改进集团农民工管理工作的通知》，将农民工纳入集团员工队伍统一管理范畴，建立了依法规范的管理体制与机制。如集团旗下的江苏船厂，其外来务工人员是江苏船厂人力资源的重要组成部分。为了充分保障农民工的权益，让他们安心、乐意在此工作，江苏船厂要求外来承揽公司为农民工办理社会工伤保险和商业工伤商保险；并要求他们为农民工办理工资卡，在与江苏船厂结算支付工程款时，按月支付相应的月度基本收入，确保农民工的正常生活需求。

截至 2010 年，集团有劳务派遣工近万人，分布在船舶、修造船厂和造箱厂等单位。各级工会牢固树立“进了中海门，就是中海人”的理念，在规范管理、依法保障权益的同时，针对其面临的交通难、住宿难、回家难、孩子就学难等实际困难，为劳务工提供建造宿舍、开办食堂、开通通勤车等后勤服务，实实在在帮助解决劳务工遇到的各种困难，维护农民工的合法权益。

集团保障农民工权益的做法和工作经验，在国资委召开的中央企业农民工工作视频会议主会场作了介绍，得到国资委的充分肯定。

（四）关心关爱船岸职工与离退休人员

“十一五”期间，集团坚持让全体职工和退休人员更多地享受改革与发展的成果，进一步增强职工和退休人员的医疗保障；为此，集团建立了补充医疗保险制度。集团党政领导十分重视此项工作，把建立实施企业补充医疗保险作为重要民生工程来抓；集团人事部门和各地区公司在具体操作中，广泛听取各方意见，坚持把好事办好。

集团坚持以人为本，关爱职工，关心困难职工群众生活。集团和各单位领导坚持每年三大节日上船慰问船员和一线职工；船公司和中海国际加大为船舶和船员服务的力度：提高船舶工会经费标准、狠抓船舶伙食管理、为船员过生日、开辟“船员热线”、慰问船员家庭，发行《船员保健食谱》等。“十一五”期间，各级工会共向基层船舶、班组送书籍、音像制品、健身器材等，海上图书馆、海上俱乐部、海上健康工程已覆盖集团所有船舶。

“十一五”期间，集团工会每年向基层一线发放高温慰问品；组织当年退休船员带家属疗休养活动，5 年累计 1500 多人参加，各级工会组织职工疗休养 3.4 万人次。集团把关心劳务工、农民工作为关心职工的重要内容，加强劳动保护，积极改善他们工作和生活环境，丰富他们的业余文化生活。

值得退休员工欣慰的是，集团努力建立健全共享改革发展成果长效机制。集团每年定期组织送温暖活动，向退休职工、劳模、起义和北归船员发放生活补贴和慰问品等。在春节向退休职工发放慰问礼金，帮助他们解决生活中的实际困难，传递温暖。为进一步关心困难退休船员，2007 年集团成立了 1000 万元帮困基金，到 2010 年的 4 年中共有 5830 人次受惠，领取帮困金 479.6 万元。

为使退休员工的服务工作更上新台阶，上海海运文明办先后与虹口区曲阳、凉城、广中路街道，浦东新区塘桥、金杨、陆家嘴街道（社区）签订了文明共建协议，在海运退休职工居住较集中的 6 个社区内联手开展“共建和谐文明社企”活动，发挥社企优势，丰富海运退休职工的精神生活。自 2007 年开展共建以来，先后组织退休职工开展了以参观、知识讲座、传统教育和专场慰问演出为主要内容的系列文明共建活动总计 82 次，惠及退休职工 1700 多人次，受到了广大退休职工的热烈欢迎。集团的退休管理委员会多次组织退休职工观看电影、话剧，参加讲座、文艺表演等活动，组织参加“敬老节一日游”活动。在中海集运的支持下，组织退休“三长”参观大型集装箱船舶，让他们充分感受集团的快速发展，通过一系列活动让广大退休人员老有所乐，晚年生活更加丰富多彩。

二、保障国计民生物质运输

作为国家特大型航运企业，中国海运始终全力以赴保障国计民生重要物质运输，在国家能源和进出口贸易中发挥了重要的运输支持和保障作用。每当在国家需要的关键时刻，中国海运总是发扬铁肩担道义的精神，克服困难，挺身而出。集团旗下的中海货运是我国南北电煤运输的主力军；每逢夏季用煤高峰期间，总是精心组织运力，抓好船舶疏港，确保电力用煤需要；在部分电厂受冬季寒潮影响、库存快速下降时，始终坚持急客户所急，想客户所想，在紧急关头，集中船舶运力为电厂用煤提供运输服务，确保电厂正常生产。“十一五”期间，每年运输电煤1亿吨左右（表2–9）。中海油运的油轮船队承担国家石油进口运输任务，坚持抓好海洋油和成品油运输，及时满足炼油厂和海上平台生产需要，年运输量达8000万吨以上。中海集运的集装箱运输船队积极携手海口港、营口港开通南北绿色精品航线，及时满足北方过冬蔬菜需求，为海南发展现代农业助力。

中国海运煤炭运量及电厂煤运量统计（2006—2010年）　　表2–9

年份（年）	煤炭运输总量（万吨）			电厂煤运输总量（万吨）		
	合计	国内	国外	合计	国内	国外
2006	18175.91	12546.62	5629.29	11460.89	10713.20	747.69
2007	12414.12	11871.11	543.01	10568.52	10548.70	19.82
2008	12237.38	11777.10	460.28	10555.92	10542.57	13.35
2009	9587.73	8712.27	875.46	7217.46	7164.65	52.81
2010	10826.48	10030.30	796.18	8936.36	8913.49	22.87

（一）迎风斗雪抢运电煤

2008年年初，我国南方由于受冰冻雨雪的侵害，电网中断，电厂告急。作为国有大型骨干企业的中国海运高度重视，积极投入，勇挑重担，保障电煤运输。短短一个多月，集团便先后投入运煤船160多艘，600多万载重吨；油轮5艘，30多万载重吨，抢运电煤、油，取得明显成效，受到了国务院国资委、交通部的表彰。

从2008年10月中旬开始，我国北方地区提前出现罕见持续大风大雾天气，渤海湾周边主要煤炭装港因恶劣天气长时间封港，生产处于半停滞状态，北煤南运通道受阻。秦皇岛港煤炭场存从300多万吨猛增到870多万吨，而华东地区主要电厂的电煤库存从200万吨以上一度降到130万吨左右，平均库存仅够维持一周。上海电力，外高桥二、三期，石洞口一厂，扬二电厂等电厂机组面临停炉的危险，纷纷告急。华南地区各电厂的电煤库存也不同程度下降，平均库存仅够维持12天，湄洲湾电厂、汕头电厂、海口电厂等也出现了紧急情况。与此同时，国内煤炭价格不断上涨，计划内、外电煤价差日益扩大，迫使众多电厂为等候计划内电煤，轮番排队选择船舶，使得船舶等泊等货时间大大增加，沿海运力供不应求。

2009年元旦伊始，北方地区遭遇强降雪，雪量之大，历史罕见。而华东、华南地区也再遇强冷空气袭击，各电厂发电量大增，这让原本就因为国内经济反弹力度加大、工业用电明显增加、水电和西电东送减少而造成的用电高负荷局面雪上加霜。而一旦出现电煤耗尽，电厂被迫停机，将对华东、华南地区的社会、经济生活造成巨大影响。一些前期储备不足的电厂措手不及，纷纷向中国海运来电，请求增派运力。

电煤告急，十万火急。以大局为重，采取各种措施，调集运力，紧急驰援，全力以赴保障各大电厂，这是中国海运作为国家沿海电煤运输保障中坚力量，切实履行央企社会责任的具体体现。为增强电煤抢运能力，中海迅速从国际市场抽调外贸运力回国抢运电煤，严格控制市场煤和中转矿的运力投入，并加快在厂船舶修理进度，督促新船早日投产营运。船岸员工齐心协力，精细管理，多装快跑，谱写了一曲迎风斗雪的战歌。

恶劣天气出现之后，中海集团李绍德总裁等领导预判到可能出现的电煤紧张局面，及时召开专题会议，提前部署，周密安排。各下属船公司领导身先士卒，积极帮助客户与发货人、港口、海事等单位协调优先备货、优先靠泊、优先进出港等事宜，努力为客户排忧解难。

为避免湄洲湾电厂断煤，中海货运增派“华光”轮火速驰援，公司领导抓紧与中煤集团协调，优先安排货源并与京唐港高层沟通，使“华光”轮在众多船舶中优先靠离港，为电厂解了燃煤之急。

此外，海口电厂由于天气原因一度出现存煤告急，中海海盛积极协调其他货主，将已装船出运的“长白山”轮的货载转让给海口电厂，确保该厂不断煤。

在运力调配上，中海货运坚持救急电厂优先原则，充分发挥船队规模优势，合理调整运力流向，强化救急和调剂能力。集团还安排多批人员顶着风雪严寒奔赴北方，每天参加装港业务部门的调度会议，加强与港口、海事、引航、拖轮、船代等单位沟通，及时向发货人了解货源信息，密切关注天气变化，指导船舶在保证安全的前提下利用一切机会见缝插针地靠离码头。冰冻严寒和大风大雾，给船舶安全航行带来极大隐患，集团有关部门领导靠前指挥，加强对船舶航行和进出港的全程监控，加强对船舶设备检查与养护的指导，以保证运输过程的安全。 集团所服务的各大电厂燃煤机组运行平稳，未发生一起因海运原因而造成断煤停机现象。各电厂纷纷来电，对中海集团在关键时刻出手相助表示感谢。

2009 年元旦佳节，人们都沉浸在节日的欢乐祥和之中，而在风雪弥漫的北方港口，中海集团数十艘船舶的船员们正站在寒风刺骨的甲板上，进行紧张的靠泊作业。中海集团总部运输部、中海货运调度室内一片繁忙，急促的电话铃声响个不停，生产调度人员正紧急调拨船舶，确保关系国计民生的电煤运输。而这样紧张繁忙的场景已经持续了两个月。

2010 年年初，我国大部分地区遭受雨雪降温恶劣天气影响，气温骤降，各地取暖用电负荷迅速攀升，加之北方主要煤炭港口因天气原因长时间封港，沿海电煤运输一度受阻，华东华南地区主要电厂电煤库存快速下降，电厂再次频频告急，部分地区甚至出现拉闸限电现象。

紧急关头，中海货运积极帮助电厂协调发货人、港口、海事等单位，确保电煤船舶优先备货、优先靠泊、优先进出港，尽一切可能保障各大电厂用煤需求。为确保上海电力用

图 2–17　2009 年，中海货运“华德”轮船员冒着漫天大雪抢修设备，确保电煤运输生产。

煤，运力投放规模从前期的 5 艘增加到 17 艘，并抽调“嘉诚山”“嘉祥山”“安平 2”等船增援上海外高桥二、三期电厂，确保电厂用煤安全。

中央政府门户网站、人民网、新华社及《中国交通报》等主流媒体先后对此进行报道，中海货运船岸员工抗冰雪战风浪保电煤的动人事迹广为流传（图 2–17）。

（二）千方百计确保完成国家特殊任务

2010 年，国家为保障南方稻米市场稳定供应，布置了抢运 50 万吨中央储备粳稻南下的紧急任务。由于正值春运高峰时期，铁路直达运力难以保证调运任务按时保量完成，中储粮总公司紧急联系中国海运，要求帮助调运 80700 吨稻谷。中国海运立即行动起来，以国家大局为重，不讲条件，不计代价，按中储粮的要求将全部稻谷抢运出库，其中拖车到门 27200 吨、海铁联运 23880 吨、码头“散改集”29620 吨，为保证南方稻米市场供应做出积极努力，切实履行中央企业的社会责任。

值得中海人自豪的是，在上海世博会、广州亚运会期间，中国海运作为保障世博会、亚运会电煤运输的主力军，调集数十艘船舶，数百次穿行在核心区域航道，不仅保障了世博会、亚运会期间的电煤运输，而且实现了进入核心区船舶零事故，展现了中海船舶的良好风貌和追求一流的中海船员精神，为上海世博会、广州亚运会的成功举办交出了一份令人满意的答卷。集团所属多个集体和个人受到中央、国资委、交通部和上海市委市政府与总工会的表彰。

三、社会救助与捐助

（一）对口帮扶不松懈

从 2005 年开始，集团开展了对口支援新疆维吾尔自治区阿克苏地区柯坪县和定点帮扶云南省永德县活动。“十一五”时期，集团的帮扶范围不断拓宽，从最初的项目帮扶、智力帮扶，拓宽到技术帮扶、精神帮扶等多种帮扶新路子，建立了对口帮扶的长效机制。在帮扶工作中，由党政领导亲自挂帅，工会牵头，团委配合，员工自发报名，成立了“爱心接力”志愿者服务队，负责做好对口教育帮扶的联络沟通、日常管理等基础性工作，并与帮扶对象建立经常性交流平台，以点带面，逐步推进，深入开展帮扶工作。

“十一五”时期，集团本着“为贫困地区办实事、办好事，扶贫攻坚，锲而不舍”的宗旨，直接投入资金近 3000 万元，完成了援建新疆阿克苏地区柯坪县启浪乡萨依巴格村 120 套抗震安居房，援助修建了新疆万亩自压式节水滴灌水利工程以及援建“调蓄沉沙池”工程；先后建立了云南永德县明信坝小学等 4 所希望小学；捐助建成了村级卫生所和一批村级道路、水利、桥梁等工程；开展了科技扶贫，拨付资金开办核桃、茶叶等实用技能培训和购买种苗等；开展了帮困助学活动，开设了“中海希望班”；分别向两个对口县捐赠了大批书籍、电脑用品；开展了“电视进万家”的工作，完成了4000台彩电的捐助任务。

云南省永德县地处祖国西南边陲的少数民族聚居区，平均海拔约2000米，属高寒山区。由于交通不便，许多住在深山里的孩子自达到义务教育年龄开始就需要在学校住宿，需要自带食物，在学校搭小灶烧火做饭。吃夹生饭，喝生水，啃发了芽的马铃薯，夜晚十几个人睡活动板房，挤大通铺，这些都成了家常便饭。当集团的广大干部职工看到挂职干部拍摄的照片后，都不约而同地都从心里发出了一个声音：帮帮这些贫困的学童。

中国海运集团捐资新建的云南永德县明信坝小学于2006年12月29日顺利竣工。这是中国海运出资援建的第一所希望小学。明信坝村位于永德县德党镇南部，所在地区主要居住着傈僳族、佤族等少数民族；农民人均收入600多元，是一个高寒、贫困的特困山区。多年来，由于村中小学校舍一直未能得到彻底改善，学校大部分房屋墙体已脱落，梁椽大部分损坏，校内危房面积达525平方米，严重影响了教学工作的正常开展。中海集团出资40万元援建希望小学，学校占地面积约3000平方米，建成一栋拥有8个教室的主教学楼以及操场、厕所、厨房、校道、围墙等配套设施。新校舍环境美观，教室宽敞明亮，学习条件显著改善。

图 2-18　集团积极做好云南永德县定点扶贫工作。图为中海集运向云南永德县贫困山区小学赠送慰问品。

在定向帮扶活动中，中海集运将员工募捐的30余万元，分别投入永德县明信坝小学、牛火塘小学和尖山小学，帮助改善师生们的教学、生活环境（图2-18）。2010年9月小学开学后，三所学校旧貌换新颜。师生们穿上了崭新校服，坐进了明亮的公共食堂用餐，喝上了开水，睡上了高低床；老师们用上了电脑、照相机等多媒体工具。

在通过物资援助进行“项目扶贫”基础上，中海人还通过“智力扶贫”将“智慧”带进大山里。永德全县当时只有160余名中小学民办教师，师资力量匮乏，总体素质处于较低水平。为此，集团挑选了一批综合素质强、英语水平过硬的同志赴云南支教。这些“业余”的老师们，运用自己在工作中的经验，特别是培训经验，创造性开辟了“英语角”交流园地、公开课等互动教学活动，不仅开拓了学生的眼界，更给当地教师带去了教学新思路、新方法，激发当地师生的学习热情，受到了广泛好评。中海集运厦门公司援助了5万余元的IT设备，并派出信息技术人员在2010年9月初赴永德县组建校园局域网。在构建网站基础上，中海集运厦门公司还利用爱心援助基金，配合集团在永德一中的“中海班”设立了第一个多媒体教学点。老师可在上课时利用多媒体教学，学生则通过网站相关模块下载教学课件预习，极大地提高了教学效率。

新疆柯坪县地处偏远，少数民族聚居，各方面发展较为滞后。自2005年中国海运对口支援柯坪县以来，对柯坪县各项事业的发展给予了高度关注和大力支持，在实地考察和充分调研论证的基础上，先后实施了以人才、智力、经济等为主的援助，并从当地农民最迫切需要解决的实际问题入手，开展多项援建工程。其中抗震安居工程惠及柯坪县启浪乡萨依巴格村 120 户农民。工程自 2006 年 5 月 1 日正式开工建设，历时 6 个半月建成。据悉，当年 9 月 26 日，中国海运被新疆维吾尔自治区人民政府授予“帮扶贫困群众、建设抗震住房先进单位”荣誉称号。

除项目帮扶，中国海运还积极开展智力与人才帮扶，如组织新疆柯坪县领导干部集中到上海并参加由中国海运党校举办的干部培训。培训期间，除组织新疆干部进行政治理论学习和技术知识培训，还组织他们参观中共“一大”会址纪念馆、陈云故居纪念馆和张闻天故居纪念馆，参观上海城市建设规划馆、上海博物馆、浦东国际机场和孙桥现代农业园区等。

2005—2010 年，中国海运先后从总部及子公司选派共计 18 名干部分别到新疆柯坪县、云南永德县挂职县委副书记、副县长及县长助理，专门从事定点扶贫工作（表 2–10）。2007 年 5 月 24 日，《新疆日报》《阿克苏日报》分别以《万里之遥寄来汇款单》和《援阿有时，爱无止境》为题，报道了集团援疆干部陈健为帮助贫困儿童求学捐款以及他长期以来无私帮助当地农民、学生的事迹。2005 年 9 月，作为中国海运选派的首批援疆干部，陈健从中国沿海城市来到遥远的阿克苏地区柯坪县开展援疆工作。他喝盐碱水、吸沙尘土，没有惧怕，没有退缩，没有被新疆艰苦的工作生活条件吓倒，始终牢记援疆使命，严格要求自己，扎实开展各项工作。通过牵线搭桥，他先后促成了“中海小康示范村”建设、干部培训等一批援疆项目。在援疆工作中，陈健为贫困农民买化肥、捐农资，为贫困学生捐文具。援疆以来，他个人累计捐资近 3 万元，帮助贫困农民、学生 100 余人。虽然陈健的援疆工作已于 2007 年 2 月结束，但是他始终没有忘记新疆柯坪县群众百姓，通过电话、信件与柯坪县保持密切联系，时时关心贫困县的发展，关心对口帮扶户的生产生活，关心着春蕾儿童班 50 名失学儿童重返校园的学习生活情况。他说：“能为这些儿童提供更多的帮助、创造更好的学习生活环境，帮助他们顺利完成学业，让他们将来为贫困县的发展多做贡献，这是我的一个心愿。”

中国海运集团援疆、援滇干部名单（2005—2010 年）　　表 2–10

日　期	姓名	地　区	挂职职务	集团所在单位
2005—2006	陈健	新疆阿克苏地区柯坪县	副书记	集团总部
2005—2006	许锡田	新疆阿克苏地区柯坪县	副县长	中海工业
2006—2007	龚亮	云南省永德县	县长助理	中海物流
2006—2007	高伟燔	云南省永德县	县长助理	中海货运
2007—2008	窦文金	新疆阿克苏地区柯坪县	副书记	中海货运
2007—2008	吕永刚	新疆阿克苏地区柯坪县	副县长	大连海运
2007—2008	王军	云南省永德县	县长助理	中海国际
2007—2008	殷海军	云南省永德县	县长助理	中海工业
2008—2009	张华	新疆阿克苏地区柯坪县	副书记	中海油运

续上表

日　期	姓名	地　区	挂职职务	集团所在单位
2008—2009	张海峰	新疆阿克苏地区柯坪县	副县长	中海船务
2008—2009	吴冰	云南省永德县	县长助理	中海集运
2008—2009	陈坤	云南省永德县	县长助理	集团总部
2009—2010	张力	云南省永德县	县长助理	中海集运
2009—2010	朱宋行	云南省永德县	县长助理	上海海运
2010—2011	李火焱	新疆阿克苏地区柯坪县	副书记	广州海运
2010—2011	蒋戊军	新疆阿克苏地区柯坪县	副县长	中海国际
2010—2011	沈红峰	云南省永德县	县长助理	中海工业
2010—2011	任汉鑫	云南省永德县	县长助理	中海集运

（二）抗震救灾献爱心

2008 年 5 月 12 日汶川大地震，灾情牵动了全体中海人的心。中国海运全力投入，抗震救灾，累计向汶川地震灾区捐款捐物 3000 多万元，捐款人数超 4 万人次，其中单位捐款 2065 万元，职工个人捐赠达 675 万元，党员团员交纳的“特殊党费”271 万元、“特殊团费”34 万元。5 月 24 日，集团又向中国东方电器集团捐资 300 万元，以支援该集团抗震救灾和恢复重建工作。10 月 29 日，中海职工再次向灾区人民运送去 2500 条“中海棉被”，为灾区人民御寒保暖。集团还抽调集装箱卡车、厢式货车等各式车辆抢运赈灾物资，并在重庆等地安排备用空集装箱，随时准备把从全国人民捐赠的物资运送到灾区，最大限度地为救灾工作提供物流支持。

在抗震救灾活动中，各子公司心系灾区群众，开展了多轮捐款活动。据不完全统计，其中中海集运捐款 151.35 万元，中海工业捐款 85.65 万元，中石化中海燃供捐款 67.06 万元，中海油运捐款 50.96 万元。当四川汶川发生特大地震的消息传来，中海货运领导班子迅速做出抗震救灾工作部署，立即对公司船员库船员家庭的受灾情况进行摸底调查，做好深入细致的思想稳定工作；按照集团和广东省委省政府的部署开展募捐工作；加强领导，确保运输生产安全稳定。公司工会加强同有关部门沟通，及时掌握公司员工特别是家在灾区的船员名单，关注并上报在灾区的船员家庭的受灾情况。机关党委和各船工部以网络和电邮的形式，分别向陆岸员工和在船船员发出抗震救灾奉献爱心的倡议，各船舶也以各种形式向船员作出动员。2008 年 5 月 14 日上午 11 时，公司举行向地震灾区奉献爱心捐助仪式。5 月 17 日，公司团工委向团员青年发出交一次“特殊团费”——向地震灾区人民捐款的倡议。据统计，截至 2008 年 5 月 20 日，中海货运在广州、上海、大连三地的陆岸员工共 596 人捐款 42.4 万元，107 艘船舶船员捐款 31.26 万元。5 月 16 日，中海货运向广东省慈善总会捐款 50 万元，用于援助汶川地震灾区抗震救灾和灾后的重建工作。至此，中海货运捐款总额达 123.66 万元。

2008 年 4 月 29 日，国务院国资委召开会议，对中央企业在抗击南方雨雪冰冻灾害以及灾后重建工作中，涌现出来的先进集体、先进个人进行了表彰。据悉，中海货运、时代航运荣获“2008年抢险抗灾先进集体”称号；中海货运调度处处长黄志强、中海海盛散货运输科科长黄兴文、中海货运“金盘岭”轮船长刘建军荣获“2008年抢险抗灾先进个人”称号。中海油运“大庆234”轮党支部、友好航运“振奋8”轮党支部荣获“2008年抢险抗灾先进基层党组织”称号。中海国际“宝中168”轮船长吕均富、中海货运“大罗山”轮船长卢春光荣获“2008年抢险抗灾优秀共产党员”称号。

2010年，青海玉树发生强烈地震，中海立即向灾区伸出援助之手，集团捐款500万元，22000多名职工共捐款200多万元。当南方各地严重春旱来临时，集团为对口支援的永德县送去了60万元的抗旱资金；万余名团员青年捐款26万多元，为西南地区的少年儿童送去“清凉”。通过向贫困地区提供援助资金，建设援助项目，开展产业扶贫、科技扶贫、教育扶贫，一定程度上改善了当地群众的生活。

（三）积极开展海上救援

海上物资运输是高风险行业。在发生海上紧急情况时，中海船员总是高举人道主义的旗帜，毫不犹豫，不计代价，伸出援助之手，实施海上救援，为海上安全运输建筑起一道安全的屏障，彰显了新时期中海船员的精神风貌。

2007年12月26日，一艘名为“龙月山”的朝鲜籍货轮在渤海湾老铁山水道附近水域航行时船首突然上翘后沉没，船上25名朝鲜籍船员全部落水。由于现场遭遇大风，救助难度大，情况十分危急。事故发生后，交通部海上搜救中心和大连市政府立即派出救助船和救助直升机赶赴现场实施救助，中央电视台也对该事件进行了现场报道。中海货运“大庆61”轮、“广源”轮、“沧州”轮和“宁安9”轮在恶劣的气象海况下参加了救援行动，对遇险人员进行积极搜救。其中“大庆61”轮救起了2名船员并安全送达大连港。“广源”轮、“宁安9”轮、“沧州”轮参与了现场协调和现场搜寻。12月26日，中国海上搜救中心发出通电，对“大庆61”轮等船舶积极参与搜救遇险的朝鲜籍船员一事予以表彰。12月27日，辽宁省海上搜救中心也向中海货运发出感谢信，感谢该公司大力发扬人道主义精神，积极参与此次海上人命救助行动。

2007年3月3日至5日，受强冷空气和温带气旋共同影响，黄渤海和东海出现1969年以来最强一次风暴潮，部分海区风力达到12级以上。中国海运“向壮”“向浩”号集装箱船在接到12级风暴中被困渔民的救援信号后，立刻加入救援行动，在风浪中圆满地救助被困渔民，受到了交通部的嘉奖。

2008年9月28日23时，中海集运调度中心和集团总调度室分别接到浙江海事局搜救中心和中国海上搜救中心的通知，“浙岭渔运101”轮在浙江温州东南外海因主机故障失控，正面临台风“蔷薇”威胁，15名受困船员危在旦夕。中海集运立即按SMS规定启动应急反应程序，派遣离出事地点最近的“新欧洲”轮执行搜救任务。“新欧洲”轮接令后立即全速赶往救助点，并在途中与遇险船取得联系，掌握船况信息，做好施救准备。29日0点15分，“新欧洲”轮雷达发现遇险船，此时海面一片漆黑，狂风大作，暴雨如注。2点30分，该轮按救助方案，从上风处运用车、舵、侧推等良好船艺逐渐接近“浙岭渔运

101”轮，三次用抛绳器撇缆取得成功。4 时，首批 4 名遇险船员通过乘救生筏成功转移。29 日 5 点 15 分，其他的 11 位遇险船员也被安全救起，并得到“新欧洲”船员们的悉心照顾。9 月 29 日，交通运输部通过中国海上搜救中心专门致函“新欧洲”轮全体船员，对他们在救助遇险船“浙岭渔运 101”轮中所表现出的过硬素质和不畏艰险、奋勇拼搏的精神给予了高度评价，对中国海运给予此次海上搜救工作大力支持表示衷心感谢。2009 年 7 月 3 日，国际海事组织（IMO）第 102 届理事会授予“新欧洲”轮海上搜救特别勇敢奖，以表彰该轮勇敢救助遇难船舶。此奖是该组织众多奖项中的最高奖项。

2008 年 3 月 31 日，“闽晋渔 0291”轮（在北纬 23 度 41 分、东经 118 度 29 分）因船体进水遇险，8 名船员身处险境，情况万分紧急。指导渔船采取措施自救，同时急报漳州市政府，组织当地船舶出海救助。正在附近海域航行的中海集运“新苏州”轮获此信息后立即赶往现场，与厦门海上搜救分中心以及另外一艘过往船舶密切配合，以高度的责任心克服重重困难，积极主动参与救助，为搜救中心开展工作赢得了宝贵时间。8 名渔船船员被海事救助船舶救起，全部人员平安无事。4 月 1 日，厦门海上搜救分中心向中海集运发来感谢信，对该公司所属“新苏州轮”积极救助“闽晋渔 0291”轮一事表示感谢。感谢信称赞“新苏州”轮“用实际行动展现了中国海运船员的优良素质和企业管理的良好形象”。

2009 年 8 月 14 日 0 时 43 分，中海货运“友谊 20”轮由上海开往秦皇岛航经老铁山附近时，接到大连船舶交通管理中心（VTS）关于救助失火渔船的通知。全体船员接到通知后，立即到达指定位置并做好相关准备，4 根消防皮龙在左右两舷严阵以待。0 时 55 分，发现失火渔船。此时，渔船火势愈烧愈烈，几名渔民站在船头。船长立即下达舵令操纵船舶驶向渔船，命令船员做好施放舷梯准备。1 时 38 分，“友谊 20”轮缓缓驶近失火渔船，大副、水手长等船员在右舷放下引水梯。1 时 45 分，第一名渔民被救上船。直至 1 时 58 分，6 名遇险渔民全部获救。船员们把他们引领至休息室，为他们送上早已准备好的开水。获救渔民感激万分，连声称谢。4 时 10 分，6 名渔民全部被接至中国渔政“21112”轮上。

四、积极助力上海国际航运中心建设

2007 年，国家明确提出“到 2020 年建设成航运强国”的目标，掌握全球范围内货物运输中的自主权和主动权。2009 年 4 月 14 日，《国务院关于推进上海加快发展现代服务业和先进制造业建设国际金融中心和国际航运中心的意见》发布，进一步提出了一系列重大战略问题；该项政策属于建设上海国际金融中心与国际航运中心的纲领性意见，为上海“两个中心”的发展描绘出一幅宏伟的蓝图。其中，有关国际航运中心的建设目标是：到 2020 年，基本建成航运资源高度集聚、航运服务功能健全、航运市场环境优良、现代物流服务高效，具有全球航运资源配置能力的国际航运中心；基本形成以上海为中心、以江浙为两翼，以长江流域为腹地，与国内其他港口合理分工、紧密协作的国际航运枢纽港；基本形成规模化、集约化、快捷高效、结构优化的现代化港口集疏运体系以及国际航空枢纽港，实现多种运输方式一体化发展；基本形成服务优质、功能完备的现代航运服务体系，营造便捷、高效、安全、法治的口岸环境和现代国际航运服务环境，增强国际航运资源整

合能力，提高综合竞争力和服务能力。

中国海运集团注册在上海，这对于上海国际航运中心建设，既是借力，又是助力。说借力，是因为上海凭借着得天独厚的地理优势和环境优势，为中国海运做大做强提供十分有利的条件。上海的港口集装箱吞吐量连续多年稳居世界第一，航运金融与法律服务体系不断完善，国际船东总部经济不断壮大，国际知名航运组织聚集效应不断显现，与航运配套的金融、经纪、仲裁、咨询等高端航务服务不断发展；随着上海国际航运中心建设的不断完善升级，中国海运集团获得了更多商机、更大平台、更好发展。说助力，是因为中国海运作为世界上重要的大型航运企业和中国大型的航运骨干央企，对于推动上海国际航运中心建设责无旁贷。实际上，中国海运的发展过程，也是与上海国际航运中心一起成长、一道建设的过程。

一是把集团内诸多产业总部落户上海，助推上海“航运企业总部经济”建设。继中国海运集团总部落户上海之后，又充分利用上海优越的营商环境和全球资源配置能力，将整合后的集装箱运输、能源运输、航运金融、装备制造、港口、科技信息等专业公司，也相继在上海注册并落户。“十一五”时期，集团的21家二级全资子公司，有12家总部设在上海，为上海打造国际航运总部经济积极助力。截至2010年年底，12家二级子公司的总资产合计为939亿元，在集团总资产中的占比达到65.71%；而12家的总收入合计为530亿元，在集团总收入中的占比达到81.78%。

二是利用集团自身大力发展集装箱运输的有利条件，积极助推上海成为世界最大集装箱港口。2010年，得益于洋山深水港区的开港以及国际中转业务的发展，上海港集装箱吞吐量首次跃居世界第一，此后一直蝉联世界榜首。这是上海国际航运中心建设的一个里程碑，同时也是中国港口及整个航运界的重要节点。如果按船东对上海港吞吐量贡献率排序，则自2002年开始，上海港集装箱吞吐量不断快速增长，中国海运凭借集装箱运输的快速发展，也连续多年蝉联上海港集装箱吞吐量的第一位。2010年，中国海运拥有集装箱船舶124艘、49万TEU，当年完成集装箱运输量685万TEU。“十一五”时期，中国海运对上海港集装箱吞吐量的贡献率多年维持在10%—15%。

三是大力发展航运相关业务，促进上海国际航运中心功能完善和软实力建设。在上海，中国海运积极开拓高端航运业务，推动船舶融资、海上保险业务、航运资金结算、航运价格衍生品等航运金融业务发展；参与设立了上海航运产业基金，为航运及其配套服务产业发展提供支持，提高上海港作为国际航运中心的竞争力。在航运信息咨询领域，中国海运作为大型国际化企业，发起成立了上海国际航运研究中心；从2009年开始，发布中国航运景气指数（CSPI），填补了中国航运业无景气监测预警体系的空白。在参与行业规则制定方面，作为中国代表团一员，中国海运的航海专家从2008年开始参与国际海事组织（IMO）有关船舶单位运能碳排放指标设定的讨论会议，代表中国航运企业向大会提供支持和建议。同时，集团航海专家们协同代表团其他成员，在行业内开展宣贯培训，并进行相关研究，指导国内航运企业更好地应对指标生效后所带来的国际航运市场变化。

四是加快长兴岛航运装备制造基地建设与科技创新，积极助力上海的航运科技发展。发展航运装备制造业是建设上海国际航运中心的重要组成部分。中国海运集团本着节约利用土地和岸线资源的原则，支持上海市黄浦江两岸开发和岸线调整，借助企业搬迁调整和产业升级，在长兴岛建设海洋工程装备制造基地，大力发展船舶修造业务。与此同时，2010 年，上海船研所整体并入中国海运集团，该所是我国最大的交通运输及航运综合技术研究开发基地，多年来承担和参与了上海一大批重大科技和工程项目。借助上海船研所的力量，中国海运进一步助推了上海传统航运制造业转型升级，助推了上海的航运科技创新。

第十节　结　　语

一、主要成绩和亮点

（一）经济效益创历史最好水平。5 年来，中国海运集团利润总额累计达到 337 亿元，年均创利 67 亿元，是三个发展阶段中经济效益最好、创利水平最高的时期；其中 2007 年，实现利润总额 111 亿元，创集团发展 18 年中的最高纪录。即使是金融危机影响下的 2009 年，在全球航运业普遍亏损的恶劣环境下，集团依然保持在盈亏平衡点之上，实现了总体盈利。

（二）企业发展的协同性明显增强。2006—2010 年间，集团开始实施集装箱、油轮、干散货船队“三足鼎立”和产业结构“船岸联动”的发展战略，在继续发展集装箱船队的同时，也加快了油轮、干散货船队的发展，加快了金融、码头、物流、修造船等相关陆岸产业的发展，调整了集中发展集装箱业务的战略，避免“把鸡蛋放在一个篮子”的风险，这为后期应对金融危机、平抑市场波动、增强抗风险能力、推进转型升级打下良好基础。

（三）积极推进“大客户大合作”战略。“十一五”以来，集团坚持加强与大客户合作，特别是通过加强资本层面合作，巩固了双方运输业务的战略伙伴关系，延伸了船货双方的产业链，扩大了企业的综合优势。在合作中，中国海运不追求短期暴利，不是心浮气躁，而是着眼于货源和效益稳定，着眼于企业的长远发展。通过“大客户大合作”战略，稳定了集团的基础货源及经济效益，也为我国能源等物质保障提供了优质的运输服务，同时促进了央企履行政治责任和社会责任，促进了地方经济社会的发展。国务院国资委多次对集团的“大客户大合作”战略给予充分肯定。

（四）加强资本运营与资金管控。中国海运集团坚持对外筹资集中管理，有效控制负债规模，降低融资成本；加强资金集中管控，合理调配使用，发挥资金规模优势，集团及下属公司通过发行企业债券、公司债、中期票据、超短期融资券等方式积极募集资金；2007 年 12 月，抓住国内资本市场难得机遇，推动中海集运 A 股上市，成功募集资金 154.7 亿元，为之后公司的发展壮大及安然度过行业低谷期提供了坚实的资金保障；所募集资金按同期贷款利率计算，每年节约财务费用约 11.50 亿元。

（五）坚持开展精细化管理。自 2007 年 5 月，中国海运在全集团范围内开展了推进精细化管理活动。“十一五”时期，集团坚持常抓不懈，持之以恒，使精细化理念深入人心，精细化管理水平不断提升。在推进精细化管理活动中，强调制度化、系统化和信息化，确定运营管理、全面预算管理和信息化管理作为重点突破的项目；围绕梳理出来的短板和薄弱环节，制定有针对性的工作方案和具体可行的工作措施，进行全面整改，并将百年愿景、一流建设、对标工作与精细化管理紧密结合，以精细化管理推动“百年愿景、世界一流”建设。

二、主要问题和短板

（一）企业转型升级和产业结构的调整尚在启动中，对国际航运市场大起大落的平抑能力还需进一步加强，船岸产业结构需进一步调整，产业链条有待进一步延伸；除航运以外，金融、码头和物流等陆岸产业实力还偏弱，整个集团的抗风险能力还有待增强。

（二）资源配置效率及优化程度需进一步提高。有部分产业存在内部交叉重叠现象，需要加强整合；需要进一步提高资产管理能力，部分存量资产需要进一步盘活。

（三）企业的创新和管理能力有待提高，突出表现在市场营销和市场开拓能力，商业模式与管理手段创新方面还显薄弱，科技创新对企业发展的贡献力较低；基础管理需进一步加强，特别是信息化普及和应用水平亟待提高。

（四）人才队伍特别是国际化人才、复合型的高端人才匮乏，干部职工的国际化视野和能力与集团改革发展的任务目标要求还有较大的差距；职工思想观念应进一步转变，人才激励机制应进一步改革和创新。

（五）集团内部各单位发展不平衡，突出表现在个别单位市场竞争力不强，对集团的依赖较大；部分单位党建工作不够深入，党员的先锋模范作用发挥不明显；部分单位由于种种原因，稳定工作压力较大。

三、启示：可持续发展需要打造“中海定力”

2006—2010 年，处于中国海运集团三个发展阶段的中间，是承前启后、继往开来的时期。在前一阶段业已打下良好基础之上，如何做优做久，实现企业的可持续发展，成为当时的一项新课题。2006 年，中国海运集团确定了打造“百年中海”的企业愿景，旨在为前期提出的“建设世界一流航运企业”战略目标提供新的动力，进一步提升企业的国际市场竞争力和可持续发展力。

实现可持续发展，需要打造企业的战略定力。何为战略定力？就是排除干扰、应对挑战、自觉克服短期行为、胸怀企业发展愿景、认准长期战略目标矢志不移的能力。

“十一五”乃至“十二五”时期，中国海运实现持续稳健发展，依靠的就是“中海定力”。这种定力表现为始终保持理性思维，市场高峰时不因外界疯狂而跟随疯狂，市场低迷时不因业内萧条而心灰意冷。从初期开展精细化管理，到后期开展管理提升活动，中海人坚持苦练内功始终没有放松；从金融危机初期提出的“三足鼎立”，到航运与陆岸业务“船岸联动”发展，集团的结构调整、转型变革始终没有停滞；从前期确立的“世界一流”目标，到“十一五”提出的“百年中海”企业愿景，集团坚持长期奋斗目标始终没有动摇。中国海运曾经历过美西大罢工带来的市场考验，更经受了后危机时代航运市场连续多年持续低迷的大考，在市场剧烈波动中保持了平稳发展。尽管业务规模、资产规模不断扩大，但集团的资产负债率却始终控制在合理范围内。在纪念中国海运15周年华诞之际，人们总结其成长历程，用“波澜不惊”一词来概括集团的发展特点。这个“波澜不惊”，体现的就是一种战略定力。

战略定力体现一种信念。多年来，中海人始终践行建设百年中海的企业愿景，坚持“世界一流”的战略目标，而撑起“始终”与“坚持”的，则是中海人矢志不移的信念。定力就是坚守信念，就是不动摇，不懈怠，不折腾，不心浮气躁，不急功近利。增强“中海定力”，就是始终忠诚于发展的信念，忠诚于国家的使命，忠诚于企业的职责。

战略定力体现一种思维。在应对经济形势与航运市场严峻挑战之中，在推进集团可持续发展的进程中，中海人更加注重把握“长”与“常”的辩证关系。既做到经常抓，又做到长期抓；既看到实现目标的长期性、艰巨性；又在日常工作中从一点一滴做起，下决心干事，用细心谋事，以恒心成事。实践证明，把握好这对关系，需要有足够的战略定力。

战略定力体现一种智慧。这样的智慧源于对市场的前瞻性目光，源于对化危为机的掌控能力，源于对世情、国情以及航运业趋势的把握。只有具备了这样的智慧，才能增强战略定力，才能在各种纷扰中不失目标，在诸多挑战中不乱阵脚。从“大客户大合作”战略，到大力实施“走出去”战略；从“大型化、低碳化”的船队结构调整，到LNG新业务的培育与开拓；所有这些都是基于对新形势的深入研判，对新趋势的准确把握，对新机遇的及时洞察。

“咬定青山不放松，立根原在破岩中。千磨万击还坚劲，任尔东西南北风。”李绍德董事长曾在讲话中引用清代诗人郑板桥的《竹石》一诗，展现中海人坚定信心、排除万难、勇往直前的豪迈气概和执着精神。这种气概和精神，彰显的正是“中海定力”，是中海人在长期经营实践中修炼磨砺出的战略定力。有了“中海定力”，就有了百折不挠的“坚持”，有了坚忍不拔的“执着”；有了“中海定力”，无论未来的征程有多少艰难险阻，无论风有多大、浪有多高，中海人都可以做到信念不泯，目标不移，斗志不减，波澜不惊。

第三章

转型发展期

（2011—2015）

第一节 概 述

一、外部经济与市场环境

（一）经济环境概述

2011—2015 年，全球处于后危机时代。受国际金融危机不断蔓延的严重影响，全球主要经济体经历第二次世界大战后的又一次冲击。这一期间，全球经济随着危机的缓和而进入相对平稳期。但是，固有的危机不可能完全解决，致使世界经济仍存在着很多不确定性和不稳定性，表现为缓和与动荡并存的特征。这一时期，全球经济增长率在 3.1%—3.3% 之间徘徊，美国经济则在 2.4%–2.8% 之间徘徊，新兴经济体则在 4.0%—4.9% 之间徘徊，总体上呈现弱复苏状态。

中国经济开始进入新常态阶段，呈现“三期叠加”特征，即经济增长速度换挡期、结构调整阵痛期、前期刺激政策消化期的三期叠加。2003—2007 年我国经济年均增长 11.6%，2008—2011 年年均增长 9.6%，2012 年增长 7.8%，而 2013 年、2014 年、2015 年则增长分别为 7.8%、7.4% 和 6.9%。2013 年 11 月 9 日至 12 日，中国共产党在北京召开了十八届三中全会，通过了《中共中央关于全面深化改革若干重大问题的决定》，对于进一步深化国企改革具有重大而深远的历史意义。2013 年 9 月和 10 月，国家主席习近平分别提出建设“丝绸之路经济带”和二十一世纪“海上丝绸之路”的倡议。“一带一路”建设，给中国航运企业的进一步“走出去”带来了新的发展机遇。

（二）国际航运市场概述

2011—2015 年，全球航运市场跌入近一百年来的第三次大萧条，市场内部的供需格局变得十分严峻。在需求一侧，自国际金融危机以来，全球经济的持续疲弱，对航运需求的拉动十分有限。而在供给一侧，金融危机前的市场高峰以及 2010 年出现的短暂高峰，使人们误以为市场的繁荣景象是长期的，于是纷纷建造新船，大量新增运力导致市场供给严重过剩。不妨以市场开始进入复苏的 2002 年为界，此前的 1996—2002 年，全球新船订单的年均增长率仅为 6.89%，而到 2003—2010 年，新船订单的年均增长率竟然高达 20.90%。运力的严重过剩，使得 2011—2015 年的市场供需关系严重失衡，运价大幅下滑且持续低迷。2011—2015 年，BDI 指数在 700—1500 点之间徘徊，行业大调整、大洗牌加剧。

2011—2015 年，对于全球航运企业而言，是一次生存与发展的重要关口和重大考验。此前的市场繁荣给航运企业带来了丰厚的盈利。而在此期间，全球航运企业不但要忍受运价长期低迷的压力，还必须逐步消化市场疯狂期所积累的过剩运力，必须面对新的船舶技术、新的环保法规要求所带来的更经济、高效船舶的运力更替。受其影响，航运企业的经营状况普遍陷入困境，生存压力陡增；发生了班轮巨头韩进公司因财务危机而重组事件，一些国际散货船公司并购重组事件，如挪威 Knights bridge 与 Golden Ocean 合并、美国 Star Bulk 与 Oaktree 及 Excel Maritime 的合并，给全球航运业带来很大震动。特别是马士基集团牵头的 P3 事件更引起了市场恐慌。P3 为国际三大班轮公司巨头马士基航运、地中海航运、达飞海运于 2013 年 6 月宣布合作组建名为 P3 网络的长期运营联盟；拟从 2014 年二季度开始运营，并在伦敦和新加坡分别成立有 10 年合约的运营总部与分部，掌控整个网络的具体经营事务。尽管 P3 因涉嫌垄断而未通过中国政府审批，最终流产，但给市场带来的冲击却是非常之大的。

2014 年 9 月，国务院印发了《关于促进海运业健康发展的若干意见》，为我国海运业健康发展提供了系统化的政策支持。在此推动下，我国“海运强国”建设进展迅速，在船队运力结构优化、航运企业战略重组效应、中国航运业国际影响力等方面均有很大提升。

二、发展理念与发展特点

2011—2015 年间，国际航运市场在谷底持续徘徊，显露出“好日子短、苦日子长”的本来面目，且以残酷的深度下跌打击了前一轮的空前繁荣，市场持续低迷业已成为“新常态”。面对持续多年的航运市场大萧条，中国海运集团以“创新驱动、转型发展”为发展理念，加快转型，谋变求新，逆境突围，打造企业升级版，以新的视野、新的思路、新的商业模式，为企业开辟一片新天地。这是一次真正从追求做大到追求做优的切换。在整个“十二五”期间，集团围绕“创新驱动、转型发展”的发展理念，突出强调“三个转变”，也因而形成了这一时期企业的发展特点。

（一）由原来强调发展速度转向强调发展质量。从中国海运集团过去的发展历程来看，初创期主要是外延式的扩张，资产规模、船队实力和业务范围主要表现为“从小到大”，是量变的一个飞跃。而这一时期的转型，强调的是如何实现“从大到优”的转变。在这个发展阶段，不是量变，而是质变；强调的是提高发展的含金量，依靠的是内部资源结构的优化升级。由此，集团着手进行产业结构与船队结构调整，着手进行内部资源整合，着手拓展 LNG 运输、境外码头、金融物流、产融结合等新项目，形成“1+6”产业结构，船队大型化、现代化明显增强，劳动生产率明显提高，船舶管理安全面逐年提高，China Shipping 的品牌已在全球客户中有了广泛知名度和良好的信誉度，企业从数量型、规模型增长，走上效益型、质量型增长的发展之路。英国《劳氏日报》评价“中国海运集团 2012 年的表现证明了该集团对市场低潮的适应能力”；中国海运“凭着良好的经营模式及审慎的风险管理，表明在国际国内市场上具有巨大的潜能”。

（二）由原来注重船的竞争转向注重链的竞争。从传统视角看，航运企业提供的产品就是船舶运输服务，突破了这一服务边界即不能称之为航运企业。而从现代供应链和产业链角度看，海上运输服务其实仅满足了客户的部分需求，并没有满足客户的全部需求或最终需求，因为海上运输仅仅是供应链上和产业链的一个环节。因此，在此次转型中，中国海运通过商业模式创新，突破了传统的产业边界、服务边界和市场边界，积极拓展向航线两端的延伸服务。例如，通过“1+6”产业结构调整整合物流供应链，通过发展航运金融实施产融结合，加速发展“大物流”业务，继续深化大货主合作战略，提升了“链与链”的竞争能力。这在很大程度上减少了对航运业的过度依赖，从而降低了航运市场剧烈波动给企业造成大起大落的风险。尽管2011—2015年整个国际航运市场极度低迷，全球航运企业普遍陷入亏损困境，但中国海运集团依然保持了整体盈利（表3–1）。

中国海运集团主要发展阶段经济数据（2005—2015年） 表3–1

项　　目	初创发展期末（2005年）	快速发展期末（2010年）	转型发展期末（2015年）
船队现代化平均船龄（年）	14.38	11.27	6.47
船舶大型化平均单船载重吨（万吨）	3.41万吨	4.94万吨	7.44万吨
船舶低碳化船舶燃油单耗（千克/千吨海里）	7.267	6.708	3.920
劳动生产率人均年创收能力（万元）	114.88	137.90万	170.09万
船岸板块收入占比	75.82%：24.18%	70.09%：29.91%	56.64%：43.36%

（三）由旧模式下的单一业务竞争转向新模式下的融合发展。在转型发展期，中国海运集团坚持花大力气打造企业融合力。集团认识到，新形势下企业的生命力已不再仅仅表现为单纯竞争力，更要看企业的融合力；谁的融合能力强，谁的逆境突围、抵御风险、持续发展的能力就越大。为此，集团从三个方面着手打造融合力：一是打造产融结合的能力。当时，在世界500强的企业中，有80%以上企业进行了产业与金融资本结合的经营行为；而在国资委当时管理的117家央企中，也有76%的企业推行了产融结合模式。当企业发展到一定规模后，必然面临如何解决规模收益递减、风险递增的问题，这就需要航运业务与金融结合，把金融视为航运业务系统的有机组成部分。2011—2015年，中国海运集团的金融板块盈利累计达172亿元，平均年盈利34.3亿元。中国海运能在国际航运持续大萧条中保持稳健发展，很大程度上正是得益于较好地运用了产融结合模式。二是打造融入大客户战略的能力。早在“十一五”时期，中国海运就已开展大客户合作战略；进入“十二五”时期，集团则将普通的大客户合作战略升级为大客户融入战略，包括集中自身资源为大客户提供全面的供应链管理方案、参与大客户上下游产业链的布局、积极参与国内大客户的海外扩张战略、改变集装箱班轮单打独斗经营模式等举措，变旧模式下的“为我所有”，为新模式下的“为我所控”“为我所用”；在市场新变局下，通过大客户融入战略，突破企业边界，构筑合作网络，打造“企业群”优势，实现“强强联合”。三是打造融入“平台经济”的能力。在转型发展期，集团确立了无“网”而不胜的理念，努力打造“智慧中海”，让“鼠标拖动大船”。为此，从战略层面的科学决策、长远规划，到经营管理层面的客户服务、管理提升、市场反应，都坚持以大数据、信息化作支撑，坚持克服信息化在集团发展中的短板，积极推进“互联网＋航运”业务，以加快建设、全面覆盖、深度融合和深化应用为主线，努力向“集成、协同、共享”转变，让信息化成为中国海运集团转型发展的新

引擎。

三、历年经济增长情况

在转型发展期（2011—2015 年），中国海运集团历年主要生产经营、财务状况、职工人数变化情况见表 3–2。

中国海运集团经济增长情况（2011—2015 年）　　表 3–2

年份（年）	船队		运量		资产		财务		职工
	船舶艘数	载重吨万吨	万吨	其中万 TEU	总资产亿元	净资产亿元	总收入亿元	利润总额亿元	全年平均人
2011	506	2786	43529	1099	1610.34	794.35	635.00	1.49	45014
2012	491	3016	46159	1198	1758.14	826.91	663.42	7.25	45229
2013	545	3382	48975	1207	1764.68	763.63	684.22	4.13	43725
2014	537	3613	53301	1184	2105.85	865.32	830.65	30.60	46018
2015	544	4047	54610	1158	2321.59	906.04	799.41	49.30	45725

第二节　确立转型发展新战略

一、中国海运集团面临前所未有的新挑战

（一）市场新常态带来前所未有的新挑战

国际金融危机后，全球经济贸易持续处于弱复苏状态、全球航运市场持续陷入低谷，制约集团现有业务的快速发展。航运业在全球金融危机之后始终在低位徘徊，直至 2015 年年底，航运市场的低迷状况依然没有结束；不仅如此，BDI 指数、中国出口集装箱运价指数更于 2016 年跌破历史最低点。一方面，全球经济持续不振，持续拉低了航运市场的需求；另一方面，金融危机前的运价高峰刺激了市场的运力扩张，新造船订单不断涌现；而 2010 年运价出现的短暂高峰，更使人加大了看好市场前景的心理预期，进而掀起了新一轮的造船高峰。然而，2011—2015 年的市场表现则让人大跌眼镜，运力过剩的矛盾十分突出。2015 年，BDI 平均值为 718，比 2010 年下跌了 80%；上海出口集装箱运价综合指数 CCFI 为 724，比 2010 年下跌了 47%；特别是 BDI 指数，2015 年的最低点 12 月 15 日的数据，仅为 484 点；而 2016 年最低值为 2 月 10 日的数据，仅为 290 点，成为自 BDI 指数 1985 年 1 月发布以来的历史最低值；两者与历史最高点，即 2008 年 5 月 20 日的 11793 点分别下跌了 96% 和 98%；足见市场低迷时间之长，跌幅之深。在种种不利因素的挤压下，航运市场陷入持续低迷，航运企业的经营举步维艰，国际航运市场持续低迷成为新常态。像过去金融危机之前那样的市场大繁荣很难再现，取而代之的，是市场的持续

走低。在这一时期，国际航运业在全球金融危机之后陷入了漫长的衰退期（表 3–3）。

国际干散货航运指数与集装箱航运指数变化（2010—2015 年） 表 3–3

年份（年）	BDI	BCI	BPI	CCFI	SCFI	SCFI：美西航线	SCFI：欧洲航线
2010	2758	3479	3115	1131	1363	2299	1778
2011	1549	2237	1749	991	1007	1661	869
2012	920	1573	963	1171	1254	2296	1379
2013	1206	2110	1187	1082	1078	2029	1090
2014	1105	1976	964	1086	1072	1975	1172
2015	718	1029	696	872	724	1482	620

国际航运市场的大幅跌落与持续低迷，导致中国海运集团出现了“增产不增收”的现象。“十二五”初期的 2011 年，集团的货运量达到 4.35 亿元，比 2010 年增长 12%，更比市场巅峰期的 2007 年、2008 年分别增长 16% 和 18%；其船队规模的增长也与货运量增长保持同步，2011 年船舶运力达到 2786 万载重吨，比 2007 年、2008 年、2010 年分别增长 56%、41% 和 19%；然而，集团总收入却呈现大幅减少的现象，2011 年总收入为 635 亿元，而 2007 年、2008 年和 2010 年分别为 763 亿元、748 亿元和 648 亿元，企业盈利更是大幅下降，已从 2007 年的 110.95 亿元大幅度减少为 2011 年的 1.49 亿元。这种“增产不增收”的现象，给集团的生产经营带来巨大压力，也进一步增强了企业转型发展的紧迫性。

（二）航运新业态带来前所未有的新挑战

跨界竞争打破了行业原有的竞争格局，削弱了传统行业的整体盈利能力，而新一轮产业技术革命更对传统生产组织方式带来冲击，给集团传统业务的持续盈利带来巨大挑战。大数据、人工智能、3D 打印和新型材料等技术正在引发一场新的工业革命，进而催生新的生产组织方式和制造模式，即“分散生产，就地销售，共享使用”，这种方式大大降低了物流费用。同时，以互联网 + 为代表的新兴电子商务经营业态，凭借资本优势大举进入传统货代领域、物流仓储配送领域，削弱了传统航运物流企业的盈利能力和发展空间。新常态、新业态给古老的航运业在传统商业模式上带来的冲击，所以要应对上述挑战，就必须在商业模式上进行突破。新的商业模式不断打破传统的市场边界、服务边界、客户边界，主要有两个方面：一是产业链整合模式，即从船与船的竞争向链与链的竞争转变。二是融合发展模式，即从传统经营模式向跨界融合模式转变。特别是第一种模式，已成为航运企业转型的关键。航运市场是一个波动极大、波幅极高、周期性极强的市场，要规避经营风险，平抑市场波动，就需要适度多元化，发展互补性产业，成为产业链的整合者。企业成败的关键，是看能否通过商业模式创新，将企业拥有的资源发挥出最大效应；而突破产业边界，调整产业结构，整合产业链，形成不同业务的最佳组合，则是优化资源配置、发挥最大效用的有效途径。通常情况下，产业缝隙处往往是空白带，不仅是在新老经济之间，还在新经济与新经济之间、在两个传统产业之间，都有很多机会。只要找到确切的结合点，就可以跳出产业边界，创造一片新天地。因此，对于航运企业而言，突破产业边界，整合产业链，则是逆境突围的重要手段。

航运新业态与市场新常态两者叠加，给中国海运集团带来的冲击前所未有。一个历史性的难题摆在面前：如何在极不稳定的外部环境下实现稳健发展？集团领导班子意识到，要破解这道难题，首先需确立“产业链思维”以及“融合发展”思维。既然国际航运市场的周期性极强，波动性极大，就需要以“链”的实力去对冲市场的周期性，平抑运价的波动性；以“融合”方式去探寻新的商业模式，去挖掘新的利润潜能。过去十多年来，集团始终依赖航运主业发展，2005 年和 2010 年，集团的航运与陆岸产业板块收入占比分别为 76% ：24% 和 70% ：30%，这种过度依赖航运主业的产业结构是无法抵御航运周期性与波动性的，也就无法实现企业的可持续发展。因此，优化船岸收入占比，调整产业结构，创新商业模式，就成为中国海运集团转型发展的着力点。

（三）竞争新格局带来前所未有的新挑战

2008 年金融危机爆发以后，全球经济贸易增长态势逐步放缓，连带国际航运市场持续陷入低迷，迫使船公司必须降低成本、提高运营效率来确保生存。因此，通过采用船舶大型化降低单箱成本成为各大船公司竞相采取的经营策略。随着集装箱船大型化发展，装载能力呈现出跳跃式增长，1977 年全球最大载箱量仅为 3126TEU，1990 年上升至 4814TEU，1997 年则突破 8000TEU，2006 年达到 15500TEU，2015 年则增长到 19200TEU。2001—2008 年，全球新造集装箱船平均载箱量为 3400TEU，2009—2013 年达到 5800TEU，而 2015 年新造集装箱船平均载量增长到 8000TEU。与此同时，大联盟竞争时代已经开启，航运市场的竞争格局已经从以往船公司之间的竞争演化为航运联盟之间的竞争。在这一时期，国际集装箱航运市场形成 2M、CKYHE、G6 以及 O3 共 4 大联盟 / 合作协议等主导班轮市场的局面，上述 4 大联盟 / 合作协议已囊括全球 20 大船公司中的 16 家船公司。应该说，船舶大型化以及低成本战略，是推动班轮公司进一步加强联盟合作的关键。事实上，干线船舶的大型化，也是出于各家班轮公司千方百计降低单箱成本的考虑。但是，单个公司的揽货能力并不能很好满足大型船舶的装载需求。联盟的商业动因之一就是新型超大型集装箱船舶需要更有效率的运营，而只有合作才能有效缓解超大型船舶的揽货压力，提高装载率，充分发挥超大型船舶的规模优势，进而降低实际运营成本。所以说，干线船舶大型化与干线联盟强化相互影响、相互促进。总体来说，随着班轮公司联盟的进一步强化，行业集中度也将越来越高。无论是通过联盟，还是合并或兼并，通过规模做大达到网络覆盖的优化以及效率的提高，都是进一步降低营运成本的关键。2010 年前，市场曾有的 CKYHE 联盟、新世界联盟和伟大联盟占比仅为 32.2%；到 2015 年，前述的 2M、CKYHE、G6 以及 O3 这 4 家联盟 / 合作协议占比则为 81.7%。

长期以来，中国海运集团的集装箱班轮运输采取的是不结盟运营模式，这种单打独斗模式因不受联盟成员之间的制约而得到迅猛发展。但在市场竞争新格局下，单打独斗模式已难以为继。由班轮市场竞争新格局推而广之，不禁令人感受到“共享经济”时代，即从单个企业竞争转向企业群竞争的时代已经来临。集团领导班子意识到，借助整合资源，推动企业战略转型与商业模式创新，是航运企业逆境突围的重要手段。所谓资源整合，就是要占据产业价值链的制高点，建立一个包括互补企业、合作企业、联盟企业在内的业务平台，变旧模式下的“为我所有”，为新模式下的“为我所控”“为我所用”。2013 年 6 月，集团总经理许立荣在一次国际航运高峰论坛上发表主旨演讲，引起业内强烈反响。他说，我们已经进入从单个企业竞争转向企业群竞争的新时代；在竞争新格局下，我们应通过资源整合，打造“企业群”优势；单个企业需突破企业边界，加入某个企业群，构筑合作网络，实现“强强联合”。

总之，新常态、新业态、新格局，给包括中国海运集团在内的所有国际大型航运企业带来前所未有的挑战，如何应对外部环境挑战，通过转型实现持续发展，成为一个全球性的新课题。

二、提出“五个转型”发展思路

转型升级，是国家赋予中国企业的使命，也是中国海运集团持续发展的内在要求，同时还是应对金融危机和市场挑战的必然选择。鉴于此，集团于 2009 年首次提出“五个转型”发展思路；在“十二五”时期，对“五个转型”又作了进一步完善，最终形成发展方式转型、产业结构转型、管理方式转型、竞争力模式转型和团队建设转型五个方面。

（一）坚持内涵式发展道路，推进发展方式转型升级

中国海运组建初期，集团提出的战略是“巩固沿海，发展远洋”，因为企业是从沿海和近洋运输起步的，这实际就是一次战略转型，不过当时的转型，基本是眼睛向外。而企业进入新的发展阶段，面临的外部环境问题、发展战略问题和内部管理问题已变得更加复杂；在这个时期，发展“短板”开始显露，各种挑战开始增加，新旧并存，利弊交织。与初创期比较，此次转型，眼睛既向外也向内，向外是从远洋进一步走向全球化，向内则是强调“内化”：苦练内功，挖掘内涵，练造内力。因此，在此次转型发展过程过程中，中国海运强调了三点：

1. 提高发展的含金量

中国海运提出从航运的行业成功者向行业领先者转变的战略目标，并将之作为贯穿集团“十二五”时期的一项中长期任务；同时强调努力提高企业的软实力，借助标杆管理，在加强船队建设的同时，着力加强管理制度建设、团队建设、创新能力建设和企业文化建设，提高发展的含金量。例如，“十二五”初期的 2011 年，在运价低迷与油价上涨的双重压力下，全球同行业普遍出现了亏损，但集团属下的中海货运，通过苦练内功及合作战略，创造了逆势上扬的佳绩，仍实现利润总额 13 亿元，创下金融危机后连续三年盈利、累计实现利润超 30 亿的良好业绩，充分体现了发展的含金量。这在运价指数持续低迷的大背景下，不仅成为集团的突出亮点，更是整个行业的突出亮点。

2. 坚持创新驱动

海上运输业是一个很古老、很传统的行业，但越是传统行业越需要创新，因为不创新

就很难超越，也就难以持续发展。在转型发展时期，中国海运十分强调商业模式创新，如加强集装箱运输航线两端的延伸服务，从班轮公司向航运物流企业转型升级，增加直接客户的比重，推进长江集运业务战略开发，进一步开拓海外业务；对于油品运输及干散货运输，则强调通过大货主合作模式，稳定货源及效益，且通过同业合作模式降低营运成本；对于码头业，强调经营模式的“三个转变”，即从单一的策略投资转变为投资与管理并重，从投资参股转变为投资控股，从单一的集装箱码头转变为多元化码头发展。

3. 坚持绿色发展

在低碳环保方面，中国海运坚持打造绿色竞争力，坚持抓好节能减排工作，如使用岸电节能、实施经济航速、围绕节能进行船舶设备技术改造等。“十二五”期间，中国海运集团强调走环境友好型发展之路，船队建设突显大型化、低碳化特征。例如，在投资美国洛杉矶码头上，率先引进了岸电技术以及防止光污染、噪声污染的新技术，使中海洛杉矶码头成为世界上第一个绿色码头，也因此成为洛杉矶市展示给世界的名片。2012 年，时任国家副主席习近平率中国代表团视察中海洛杉矶码头，对码头的低碳绿色理念给予了充分肯定。

（二）优化资源配置，推进企业结构转型升级

长期以来，中国海运集团坚持做强主业的战略方向，90% 以上的投资均集中在航运主业。但航运业具有周期性强、波动性大的特点。如果在某一细分市场投资过大，会带来较大的风险。而航运各个细分市场及航运各相关产业的波动周期并不相同，如果通过产业结构调整，合理安排业务组合，可以较好地规避风险，平抑波动，实现企业长期稳定地发展。所以，从“十一五”以来，集团即考虑均衡发展航运主业和与航运相关的陆岸产业，以平抑航运业周期性波动的冲击。“十一五”产业结构调整已经初见成效，集团净利润及净资产收益率的波动性得到了平抑，经营更趋稳健。“十二五”时期，集团进一步强调坚持优化结构，从大而不强的“虚胖型”船队结构转向大且强的“健康型”船队结构，从“主业集中型”产业结构转向“多元发展型”产业结构。具体说来，中国海运的结构调整包括四个方面，即调整船队结构、船型结构、产业结构、资本结构。

一是调整船队结构。经过“十一五”时期的努力，已经初步形成了集装箱、油轮、干散货三大船队“三足鼎立”的格局。“十二五”期间，进一步强调大力发展 LNG 业务，进一步做强做大“油轮及能源运输”板块，使“三足鼎立”的特征更加显著；按照“十二五”规划，到 2015 年，集团参股和控股 LNG 船舶达到 10 艘左右，形成中等 LNG 船队规模。

二是调整船型结构。集团坚持一面“瘦身”，一面“强身”：“十一五”期间，集团大量拆解船舶；同时，船舶不断趋于大型化、现代化，新增运力（包括新建、购置和租入船舶）55 艘、311.55 万载重吨。“十二五”时期，强调进一步优化船队结构，通过“瘦身”与强身”，加强船队的大型化、现代化、低碳化建设。

三是调整产业结构。几年来集团坚持和完善“船岸联动”战略，与航运相关的陆岸产业已经取得了较快的发展，通过调整产业结构，初步形成“航运、工业制造、物流码头金

融”三大板块协调发展的格局。“十二五”初期的2011年，集团陆岸与海上运输收入之比为42：58，与2010年的30：70比较，陆岸收入比重上升了8个百分点；其中制造业收入占比增长4个百分点，供贸业增长2.2个百分点，物流码头业增长0.2个百分点。转型发展时期，强调进一步调整产业结构，提升陆岸产业比重。

四是调整资本结构。中国海运通过“双轮驱动”，加大金融业的发展力度，增强了集团的盈利能力。例如，中海财务和集团资金管理部充分发挥“两个平台”优势，深化整合效应，积极拓展金融服务领域，在加强人民币监管的同时，实现了境内外汇资金归集，95%外汇已纳入系统监控，资金管理力度进一步加大，资金管理水平进一步提高。转型发展时期，集团进一步强调继续调整资本结构，不断提升金融资产质量。

（三）从粗放式向精细化转变，推进管理模式转型升级

精细化管理在中国海运集团开展多年且已日益深入人心。在“十二五”时期，集团强调抓好精细化管理的三个“上水平”：

1. 市场营销上水平

中国海运坚持以服务精细化，推动市场营销工作；坚持在市场营销上花大气力，下深功夫，啃硬骨头；积极开动脑筋，用心经营，强化经营。特别是集运、油运、货运三大船公司更在严峻的市场挑战面前，全力推进营销管理精细化，努力改善经营状况。同时，中国海运还坚持从传统型服务向品牌服务转型。自“十一五”开始，中海运在不断扩展国际航线的基础上，以确保国际班轮“准班率、装载率、客户满意率”为重点，培育了美东一线、欧洲七线、澳洲一线、中东线等多条国际精品航线，吸引了众多世界500强企业在精品航线签约。进入转型发展期，集团强调通过一系列精细化管理措施，进一步打造国际精品航线，打造国际市场新形象。

2. 成本控制上水平

成本控制年年讲，但在企业转型发展的新形势下，在航运市场持续低迷、航运企业开始“竞低”的“新常态”下，成本控制已不再仅仅是一个单纯的管理问题，而是关乎企业生存发展的全局性、战略性问题。打造卓越的成本竞争力，需要着眼于成本领先之战略，着手于成本控制之细节，着力于降本增效之关键。未来市场的低运价或许是一个“新常态”。由此，低成本、高效率，也就成了后危机时代的竞争焦点。不妨看看世上竞争的三种形态：一是“竞优”，即看谁的服务质量好；二是“竞劣”，即看谁的竞争手段更黑更狠；三是“竞低”，即看谁的盈亏平衡点更低。后危机时代的航运业进入一个“竞低”状态，即看谁的成本线更低；只有那些成功拉低盈亏平衡点的企业，才能在“新常态”下生存与发展。突破市场逆境之困扰，解开降本增效之难题，需要抓住问题的关键。其中，燃油费、港口费、保险费以及财务费用等，在总成本中占比较高，需要加强控制。尤其是燃油费用，在运输成本中的占比高达30%左右，一些企业已超过40%。因此，把燃油成本降下来尤为关键。集团强调把关键成本费用降下来，抓住大的成本项目的“牛鼻子”；强调全员控制成本的理念，通过打造卓越的成本竞争力，实现集团的“五可”目标：成本可降低，风险可控制，收入可增加，企业可盈利，发展可持续。

3. 制度建设上水平

规范化、制度化是精细化管理的核心。进入“十二五”期间，中国海运强调以建立董事会制度为契机，进一步加强和完善企业制度建设，完善公司治理结构，做好集团的顶层设计和总体架构调整；强调进一步梳理和完善各项管理制度，结合集团总部组织架构和部分设置的调整，加强总部机关制度建设，创新工作思路，强化执行能力，完善决策制度实施办法。

（四）实施“大客户大合作”战略，推进竞争力方式转型升级

传统竞争模式是“红海战略”，船公司大多选择为市场份额而战，为企业生存而战，削价竞争，零和博弈，你死我活，血拼到底，结果使市场运价一跌再跌，最后导致诸多企业死亡，整个行业亏损。要走出传统竞争模式，需寻求差异化，寻求“蓝海战略”，寻求新的市场空间、创造新的需求和新的利润源泉。对于中国海运集团而言，就是要克服传统组织障碍，确立新的企业理念，坚持“大客户大合作”战略。从以效率为中心转向以创造价值为中心，从“红海竞争”方式转向“蓝海竞争”方式。

中国海运集团认识到，实施“大客户大合作”战略，必须坚守一个原则：不追求短期暴利，心态不可浮躁，应着眼于确保货源稳定和效益稳定，着眼于企业的长远发展。从合作方的利益考虑，合作双方通过优势互补，可产生明显的协同效应，促进合作双方稳健经营和共同发展。从全社会的总体利益考虑，“大客户大合作”战略减少了盲目投资、重复投资和低效率投资，提高了资源利用效率。

在实施“大客户大合作”战略中，集团先后与广东省、大连市、国家进出口银行、中国船级社、招商局集团、三一集团等多家政府与企业集团等签署战略合作协议，深入推进与神华、武钢、中石化、中石油等多家大客户合作。此外，集团属下的中海集运积极推动与鞍钢在“散改集”运输等领域的业务合作，进一步拓展客户与货源；中海油运积极推进与国内外大货主的战略合作；中海货运不断加强对联营公司的管理、指导、监督和服务。“十二五”时期，集团强调进一步坚持大客户战略，推动竞争方式从传统“红海”转向新的“蓝海”。

（五）坚持人才强企战略，推进团队建设转型升级

一是人才队伍建设继续加强。具体来说，就是加强“三支人才队伍”建设，加强学习型党组织和学习型领导班子建设；加大对中青年人才的培养力度，始终从建设百年中海大计来谋划青年人才队伍建设，注重在基层一线、重要岗位、复杂环境中选拔、锻炼、培养年轻干部及人才。“十一五”到“十二五”时期，集团的职工队伍结构出现了“三变一不变”的变化，总人数保持在4.7万人左右不变，即“一个不变”；年龄、文化、知识结构得到了进一步优化，即“三个变化”，这为集团新一轮的改革发展奠定了更为扎实的人才基础。

二是干部人事制度改革不断深化。竞争性选拔干部得到了集团干部职工的热烈响应，并成为集团干部选拔任用的重要方式之一，一批优秀干部通过竞聘进入了集团和各单位选人视野。转型发展时期，集团强调进一步加大竞争性选拔人才工作力度，坚持民主、公开、竞争、择优，有计划、有步骤地推出重要岗位、关键岗位进行竞争性选拔，进一步形成促进优秀人才脱颖而出的机制和氛围。

三是坚持打造一流团队。在中国海运集团“十二五”发展规划中，业已明确建设一流船队的目标，然而，如何将船队的大型化、现代化、专业化与学习型团队、高效型团队、创新型团队、国际化团队建设有机协调、相互匹配，则是一项比较复杂的系统工程。一流团队要有一流人才成长的内部环境，有一流的团队精神，还要创造出一流的工作效率和一流管理。为此，集团强调在转型发展以及团队建设中，不仅要有打造建设一流船队的能力，还要有深厚的管理“内功”，具有一流的工作效率。

三、开展转型升级大讨论

进入“十二五”中期，国际航运市场持续低迷，整个航运业新业态不断涌现，这给中国海运集团带来的挑战愈加严重，企业转型的战略实施也愈加紧迫。为进一步深化干部职工对转型发展的思想认识，进一步明确转型升级的战略方向与实施路径，集团在提出“五个转型”基础上，又进一步在全集团范围内开展企业转型升级大讨论。

2013 年 9 月 2 日、9 月 9 日和 9 月 16 日，集团领导班子分三次召开了转型发展、创新驱动研讨会。会上集团领导班子成员和总经理助理、总法律顾问、董事会秘书围绕会议主题，就合理发展主业、发挥企业主体作用等方面，通过头脑风暴、思维碰撞的方法，重点研究了为什么转、转什么和怎样转的问题，体现了领导班子的忧患意识、责任意识和创新精神。

（一）强调转型发展的必要性和紧迫性

转型发展是集团必然的战略选择。单一的业务难以支撑企业发展成为世界一流企业。企业必须要在管理好现有业务的同时，为适应外部环境的变化不断探索新的发展方向。

转型发展是新形势、新变局之下的大势所趋。由于大洋阻隔、市场和资源存在错配，航运业在经济全球化过程中起到了不可或缺的重要作用。不过，随着近年来技术的快速发展，颠覆性创新层出不穷，第三次工业革命正在孕育；从发展趋势来看，尽管航运和物流难以被取代，但货种结构、线路结构、区域结构、船型结构等都将有新的发展和变化。且随着电子商务的发展，也将颠覆传统的商业模式，运营组织也将发生新的变化，这些都将给航运及物流带来新的冲击。因此，集团必须要加快转型升级，加强创新驱动以适应市场的发展和变化。

（二）强调把握好转型发展中三个关系

一是要长短结合。处理好长远发展与当前工作的关系，既要确保实现全年“两保一优”的工作目标，又要为中长期的发展做好准备。

二是要内外结合。在充分整合内部资源，发挥规模效应的同时，对于码头物流金融等重点发展的产业，需充分利用社会资源，参与社会资源的整合，努力主导社会资源的整合，加快外延式发展力度。

三是要轻重结合。船舶运输是重资产行业，在发展多元产业时要充分考虑集团资金的承受能力，应大力发展轻资产行业，实现集团资产的轻重整合。应发展电子商务，实现科技领先；扶持船研所的发展，推动船研所扩大市场业务。

（三）确立转型发展中四个创新驱动

1. 思维观念上坚持创新驱动

深刻认识多元产业发展对集团的重大意义，不仅在集团领导层面形成共识，也要在中层、一般员工层面形成共识，利用集团管理干部学院的平台，加强对机关部门负责人和二级单位领导的培训，统一思想，为今后的转型升级工作做好准备。

2. 战略规划上坚持创新驱动

要学习宝钢集团系统发展多元业务的经验，明确转型升级目标、任务、措施。在2013年年底前，组织专门力量对多元化产业的发展进行系统规划，明确优先发展的各个业务单元，提出明确的发展要求，对十二五规划进行调整和优化。请专业的咨询公司协助做好规划。

3. 体制机制上坚持创新驱动

要把集团的法人治理结构传导到二级公司，做实二级公司董事会，使之承担相应的经营决策责任。明确对二级公司董事会和董事个人的授权，将全部经营项目和一定限额以下的投资项目授权给二级公司董事会。同时加强对二级公司的规划指导、审计监督。应围绕企业发展做好制度安排和流程配套，该废除的制度要尽快废除，该完善制度的要抓紧完善。应加强督办，在几项重点工作当中，如信息化工作，可考虑采取红黄牌警告制度，对不能按期完成的单位进行通报。

4. 人才培养上坚持创新驱动

人才是基础，领军人才是关键。要加强内部培训，确保“两个千人”计划的落地。加大人才引进力度，实行多通道引进和培养，对多元产业，尤其是金融产业实行市场化机制，通过市场化选聘、市场化薪酬机制，引进和留住一流专业人才。

四、许立荣：航运转向点的掌舵人

许立荣，1957年7月生于江苏。他的第一份工作是在上海远洋运输公司当船员，从普通船员做起，直至升任远洋船长。1996年，任上海航运交易所总裁、党委书记。2006年，任中远集团副总裁。2011年8月，许立荣从中远集团调入中国海运集团并任总经理；2013年11月，任中国海运集团董事长、党组书记。

2011—2015年，许立荣调入中国海运集团的5年，恰逢国际航运市场大萧条时期，全球经济、中国经济和国际航运市场均处于历史的拐点。在国际金融危机的后危机时代，全球经济由过去的繁荣发展进入“低增长、弱复苏”状态；中国经济也由过去的高速增长进入中高速增长阶段，称之为“新常态”；而国际航运市场则由过去的丰年盛世进入持续的“严冬”，可用寒风刺骨、哀鸿遍野来形容。处于经济与市场的重大拐点之处，中国海运集团面临着生死攸关的严峻考验。

这是历史的“百慕大”，这是市场的“好望角”。

当过远洋船长的许立荣深知，船舶行至关键的转向点，洋流湍急，风大浪高，暗礁密布。瞭望、定位、指挥，既要视野开阔，又要处处仔细。同样，驾驶处于市场转向点的中国海运这艘巨轮，思路要清，眼光要准，魄力要大，措施要细，从宏观到微观，从战略到细节，步步衔接，环环相扣，一个不能少，一个不能弱。闯过这个关口，企业就会有一个美好的未来；反之，不能顺利通过拐点，企业就会触礁搁浅，甚至沉没。

岛礁航行，湍流驾船，不转则败，不转则亡。

转型升级，已成为集团生存与发展的必由之路，这是大势所趋，大局所定，大业所需。

摆在这位巨轮掌舵人面前的，是三道历史性的大题和难题：转型怎么“转”？改革怎么“改”？升级怎么“升”？

许立荣坚信，有党和国家的大力支持，有集团领导班子的团结合作，有广大船岸干部职工的共同努力，这个关口一定能闯过去。

（一）转型怎么“转”？

2013 年年底，中国海运召开务虚会。会上，集团高管层出现了对企业未来发展的不同声音，一些集团董事会和领导班子成员对坚持发展航运业提出质疑：既然航运市场持续低迷且未来几年仍不看好，鉴于国际上航运企业普遍艰难度日，被兼并乃至倒闭事件频频发生，三百六十行为什么非要搞航运？有些质疑甚至直指许立荣：不能因为你熟悉航运就坚持搞航运；某位商界人士曾说过，他的成功是“绝不能迷恋任何一个行业”。更有同志干脆就提出：20 世纪 80 年代航运大萧条时，世界船王包玉刚就果断“弃舟登陆”，卖掉了近 70% 的船舶去发展房地产、码头和金融，这才使得包氏商业帝国不断巩固和发展，我们为什么不能学学人家包玉刚？

问题很尖锐，听起来似乎又不无道理。是啊，为什么不可以学学包玉刚？许立荣敏锐地感到，这是关乎企业何去何从的大问题，必须想明白，看清楚；还必须讲到位，做到位。

经过多次由内到外的深入调研，经过多个不眠之夜的深入思考，他决定必须在如何转型升级、如何发展航运主业等重大问题上统一思想。于是，他利用集团中心组学习以及调研会等场合，强调眼下的变革是转型，不是转行；强调我们是央企，承担着海运强国的历史重任，在这一点上，我们不可以像包玉刚那样随便改行，这是国家使命，是政治大局。同时，他还在集团的年度工作会议上，向广大船岸干部职工强调：“航运主业是我们的生存之本，立足之基，优势之源，是中央企业所承载的责任与使命之体现，也是集团陆岸业务发展壮大所依赖之根基。不能因为航运市场萧条就丢了我们的根基，航运主业我们一定要坚持。”

然而，船长出身的许立荣清楚地意识到，明确了前进方向，还仅仅是通过转向点的前提条件，接下来的航行组织与操作，是更为关键、更为艰苦复杂的工作。既然你的航运主业必须坚持，那转型究竟“转”什么？到底怎么“转”？他着重抓了三个关键的“转舵”环节、四个“航行转向点”的计算。

三个关键的“转舵”环节是：在旧的思想观念上转、在旧的发展方式上转、在旧的商业模式上转。

“转舵”之一，在旧的思维观念上转。国务院国资委一直强调央企要“突出主业”，但如何界定主业的内涵则有一个再认识的过程。许立荣有一个很深的体会，他在上海远洋货运公司时，常听到人们提出的问题：是货代给船公司打工，还是船公司给货代打工？这在过去不是一个问题，但眼下要回答清楚就没那么简单了；具体要看是谁掌握了供应链，谁就是主动一方，而另一方就是“打工者”。于是，他强调：在新趋势下，如果我们仅仅看到船舶海上运输这一段，没有看到由海运延伸出来的供应链和产业链，就是“只见树木不见森林”，这是旧的思维观念。所以，转型首先转的是观念；我们要从“船与船竞争转向链与链竞争”，我们的战略定位要从单纯的海运运输承运商，转变为一站式服务的整合者与供应商。如果我们的主业定位为立足于航运的供应链服务，那我们的主业占比就始终超过90%；而在坚持做好做优航运的基础上，突出这样的“主业”是十分必要的。

“转舵”之二，在旧的发展方式上转。转型发展的核心就是转变旧的发展方式。旧的发展方式是仅仅关注发展速度、发展规模，而新的发展方式是突出发展质量、发展效益。对此，许立荣强调苦练内功，打造内力，要使中国海运从过去的外延式增长转向内涵式增长。例如，在船队建设上，他通过董事会砍掉了不少造船投资项目，因为这些项目在技术上没有新的突破，在市场上也没有太大吸引力。但对于建造技术先进、节能性好的超大型集装箱船，他依然积极支持。他认为，当时的市场格局已进入船舶大型化、经营联盟化时代，发展技术先进的超大型集装箱船乃大势所趋。此外，他还利用国家有关航运新政策，大幅度淘汰老旧船舶，把船队“强身”与“瘦身”紧密结合起来。2013—2015年间，集团共拆解老旧船舶122艘、393万载重吨。截至2015年年末，集团船队的现代化、大型化、节能化指标均有很大改善，其中平均船龄为6.47年，分别比2005年、2010年下降7.91年和4.8年；单船载重吨为7.44万吨，分别比2005年、2010年提升4.03万吨和2.5万吨；船舶燃油单耗为3.920千克/千吨海里，而2005年、2010年对应的数据分别是7.267千克/千吨海里和6.708千克/千吨海里。上述这些指标，在同期的世界上也是领先的。在中国海运的转型发展期，船队发展速度降下来了，但船队质量却大幅提升，这就是转变发展方式的最好诠释。

“转舵”之三，在旧的商业模式上转。创新，是许立荣为集团掌舵的利器，也是中国海运转型发展期的重点；而商业模式创新，则是市场困境突围、逆势发展的重中之重。许立荣突出强调一个“链”字，无论是实施产业链整合，还是推行“产融结合”模式；无论是提升“大客户大合作”力度，还是开拓“互联网+”新业务；他都要求确立“链”的理念、“链”的思维。他对干部职工多次强调：不能仅关注“船”怎么赚钱，还必须关注“链”怎么赚钱。在一次国际航运界论坛上，他抛出自己关于“链”的新观点，引起与会中外企业家和专家学者的强烈反响，这也同时强化了他对“链”的进一步思考，认识也进一步深化。例如，在“调结构、促转型”工作，他最初提出以三大板块（航运、工业、金融码头物流）为重点进行产业结构调整。随着“链”意识的深化，他最后提出“1+6”（航运+金融、码头、物流、工业制造、科技信息、海运与社会化服务）产业结构调整思路。“1+6”的提出，正是以供应链和产业链的思维，整合了集团内各项业务资源，也为集团的产融结合、内部资源整合、上下游企业合作、航运电商开拓等各项工作起到了统领作用。他牢牢抓住的这个“链”字，是各种商业模式创新的精髓，是企业转型发展的核心，也是中国海运如何进一步坚持主业、如何履行国家使命、如何寻找逆势增长有效途径的一把金钥匙。

四个“航行转向点”的计算是：在产业结构调整上，通过“加减乘除”四则运算，实现资源优化配置。

一是做“加法”。抓紧培育新的经济和利润增长点，从传统增长点转向新的增长点。对于航运金融、港口码头等发展前景好、增长潜力大的业务和项目，给予投资支持。通过几年的培育，使这些新业务、新项目具有明显的竞争优势，有很高的投资回报率，并逐渐成为集团的核心业务。二是做“减法”。如加快淘汰落后的高耗能、低效率船舶，强调用好用足国家有关航运新政策，加大拆解力度，加快淘汰步伐。三是做“乘法”。加强散运、码头、科技、船员、油运、财务、物业、物流等资源整合，通过整合，优化资源配置，提高运营效率，发挥“1+1>2”的乘数效应。如通过船员资源整合，仅集、油、散三大船队的船员费用及相关管理成本就下降 3 亿元以上，同比降幅达 18%。通过集团的财务整合，将资金管理部的分支机构由二次归集变为一次归集，提高了资金集中度。四是做“除法”。注重经营管理的相对指标，一手抓“分子”，一手抓“分母”，提高国有资产投资回报率。重点是抓好“成本费用占营业收入比重”这一指标，做好这道“除法”。2015 年，集团的成本费用占营业收入比重为 98.5%，比 2013 年下降 9.1 个百分点。

（二）改革怎么“改”？

2012 年，许立荣当选为党的十八大代表，并参加了党的十八大会议。十八大有关进一步深化改革的精神给了他极大鼓舞。大会一结束，他从北京回到上海，便立即启动了企业深化改革工作。如图 3–1 所示。

图 3–1　2012 年，许立荣当选党的十八大代表。图为许立荣在十八大会场。

与集团组建初期的改革不同，许立荣执掌中国海运时期是企业发展的后期，涉的都是“深水区”，啃的都是“硬骨头”。正如习近平总书记所言：改革开放 30 多年，剩下的都是硬骨头。

硬骨头要敢啃，也要会啃。他看到上海宝钢的深化改革颇有成效，便率队到这家近邻登门拜访，取改革之经。研究了上海宝钢经验后，他进一步形成了推进改革的总体思路。在此基础上，他带领集团高管层和改革团队，接连啃了五根“硬骨头”。

第一根硬骨头，内部资源整合。集团内部许多相同业务投资分散，资源分散，多头管理，各自为政，导致企业内部同质竞争，资源利用效率低下，同时还导致机构重叠，管控弱化，影响集团的整体效益。但由于历史原因，这一问题长期未能解决。而要解决，必然触及人事和干部安排，要触动一些人的奶酪。对此，他强调资源整合既要快速推进，也要有序实施；既要有利于企业发展，也要保持大局稳定。在这一原则之下，从散运资源整合开始，逐步推进到码头、物流、油运、科技信息，最后再到土地与物业资源整合，集团的内部资源整合始终积极稳妥地推进。这项改革，既解决了中国海运集团内部资源分散、管控效率不高的问题，也为后来中海与中远两大集团改革重组及业务整合奠定了良好基础。

第二根硬骨头，船员体制改革。有一次，许立荣参加一个国际航运论坛，见到一位在其他企业当船长的人士，并了解到这位船长原来是中海职工；该人士虽已长期供职于其他企业并当了船长，但却在中海船员公司注册，每月仍享受中海的劳保福利及各种补贴。经调查，这种现象已在中海船员公司普遍存在且长期存在。许立荣意识到，这是一种对中海的寄生与蚕食现象，比起过去的“吃大锅饭”更加不合常理；由于“寄生”现象严重，使得中海的船员管理费用比市场平均水平竟高出一大截；这种状况必须改变。此项改革，波及的人数竟达数千人乃至接近上万人，触动的奶酪一次比一次多，骨头也一根比一根硬，但他没有退缩。他与中海国际公司管理层一道研究改革方案，一个堡垒一个堡垒地攻关，最后终于解决了船员管理寄生现象，优化了船员资源，调动了船员与管理人员的工作积极性，也实现了“三升一降”改革目标，即提升了船员管理效率，提升了船员综合素质，提升了船员的个人收入，降低了船员管理的成本。

第三根硬骨头，解决企业办社会的历史遗留问题。许立荣心中的中海应该是一个现代企业，而传统体制下的企业办社会，则制约了企业的经济特性与功能；因此，建立现代企业制度就必须解决企业办社会的历史遗留问题。既然是历史遗留问题，一定是长期不好解决的“老大难”问题，一定要涉入“深水区”。是把历史遗留问题继续遗留下去，还是通过企业深入改革及早解决，这一重要选项考问领导者的责任心与改革魄力。许立荣决定从解决企业办学校和企业办医院抓起。在企业办学校方面，改革的方向是弱化企业大学的社会化学历教育，强化船岸干部职工的教育培训功能；经过改革，集团的教育培训中心开始扭亏为盈，解决了企业大学长期亏损的问题，而船员培训则由改革前的每年 1650 人次提升为 8500 人次。在企业办医院方面，重点解决上海海员医院的出路问题。由于历史原因，海员医院多年陷入经营困境，最后只能依靠集团补贴维持运营。对此，集团加强与地方政府联系沟通，经过反复协商，最终妥善解决了海员医院的持续亏损以及人员安置等历史遗留问题，止住了“出血点”，以改革的办法破解了发展难题。

第四根硬骨头，完善二级公司规范董事会。完善法人治理结构是建立现代企业制度的核心。2012 年，中国海运集团建立了规范董事会。在此基础上，许立荣又开始着手推进二级公司规范董事会的建立。其实，早在集团组建初期，就在所属各二级公司建立了董事会，但除了少数上市公司，大部分公司运作并不规范，其董事会一年仅召开一次会议，议事决策作用并没有真正得到发挥。二级公司虽然是独立法人，但却一直缺乏自主经营的积极性和主动性，其责与权主要集中在集团总部。这样的结果，必然是企业决策滞后，管理效能低下。要解决这一问题，就必须让二级公司董事会名副其实，变“新瓶装旧酒”为“新瓶装新酒”。为此，他着手对二级公司治理结构上动大手术，先后在中海油运、中海散运、中海香港控股等 12 家下属核心企业推进规范董事会建设，形成了董事会规范运作的组织架构、制度体系，建立了决策高效的授权体系及工作评价机制，促进了集团与二级公司两个层面在坚持科学决策、提升经营效率上的良性互动。

第五根硬骨头，集团总部机构改革。在中国海运推进转型升级、应对市场挑战的新形势、新目标下，集团总部机关在职责定位、机构设置、人员结构上，越来越显露出不适应、不合理的诸多短板，必须通过改革加长短板，提升总部管理效能。于是，集团总经理许立荣在集团党组的领导支持下，着手推动总部机关的机构改革。2012 年 8 月 3 日，集团召开总部机关改革动员大会，许立荣在动员讲话中强调：实施总部机构改革，是适应集团转型发展的内在需要，是实现集团管理提升的根本需要，是建设现代企业制度的迫切需要，也是建设世界一流企业的长远需要。在动员会上，他还对机构改革的时间表、路线图作了部署，并要求总部机关干部职工要正确对待进退流转、树立大局意识和学习意识。在此次机构改革中，集团先后赴宝钢、商飞、东航和中远集团等部分央企调研学习，并就总部功能建设在机关中开展问卷调查，广泛征求各部门负责人意见。此外，还聘请了外部咨询机构制定机构改革与人力资源管理的方案。机构改革的突破口是科学定位总部职能，科学划分部门职责，其中加强集团的战略管理、产业协调发展、信息化建设、人才队伍建设、运营指导和服务，是机构改革的重点，也是集团总部建设的亮点。此次架构调整与岗位定编设计总体体现了精简高效的要求。原总部机关部门共计 13 个，编制 222 个，员工共计 164 人；改革调整后部门数量为 11 个，保持原编制不突破，定员核定在 180 人，增长幅度控制在 10% 以内。

（三）升级怎么“升”？

如果说转型是企业在新形势、新挑战下绕不过的关口，那么升级则是企业必须明确的成长需要。然而，对转型发展中的中国海运集团来说，实现升级的突破点和操作点在哪里？重点是要“升”什么？

计算机从 286 升级到多核处理器，手机从早期的“砖头”设施升级到智能手机，都是技术创新与市场需求的有机结合。同样，中国海运的企业升级，也需要将机制创新、管理创新、技术创新、商业模式创新与市场需求、经济大势有机结合。为此，许立荣着力从六个方面，打造企业升级版。

船队升级。在“调结构、促转型”上，一手调整产业结构，一手调整船队结构。船队调整总的思路是，坚持现代化、大型化、节能化，大力发展液化天然气（LNG）船队，大力发展超大型集装箱船队。

管理升级。继续坚持业已开展的精细化管理，在此基础上，根据国务院国资委的新要求，把央企的管理提升活动不断引向深入，同时把集团开展的“卓越运营”活动不断引向深入，使中国海运的管理水平更上一层楼。

技术升级。结合集团科技信息资源整合工作，以上海船研所为基地，大力推进科技创新，加强新船型的研究、船舶节能新技术的开发、码头及物流信息系统开发、航运新技术及新项目研发，积极打造“智慧中海”。

素质升级。针对集团人才需求短板，许立荣着手抓人才队伍建设，具体措施包括召开干部人才工作会议，制定人才发展规划，确立“两个一千”人才工程，建立船舶“三长”

人才库，重点培养国际化经营管理人才，培养金融、码头、物流等重点产业集群所需的领军人才。通过人才培养，带动船岸干部职工整体素质的提升。

服务升级。在中国海运2013年年中会议上，许立荣在讲话中，在“大客户大合作”基础上再加一个“大服务”的新理念。他强调的大服务，就是要大力开发客户资源，大力加强客户管理，大力创新服务手段，大力提升服务质量。在他的推动下，集团上下积极转变经营思路，转变传统的揽货观念，突破“客户服务就是简单地卖运输服务”的旧思维，研究大数据时代服务方式的创新，满足客户的个性化、深层次需求，使整个集团的服务水平跃上一个新台阶。

品牌升级。品牌升级的重点是提升集团的国际化经营水平。China Shipping 品牌已在国内外客户中拥有广泛的知名度和认知度。在此基础上，许立荣强调要为 China Shipping 的品牌注入创新元素和国际化元素。

以提升国际化经营实力为例。与组建初期的国际化经营不同，在转型发展时期，集团的国际化更加强境外业务多元化。初创期的海外业务主要围绕集装箱班轮业务开展，确切地说，海外业务机构基本就是集装箱的揽货网点。许立荣发现，如果仅仅集中于揽货业务，海外业务难以做大，既无法满足集团国际化规模扩张的新要求，无法适应“从船的竞争转向链的竞争”之新模式，也不利于进一步打造 China Shipping 的国际化品牌。为此，他一次次到海外深入开展调研，提出海外业务多元化的要求。在他的推动下，集团的国际化经营实力不断增长，到“十二五”末，境外的业务规模占比已接近集团50%。

2013年二季度，国际班轮公司巨头马士基航运、地中海航运、达飞海运共同筹划了一个称之为P3的运营联盟。消息一经发布，全球市场一片恐慌。不算在建船舶，上述三大巨头在东西干线投放的集装箱运力达到260万TEU，市场份额达到42.4%。更令人震惊的是，P3联盟不同于以往的联盟形态，它的网络运营中心实际是一个“统一经营体”，货源统一分配，统一监控，统一调度船舶，统一调整运力，统一分摊成本，统一处理信息。这样的“统一体”一旦运营，将携运力的绝对优势和垄断地位，彻底挤压其他联盟和班轮公司的生存空间；而对于中海集运这种未加入联盟的单打独斗型公司，更可能是灭顶之灾。形势十分严峻。尤为紧迫的是，P3已获得美国和欧盟批准，且其网络运营中心已在英国注册，在伦敦和新加坡分别设立了两个网点。万事俱备，只欠中国审批一个环节。

许立荣意识到，这是逼近中国门口的一场即将发生的严重“海啸”。是被动等待拍天巨浪直冲过来，还是主动出击阻止这场“海啸”？答案无疑是选择后者。该出手时就出手。时间紧迫，十万火急。他迅速联系业内各方，并组织人力，由集团总法律顾问叶红军牵头、集团法务部和中海集运组成一个研究团队，通过无数个“黑＋白”“5+2”的深入研究，终于弄清了P3运营的本质，这实际是一个精心设计、巧妙伪装、舆情公关密切配合的“市场垄断计划”，已经违反了反垄断法。P3一旦得逞，将彻底打破国际班轮运输市场公平竞争的环境，危及中国班轮运输行业的生存，并严重损害货主利益，使中国对外贸易运输受制于人，乃至危及国家安全。于是，研究团队立即向国家审批部门反映了这一情况并提出建议。据此，国家审批部门依法禁止了P3联盟。一场“海啸”灾难终于被化解了。P3 的破灭影响巨大，改变了国际市场的格局，获得了全球航运界、商贸界的广泛支持。美国联邦海事委员会（FMC）委员 Lidisky 认为，中国禁止 P3，“不仅是对自己国家而是对是整个全球社会负责的具有重大意义的事件，它将惠及全球的承运人和托运人”。不过，或许人们还不了解，平息 P3 垄断风波，改变全球市场格局，其实有一位幕后推手，他是一位历史拐点处的“中国船长”，他善于瞭望，果断指挥，用东方智慧洞悉，用中国力量推动。

P3 风波平息了，但许立荣意识到，国际班轮业联盟之间、船东之间、产业上下游之间、审批国之间的利益博弈并没有结束，整个班轮市场格局的特征将更加明显，那就是：联盟进一步加强，竞争进一步加剧。为此，他抓紧时间考虑中海集运加入班轮联盟的计划。随着中海与中远改革重组为中国远洋海运集团，他的思路遂演变为新集团组建海洋联盟的实际行动，这使得中国及亚洲的集装箱运力成为平衡东西方的重要力量，他再一次在历史拐点处为企业掌舵，也再一次改写了全球班轮与全球航运的大格局。

一个“转”字，一个“改”字，一个“升”字，是许立荣在“十二五”时期为企业打造的三个发展引擎，是中国海运集团坚持“转型发展、创新驱动”发展理念的诠释，构成了集团转型阶段的总体发展基本脉络。应该说，经过几年的拼搏努力，集团业已闯过了历史关口，而几年来的良好业绩，也为上述三个“字”作了很好的注脚。在许立荣任董事长、党组书记的 2013—2015 年，尽管国际航运市场持续低迷，但中国海运集团每年均保持盈利，历年的货运量、货物周转量、营运率、总收入、总资产、净资产、国有资产保值增值率、海外业务等各项指标均保持稳步增长，资产质量、船队质量以及经营管理质量均有显著提升。中国海运的良好业绩已经直逼全球航运翘楚马士基，且达到甚至超过了日本邮船、商船三井等老牌世界级航运企业同期的经营业绩水平。

26 岁，许立荣成为中国最年轻的远洋船长之一；56 岁，成为中国海运集团转型发展关键时期的掌舵人；2016 年，成为世界最大船队——中国远洋海运集团的领航人。从 1 艘船到 540 艘船，再到 1100 艘船；三个“6”，撑起许立荣作为“中国船长”的人生巅峰，也撑出了中国航运业和世界航运业的新高度。

第三节　产业结构调整与“1+6”业务板块

转型发展的重点是结构调整。形势逼人，任务逼人，逆水行舟，不进则退，不“转”则退，不“调”则退。

自集团组建以来，其产业布局主要集中在航运各细分市场，产业链条有待延伸，需要加强各产业、各板块之间的协同效应，促进企业转型升级。为此，集团从研究“航运、工业制造、物流码头金融”三大产业板块结构调整入手，制定工业制造、物流、码头、金融等板块的细分业务发展规划，争取到“十二五”末，形成“1+6”业务板块协调发展的基本格局（表 3–4）。“1+6”产业结构，即航运主业为“1”，“6”为 6 大航运相关业务板块，分别为金融、码头、物流、工业、科技、航运服务与社会化服务（包括船员管理、船舶管理、船舶供应、物业、LPG 储运、大健康、大旅游等）。

"1+6"板块主要子公司经营状况（单位：亿元人民币）　　　　表 3–4

板　　块	2011 年		2015 年	
	营业总收入	利润总额	营业总收入	利润总额
航运板块				
中海集运	282.8	–26.3	318.6	–29.0
中海发展	122.7	12.4	127.8	5.6
中海油运	62.4	0.6	43.1	12.2
中海散运	60.2	12.5	66.4	–15.1
中海海盛	12.0	0.3	9.6	1.0
中海客运	7.1	–0.03	8.1	0.4
金融板块				
中海财务	3.2	1.3	3.4	2.6
中海租赁	–	–	2.2	1.1
中海投资	42.7	5.0	32.4	2.6
码头板块				
中海码头	5.4	1.5	4.0	3.5
物流板块				
中海物流	5.2	0.3	63.9	–1.7
中海船务	4.3	0.5	18.8	1.4
香港控股	13.7	4.9	29.3	9.7
欧洲控股	11.8	0.7	14.6	2.0
工业板块				
中海工业	82.4	5.2	67.8	–6.7
科技板块				
上海船研所	6.9	0.9	12.88	1.4
航运与社会化服务板块				
中海国际	7.5	0.3	30.1	0.2
上海海运	3.9	1.2	2.4	0.1
广州海运	4.6	2.9	12.2	8.7

一、航运板块：从外延式扩张转向内涵式增长

（一）建设"大型化、现代化、低碳化"船队

1. 综合运力的变化

进入"十二五"阶段，中国海运集团已经步入转型升级的发展之路，强调从数量型、规模型的外延式增长转向效益型、质量型的内涵式增长；强调提高发展的含金量，主要依靠内部资源结构的优化升级实现发展。而要转变发展方式，需首先从船队建设开始（表 3–5）。

“十二五”时期中国海运集团船队变化情况 表 3-5

年份（年）	艘 数	载重吨（万吨）	其中载箱量（万 TEU）	平均单船载重吨（吨）	船龄（年）
2011	506	2786.13	61.09	5.51	10.30
2012	491	3015.96	59.57	6.14	9.70
2013	545	3381.88	61.31	6.21	8.73
2014	537	3613.20	72.51	6.73	7.68
2015	544	4047.32	88.98	7.44	6.47

在船队建设中，集团改变以往注重外延扩张的发展方式，转而强调“三化”：大型化、现代化、低碳化。

大型化：2011 年，集团共有船舶 506 艘、2786.13 万载重吨，单船平均为 5.51 万载重吨；其中集装箱 3300TEU、油轮 9.81 万载重吨、干散货 5.52 万载重吨；到 2015 年，集团共有 544 艘、4047.32 万载重吨，单船平均为 7.44 万载重吨，比十二五初期增长 1.93 万载重吨，其中集装箱单船装箱量为 4944TEU，油轮单船为 11.21 万载重吨，干散货船为 7.75 万载重吨（表 3-6）。

中国海运集团大型及超大型船情况（2015 年） 表 3-6

船 型	艘数	载重吨、载箱量	船龄（年）
集装箱			
7000—9999TEU	28	24.93 万 TEU	6.79
10000—11999TEU	8	8.03 万 TEU	1.00
12000TEU 以上	15	23.44 万 TEU	2.53
原油			
阿芙拉 8 万—12 万	4	41.92	12.75
VLCC 27 万—32 万	14	419.50	6.71
ULCC 32 万以上	2	64.57	1.50
成品油			
LR2 8 万以上	7	76.74	6.14
干散货			
小好望角 9 万—12 万	6	60.47	3.50
大好望角 12 万—20 万	8	143.77	2.00
VLOC 20 万以上	18	532.29	3.33
LNG			
超大型	3	51.55 万立方米	0

在大型化理念的引导下，中国海运的船队拥有了一大批处于世界领先和先进水平的船型，其中 14100TEU 和 18000TEU 的集装箱船、32 万吨的 VLCC 以及 23—30 万吨超大型矿砂船成为船队的代表性船型。经过“十二五”的转型发展，中国海运船队建设已走向“大船时代”，从行业成功者向行业领先者迈出了重要一步。

现代化：在大型化的同时，船队的平均船龄也在逐年降低。2011 年，集团船队的平均船龄为 10.30 年；到 2015 年，船队平均船龄为 6.47 年；平均船龄下降了 3.83 年（表 3–7）。

中国海运集团按船公司划分的船舶运力分布情况（2015 年 12 月 31 日） 表 3–7

船舶经营人	艘数	总吨（吨）	载重吨（吨）	载箱量（TEU）	载客量（人）	载车量（CEU）	船龄（年）
国投海运	9	297346	513501				3.11
浦海航运	25	170317	207076	14078			9.32
香港控股	2	105418	186696				3.00
中海海盛	11	322017	5463511				5.55
中海集运	146	9263914	10283670	865631			6.46
中海客运	10	197566	91802		13582	1527	8.70
中海汽船	5	230533	78444			25892	11.20
中海散运	106	5041855	9273451				4.19
香港航运	12	480933	901312				9.67
中海油运	65	4319042	78844771				6.49
鑫海公司	7	107115	121833	8271			18.29
仁川公司	2	19716	25100	1814			6.50
全资专业公司	400	20555772	30113713	889794	13582	27419	6.34
合资公司	144	6068770	10359469	0	0	0	6.76
总计	544	26624542	40473182	889794	13582	27419	6.47

船队现代化离不开船队更新。一方面，集团坚持建造设施先进的现代化船舶；另一方面，坚持加速对老旧船舶的拆解。2015 年，集团新船交付累计 12 艘 /113.09 万载重吨 /5.69 万 TEU；拆解报废老旧船舶 55 艘 /181.4 万载重吨；新签订单 23 艘 /382 万载重吨，其中新签 6 艘 2.1 万 TEU 集装箱船，新签 4 艘 VLCC。船队聚焦集装箱、油品、干散货和液化天然气等新型船舶，专业化、大型化、年轻化再上新台阶，船队竞争力进一步增强。

低碳化：打造绿色船队，是中国海运“十二五”期间始终坚持的建设方针。中国海运把打造绿色船队确定为转变发展方式的重心，发展中注重符合绿色环保标准的新船型。同时，积极运用船舶节能技术，加强能源消耗管理和设备管理，开展船舶节能技术改造和重视节能项目的应用，加大设备改装力度，提高节能效果。集团拥有的船舶在节能环保、经济性与适应性、自动化程度上都有了极大的提升。中海集运“十二五”时期最大船舶 19100TEU 系列的集装箱船，就充分突显了节能环保性能，该船采用电子喷油控制柴油机；船舶停靠码头时，可采用码头岸电供给系统，提升绿色、环保性能。该类型船还有很好的节能特性，能有效减少碳排放。

2. 集装箱船队：进入“星时代”

集团的集装箱运输按照建设“世界一流班轮公司”目标要求，瞄准世界船舶市场，租造并举，升级船型，一支以 4250TEU、5600TEU、8500TEU、9600TEU、14100TEU、19100TEU 型船为主、调配灵活、成本优势突出的大型化、现代化船队，出现在世界班轮前列（表 3–8）。

全球集装箱船队运力排名（2015 年 6 月） 表 3–8

序号	公　　司	载箱量（万 TEU）	艘　　数
1	马士基	304.68	611
2	地中海航运	259.11	499
3	法国达飞	176.61	470
4	哈帕罗德	97.40	186
5	长荣	94.20	202
6	中远集团	86.15	166
7	中国海运	70.07	139
8	韩进	62.80	103
9	商船三井	60.42	112
10	汉堡南美	58.68	127
11	东方海外	58.43	108
12	NOL/APL	56.03	91
13	日本邮船	49.74	103
14	阳明海运	49.70	97
15	阿拉伯轮船	42.25	53

资料来源：Alphaliner。

同时，中海集运进一步推进船队结构调整，加大富余运力的出租及光租船的退租力度，在全球金融危机下，加快对运营成本高的一批自有老旧船舶进行处置，以优化船队结构来增强成本优势，以适应全球集装箱船舶大型化发展的趋势。此外，中海集运为提升航线上的船型配备，增强公司的市场竞争力，还按计划对部分租约到期的高油耗老龄船舶进行退租，同时通过租船或自购等方式适时补充更适合市场及航线需求的现代化船舶，从而有效降低了运营成本，提高了航线经营效益。

2011 年，中海集运船队规模呈飞速发展的态势。有 2 艘 14100TEU 及 4 艘 4700TEU 新船交付使用，总运力增加到约 51.7 万 TEU。“十二五”期间，集运的船队建设重点在于船队结构优化调整，因而其规模较为稳定，并未有大幅度扩张。截至 2015 年年底，船队总运力为 86.56 万 TEU，是 2011 年年底的 1.42 倍。船队平均箱位由 1997 年年初的

380TEU 快速发展到 2015 年的约 5932TEU，是 1997 年的 15.6 倍。

“十二五”时期，中海集运顺应市场“大船、低碳”的发展趋势，积极推进船舶大型化战略。2012 年 5 月 22 日，中海集运第 8 艘 14100TEU“星”字号大型集装箱船舶“中海海王星”，在韩国三星船厂交接。“中海之星”“中海土星”“中海天王星”等 14100TEU 超大型船舶的投入运营，标志着中海集运已步入一个新的发展阶段，这是一个以“星”字号系列为引领、以船舶大型化为特征、以打造国际化品牌为重点的“星”时代。走进这个“星”时代，集团的集装箱船队建设也有了全新的定位、全新的思维和全新的理念。

2013 年，集装箱船舶大型化又进一步加速。当年 5 月 6 日，中海集运与韩国现代重工签订 5 艘 1.84 万 TEU 型集装箱船舶建造合同；合同交船时间分别为 2014 年 11 月 20 日、12 月 19 日，2015 年 1 月 30 日、2 月 27 日、3 月 20 日。在船舶建造中，发现在不改变已有结构设计和总布置的基础上，如在船舶上层建筑和烟囱之间（“双岛”之间）的舱面上再增加一层空间（从 10 层提高至 11 层），可将设计箱位数从 1.84 万 TEU 增加到 1.9 万 TEU。于是，5 艘在建的 1.84 万 TEU 集装箱船的箱位数则提升至 1.9 万 TEU 级。这在当时，是全球首家航运企业订购 1.9 万 TEU 级大船。这些大船所具有的更低单箱固定成本和更低燃油单耗的优势更加明显，也更加有利于优化船队结构、提高效益。这是中国海运进一步提升企业的国际竞争力，加强集装箱运输船队结构调整、适应船舶大型化、现代化发展趋势的重要举措。

2014 年 11 月 18 日，中国海运与韩国现代重工集团在韩国蔚山举行隆重的新船命名暨交船仪式，庆祝世界最大集装箱船——19100TEU 的“中海环球”正式交付投入运营。中国海运董事长、党组书记许立荣，副总经理黄小文、俞曾港，中国驻韩大使邱国洪、现代重工集团代表、国内主要港口代表及社会各界嘉宾一同出席了本次交船仪式，共同见证新船命名与交付。仪式上，中国驻韩大使邱国洪、现代重工崔吉善会长致欢迎词，许立荣发表讲话。新交付的“中海环球”，是中海集运 2013 年向韩国现代重工订造的 5 艘 19100TEU 型集装箱船舶中的首制船。这艘全长 400 米、宽近 60 米的“海上巨无霸”，船身长度比皇家加勒比邮轮公司“海洋绿洲”号邮轮长 38 米，比美国海军“尼米兹”号航空母舰长 67 米。“中海环球”的交付使用，打破了世界最大集装箱船纪录，成为当时世界上最大、最先进的集装箱船舶。19100TEU 系列集装箱船舶的建造，是中国海运进一步强化航线效益、落实节能减排、降低油耗支出、倡导绿色航运的具体体现，彰显了中国海运一直以来所秉行的低碳、环保运营理念。

2014 年 12 月 2 日，中国海运在天津港举行“中海环球”轮首航仪式。交通运输部副部长翁孟勇出席首航仪式，集团董事长、党组书记许立荣出席首航仪式并致辞（图 3–2）。继天津港首航之后，“中海环球”轮又于 4—13 日，分别从青岛、上海、宁波，再到广州、深圳，一路乘风破浪，克服了天气变化等不利因素的影响，在各大港口“一关三检”等部门的协助下，实现了这艘“海上巨无霸”在国内六大港口的成功首航。按照计划，“中海环球”轮在国内六大港口挂靠任务顺利完成后，正式开始了它的“环球之旅”。

图 3-2　2014 年 11 月 18 日“中海环球”轮交船仪式现场，19100TEU 的“中海环球”轮是当时世界最大集装箱船。

2015 年 8 月，中海集运又开始启动 8 艘 13500TEU 型集装箱船的建造方案，分别与中国船舶工业贸易公司、上海江南长兴造船有限责任公司签订该批船舶的建造合同。

2015 年 11 月，中海集运进一步启动建造 11 艘 20000TEU 型船舶的方案，其中中海集运建造 6 艘，香港控股建造 5 艘并租赁给中海集运。在建造之中，由香港控股新建的 6 艘船舶，经优化设计，由 20000TEU 升级为 21000TEU。根据船厂船期安排，上述订造船舶于 2018 年后陆续交船。

3. 油轮船队：结构调整和优化

2011—2015 年期间，中海油运加大实施船队“大型化、现代化、低碳化”的战略调整，按“十二五”规划先后签订了 11 艘船舶的建造合同，177.1 万载重吨，包括超大型油轮 VLCC 4 艘，阿芙拉型 3 艘，巴拿马型 3 艘，MR 型 1 艘，其中有 2 艘船舶已经在“十二五”期间交船，其余 9 艘在“十三五”期间交船。“十二五”期间，公司共造船新增船舶 19 艘，201 万载重吨，期租船租入 4 艘，74.1 万载重吨，合计新增船舶 23 艘，275.1 万载重吨。为了优化船队结构，公司还加大了老旧船舶的处置力度，共处置船舶 24 艘，118.2 万载重吨。通过结构调整，船队的资产质量和船舶大型化、专业化程度不断提高，适应市场需求的能力不断增强（表 3–9）。

为保护和促进航运业健康发展，解决市场运力过剩问题，交通运输部于 2010 年 7 月出台《促进老旧运输船舶和单壳油船报废更新实施方案》，在原已颁布的老旧运输船舶强制报废和单壳油船限期淘汰制度的基础上，采取中央财政补贴方式，鼓励老旧运输船舶和单壳油轮提前报废更新。

全球油运船队运力排名（2015 年 9 月）　　表 3–9

序号	公　　司	载重吨（万吨）	艘　　数
1	商船三井	1412.29	154
2	NIOC	1352.14	55
3	Fredriksen	1201.91	60
4	SCF	1175.71	127
5	Euronav NV	1163.56	48
6	Teekay	1163.17	89
7	招商局	1143.12	43
8	Angelicoussis	1045.83	41
9	Bahri	1000.83	36
10	马来西亚国家石油公司	907.20	71
11	Dynacom Tankers	886.87	54
12	Ocean Tanker	782.25	106
13	中国海运	752.11	83
14	日本邮船	729.10	44
15	SK Holdings	605.87	29

资料来源：Clarksons Research Autumn 2015。

2013 年 12 月，国家发布了新政，四部委（交通运输部、财政部、国家发展改革委、工业和信息化部）共发布了《关于老旧运输船舶和单壳油轮报废更新政策实施工作的通知》《老旧运输船舶和单壳油轮报废更新中央财政补助专项资金管理办法》等 5 个相关文件，中海油运实施落实情况如表 3–10。

一是完成老旧船及单壳油轮的报废处置工作。2011—2015 年处置船舶：共 24 艘，118.2 万载重吨。其中 2013—2015 年间，公司共计处置老旧和单壳油轮 19 艘，可享受政策补贴有 18 艘，拆解总吨 43.8 万吨。

二是新建船计划落实。根据中海集团统筹，新建船舶 9 艘，包括：公司签署的 3 艘 65 万吨级原油轮、中海发展签署的 4 艘超大型油轮 VLCC 和 2 艘阿芙拉型订单，新造船达到并超过拆船总吨。

三是协调各地海事局与船级社做好船舶拆船监管。公司拆船的过程中需要当地海事局与船级社做好过程监管，并办理好相关拆船的申报补贴材料。实施过程中，所有拆解船舶达到拆船监管及相应的文件管理的要求。

中海油运“十二五”期间新造船订单及期租船情况　　表 3–10

吨　　级	2011 年 交船 / 租入船	2012 年 交船	2013 年 交船	2014 年 交船	2015 年 租入船	2016 年计 划交船
VLCC	1×30.8 2×29.8*		1×32	1×32		

续上表

吨　　级	2011 年交船 / 租入船	2012 年交船	2013 年交船	2014 年交船	2015 年租入船	2016 年计划交船
8—12 万吨		3×11		1×11		
5—8 万吨	2×7.6	1×7.6			1×7* 1×7.5*	2×6.5
4—5 万吨		6×4.8	2×4.8			
4 万吨以下			1×0.6			
合计 新交船量	5/105.6	10/69.4	4/42.2	2/43	2/14.5	2/13

注：* 为期租船。

4. 干散货船队：从沿海小船到远洋大船

“十二五”期间，中国海运集团货运积极实施船队结构新调整：从以沿海、小型、老旧为主的船队结构向以远洋、大型、低龄为主的船队结构转变。中国海运集团（含联营公司）经营干散货船队规模从 2011 年年底的 214 艘，1180.95 万载重吨增加到 2015 年 12 月底的 265 艘，2053 万载重吨，平均吨位从 5.52 万载重吨增加 7.75 万载重吨，平均船龄从 12.80 年下降到 5.63 年。

2010 年 2 月 5 日，23 万载重吨大型矿砂运输船（VLOC）“中海兴旺”轮在广州南沙交付使用；2011 年 12 月 27 日，集团第一艘 30 万吨级矿砂船“ 中海荣华”轮交付运营。2013 年 4 月 28 日，集团第三艘 30 万吨级超大型矿砂船（VLOC）“中海韶华”轮在大连船舶重工集团有限公司举行隆重的命名暨交接船仪式。“中海韶华”轮长 330 米，宽 57 米，满载吃水 22.1 米，载重吨 31.5 万吨，是当时全球现代化程度最高、设备最先进的超大型散货船舶之一。该轮长期为首钢提供进口铁矿石运输服务，标志着首钢与中海的合作再上一个新台阶。

自此，中海散货船队结构得到极大优化，形成了超大型矿砂船（VLOC）、海岬型、巴拿马型、超灵便型和灵便型为代表的梯队合理、系列完整的现代化散货船队。随着公司新造船舶的陆续交付和老旧船舶的相继淘汰，船队结构得到了进一步优化（表 3–11）。

2013 年 6 月 20 日，中海散运第 6 艘 30 万吨级超大型矿砂船（VLOC）“中海才华”轮在大连船舶重工集团有限公司隆重举行命名仪式。载重吨 315063 吨的“中海才华”轮，是中海散运为武钢集团订造的第 4 艘 30 万吨级 VLOC，将长期为武钢提供进口铁矿石运输服务。

2013 年 10 月 16 日，30 万吨级 VLOC“中海年华”轮缓缓驶入加拿大七岛港港池。作为有史以来抵达北美地区最大载货量的散货船，“中海年华”轮的顺利抵达在当地引起了轰动。而该轮作为开辟加东航线的先行者顺利抵达加拿大，证实了中海散运实施转型升级、做强远洋有了一定成效。

全球干散货船队运力排名（2015 年 9 月）　　表 3–11

序号	公　　司	载重吨（万吨）	艘　　数
1	日本邮船	2074.95	224
2	中远集团	1935.19	217
3	日本川崎	1570.37	135
4	商船三井	1364.35	121
5	中国海运	1149.73	143
6	Vale	864.67	28
7	Fredriksen	830.70	79
8	Shoei Kisen K.K	821.21	84
9	Pan Ocean	803.00	65
10	Nissen Kaiun K.k	799.92	82
11	Berge Bulk	797.87	33
12	Angelicoussis	786.28	45
13	Star Bulk Carriers	722.78	71
14	Polaris Shippings	688.43	26
15	Navios	672.90	67

资料来源：Clarksons Research Autumn 2015。

2014 年年底，国家开发投资公司下属的国投海运发展有限公司以及下属的 3 家香港单船公司鸿海海运发展有限公司、鸿祥海运发展有限公司、鸿洲海运发展有限公司，经国资委批准，其 100％股权无偿划转给了中国海运集团，并于 2015 年 1 月 28 日办妥工商变更手续，遂成为中国海运直接持股的全资子公司。与此同时，国投下属的国投远东航运有限公司 52.38% 股权也划转给了中国海运。5 家公司共有 17 艘干散货船，其中 15 艘运营，2 艘在建。其中 9 艘 5.7/5.8 万载重吨船舶带有 30 吨起重吊。考虑到上述船舶技术条件及国际件杂货运输市场情况，上述 9 艘船开展以中非航线为主要目标市场的件杂货运输业务。

2015 年 5 月 14 日，由中海发展和中远散运集团共同出资，组建了中国矿运有限公司。该合资公司购买了巴西淡水河谷集团 4 艘 40 万吨 VLOC，合同总价 4.45 亿美元；订造了 10 艘 40 万吨 VLOC。在发展超大型矿砂船的同时，该合资公司还与淡水河谷签订了长达 18+5 年的租船合同。巴西淡水河谷集团是世界最大铁矿公司，在世界 500 强中多年位居前 20，其生产的铁矿石有一半以上出口到中国。淡水河谷一度拥有及控制 35 艘 40 万吨 VLOC 船队。而利用自身的货主优势及船队优势，进入并垄断中国市场，始终是淡水河谷的战略企图，但遭到中国干散货船东强烈且持续抵制。在多年战略企图无果的情况下，淡水河谷逐渐改变态度，转而寻求与中国船东的全面合作。2014 年 9 月 12 日，淡水河谷与中远散运签署了关于合作经营 40 万吨 VLOC 铁矿石运输的《框架协议》。

（二）转型发展中的船队经营与管理

1. 集装箱运输

（1）优化航线布局

在“调结构、促转型”的战略背景下，集装箱船队结构的优化，增强了中海集运逆势竞争优势；而班轮航线布局的优化，则为应对市场挑战、改善和提升集运经济效益提供了根本保障。

2012 年，中海集运为打造连接海南省与东盟区域的“海上丝绸之路”，正式开通了“胡志明—海口”国际班轮航线，投入 2 艘 1036TEU 船舶，独立经营该航线，海上运输时间为 2 天，每周 1 班。此航线是海口港首条国际班轮干线。有关人士认为，这是中海集运服务海南与越南两地经济，助力海南国际旅游岛建设的一项战略举措，是强化“南—南”合作，为促进海南—东盟自由贸易区建设做出的贡献。

2013 年，中海集运在华中—美西航线（AAC）投入 9600TEU 集装箱船直靠中海洛杉矶码头的基础上，又新辟华南—美西二线，投入可以使用岸电的 4250TEU 船。据统计，该航线为中海洛杉矶码头每年新增近 40 万 TEU 的箱量。

中海集运根据全球航运需求，加大第三国航线的布局。2012 年 12 月 13 日，中海集运将“新南沙”轮投入 GEM 航线（地中海六线）的运营。此后，中海集运在该航线共投入 8 艘 4250TEU 船舶。该航线属于第三国航线（不挂靠国内港口），GEM 航线既是一条连接印度巴基斯坦—波斯湾—红海—地中海东部之间的干线，也是一条串联亚洲和欧洲之间的支线。航线港口覆盖面广，操作点多。以阿联酋豪尔法坎港为中心东行至印度和巴基斯坦，西行至波斯湾地区，北行至地中海东岸地区，而南行则是从地东返回阿联酋豪尔费坎港，完成一圈的航行，总里程 10847 海里，其中海上航行时间为 31.4 天，一个航次共需 56 天。 GEM 航线有 5 个主要的中转港，包括 KLF（阿联酋豪尔法坎港）、JED（沙特阿拉伯吉达港）、PRS（埃及塞得港）、JEA（阿联酋迪拜港）和 IKU（土耳其康普特）。其中尤以 KLF（阿联酋豪尔法坎港）港的中转次数最多，一个航次内总共有 3 次挂靠 KLF。此举有利于加强中转路径的优化，除了本航线内的中转，地东、印巴、波斯湾内货外，还能通过公司其他航线发往西北欧、地中海西岸。

2013 年 6 月中旬，马士基、地中海航运及达飞轮船公司突然宣布拟成立 P3 联盟。而与此同时，G6、CKYH 等联盟也在不断扩张自己的市场份额，这为本已运力过剩的班轮市场，带来了更多的不确定性。在十分复杂的大环境下，中海集运降低单箱成本，提高航线盈利能力，拓展航线覆盖面，积极与各家船公司及航线联盟接洽，商讨合作事宜。通过共同投船、互换舱位、买卖舱位等方式，扩大合作范围，巩固合作关系，合作航线 43 条，互换舱位 10431TEU。

2014 年 5 月 6 日，浦海航运与泛亚航运、中外运集运三方共同签署了合作经营中日集装箱航线协议。根据协议，自 5 月上旬起，三方本着平等合作、互惠互利的原则，在我国华北、华东地区的重要港口至日本关东、关西、九州航线上，以共同投船并互换舱位的形式，实施合作经营。三方整合各自的中日航线资源，拓宽航线覆盖面，增加班期密度，提高船期稳定性，共同提升航线服务水平，以满足日本航线客户不断精益化、多元化的服务需求。

2015 年，中海集运将首要任务放在提升航线效益上。从年初起，公司上下就紧紧围绕“强化营销、增加收入”的经营核心，努力提升航线运价，改善经营效益。虽然市场极其惨淡，但是公司努力抓住市场机遇，积极加强客户沟通，实现了多轮运价上涨：欧洲、地中海、黑海线共成功推涨 9 次，非洲航线成功推涨 1 次；美国线成功推涨 8 次，南美东线成功推涨 5 次，南美西线成功推涨 7 次，加拿大线成功推涨 3 次；中东、红海、印巴航线共成功推涨 10 次。上述举措使得各条航线的运价有所恢复，有效减缓了运价下行的速度，增加了船舶营运收入。

2015 年春节前夕，美西港口拥堵，大量货物转向美东口岸，美东航线爆舱严重，加上美东运价已经推涨至历史高点，中海集运果断在春节假期前陆续投放 4 条加班船，共完成重箱量 13016TEU，实现运费收入 3008 万美元，为美东航线增加了 987 万美元的航线利润。在此基础上，又经航线优化升级，美东航线进一步优化并扩大了舱位，使公司的航线收入也进一步上升。

（2）积极打造综合物流供应链

经过集团结构调整、整合资源、归类管理等措施，“十二五”初期的中海集运除拥有一支实力强劲的国际集装箱船队外，旗下还拥有浦海航运、五洲航运等沿海支线船公司，船代、货代等八大口岸公司以及洋山储运、洋浦冷藏和大连万捷等 18 家二级子公司，业务涉及集装箱运输、码头经营、仓储物流等领域。而船队、码头、集卡、仓储、铁路、空运等供应链资源整合，更产生了“1+1>2”的集群效应；海铁联运、海空联运、水水联运、水陆联运等综合物流供应链经营，极大增强了集装箱运输以及整个集团的市场竞争力。

2015 年，中海集运将海铁联运作为公司重点推进的核心项目。在集团层面的战略合作框架下，集运与铁路总公司下属相关铁路局制定了相互沟通的协调机制，深入推进各地海铁业务的开展。

2015 年 1 月 29 日，合肥—宁波、义乌—宁波及衢州—宁波三列中海海铁联运班列同日发车，标志着中海在华东地区的海铁联运事业从此掀开了新的篇章。1 月 19 日上午，中海“新港—石家庄”港口集装箱班列首次开行。全年，集运与中铁累计新开班列 83 条，完成箱量 76 万 TEU，同比增长 98%，为公司开辟的内外航线提供了有力支持。

在集装箱延伸服务上，中海集运不断扩大拖车业务。针对涉及拖车业务中存在的风险点，及时督促口岸整改，完善相应的防范措施。中海集运分别成立了广州内贸拖车联合工作组和东北内贸拖车联合工作组，以华南和东北的拖车业务为试点，梳理业务数据、加强市场营销、优化拖车池结构、优化拖车费率、制定各种规范与流程，打造中海集运全程内贸门到门运输服务体系。“十二五”时期，集运内贸门到门货物比例逐年提高，2015 年达到 22%，计划“十三五”时期内贸门到门货物比例达到 40%。

2013 年 12 月 21 日，在“2013 中国航运业创新大会”上，中海集运获得“2013 中国航运十大创新企业”殊荣。

（3）不断加强对外战略合作

为了确保新接收的超大型 19100TEU 船舶顺利安全运营，中海集运积极落实同达飞轮船及阿拉伯航运的航线合作项目，加大同 CKYHE 联盟、汉堡南方、太平船务等公司的航线合作力度，通过航线合作和舱位互换，优化升级航线，完善网络布局，增加航班密度，集运“大船、新航线、新网络”提前部署完毕，航线整体的产品质量和市场竞争力全面提升。

通过加强对外战略合作，形成了外贸航线网络的基本格局。外贸干线由 8 组欧洲线、4 组地中海线、2 组黑海及亚得里亚海线、7 组美西线、5 组美东线、4 组南美线、5 组中东红海线、4 组澳新航线以及 MINA、EPIC 等第三国航线组成，外贸航线质量大幅提升，航线网络得到完善，并且有效地分散了大船的舱位压力。内贸航线通过与其他船公司的合作，基本形成了以天津、营口、大连、青岛 10 余组精品航线为主、相关支线为辅的航线网络，使得公司在内贸市场上的领先地位得到进一步巩固。内外贸航线合作项目的顺利推进，为集运的平稳发展打下了坚实基础。

2014 年，中海集运全年完成货运量 1184 万 TEU，实现总收入 362.1 亿元，利润总额 16.42 亿元。2015 年，是国际集装箱班轮市场跌入深谷、全球班轮公司经营业绩全面塌陷的一年。截至 2015 年年底，中海集运完成货运量 1162 万 TEU，总资产 568.77 亿人民币，总负债 346.40 亿元，资产负债率 60.90%；全年实现总收入 318.61 亿元；受市场极度低迷的影响，企业当年出现亏损，亏损额达 29 亿元。

2. 油轮运输

“十二五”期间，中海油运牢牢抓住国家海洋强国战略、“一带一路”建设、中国石化企业全球布局的战略机遇，将企业战略融入国家战略，加大公司转型升级的力度；推行内贸竞合战略、外贸多元化战略，提升抵御风险能力和把握时机的盈利能力。

（1）推行内贸经营竞合模式

2015 年 3 月，交通运输部正式终止对内贸原油市场的计划管理，喊了多年的“狼来了”变成现实。原油市场放开后，中海油运作为沿海原油运输市场的传统老大，为避免市场恶性价格竞争，巩固扩大市场份额，确保龙头地位，公司认真总结和借鉴成品油市场放开的经验教训，在中海集团“战略引领、创新驱动”理念推动下，强化忧患意识，转变工作思路，采取一系列应对措施。

一是提前进行战略布局。2013 年和 2014 年间，公司在正确判断市场、运用战略思维、系统解决问题等方面做了一系列前瞻性布局，包括组建新的营销架构、创新营销模式、增强市场判断能力和营销能力、抢占中转油货源以及与各船公司加强协作等。为此，公司首先完成扩大持有中海油合资公司北海公司 40% 的股份，建立“命运共同体”的战略联盟关系，使公司内贸海洋油的运输份额得以保证，全面提升公司在沿海原油运输市场的影响力和控制力。同时，还导入物流服务模式，为未来解决方案提供者转型进行积极尝试。公司与大连港、莱州港和中国化工油气股份有限公司四方合作，以综合物流的服务模式，将由公路运输的中国化工进口原油中转业务转为水路运输，开辟新市场，创新与港口、货主的合作新模式。

二是成功担当市场协调者的角色。中海油运确立市场目标和定位，引领市场经营模式创新，努力成为维护市场秩序、稳定市场价格，推动业内合作的主导力量，不断巩固和提升市场龙头地位；以“维护每家船东利益为原则，稳定市场秩序和价格体系，通过竞合模式共同做大市场蛋糕”的理念和行动，赢得各家船东的理解和信任，在交通运输部放开原油市场调配后，公司初步成功担当起了市场协调者的角色。

三是建立“安全营销、服务营销”的品牌优势。中海油运积极践行“船管不仅是安全与技术的基础保障者，更是服务质量的最终保障者”的理念，将船管部推到营销一线，将“为大客户提供培训、技术咨询等增值服务”作为营销手段，赢得中联化、赛科、BP、壳牌等大客户的充分认同和积极响应。公司还成立货运质量控制小组，提出“货运质量事故等同于安全事故”，按照“四不放过”原则进行处理的理念，引进第三方进行“监装监卸”，货油损耗明显降低，市场口碑大幅提升。在建立品牌优势中，公司进一步细分市场和客户，采取“人盯人、人盯船、全程监控”的方式，将营销和服务责任落实到专人。

四是推行内贸“竞合模式”。中海油运与北海公司、大连远洋、深圳三鼎、南京油运、海南通利等国内主要同业，开展船位互换、航线互换和货载互换合作，有效提高船舶营运率，节约成本，大胆创新，开创互利共赢新局面。抓住内贸原油市场放开后货源增加的机会，租入三鼎、大远、海南通利的闲置运力，开展航次期租、短期期租、长期期租等多种形式的合作，将“竞合模式”推向深层次。中海油运沿海原油运输“竞合模式”，进一步提高了公司对沿海原油市场的控制力，巩固和提升了龙头地位，取得了良好的经济效益和社会效应。得益于价格的相对稳定，在市场开放的情况下，中海油运运输收益不仅没有下降，而且总体出现提升。2015 年，公司内贸通过创新竞合模式，合计增加运输收入 6840 万元，节约成本约 671 万元；合作船公司运输收入增加 2802 万元，节约成本 533 万元。公司稳固原油运输市场份额，市场占有率达到 53.51%，同比提升 1.68 个百分点。

（2）优化外贸经营多元化结构

基于对市场格局“内贸原油市场总量增长空间有限，外贸市场发展空间巨大”的总体把握，中海油运始终为“走出沿海，走向远洋”而努力，尤其在船队结构调整中，外贸船舶运力占公司整体运力的比重达到 80%，具备了大力拓展外贸市场的物质基础，加快了“走向远洋”的步伐。公司汇集经营人员的集体智慧，提出解决的良方，即推行外贸经营多元化模式，不断优化外贸多元化结构。

一是外贸经营结构多元化。主要是利用“期租经营能够在一定的时间段内锁定船舶收益”这一特点来平抑现货市场运价收入大起大落的波动性，通过调整期租经营中“三个比例”，起到调节和稳定外贸业务总体收入的作用。首先是调整外贸船舶在自营和期租经营的运力分配比例。在油轮现货市场处于高位时，通过加大在期租市场运力投入以锁定部分收益的策略。其次是调整对外贸期租船型比例。外贸期租业务的开展呈现出船舶大型化和船型配比合理化的趋势，从 2013 年以吨位最小的灵便型船所占比例最高，逐步过渡到吨位居中的巴拿马型成品油轮（LR1）、阿芙拉型成品油轮（LR2），最后扩展到吨位最大的超大型油轮 VLCC，呈现出外贸期租业务逐步推进的状态。同时，各船型所占的比例也渐趋均衡。最后是调整对短期期租合同和中长期期租合同比例。在期租市场走好的背景下，确保公司外贸运力拥有较高的成交率，充分享受租金上涨带来的收益。在国际油轮市场行情较弱的 2013 年和 2014 年，公司的外贸期租合同全部是 12 个月以下的短期和超短期期租合同，伴随着市场的上涨，加大了 6—12 个月期租合同所占的比重，合同金额同时成倍增长。2015 年，国际油轮市场出现幅度可观的上涨行情后，两年以上的中长期期租合同占比提高到 98%，其中还包含了两条租期为 5+1+1 年的新造船长期期租合同。订立合同金额在 2014 年增长 3.5 倍的基础上进一步增长了 5.9 倍。

在优化外贸经营结构的同时，中海油运还注重加快布局海外分支机构。2014 年，设立新加坡分支机构，贴近市场的优势得到很好发挥。2015 年，提出在伦敦设置分支机构的设想，开展市场研发和推介，先后走访 SHELL、BP 和中石化等大客户，得到积极反馈，加快了布局伦敦分支机构的步伐；通过合作和购买服务的方式与国际知名经纪和咨询公司 ACM、CLARKSON、GILBSON、POTEN、SSY 等建立良好合作关系，帮助营销团队显著提升了市场研判能力和抢抓机遇能力。公司与中石油、中石化海外公司的合作比率逐年上升，海外业务特别是第三国运输业务实现了飞跃，与中联化伦敦公司的合作从 2013 年的 3.5% 上升到 2015 年的 54.2%，与中石油美国公司的合作也由 2013 年的 8.3% 上升到 2015 年的 25%。

二是外贸客户结构的多元化。公司对外贸客户多元化主要围绕两个重点来开展。一是对超大型油轮 VLCC 船队外贸客户结构进行调整。在坚持优质服务，保障中国能源安全战略的前提下，充分发挥公司与国内租家关系密切的比较优势，及时调整以往对单一国内大客户过度依赖的状况，综合平衡与国内其他几家大客户之间的业务关系，将最大客户的业务占比从 2013 年的 68% 下降到 2014 年的 50%，并在 2015 年进一步下降到 33%；而与其他国内客户业务合作的比重从 2013 年的 26% 上升到 2015 年的 46%，从而使得公司在超大型油轮 VLCC 合作客户结构上呈现出更为健康、均衡的状态。二是不断扩大外贸期租优质客户群。从 2013 年开始，公司在对外期租业务方面保持平均每年 3 家新客户的增长速率，确保外贸期租客户长期稳定在 9—10 家的水平，有效地分散了期租业务的自身风险。

三是外贸航线结构的多元化。外贸航线结构多元化的工作重点在于对公司运力占比为 60% 的超大型油轮 VLCC 船队航线结构进行优化。2013 年，公司超大型油轮 VLCC 船队对中东至远东航线的依赖度高达 94%，存在着潜在风险，因为中东单一区域性市场一旦运价走低，必然加大经营风险。中东市场对船舶资质要求相对宽松，市场准入门槛低，也不利于培育和提升 VLCC 船队管船水平等方面的竞争优势。此外，单一市场经营所带来的局限性也降低了公司经营人员与其他主流客户及主要经纪人进行沟通交流、探讨市场的机会。针对以上情况，公司对超大型油轮 VLCC 的航线结构进行了持续拓展和优化。“十二五”后半期，中东—远东航线的定载占比每年基本上按照 20% 的速率下降，其他区域航线货载的比重相应增加，通过对货源结构的调整，为公司经营带来了可喜的变化。经营人员开始以全球化的视角考虑 VLCC 船队的经营和运力配置，在市场和航线的选择过程中，充分利用各区域市场波动的不同时点，获取额外收益。同时，公司以更开放和积极的态度与主流客户及主要经纪人进行接触交流，既提高了公司在市场上的知名度，又获得了学习机会，积累了宝贵经验，提升了经营水平。

中海油运在外贸运输领域开展的多元化经营实践取得了显著成效。客户多元化、市场多元化、航线多元化以及自营期租相结合、长短期租相结合的业务多元化结构，使得航线全球化覆盖率明显提升，对单一客户、市场和航线的依赖度明显降低，外贸运输的议价能力、抗风险能力和盈利能力明显增强。2015 年，外贸经营完成运输收入 38.92 亿元，同比上涨 10.41%，外贸运输实现毛利 12.32 亿元，同比增长 28 倍；其中自营毛利 10.66 亿元，同比增长 32.2 倍；期租毛利 1.65 亿元，同比增长 15.1 倍。

2015 年，中海油运总资产 171.03 亿人民币，总负债 110.54 亿元，资产负债率 64.63% ；全年总收入 43.07 亿元，利润总额 12.21 亿元。

（3）推行总管制管船模式

2014 年 12 月，中海油运正式启动总管制管船模式，撤销原船管三个处，组建六个总管团队作为管船的核心组织架构。管船的具体内容是：实现对船舶一站式服务，强化岸基支持力度，提高对船舶预控管理和过程管控能力，推动关心关爱船舶的船岸一家理念。

由于这项改革直接关系到公司船舶安全管理局面的稳定，影响重大，且涉及面广，设计难度高，员工中普遍存有疑虑。为了慎重起见，经过近一年半时间的调研、策划、试点、评估和改进，公司于 2014 年 12 月底改革方案正式落地，实现了总管团队责、权、利的真正统一。由于准备充分、定位科学、设计合理，使得这项改革措施收到了超乎预期的效果。

总管制管船模式采用自上而下的“瀑布式”管理形式，以船舶航运管理信息系统为基础，以总管团队为主体，把原来分散在各处的船舶管理职责全部整合到总管团队的职能中，实施船岸直线对接，总管团队全面负责所管船舶除经营外的安全、技术、成本、人员以及日常管理等各项管理职能，对船舶的设备、环境、人员做到全面掌控，达到管船、管事、管人的有机统一，使船舶管理更为集中、精细、高效。

总管制重点有四项功能：一是为船舶提供一站式服务，二是强化安全预控管理和过程管控，三是提供强有力岸基支持，四是推动船岸一家的企业文化理念。

总管制管船的目标是：打造“安全管理综合平台”和“综合管理一体化平台”。彻底消除安全管理中的“两层皮”顽疾，全面提升安全管理水平。

总管制形成三大特点：一是分散管理向集中管理转变，将原来分散在各个部门、处室的船舶现场管理职能全部集中到总管团队，总管团队是船舶日常管理事务的唯一渠道；二是单打独斗向团队决策转变，打破海务、机务管理之间的技术障碍，实现集体办公、集体决策、集体考核；三是技术思维向管理思维转变，总管团队的工作方式有助于培养主管由点到面的管理思维。

2014 年年底，中海油运全面推行总管制管船模式，成功构筑“机关、船舶”双向联动的立体平台，着眼于“理念、思维、作风”的切实转变，取得明显效果：

一是安全生产与货运质量得到改善，安全绩效提升，事故发生率明显下降。

二是外部安全检查成绩总体良好，未发生 PSC、FSC 滞留，PSC、FSC 和大油公司检查成绩均好于行业平均水平，各项外部检查单船平均缺陷数均有比较明显的下降。

三是公司在国际油轮期租船队中的排名稳步提升，被 SHELL 公司指定为中国区 12 家合作伙伴召集人。

四是岸基管理人员工作责任心、积极性得到明显提高。总管制扁平化、无边界的组织架构打破以往存在的部门壁垒，实施一站式服务管船，船队安全管理绩效得到提升。

五是协同效应充分显现。总管制激发了总管、主管的内生动力，层层较真碰硬，层层传导压力，主管访船与随船航行艘次大幅度增加，宣贯公司安全管理理念和政策、检查督导制度和措施落地生效，使总管团队更了解船舶和船员，对船舶监控与指导更到位，解决问题更及时、更高效。总管制实施情况测评表明船员对机关满意程度明显增加。

3.“新散运”闪亮登场

2012 年 8 月 8 日，由中海货运更名而成的中海散货运输有限公司（简称“中海散运”）在广州正式揭牌成立，此举标志着中国海运在调整产业结构、理顺干散货运输管理体制上迈出了新的一步。集团总经理许立荣在中海散货成立大会上表示：“‘十二五’期间，中国海运将大力支持中海散运的发展，继续整合集团内的干散货运输资源，逐步将中海散运打造成集团内唯一的干散货船队经营管理平台；要努力打造世界一流干散货船队，为建设幸福广东，为推动我国成为海运强国，做出新贡献。”

自 2011 年第四季度起，集团就着手进行干散货运输资源整合，并设立新的独立法人——中海散运，以此作为中国海运干散货船队统一经营管理平台，逐步将中海所属干散货船舶的资产、业务及散货联营公司的股权划转到中海散运。2012 年 4 月 1 日，中国海运干散货船舶统一经营工作拉开序幕。6 月 12 日，中海散运在广州南沙注册设立。

中海散运首先确立了新的战略定位构想：从“沿海领先的干散货船队”向“世界一流干散货船队前列”的目标转变。在“调整优化上水平、再造一个新散运”的宏伟蓝图指引下，着力突出一个“新”字；坚持软实力与硬实力协调发展，实现从船队结构到管理机制等全方位的创新与“再造”。

长期以来，中海货运在沿海干散货运输市场中居于领先地位。但“十一五”以来，沿海市场份额逐年下降，公司的行业领先地位受到挑战。是被动应对，还是主动求变？对此，中海散运积极应对挑战，适应中国企业“走出去”的大趋势，主动调整战略定位，提出力争在“十二五”期末迈入“世界一流干散货船队前列”的战略目标，并实施巩固沿海优势、拓展远洋业务、稳健发展联营的经营策略。

（1）以四项新举措实施“再造”

动力来自改革，成效来自创新。公司上下普遍认为，“再造一个新散运”的重点不在于“一”这个数量，而在于“新”这个质量，在于“再造”这个过程。改革创新，是企业发展的永恒话题，比硬实力更重要的是软实力的创新。为此，公司围绕“再造”实施了一系列新举措：

一是经营模式新转变。从追求短期超额回报向追求长期稳定发展转变。中海散运坚持大力推进“大客户大合作”战略，与五大钢厂（宝钢、首钢、武钢、鞍钢、沙钢）、两大煤炭集团（中国神华、中煤能源）、四大电厂（华能、华润、中电投、大唐）建立了长期战略合作关系，建立起稳定的上下游产业链联动机制，加强长期合作的深度，实现船货双方互利共赢。公司着力发展可适用规划装机容量大的船型，积极拓展钢铁等工业客户，开拓沿海中转矿市场，并积极承揽粮杂等货源，增加运力投放弹性，使货源结构、客户结构进一步改善，为公司的稳定发展做出了新的贡献。

二是发展模式新突破。从聚焦企业内部建设向积极发展联营转变。航运企业与货主组建联营合资航运公司有利于各取所需、分担风险、共享收益、实现共赢。对航运企业来说，是稳定提高市场占有率、提高市场进入门槛、防止货源流失的有效手段。中海散运坚持稳定发展联营船队，使联营船队对中海货运的利润贡献度逐年增加。在联营公司的共同努力下，中海货运沿海煤炭市场的占有率从 2009 年的 19.6% 上升到“十二五”时期的 25%，沿海散货市场的影响力和控制力得到进一步巩固和提高。

三是市场布局新拓展。长期以来，中海散运把沿海煤炭运输作为“根据地”，而远洋运力作为沿海运力的“蓄水池”，仅起调节运力错峰作用。随着战略定位的转变，公司开始大力拓展远洋运输业务，不断加强与宝钢、首钢、武钢的沟通和协调，落实铁矿石的货源，并新开发了一批煤炭、矿石、粮食、铝矾土、铝粉等客户，远洋市场的拓展取得明显成效。远洋运输的货运量、周转量、收入和利润对公司的贡献度也逐年上升，作用日益凸显。

四是管理迈上新台阶。中海散运坚持企业管理从粗放型向精细化转变，全面提升管理水平。公司以制度建设、流程再造、成本控制、信息化建设等为主要内容，全面推进精细化管理。通过调整机构设置、完善管理职能和岗位设置，对联营管理、航运管理、船员管理、信息化管理等制度进行梳理和完善，加快推进信息化建设，形成以 ERP 航运管理信息系统为核心、以 OA 信息系统为门户、以 SAP 接口系统为枢纽的全方位、立体化信息网络，以适应沿海、远洋、联营三大板块协调发展需要。中海散运深刻体会到，在航运市场持续低迷期，增收节支愈显其重要性和紧迫性。为此，公司成立燃油费用、船舶“三项成本”（船员人工、管理费用、港口使费等成本）控制专题工作小组，分工抓好成本管理工作。采取技术节能和管理技能相结合的燃油管理方式，加大节能减排的力度，经过“十二五”后 3 年的技改，船舶燃油轻重比下降到 10.3%，单副机开航率达到 90% 以上，单位油耗也由 4.75 千克 / 千吨海里下降到 4 千克 / 千吨海里，下降 15.8%，节能减排效果明显。

（2）着力推行“调结构、促转型”

2015 年，中散货运紧紧围绕“调结构、促转型”，进一步调整货源结构、市场结构、船队结构。

一是进一步优化货源结构。中散货运于年初成立了货源结构调整工作小组，确定各类货源运输比例目标，落实责任领导、责任部门，加大非煤货源开发力度，取得显著成效。2015 年公司本部远洋运输收入占运输收入的 75.32%；公司本部非煤货源投入运力占比 74.92%，完成非煤货源周转量占比 78.21%，完成非煤货运量占比 58.31%，基本达到公司年初制定的目标。其中外贸运力投入占比 76.87%，完成外贸周转量占比 82.61%，完成外贸货运量 4127.37 万吨，占总货运量的 46.98%。完成外贸矿石货运量 2628.13 万吨，占外贸货运量的 63.67%；完成外贸粮食货运量 435.73 吨，占外贸货源的 10.56%；完成化肥等其他非煤货运量 406.37 万吨，占外贸货运量的 9.85%。

二是积极调整市场结构，努力增收增效。中海散运于 2015 年 8 月底取得了大宗商品贸易经营资质，至 12 月底公司实现大宗商品贸易业务收入达 2 亿元。此外，公司还加快布局第三国运输业务，2015 年，投入第三国运输市场运力同比增加 4.2%，完成第三国货物周转量同比增加 4.26%。2015 年，中散货运进入印度、南非、秘鲁等国运输市场，并成为当年印度进出口市场经营规模最大的中国船公司。

三是优化船队结构，提升船队竞争力。2015 年，中海散运报废船舶 34 艘，127.74 万载重吨，船队运力结构明显改善。当年，中海散运船队总运力 265 艘、2053.68 万载重吨，平均船龄 5.63 年、船舶平均载重量增到 7.75 万吨，公司船队基本实现了大型化、年轻化，船队竞争力得到进一步提升。

2011—2015 年，国际干散货市场始终在低谷徘徊，航运企业面临生存的巨大挑战，行业大洗牌、大裂变加剧。2015 年，BDI 年平均值 718 点，跌破历史新低。截至 2015 年年底，中海散运总资产 341.13 亿人民币，总负债 287.44 亿元，资产负债率 84.26% ；全年总收入 66.36 亿元；受市场极度低迷影响，企业经营出现亏损，亏损达 15.12 亿元。

4. LNG 业务发展迈出实质性步伐

“十二五”时期，中海 LNG 从起步阶段进入飞跃阶段。

2011 年 4 月 26 日，日本株式会社商船三井（MOL）与中国北方液化天然气运输投资有限公司、中国东方液化天然气运输投资有限公司三方签署合资协议，在香港注册成立四家单船公司，建造 17.2 万立方米的 LNG 船舶，用于澳大利亚高庚、巴布亚新几内亚至中国的 LNG 进口运输。合资协议的签署，意味着中国海运在拥有大型的集装箱船、VLCC 油轮和货轮等船队基础上，又将进入具有高技术含量的 LNG 运输领域，也意味着中国海运与商船三井长达 20 年的合作关系的开始。

中海 LNG 充分发挥中国船东在 LNG 项目上的优势，尤其是中国海运与国家进出口银行、中国工商银行等中资银行的长期良好的合作关系，参与了船厂选择、船舶技术规格、造船融资等方面的谈判，实现了对 MOL 的承诺。通过与多轮次沟通、谈判，最终选择了沪东中华船厂作为船舶建造方，并于 2011 年 7 月 15 日分别以 4 家单船公司的名义与船厂签署了造船协议。

2011 年 3 月 7 日，中石化冠德投资公司访问中国海运，表达中石化 APLNG 项目运输合作的意向，即中石化与 APLNG 签署的每年进口 430 万吨 LNG 的运输将由中海运与冠德投资共同承担，希望冠德投资联合中国海运在东方 LNG 之外再成立一家合资公司，以 2015 年年底开始投船运营为目标推进各项工作。2011 年 12 月 19 日，中海 LNG 与中石化冠德投资公司签署合资协议，在香港注册成立“中国能源运输投资有限公司”，注册资本为 500 万美元，其中中海 LNG 占股比 51%，冠德投资占股比 49%。双方计划在香港注册成立约 8 家单船公司并在中国内地建造 8 艘 17.5 万立方米的 LNG 船舶。

在国家能源局的关心和推动下，2012 年 4 月 13 日，中国海运、中石化两大集团成功举办 APLNG 运输项目造船招标会，沪东中华、大连船舶重工、江南造船三家船厂领取标书参加投标，另一造船企业熔盛重工列席招标会；2012 年 4 月 25 日，集团与冠德投资、MOL 在北京正式签署三方合作备忘录（MOU）及保密协议，标志着 APLNG 项目正式引入外方。

2014 年 2 月，中海 LNG 与日本 MOL 公司组建联合体参加 YAMAL 项目一期运输投标，并于 2 月 17 日中标 3+1 艘 LNG 船。YAMAL（亚马尔）是位于俄罗斯 Yamal-Nenet 自治区北部一个半岛，即 YAMAL 半岛。YAMAL 项目涵盖该半岛的

Sabetta 港附近区域，YAMAL 项目拥有探明概算储量达 9000 亿立方米天然气及 2200 万吨凝析油，项目预计年生产 LNG1650 万吨；共需要 16 艘 ARC7 型 LNG 船（冰区船，17.2 万立方米左右）及 15 艘常规型船（冰区加强型，15—18 万立方米）为生产 LNG 提供运输服务。

2014 年 4 月 8 日，集团总经理办公会审议批准了中海 LNG 与 MOL 签署合资协议、在港组建 3 家单船公司（蓝色北极、绿色北极、紫色北极）参与项目投资。其中，中海 LNG 持有 50% 股份，MOL 持有 50% 股份，首期共同投资在韩国建造 3 艘 ARC7 冰区船。项目总投资超过 10 亿美元。经过中海 LNG 和 MOL 协商，确定采用国际通行的 LNG 项目开发管理框架，双方按股比各 50%，于 2014 年 5 月在香港成立 3 家单船公司。

2014 年 6 月，集团总经理办公会审议批准了关于项目可行性分析报告的请示，以及 YAMAL 项目造船合同、租船合同、船舶管理、监造协议、股东担保、融资借款协议等事项的请示。

2014 年 7 月 8 日，集团副总经理刘锡汉代表公司在韩国签署了 YAMAL 项目一揽子合同协议（除船舶融资协议外），共在韩国大宇船厂建造 3 艘 ARC7 级 17.2 万立方米破冰 LNG 船。首艘船 2016 年 5 月开工，2018 年 3 月底交船。

到“十二五”末，中海 LNG 确定了 9 艘 17 万立方米级 LNG 船舶，总舱容达 156.3 万立方米的造船计划。其中，参股投资埃克森美孚中国项目 4 艘 LNG 船舶，控股投资中石化澳大利亚 APLNG 运输项目一期 5 艘 LNG 船舶。此外，中石化澳大利亚 APLNG 项目二期运输将需要 3 艘 LNG 船舶，中石油 ARROW 项目也将需要 6—7 艘 LNG 船舶，这些都为中海 LNG 的发展带来新机遇。

2015 年 1 月 30 日，中石化美孚项目首制船正式交付使用，标志着集团的 LNG 运输进入实质性运营阶段。

截至 2015 年末，集团参股和控股建造 LNG 船舶（包括订单）已达 13 艘，其中 3 艘已投入营运，一支国内领先的 LNG 船队开始活跃在国际市场上。该 13 艘船舶的承运任务主要涉及美孚、APLNG、YAMAL 三大项目，其中参与美孚项目共 4 艘 LNG 船，包括营运船 3 艘，在建船 1 艘；公司主导的 APLNG 一期项目签约在建船共 6 艘；公司与商船三井（MOL）各占 50% 的俄罗斯 YAMAL 项目签约在建船共 3 艘。

截至 2015 年年末，中海 LNG 总资产 64.96 亿元，实现总收入 2146.31 万元，利润总额 777.6 万元。

二、金融板块：积极推进产融结合

在金融产业介入航运业越来越广泛的大背景下，作为航运企业适度向金融领域相向延伸则为大势所趋，同时也是企业转型发展的重要途径。由于金融产业在一定时期内能够带来稳定、超额的收益，且与航运市场的周期性不同步，因此集团布局金融产业有利于平抑航运周期波动。通过布局金融产业，与航运主业融合，以产融结合的方式，中国海运集团可进一步发挥金融产业与实体产业间的协同效应。

从产融结合特征来看，集团发展金融产业始终强调立足于航运物流主业，以金融产业支持集团主业发展；同时强调，金融要为产业服务，推动集团转型发展。比较中国海运集团组建以年来各板块平均 ROE（净资产收益率）情况，名列前三业务板块的分别是金融、油运、散运，且金融板块的 ROE 最高。特别是“十二五”以来，集团能够在整个航运业普遍亏损的情况下实现稳定盈利，主要还是来自金融板块的贡献。对此，集团坚持使用更多的金融产品来增加效益、减少风险，从转型发展、持续发展战略高度大力拓展金融产业，壮大金融板块实力，在推动航运物流主业跨越式发展中实现金融投资的超额回报。

（一）中海财务：着力提升资金管理效率

1997 年，集团组建之初，第一次重要会议就是财务工作会，议题就是资金集中管理，在形成“成立结算中心，加强现金集中管理”共识的基础上采取了一系列改革措施。集团紧紧抓住资金管理这个关键，优化资金管理运行机制，加快资金集中化管理步伐，取得了明显成效，为集团资源整合优化配置创造了条件。

从全球现金管理系统的开发运用到以网上银行为核心的资金管理结算系统，集团结算中心发挥了资金集中存储、即时监控、统一结算三项功能，实现了加快周转速度、提高使用效益、防范控制风险三个目标，满足了集团内部金融服务需要，保障了集团生产经营和资金需求。

为助推上海航运、金融“两个中心”建设，积极应对国际金融危机的冲击，集团于 2010 年 1 月 26 日在结算中心基础上组建了中海财务公司。财务公司着重加强资金的集中管理，由总公司统一对外，加强融资统筹安排。新公司的成立和运作，使集团资金集中度进一步增强、金融服务覆盖面进一步扩大、资金使用效率进一步提高。

中海财务实行董事会领导下的总经理负责制。按照法律法规和公司章程的规定设立股东会、董事会、监事会和高级管理人员，董事会下设风险管理委员会、预算管理委员会和审计委员会，分别负责风险评估和管理、预算编制与执行监督工作以及监督、协调、指导审计工作。

公司下设两个专业委员会、八个部门，即信贷业务评审委员会、投资业务评审委员会和金融业务部、计划财务部、资金结算部、信息技术部、风控法务部、稽核审计部、综合管理部、创新发展部。

集团资金管理部为集团附属管理机构，由原中国海运（集团）总公司结算中心及分部更名而成，承接原结算中心全部机构、人员及职责。集团资金管理部包括中国海运（集团）总公司资金管理部以及下属的广州资金管理部、大连资金管理部、深圳资金管理部、海南资金管理部、天津资金管理部、香港资金管理部和欧洲资金管理部。根据 2010 年 7 月 21 日中海集团 2010 年第 24 次总裁办公会决议，将集团资金管理部委托中海财务管理，作为集团统一的资金管理平台。2013 年 6 月 9 日，根据集团“中海发〔2013〕431 号”文件撤销天津资金管理部。

中海财务和集团资金管理部实行“一套班子团队，一套管理体系，一个系统平台，一个利润中心”，集团资金管理部日常工作接受中海财务各部室条线管理。

中海财务公司的成立，有力支持了集团主业发展，进一步降低了财务成本，降低了对银行融资的依赖性，提高了集团抵御财务风险的能力；进一步开拓多种融资渠道，不断提升全面风险管理的水平。而资金集中管理进而提升利用效率，则是中国海运借鉴外部成功经验并结合企业自身实际探索出的资金管控新模式。

中海财务作为非银行金融机构，取得了中国银监会批准的13项经营业务范围，可吸收成员单位资金，包括上市公司的存款，为集团成员提供结算、贷款、票据贴现、融资租赁、委托贷款、信用鉴证、保险等相关的咨询、代理业务，可承销成员单位企业债券、进行有价证券投资（股票一、二级市场投资除外）等服务。2012年3月，中海财务经外管局批准获得外汇即期结售汇资质，2013年6月经中国人民银行批复获取同业拆借资质。

在信贷业务方面，中海财务密切关注集团主业经营状况、业务风险和资金需求，保障企业正常生产经营融资需求。2015年，公司帮助集团内部单位置换高利率贷款，共节省财务费用4000余万元。公司通过跨境资金融通平台，完成对香港控股发放自营贷款、跨境委托贷款发放等项目，为集团境内外资金融通提供了便利渠道。同时，公司还积极支持集团供应链物流，将“一海通”电商平台作为集团内部电商与金融合作的切入点，为“一海通”提供多币种综合授信额度3亿元。

在同业业务方面，公司进一步加强资金流动性管理，及时把握市场机遇，盘活存量资金，提高资金使用效率和效益，灵活配置资金。2015年，在受到大额资金频繁流动影响、同业业务规模及期限均受到较大约束的情况下，公司通过灵活配置资金，确保收益；全年累计操作人民币同业定期平均利率4.04%。在开展同业业务中，努力争取价格优势，有效提高资金使用效率，年内与渣打银行、农业银行开展隔夜同业存放业务，取得增量收入。12月，在为武钢财务公司开展3亿元同业评级授信的基础上，适时开展票据业务。同时，逐步建立同业授信体系，进一步完善同业业务的制度及流程。

在投资业务方面，公司加强市场研判，严控风险；积极开展多元化投资，利用期限错配、锁定期限等方式，提高资金收益率。2015年，陆续开展了量化对冲型基金、混合型基金的投资业务，投资产品进一步丰富、投资收益进一步提高，累计实现投资平均收益8.3%，所有到期产品均正常收回。在制度规程上，补充并完善了《中国海运（集团）总公司资金管理部投资业务管理办法》等10多项制度，通过对流程的修订和梳理，在对交易对手甄别、投资产品分级等重要环节引入了多项定量、定性的评价指标，有效加强了投资风险的识别和管理。

在海外资金管理方面，中海财务在行业内率先加入SWIFT（环球银行金融电信协会）平台，结合财银和财企连接口的应用，实现集团资金全球实时可视，为集团海外资金管理进一步夯实基础。截至“十二五”末，完成SWIFT会员资格申请并实施平台上线及集团境外公司SWIFT授权查询工作，实现对集团境外账户80%的可视覆盖率。此外，公司还积极申请并取得跨国企业集团跨境人民币资金集中运营业务，统一管理境内外人民币资金。

2015年，中海财务总资产237.3亿元，其中财务公司108.8亿元，资金管理部128.5亿元；营业总收入3.4亿元，利润总额2.6亿元。

（二）推进上市筹措发展资金

在资本运作中，集团统一部署，统筹安排，充分运用境内外资本市场，积极对下属企业进行股份制改造，大力推行现代企业制度建设，并选择合适发行时机，先后将集团核心资产分别在香港和上海上市，筹集了大量资金，为“调结构、促转型”提供了资金保障，有效改善了财务状况，在资本市场树立起良好的形象，提高了公司的知名度。上市公司为集团和外部投资者充分兑现投资收益，带来较好回报。此外，集团还积极参与航运相关产业的战略投资，实现较好的收益。

以 2008 年为例，当年中海集运成功回归 A 股，募集资金 154.7 亿元人民币，为中海集团和中海集运进一步做强做大航运主业和可持续发展起到重要作用。集团成功发行 50 亿短期融资券、18 亿企业债券、20 亿可转换公司债券，直接融资占总融资额的比重提高到 38.15%，外币借款由 38.28% 增加到 43.84%，采取远期组合结汇、办理出口商业发票贴现等措施，资金抗风险能力得到增强（表 3–12）。

上市公司融资情况 表 3–12

时　间	上市公司	事　项
1997 年 10 月	中海海盛	A 股配股 9009 万元人民币
1998 年 3 月	中海发展	H 股配股募集 38,016 万港元
1999 年 9 月	中海海盛	A 股配股募集 22,321 万元人民币
2001 年 4 月	中海发展	A 股 IPO，募集 82,600 万元人民币
2004 年 6 月	中海集运	H 股 IPO，募集 768,350 万港元
2007 年 7 月	中海发展	发行可转换债券 20 亿元，于 2008 年 3 月转股 7855 万股
2007 年 12 月	中海集运	A 股 IPO 募集资金 154.7 亿元人民币
2010 年 5 月	交技发展	A 股 IPO 募集资金 3.51 亿元人民币

2012 年，中国海运在国内银行间市场完成了 60 亿元中期票据的发行。本次 60 亿元中期票据实行组合发行，第一期为三年期 40 亿元，第二期为 7 年期 20 亿元。优惠的发行成本，有效降低了集团融资成本，进一步优化了集团债务融资结构和期限结构。

2015 年，集团进一步健全和完善现代企业制度，使企业更适应整体资产股份化、运作机制市场化、经营管理现代化的世界经济发展趋势，在新的平台上实现更好更快地发展。到“十二五”末，集团有 55% 的资产已经上市，码头、物流、LNG 等板块也逐步注入上市公司，结合资本市场的发展，在做大的基础上，继续做强、做优上市公司，为集团的长足发展打下坚实基础。

（三）银企合作提供资金保障

在加强银企合作方面，此举通过信贷资金的集中管理和统一运作，充分发挥了规模优势，大幅下降融资成本，这是集团转型发展的重要战略举措之一。

集团成立以来，中国海运与中国银行在融资、结算等多个领域开展了紧密的合作，并于 2003 年建立了战略合作伙伴关系。2009 年 10 月 13 日，中国海运与中国银行股份有限公司在沪签署《银企战略合作协议》，签约金额达到 800 亿元人民币，是双方合作史上的一个里程碑。

集团在信贷方面强调引入竞争机制，避免对单一银行的过分依赖，有效扩大了合作银行的范围，先后与工、农、中、建、交五大行建立了战略合作关系，为集团生产经营提供了有力的资金保障。

“十二五”期间，集团与花旗、ING、法国巴黎银行等大型综合性外资银行以及挪威银行为代表的船舶融资银行建立了良好的合作关系。随着集团在国际银团贷款市场中地位的不断提升，越来越多的外资银行积极与集团开展各项业务合作，大大拓宽了集团的融资渠道。

由于航运市场特有的周期性以及海事、保险、抵押等业务的特殊性，船舶融资业已形成一个专业性很强的融资品种。集团组建初期，通过融资租赁的方式购建了一批散货船和集装箱船，迅速扩充了船队。随着集团的发展，集团在境外船舶融资市场的影响力日益提高。

国际金融危机以来，金融市场波动很大。对此，集团积极把握金融市场动态，积极平衡好境内外和本外币资金结构；着力推进规范化的财务管理模式，以资金管理为重点，加强基础管理，优化融资结构，强化集团管控。集团的财务金融部积极抓好融资筹资，保障资金需求；协调相关单位和相关银行，落实多项财政补贴和政策性贷款。

在集团创新财务资金管理和加强资金全球化运作的背景下，中海集运被选定为集团USCP项目（美元商业票据）的试点单位。2013年年初，首发即成功募集资金8500万美元，仅用1个多月时间完成4亿美元的满额发行，年均可节约融资成本约4000万元人民币，这是中海集运通过在美国发行USCP项目（美元商业票据）3个月来取得的优异成绩。USCP项目运作期限为3年，期限内可实行商业票据的循环发行和资金利用。

2013年，财务公司积极落实集团与中石油战略合作，携手昆仑银行为中海客轮提供银团贷款7.25亿元；与工商银行合作，提供2.85亿元银团贷款，及时化解了锦州码头的资金困境。截至2015年年底，公司累计发放银团贷款4笔，贷款余额2.24亿元，占公司自营贷款的6.24%。

（四）中海投资获得长足发展

“十一五”期间，中海投资加快了发展步伐。到“十一五”末，已形成集装箱制造、股权投资、融资租赁、商业地产、产权经纪五大板块并举的业务格局。公司经营范围包括实业投资、股权投资、财务咨询、数据处理服务，从事金融软件领域内的技术开发、技术服务、技术咨询、技术转让，房地产经营、国际贸易及相关咨询服务，市场营销策划，企业形象策划等。除此之外，中海投资还先后从事过集装箱码头、堆场、证券、办公楼租赁、汽车租赁等相关业务。

2004年，公司作为集团商业地产投资平台，购入并持有深圳、上海、北京、连云港、青岛等地的办公楼，总面积超过2.9万平方米，主要租赁给集团内部单位办公使用。

2005年起，发展集装箱、专用车制造行业。2008年，通过公司分立及股权重整，将集装箱、专用车制造业务归口由全资子公司上海寰宇物流装备有限公司持有经营。

2009—2011 年，开始承担集团多元化发展的投资平台功能，先后参股烟台港股份有限公司、青岛双瑞海洋环境工程有限公司；独家出资设立深圳海宁保险经纪有限公司，涉足保险经纪业务。2011 年起，公司逐步加大金融投资力度，先后参股上海航运产业基金管理有限公司、兴业基金管理有限公司和昆仑银行股份有限公司。同时，公司在严控风险、适度投资的原则下，运用证券、信托、资管计划等金融工具，形成了一定规模的金融资产。

2014 年，公司承担融资租赁公司的管理职能，沿集团航运产业链上下游开展船舶、港口物流设备的融资租赁，并按市场化的方式建立团队，发展医疗、能源和教育领域的融资租赁业务；同时涉足产权交易业务，成为上海联交所央企会员。

“十二五”时期，中海投资坚持以质量和效益为中心，按照“以境内金融为主的多元产业投资控股型企业”的战略定位，积极调整公司战略布局，围绕金融股权投资、融资租赁等核心业务，大力开拓新市场，不断提升盈利能力和抗风险能力。

1. 充分发挥董事会授权规则，金融股权投资业务初见成效。随着集团明确公司的战略定位和规范董事会建设，中海投资加大了股权投资业务的市场开发力度。在董事会授权规则下，公司积极适应新规则，开发了青鸟华光、东泽医疗、东资 1 号股权投资基金、芒果基金、上海自贸区股权基金等一系列具有投资价值的项目。其中广发银行 0.024% 股权转让项目，于 2015 年 9 月底在上海联交所摘牌，受让价款为 2134 万元；东资 1 号股权投资基金项目，完成 8000 万元出资。

2. 加大项目投放力度，融资租赁业务发展迅速。2015 年是中海投资融资租赁业务发展的开局之年，租赁业务目标为：用 3—5 年时间发展成国内融资租赁行业中专业性较强、具有市场竞争能力的第二梯队中领先的融资租赁公司。截至 2015 年 12 月底，投放合同数 88 个，投放金额 46.7 亿，完成年目标的 228%，实现利润 1.07 亿元。在风险控制上，租赁业务建立起以“评审委员会”为核心的风控管理体系，为项目营销、业务运作、资金管理、风险控制等各项工作提供坚实保障。运作一年来公司项目逾期率、不良率均为零。

3. 布局创新业务模式，坚持公司多元产业发展。中海投资于 2015 年 8 月中旬启动碳金融业务。首先进行了内部机制建设，重点完成业务、人员配备分析，完成了《中海投资碳金融规划》《中海集团所属六家企业拟被纳为碳排放权交易主体的初步分析报告》《健全中海集团碳资产管理体系分析报告》项目。在业务开展方面，完成上海环境能源交易所会员注册、国家自愿减排账户注册，初步建立了与上海环境能源交易所、国泰君安、东方航空公司等机构的业务联系，在国内自愿减排市场上初步锁定了一笔自愿碳减排量（CCER）交易。在发展商业保理业务方面，成立了“海汇保理（天津）有限公司”，开始涉足金融保理业务。此外，公司还积极参加北交所、联交所会员大会和成都考察、产权交易交流会等活动，并荣获上海联交所“2014 年度最佳组织奖”。

2015 年，中海投资总资产 68.71 亿元，净资产 32.44 亿元，资产负债率 52.78%；盈利 2.61 亿元。金融股权投资项目达到 11 亿，总出资 32.7 亿元，盈利 2.01 亿；融资租赁业务市场投放 46.7 亿元，盈利 1.07 亿元。

截至 2015 年，中海投资作为中海集团的投资平台和窗口，全资、控股、参股子公司共 17 家。

（五）组建中海租赁公司

2014 年 11 月 10 日，中海集团租赁有限公司（以下简称“中海租赁”）挂牌成立（图 3–3）。

图 3–3　2014 年 11 月 10 日，中海集团租赁有限公司挂牌成立。

中海集团设立中海租赁，旨在依托中国海运实体产业，整合资源，沿产业链延伸的发展脉络，采取多种手段，推进融资租赁业务发展，不断提高融资租赁业务的贡献比例，使其成为中国海运金融板块的支柱产业，促进中国海运“1+6”业务板块协调发展。为保证公司平稳起步，初期的业务领域重点围绕集团主业相关的行业领域，如船舶、集装箱租赁，码头设备、仓储设备和堆场设备租赁；围绕资质较好、现金流稳定、与集团产业链有一定关联度的客户群开展大型设备租赁；针对资质相对良好、具有较好发展前景的中型民营企业客户群开展工业设备的融资租赁。同时有选择性地开展集团外市场化业务，逐步形成自身的市场竞争能力。2015 年 9 月，中海集团对中海租赁增资 10 亿元，注册资本达到 15 亿元。

到“十二五”末，中远海运租赁的经营按医疗、教育、能源和建设四项业务方向齐头并进（表 3–13）。

中海租赁经营业务情况　　表 3–13

业　　务	累计投放规模（亿元）	盈利水平
教育业务	43	10.7%（平均 IRR）
医疗业务	35	9%（平均 IRR）
能源业务	52	9.6%（平均 IRR）
建设业务	6	10%（平均 IRR）

注：IRR 为内部收益率，为投资项目财务评估指标。

1. 教育业务。成功投放的项目集中于高校、普教及政府平台领域，共 37 个项目。其中高质量客户占比最高，达 58%，主要集中在山东、江苏等当地经济发展与产业结构良好的区域，并以承租人或担保人为发债城投，发生逾期风险的概率极小。

2. 医疗业务。业务集中在公立二级以上医院，采用回租和直租的模式给公立医院基建、采购设备提供 5 年期的资金，一般按季度还款。业务开拓方式主要是依靠业务人员积累的固有业务渠道。为了赶超第一梯队的租赁公司，公司在公立医院以外的民营医院、基层公立医院市场领域不断尝试开拓创新，在医美、养老、医疗工业和连锁药店等新兴市场均有涉足。

3. 能源业务。建立了以光伏电站、水电站和区域电网为主要支柱的细分业务板块。其中光伏业务主要针对建设期电站项目或已并网电站项目提供中长期名义回租融资，融资比例一般在 70%—75%，期限一般在 10—12 年。水电业务主要针对已并网的中小型水电站进行售后回租业务，融资比例不高于 65%，期限一般为 10 年。

4. 建设业务。以建设施工企业为核心，结合上游设备及材料供应商、下游运营商的设施及企业进行业务拓展。将目标客户定位为建筑施工企业（含基础设施行业）与设备制造企业等，作为部门主攻方向。建筑施工领域目标客户定位于中央企业三级四级公司、国有企业、地方民营企业，细分行业主要集中在市政、交通建设、工业建设领域，主要采取售后回租与应收账款保理相结合的操作方式。基础设施领域目标客户定位在具有良好现金流的细分行业，即水务、供热、燃气等公用事业企业。设备制造领域以大型国有企业、上市公司与大型民企作为目标客户，主要采取售后回租与保理产品相结合的模式。

2015 年，中海租赁总资产 51.80 亿元，净资产 15.91 亿元，资产负债率 69.29%；营业收入 2.24 亿元，利润总额 1.07 亿元。

（六）拓宽融资渠道

除传统融资外，集团还积极尝试创新产品，采用多元融资品种。中海发展 VLCC 交叉货币掉期融资结构获得 Trade Finance 2006 年度最佳交易奖。

在人民币融资中，集团首创了国内第一单人民币船舶银团贷款，并度身定制了集团版本的船舶融资文件，在后续的人民币船舶银团贷款中还相继引入外资银行，进一步提高了人民币船舶银团贷款的规范和标准。此外，由于船舶融资年限较长，而人民币贷款利率尚未市场化，集团采用融资期限选择权结构，有效降低了贷款利率，节约了财务成本。2013 年，中海集运成功通过美元 CP 项目募集 4 亿美元低成本资金，东方国际成功发行 2 亿美元集装箱 ABS 证券，实现在国际金融市场上进行美元直接融资的重大突破。年内累计融资折合 440 亿元人民币，为集团生产经营和转型发展提供了坚实的资金保障。

集团充分把握国家债券市场发展的动态，积极创新，多次发行直接债务融资工具，支持了集团的相关造船资金需求，降低了集团融资成本，实现了集团拓展融资渠道的重大创新和突破。

2012 年 9 月，集团获批成为首批开展跨国公司总部外汇资金集中运营管理试点企业之一，同时上海外管局将集团列为上海第一家试点示范单位，集团授权财务公司作为集团外汇资金集中运营管理操作平台。12 月 3 日，中海财务成功完成了 1500 万美元归集和 500 万美元对外放款的境内外资金双向调拨操作，实现了跨国公司总部外汇资金集中运营管理的首笔试点业务，迈出了跨国公司总部外汇资金便利化运作的重要一步，为集团实现境内外资金池互通、进一步提高资金使用效率效益，创造了有利条件。

2015 年，集团加快推进海外资金管理，在率先加入 SWIFT（环球银行金融电信协会）平台的同时，积极委派客户经理作为金融管家深入客户单位，以专业的金融知识与技能，参与到客户的日常财务管理工作，为集团所属企业防范金融业务风险再加一把安全锁。2015 年，结合内保外贷、商业票据及超短融等多种融资方式，统筹降压财务费用，全年节省财务费用 5.57 亿元。

实施多项举措盘活了资产，使得集团现金较为充裕，整体负债率较低，银行授信较为充足，抗市场风险能力较强。随着全球经济和航运市场的大调整，全球航运业进入了行业洗牌的阶段。对此，中国海运在深入研究行业发展趋势的基础上，积极把握国家并购贷款新政及“走出去”政策，努力保持融资渠道的畅通；同时密切关注适合集团发展的收购兼并机会，力使国有资产保值增值。

“十二五”期间，集团加强与银行签订合作，进一步发挥对航运业及相关产业的专业优势，运用资本市场积极参与相关产业的战略投资、优化资本布局。2015 年，安排外部融资 410 亿元人民币，其中人民币融资 203 亿元，美元融资 32.34 亿美元，有力保障了集团生产经营及投资资金需求。同时，与中国银行签署 900 亿元全球综合授信，并争取到进出口银行 30 亿美元专项政策性船舶融资额度，为集团船舶投资提供有力保证。

三、码头板块：业务快速发展

进入“十二五”，围绕集团“十二五”战略决策，中海码头业务瞄准打造全球一流码头运营商的目标，根据集团加强航运与陆岸产业协同发展的要求，强化控股码头运营管理，不断提升管理水平，不断增强运营效益；同时积极跟进国家“一带一路”倡议，加大实施“走出去”“大合作”发展力度，码头产业国际化步伐进一步加快，国际化码头项目开发进一步扩大。

（一）加快“走出去”步伐

“十二五”时期，集团大力拓展其海外码头业务，其产业规模和赢利能力明显增强。

洛杉矶当地时间 2011 年 4 月 18 日上午，中国海运在美国洛杉矶港举行中海码头二期工程落成典礼，一个现代化、绿色环保的大型集装箱码头呈现在人们眼前，标志中国海运在美国的码头业进入新一轮发展。洛杉矶是美国面向亚太的重要门户，随着美国经济复苏，中国海运更加看好中美贸易的航运业发展前景。中国海运洛杉矶码头二期工程的建成，大大增强了集团在美国西部的经营能力，也提高了集团在洛杉矶港的竞争力。

中国海运投资的洛杉矶码头一期工程已于 2004 年 6 月正式营运。落成的码头二期（102 号泊位）配有 8 部桥吊，可同时作业两艘大型集装箱船，堆场面积达 100 英亩（约合 40 公顷），作业能力达到每年 150 万 TEU。二期项目投产，有助于港口缩短货物装卸作业时间，同时突显了现代化大型集装箱码头的绿色环保理念，有效减少了污染排放。二期工程的交付使用还为当地创造了 8500 个就业岗位。工程交付当天，中海集运“新北仑”轮就成功靠泊二期码头进行装卸作业。

2013 年 6 月 5 日，中海洛杉矶码头成功接卸 53 英尺超长集装箱 。53 英尺集装箱是中海集运重点开发的货种之一，从上海港装船再到洛杉矶港卸船，必须有良好的港航配合才能顺利完成运输任务。中海洛杉矶码头根据中海集运提供的详细装船资料，在中海洛杉矶代理的配合支持下，成功完成了首批超长箱的接卸任务，为下一步接卸该类货物积累了经验（图 3–4）。

图 3–4　2014 年 8 月 20 日，十八公尺高的“小黄鸭”游进洛杉矶港中海码头，为洛杉矶大船嘉年华活动揭开序幕。

2014 年，中海码头与比利时泽布吕赫码头公司（APMT）及上港集团两家国内外知名航运码头企业联手合作，实现了中海码头在欧洲港口发展的新突破。2 月 11 日，中海码头投资参股的比利时 APMT 在上海召开董事会，标志着中海码头已顺利完成对该项目股权收购并转入运营，这是中海码头在欧洲投资参股的首个码头。中海码头自 2013 年年初启动该项投资谈判，同年 8 月签署股权收购协议，2014 年 1 月 8 日，实施股权交割，获得该公司 24% 的股权。公司其他股东股比为 APMT51%，上港集团 25%。

中国海运码头国际化战略为集团的航运主业提供了保障，也获得了国家的充分肯定。

（二）时任国家副主席习近平视察中海洛杉矶码头

据新华社报道，2012 年 2 月 16 日，正在美国访问美国、时任中国国家副主席的习近平同志率中国代表团，在美国加利福尼亚州州长杰瑞・布朗、洛杉矶市市长安东尼奥・维拉莱戈萨等当地官员的陪同下，视察了中海洛杉矶码头。

当地下午，习副主席一行抵达中海洛杉矶码头。中国海运集团董事长、党组书记李绍德，中海集运董事总经理黄小文，洛杉矶港务局局长杰拉尔汀・纳兹博士等在码头现场迎接，中海集运“新欧洲”轮船员代表、中海北美控股公司和中海洛杉矶码头合营公司中外员工以及洛杉矶当地港航界人士和嘉宾 150 余人列队欢迎。

习副主席与“新欧洲”轮船员代表和中海洛杉矶码头中外员工代表亲切握手，并向船上船员挥手致以亲切问候。李绍德向习副主席介绍了中国海运近年来响应国家“走出去”的号召、在美国积极拓展航运业务的主要情况，并着重介绍了中海洛杉矶码头积极融入当地社区、建设绿色环保码头的情况。

当天，中海集运“新欧洲”轮满载着集装箱，停靠在中海洛杉矶码头，迎接检阅。该轮是由上海沪东造船厂于 2007 年首批建造的 8500TEU 超巴拿马型集装箱船之一，配备有岸电使用设备。习副主席察看了“新欧洲”轮的岸电联接设施，并询问了有关情况。

习副主席在现场作了重要讲话。他说，此次来美访问，今天从艾奥瓦州抵达洛杉矶，第一站就来到中海洛杉矶码头，与中国海运的中美员工见面，感到十分高兴；中国海运在美国拓展航运业务和投资码头，船舶使用岸电，建设绿色码头，是一项领先的创举，码头员工 400 多人，并在美国间接创造 1 万多个就业机会，对大家取得的成绩感到高兴；中国海运对促进中美经贸合作做出了贡献，对此表示感谢。习副主席还说，此次中国政府代表团的加州之旅，也是引导和推进经贸合作之旅，推进地区之间合作、民间合作交流之旅。

最后，习副主席与中国海运集团代表团成员、“新欧洲”轮船员代表、中海北美控股公司和中海洛杉矶码头合营公司的中外员工代表共 40 余人合影留念。李绍德代表中国海运全体员工向习副主席赠送了“新欧洲”轮船模。

同年 2 月 20 日，交通运输部部长李盛霖批示：习近平同志视察中国海运，不仅是对中国海运的鼓舞和鞭策，也是对全国海运系统干部职工的关怀和鼓励，相信中国海运一定会充分抓住这一难得的机遇，坚持“走出去”战略，在竞争中求发展，在发展中不断增强应对各种风险的能力和水平。 21 日，交通运输部副部长徐祖远批示：要认真贯彻落实习近平同志的重要指示，积极支持我航运企业实施“走出去”战略。

（三）加快布局港澳台港口业务

2011 年 12 月 19 日，中海码头发展（香港）有限公司宣布公司与中远太平洋有限公司（中远太平洋）和招商局国际有限公司（招商局国际）三方组成的合资公司（香港注册），与阳明海运股份有限公司（阳明海运）签署了一份股权转让协议，受让阳明海运下属控股码头公司—高明货柜码头股份有限公司（高明码头）的 30% 股权。上述合资三方最终各持有高明码头 10% 股权。收购完成后，高明码头的股东结构为：阳明海运 60%、三方合资公司 30%、美国港口集团（Ports American Group）10%。该转股协议获得了国家相关审批部门以及台湾经济主管部门投资审议委员会的批准生效。高明码头是台湾“高雄港洲际货柜中心”第一期码头，是当时高雄港唯一可以挂靠 14000TEU 或更大箱位船舶的码头，由阳明海运于 2007 年获得 50 年的特许经营权并投资兴建。高明码头项目共建设 4 个 10 万吨级泊位，码头总面积 74.8 万平方米，岸线总长 1500 米，水深 16.5 米。项目分两期发展，一期 960 米岸线，两个泊位已建成，年总吞吐能力为 140 万 TEU，于 2011 年 1 月投产，并在投产第一年即完成集装箱吞吐量约 108 万 TEU，约占全台湾港口的 70% 份额。剩余两个泊位，即二期工程于 2012 年动工建设，于 2014 年投产，该码头年总吞吐能力增加至 280 万 TEU。该港采用全自动化轨道式龙门吊作业，装卸效率高，因此无论是从水深条件还是从码头硬件设施来看，高明码头都具有明显的竞争优势，发展潜力优厚。中海码头、中远太平洋和招商局国际三大港航公司共同入股高明码头，充分表明三大港航公司对香港与内地以及台湾与大陆之间的经贸合作的广阔前景充满信心，此次入股也为日后香港与内地以及台湾与大陆企业之间的合作树立了成功的典范。

2013 年 3 月 13 日，中海码头（香港）公司、和记港口信托有限公司、中远太平洋有限公司签署协议，中海码头因此获得亚洲货柜码头控股公司 20% 股权。和记港口信托亚洲货柜码头控股公司是香港亚洲货柜码头有限公司（ACT）的控股公司，其亚洲货柜码头（ACT）位于香港葵涌八号货柜码头西翼，由两个集装箱泊位组成。ACT 是中海码头在香港地区投资的首个货柜码头，标志着中海码头产业在香港这一全球名列前茅的集装箱枢纽港有了立足之地，此举对于中海码头推进国际化发展战略以及为超大型集装箱船舶和班轮公司提供更好的服务具有重要意义。

（四）加强精细化管理

“十二五”时期，中海码头精细化管理程度显著提高。中海码头把“推进合资公司全面预算管理，加强预算执行流程的控制”作为近几年精细化管理重点，针对燃油价格上升、能耗增加、集装箱码头成本支出增大的现状，确立连云港货柜、锦州新时代、上海洋泾和大连国际 4 个单位为全面预算管理的重点单位，以控制操作成本为切入点，把确保现场装卸环节的成本控制作为突破口，在强化电耗、油耗的管控等环节，从流程再造到架构重建，全面实施精细化管理，同时全面预算管理也在公司全面推开。

锦州新时代码头成立了流程再造课题组，着力解决操作的冗余环节和不协调问题，实行架构扁平化，减少不产生价值的节点；对经营中重要的能源消耗指标进行了细化，分解测算定额计划，并分解到班组，纳入考核，成本支出得以有效控制。

连云港货柜码头按照董事会决议要求，制定全面预算考核方案，将预算编制细化到相互关联的近 40 张数据表，同时分解落实涉及公司 8 个部门的 36 项主要指标，实行月度考核季度兑现。

营口新世纪码头对董事会下达的各项指标分解到部门与个人，实行绩效管理；加强单机成本核算，完成了全部后方轮胎吊的“油改电”技术改造，大大降低了燃油消耗，节能减排成效明显。

通过深化合资公司全面预算管理，强化了对合资公司的管控，增收节支成效明显，经济效益大幅提升。

截至“十二五”末，集团码头业拥有 65 个集装箱泊位、20320 米码头岸线、4080 万 TEU/ 年的集装箱吞吐能力；2015 年，中海码头的集装箱总吞吐量为 3196 万 TEU，权益吞吐量为 965 万 TEU，同比分别增长 21% 和 12%，在全球码头运营商集装箱总吞吐量和权益吞吐量排名中均位居世界第 7 位，已经形成较强的规模和实力（表 3–14 和表 3–15）。

全球大型码头运营商集装箱总吞吐量排名（2015 年） 表 3–14

序号	运 营 商	2015	2014	同比增幅（%）	市场份额（%）
1	招商局国际	8346	8063	3.3	11.80
2	和记黄埔	8207	8290	–1.0	11.61
3	马士基	7175	7750	–7.42	10.12
4	中远太平洋	6867	6733	1.99	9.71
5	新加坡国际	6410	6544	–2.05	9.07
6	迪拜环球	6170	6000	2.83	8.73
7	中海码头	3197	2651	20.6	4.52
7 家合计		46372	45456	2.01	65.59

资料来源：上海国际航运研究中心《2015 年全球港口报告》。

2015 年下半年，中海与中远两大集团开始筹划改革重组工作，中海码头发展有限公司开始筹划与中远太平洋有限公司合并。鉴于此，11 月 16 日，中海码头发展（香港）有限公司更名为中海港口发展有限公司。更名后的中海港口发展有限公司 2015 年总资产为 76.31 亿元，总负债 6.17 亿元，资产负债率 8.09%；营业收入 4.02 亿元，实现利润总额 3.46 亿元，同比分别增长 8% 和 115%。

全球大型码头运营商集装箱权益吞吐量排名（2015 年）　　表 3–15

序号	运　营　商	2015	2014	同比增幅（%）	市场份额（%）
1	新加坡国际	5450	5510	–1.91	7.64
2	和记黄埔	4680	4740	–1.27	6.62
3	马士基	3600	3830	–6.01	5.09
4	招商局国际	3269	3133	4.34	4.62
5	迪拜环球	2910	2830	2.70	4.12
6	中远太平洋	2011	1911	1.01	2.84
7	中海码头	965	861	12.1	1.36
7 家合计		22840	22985	–0.63	32.31

资料来源：上海国际航运研究中心《2015 年全球港口报告》。

四、物流板块：积极推进转型升级

（一）物流业务

“十二五”时期，中海物流积极从传统的集装箱货代业务为主体向工程项目物流、海外业务和金融物流等现代物流服务转型，着力打造现代物流服务供应商，努力构建中海物流产业链发展新格局。

1. 确定中海物流转型发展新战略

中海物流自成立以来，主要是围绕中海集运开展配套服务，网点主要集中于沿海地区且与集运重叠，集装箱业务之外的主营业务体系尚未完全建立，尤其是 2003 年货运体制改革，主营业务和相关人员划归中海集运，给中海物流发展造成很大影响，进而使公司面临许多短板和挑战，如对网络的管控能力偏弱、专业物流人才匮乏、内部控制及风险防范能力不足、公司总体投入薄弱，尤其是关键资源的掌控能力不够等。

为解决上述问题，转变长期以货代业务为主要利润的经营现状，中海物流坚持改革与发展，进一步提升自身的经营能力，努力打造更高层次的发展平台。

鉴于此，中海物流首先确立了转型发展、调整业务结构的发展规划，确立了总体发展目标，即以货代为基础平台，以海外业务和多式联运为支撑，重点发展工程项目物流金融物流、仓储堆场业务。

货物代理：在传统集装箱内贸货代基础上向散杂货代理、集装箱内外贸、空运、多式联运等方向发展，实现货代业务的多样化。

金融物流：集中于三线城市，以煤炭、粮食、钢铁等大宗散杂货为主，逐步实现从简单的货物质押向海陆仓项目质押与优势物流业务相结合的方向转型，形成供应链金融物流。

工程项目物流：加强与国内外代理的合作，逐步实现从依赖合作模式向独立运作和合作共同发展模式转变。工程项目物流是通过与全球各件杂船东、港口、海外代理、大件车队等资源合作的方式，为全球 EPC（对一个工程负责“设计、采购、施工”的总承包）工程项目货物提供从工厂至工地的全程物流解决方案以及运输服务的一种新型业务模式。

海外业务：拓展海外工程项目物流、金融物流的辅助手段，加速与海外代理平台的搭建、促进海外网络的建设和海外业务的发展，提升中海物流全球物流服务的知名度，打通中海物流发展海外工程项目物流、金融物流的渠道。

多式联运：通过投资或对外合资、合作、租赁模式，整合车队、仓储、堆场、公路铁路、件杂货、重大件船公司一些关键物流节点的资源，加强物流资源掌控，完善物流服务功能块，形成公路、铁路、水运整体链接联动。同时，本着“设立一个，成熟一个”的原则，推进网点建设，促进同地区、临近地区业务的拓展。

仓储、堆场：进一步优化现有资源配置，集中优势力量，加大与合资公司的合作力度，降低管理成本，实现资源的拥有、控制、整合、共享多业态共存，逐步建立完善以堆场、仓储为节点的大宗货分拨配送中心。

2. 形成了综合物流六大业务板块

一是集装箱物流业务。在“立足内陆市场、立足中小直客、立足与金融相结合、立足增值服务和立足区域融合”的“五个立足”发展方针指引下，公司进一步明确了集装箱物流的市场定位、客户定位、服务定位。2014 年，公司相继开发运作了恒大冰泉和中泰化学等项目，全年完成内外贸揽货箱量 34.61 万 TEU。

二是工程项目物流业务。中海物流围绕“人才建设高效化、营销渠道多元化、优势线路集中化和项目风险最小化”的“四化”发展思路，边发展边总结，进一步夯实了发展基础。公司强化与包括神龙汽车、北汽福田、远景能源和南车等在内的行业领军企业的项目合作，发展和巩固在汽车、清洁能源和轨道交通及基础建设等细分市场的优势，并以合资公司中海广瀛为平台，不断提升在重大件水平位移、吊装等领域的运作能力。

三是仓储分拨业务。依据拥有、控制、整合、共享的发展策略，公司获得了青岛前湾港南港区 6 万平方米的新堆场，并积极推进仓储分拨业务在规模、功能、营销模式、技术水平等方面的提升。

四是金融物流业务。经历“基础积累、转型发展”后，金融物流重点围绕风险防控这个主题，以优化质权人和出质人结构为目标，推进信息化应用，建立健全管理制度，加大提升防控能力；按照集团“严控金融质押业务风险”的要求，继续全力加速压缩业务规模，持续推动质押业务在公司收入和毛利比重中“两个降低”。

五是多式联运业务。随着服务网络逐步向内陆地区拓展以及合资公司中海嘉富服务能力的不断提升，中海物流进一步加大了内陆和跨境多式联运业务的发展，大力推进多式联运业务与金融物流业务的“双向融合”；以仓储为节点开展对中国移动、土耳其艾梯麦等大客户的营销工作，并中标中国移动西南地区设备配送业务，使该业务板块的运行质量进一步提高。同时，积极稳妥地推进洋山储运的整合工作，达到了预期的效果。

六是散杂货业务。在“金融 + 散杂货”业务模式的带动下，散杂货业务基本在各口岸开展，发展迅猛。公司不断推进散杂货业务从简单的 COA 合同执行、港到港和港口服务向“金融供应链”融合转变，从而实现该业务从流程型向平台型的提升；相继开发了国电铜陵、湖南华菱钢铁和尼科国润等一批物流项目。

中海物流在业务发展中，全面铺开网点建设，并根据内陆地区物流需求大幅增长的情况，重点向中西部地区布局，在竞争对手的空白点抢占业务先机，先后在山西、广西、江西、湖南、安徽、宁夏、内蒙古、河南、新疆等内陆省区设立网点，同时在沿海地区完善网络布局，设立日照、顺德、珠海等网点；并从战略上考虑，在香港设立子公司。“十二五”初期，公司新增网点数 20 个，其中设立了香港、山西、广西、江西、湖北、湖南、安徽、日照等 8 家子公司，至年底，网点规模已突破 100 家。

3.“十二五”末项目物流的推进

2015 年，中海物流以全面防范及控制风险为经营目标，通过强化各级责任意识、优化企业经营网络、推进风险防控体系等措施为稳定经营保驾护航。同时，持续加强“项目评审委员会”和“项目经理负责制”等制度的落实，各主要板块业务稳步开展，经营情况基本稳定。

在工程项目物流方面，中海物流坚持“稳步、慎行、求质”的原则，以建立健全工程物流管理制度和行业规范操作手册为抓手，加大业务开发力度，严控项目运作风险。2015 年实现收入为 13.43 亿元，毛利 6655 万元，并在各细分领域不断做精做细。汽车物流达到 5.2 万台，3000TEU；风电物流 1529 台套，收入超 1.7 亿元，运量始终占据国内风电运输市场第一位；海外基建 9.7 万计费吨，1246TEU，收入约 1 亿元。继续尝试技术创新，充分发挥在 SPMT（自行式液压平板车）设备规模及专业人才上的优势，成功运作多个国内首创项目，市场影响力不断攀升。初步实现工程物流向央企、世界 500 强企业为主要群体的大客户、大项目的发展目标（图 3–5）。

图 3–5　2014 年 11 月 23 日，中海物流在江苏启东宏海海洋油气装备公司制造场地上，通过自行式液压平板车，让国内第一艘完全在陆地制造的海工平台辅助船首次成功平移 500 米，使该船成为“陆地行走的船”。

在质押业务方面，中海物流坚决贯彻和落实集团“严控金融质押业务风险”的要求，以尽快安全有序退出该业务板块为目标，持续全力加速压缩业务规模及清退监管业务从业人员。到 2015 年年底，公司在运作中的质押项目已从 2012 年 10 月项目数量峰值的 1922 个下降至 352 个，监管员人数减少至 310 人。同时，公司持续加强与银行的沟通，力争通过各种方式尽快退出该业务。

在航运物流方面，中海物流以“供应链综合服务一体化”战略为引领，以成为“综合供应链服务运营商”为目标，基本实现以经营中非航线每月 1.5 航次的运营目标，并与中非航线上主要货源客户建立起稳定良好的合作关系。同时，公司坚持“管理透明化、服务精细化、成本最优化”的经营理念，通过持续降本增效努力减亏。

2015 年，中海物流资产总额 45.09 亿元，负债总额 36.17 亿元，资产负债率 80.23%；营业总收入 63.95 亿元，利润总额 –1.77 亿元。

（二）中海船务：船代、货代、空运、理货四个板块同步推进

“十二五”时期，中海船务积极转变经营发展模式，坚持调整业务结构，同步推进船代、货代、空运、理货四个业务板块及相关延伸业务发展。2015 年，中海船务实现代理量 40314 艘次，揽箱达到 33.6 万 TEU；在经营效益上，2015 年营业收入达 18.8 亿元，实现利润 1.36 亿元。

1. 实施片区整合与优化资源

早在 2004 年，中海船务针对货运体制改革后的业务调整，就开始实行“小片区”管理，将烟台、龙口公司划归青岛公司管理，将太仓、常熟、嘉兴公司划归上海公司管理。此举一方面有利于发挥大口岸的辐射作用，有效带动小口岸市场营销；另一方面也提升了小口岸内部管理水平，降低营运成本。随着网点建设不断增加，“小片区”的辐射作用也越来越强。

“十二五”时期，为适应市场变化和企业转型发展需要，中海船务进一步加大片区整合力度，推动口岸之间营销互动，强化统一管理、统一营销，由原来一个口岸、小片区“单打独斗”，向多个口岸、大片区“联动营销”转型，打造区域竞争优势。2011 年上半年，公司把珠海中海船务并入广州片区。2013 年上半年，对长江沿岸资源进行整合，把张家港中海船务并入南通片区。自 2014 年，片区整合力度进一步加大，将汕尾中海船务移交广州片区托管，探索“突破边界经营”的竞争机制。2014 年 12 月中旬，将大连、锦州、营口、丹东 4 家口岸公司整合成东北片区。2015 年 3 月，把湛江、广西、海南三地口岸公司整合成西南片区。通过“四个再造”，即组织机构再造、经营模式再造、管理架构再造、考核机制再造，不断优化资源，促进口岸互动，提升管理效率，降低营运成本，打破仅有黄骅港、上海、广州老三家效益规模“千万口岸”的格局，打造“可复制”的新“千万口岸”。

经过片区整合，2013 年，公司共有黄骅港、上海、广州 3 家考核单位经济效益达到“千万口岸”级别；2014 年有黄骅港、上海、广州、天津、青岛、南通 6 家考核单位达到“千万口岸”级别，2015 年有黄骅港、上海、广州、天津、青岛、西南片区 6 家考核单位达到“千万口岸”级别。

2. 拓展租船业务

在转型发展期，中海船务积极探索租船、短程驳运等新业务。2014 年以来，由总部牵头，成立租船小组，先后与广州振华船务、中海汽车船、上海友好航运等公司签订揽货租船业务合作协议；通过“借船出海”，搭建租船平台，较好地解决了运输资质受限问题。中海船务还从黄骅港公司、秦之海公司借调有经验、熟知内贸租船市场的业务骨干开展租船业务。为探索散货业务从船货代理向水路运输延伸，公司积极创新合作经营模式，专门制定了《代签散货水路货物运输合同实施细则》，进一步规范散货揽货和租船代理行为，控制经营风险。各口岸在探索散货揽货和租船代理中，涌现不少成功案例。如 2013 年，防城港中海船务成功操作了进口钛铁矿和进口煤炭船舶经纪租船业务，实现了中海船务在此项业务上零的突破。2014 年，南通片区租船业务“一马当先”，开拓租船、海进江二程船接驳、内河运输等特色运输服务，取得了良好的经营效益。2015 年，中海船务全线 10 余家口岸共计开展租船业务 115 航次。通过积极探索和实践操作，积累了内贸租船相关业务经验，

获得客户的广泛认知，租船业务遂成为“十二五”时期中海船务各口岸重点培育的新业务。

3. 搭建报关报检平台

散杂货报关报检业务是传统外贸船代业务之一。随着海关总署、质检总局简政放权，报关报检门槛也相应降低。2014 年，针对各口岸该项工作推进水平参差不齐的实际情况，中海船务全面推进报关报检业务。各口岸通过完善报关报检资质，积极拓展散杂货报关报检市场，推进船货代业务一体化，搭建“报关报检”平台，并在年度目标责任书中增加了“散杂货报关报检”考核指标。各口岸积极迅速行动，2015 年西南片区对北海公司、茂名公司完善了报关报检资质，进一步拓展北海铁山港和阳江镍矿报关报检业务。2014 年，全线实现散杂货、集装箱、空运报关报检收入共 3800 多万元。报关报检已成为中海船务主要的业务收入来源。

4. 积极探索“三个延伸”

“三个延伸”即向码头服务延伸、向大客户供应链延伸、向船东增值服务延伸。“十二五”时期，中海船务坚持把“三个延伸”作为转型发展的经营重点来抓，以大客户深度开发为重点，拓展大项目，延伸终端业务；发挥散杂货代理量连续多年稳居全国前列的优势，加快推进与港口码头合资合作，以“三个延伸”带动船货并举、海空联动，工作取得明显成效。

在向码头服务延伸方面，中海船务不断推进经营网点布局，利用合资合作，发挥码头资源优势，延伸服务功能，培育新的利润增长点。2013 年 3 月 14 日，与沧州港公司合资合作，设立了黄骅港沧州达航船务代理有限公司。2015 年 9 月 23 日，与漳州招商局码头签订合资经营协议，合资经营漳州中海船务代理有限公司。2012 年，南通中海船务积极寻找业务突破口，抓住如皋港新码头投产契机，与如皋港务公司签订了战略合作协议，服务功能向码头延伸。通过与码头合作，利用码头政策和有利条件，为船东、货主和客户提供优惠的码头费率和价格，降低船东、货主成本，实现与船东、货主双赢。码头也主动向船东、货主宣传中海品牌和船务的服务，为中海船务介绍客户。如皋港投产以来，南通片区以优质服务和良好信誉多次代理该码头超大型船舶，占据稳定代理份额。2012 年 12 月，南通中海船务代理“埃德加”轮，装载 7 万吨铁矿，从船舶进靠到最后出货完毕，历时 4 个多月，创收 60 万元，创片区单船收益最高纪录。

在向大客户供应链延伸方面，神华珠海港码头投产后，中海船务针对神华煤炭运销服务需求，采取“船货一体化 + 二程船操作”经营新模式，为其量身定做了一套个性化服务项目。自 2013 年 1 月 9 日开港试运行，珠海中海船务共代理神华珠海码头内贸一程船 334 艘次，计 2136 万吨。2013 年 5 月 6 日码头对外开放靠泊外贸船资质批准临时对外开放，共代理外贸一程船 8 艘次，计 60 万吨，一程船市场占有率为 98%。代理二程船 7046 艘次，计 1900 万吨，市场占有率为 100%。通过向客户供应链延伸，实现了优势互补、合作共赢。

在向船东增值服务延伸方面，青岛中海船务加强与租船船东紧密联系，在市场联动营销上下功夫，与大客户深度合作、深度开发。2012 年，宁波中海船务得知宁波某化工品公司有甲醇二程驳船租船需求，主动上门服务，借助自身服务优势以及港口合资的良好背景，与该化工品公司签订了两载甲醇运输租船业务，并从货主入手接触到更多的化工贸易商及船东客户。经过市场实践，二程驳船租船成为宁波中海船务重点培育的业务“新亮点”。

5. 中海空运整体并入中海船务

2010 年 8 月 11 日，集团召开 2010 年第 27 次总裁办公会，研究决定将中海空运整体并入中海船务。为此，中海船务先后完成了前期调研、框架方案制定、股权转让、产权变更、工商注册和增加注册资金等各项工作。2011 年 1 月 1 日起，中海船务正式履行对中海空运的管理职责，并全面启动了对中海空运的整合工作。

2001 年成立的中海空运，至 2010 年，已形成以上海为中心、以长江和沿海地区为双翼的空运物流网络，其国内的经营网点达 13 家，成为国内重要的大型空运物流企业。

中海空运并入中海船务，是中国海运促进集团陆岸产业转型发展战略的一个重要决策，按照集团李绍德董事长、党组书记提出的“空运并入船务要实现资源整合的放大效应”的要求，中海船务在整合过程中始终坚持“四个有利于”的原则（即有利于船务、空运业务整体发展，有利于管理更加直接到位，有利于调动船务、空运干部员工的积极性和能动性，有利于最终实现资源整合的放大效应），以资产整合为基础，业务整合为目标，人员整合为重点，深入调研，系统筹划，分步实施，循序渐进。

空运并入中海船务后，船务对空运总部机关实施一系列改革：

一是撤销空运总部机关，在船务机关新设空运事业部，分流空运机关人员。

二是成立空运上海分公司，整合了原来外高桥、松江分公司的资源。2012 年，中海船务与沈阳远大集团开展合作，从海运业务订舱开始，逐步拓展到陆路运输业务和空运业务，业务量不断扩大。其间，空运上海分公司为沈阳远大操作了两次“包机”业务。这也是中海环球空运并入中海船务后开展的首次“包机”业务。

三是恢复空运深圳分公司，加强深港和华南地区空运业务营销和开拓过港航班业务。2012 年 11 月 22 日，中海船务与南方航空股份有限公司举行航空货运业务合作签约仪式。双方将在广州、深圳等 13 个城市开展货机业务合作。同时，双方进一步加深业务合作力度，逐步扩展到仓储、地面、陆路运输等其他业务领域，扩大业务交集圈，向着全面战略合作的目标迈进。

四是整合空运车辆资源，组建了货运车辆营运中心，推进苏州分公司车队从“保障型”向“市场型”转变。

五是总部加强对空运分公司的直接考核。到 2012 年底，空运改革业已初见成效。空运机关人员全部得到安置，空运员工总数缩编至 515 人，减员 32.2%。

从几年来的经营效果看，整合工作初步达成阶段性目标。通过对空运财务及资产的整合，中海船务资产规模进一步扩大，管理成本及财务费用进一步降低，船务资金得以助力空运发展；通过对业务资源的整合，使公司业务板块更加完善，投标大型物流项目的能力进一步提升，空运航线自销售业务逐步推进，空运板块发展空间更加广阔；通过对人力资源的整合，空运的管理人员得到合理安置，中层干部及业务骨干得以在更大的平台上发挥作用，人员配置进一步优化；通过对信息系统的整合，系统开发维护成本得以降低，管理效率进一步提升，业务服务功能进一步加强。

2013年7月25日，“中海环球空运有限公司”正式更名为“中海环球货运有限公司”。这一更名，不仅仅是企业的更名，更意味着企业在经营结构、营销方式以及管理模式上进行变革与创新，这是中海船务为搭建“大货运”平台，落实“船货并举”发展主线，整合货运资源，推进海陆空货代业务一体化、网络化运作的重要举措。截至2015年底，中海环球货运共有15个经营网点，服务功能进一步完善。

整合后的中海船务充分利用船务和空运的优势资源，加强船务、空运网络互动和海空联动营销，发展多式联运业务；依托船务的资金、网点和营销力量，在各口岸公司都建立了空运市场营销团队；加大空运市场开拓力度，逐步提高空运航线自销售业务比例，做到既增产又增效，使空运经营状况得到有效改善。经过不断深化改革、整合和优化，空运板块取得了新的变化和成效，增强了货代业务的市场竞争力，实现了“1+1>2”放大效应。

图3-6　2014年3月17日，中海船务成功代理进口奶牛船，3411头澳洲奶牛安全卸船，卸船作业比计划足足提前6小时。

2011年，空运业务公司出现亏损。2012—2013年，空运业务逐年减亏。2014年，通过“空转货”，货运实现扭亏为盈，盈利232.4万元。2015年，空运业务继续保持盈利势头。图3-6为中海船务代理进口奶牛船。

五、工业板块：中海工业转型谋发展

“十二五”期间，因全球经济危机影响，航运市场从高峰跌入深谷，整个造船业也陷入漫长的寒冬；造船订单不足，修船总量下降，新船造价持续低廉，行业一片萧条。仅2012年5月至2013年4月，中海工业船厂竟然出现11个月没有新船建造的境况。

面对市场困境，中海工业员工并没有被压倒，公司按照集团提出的“五个转型”的要求，加快转变发展方式，坚持抓好管理创新、制度建设及流程再造，推动企业竞争力的提高和产业板块的升级，提高了管理进步对经济增长的贡献度。企业着力推进“以生产计划管理为抓手，以成本控制为重点，以提高服务水准为目标”的修船生产精益化，加强了修船、造船管理精细化“突破口”工作，坚持做到在市场不好时，业务经营下滑得比别人慢。

（一）巩固老市场，开拓新市场

“十二五”初期，面对修船市场激烈的竞争，中海工业进一步调动经营总部和各厂的积极性，巩固老市场，开拓新市场，着手引进非修项目，努力做大总量，保持企业均衡生产和队伍的稳定。2011年全年完成营业收入82.40亿元，同比为130.82%。其中修船等销售收入17.46亿元，同比为97.29%；造船销售收入63.94亿元，同比为145.17%；完成集团考核利润5.23亿元，同比为102.08%。

修船板块按照统一经营的目标要求，在统一制度流程、统一服务标准、统一能效指标方面进行了新的尝试。造船板块通过对标，确立了阶段性的持续改进和提升的目标，与

2010 年相比，钢材平均一次利用率由 87% 上升到 88%，船台平均周期从 81 天下降到 71 天，船坞搭载时间为 64 天。

面对修船市场的不景气，下属各船厂积极开拓非修项目，努力做大总量，确保企业均衡生产和队伍稳定。在统一经营的框架下，各船厂努力克服市场颓势影响，长兴船厂完成了“新亚洲”轮等 25 艘大型集装箱船的修理。至此，中海工业承修的集装箱船已覆盖世界前 20 位集装箱船队的大多数。完成了“奥登道夫”轮等 8 艘 VLOC 的修理，完成了“新安洋”轮等 8 艘 VLCC 的进坞。

在造船面临新接订单大幅缩水，手持订单不断减少，新船价格持续下降的情况下，公司积极参与集团 VLCC 的选型和研发，加强大客户战略的实施，推进 VLCC 订单，推动中远和招商的订单承接。在集团支持下，新造 11 万吨油轮顺利开工，公司由批量造船，逐步转向大型化、现代化、高附加值和节能环保型船舶的制造，加速提升造船能力。

中海工业引进阿芙拉型油轮技术，进一步提升了造船生产设计能力。公司还加大了集团外造船的营销力度，新签 12 艘新造船合同，2011 年底手持订单 41 艘，在建船舶 29 艘。

2011 年 1 月 21 日，中海工业（江苏）公司创造了 27 天坞期新纪录，比之前该公司 45 天纪录整整缩短了 18 天，生产再创佳绩。

与此同时，长兴船厂出色完成了 14000TEU“达飞卡瑞尔”轮的海损修理工程等重要项目，为中海工业修理大型集装箱船创立了品牌。

2011 年，中海工业进入中国制造业 500 强，排名第 232 位；2011 年公布的全国修造船排名中，修船保持了行业三大指标前 3 名，造船进入了行业三大指标的前 15 名。

2011 年 5 月 19 日，“陆金林船舶修造创新工作室”在中海工业正式挂牌，该创新工作室是上海市总工会命名的首批 20 个劳模创新工作室之一。

（二）坚持科技创新，实现产品多元化发展

中海江苏造船基地坚持“管理精控，质量严控，成本预控”的要求。2012 年分段无余量上船台搭载率达 66.1%。通过对后续船优化套料，钢材一次利用率达 89.02%。积极推进钢材集配中心物资管理系统和造船管理系统的选型工作。

“十二五”时期，实施新船型的开发，积极着手引进 VLGC 和 LPG 等现代造船技术。积极参与 76000 吨散货船、万箱船、VLCC 船舶参数修订和水池试验。中国海运为上海海事大学承建的 4.8 万吨世界最大远洋教学实习船，胜利完工交船；中海工业在下水和交船两个重大节点中，积极主动开展营销，体现了高超的组织水平，获得了社会各界的良好反响，为中海品牌增添了光彩。

在集团支持下，中海工业承接了万箱船项目并在 2013 年 4 月 28 日开工，结束了 2012 年 5 月 26 日阿芙拉油轮开工后连续 11 个月未有新船开工的局面，步入了中海造船进入大型集装箱船领域的历程。

中海工业还通过与设计院的紧密合作，以优化船型为切入点，实施主流船型推介，形成多品种、小批量的营销模式，积极搭建融资租赁造船等营销平台，努力取得新业务。

2013 年 4 月 21 日，34000 载重吨散货船“长江绿洲”轮的命名交船仪式在中海工业立新船厂码头隆重举行，该轮是立新船厂与新长江航运（香港）有限公司首度牵手合作续建的新型散货船。4 月 23 日，中海工业与 Amecor Internationl 公司、RCG Asia 公司共同签署了 1000MW 海洋工程风电项目战略合作协议。标志着中海工业在打开欧美海工风电项目市场走出了坚实的一步。

“十二五”时期，中海工业属下的英辉南方造船签订了两艘 40 米铝合金高速双体客船的建造合同，获得 8 艘铝船订单。同时，成功中标巴西 7 艘 2000 客位渡船建造项目。

围绕集团信息化登 A 目标，中海江苏造船基地深化 Tribon M3 造船设计软件的应用，完成 17 项相关开发工作；为规范造船生产管理流程，对 CIMS 系统的解决方案进行了深入学习和评估。

（三）努力做大修造总量，减亏效果初步显现

2014—2015 年，航运市场延续低迷，修造船行业仍处低谷。面对错综复杂、困境重重的局面，中海工业坚定信心，克服困难努力拓展修船造船业务，努力实现减亏目标。

2014 年 4 月 25 日，英辉南方为深圳鹏星船务有限公司设计建造的“鹏星 15”轮，在英辉南方船厂码头举行简单的交付仪式，“鹏星 15”轮是一艘 40 米高速双体铝合金客船，是英辉南方造船自主设计开发的又一新船型，配备 1080kW @ 2250rmp 双主机，采用双喷泵推进，其航速等主要技术指标都达到或超过了设计要求，最大功率时的平均航速达到 32.8 节，是当时国内同等配置的船型中航速最快的船，也是最为节能的船。11 月 15 日，英辉南方通过 10 个月的努力奋战、排除万难，终于如愿完成了第一艘 US2000 客渡轮“面包山”号的项目，在广州黄埔新港装入货轮“大良”号，启程运送至巴西。

英辉南方造船建造的“面包山”号渡轮成功交付，因其安全、舒适、静音等优良性能，深受巴西当地乘客青睐。2015 年 5 月，国务院总理李克强等国家领导人也登上了该轮。“面包山”轮的建造成功，为中海制造在国际舞台上赢得了声誉。

中海工业属下的江苏公司作为体量巨大的造船企业，2015 年经受了“保交船、抢订单、降成本”的巨大考验，运营管理能力显著提升。该公司面对分段产量上不去、劳动力紧缺的状况，调整生产组织管理架构、加强施工队伍考核、成立用工管理部对外包工进行统一管理，理顺了生产组织，通过对生产流程的梳理，建立了竞争机制，着力突破分段产量的瓶颈制约。

江苏公司按照《船舶行业规范条件》的要求，顺利通过工信部的审核，进入第一批造船企业“白名单”，为江苏造船在造船业的生存发展奠定了基础。通过对产品结构的优化，从单一的 6 万吨以下散货船建造进行转型，向大船型、节能型、高附加值发展，在集团支持下顺利交付 2 艘万箱船，建造质量得到船东认可，打下了建造大型集装箱船舶的基础；20.8 万吨散货船和达飞 9400TEU 集装箱船开工建造，从单一集团船东转向国际市场，集团外造船产值占比从 2013 年的 21% 上升到 2014 年的 75%。

2014 年 6 月 16 日，经江苏省经信委的资质评审和现场核查，中海工业（江苏）有限公司被认定为“江苏省企业技术中心”。

2014 年 9 月 25 日，江苏公司批量承建美国 TRF 公司的两艘 208000 载重吨散货船，在中国海运江苏造船基地顺利点火开工。格雷格集团、博特宁上海办事处、DNV-GL 船级社和中海工业江苏公司的相关领导出席仪式。该船型长 299.95 米，型宽 50.00 米，型深 24.90 米，设计吃水 16.50 米，结构吃水 18.40 米，入 DNV-GL 船级社，是江苏公司当时建造载重吨位最大的散货轮，2016 年建成交付。

中海工业属下的长兴船厂在修船三厂中率先实施市场化改革，通过完善选人用人机制，划小核算单位，实施再次分配，建立责权利相统一的市场化激励体系，着力解决管理粗放、成本控制不力和“大锅饭”的现象。长兴船厂作为修船板块的龙头企业率先扭亏为盈，引领修船板块打破多年来全面亏损局面。2015 年 4 月 15 日，长兴船厂成功改造 23 万吨大型散货轮压载水系统，这标志着长兴船厂成功踏出了涉足该项目的第一步。长兴船厂抓住大型集装箱船节能技术改进的契机，连续完成 12 个球鼻艏改造工程，不断缩短坞期，做精做优。“中海之星”轮球鼻艏改装取得了在坞时间 101 小时的同行最好水平，吸引了地中海航运、达飞、阳明等各大船东连续确认订单。

2014 年 4 月 7 日，中海工业菠萝庙船厂“飞龙山”浮船坞顺利举起“天龙座”轮，开创了中海集团“座”字号类型船舶进“飞龙山”浮船坞的先河，显示出了“飞龙山”浮船坞的超强能力，同时为该船后续工程的完成打下了良好基础。

2015 年，中海工业全年完成修造船产值 60.42 亿元，同比增长 37%。其中：修船产值 13.11 亿元，同比增长 6.2%；造船产值 47.31 亿元，同比增长 49%；完工交船 21 艘，同比增加 6 艘；完成 114.89 万载重吨，同比增长 38.8%。实现营业收入 67.87 亿元，同比增幅 69.66%。其中：修船收入 14.09 亿元，同比增幅 27.69%；造船收入 50.94 亿元，同比增幅 102.21%。全年比上年减亏 37.15%。

六、科技板块：上海船研所整体加盟

按国务院国资委的部署，历史悠久、品牌知名的科技研发企业上海船研所与服务型企业中国海运重组对接。2010 年 8 月，经报国务院批准，上海船舶运输科学研究所（以下简称“船研所”）整体并入中国海运，从此成为中国海运大家庭的一员。2010 年底顺利完成相关重组工作，整个重组过程平稳有序。

1961 年 2 月 28 日，上海船舶运输科学研究所正式成立。进入 21 世纪之后，随着我国科研体制改革的不断深入，船研所按照国家关于开发类科研院所管理体制改革的精神和科技部等六部（委）关于科技管理体制改革的文件要求，于 2000 年 10 月与交通部脱钩，转制为科技型企业，划归中央企业工作委员会领导，并于 2001 年 4 月完成工商注册登记。2003 年 3 月，国务院设立国有资产监督委员会，船研所转由国务院国有资产监督委员会管理。

2000 年，船研所由事业单位转制为科技型企业以后，面对日益激烈的市场竞争环境，为了解决生存和发展问题，尽快适应市场竞争环境，根据企业化发展的需要，逐步由原来的以学科研究为主转化为以发展科技产业为主。转制后的十年，船研所在科技研发方面取得了丰硕成果，共取得各类专利近 60 项、专有技术 40 多项，承担国家级科研项目 40 多

项，获得国家级和省部级奖励近 20 项，发表科技论文 400 多篇。

作为国家最大的交通运输综合技术研究开发基地，船研所拥有船舶运输控制系统国家工程中心、航运技术与安全国家重点实验室和航运技术交通行业重点实验室。船研所专业特色突出、技术力量雄厚、试验设施先进，长期从事交通运输行业共性技术、前瞻性技术的开发研究。船研所在舰船自动化、智能交通、环境工程以及船舶水动力业务领域处于国内领先水平。

船研所整体并入中国海运后，积极发挥科技创新的引领作用和放大效应，积极学习了解科研单位的特点，做好产业对接，将船研所的科技优势与集团的产业优势有机整合起来；坚持创新推动，不断提升集团的科技发展能力。

2010 年 5 月 6 日，船研所旗下的上海交技发展股份有限公司股票正式在深圳证券交易所 A 股挂牌上市，成为交通运输行业科研院所中第一家上市公司。首次公开发行股票募集资金 3.5 亿元，使公司净资产从上市前的 1.37 亿元增加到 4.8 亿元，为船研所加强产学研合作提供重要科技资源和资金渠道。2011 年 7 月 29 日，公司召开年度第二次临时股东大会，审议通过了《关于公司名称变更为中海网络科技股份有限公司的议案》。公司名称由“上海交技发展股份有限公司”变更为“中海网络科技股份有限公司”，证券简称由“交技发展”变更为“中海科技”，股票代码不变。

并入中国海运集团的上海船研所提出了向“新领域、新区域、新模式”转变的转型发展思路，并在探索实践中取得了新的成绩。

1. 智能交通业务创新转型成效初显

船研所旗下的中海科技以交通诱导及智能监控业务为突破口积极拓展新市场，通过加大智慧交通产品核心技术研发力度和市场推广，成功承接了福州、成都、上海等城市交通诱导及违章停车自动抓拍系统项目，并取得明显效果。通过引进安防团队，组建了安防工程事业部，成功承接上海亚信峰会安防项目；为公司培育了新的利润增长点。同时，中海科技将高速公路机电工程项目向运维服务延伸，全年运维类项目合同额超过亿元，同比增长 77.58%，创历史新高；将智能交通业务版图成功拓展到吉林、安徽、内蒙古等新区域市场。

2. 舰船自动化业务商业模式进一步突破

“十二五”时期，船研所新承接了多条主力护卫舰和军辅船合同，业务量稳中有升。在民船领域，实现了从单一控制台向机舱整体集成转型。一是与知名清洁能源分销商新奥能源控股有限公司联系洽谈燃气加注船自动控制技术的合作开发；二是新承接了 701 所海上综合装置阀门遥控、液位遥测、监测报警系统项目，积极拓展工程特种船舶市场；三是民品业务遏制了下滑趋势，船用侧推器外贸出口订单保持稳定。

3. 环境业务市场领域进一步拓展

“十二五”时期，船研所与上海申通地铁集团签订的《环境咨询服务框架协议》，合作期至 2020 年，船研所由此获得了上海轨交市场全过程环境咨询和竣工环保验收业务的优先权。此外，承接了海事风险评估、水土保持等多个大型环境保护项目。环境类业务在保持上海市场稳定的基础上，重点拓展了南京、青岛和宁波市场，其中在南京承接了 8 个轨交环评项目，合同额达 1019 万元；还在宁波中标了宁波轨道交通声屏障项目，合同额达

9862 万元。

4. 舰船水动力业务领先地位进一步稳固

在船舶水动力业务领域，继续保持较强的技术优势和市场份额，进一步巩固了行业影响力，在航运业及造船业发展形势依然严峻的情况下，取得了较好的经营成果。“十二五”时期，继续以优质服务稳定重点大客户，与江南造船集团、沪东中华造船集团、大连船舶重工集团、上海船舶研究设计院、中船重工 708 研究所等一批重要客户保持了良好的合作关系，在国内的民用船舶性能试验市场继续占有领先份额。同时，在万箱集装箱船型优化上取得了新突破，完成了 10000TEU 集装箱船的线型设计与开发，指标达到国际先进水平。

2011—2015 年，船研所在生产经营和科技研发方面都取得了长足进步，营业收入由 2011 年的 6.94 亿元提高到了 2015 年的 12.88 亿元；科技投入额由 2011 年的 4100 万元提高到了 2015 年的 5966 万元；实现科技创新收入由 2011 年的 1.65 亿元提高到 2.38 亿元；实现利润总额由 2011 年的 0.91 亿元提高到 1.43 亿元；取得了一系列研究成果，科技创新投入对经济效益的贡献率显著增长。依托船研所的国家和地方科技创新研发平台在航运效率及节能技术研究、航运安全技术研究、航运监控与信息集成技术研究、航运信息化及智能交通系统研究等方面，取得了一定的成绩和显著效益。

“十二五”后期，“一带一路”的战略构想的推进，“互联网 +”和电子商务的发展，城镇化进程的加快，“中国制造 2025”的实施及航运业的大调整，给船研所的发展带来了新的机遇。为此，船研所结合中国海运集团的新需求，积极建设“1+6”产业结构中的科技板块，坚持以服务航运、物流、制造等主业为核心，以建设技术研发与科技产业协同发展的国内一流、国际知名的航运科研机构和提升集团国际行业话语权为目标，依托船研所建设新集团航运主业技术支撑平台、大数据管理应用平台和集团科技信息产业化平台，成为集团科技产业新的一极。

七、航运及社会化服务板块：积极培育新业务

在中国海运集团“1+6”产业结构中，航运及社会化服务板块是“6”中的第六个业务板块，业务包括船员管理、船舶管理、船舶供应、LPG 仓储、大健康与大旅游等。

地区公司是中国海运集团“6”中第六板块的主体。作为组建中国海运核心单位的上海海运、广州海运以及大连海运三大海运局，随着集团资产重组和体制改革的不断推进，其经营格局、管理职能和资产规模都发生了根本变化；其船舶以及陆岸等资产在集团组建专业公司时，上海、广州及大连三大海运局众多优质经营资产相继划拨给各航运企业和陆岸等专业公司，公司管理职能、经营业务发生巨大变化。公司的经营也由船舶运输为主逐步向“投资收益管理、陆岸产业经营、党群属地化管理和离退休人员管理”四项职能转变；与之相对应，企业定位也集中于加强党群属地管理地位、获得专业公司投资回报、搞好集团的后勤保障服务等方面。对于大连海运局的社会化服务功能，在集团组建中海客运时，划归给中海客运。由此，大连海运与中海客运实行“两块牌子、一套人马”的运作模式。

在开展航运与社会化服务业务中，上海海运局和广州海运局以“服务中海、服务主业”和“确保安全、确保稳定”为己任，坚持做好稳定职工队伍、做好离退休人员服务管理以

及党群关系属地化单位管理的相关工作，全力支持和配合集团的发展；同时加强现代企业制度建设，加强所属企业的经营管理；坚持改革，坚持发展，确保稳定。“十二五”时期，在集团的转型发展阶段，两大海运集团积极消化和解决历史遗留问题，确立企业发展新定位，不断盘活企业存量资产，积极培育新业务，打造产业“孵化器”，激发企业新活力。

由于大连海运整体并入中海客运，且实行“两块牌子、一套人马”，因而在此将大连海运、中海客运划入航运板块，于是，第六板块即航运与社会化服务业务的主体部分，主要为三大地区公司中上海海运、广州海运两家公司以及船舶供应板块的中石化中海燃供；除此之外，还包括从事船员管理与船舶管理的中海国际，而有关中海国际的情况在本章第六节叙述。

（一）上海海运（集团）公司

1. 资产调整与重组

在中海集团成立前，上海海运（集团）公司主要承担华东和上海地区将近 70% 的货物运输，以及北起大连、南至香港的大部分海上旅客运输。公司远洋运输的货运量和周转量分别占到总量的 20% 和 60%，远洋航线遍及 140 多个国家和地区 400 多个主要港口。截至 1997 年 2 月底，上海海运共有运输船舶 208 艘，408 万载重吨，1.56 万客位和 3,464 箱位。公司下属二级单位 19 个。

1997 年下半年，新组建的中国海运集团开始进行结构调整、资产重组，上海海运局的资产发生一系列变化，具体包括：上海海运（集团）公司持有的上海海兴轮船股份有限公司全部国有法人股转由中国海运（集团）总公司所持有。上海海运金辉公司划入于 1997 年 8 月组建中海船务公司；上海海运“郁金香”轮于同年 8 月划入新组建的中海集装箱运输有限公司；上海海运国贸公司于同年 12 月划入中国海运集团组建中海国贸公司；上海海运船员劳务公司于 1998 年 3 月划入新组建的中海劳务公司；同月，集团组建中海货运代理公司，上海海运旗下的上海海运货代公司被划入；1998 年 6 月，上海海运联合船坞公司和荻港船厂划入中海工业公司；同月，上海海运客轮公司划入中海客轮公司。 1998 年 9 月，中国海运集团组建中海供贸公司，上海海运旗下的上海海运物资公司、燃料公司整体被划入中海供贸。

1998 年底，中国海运集团重大资产重组基本告一段落，上海海运主要生产经营业务被划入集团专业公司后，职能发生根本转变：一是从原来的以决策为中心的一级企业，变成以成本控制和利润为中心的二级企业；二是从以航运为主体的运输业，变为以多种经营和后勤保障为主体的服务功能型企业；三是从资金来源以运输收入为主，变为以多种经营收入和收取服务管理费为主。上海海运参与股份公司以及子公司情况见表 3–16 和表 3–17。

1998 年 12 月，根据中国海运集团的结构调整要求，上海海运（集团）公司与中海发展股份有限公司油轮公司合并为“一套班子、两块牌子、两本账”。

2002 年 7 月 1 日，上海海运与中海油运从人员、机构、资金、财务、业务等方面实现“五分开”，工作重点转移到确保安全、确保稳定、服务中海、服务主业、服务船员上，并逐步形成船务、船舶管理、船舶修理、船舶引水、环保仓储、住宅物业、教育培训、医疗保健、文化传媒、旅游服务和公安保卫 11 个服务主业板块。

上海海运参与股份公司一览表 表 3–16

公　　司	组建日期	主营业务
中海发展股份有限公司	1997 年	船舶运输
中海客轮公司	1998 年	旅客运输
中海集运公司	1997 年	集装箱运输
中海国贸公司	1997 年	贸易
中海船务公司	1997 年	船舶代理
中海货代公司	1998 年	货物代理
中海工业公司	1998 年	船舶修理
中海电信公司	1998 年	船舶通信
中海供贸公司	1998 年	物资燃料
中海劳务公司	1998 年	劳务输出
上海中海劳务公司	1998 年	劳务输出

上海海运子公司及所属单位清单 表 3–17

公司名称	成立时间	主营业务
上海海运实业总公司	1992 年	船舶运输
上海海运基建住宅发展总公司	1993 年	提供福利房源
上海海运船务工程公司	1992 年	船舶污水处理
上海海运技术总公司	1985 年	航海领域开发
上海海运（集团）公司船舶污水处理厂	1997 年	船舶污水处理
上海海运服务总公司	1986 年	运输服务
上海海运（集团）公司劳动服务公司	1982 年	劳动服务
上海裕海实业公司	1993 年	船舶修理、服务
上海长崎国际渡轮有限公司	1994 年	旅客运输
海南海翔航运实业公司	1993 年	海上运输
上海兴海船务企业有限公司	1993 年	船舶运输
上海秦海船务有限公司	1993 年	海上运输
上海北海船务有限公司	1994 年	海上运输

经过一系列的资产调整、股权清理，至 2012 年，上海海运分别投资了中国海运 8 家内部单位和 8 家外部单位。除投资管理单位外，上海海运还拥有实业公司、基建住宅公司、船舶污水处理厂、海服公司和海员医院 5 家下属单位，形成商务公众物业管理产业、船舶油污水处理、液体仓储、船舶抢修航修、黄浦江水上服务和医疗服务等陆岸主要产业。

2. 建立资产考核机制

1998 年，上海海运在管理职能和经营业务发生重大改变后，根据中海集团赋予地区海运的管理职能，按照新的企业定位，对多经公司加强管理，努力提高经济运行质量；加大应收账款催讨力度，对库存备件和存货进行清查分割、回笼资金；引进市场销售机制，盘活房地产等。

上海海运实施对投资的集团专业公司跟踪，进一步加强流程运转的监督管理，于 2010 年完成了相互参股的 6 家下属企业的股权清理工作；同时做好在华海公司的全部股权转让以及向中海工业、中海投资和增资工作。2011 年，上海海运为不断提高集团外部 8 家投资企业的投资效能，提升其价值创造能力，确保国有资产保值增值，进一步加强对投资企业的管控。对长期无利润分红甚至亏损企业，实施退出或转让股权机制。从 2011 年起，公司对范围内的资金实行集中管理，不断完善全面风险管理和全面预算管理，强化资金风险控制，进一步建立健全“小金库”专项治理长效机制；以“风险管理”为重点，进一步加强内部审计工作。

1999 年，上海海运开始建立投资档案，清理投资企业，维护投资者权益。公司投资委员会根据“六清查”工作细则的第 6 条和第 9 条规定，对 13 家对外投资和 12 家对内投资企业进行清理，建立资料档案，定期报告情况，维护出资人权益。公司还对 10 个境外资产进行清理，对这些企业的成立文件、中海集团的审计报告以及中海集团对各公司清理后的最新资料进行整理汇总，为清理追讨欠款、关闭无实际效益的公司创造条件。

2000 年，根据中海集团下达上海海运的应收账款挂钩考核指标，上海海运建立应收账款层层负责的考核责任制：总经理对应收账款催收负全面领导责任；分管副总负重要责任。此外，公司修订对基层单位的经济责任制考核办法，实行“一考四挂钩”制度，考核对象是多经一级子公司和经费单位、各中心的行政一把手和党委书记。“一考”就是考核年度利润指标和经费支出指标；“四挂钩”就是与应收账款、安全、经营安全、管理费四项指标的完成情况挂钩。

为使经济运行良性发展，上海海运继续深入开展了以查固定资产、查应收账款、查劳动用工、查管理成本、查建章立制和查违章违纪等为内容的“六清查”工作，并在此基础上对上海海运 11 个服务板块的 23 家“三代”以下公司进行全面分析，按照中海集团的要求和处理原则开展清理工作。

2005 年，上海海运按照中海集团加强对合资、合作企业和上市公司管理的有关规定和要求，加大对《上海海运对外合资、合作企业管理办法（试行）》《上海海运（集团）公司投资管理办法》和《上海海运（集团）公司董事会工作条例（试行）》等管理制度的执行力度，从制度上将对外合资、合作企业纳入跟踪管理的轨道，置于有效的监控范围内。

2006 年，上海海运认真贯彻中国海运关于加强对外投资管理，参与集团主业或相关产业投资的要求，对中国海运外部 11 家合资、合作企业进行跟踪管理。

3. 加强所属企业经营管理

1998 年，上海海运并入中海集团并进行经营职能转变后，陆岸产业的管理经营是其主要职能之一。

1999 年 3 月，为加强公司管理、进行科学决策，确保多经企业的依法经营，提高经济运行质量，按照《公司法》建立多经公司的董事会制度，公司多经部主任成为各家公司的董事长，代表出资人利益对各家多经企业投资发展和经营决策提出意见，加强了在董事会领导下的多经公司总经理负责制。2005 年，上海海运贯彻集团“地区公司需加强下属单位管理”的要求，本着“强化管理，精简机构，降低成本，提高效益”的原则，根据企业现状，在充分调研、深入宣传、反复酝酿、不断完善的基础上，拟定“总体规划，分步实施”合并管理的方案，对部分法人企业进行合并管理。2006 年，为进行产业结构资源整合，深化企业改革，上海海运进一步对所属海运实业、裕海、海技等 8 家法人企业实行合并管理，成立了新的管理机构，并为深化企业改革、实现精细化管理积累了宝贵的经验。

上海海运持续加大对内部亏损企业关停并转的力度，其下属法人企业从 2004 年底的 20 余家减少到 2009 年的 14 家，2010 年完成对历史遗留的 6 家下属企业相互参股问题的股权清理，完成了资产评估并进入备案申请阶段；撤销文化传媒中心建制，对上海市航海学会和《中国海员》杂志社实行挂靠管理，进一步理顺了内部管理关系。

2011 年度，公司陆岸产业经营状况稳健发展，在做精做强实业公司服务航运的抢、航、修和海图业务的同时，人力拓展救生艇及艇架检测、呼吸阀流量测试等新业务。在巩固住宅公司已有物业管理项目的同时，加大力度开拓外部物业管理市场，2011 年底承接了青浦区人武部办公楼物业管理。公司以优质特色服务拓展海服公司助航船队市场份额，基本客户发展到 50 多个；海运大厦客房入住率得到回升。

4. 积极培育化工仓储码头新业务

2012 年，中国海运集团“调结构、促转型”力度不断加大，为上海、广州、大连地区公司编制了《中国海运地区公司业务发展规划框架方案》，提出了“明确地区公司发展定位、创新经营思路、转变发展方式、盘活现有资产、提高盈利能力和发展水平”的发展思路。在此背景下，上海海运综合考虑自身的资产结构、经营结构、市场结构等实际情况，提出了“3+1”的经营发展思路，即“做好现有业务、盘活存量资产、拓展潜在市场、止住亏损业务”，在航运配套服务、地产物业经营管理、码头及液体仓储三个业务板块方面加强突破，同时止住海员医院这个出血点，努力实现减亏扭亏，稳步推进企业转型发展。结合集团地区公司业务发展规划总体要求，公司对现有存量资产进行了全面梳理分类，对各类存量资产提出不同的经营处置思路，对重点项目成立了由公司领导牵头的工作小组进行推进。

福建江阴建滔化工码头项目是上海海运转型发展中培育的一个新业务。该项目以并购福州江阴建滔化工码头有限公司为切入点，通过并购，上海海运进入了液体危化品仓储业务新领域（图 3–7）。

上海海运通过全资子公司上海海运仓储有限公司（以下简称“海运仓储”）以增资扩股的方式持有福州建滔公司 51% 股权，实现海运仓储与富宝实业的股权比例分别为 51% ：49%，海运仓储出资 4.488 亿元，富宝实业名义出资 4.312 亿元，双方共同开发经营福州建滔公司的福州港江阴港区 10 号液体化工泊位及附属库区工程项目。截至“十二五”末，该项目一期工程已经完成开工建设，开始进入试运营阶段。

图 3-7　上海海运投资开发的福建江阴建滔化工码头以及仓储项目。

福州建滔项目位于福州自贸区江阴港工业集中区，其 10 号泊位及附属库区工程处于福州江阴港区兴化中心湾。项目整体占地 442 亩，码头岸线全长 325 米，规划建设 5 万吨级石化码头一座，可同时兼靠两艘 1000—5000 吨船舶；内港池建设 3 千吨级石化码头三座；后方库区配套建设约 913000 立方米石化仓储设施。福州江阴建滔项目的建设工程分三期进行：一期工程主要包含 5 万吨级石化码头一座、内侧 1 座 3 千吨级码头一座、配套建设路南区 18.1 万立方米的石化仓储及公用工程设施；二期工程主要为建设岸侧 2 座 3 千吨级码头、库区配套建设路南区 22.2 万立方米的石化仓储设施；三期工程主要为配套建设路北区 51 万立方米的油品仓储设施。合资协议签订后，福州建滔先后召开董事会及股东大会，明确了公司机构设置及主要人事任免等事项，并对公司章程作相应调整。2015 年 4 月，在一期工程主体建设基本完成，且取得《港口经营许可证》及其附证情况下，福州建滔开始车载小规模试运营。2015 年 5 月，福州建滔开业仪式顺利完成，2016 年初开始试运行到年底，租罐率从 10% 提高至 76%。

2015 年，上海海运资产总额 70.02 亿元，总负债 8.94 亿元，资产负债率 12.76%；营业总收入 2.42 亿元，利润总额 586 万元。

（二）广州海运（集团）公司

18 年来，广州海运坚定不移地走改革之路，坚持用发展的办法解决前进道路上的困难和问题，服务航运主业，服务中海，积极拓展市场空间。特别是在“十二五”时期，广州海运按照“发挥优势、发展航运配套业、开展多元特色经营、强化资源的有效利用”的发展思路，加大了对陆岸产业的经营管理力度，坚定地把陆岸产业推向市场，坚持调整优化产业结构，培育新的经济增长点，提高企业的核心竞争力。

1. 广州海运与中海货运机构调整

根据中海集团的统一部署，1998 年 5 月 28 日，中海货运在三家地区货轮船队的基础上组建开业。同年 10 月，根据中海集团工作规划，广州海运与中海货运按照“一个班子、两块牌子、两本账、一套机构”和“经营管理功能与服务管理功能分离”的原则，对组织机构进行了调整和合并（图 3-8）。

2005 年 4 月 1 日，按照中海集团的部署和要求，广州海运和中海货运在规定的时间内完成了管理职能、工作机构和岗位人员的调整，实现了人、财、物、机构和业务的“五分开”。按照功能和职责分工，广州海运保留了航运与社会化服务业务以及再就业管理中心、福利保险管理中心、离退休人员服务中心、档案管理中心和教育中心等机构。

图 3–8　广州海运历史悠久。图为广州海运企业文化展示厅一角。

1999 年 6 月 16 日，广州海运下属的广州海事法院正式纳入国家司法体系，整建制地移交给广东省委、省政府和省高级人民法院共同管理，海事法院与交通部门及其所属单位彻底脱钩。

2. 资产的调整与重组

广州海运在加强地区公司管理的同时，还积极支持、配合中海集团广州地区各专业公司的组建，做好广州海运相关资产与集团专业公司资产重组工作。

1998 年 2 月 10 日，中海油运在上海挂牌开业。经资产重组，广州海运泰华油运公司划入中海油运，并易名中海发展股份有限公司广州油轮分公司。同年 5 月 28 日，中海货运在广州花园酒店隆重举行成立庆典仪式；经资产重组，广州海运下属的锦华船务公司、兴华船务公司、南方船务公司散杂货船及相关管理人员划入中海货运。同日，中海货代也与中海货运一并举行成立庆典，广州海运下属的国际货运代理公司正式移交中海货代。同年 3 月，广州海运下属的对外技术服务公司划入中海劳务，并易名广州中海劳务合作有限公司。

1998 年 6 月 18 日，中海工业在上海挂牌开业。经资产重组，广州海运下属的菠萝庙船厂、城安围船厂划入中海工业，并分别易名中海工业菠萝庙船厂、城安围船厂。同年 12 月，中海供贸、中海电信在上海举行挂牌开业仪式。广州海运下属的供贸事业部划入中海供贸。通信导航事业部划入中海电信，并易名中海电信广州分公司。

2004 年 12 月 8 日，由中海集团、广州海运、上海海运、大连海运出资组建的中海国际船舶管理有限公司挂牌成立，与此同时，广州海运下属的英华船员分公司、教育中心（海运技校）、广州中海船舶管理有限公司均从广州海运分离出去，一并划入中海国际。

3. 优化资产结构

2000 年 5 月，广州海运召开第四次党委扩大会议，会议围绕陆岸产业改革发展问题进行专题研究，按照现代企业制度的要求，完善内部法人治理结构，理顺资产经营体系，调整产业结构，优化资源配置，确立了物业经营管理、船员劳务输出、大宗货物代理等新的重点发展产业，对业务重叠或相近的单位进行资产重组或业务重组。

在产业结构调整和重组中，广州海运撤销了亏损严重的建筑设计室和物业公司下属的海韵公司、海员医院下属的海辉公司；将工会技协属下的 6 家企业合并，成立海工实业发展有限公司，以增强市场竞争能力；优化海员宾馆的投资结构，将从化泰华海员俱乐部从海员宾馆剥离出去，进行停业清盘处理；将房产租赁业务从物业公司分离出来，成立了房地产租赁分公司，进一步挖掘房产租赁业务的潜力。2002 年 12 月 5 日，成立广州中海船舶管理有限公司。将船舶管理分公司改制为有限责任公司，成为广州海运的控股子公司，将船舶管理作为广州海运新的重要增长点来培育和发展。2002 年，船管公司管理的船舶达 11 艘，实现利润 105.2 万元。调整海鹏公司的经营思路，确定了以揽货为主、贸易为辅的经营定位，取得了较好的成绩。

2004 年，广州海运房地产开发公司实行整体转让，不仅消灭了一个亏损点，解决了一个长期困扰企业的问题，也盘活了琶洲地块，化解了与政府的矛盾，又取得了较高的收益。同时也为公司开展主辅分离和辅业改制工作积累了经验。与此同时，属下的英辉南方船厂持续经营问题经过艰苦努力得到解决，寻找到有实力的大公司（中船重工）作为合作伙伴，解决了船厂发展问题；并按中海集团要求转让给中海工业，此次转让使中海工业得到一个新的利润增长点。此外，公司还成功解决了多年闲置的黄埔地块新维仓和白榄园地块等物业的出租和回收，取得了较好的经济效益。对租期已满且商业价值较高的物业，及时按市场规律提高租金水平，重新核实使用面积，提高了物业租赁效益。

4. 加强投资管理

广州海运作为投资方，拥有中海货运、中海油运、中海集运三家中海集团专业公司内部权益总额 14.9 亿元，在中海供贸、中海工业、中海电信等八家中海集团专业公司的出资总额为 4.8 亿元。享有上述各中海集团专业公司的投资回报。

为了加强投资管理，实现资产的保值增值，广州海运坚决执行中海集团的有关规定和要求，选派董事、监事，行使股东权利，加强监督和管理，落实权益分配和投资回报；公司设立专门科室，负责股东会、董事会、监事会决议事项管理工作，随时掌握相关行业信息和投资单位的经营管理状况，确保资产的保值增值。对历史遗留的个别不良投资项目，在强化监督的基础上，加快了清理步伐，将损失降到最低程度。

2003 年，广州海运已成为一个重要的投资主体。发挥这一重要职能，确保稳定的投资回报，对企业整体经济效益至关重要。2003 年，除个别投资项目外，大部分投资项目有稳定、良好的回报。当年中海发展投资收益为 8412 万元，招商银行投资收益为 3902 万元，这两项分红确保了公司投资收益。公司对振华、振兴、迪施、海东等公司的投资回报比较稳定，太平洋公司、珠海船务公司继续保持良好的经营效益。公司根据资金状况及贷款和利率结构，利用资金充足的优势，灵活调度资金，及时归还外部长期借款 2.3 亿元，减轻了利息负担，并获取转贷资金利息约 6200 万元。投资回报和资金运作，对于确保公司 2003 年整体效益发挥了关键保障作用。2004 年，广州海运实现投资收益 4296 万元。

2005 年，公司通过派员参加股东会、董事会、监事会，切实履行董事和监事的职责，参与对被投资单位的管理和监督，全年共派出 82 人次参加了招商银行、招商证券、中海各专业公司等 28 个公司的 49 次会议，调整委派董事、监事 47 人次。公司对被投资单位的分红重点跟踪，确保分红到位。

5. 积极培育大健康、大旅游等新业务

“十二五”时期，广州海运根据国务院国资委、中海集团的统一安排和部署，以落实产业改革调整措施为重点，先后完成了海运公安局成建制向广州市移交、关闭两所“企业办社会”职能明显的幼儿园、整合和优化了部分经营前景不乐观的陆岸产业、以公司制企业改制的形式理顺所属老国有企业的产权关系，以及加大航运配套和相关产业的投资力度等工作，进一步巩固企业产权和产业结构优化的改革成果。

2008年，集团在年度工作会议上明确提出了“地区公司要适时发展与集团航运主业相关配套产业”的政策，对于地区公司陆岸产业的改革发展具有重要指导意义。为此，广州海运加大了对航运配套产业的扶持力度，以增强这些企业的核心竞争能力和可持续发展能力。2009年到2011年，公司持续加大对航运配套产业和物业经营业的扶持力度，增强其可持续发展能力。

2012年，广州海运根据“同类合并，优化架构，有利发展”的原则，将下属产业企业划分为“物业经营与服务、航运配套和旅游产业”三大主营业务板块和后勤保障的其他业务板块，给予重点扶持和发展。2013年，广州海运将下属产业企业划分为“物业经营与服务、航运配套、旅游产业和健康产业”四大主营业务板块和后勤保障的其他业务板块，给予重点扶持和发展。

2015年，广州海运在认真履行四项职能的同时，结合公司实际，坚持面向市场、发挥优势，调整结构、整合资源，紧紧围绕公司发展战略和年度重点工作，抢抓机遇，转型发展，陆岸产业发展迅速，形成以“金融投资、航运配套服务、物业资产经营、旅业经营管理、医疗健康产业”等业务板块为主导的产业布局。金融投资板块主要包括股票、基金投资等；航运配套板块主要业务包括船舶抢修、设备制造、海务咨询、污油水回收与处理等；物业板块主要业务包括物业管理、租赁、投资、咨询、开发、工程监理等；旅业板块主要业务包括旅游、票务、酒店、出租车等；医疗健康板块主要业务包括医疗、健康体检、养老、康复等。

大健康、大旅游是广州海运在转型发展中培育的新业务，公司以此为切入点，积极打造社会化服务新业务的孵化器，逐步向“社会化服务产业”布局定位发展。

大健康业务以公司下属的新海医院为基础，逐步打造完整的大健康产业链。2012年，新海医院创新体检营销新模式，大力开拓高端体检业务及餐饮行业从业人员定点体检、驾驶员一站式体检等专项体检业务，带动了医院整体业务的提升，全年营业收入达到1.7亿元，创历史新高。2014年，新海医院发挥医养结合优势，养老产业规模稳步扩大。2015年，新海医院与广弘集团建立了战略合作关系，与广州市松鹤养老院有限公司签订了医疗合作协议，与广州市轻工学院联合开办养老护理人才培训班，积极探索医疗服务输出和后备人才培训业务，品牌效应得到初步体现。

在医疗健康产业方面，新海医院围绕集团主业和公司产业布局，根据医疗服务需求继续优化学科布局，加强眼科、康复、老年科和航海医学专科建设，年内单日医疗收入创历史新高；加快升级信息系统，合理调配业务用房，开展医药物流服务延伸项目应对医药政策调整，多次为集团广州地区职工组织大型义诊活动，促进医院医疗、健康体检、养老三大业务健康协调发展，并为在船船员提供全天候远程医疗咨询指导服务，强化对航运主业的后勤保障工作；设立健康管理公司，集中资源建设专业化、信息化、规模化的健康养老产业。新海颐养苑突出“医养结合”特色，床位供不应求，利用率继续保持 100%。2015 年，滨江颐养苑、江南颐养苑筹建工作启动，惠州大亚湾区综合福利院专项顾问协议签订；同时紧密跟踪广州、惠州、英德、天津等多个健康养老项目，为下一步做大做强“大健康”产业提供项目储备。

在培育大旅游新业务方面，公司下属的旅业公司积极开展新业务，开发新市场。2012 年，旅业公司到福建泉州等地拜访广州交易会重点客户，并适时调整了客房住宿价格，实现量价齐升，春交会期间综合开房率达到 92%，营业收入 113 万元。2014 年，旅业公司抓住广东大力发展旅游业政策机遇，加强与行业龙头企业的沟通洽谈，达成初步合作意向，努力培育竞争优势。2015 年，旅业公司充分发挥自身采购优势，积极开拓旅游资源同业批发市场，与南湖国旅、广之旅等龙头企业开展了四川、贵州、湖南等专线合作业务；与海珠区湿地合作举办了“2015 年海珠湿地公园第二届石硖龙眼节”活动，签订了营销推广合作框架协议，为下一步联合开发湿地生态旅游景区打下基础。

2015 年，广州海运资产总额 300.17 亿元，总负债 75.08 亿元，资产负债率 25.01%；营业总收入 12.23 亿元，利润总额 8.69 亿元。

（三）船舶供应板块：推进多元化发展

进入“十二五”时期，中石化中海燃供根据集团加快产业结构调整和“1+6”业务发展规划，在集团航运及社会化服务板块中准确把握自身定位，以保内供为首任，进一步做大做强船供主业，优化调整经营结构，拓展新的效益增长点。公司积极与海关、税务等部门沟通协调，实现了公司业务范围由单一的内贸供应型向内贸、国际船舶供应、保税仓储配送转型，为拓展新的业务领域、增加企业效益奠定了基础。

1. 优化经营网络

自 2011 年起，公司转变经营思路，大力开拓水上直销终端市场，加大新网点建设与整合力度。2012 年，深圳、佛山、湛江和福建等分公司、子公司共开通 6 个水上加油站；同年 11 月，厦门分公司更名为福建分公司；同年 12 月，大连燃料分公司更名为辽宁分公司。2014 年，完善南通、渤海湾网点；同年 6 月，将河北区域内的秦皇岛、唐山分公司整合为河北分公司。2015 年，组建江苏分公司，新增辽宁丹东港、海南三亚和陵水 3 个供应网点。通过区域整合，理顺东莞海东、上海物供大连分部、湛江燃供的管理关系。同时，加大经营设施投入，3000 吨级供油船“大庆 226”轮、“大庆 229”轮、“海供油 303”轮及 3600 吨级大型供油船“中燃 32”轮相继投入运营；属下上海中油中燃石油仓储有限公司（海滨油库）二期工程于 2011 年 12 月竣工，新增储能 8 万立方米。2015 年底，公司共有 58 个经营网点，基本覆盖沿海、长江中下游主要港口城市。各分支机构通过自建、租用油库、供应船等方式基本实现自主经营。

2. 拓展内贸燃油经营

中石化中海燃供坚持贯彻大客户战略，及时跟踪中国海运五大船公司的船舶动态和补油情况，完善锁价机制，规避市场风险。2012 年、2013 年，先后与中国海运各大船公司“双锁”燃料油共 67.3 万吨，为船公司降低燃油成本 6699 万元。公司适应国家成品油调价机制的变化，进一步丰富经营品种，增加工业柴油、船用轻质燃料油等产品，使之成为新的效益增长点。2013 年，利用两大股东的品牌、影响力，公司在港珠澳大桥、广州港拖轮公司、丹东港供油等项目中都取得了经营突破。下半年，针对配置成品油竞争力减弱的情况，公司积极与中石油、中海油、山东地炼等供应商建立起资源合作渠道，扩大油品外采比例，以增强市场竞争力和获利能力。2014 年 4 月，为适应中国海运船公司的需要，公司积极开展与调油商的合作，辽宁燃供、广州燃供在中海集运的积极配合下，分别开展 500CST 燃料油的研发调制工作，有效降低了燃油成本。2015 年，面对国际油价呈现“L”形走势、航运业持续低迷、国内经济处于“三期叠加”等复杂市场环境，公司坚持内外并举；对于燃料油经营，一方面继续完善与船公司的锁价方案，有效稳定了中国海运内部供应量；同时统筹采购调剂，追求公司整体最大效益。公司坚持统一集中采购，灵活使用配置资源和外采资源，在国内成品油市场经历 16 次调价情况下，公司成品油经营实现“量利双增”。当年销售各类油品 378.82 万吨，同比增加 33.05 万吨；实现利润 3473 万元，同比增长 66%。

3. 稳健开展保税油经营

面对国内激烈的保税油市场竞争，公司坚持深化合作、收缩规模、稳中求进等工作思路，与中国石化燃料油销售有限公司合作开展保税油业务，实现了“优势互补，合作共赢”。2011 年 6 月 17 日，公司在激烈的竞标中成功夺得“雪龙”号极地考察船三年期的保税油供应权。2012 年在宁波港为“中海泽布吕赫”轮供应 5000 吨保税油，刷新公司单船供应纪录。2013 年，公司加强与中国石化燃料油销售有限公司沟通协调，实现低库存运作，通过转关形式拓宽 MGO（轻柴油）采购渠道降低成本。2014 年在广西北部湾、广东湛江等地实现保税油跨关供应。2015 年运用转口贸易形式，积极拓展尚未开设保税油网点的港口供应业务。2011—2015 年，公司共销售保税油 180 万吨。

4. 加快物资经营转型升级

2011 年，中石化中海燃供在物资板块加快业务结构转型，拓展了新的效益增长点。公司积极开发了物资保税仓库相关业务，如出口退税、免税业务、保税润滑油业务。下属广州物供分公司通过多种途径提高酒类销量，酒类销售实现收入 300 余万元；上海物供、广州燃供等分公司积极介入船舶油污水业务，取得了国家一级船舶清污资质证书。2012 年，公司所属各单位加大中国海运船舶市场的挖潜，不断开发新产品、新业务。上海物供开发了集装箱的防溅带、油轮的废油处理、油漆国产化等业务；上海物供大连分部开发了新船国外品牌润滑油供应业务；备件经营发挥专业、技术、服务优势，在保持原有市场的同时，继续开拓修船备件、技改备件，同时加强与供应商的合作和谈判，提高盈利水平。2013 年，长城牌船用润滑油业务取得长足进展，集团共有 124 艘航线船舶主要汽缸油和系统油使用长城牌润滑油，成功进行了集团内 3 艘 30 万吨油轮和 3 艘大型集装箱船长城牌润滑油首供。2014 年，公司大力推进“为船服务”电子商务平台建设，实现物资供应平台与中海航运管理平台无缝对接。2015 年，为拓展多元经营空间，公司大力推进与中国船级社合作成立油品检测公司项目，并与国际 VISWA LAB 检测公司就承担其在国内的油样检测份额达成初步合作意向。

2015 年，中石化中海燃供总资产 15.29 亿元，资产负债率为 30.34%，实现总收入

93.02 亿元，实现利润总额 3435 万元。

第四节　内部资源整合

开展企业内部资源整合，其目的就是通过新的资产布局，解决同类资源业务分散、管理分散、交叉重叠、内部竞争等问题，实现资源配置优化，提高资源使用效率，增强总体竞争优势。为此，集团启动了散运资源、码头资源、物流资源、科技信息资源以及不动产资源的整合。

一、散运业务整合

按照集团转型发展和资源整合的战略部署，为实现集团干散货运输资源的有效整合，集团将中海散运确定为集团干散货船队的统一品牌。散运业务整合主要包括三大部分：

第一部分，是将中海发展下属的 9 家散货运输企业股权转让给中海散运。此举旨在解决集团内部散货运输同业竞争问题，将中海散运作为集团唯一的规模化、集约化、专业化干散货经营管理平台，统一领导、经营、管理集团内部相关散货运输业务，提升“中海散货运输”的品牌形象。同时，中海发展以持有的中海散货运输（上海）有限公司 100% 的股权、天津中海华润航运有限公司等 8 家企业的股权以及现金 7.97 亿元作为出资对中海散运进行增资，使中海散运的注册资本增加至 43 亿元。

第二部分，是将中海香港控股的干散货运输资源整合并入中海散运，以做强做大中国海运干散货远洋运输。整合路径是中海散运向中海香港控股收购中海香港航运，使中海香港航运成为中海散运的全资子公司。完成收购后，中海香港航运更名为“中海散货运输（香港）有限公司”，简称“中海散运香港公司”。2014 年 1 月 1 日起，中海香港控股的全部干散货运输船以期租方式租赁给中海散运，由中海散运统一经营。在此基础上，将中海香港控股所有干散货运输船资产转让给中海散运，实现中国海运外贸干散货运输船队资产的完全整合（表 3–18）。

在经营管理方面，一是将中海散运本部（包括光租、期租的集团内外船舶）和中海香港控股的外贸干散货船舶按三种船型划分为三个业务单元，即好望角型船队、巴拿马型船队、灵便型船队，实行专业化经营管理、单独核算考核。二是将好望角型船队和灵便型船队两个业务单元放在广州经营，巴拿马型船队业务单元放在香港，由中海散运香港公司负责经营；为充分利用资源、降低成本，巴拿马型船队经营中关于船员管理、船舶管理等支持保障性业务可逐步调整到广州。

在员工管理上，中海香港航运员工全部纳入中海散运，由中海散运聘用并发放薪酬。中海散运在广州、香港两地的员工可根据工作需要，相互交流轮换，共同提高经营能力。

整合后，中海散运香港公司的经营、安全、利润等考核指标均纳入中海散运，同时集团相应核减中海香港控股的经营业务指标。

表 3-18

序号	公司名称	中海发展持股比例	对应出资额（人民币，万元）	转让价格（人民币，万元）
1	中海散货运输（上海）有限公司	100%	100000	152245.90
2	天津中海华润航运有限公司	51%	28968	31330.089
3	上海银桦航运有限公司	51%	10200	10919.57
4	广州京海航运有限公司	51%	5100	5363.34
5	上海嘉禾航运有限公司	51%	12240	13262.22
6	上海友好航运有限公司	50%	10000	16257.96
7	广州发展航运有限公司	50%	29850	32696.84
8	上海宝江航运有限公司	10%	400	914.16
9	秦皇岛海运煤炭交易市场有限公司	8%	30	82.43

第三部分，是将中海海盛的干散货船队并入中海散运。这一过程是通过减持上市公司股份逐步进行的。整个过程于 2015 年年中启动，于 2016 年年底结束。2015 年 6 月 4 日，中国海运确定上海览海上寿医疗产业有限公司（简称“览海上寿”）为中海海盛股权受让人并与之签署了股份转让协议。转让股份的每股转让价为 12.55 元，转让总价款为 10.29 亿元。股份转让完成后，中国海运的持股比例降至 13.38%，览海上寿的持股比例为 14.11%，成为公司第一大股东。览海上寿主要从事医疗科技领域内的技术开发、技术转让、技术咨询、技术服务，一类医疗器械的销售，资产管理。览海控股（集团）有限公司持有其 51% 的股权，上海人寿保险股份有限公司持有其 49% 的股权。览海上寿此次权益变动的主要目的是，利用上市公司平台有效整合资源，协助上市公司实现业务转型，改善上市公司的经营状况，提高上市公司的资产质量，增强上市公司的持续盈利能力和长期发展潜力。

2016 年 3 月，中海海盛向览海旗下子公司览海投资公司非公开发行 2.9 亿余股人民币普通股（A 股），募集资金近 20 亿元；中海海盛总股本变动为 8.73 亿，其中览海投资占 33.43% 的股份（览海投资及其一致行动人持有公司股份比例为 45.22%），为公司第一大股东；览海上寿成为第二股东，而中国海运集团占 8.91% 的股份，则成为中海海盛第三大股东。2016 年 5 月 26 日，新公司“海南海盛航运有限公司”取得营业执照。2016 年，随着中海、中远两大集团整合为中远海运集团，中海散运公司也与原中远的散运资源整合为中远海运散货运输有限公司。2016 年 11 月 18 日，完成了中海海盛向中远海运散货运输有限公司出售持有的海南海盛航运有限公司 100% 股权过户的工商变更登记手续。自此，新集团组建的新子公司即中远海运散货运输有限公司成为海南海盛全资股东。而对于海南海盛，对内按中远海运散运的分公司管理，负责区域营销；对外则称海南海盛航运有限公司，具有独立法人地位，保留散货船队并负责船舶管理。

二、码头业务整合

集团码头业务虽已经初具规模，但也存在一些短板，主要问题是投资参股多、控股少；

财务投资多，参与经营管理少；总体上投资回报率偏低。具体表现为：

（一）集团战略不适应。集团码头产业经济总量不大，投资回报不高，EVA 还处于负值，对集团贡献率有限，还未成为集团核心业务。

（二）投资与管理不统一。总体上，呈现了多头投资、资源分散的码头产业格局，多头管理、主管与代管兼有的码头产业管理架构，产业的整体优势及竞争力不强。

（三）对外品牌形象偏弱。国内码头区位布局还有欠缺，体量不大，国外码头发展不足，企业品牌与国际码头运营商相比还有差距。

（四）未来发展欠缺大平台。码头产业的投资管理体制不顺，战略规划及管理能力尚不足，集团没有形成一个统一的对外投资平台。

整合集团码头资源，能较好地解决上述问题，特别是有效解决码头资源分散、管理分散、资金短缺、内部竞争等问题。

自 2012 年开始，集团结合“调结构、促转型”战略的实施，就明确了码头产业的新定位，即码头产业作为“金融码头物流”板块的重要部分。推进码头业的产业化发展可以有效平抑航运市场的风险，码头产业的良好业绩可以有效支撑中海集运这一上市公司平台，因此，集团提出要坚持码头产业化的发展战略，将码头产业作为一项长期投资项目，着眼于未来，着眼于长远发展。

为克服当时存在的问题和不足，促进集团码头产业更好发展和做强做大，整合其资源十分紧迫和必要。为此，根据国家相关政策以及搭建集团境内外码头产业发展统一平台的要求，集团于 2013 年 4 月形成了码头业务整合方案，并按照时间表和路线图有计划、分步骤地予以推进。

第一步：以中海集运旗下的中海码头作为集团境内码头发展平台，分别收购烟台港 6.1% 的股份和长江石化 8% 的股份。

第二步：以香港控股旗下的香港码头作为集团境外码头发展平台，整合集团境外码头资源。

第三步：中海集运以其全资子公司中海码头全部股权出资，对香港码头增资，香港码头更名为“中海环球港口发展有限公司”。

第四步：香港控股将其持有的中海环球港口股权转让给集团总部直接持有，中海环球港口成为集团和中海集运的合资公司，并成为集团码头产业统一发展平台，为未来境外资本市场融资做准备。

2014 年 2 月 18 日，集团召开码头资源整合专题会，会议对码头资源整合工作达成了共识。一致认为，从集团未来的长期发展看，码头业必须作为产业来发展。对于码头资源整合，要实现从单一投资集装箱码头向投资多元化码头甚至投资港口转变，从单一的投资向管理和投资并举转变，从国内发展向海外拓展转变。

码头资源整合工作由集团总部统筹考虑，战略发展部牵头，中海集运、中海码头、财金部等参与，由集团中海环球港口公司（China Shipping Global Ports Company）作为码头资源的整合平台，并将这个平台设在香港，以有利于解决融资、税务和投资便利等实际问题。

在国内业务管理方式上，由中海码头直接经营管理所属的国内各合资码头公司，在对外项目投资和财务运营上遵循上市公司的规范要求；同时，代管集团总公司、香港控股、中海投资的码头资产。

三、物流业务整合

物流板块内部资源整合于 2014 年下半年开始启动。整合的总体思路是：以发展物流业板块集约化管理为核心，探索新形势下物流产业发展方向、优化公司资产结构和业务结构，逐步推动供应链物流的发展，不断延伸供应链服务，开发新的经营模式，提高盈利能力，严控风险。

2014 年 10 月底，启动中海国贸整体纳入中海物流的整合方案。中海国贸、中海物流两家公司在完成股东会、董事会等必要程序后，中海国贸各家股东和中海物流签订了《股权无偿划转协议》。11 月底，完成国资委产权变更登记，并完成中海国贸的工商变更手续，换发新的营业执照。

2015 年 1 月 1 日起，中海国贸正式纳入中海物流管理体系。重组后，中海国贸的名称不变，法人主体继续存在，承继原有合同及需要以中海国贸名义继续开展的业务。中海国贸作为中海物流的下属全资子公司，纳入中海物流的管理体系，由中海物流履行对中海国贸的管理职责；其党、工、团组织关系，同步考虑。

中海国贸原业务部门，行政管理部门并入中海物流，由中海物流统一管理。中海国贸已有分支机构由中海物流统筹考虑进行属地化管理。

完成物流和国贸合并办公后，集团对企业整合提出要求：一是强调原两家公司员工必须确立重组是“融合而非并购”的理念，提升原中海国贸员工的企业归属感；二是对重组后人员交叉的部分管理部门（包括总经办、组织部、贸易管理组等）委派国贸人员作为部门主要负责人，并实现国贸驻外网点与物流合署办公及共同营销，以确保国贸中层管理人员的稳定性；三是通过发挥物流与国贸的业务的协同效应，提升国贸业务骨干人员的凝聚力，实现“1+1>2”的整合目标。

四、科技信息业务整合

在 2013 年年初召开的中国海运集团工作会议上，许立荣董事长在总结讲话中指出：“要研究和推进集团科技资源整合，发挥船研所科技优势，提升集团科技发展的能力。”当时集团内部的科技资源主要集中在上海船研所、中海信息、中海电信等公司，这些资源处于分散状态，有些业务更是交叉重叠。为此，需研究整合方案，整合科技资源，形成集约化的科技品牌优势；需通过内部资源整合，形成科技信息产业，使之成为集团“1+6”产业结构中的重要组成部分，以此促进集团从传统海运物流企业的经营模式向现代物流“链与链竞争”的新商业模式转变，从单纯的海上运输承运商向一站式服务的整合者与供应商转变。

科技资源整合按照顶层设计、统一规划、分步实施的工作思路循序渐进。整合工作分三个阶段进行。

第一阶段是建立研发中心和运维中心。2013 年 7 月 1 日，集团完成信息化业务第一步整合。这一阶段，确立集团信息化未来的发展思路，建立研发中心和运维中心，统一服务于集团信息化建设、管理和维护。明确了中海科技、中海信息在集团内信息化工作的业务定位，将集团的信息化研发中心放在中海科技，将集团的信息化运维中心放在中海信息，按照“人随业务走”的原则，形成扬长避短、优势互补的格局。

研发中心设在中海科技，整合中海科技与中海信息的研发团队以及集团内各专业公司的研发团队，尤其是集运的 IT 团队的并入将对集运全球集中式系统的建设起到推进作用。其主要职能是：集团信息系统规划、研发、实施等工作；开展各类新技术、新架构的研发并关注行业新动态；制订信息化产品及代码标准。

运维中心设在中海信息，将中海信息与中海科技的运维团队以及集团内各专业公司的运维团队整合在一起。主要职能是：负责集团信息系统运维及保障，机房、硬件、数据库、网络建设及维护等；信息安全体系建设、信息安全等级保护建设、信息安全保密制度建设。

第二阶段是整合中海船舶研究所业务。2013 年底，完成了中海信息、中海电信并入中海船研所的重组整合。通过资源整合，实现了通导技术与船舶自动化业务的集约化管理（中海电信和中海船研业务的整合），实现了智能交通与楼宇自动化业务的集约化管理（中海电信部分和中海科技的业务整合）；通过资源整合，推动了经营业务从集团的内部扩大到外部市场的转变，为打造一支具有强劲市场竞争力的科技信息团队奠定基础。

第三阶段属于长远计划，即在整合中海信息、中海电信、中海船研科技资源的基础上，将整合后的中海船研并入中海科技上市公司平台，实现集团科技资源的整体上市。截至 2015 年底，此项计划尚在推进中。

船研所为确保科技资源整合工作有序运行，于 2013 年 3 月初成立了科技资源整合工作小组，集中调动科技资源重组各单位和船研所各部门的力量，全力推进本项工作。

在集团指导下，船研所、中海电信、中海信息就重组涉及的机构、文化、资产、人员、业务整合及整合后的发展规划等进行充分的沟通和调研，坚持换位思考、求同存异、先易后难的原则，结合实际情况对重组整合的主要时间节点都做了详细安排，力求兼顾重组各方的利益诉求，将目标充分落实到协议和方案的条款上，编制了符合实际要求、便于操作的重组框架方案和整合实施方案。对暂时无法一步到位的目标，结合实际情况采取分步推进措施，使得后续的整合进程有章可循。

作为船研所控股的上市公司，中海科技体制灵活、融资渠道多，科技资源整合过程中始终坚持公有制的主体地位不动摇，在增强国有资本的控制力和收益的基础上，鼓励和支持私人资本参与国有资本调整和企业重组。

科技资源的整合，使得集团的科技力量得到增强，取得了六个方面的成效：

（一）研发资金投入相应提高。基础研究和前沿技术研究投入持续增加，集团研发投入强度根据生产经营实际所需相应提升，科技创新投融资渠道进一步拓展。

（二）原始创新能力显著提升。科技论文发表数量大幅度提升，发明专利申请量、拥有量逐年提升。

（三）科技创新与经济效益结合更加紧密。集团科技信息产业技术创新能力明显加强，经济增长的科技含量得到提高，科技信息产业各企业经济效益稳步增长、市场占有率逐步扩大。

（四）科技创新更加突出航运特色。航运主业的科技研发重点领域取得重大突破，适应航运主业改善需求的技术和产品得到大力发展和推广，科技支撑企业可持续发展的能力得到增强。

（五）创新基地建设再上新台阶。符合集团转型发展要求和科技自身发展需求的创新基地布局更加合理；建设具有国际先进水平的重点实验室，维护升级现有科研基础设施和创新平台，形成了相对完善的企业科技资源共享机制和服务体系。

（六）科技人才队伍进一步壮大。科技信息产业各企业人均劳动生产率逐步上升，管理员工在总人数中的占比有所下降。

企业重组刚完成，科技资源整合才迈开第一步，经营就实现很大突破。2014 年 7 月 11 日，中海科技、中海集运、阿里巴巴签署合作协议，着力构建全球领先的电子商务综合物流信息服务平台。此利好消息一公布，中海科技和中海集运股价下午开盘后直线拉升涨停。虽然该项合作还处于早期探索阶段，但无疑给中海科技在集团科技资源整合过程中寻找到了新的产业发展机会，也赢得了市场对企业未来发展空间的信心。

五、不动产业务整合

集团自 1997 年组建后，先后对三大海运集团船舶等运输资产进行了专业化重组，组建了集装箱、干散货、油轮、客轮、工业等专业化公司。但原属于三大海运集团的土地、楼宇、物业资源，一直由各基层公司分散管理，各自经营，导致出现管理效率低下、经营管理层级复杂、权属关系不清等问题。一方面，集团大量的自有土地、物业资源长期闲置或低效使用，在城市发展中往往被迫动迁；另一方面，各专业公司又纷纷在外租赁商业楼宇及物流设施，经营成本难以掌控。在这一现状下，集团自有资源未能产生应有效益，造成资源的巨大浪费，迫切需要一个专业化平台，实现统筹管理，确保国有土地物业资产发挥应有效益。

为此，集团为建立统一的商业土地房产经营、管理、开发和融资平台，开始筹建资产管理公司；将集团及所属单位的存量土地、商务房产集中管理和经营，集中集团内资源参与有发展前景的优质商办楼宇、物流设施项目投资、开发和经营；并根据市场情况，逐步优化调整集团自有商务物业结构，提高资产经营效益，并获得应有的资产溢价收益。

2014 年 2 月 24 日，集团总经理办公会研究决定，成立中海资产公司筹备组，负责中海资产公司的筹备工作。筹备组经过两个月内外部调研和咨询，在认真摸底集团存量土地、房产资源基础上，完成了资产公司组建方案编制工作。

2014 年 6 月 18 日，中海资产公司正式挂牌成立。新组建的公司在具体业务上与集团地区公司密切相关，因此，公司首先围绕上海、广州、大连三家地区公司的相关业务开展工作。考虑集团内各相关公司未来发展协调性，并为地区公司创造新的发展机遇，集团决定，中海资产公司由集团总公司、三家地区公司共同以现金出资组建，并保持股权相对集中。集团总公司为第一大股东，股权比例如下：集团总公司持有 50% 的股份、上海海运持有 23.5% 的股份、广州海运持有 23.5% 的股份、大连海运持有 3% 的股份。

中海资产的注册资金规模为 20 亿元，由出资人结合实际项目投资节奏，资金分步到位。

新公司经营范围包括：资产管理、投资管理、实业投资、创业投资、投资咨询、商务咨询、企业管理、企业管理咨询、企业形象策划、市场营销策划。

中海资产经营发展目标是：围绕集团陆岸产业发展，立足存量房地资源开发，创新发展不动产经营、物流地产及创意产业园等新型业态，成为国内领先、特色经营并创造稳定收入和利润的资产经营企业。

发展定位分内外两个方面：

内部定位是：作为集团二级专业公司，履行对集团境内商业房产（限产权清晰、用于经营用途的房产）、土地资源专业化管理职能，优化整合集团现有房产土地资源，做好项目投资、开发、调整、经营和管理工作，为集团其他专业公司提供业务发展载体，与集团相关业务协同发展，成为集团多元产业板块重要组成部分和重要投融资平台。

外部定位是：利用市场机制，培育不动产开发和经营管理核心竞争力，为社会提供优质地产和一流物业经营管理服务，创造良好经济效益，回报股东和社会。

中海资产实行“总部—项目公司”两级管控模式。总部主要负责品牌运营、项目策划、投资决策、项目管理、成本控制、资金管控等。项目公司负责具体项目各阶段的工作，包括项目报建、规划设计、建设施工、竣工验收、运营管理等工作。

公司成立初期，坚持立足存量土地和房产资源开发、房产资源改扩建业务，稳步推进商办地产业务发展。商办地产业务按照不同产品定位，形成总部旗舰、商务领航、创意典范等产品线，其中总部旗舰主要定位为高端写字楼的投资建设和运营，以浦东 E-4-1 项目为代表；商务领航主要定位为普遍具备甲级写字楼的改造、投资和运营，以上海北外滩海运大楼改扩建为代表；创意典范主要定位为利用存量资源改造成个性化的办公、商业等业态组合，以上海世界路仓储、广州城安围船厂改造项目为代表。

2015 年，中海资产的资产总额 45.48 亿元，负债总额 17.32 亿元，资产负债率 38.09%；营业收入 2504 万元，利润总额 2.03 亿元。

广州城安围船厂改造项目，是中海资产盘活存量资产、推进供给侧改革与商业模式创新的典型案例。

城安围船厂成立于 1974 年，隶属于中海工业有限公司，地处广州海珠生态岛南部，紧邻广州城市新中轴线，占地面积 107 亩，南向岸线 340 米。厂区所处的广州市海珠区，作为广州市创新升级的重镇，重点发展总部经济、文化创意产业、电子商务产业、会展业、高新技术产业，努力提升传统商贸业。船厂周围聚集了文化创意、总部经济及电子商务三大产业，是广州市滨水休闲商务区的重要节点，与琶洲国际商务会展区、新中轴线南段城市行政服务中心区、白鹅潭滨水休闲商务区三大功能区有机融合，面临华南地区现代产业经济带规划的重大发展机遇。

受航道水深限制及工艺技术落后等因素的影响，原城安围船厂仅能从事 8000 吨级以下小型船舶修造业务。在集团船队结构日趋大型化的情况下，船厂业务无法适应新变化，加之高污染高能耗，导致主营业务收入逐年萎缩，经营困难，扭亏无望，已无法适应区域社会经济发展，迫切需要重整旗鼓，需要以产业结构转型升级、提质增效为导向，为企业寻找新的发展方向。

图 3–9　在转型发展中，广州城安围船厂改造为广州启迪中海科技园。图为新改造的广州启迪中海科技园俯瞰图。

鉴于此，中海资产与清华大学启迪控股公司合作，开发了广州启迪中海科技园暨城安围船厂转型升级项目。“十二五”末，完成了政府各项规划建设审批环节，进入了全面施工阶段；一期工程交付客户使用，实现了当年开工、当年交付、当年收益的“转型奇迹”（图 3–9）。

广州启迪中海科技园项目的全面启动，标志着原广州城安围船厂开始华丽转身，由破败低效的旧船厂转型为世界一流的海洋科技标杆示范园区，通过向社会增加优质公共产品和服务供给，提高供给体系质量和效益，实现“去产能、去库存、去杠杆、降成本、补短板”的工作要求。

广州启迪中海科技园首期改造完成后，园区总建筑面积达到 4.15 万平方米，实现五个方面功能：商务办公，研发设计，企业孵化，生活居住以及休闲配套服务、会议展览。未来园区物业形态包括：总部研发大楼、厂房式孵化空间、创业公寓、会展中心、开放式游船码头、实景船舶体验空间、创客咖啡及滨江观景美食廊等餐饮配套。

园区产业定位以国家、省、市和海珠区战略规划主导产业为指引，结合中国海运集团产业发展方向和周边产业升级发展需求，按照现有规划用地条件情况，重点发展三个产业领域：一是海洋装备、船舶电子、海洋医药及生物技术、海洋能源、其他新材料、智能制造等海洋科技产业；二是电子商务、航海会展及旅游等与海运相关联的服务产业；三是船舶制造相关的设计、与船舶电子相关的芯片设计等创意产业。

科技园全部建设实施完成后，园区规模可超过 12 万平方米，总投资 15 亿元，入驻企业及项目可超过 200 家，园区总产值可超过 200 亿元，可培育出一批“新三板”“创业板”乃至沪深主板具有全国性影响力的上市企业。

作为一家以“海洋科技、绿色生态、滨海风情”等现代元素为主题的海洋科技创新综合园区，广州海迪中海科技园以“孵化服务 + 创新培训 + 天使投资 + 开放平台”四位一体的一站式服务，围绕以海洋产业为重点的高新技术企业、电子商务类企业、创新创业企业，提供从初创到上市的全生命周期和全链条服务，最终实现高端创新要素的聚合、高科技企业和高端人才的聚集，推动华南地区海洋科技产业循环发展，树立城市更新转型升级的典范，努力建设成为广州珠江畔的标杆科技园区。

第五节　完善企业治理结构

一、集团建设规范董事会的背景和意义

2004 年，国务院国资委开始在中央企业开展董事会试点工作。截至 2012 年一季度，有 42 家中央企业建立董事会制度；其中有 8 家，包括中国海运集团，其建设规范董事会工作刚刚启动。

（一）建设规范董事会是国资委对央企建立现代企业制度的根本需要

建立现代企业制度是党中央国务院的要求。党的十六届三中全会指出，要按照现代企业制度要求，规范公司股东会、董事会、监事会和经营管理者的权责，形成权力机构、决策机构、监督机构和经营管理者之间的制衡机制。2007 年 12 月召开的中央经济工作会议上，温家宝总理明确提出，要“深化国有企业公司制股份制改革，健全现代企业制度。扩大国有独资、国有控股公司建立董事会试点范围”。在已经建立规范董事会的央企中，公司治理结构理念渗入了企业各个层面，实现了企业决策组织与执行组织的分离，董事会在议大事、把方向、控风险方面，经理层在执行性事务方面都发挥了很好的作用。同时，对于一些中央企业，通过建设规范董事会，初步实现了国资委对国有企业管理方式的转变，实现了董事会对企业的个性化管控，为进一步深化国有资产管理体制改革奠定了基础。建立董事会后，国资委可将代行的考核、薪酬、经理人员选任等职权逐步移交董事会，并由董事会对企业进行个性化管控，因而打通了国资委履行出资人职责的途径，实现了出资人职责的真正到位，更好地发挥了考核、薪酬的导向作用。

国资委启动的董事会试点工作，已基本形成了董事会规范运作的制度体系，这为中国海运推行该项制度积累了丰富经验，有利于集团建立健全符合中国海运特色的制度体系，实现董事会责任、权利、义务相统一，发挥董事会在公司治理中的中枢作用，构建起集团所有者与管理者之间的桥梁，进而有利于保证集团战略目标与经营目标相一致，促进集团在良好的治理机制下做强做优。

（二）建设规范董事会是集团加强科学决策与民主决策的内在需要

在初创与成长阶段，中国海运的战略决策基本上采用的是以个人决策为主的方式，这一方面由于初创阶段企业规模相对较小，决策的复杂程度不高；另一方面还由于集团总体上特别是集装箱运输业起步较晚，要跻身业已成熟的国际集装箱运输市场，要实施追赶战略，需要一个超常的速度和效率，因而需要提高决策效率，而以个人决策为主的决策方式恰好满足了这样的需求。然而，当进入到 2012 年，集团已经走过了初创成长阶段，并进入相对成熟的发展阶段；当时，中国海运资产规模达到 1645 亿元，集装箱船队、油轮和干散货三大船队规模都位居世界前十位；产业涉及航运、船舶修造、码头经营、综合物流、船员管理、金融投资、科技研发、信息技术等多个领域；与初创期比较，总资产增长 6.6 倍，

净资产增长了7倍，船队运力规模增长3.4倍，营业收入增长10.8倍，业务与营销网络从遍及全国到遍及全球。随着企业和船队规模的不断扩大，战略管理及经营管理难度越来越高，面临的外部竞争环境越来越复杂多变，初期的决策方式已无法适应新的发展需要。因此，从个人决策向共识型决策转变，向科学化、民主化决策方式转型，已成为中国海运的必然选择，也是集团在新形势下实现持续发展的战略保证。

然而，如何实现向科学化、民主化的决策方式转型，这在当时还是一项新课题。而建设规范董事会，一个最根本的转变就是决策机制发生了变化。原来的体制设计是个人决策，没有形成民主决策、科学决策的制度基础。建立董事会后，形成了一种制衡机制，把住了决策关，实现了真正的集体决策；决策机制变了，决策程序变了，而这个机制和程序本身有一个纠错功能，决策的质量和科学性必然会提高，出现重大决策失误的可能性也会大大降低。可以说，通过完善企业治理机制，跳出了长期形成的个人决策模式，这一转变意义重大。

（三）建设规范董事会是中国海运建设世界一流航运企业的发展需要

早在“十五”期间，中国海运就已提出“建设世界一流航运企业”的战略目标，“十一五”期间，集团进一步提出建设“百年中海”的企业愿景，2012年工作会议期间又提出进入世界500强的发展目标。多年来，集团始终坚持集团发展战略目标不懈怠、不动摇。尽管与世界上大型跨国公司、卓越的航运企业比较，依然存有差距，但经过多年努力，集团从硬实力到软实力都得到显著提升，距离一流目标也渐行渐近。2010年年底，国资委对央企提出“十二五”时期“培育具有国际竞争力的世界一流企业”战略要求以及“五大战略”“三大保障”的总体部署。其中，“五大战略”包括转型升级战略、科技创新战略、人才强企战略、国际化经营战略以及和谐发展战略。“三大保障”包括以深化改革为动力保障、以完善国资监管为体制保障、以加强和改进党的建设为组织保障。

如果说，“五大战略”是建筑的地面工程，那么，“三大保障”就是地下的基础工程。“五大战略”能否成功实施，取决于“三大保障”的基础是否牢固。这“三大保障”都是属于体制机制范畴的，而建立规范董事会正是从体制机制上解决企业长期可持续发展问题，因为良好的公司治理是企业持续发展、基业长青的基础，是企业高效运转、协同运营的需要。可以说，建设规范董事会、完善公司治理作为“十二五”战略规划重要内容，既是贯彻落实党中央、国务院关于深化国有企业改革指示精神的重要措施，也是中国海运集团实现世界一流航运企业目标的动力保障和体制基础，符合中央企业深化改革和稳定发展的内在规律和要求。

二、集团董事会成立及运营

2011年8月25日下午，中央组织部干部五局局长高选民在集团干部大会宣布：中国海运（集团）总公司建立董事会制度。李绍德同志任中国海运（集团）总公司董事长、党组书记，不再担任中国海运总裁职务；许立荣同志任中国海运（集团）总公司董事、总经理、党组成员。

2012年3月22日，国务院在沪召开了中国海运建设规范董事会工作会议，聘任刘章民、沈红光、林锡忠、徐冬根、曹兴和为中国海运外部董事，中国海运建设规范董事会进入实质新阶段。

当日上午11:00，中国海运集团在集团大楼第二报告厅召开第一届董事会第一次会议（图3–10）。李绍德董事长主持会议。集团全体董事成员以及集团经营班子全体成员参加了会议，国资委企业改组局局长李冰以及副局长秦永法、国资委监事会第11办事处主任鲍洪湘、国资委企干一局处长肖宗辉、国资委改组局处长邬彦如以及调研员夏金团、陈栋梁、石庆瑞同志也参加了会议。为使外部董事加深了解集团的基本情况，会议首先播放了中国海运宣传片。会议通过两项议题：一是由李绍德董事长向各位外部董事通报介绍航运市场与中国海运基本情况；二是讨论审议2012年全年董事会的工作计划。

图3–10　中国海运（集团）总公司召开第一届董事会第一次会议。

在此基础上，集团颁布了“中国海运（集团）总公司章程”“董事会议事规则”等系列规范文件，并成立了董事会专门委员会，包括战略委员会、提名委员会、薪酬与考核委员会、审计与风险管理委员会（表3–19）。

专门委员会人员及机构　　表3–19

专门委员会	主任	成　员	工作机构	协助机构
战略委员会	李绍德	李绍德、许立荣、刘章民、徐冬根、曹兴和	战略发展部	
提名委员会	李绍德	李绍德、许立荣、沈红光、林锡忠、曹兴和	人力资源部 / 组织部	
薪酬与考核委员会	沈红光	刘章民、沈红光、林锡忠、徐冬根、曹兴和	人力资源部 / 组织部	
审计与风险委员会	刘章民	刘章民、沈红光、林锡忠、徐冬根、曹兴和	监察审计部 / 纪检组工作部	财务金融部、法律与风险管理部

专门委员会工作机构职责主要为：

（一）建立与董事会专门委员会联系的工作机制，配合专门委员会完成职责；

（二）根据各专门委员会的要求，汇报相关工作并提供所需的汇报材料；

（三）协助董事会办公室安排各专门委员会会议，负责会议材料的准备；

（四）协助董事会办公室制作各专门委员会会议记录及会议文件；

（五）根据专门委员会的工作要求，协助安排董事工作调研，草拟调研报告；

（六）参加专门委员会会议，负责起草专门委员会审议事项的评议或意见报告；

（七）专门委员会履职的其他工作。

2012年5月14日，根据集团第10次总经理办公会决议，决定增设集团董事会办公室秘书处，隶属集团董事会办公室，主要职责包括：

（一）筹备董事会和各专门委员会会议；

（二）组织董事会议案文件的编写；

（三）制作董事会会议记录；

（四）负责起草、拟定董事会决议及有关文件；

（五）董事会决议执行情况的信息反馈；

（六）与董事沟通信息，定期报送国家、公司相关文件资料，为董事会及各专门委员会日常工作提供文件和行政服务；

（七）妥善保管董事和董事会秘书名册、董事会决议、会议记录及其他有关文件；

（八）协助董事会做好对派出董事、监事的日常管理和服务工作；

（九）完成领导交办的其他任务。

集团董事会组建以来，主要开展了以下几项工作：

一是加强董事会建设，不断提升工作效能。围绕“效能”两个字，董事会始终强调提高议题质量。对于涉及发展战略、重大投融资、重大改革与重组等事项的决策，积极听取经理层意见，加强内外部董事之间沟通。在董事会决议督办方面，高度重视各位董事的建言献策，坚持对会议决议事项及董事提出的意见和建议进行认真梳理，做到有决议执行、有跟踪督办，将董事会、各专门委员会会议精神和工作要求融入企业经营和管理的各个层面，确保决议和意见的有效落实。各位董事通过实地调研，对中海集团的整体发展和实力有了充分了解，并结合当地经济发展趋势积极建言献策，使董事会在企业科学决策中发挥了极其重要的作用。董事会自成立至 2015 年年底，集团董事会共召开会议 55 次，审议议案 151 项，听取重大事项报告 33 项。

二是严格把关重大事项，着力加强投资管理。对于集团重大经营事项和投资项目，始终强调严格把关，一方面推动发展，鼓励创新，另一方面还坚持加强监管，严控风险。例如，审议通过“年度生产经营预算”“年度投资计划”“年度预算报告”等议案；坚持科学论证，优化投资回报率，强调对具体实施方案进行深入研究，不断加强投资项目后评估工作；听取关于“中国海运船队 2014—2015 年的发展规划”的报告，强调用好国家有关航运新政策，推进船队进一步向大型化、科技化、低碳化和轻资产化方向迈进；审议通过了“集团与武钢集团进行上市公司股权合作”等议案，强调通过与大客户战略合作、交叉持股、兼并收购等多种方式，推进船岸产业的股权改造与商业模式创新；审议通过了“适时增持光大银行 A 股有关事项”“参与青岛港国际 H 股 IPO 项目”等议案，强调充分发挥金融产业平抑航运市场波动的重要作用，以确保集团的稳健经营与发展，同时加强对金融投资的管理，构建完善的内控体系，积极稳妥推进金融产业发展。

三是进一步完善制度建设，强化董事会的规范运行。根据国家法律法规，国资委改革发展的要求和公司章程的规定，中国海运通过建立一套相对健全完备的董事会规范运作的工作制度和议事规则，形成了董事会决议督办、反馈和后评估体系，并在运行中不断完善。在这个制度体系下，经过不断实践，集团董事会更加高效规范地运行。第一届董事会第二次会议审议通过了《中国海运总经理办公会议事规则》，较好地实现了科学决策与高效运行的管理目标。经过运行实践，发现部分条款需要进一步明确和完善，董事会审议通过了《修订中国海运总经理办公会议事规则》的议案，对船舶投资和处置事项以及二级公司规范建设董事会的例外条款进行了修订，对议事规则中有关总经理办公会组成人员进行更加准确的描述。

四是完善法人治理结构，发挥二级公司董事会决策能力。2014 年，在总结集团董事会规范运作的基础上，集团启动了推进所属公司董事会的规范建设工作，以进一步完善所属公司的法人治理结构。在推进当中，初步建立了规范性制度文件以及引入外部董事制度，同时集团总部简政放权，充分给所属公司董事会授权，由所属公司董事会履行职责、把控风险。经过近一年来规范建设所属公司董事会的试点工作，集团试点企业初步形成了董事会规范运作的组织架构、制度体系，初步形成了决策高效的授权体系及工作评价机制。各试点企业按照建设规范董事会的要求各自履职，集团与各公司，在实践中不断完善修订公司决策事项，配套修订和完善相关制度和流程，不断完善规范董事会运作，充分发挥董事会在公司决策、改革发展和风险防范中的作用，形成了集团与二级公司两个层面的良好互动。

五是加强内控与风险体系建设，确保集团安全发展。董事会高度重视内部控制与风险管理，审议通过了“2012—2013 年内部控制实施与 2013 年度评价工作报告”和“2014 年度全面风险管理工作报告”的议案；董事会审计与风险管理委员会讨论评议中国海运“内部审计工作”“全面风险管理工作”“年度财务决算审计工作”等工作报告。在审议中，要求经理层进一步统一风险管理与内部控制工作格局；根据集团内部控制整体建设实施方案，加强集团风险控制工作的组织协调，按照全面融合协作、全面组织动员、全面宣传培训的工作思路，扎实推进集团内控体系建设，强化各业务板块风险管理；坚持对决议事项进行正确审核与评估，分析重大风险的变化趋势，不断提升全面风险管理工作的实效性，确保了集团重大风险有效管控。

六是积极谋划集团发展战略，推动改革创新与转型发展。从集团长远发展的战略高度，适应经济新常态，明确企业奋斗目标，是集团董事会的重要职能。集团董事会审议通过了“2014—2016 年三年滚动规划”，确定了“1+6”以航运为主、多元发展的产业结构，确定了集团深化改革、转型升级的主要目标，提出了进一步完善管理体制机制、优化产业结构布局、改革创新、提质增效的一系列举措。例如，在深化企业改革方面，凭借董事会的方向把握与战略决策，中国海运的各项改革措施得以顺利推进。2014 年，集团发布了“关于深化改革总体思路”，明确了六项改革重点，包括：积极推进集团整体上市、积极稳妥解决历史遗留问题、推进人力资源管理体制改革、继续加强内部资源整合、加强核心企业董事会建设以及加强经营管理机制改革。根据计划的时间表和实施路线图，逐项逐步推进落实，且取得了初步成效。其中船员管理体制改革启动较早，按照“专业化、集约化、市场化、国际化”的目标要求有序推进，并取得一定成效。

三、逐步完善二级公司董事会

（一）集团发展对二级公司董事会运作提出新要求

2012 年 3 月，集团董事会进入实质性运作，此举打通了国资委履行出资人职责的途径，实现了出资人的真正到位。然而，集团所属二级公司作为独立法人，其董事会的规范运作并没有到位。

早在集团组建初期，集团所属各二级单位就已逐步建立了董事会，公司章程、董事会的组织构成、董事会议事规则等制度文件也基本齐全，但除了上市公司，集团所属二级公司董事会的运作并不规范。董事会一年仅召开一次会议，主要是通报财务数据、审核年度工作计划，其议事决策作用并没有真正得到发挥。

事实上，扮演二级公司董事会角色的是集团总部。集团自组建以来，总部承担了所有的决策和计划，各二级公司成了执行与实施的实体，集团管控是典型的集权式运营管控模式。自 1997 年组建以来，集团的资产规模不断壮大，集团业务也从相对单一航运业向“1+6”多元板块发展，各二级公司也相继成长为大中型企业。在新的形势下，高度集权总部管理模式的问题便日益显现出来。

首先是大小事务均由总部决定，二级企业缺乏自主经营的积极性和创造性；二级公司作为独立法人，责任却被相对淡化；各项事务需层层上报总部并等待决策批复，这必然形成决策周期长、效率低的局面，许多决策或贻误时机或仓促决定；其次是总部的战略管理相对宏观，其市场机遇与业务细节的把握往往逊于专业公司，因而也容易导致大量的项目审核流于形式，科学决策大打折扣。

在新的企业发展需求和新的市场竞争环境下，集团要提升管控能力和管理效率，就必须真正实行公司制，必须明确股东、董事会和经营层职权，合理界定总部与各二级公司的管理职能；通过合理授权和完善治理结构，使各二级公司在董事会统领下决策本企业重大事项，全面负责对本企业经营实施日常的生产组织和指导管理等职能，真正实现责权利相统一，以激发企业活力和创造力，增强各业务板块的运营质量。通过董事会决策控制，使得各业务板块发展与集团整体战略保持一致，从而实现集团管理效能最大化。

（二）逐步完善二级公司董事会组织架构

“十二五”初，除上市公司以外，按照投资关系，集团所属二级全资子公司共计 21 家（15 家境内、6 家境外公司），已有 18 家设立董事会，仅上海海运、大连海运、船研所 3 家未设董事会。根据当时的状况，集团要求，对没有建立董事会的企业，要尽快建立董事会制度；对已建立的企业，尽快建立健全各二级公司董事会、监事会组织机构。如对缺少党委书记、部分公司仅设 1 名监事而没有设监事会主席以及董事、监事兼任数量过多现象，一一给予纠正。

在此基础上，集团于 2014 年着手推进所属企业建立规范董事会，先后在中海油运、中海散运、中海香港控股等 12 家下属核心企业推进规范董事会建设，形成了董事会规范运作的组织架构、制度体系，建立了决策高效的授权体系及工作评价机制，对推进企业科学决策、确保国有资产保值增值发挥了极其重要的作用。

2014 年 5 月 5 日，集团下发了《关于中国海运（集团）总公司所属公司董事会规范运作管理办法（试行）》（中海董〔2014〕340 号）。该办法明确了集团在所属公司董事会规范运作中的职责，明确了所属公司董事会及专门委员会的组成与职责、董事和董事长职责、总经理职责，确立了所属公司董事会与集团的沟通机制。

在规范董事会推进过程中，集团组织部负责董事的选派和培训，监审部负责监事的选派和培训；在决策流程设计上，借鉴宝钢集团的经验，建立完善推行董事会运作制度，形成了一套较为成熟的决策体系。二级公司设董事会成员 5 人以上，一般不超过 13 人，分别是：集团副总经理担任二级公司董事长 1 人，集团部门负责人担任二级公司董事 1 人，二级公司总经理、党委书记和工会主席各 1 人，条件成熟时需聘请 2 位外部董事。为保障董事履职效果，规定集团领导及负责人兼任公司董事长或董事的数量不宜超过 5 家；监事会成员 3 人左右。同时，在二级公司设立董事会的工作机构，为董事会提供日常服务。二级公司董事会成员全部到位后，尽快组织专人，根据各公司业务特点和发展需要，全面完善和起草公司章程、董事会议事规则、董事会授权规则（授权董事长和总经理）和总经理办公会议事规则。集团强调，所属公司有关公司章程和各项议事规则经董事会审议通过后，需报集团总公司同意后执行，确保做到“集权有道、分权有序、授权有章、行权有度”。

通过完善二级公司法人治理结构、规范建设二级公司董事会，实现了集团整体决策机制的转变，理清了集团总部与各专业公司的管理职权。

（三）总部管理由运营管控向战略管控转型

建立二级公司董事会后，集团总部从重业务流程、轻管理流程中脱离出来，重点增强流程优化管理的职能，推进和完善集团决策流程机制，全面梳理集团总部与二级公司的决策流程，审核各二级公司董事会中的“受限”事项，并在实践中不断完善集团总部的战略管控的职能。

由于二级公司董事会实现规范运作，集团总部与二级公司之间不再是传统列车的车头与车厢的关系，而是一个动车组，即不仅车头，同时车厢也有自身的动力。总部的管理从琐碎的日常事务中脱身，重点关注规划、投资、预算、绩效考核、资源整合和新业务培育等。

四、油运及散运公司积极推进规范董事会建设

在推进集团二级公司规范董事会建设中，中海油运、中海散运是率先启动的两家公司。

2014 年 2 月 21 日，集团就中海油运、中海散运推进建设规范董事会工作召开专题会议。会议围绕中海发展上市公司的企业特点以及对中海油运、中海散运董事会的组织建设、制度建设、授权董事会决策的“受限”与“非受限”事项等工作进行了分析和探讨，提出了相关的意见和建议，对两家公司建设规范董事会工作进行了布置和安排。

集团强调，两家公司是中海发展上市公司的下属一级子公司，规范建立董事会要注意做好与集团公司和上市公司在管理层级、制度建设、议事流程、投资决策等方面的衔接，统筹兼顾、配套实施，确保董事会运作效率与效果相一致，形式与内容相统一；通过与中海发展交叉任职的方式，实现全面高效的运作；并按照上市公司有关监管要求，做好信息披露等工作；通过合理授权，建立科学的决策流程，让董事会科学而高效地决策本企业的重大事项，全面负责本企业的生产组织和管理，实现责权利相统一。

为顺利推进中海油运、中海散运建设规范董事会工作，集团进行了明确分工：

一是集团人力资源部／组织部根据两家公司的实际情况，拟定其董事会和监事会的组成人选，科学合理地选派董事和监事，报集团党组批准后下发；董事会由九人组成，董事由股东代表、集团公司代表、公司总经理、党委书记、外部董事和职工董事等构成，监事会成员由股东代表、集团代表等构成。

二是集团战发部、中海发展协助中海油运、中海散运，根据董事会办公室提供的建设规范集团所属公司董事会的指导意见，制定、修订和完善董事会的制度体系，包括公司章程、董事会议事规则、专门委员会议事规则、总经理办公会议事规则和董事会授权规则等制度文件。战发部根据相关规定，完成两家公司章程等相关文件的审核、批复事项。

三是集团法务部、中海发展充分考虑上市公司的监管要求和两家公司的业务特点，根据企业的需求和实际情况，与其共同研究、确定授权董事会审议的“受限”与“非受限”事项。

四是中海油运、中海散运在集团各部室和中海发展的指导下，加快推进董事会建设的各项工作，在 2014 年 4 月底前完成建设规范董事会的各项准备工作，5 月以后正式启动该项工作。

2014 年 5 月 19 日，集团召开 2014 年第 15 次总经理办公会议，审议通过中海发展所属中海油运、中海散运建设规范董事会工作方案。

根据推进方案，集团与中海油运、中海散运的职责边界，按照决策事项“受限”与“非受限”划分（表 3–20）。

中海油运、散运公司决策“受限”和“非受限”事项清单 表 3–20

序号	受限事项	非受限事项
1	公司的战略规划和投融资计划	
2	公司的经营计划和年度经营目标	
3	公司的年度财务预算方案和决算方案	
4	公司的利润分配方案和弥补亏损方案	
5	公司增加或者减少注册资本以及发行公司债券的方案	
6	公司合并、分立、解散或者变更公司形式的方案	
7	聘任或者解聘公司总经理，根据总经理的提名，聘任或解聘公司副总经理、财务负责人、总经理助理、董事会秘书等高级管理人员，并决定其报酬	
8	公司的整体薪酬分配策略	
9	公司的重大投资方案	

续上表

序号	受限事项	非受限事项
1）	年度计划内项目。境内股权投资：单项金额超过 1 亿元；境外股权投资：单项金额超过 1000 万元（折人民币）；年度计划外的股权投资	年度计划内项目。境内股权投资：单项金额 1 亿元以内；境外股权投资：单项金额 1000 万元以内（折人民币）
2）	年度计划内项目：中海油运；中海散运，单项计划总投资金额超过 5 亿元的固定资产投资； 年度计划外项目：单项计划总投资金额超过 100 万元，由集团审批	年度计划内项目：中海油运、中海散运，单项计划总投资金额 5 亿元以内的固定资产投资，其中船舶和信息化投资管理规定不变；年度计划外项目：单项计划总投资金额 100 万元以内
3）	控股或参股企业的股权投资（不含设立单船公司），重大固定资产投资（金额标准同上）	
4）	公司及控股子公司的交易性金融资产投资（包括理财产品投资）和金融衍生交易	
10	公司的重大资产处置和资产核销	
1）	年度计划内，单项金额超过 1 亿元的境内股权投资处置 / 单项金额超过 1000 万元（折人民币）的境外股权投资处置；年度计划外的股权投资处置	年度计划内，单项金额 1 亿元以内的境内股权投资处置 / 单项金额 1000 万元以内（折人民币）的境外股权投资处置
2）	年度计划内，账面净值超过 5000 万元的单项固定资产处置；年度计划外，账面净值超过 100 万元的单项固定资产处置；资产处置应按照评估规定和招标询价等程序办理	年度计划内，账面净值 5000 万元以内的单项固定资产处置；年度计划外，账面净值 100 万元以内的单项固定资产处置；达到强制报废年限的船舶处置项目
3）	控股或参股企业的股权投资处置，重大固定资产处置（金额标准同上）	
4）	资产核销	
11	资金融资项目	
12	公司对外担保事项	
13	年度计划内，单项金额超过人民币 1000 万元的服务咨询；在年度计划外，单项金额超过人民币 100 万元的服务咨询	年度计划内，单项金额人民币 1000 万元以内的服务咨询；在年度计划外，单项金额人民币 100 万元以内的服务咨询
14	年度计划内，单项金额超过人民币 50 万元的公司对外捐赠或赞助：年度计划外的公司对外捐赠或赞助	年度计划内，单项金额人民币 50 万元以内的公司对外捐赠或赞助
15	重大经营性长期租船业务（超 3 年期）	重大经营性长期租船业务（3 年期以下）
16	公司重大会计政策和会计估计变更	
17	公司编制定员、关键岗位人员任命、境外人员派遣、公司领导兼职等重大人事管理事项	
18	集团指定的其他受限事项	

注：本表所称“以上”“以下”“以内”，均包括本数。

“受限”事项主要涉及出资人决定事项，包括战略规划，年度投融资计划，财务预算和决算方案，利润分配和弥补亏损方案，增减注册资本，发行公司债券，公司合并、分立、解散；会计政策变更，公司高管选聘、薪酬和人力资源部总体制度等。“受限”事项还包括年度预算内超过一定额度的投资、咨询服务、捐赠、处置项目、计划外事项。

“非受限”事项是指年度计划内一定额度以下的投资项目以及“受限”以外事项。

按照设计方案和操作流程，中海油运和中海散运董事会在审议“受限”事项前，需履行集团审批程序，集团派出董事按照集团意见在董事会上进行表决。董事会审议“非受限”事项时，公司董事以维护公司和出资人利益为目的，按照个人职业判断进行审议表决。

此外，为提高效率与管理程序合规性，对于集团审批的事项，中海油运和中海散运需行文报集团，同时报送中海发展；集团结合中海发展意见，形成决议批复中海油运、中海散运，并抄中海发展；中海油运、中海散运董事会审议前，先行将议题报送中海发展，中海发展事前审核判断，并根据上市公司监管规定，决定履行中海发展的相关审批程序或信息披露义务。

2014 年 5 月 26 日，中海油运召开建设规范董事会工作启动大会，并宣布中海油运第一届董事会正式成立。集团副总经理刘锡汉担任董事长，中海油运总经理韩骏担任董事总经理。

2014 年 6 月 5 日，中海散运召开规范董事会工作启动大会，并宣布中海散运第一届董事会正式成立。集团副总经理黄小文担任董事长，中海散运总经理邱国宣担任董事总经理。

在实际运作过程中，作为上市公司的中海发展，始终保持与子公司中海油运和中海散运的密切沟通，以确保上市公司合规运作与效率提升。中海油运和中海散运在明确股东、董事会和经营层权责关系的同时，还注重发挥党组织在重大决策事项中的核心作用，维护出资人和广大职工合法权益；董事会、监事会成员勤勉履职，不断完善规范董事会运作，有效发挥了董事会在公司决策、改革发展和风险防范等方面的作用。

第六节　改革创新驱动

一、推进集团总部机构改革

中国海运集团成立以来，集团资产规模不断壮大，管理范围不断延伸。在此期间，集团总部机关秉承精简高效的工作作风，全体员工立足岗位，勤奋工作，服务基层，机构设置和岗位编制基本稳定，人数稳中有减。可以说，总部机关的员工为集团的改革发展付出了辛勤的汗水和艰苦的努力，做出了很大贡献。

然而，外部环境的新变化，集团发展的新任务，都对总部机关的运营提出新的更高要求。新形势、新任务、新目标面前，总部机关在职能定位、组织架构、人员结构等方面尚存在诸多短板和不相适应的地方，需要通过机构改革，进一步提高其管控效能，以适应集团发展的当时需要和长远发展。

2012 年 6 月 20 日，集团党组召开总部机构改革专题务虚会，确定了总部机构改革的方向、原则、重点，并成立了改革的领导小组和工作小组。

2012 年 8 月 3 日，集团召开了总部机关机构改革动员大会。董事长、党组书记李绍德与总经理许立荣相继在会上作动员讲话，要求总部机关干部职工要深刻认识此次机关改革的重要意义，从集团改革发展大局出发，积极支持改革，确保改革的平稳、有序推进。

中国海运确立机构改革的指导思想是：以科学发展观为统领，紧密围绕集团的战略发展目标和中心工作。

机构改革原则是：根据总部“战略管理、资源优化、监督管控、服务指导”的职责定位，坚持科学合理、精简高效、积极稳妥、务实创新、不断不乱；按照“管理强化、人员优化、考核量化”的改革目标，准确处理三种关系：正确处理总部机构改革与完成全年奋斗目标的关系，正确处理总部机构改革与董事会治理建设的关系，正确处理长远发展与阶段目标相结合的关系，坚持总体设计，分步实施，强化管理。

此次改革的突破口是科学定位总部职能，科学划分部门职责，从而加强集团的战略管理、产业协调发展、信息化建设、人才队伍建设、运营指导和服务。这既是这次机构改革的重点，也是集团总部建设的亮点。

经过反复研究，集团总部改革组织架构设计于 2012 年 8 月底基本完成，此次架构调整与岗位定编设计总体体现了精简高效的要求。原总部机关部门共计 13 个，编制 222 个，员工共计 164 人；改革调整后部门数量为 11 个，分别是董事会办公室 / 办公厅、运营管理部、战略发展部、财务金融部、安全监管部、人力资源部 / 组织部、科技信息部、法务与风险管理部、监察审计部 / 纪检组工作部、党组工作部和工会，另设立集团巡视组（图 3–11）。总编制控制在 222 个以内，保持原编制不突破，定员核定在 180 人，增长幅度控制在 10% 以内。

本次总部机构改革的重点放在功能建设上。围绕“世界一流和世界 500 强”新目标和集团转型发展的新要求，本着“科学合理、精简高效”的原则，撤销资本运营处、境内开发处、财信处、船员处 4 个处；老干部处与社保中心合并；新设机要保密室、研究中心、陆岸管理室、客户管理室、资产管理室、战略规划室、金融管理室、党建室共计 8 个二级机构；对 19 个二级机构理顺关系或强化职能。将业务关联性强的组织职能进行有效集中，优化流程；解决职能交叉重叠和职能空缺的问题，补齐短板，达到提升总部功能目标。

在机构改革过程中，中国海运坚持党管干部的原则，坚持“德才兼备、以德为先”选人用人标准，以全面测评为基础，经集团党组会审议通过，新的部门负责人、部门二级机构负责人迅速到位。接下来，集团又结合管理提升活动，研究制定员工的薪酬设计、双通道模式、绩效考核等具体方案，并进一步完善各项管理制度和新的工作流程，以机构改革推进企业机制创新、文化创新和管理创新，推进管理提升活动不断向纵深开展。

图 3-11　中国海运集团总部机构改革后的组织架构图。

二、进一步推行船员管理体制改革

（一）提出“大船员体制”的改革思路

作为航运企业，船员占到集团员工总数半壁江山，船员管理体制是绕不开的研究课题，推行船员管理体制改革是集团全面深化改革的重中之重。

自 2004 年中海国际成立以来，船员管理体制几经调整，几经变化，从最初的集约化管理到“船舷为界”，船员管理体制在集团不同发展阶段有不同的发展形态。

当时，面对航运市场持续低迷的新常态，中国海运各主营船公司对降低船员用工成本的要求日益强烈，对集团内部船员费用高于社会平均费用的质疑也格外集中。问题倒逼改革，唯有与时俱进、创新求变，才有新的出路。因此，用改革的办法解决影响船员队伍建设的突出问题，就成了提升企业核心竞争力的必然选择。

2012 年 9 月 5 日，集团总经理许立荣到中海国际调研。在调研讲话中指出：“中海国际的价值，不单是看你能创造多少效益，更重要的是看你能否为集团建设一支可靠的船员队伍，让船公司在生产经营中发挥更大的作用，为集团创造更大的效益。”

根据集团的新要求，中海国际确定了船员管理的新定位，即坚持做好为船员服务、为集团船公司服务、为集团服务，建立专业化、集约化、市场化、国际化的船员管理体制机制，发扬中海船员好的传统，走科学发展道路。

中海国际坚持以集团内部业务为主的方针，针对存在的突出矛盾和问题，把集团船公司船舶配员业务作为中海国际的主要任务，向集团船公司兑现“提升服务、降低成本、包揽配员”的“三个承诺”，营造企业良好的经营环境。

从 2012 年下半年起，中海国际开始兑现“三个承诺”，即合理进行船舶配员，撤回沪、穗、连三个船员分公司劳务外派主营船员；为降低集团船公司船员成本，撤回三个船员分公司主营船员劳务外派亏损业务；为确保集团内船舶的优质服务，撤回三个船员分公司机关外派管理人员。与此同时，打通北京中海劳务与三个船员分公司之间船员用工体制转换通道，而主营船员劳务外派业务和人员则由北京中海劳务公司统一管理。

三个船员分公司树立积极主动服务的理念，集中船员资源、集中船员成本、集中机关管理人员精力，将集团船公司作为大客户，为集团船公司提供全面的优质服务。

到 2013 年底，中海国际清理了 138 艘主营船员劳务输出的亏损业务和近 5000 名劳务输出库船员，三个船员分公司劳务输出做到“船清人清”。同时，北京中海劳务输出在船人数达到 5400 余人，同比增加近 1000 人，成为集团主营船员“蓄水池”，实行了集团船员劳务输出业务统一由北京中海劳务专业化经营。

通过一年半的改革和艰苦卓有成效的工作，中海国际向集团船公司全面兑现了“三个承诺”，集团所属船公司都很满意。特别是集团劳动合同自有船员人数由 2012 年最高峰的 24221 人减少到 2013 年底的 18598 人，到 2015 年底进一步减少至 10541 人，共减少 13680 人；清退了 1457 名临时高价外聘的社会分包方船员，腾出岗位用来确保愿上船工作的主营船员都有岗位。经过三年多耐心细致的工作，基本解决了长期形成的冗员问题，降低了管理费用，提高了船岸员工素质，提升了集团船公司船舶配员效率，为集团船员管理体制改革打下坚实基础。

2013—2015 年，全球航运市场呈现持续低迷新常态，市场运价不断下滑，单船营业收入不断下降。当时，国内大部分船公司持续亏损，中国海运所属船公司也面临巨大的经营压力。而国外大型船公司则发挥其船员队伍建设和船员管理适应市场竞争的体制机制优势，保持了很强的市场竞争力，特别是成本竞争力。

在这关键时刻，集团2014年工作会议报告中提出“坚持卓越运营，坚持成本领先，成本就是核心竞争力”理念，并要求“中海国际要转换机制，加强管理，降低成本，为集团船公司提供优质和有竞争力的服务”。

2014年2月，集团总经理办公会决定，要进一步实施集团船员管理体制改革，明确“大船员体制”的改革思路，赋予中海国际更多的职责和使命。“大船员体制”即坚持问题导向，以国际先进船员管理公司为标杆，突出“整合资源、成本管控、理顺职能、平稳过渡”这个重点，消除资源错配，减少成本叠加，提升船员管理水平，增强市场竞争能力。同时，集团明确了建立“大船员体制”的时间表和路线图。即2014年完成船员管理职责界定，签订服务合同，明确单船船员包干费用标准。

2014年4月1日，集团各主营船公司船员管理人员与其承担的船员管理责任整建制转入中海国际，中海国际对集团船员资源实施整合，统一平台，集中管理。

中海国际通过实行内部管理改革，减少冗员，提高船员资源利用率和劳动生产率。同时，中海国际和船公司加强配合，不断降低船员用工和管理成本。原则上2014年集团船舶单船船员费用（同配员口径）不高于市场水平的30%，2016年力争降到不高于市场水平的10%—15%。

“大船员体制”实施后，中海国际广大船岸员工有了更好的事业平台，有了稳定的业务、稳定的岗位和稳定的收入。

截至2015年底，中海国际总资产9.74亿元，资产负债率87.33%，实现主营业务收入30.12亿元，利润总额2314万元。

（二）船员管理实现新转型

中海国际在“大船员体制”改革中，以提升船员素质、船员费用、船员薪酬竞争力为目标，强调船员管理的专业化、集约化、市场化、国际化。通过体制改革，船员管理的思路、模式、边界都发生新的变化。

1. 船员管理突破固化模式，呈现运营专业化

在船员体制改革中，中海国际制订《船员服务指南》《船员调配员工作守则》等17个船员管理配套制度，重新梳理并明确中海国际与各主营船公司的职责界定，确保科学规范管理。

改革后，由中海国际全面负责船员管理职责，对船员实行招募、培训、证书、调配、分配等“一条龙”服务，发挥船员管理的专业化优势。例如，2014年3月份改革前离船船员中有32.2%在船工作不满180天，这一比例在2014年10月已降至24.8%，船员完成6个月合同比例提高了7.4%，船员在船稳定程度大幅度提升。

船员管理体制改革首要目标是提高船员素质，确保船公司安全。为此，中海国际发挥集船员招募、培训等专业化管理于一身的优势，加强船员培训统筹安排，提高培训针对性和有效性。改革后，中海国际出台《中海船员培训职责分工与具体措施》《中海船员岗前培训程序》等制度，并保留了设立首席培训师等好传统、好制度。许多“金牌”优秀船舶干

部，公休期间走上讲台，成为教培中心的“客座教授”。2014 年，中海国际开办船员培训班 1000 余期，培训船员 29000 余人次，新开发船员培训项目 20 多项，船员可培训项目达 147 项。

2. 资源配置集约化，突破原有体制的管理边界

中海国际充分发挥改革后船员集约化管理优势，按照“一个平台、分船队管理”的原则，以集运、油运、散运、客运、自管五大船员库为班底，迅速将其他 10 余个小船员库船员按船种相应并入五大船员库。在保持船员队伍相对稳定的前提下，实行船员统一管理，科学配员，资源共享，削峰填谷，推动船员合理流动，大大提高船员资源的利用率。

中海国际采取降低船员后备系数、控制“待岗待派”冗员等一系列措施，合理控制船员队伍规模，使得船员用工成本有效降低，船员资源使用效率得到提高。第一，清理在船的外聘船员，替换为自有船员，在提高自有船员上岗率的同时，降低工资补差。一增一减，仅此一项中海国际广州分公司全年节约成本近千万元。第二，组织力量对“待岗待派”船员进行全面梳理，体现按劳分配原则，积极清理、分流、安置冗员。第三，稳妥推进船员用工形式改革，充分发挥劳动力以市场为主导的积极因素，推动“高级船员自有化，中普船员市场化”的配置模式，“待岗待派”冗员逐步减少，船员后备系数明显下降，大大降低了用工成本。

3. 强调内部交易市场化，突破计划经济的惯性思维

内部交易市场化运作，降低船员包干费用，提高市场竞争力，是此次体制改革的着力点，也是落脚点。2014 年 3 月 27 日，中海国际与集团各主营船公司签订《船员管理服务协议》，明确双方权利与义务，船员费用实行单船船员费用包干的市场模式。2014 年，集团平均单船船员费用包干标准比 2013 年单船降低 100 万元，同时消化 2014 年人工成本刚性增长，各主营船公司船员人工成本支出得到有效控制，真正享受到了改革带来的红利与高效率。

4. 市场机制倒逼管理提升，倒逼效率提高

降低船员用工和管理成本，中海国际实行多措并举：一是增强对大客户的服务意识。通过改革，中海国际所属船员分公司资源有效集中，以市场需求为导向的客户服务理念得到树立，为各船公司提供了优质服务。二是公司精细化管理推上新层次。按照市场化原则压缩了富余船员，长期闲置不上船的冗员和工伤劳保人员得到安置。三是全员成本意识普遍增强。降本节支贯穿于日常管理全过程，“水龙头”拧紧了，“出血点”止住了，“跑冒滴漏”成本费用得到控制。在船员套派实施过程中，由于严控船员零派和境外换班，有效降低了换员成本；科学安排船员上岗，配员质量明显提高，减少了船员“待岗待派”人次。四是做好关心关爱船员的工作。2014 年，提高船员上下船差旅费标准，增加集团内贸船舶伙食标准，确定了关心关爱船员“十大实事”并抓好落实，制定了《船员服务指南》等工作制度。

5. 强调管理对标国际化，突破“眼睛向内”的狭窄思维

在实施“大船员体制”中，中海国际着重强调与商船三井、VSHIPS 等国际优秀航运

企业及船舶管理企业对标，找出差距，改进不足，朝着卓越运营和建设国际一流船员队伍的目标不断迈进。

通过对照国际上的先进管理，中海国际提出了改进措施。根据集团船队营运规模和发展规划招募培养船员，按照自有船员“一岗一人”原则确定船员数量，将集团自有船员总量控制在适度范围内。坚持“瘦身”与“强身”相结合，建立常态化的船员资源梳理制度，存优汰劣。按照“拥有高端、分包低端、输出标准、控制资源、全球配置”的发展思路，科学谋划船员资源保障模式；明确船员择用标准，建立自有船员与市场分包船员身份双向动态转换机制，积极探索全球化配置船员资源管理之路。

6.强调作风建设常态化，突破不思进取的消极观念

打铁必须自身硬。抓船员管理，不能仅把目光聚焦在船员队伍建设上；加强机关管理的作风建设，也是船员管理的重要一环。

为此，中海国际以船员管理体制改革为动力和契机，狠抓机关作风建设，加强企业文化建设，并强调作风建设、从严管理常态化，抓常、抓细、抓严、抓实。对此，采取了一系列整顿措施，如通过专场报告和动员会等形式，强化企业的目标愿景、管理理念和岗位责任，加强理想信念教育，增强机关人员服务船员、服务船公司、服务集团大局的“三个服务”意识。通过干部职工的岗位调整，强化双向激励，弘扬有利于改革发展的正能量；通过完善公司内部管理制度，加强机关管理者履职担责的责任心、规则意识和铁的纪律，坚持工作作风和纪律问题零容忍；通过学先进、树典型等系列活动，推动企业文化建设，积极营造团结实干、奋发向上的良好氛围。

（三）“大船员体制”带来新变化

一是传统观念有了转变。通过推行“大船员体制”，尊重市场规律，秉承交易规则，按照船员劳务市场价格以及协议约定进行内部交易，合同意识、竞争意识增强了。中海国际与船公司签订服务合同，明确双方责任，规范权利和义务，中海国际与船公司各尽其职，理顺了职能分工，集团航运主业各大船队的竞争能力得以提升。

中海国际采取集团船员成本包干责任制，按市场化模式，由中海国际与各船公司协定单船包干费用标准，市场在资源配置中的决定性作用得到发挥，市场配置使资源产生更高效率和更多效益，船员公司与管船公司的市场竞争能力得到进一步激发。

二是船员资源得到优化。体制改革突出了专业化、集约化管理，船员和船员管理人员在中海国际一个平台上统一调配、集中管理，船公司不再重叠配置，从而减少了船员管理人员，降低了管理成本；船员资源有效整合，改变了以往“条块分割”的船员管理模式，放大船员基数，科学配置，减少了重复配员，为降低船员后备系数留出了空间。通过减少叠加成本和资源集中优化使用，达到船员用工成本有效管控的目的，实现集团整体利益最大化。根据财务快报统计，船员管理体制改革后，2014 年集团船员管理成本大幅下降，实现增效 3.08 亿元。从集团全局看，资源整合优势凸显。

三是增强船员的归属感。在“大船员体制”下，进一步强化了广大船员的集团意识和“中海大家庭”的归属感。中海国际将工作重心聚焦在船员上，做到船员待遇不减和关心关

爱不减，努力为船员提供更加广阔的事业舞台，提供更加周到的管理服务；同时不断加大船员培训的投入与力度，不断强化广大船员在企业发展中的主体地位和主人翁作用，公司内形成了尊重船员、理解船员、关心船员、爱护船员的和谐氛围（图 3–12）。

图 3–12　2015 年 7 月 13 日，集团召开表彰大会，表彰长期服务中国海运船舶的“三长”（船长、轮机长、政委）。

三、积极妥善解决历史遗留问题

“十二五”时期，由于历史原因，中国海运承担的企业办社会职能尚没有完全脱离。企业办社会职能集中在医院、学校以及尚未完成清理的部分工会、集体企业。医院主要为上海海员医院，承担着与公立医院同样的社会职能，但是却无法参照公立医院获得地方政府的任何财政支持；上海海员医院已持续亏损多年。学校主要为上海海事职业技术学院和广州海运职工技校，学校纳入当地教育主管部门统一招生和管理，但不能完全参照当地教育部门所属学校享受政府的生源经费等补贴以及其他财政资金的扶持。尚未完成清理的集体和工会企业基本由工会出资，因操作不规范，股东投资历史资料缺失，清理难度较大。

针对上述情况，中国海运集团用改革办法破解发展难题，使企业成为真正意义上市场经济的主体，公平参与市场竞争。采取的主要措施包括：

（一）加快解决企业办医院的问题，重点研究上海海员医院的出路问题，妥善解决好与相关合作单位的合作形式、投入规模、人员安置等问题。

（二）加快解决企业办学问题，逐步退出学历教育，加强职工培训；重点解决船员培训不到位的问题，把集团内的教培中心资源转移到集团员工特别是船员培训上来；通过大规模培训，大幅度提高船员的职业素养、文化修养和技术水平。

（三）研究存续企业的未来发展。认真研究以所有制改革的方式，解决存续企业生存与发展问题，探索推行一些新的改革措施和方案；充分利用好各地区公司的社会资源和区域优势，努力挖掘、盘活存量资产的价值，以改革为出路，向改革要效益。

上海海员医院（以下简称“海员医院”）于 1955 年创建，注册资金为 4624.1 万元，是上海海运投资的一所集医疗、教学、科研、预防、防疫、保健、体检为一体的二级甲等医院。

自 1983 年起，海员医院向市民和其附近企事业单位开放。1990 年有病床 500 张，员工达到 964 人，其中医师、护士 261 人。医院就诊范围除承担上海海运职工及其家属和来沪国际海员的医疗、保健外，还担负交通部在沪其他航运单位和沿海省市驻沪航运单位，以及沿海省市海运企业在沪基层单位人员的医疗服务。

1997 年，上海海运医院在中海集团组建中划归上海海运管理局管理。其间，海员医院在为保障广大海员身心健康、治疗病患的海员职工之外，还经常在海员职工中开展健康体检、防癌普查、噪声预防、有毒有害气体防护以及船员出国体检、换证体检等工作。特别是 2003 年“非典”爆发时期，海员医院在集团统一部署下，广大医务人员坚守一线，严密部署，确保了集团职工无一人被感染，取得了“抗非”斗争全面胜利。

随着医疗体制改革的不断深化，海员医院成为上海海运内部核算部门，不能享受政府部门的医疗补贴，医疗资源得不到共享，人才流失严重，加之外部环境的竞争压力，致使海员医院亏损逐年加大。每年依靠企业贴补，2013 年贴补经费已超过 3500 多万元。对此，海员医院也曾试图推进改革，与上海多家知名三甲公立医院、中央企业及民营企业等进行洽谈，努力寻找一条适合海员医院发展的道路。但由于海员医院滞缓了设施改造项目，减少了设备购置投入，自身医疗技术力量逐渐薄弱，加之涉及员工的安置、医院的土地属性等问题，都使得诸多改革方案落空。

2014 年 4 月 29 日，中国海运集团召开海医改革发展专题会议，指出解决好海员医院改革发展的问题，绝不单纯是简单地扭亏脱困办好医院的问题，而是贯彻落实中央和国务院国资委提出的“退出企业办社会”要求，解决好集团企业办社会的问题。

根据《国务院办公厅关于第二批中央企业分离办社会职能工作有关问题的通知》精神，按照集团有关企业分离办社会职能工作部署，上海海运成立了企业分离办社会职能工作小组，着力推动海员医院分离工作。2014 年，上海海运领导层数次拜访了上海市虹口区政府，双方经友好沟通协商达成了初步意向。2014 年 12 月 31 日，经上海市卫计委批准同意，海员医院对外宣布歇业。

2015 年 2 月 10 日，海员医院召开第十二届二次职代会，审议表决通过了海员医院员工安置方案，安置工作在公开、公平、公正的前提下，依法依规、平稳有序推进。2 月 11—15 日，海员医院组织职工完成了现场签约工作，316 名入编员工在 2015 年得到较为妥善的安置。转岗人员 4600 多万元经济补偿金发放到位；768 名退休人员转交离退休人员服务中心管理；房屋等固定资产移交有关单位管理，各项工作按计划有序进行。

对于加快解决企业办学问题，集团强调逐步退出学历教育，同时利用已有教育资源加强职工培训，具体做法和效果见本章第九节《科技创新与教育培训》中“船员教育培训”部分。对于解决存续企业未来发展与新业务培育问题，具体内容见本章第三节《产业结构调整与“1+6”业务板块》中“航运及社会化服务板块”部分。

四、积极推行商业模式创新项目

在转型发展中，中国海运积极探索商业模式创新。在总体战略上，以“链”的思维构建“1+6”产业结构，积极探索前述的整合产业链、产融结合、共享经济等模式；在具体项目上，积极探索交叉持股、航运电商等新模式。

（一）与武钢集团进行上市公司股权合作

为落实集团“大客户、大合作”战略，支持武钢股份长期发展，同时考虑到中海发展的发展潜力，增加集团权益以及有助于集团后续资本运作，2014 年 9 月，集团与武钢签订中海发展与武钢股份转受让方案。

武钢集团是中国海运长期合作的大客户，武钢与集团签署了 5 艘 VLOC 的 COA 合同，主要承运南非、巴西和澳洲到我国的铁矿石。截止到签约期的 2014 年 9 月，共完成 59 个航次，完成货运量 1500 万吨；其中 2013 年全年和 2014 年 1—8 月分别完成货运量 494 万吨和 486 万吨，实现运输收入分别占中海散运本部远洋运输收入的 22% 和 29%，是中海散运本部收入来源最大的客户。

尽管当时钢铁行业比较低迷，但与同业比较，武钢集团属下武钢股份公司则专注产品结构升级与品种优化，不追求产能的单纯扩张，而是着力提升主业收益能力；在钢铁行业整体不景气的情况下却逆势增长，盈利情况逐步好转，自 2013 年以来经常性业务恢复盈利，2014 上半年扣除非经常性损益后归属于母公司净利润 4.03 亿元，业绩改善较明显。

2014 年 5 月，武钢集团拟通过定向增发注入盈利能力较强的国内外矿业资产，目标资产资源储量较大，并入上市公司后，将可减少关联交易、大幅提升矿石自给率、改善股份公司负债及盈利。

由于国资委规定，增发价格不得低于每股净资产，而武钢股份股价严重低于其每股净资产，因此该议案在股东大会表决时，被小股东反对而失败。为谋求发展，武钢欲求与中国海运合作，为各自企业发展以及国有企业保值增值作出努力。

合作方案明确：武钢集团将其持有的武钢股份转让给中国海运。同时，中国海运转让相应市值的中海发展股份给武钢集团。双方最终协商以 120 天均价为定价原则，武钢集团将其持有武钢股份 3 亿股转让给中国海运；中国海运需转让约 1.4189 亿股中海发展。交易完成后，双方互相为对方第二大股东，可获得对方一个董事席位。

经分析，尽管从定价上看，由于考虑当时股价涨幅不同，中海发展为市场价格的 80%，武钢股份为市场价格的 90%；但是，由于武钢股份和中海发展股价都低于每股净资产，且武钢股份市净率更低，中国海运受让武钢股份可增加权益约 4.5 亿元；同时转让中海发展股份将减少权益约 2.6 亿元，合计集团可增加权益约 1.9 亿元。此外，后续若采用权益法核算，按照武钢股份盈利情况计算，集团每年可实现收益 2000—3000 万元。

（二）构筑全球供应链电商平台

2014 年，由集团内两家国有控股上市公司，即中海集装箱运输股份有限公司和中海网络科技股份有限公司共同出资组建成立国有股份制企业——海通公司，该公司于 7 月 23 日在深圳前海深港合作区内注册，公司注册资本为 2000 万元人民币。

“一海通”公司是一家传统物流服务与互联网技术相结合的企业，公司组建了一支 20 人左右的专业研发团队，随着业务的开展，研发团队的规模继续扩大。研发团队成员 100% 本科以上学历，硕士研究生学历占 30%，15% 的成员有海外留学或工作经历。“一海通”公司的目标是，致力于打造一个面向中小微客户的、服务于跨境电子商务的综合物流服务平台。通过“一海通”平台逐步集成物流、仓储、通关、退税、支付、金融等服务，向客户提供一站式的跨境物流服务。通过互联网平台 O2O 运作方式，为中小微客户提供便捷高效的物流服务，同时通过规模效应提高平台服务供应商的生产效率和经济效益。

“一海通”全球供应链电商平台初步实现了海运综合服务的线上、线下服务闭环，通过全新的物流成本模型实现了海运产品报价标准化，打通了电商平台交易与实体海运、物流供应商的信息互联通道，实现了跨境物流全过程的可视化跟踪。“一海通”全球供应链电商平台实现了海运价格公开化、透明化和可交易性，其实现技术和运营模式实属开行业之先河。

“一海通”全球供应链上有：“一海通”电商交易平台、“一海通”订单处理平台、“一海通”接口平台、支付平台、大数据应用平台、公共数据平台、“一海通”在线社区等操作平台。可对接阿里巴巴平台，承接阿里巴巴的业务订单；与众多银行合作，提供多种银行卡的网关接口，“一海通”支付平台作为中介方为客户提供方便的网上交易，同时促成商家和银行的合作；“一海通”接口平台对外提供服务交换，船公司订舱接口：平台与各主要船公司电子订单系统对接，为客户提供实时的货物运输及物流状态跟踪服务。整个平台系统可靠、安全，能方便地针对不同的客户群和市场需求的变化进行调整。

“一海通”全球供应链电商平台使得传统的跨境物流业务得到了延展和拓宽。当平台客户数量增多到一定的数量且用户粘度到达一定的程度时，可以迅速凝聚人气和塑造品牌，带动销售及服务，形成可直接盈利的模式；以平台为产品，通过互联网商务模式盈利，为平台本身带来收益。

“一海通”全球供应链电商平台通过平台规模化采购和个体化分销获得交易利润；通过给物流供应商提供各种增值服务，从而收取物流供应商相应的管理费用。平台将物流、金融、通关、汇兑、退税等业务服务进行打包并提供给客户，更好地满足客户需求，同时扩大产品的利润空间。

电商平台既是市场竞争环境下的必要之举，也是满足跨境物流行业主动谋求转型升级、实现外延增长之需要；更是满足培育新的经济增长点之需要。“一海通”全球供应链电商平台的建设有助于促进供应链流程再造、企业转型、产业升级，提升我国出口贸易在国际上的行业竞争力。

打造“一海通”全球供应链电商平台，符合中国海运集团转型发展的战略方向。“一海通”公司依托中国海运集团在资金、技术、服务等方面的有力支持，在项目实践过程中持续研究，不断探索，不断发展。

第七节　开展“卓越运营”

在中国海运集团 2014 年工作会议上，集团总经理张国发作工作报告，提出在全集团范围内开展“卓越运营”活动的要求。他在报告中强调：卓越，就是极其不平凡，极其优秀；集团各部门、各单位，都要用“卓越”来衡量、检验经济工作的质量。

卓越运营主要体现在三个方面：一是卓越的运营效率，二是卓越的成本竞争力，三是卓越的盈利能力。为此，围绕“卓越运营”，集团重点部署了以下工作：

一是优化运营组织。以市场和客户为导向，以提高生产效率为目标，建立以船型或者航线（市场）为核算单位的经营团队，统筹营销、运价、运营调度和成本管控。优化运营组织，关键是建立责权利相统一的机制，核心是严格考核，激励充分，约束到位。集团鼓励各专业公司根据各自实际，在优化运营组织上有更多的创新。

二是努力提高运营效率。集团要求各专业公司把提高运营效率作为卓越运营的重要抓手。中海集运采取措施提高舱位利用率；中海油运和中海散运努力提高运营率和吨船产量。集团总部相关职能部门着力加强和完善对各专业公司的货物周转量、舱位利用率、营业收入预算执行情况的监测。

三是加强合作与营销。顺应大格局，以开放务实互利为宗旨，积极寻找合作伙伴或加入现有联盟。集团要求各单位完善营销组织，加大营销考核力度，国际航线高附加值货物比重力争达到 5% 以上，回程货的数量与质量有明显提升；对可比的单箱收入和准班率，坚持进行对标管理，分析原因，明确目标，逐步改善。不断完善客户管理，把价值贡献度高、履约率高作为评价客户是否优质的唯一标准。

四是采取切实有效措施管控成本。对于竞争性行业，成本就是核心竞争力。因此，集团要求必须着力采取切实有效的措施管控成本，提升成本竞争力。将全部成本项目分解到相关职能部门和岗位，结合预算要求和对标，明确成本目标。坚持多管齐下，通过优化采购管理，扩大集中采购范围，进一步降低或控制燃油采购成本、港口成本、代理成本和保险成本。发挥基层班组、船员的首创精神，设立“绿色环保奖”；在统计分析基础上，科学核定相同船型相似航线船舶的油耗水平。着力加强监测，完善对核心成本的会计科目设置，完善对成本费用的预算管理；在集团的月度和季度生产效益与安全例会上，强调及时通报成本预算的执行情况。

在开展“卓越运营”活动中，集团各单位以“更高的效率优势和更低的成本优势”为目标，主动变革创新，破解管理困境，做了有益的探索与实践。2015 年初，集团从 46 个“卓越运营”管理实践案例中评比筛选出 9 个最佳和优秀管理实践案例，并以展览方式宣传。其中包括中海集运的燃油成本控制、中海油运的跨界管理、鑫海航运的东南亚支线运输等。图 3–13 为集团总经理张国发参加交船仪式。

图 3–13　2015 年 4 月 29 日，集团总经理张国发（前排中）参加中海集运 19100TEU 集装箱船交船仪式。

一、开展集中采购

集中采购是降低企业成本、提升效益的有力手段，能给集团各级企业带来切实经济效益。“十二五”期间，中国海运在燃油、保险、润物料等物资与服务方面，搭建了集中采购平台，也取得了一定成效。例如，2012 年，集团在新加坡成立燃油公司，实施境外燃油集中采购。同年，中海集运合理选择境外加油地点，仅此一项全年节约燃油费 250 万美元。2013 年，集团通过中海新加坡石油平台的统一燃油采购和锁油实现节支 1.45 亿元人民币。

不过，就总体而言，由于中国海运产业多元化的特点，采购物资品类繁杂，集中采购在组织上和操作上难度较大，集团尚无统一的电子采购平台，集中管控力度不足，集中采购的广度和深度仍有继续提升的空间。对此，中国海运认真贯彻国资委关于集中采购管理的会议精神，组织学习了国资委关于推进集中采购的相关材料，充分认识到推行集中采购是现代大型企业集团采购管理发展的一个必然趋势，是提升企业盈利能力和管理水平的有力推手，是防范廉洁风险的有效保障。为此，自 2014 年，集团将采购工作列为开展卓越运营、提升管理水平的重点工作。

为全面推进集中采购工作，集团首先从建立集中采购管理体系入手。

为进一步实现集中采购，更好地提升集团的管理水平和经营效益，集团成立了集中采购推进领导小组和推进工作小组，针对集团内部集中采购的现状进行摸底，理清了主要采购物资品类；拜访了中国建筑和宝钢等多家央企，学习集中采购的工作经验；与多家知名管理咨询公司、电子采购平台开发机构进行了接洽和交流，为构建完善的集中采购管理体系做好准备。

2014 年 3 月 21 日，集团召开集中采购第一次专题工作会议。会议明确了集中采购的工作方向：以国资委下达的央企集中采购对标指标体系要求为目标，利用三年时间，分阶段推进实施集中采购工作。

第一阶段（2014 年）：建立集团集中采购管理机构和集中采购制度体系，建立集中采购电子平台，实现主要采购品类的梳理、主要品类采购模式和流程的确立，建立供应商管理制度，实现航运、工业板块上网采购率达 70% 以上，其中公开招标采购率达 60% 以上，集团和二级企业集中采购率 50% 以上，达到央企合格水平（C 级）。

第二阶段（2015 年）：推广集采品种，丰富集采策略，建立供应商考核体系，优化供应商关系，建立集团集中采购的考核体系，至 2015 年底实现上网采购率达 85% 以上，其中公开招标采购率达 70% 以上，集团和二级企业集中采购率 70% 以上，达到央企先进水平（B 级）。

第三阶段（2016 年），全面推进采购信息化，并从供应链角度出发，全面优化采购策略，强化考核力度，提升采购管控质量，至 2016 年底实现上网采购率 95% 以上，其中招标采购率达到 80% 以上，集团和二级企业集中采购率 90% 以上，向 A 级即国际先进水平靠拢。

通过三年分阶段的推进工作，集团计划的最终目标是：实现采购业务集中管控，采购执行和管理效率有大幅提升；采购全过程线上监控，有效预防廉洁风险；采购数据和信息实现共享，优化采购策略，提升市场分析能力；建立新型的供应商合作关系，不断优化供应链。

在推进集中采购工作中，集团积极搭建集中采购电子平台。对此，集团确定了纳入集中采购电子平台的物资及服务范围，确立集团六大品类，即中海集运买箱租箱、中海工业主材料、外贸燃油、中海投资主材料、集团租船、集团买船的采购等，并将之逐步推上平台进行操作。

集团集中采购电子平台自 2014 年 4 月启动后，于 11 月底按期完成六大品类的采购模块基本建设，其中中海集运买箱租箱于 6 月 3 日试运行，8 月 1 日上线；中海工业主材 7 月 10 日试运行，8 月 1 日上线；外贸燃油 8 月 12 日试运行，9 月 19 日上线；中海投资主材 9 月 1 日试运行，9 月 19 日上线；集团租船 10 月 13 日试运行，11 月 24 日上线；集团买船 10 月 13 日试运行，11 月 26 日上线。2015 年 3 月份，集团保险业务模块在做了大量的调研及研发后，也在集中采购电子平台中上线应用。

到 2015 年，集团集中采购电子平台中已实现七大模块（六大品类 + 保险）的基本建设，各项物资的采购情况在平台上均做记录，可随时接受各相关部室和单位的监督，初步实现了集团物资采购公开化的目标。2014 年度集团燃油采购费用下降约 25 亿元，同比下降约 18%，切实发挥了降本增效的作用。截至 2015 年 4 月 24 日，集中采购电子平台累计成交物资采购达 38.9 亿元。

二、大力加强安全管理

安全工作始终是航运企业重点关注的内容。中国海运自组建成立起，就十分重视安全工作，从追求长效安全出发，加强制度建设，推进安全生产责任体系落实，推进安全生产标准化，保障人员安全、航行安全和陆岸安全。

1997—2005 年，集团的安全生产总体保持平稳。自集团组建开始，坚持每年召开集团安全工作会议，总结一年的安全生产情况，布置下一年的安全工作。自 2000 年开始，集团与各单位主要负责人签订年度安全生产责任书。2005 年，集团没有发生特大事故；船舶上报事故 9 起，维持在较低水平；PSC 检查实现了零滞留的目标，无缺陷通过率达到 76.4%；PSC 检查两项指标都创下了自集团组建以来的历史最好成绩。

“十一五”期间，中国海运集团实现了跨越式发展，超额完成了集团“十一五”发展规划提出的各项指标。其中，在安全生产方面也全面实现了“十一五”安全管理纲要提出的目标，实现了集团安全生产的明显好转。在此期间，没有发生责任性特大恶性事故，其他各类事故数量明显下降；船舶安全面达到年均 98.8% 以上，高于纲要提出的 97%（交通运输部指标为 96%）。从 2007 年开始，事故总数不断下降，并保持在低位；从 2008 年开始，重大事故数量也连续下降（表 3-21）。

“十一五”期间事故统计

表 3-21

年份（年）	2006	2007	2008	2009	2010	平均
小事故	61	37	37	24	32	38.2
一般事故	7	5	0	0	0	2.4
大事故	0	0	0	0	1	0.2
重大事故	3	3	1	1	0	1.6
特别重大	0	0	0	0	0	0
总计	71	45	38	25	33	42.4
安全面	97.1%	98%	99.4%	99.7%	99.7%	98.8%

“十二五”期间，中国海运安全情况总体依旧保持平稳。虽然船队规模大幅增长，但水上交通事故却呈下降趋势。在整个集团范围内，没有发生特别重大事故，一般及以上事故逐年下降，各类事故总量明显下降并保持在低位，船舶安全面持续保持在 97% 以上，高于交通运输部指标 96%；集团船舶 PSC 检查滞留率保持在 0—0.9% 的低位区间，远低于交通运输部 1.5% 的指标。2015 年，未发生较大及以上等级事故，一般等级事故和小事故总量控制在集团对直属单位下达的考核指标内，较好地完成了集团年度安全工作目标。2015 年，船舶发生水上交通事故共 10 起，同比减少 11 起。发生的事故种类有：碰撞 3 起，同比减少 11 起；火灾 2 起，同比增加 2 起；其他事故 5 起，同比减少 2 起。在船舶 PSC 检查方面，2015 年共有 428 艘船舶接受 PSC 检查，发现缺陷 314 项，年度累计单船平均缺陷数 0.734 项，同比减少 9.61 项。

（一）构建长效安全系统

长效安全的保障在于安全管理体系的构建、全面措施的推进、防患于未然的警觉和全员参与的实践。中国海运通过制度完善和常态化的培训、演练与检查，明确安全责任、提高防范意识、强化应对技能，保证货物的安全送达和船员的平安归来。

中国海运坚持“安全第一、预防为主、综合治理”的方针，遵循“全覆盖、零容忍、严执法、重实效”的要求，从隐患预防和风险管控着手，搭建并完善安全管理体系与制度，将安全责任落实到每个环节；以安全管理体系和安全生产标准化体系为主线，修订完善安全生产责任制度，加大安全生产指标考核权重，探索实行安全生产和重大安全生产事故风险一票否决。

2013 年，中国海运积极推进安全生产标准化建设，修订了《重大、特别重大安全事故行政追究规定》《安全生产约谈办法》《安全生产责任书工作责任书》，将小事故和重伤率纳入考核；层层签订《安全生产责任书》。修改更新《应急预案》，提高预案有效性和可操作性，明确各级应急响应机构的职责，改善应急反应能力和协调性。

新制定《企业健康安全管理规定》《安全管理职责规定》等文件；全面修订《安全生产工作履行督查管理规定》《生产安全事故统计和调查处理规定》等文件。通过安全生产标准化建设交流会，促进子公司相互交流借鉴，经过宣贯、培训、文件编写、体系运行、自评和外部考评等多个阶段全面推行安全标准化建设工作。

中海油运、中海客运成为交通运输企业第一批一级达标单位。中国海运旗下共有 42 家单位取得了达标证书。

2014 年，中国海运建立了安全生产监督体系，全力推进安全管理制度向安全管理成果转化，着力打造船舶航行、生产制造及日常工作的长效安全机制。中国海运根据国务院国资委《中央企业安全生产监督管理暂行办法》及“中央企业全面推行安全总监制度，设立独立的安全总监和独立的安全监管部门”的要求，在 7 家船公司和 8 家陆岸单位任命了安全总监，并设立安全监管部门，逐步形成相对独立、权责明晰、运行高效的安全生产监管体系，确保安全生产责任制在各个层面的落地。

“十二五”时期，中国海运坚持在集团内部、集团与直属各单位、直属各单位与下属单位之间，层层签订《安全生产工作责任及承诺书》，通过指标层层分解、压力层层传递，将安全生产责任、目标、任务落实到各级领导和每一名员工，确保安全管理工作的全员参与。

（二）加强安全培训

中国海运开展贴近工作实际的安全培训，使员工具备直面危险的勇气和规避风险的技能。通过安全培训，培养安全文化，导入责任心理念，带动员工开展安全生产。

中国海运从提升培训的针对性和有效性出发，及时改进安全培训的内容和形式，开展消防演练、紧急疏散等常规性演练和防海盗、防紧急险情等特殊演练。

2012 年，中国海运及二级公司开展综合演练 47 次，参加演练 628 人次，三级公司或船舶开展演练 5846 次，参加演练 125868 人次，不断提升集团与下属单位间协同联动能力、各级应急指挥中心快速反应与指挥能力、公司和船舶突发事件应急预案快速实施能力。中国海运坚持开展对船长和驾驶人员“驾驶台资源管理和三江两区航行安全”以及“驾驶员避碰知识”培训，2012 年共培训船长 481 名、驾驶员 208 名。中海散运恢复新船长上驾驶模拟器培训和海船进江操作培训，建立引航员“白名单”制度并加强对引航员的工作监督；建立新进船长由引航船长带班制度，将大型视景模拟器引入新进船长的培训，加强对新船长和远洋船长的船舶实操培训。

2013 年，继续开展消防救援、应急疏散、重点安保、船舶防海盗等常规演习和特种演练，加大消防安全重点企业消防队伍建设和消防装备投入。全年有 280 余家单位开展各项消防应急和人员疏散演习，开展消防安全应急演练 75 次，开展人员密集场所应急疏散演习 28 次，共有 1988 人次参与。中国海运被评为年度“水上系统消防安全大排查大整治”优秀单位。

在安全培训中，中国海运制定了科学严谨的培训计划，通过现场教学、多媒体 PPT 等形式组织不同层级和阶段的人员学习体系文件和公司相关规章制度，并通过专项培训有针对性地提高专业能力。中海油运坚持船员安全知识、应知应会、必知必会内容的上岗前考试制度；对未通过考试者要求必须学习后重考。几年来，集团坚持举办《远程监控技术系统应用技术讲座》《ME 电喷柴油机控制系统技术》等专业性、实操性强的培训班，出台《船员岗前培训大纲》《船员在船培训大纲》，完善船员岗前培训制度。部门每周轮流开展海务或机务专业交流会、部分集团子公司安全专项培训。

为提高安全培训工作的真实性和针对性，中国海运以真实案例为教材，组织专人带领员工分析研判，用安全事故血的教训警醒员工，用专业知识武装员工。

此外，集团还增加临时演练的频度，强化员工应对突发事故的能力，让每一位员工从心理上绷紧安全弦。

2014 年，韩国“世越”号客轮事故发生后，中海客运立刻组织召开专题会议，认真分析事故原因，逐条梳理船舶操纵和应急处置过程中的失误，全面提升员工安全航行的意识。中海油运成立了安全工作专家组，负责对公司船队的事故开展调查、分析、评估和处理，并根据真实事故进行案例教育和实施员工培训，强化相关人员应对安全事故的能力。中海散运针对嘉安轮新船员对船舶设备不熟悉、岗位操作技能有待提高的实际情况，船长结合中海散运和中国船级社澳大利亚办事处发布的《澳大利亚港口国船舶安全检查动态》，组织全体船员加强培训和预检工作，对照检查表逐项进行检查，发现缺陷立即整改纠正，使新船员快速熟悉工作环境，掌握工作技能。

结合安全培训活动，集团还着力打造安全文化。在安全活动中，持续开展形式多样的宣贯活动，培养懂安全、为安全、自觉维护安全的安全文化，如 2012 年，组织来自 125 艘船的共 3000 多名船员参加消防知识竞赛。中海集运以“人命关天”的理念培养船员责任心，强调全体船员尤其是担负关键职能的船员，要胸怀平安航行的责任心，自觉加强视觉瞭望，谨慎驾驶，主动避让，绕开渔船密集区域以保障安全。

（三）科学防范，提升航运安全裕度

航运安全历来是安全工作的“主战场”，复杂的航线和多变气象条件使航运安全工作面临很大挑战。中国海运时刻关注世界顶尖航运技术的发展动向，快速推进船队新型安全技术的应用，加强安全预警，有效应对航运风险。

中国海运坚持自主创新和技术引进并重，加快信息化建设。在陆岸与船舶之间搭建实时、畅通的沟通渠道，有效地保障航运安全。2012 年，中国海运完成总调度监控管理信息系统，增加满足 S-57 国际标准的 ENC 电子海图 9100 张，并在电子海图显示基础上叠加显示全球气象信息，为不同海域船舶的安全航行进行监控与指导。系统同时实现了台风气象信息与船舶船位历史数据的综合回放，实现对船舶航速的实时监控。此外，上海船研所与中海散运联合开发了船舶远程监控系统，对船舶进行机舱综合报警和远程监控系统改造，共计投入资金 1026 万元。

中国海运在加快安全技术开发的同时，还深度挖掘现有安全技术的潜力。例如，将船舶驾驶台闭路监控（CCTV）和船舶交通管理系统（VTS）与正在大力推进的安全生产责

任制和安全生产监督体系结合起来，充分保障各项安全规章制度的落实。

在安全管理中，中国海运建立船舶安全航行信息收集与报送机制，严格船舶事故报告流程，使集团和各级应急指挥中心能够及时掌握异常船只状况并建立沟通渠道，确保信息及时、准确传递。

强化安全检查工作是做好安全管理的重要抓手。多年来，集团坚持深化船舶检查工作，以船舶安全工作和值班纪律为主线，以船员专业技能和实际操作能力为重点，修改、完善集团船舶检查标准和内容，同时区别客轮、油轮的不同情况，将每项检查内容落实到责任人，做到检查结果与船员考核、聘用相关联；同时改变检查方式，将考试和现场培训植入检查过程中，边检查边培训。

以 2015 年船舶检查工作为例。年初，为做好春节和全国两会等重要时节集团的安全生产工作，安全监管部组织开展了为期 1 个月的春节前安全生产大检查，此次检查共检查船舶 38 艘，查出缺陷 257 项，陆岸单位 43 家，共提出隐患 52 项、改进建议 25 项，分析了九个方面存在的问题，提出了九个方面改进建议。

2015 年 4 月，为进一步深化安全大检查和隐患排查，组织开展了安全生产大检查“回头看”，对 34 艘船舶和上海、广州、大连、海南四地 24 家陆岸单位开展了“回头看”，确保大检查开列的各项缺陷整改到位，采取的各项安全措施落实到位，进一步巩固春节前安全大检查的成果。

2015 年 8 月，根据上级主管部门会议文件和集团安全生产紧急视频会议精神，集团又一次组织开展了为期 3 个月的安全生产大检查，9—10 月，共检查船舶 78 艘；全年安检组共检查船舶 261 艘。

针对不同季节安全防范要求、内外部事故险情的特点等因素，集团制订各次大检查详细检查计划，突出不同时期的检查目标和重点；检查人员定期交流、总结和培训，不断提高检查水平；检查后及时总结、评估和通报，重点分析设备保养、船舶管理、在船培训等方面的缺陷，对每项缺陷进行了点评并提出了整改要求；跟踪缺陷和问题的整改情况，将事故隐患消灭在萌芽状态，安全大检查工作收到了较好的效果。

制度防范、科技创新，使得中国海运有效排除船舶固有缺陷和潜在的航行风险，提升航行安全裕度。

（四）多项举措做好“五防”工作

防碰撞、防污染、防海盗、防台、防汛统称为“五防”，“五防”工作对航运安全有直接影响。对此，集团采取多项措施加强“五防”等预控工作。

在防碰撞方面，船舶安全航行一直是集团安全管理的重中之重。“十二五”时期，集团继续抓好船舶防碰撞工作，防碰撞形势总体保持平稳。为做好防碰撞安全管理，集团进一步加强对进出长江口船舶的监控，降低事故率；进一步完善船舶驾驶台闭路监控（CCTV）管理制度，强化回放抽查；进一步加强安全预控和靠前指挥，集团、各船公司以重点船舶、重点航线、重点水域、关键操作为主要风险控制点，加强预控管理，认真布置船舶防碰撞措施。

2014 年 8 月，集团组织召开了航海安全专业委员会会议，集中分析了 6 起典型碰撞事故案例，查找事故的深层次原因，提出针对性措施。中海散运针对长江事故多发的特点，与江苏海事局联合举办了“长江江苏段航行安全研讨会”，制定《长江航行安全导则》，对长江安全航速、追越、瞭望等做出了明确指引。

在防污染方面，集团始终强调加强船舶安全意识与海洋环境保护意识。中海油运的安全管理是集团防污染工作的重点。“十二五”时期，中海油运实施了安全、质量、环保、职业健康“四位一体”的综合管理体系，采取了符合国际大石油公司要求的油轮管理自评估（TMSA）管理手段，建立健全了中海油运全球应急安全保障体系，进一步提升了安全管理的精细化、规范化程度，也进一步提升了安全发展能力和国际竞争力。2014—2015 年，中海油运针对集团外部发生重大污染事故开展警示教育，组织全员学习培训，培训优秀率达到 94%；同时组织召开“安全理念与模式创新”专题会。此外，中海油运还通过发展论坛等形式，开展油轮防污染、防海盗等安全课题的研讨和培训。

图 3–14　中海油运通过论坛等形式，开展油轮防污染、防海盗等安全课题的研讨和培训。

在防海盗方面，中国海运通过改进设备设施、配备防范工具、制定应急预案、开展模拟演练、加强警报系统、分享经验措施、研究作战策略等方式不断强化防海盗能力。“十二五”期间，集团每年约有 500 艘次的船舶过往亚丁湾和印度洋等危险海域，防海盗任务十分艰巨（图 3–14）。

2013 年 9 月，“华池”轮接到从新加坡到孟加拉国吉大港的命令后，船长立刻通过多方渠道了解吉大港的各类注意事项，根据船舶实际情况，结合公司有关防海盗预案程序文件，制定《孟加拉国高风险区域防海盗应急预案》。与此同时，“华池”轮还组织船员认真分析该海域的以往案例，从空间布局到人员安排详细布置准备工作。9 月 26 日，“华池”轮遭遇海盗，在各级船员的互相配合和严密防护下，海盗最终陆续离开。

针对尼日利亚外海海盗劫持事件增多的状况，中国海运及时做出应对，重点跟踪、监控尼日利亚拉各斯港或航经西非沿海的船舶的动态；扩大防海盗戒备的范围，按照防范索马里海盗的规定提前做好防海盗准备，提高警惕，加强驾驶台值班瞭望。

在防台防汛方面，集团坚持航海安全专业委员会会议制度，就船舶防台、长江汛期航行安全、CCTV 应用等议题进行充分讨论，提出具体要求；加强对台风、强对流、寒潮大风、能见度不良天气的监控和监测，及时提醒，召开防台会议，研究、部署防台措施，安排防台值班，跟踪防台措施的落实，及时召开防台总结座谈会，确立“以防为主、以避为主”的防台宗旨。几年来，集团“五防”和季节性安全工作平稳有序。

2013 年 9 月超强台风“天兔”在粤东沿海登陆，又恰逢天文大潮，破坏力极大。汕头中海船务及时做好相应安全措施。一方面，梳理代理各船舶情况，按照中海防台办指令，安排“万寿山”轮离港赴南海漂航避风、PACIFICENERGY 轮赴厦门避风；无法抢装完货的“五洲1号”轮，经与码头及船东积极沟通，20日下午中断作业离港避风；具备抢卸条件的“热带之星”轮，通过和码头及电厂共同努力，于20日晚上抢卸完毕离港。

对于安全事故处理，集团强调“四不放过”，即事故原因没有查清楚不放过，事故当事者和员工没有受到教育不放过，防范措施没有落实不放过，事故责任人没有受到严肃处理不放过。2015年，集团修订完善了《集团生产安全事故责任追究规定》；对有关事故情况及时通报集团整个船队；针对几起典型事故，进行了细致独立的调查和分析，挖掘出事故的根本原因，并提出了切实可行的整改建议；召开了事故总结分析会，举一反三，强调各单位要共同吸取事故教训；对事故单位落实事故“四不放过”情况进行严格核查，对整改措施、整改不到位的事故退回重新整改，防止事故的再次发生。

（五）中海货运“嘉宁山”轮英勇抗击海盗

2011年2月1日，农历年二十九，俗称小年夜。再过一天就要迎来中国人的传统佳节兔年春节了。中国海运所有的船舶上都洋溢着浓浓的节日喜庆气氛，“流动的国土”上随处可见由彩幅和灯饰组成的“中国红”。然而，索马里海盗不过年。如果在此期间，船行印度洋东南部海域，就有可能要过一个别样的春节。

当天下午，刚刚离开印度港口的中海货运所属“嘉宁山”轮正航行在茫茫的印度洋东南部海域，静静地驶向目的地南非德班港。14点30分，嘉宁山轮值班二副突然发现正船头7海里处有一艘航向不稳定的船舶正在逼近。高度警惕的值班船员第一个反应便是遇到海盗了。在极短的时间里，经过仔细观察和认真分析，判断出这是一艘海盗母船，它正快速向“嘉宁山”轮驶来。情况万分危急，船长周泽彬立即拉响了保安和遇险警报，全船按防海盗应急部署的要求，各就各位，严阵以待。

与此同时，中海货运陆岸值班人员也接到船方遭受海盗的报告，公司应急指挥即刻启动。消息同时也迅速传到了集团、中国海上搜救中心和中国海军护航编队529舰，一场岸船联动的反海盗战斗马上打响。

此时，26名船员在集团、中海货运和交通运输部、中国海上搜救中心、中国海军护航编队的指导下，正与海盗们在茫茫印度洋上斗智斗勇。船长坐镇驾驶台指挥，下令船舶右转20度，正面避开海盗。海盗们感到自己的第一步“潜伏突击”的行径被发觉后，便疯狂地全速追赶，不顾一切逼向“嘉宁山”轮，企图迫使货轮停下来。但海盗的野蛮行径没有吓倒中国海运的船员们，在船长周泽彬和政委王细豪的带领下，全船临危不乱，众志成城，团结一心抗击海盗。

14点45分，海盗发起第一次进攻。海盗见母船追击无望，便放下2艘快速小艇，每艇乘有5名海盗，其中1人驾驶，4人持不同武器袭击货轮。海盗2艘高速快艇迅速追上“嘉宁山”轮，分两侧包抄，用枪弹发动了猛烈的攻击。但勇敢的船员们没有退缩，按应急预案的要求坚守岗位，并进行有力反击。这时，其中一艘快艇在火力的掩护下迅速靠到“嘉宁山”轮左舷，海盗试图用铁钩强行登轮。水手长董友谊冒着枪弹袭击向小船上投下2枚自制燃烧弹，引燃了海盗衣服。小艇被迫驶离左舷，但很快又来到船边企图登船。机工长李晓武和机工龙会湘在船艉进行还击，投下数枚自制燃烧弹和鱼叉。海盗登轮企图再次失败。

见船员们没有屈服，疯狂的海盗向“嘉宁山”轮连发 3 枚火箭弹，企图彻底制服货轮，所幸其中一发从驾驶台前飞过，另 2 发虽击中，但均没有打在要害部位，只是二副房间被击中。接着，周泽彬船长又采用船舶左右大角度形成尾部较大水波的操纵方式，逼使海盗小艇无法靠近大船。

15 分钟后，海盗艇停止攻击，回到母船边。第一轮战斗以“嘉宁山”轮的胜利告终。

16 点，海盗发起第二次进攻 。虽然取得了第一次抗击的胜利，但船员们没有掉以轻心，他们将全船的火焰信号等设施集中在船艉，利用海盗撤离的短暂时间加紧做好战斗准备。在第二轮战斗中，船员们根据反海盗的部署奋起还击，大副和水手长在船尾左舷，机工长与另一名机工在船尾右舷。船员们不顾生命危险，不停地向追击的海盗小艇投放烟雾信号，以红光降落伞烟雾信号弹等“武器”打击海盗的心理防线，还向海盗们投掷了以啤酒瓶自制的煤油弹，吓得海盗们不敢轻易接近。其间海盗小艇曾两次接近“嘉宁山”轮船艉，但都被船员们投掷的自制武器所击退。

这时，海盗也不示弱，向“嘉宁山”轮投掷了烟雾弹之类的武器。突然，一颗疑似炸弹的东西落在后甲板，尾部还冒着丝丝浓烟，带着刺激性气味。水手长董友谊眼明手快，迅速冲上去，把带着烟雾的炸弹快速捡起并抛向了大海。

经过了半个多小时的紧张较量，海盗们面对不屈的中国海员已无心恋战，只得退出了攻击。第二轮战斗再次以“嘉宁山”轮的胜利而结束。

16 点 40 分，心有不甘的海盗们发起第三次进攻。这次，海盗改变了进攻的方式，以一艘快艇佯攻吸引船员注意力，另一艘快艇则在前者掩护下悄悄靠近货轮。船员们很快识破了海盗的企图，迅速兵分两路同心抗击。当一艘小艇快速驶近船尾，海盗们先用登轮铁梯损坏了“嘉宁山”轮的防海盗高压电网，再试图爬上货轮。船员们奋不顾身，勇敢地冲上去，投放红光降落伞烟雾信号弹和啤酒瓶予以打击，打得海盗狼狈不堪，无法登轮。

海盗见船尾防范严密，又快速转到右舷三舱的位置，企图再次用铁梯登轮。水手长董友谊和机工龙会湘冒着枪弹袭击，躬着身子跑到了三舱，趴在引水梯附近，借助透气帽掩护，连拉 3 个降落伞烟雾信号弹，投掷 1 个鱼叉和数个燃烧弹。驾驶台紧急呼应，用船舵摆脱小艇，阻止了海盗的又一次攻击和强行登轮的企图。最后，黔驴技穷的海盗终于停止攻击，不得不放弃对“嘉宁山”轮的劫持。

17 点 45 分，“嘉宁山”轮的雷达上再也看不到海盗母船。经过近 3 个小时艰苦的斗智斗勇，货轮终于脱离了险境，取得了反海盗战斗的胜利，向祖国和人民交上了一份圆满的答卷。茫茫的印度洋上，经过战火洗礼而满目弹孔和硝烟的“嘉宁山”轮，在醒目的“中国红”映衬下，驶上新的航程，迎接兔年新春的到来。

为表彰“嘉宁山”轮全体船员勇斗海盗的事迹，集团当即发出嘉奖令，对该轮船员临危不惧，成功摆脱海盗追击，保护全体船员生命和国家财产安全的壮举，进行通令表扬和嘉奖（图 3–15）。

图 3-15　2011 年 5 月 6 日，中海货运召开“嘉宁山”轮成功抗击海盗表彰大会。

（六）维护陆岸安全

在遍布全国及世界各地的陆岸码头和生产基地，中国海运及下属企业根据各自的工作性质和特点，分别采取措施保障人员、设备和货物安全，确保生产、航运和物资流通的长效安全。

中国海运强调，各陆岸单位必须强化安全管理，促进陆岸单位取得标准化达标证书，完善安全管理文件并提高执行力，定期开展安全培训和专项活动，确保工作安全规范，减少隐患。

陆岸安全管理的践行者是每一位陆岸员工。集团通过贴近工作实际的安全演练和宣传培训，强化安全意识和技能，将安全融于内心，树立“以人为本”的安全价值观，使陆岸安全管理真正落地，发挥最大成效。

“十二五”期间，中国海运排查隐患的整改率平均达到 98%。伴随着安全成效的持续改进，陆岸安全事故造成的人身伤害、设备损失得到有效控制，有力承载起客户、员工和社会的重托。

安全是中国海运履行社会责任最核心的议题之一。安全工作是“1”，企业的稳定发展、员工及其家庭的幸福、客户的权益都是“1”后面的“0”，只有安全这个“1”得到保证，各个利益相关方的利益才能得到保证。基于这样的认识，中海工业以提高班组长带领组员规范作业的能力为切入点，夯实班组安全生产基础；加强学习《修造船班组长安全知识读本》，提高人员安全意识和操作技能；坚持防火防爆为安全工作主线，在修船现场做好舱室的防通风和测爆、管线分置及氧乙炔气管随人同时进出等工作；造船舾装交船阶段严格明火作业三级审批制度，做好火患自防。

经过持续努力，陆岸员工业务技能和操作水平得到进一步提升，陆岸现场的安全作业环境不断改善，陆岸单位抵御事故风险的能力进一步加强。中国海运的安全表现呈现出逐年提升态势，因安全事故导致的人员、财产损失不断减少，中国海运的客户满意度、经济效益也得到稳步提升。

整个“十二五”期间，中国海运坚持抓好安全不松懈，始终绷紧安全工作这根弦；坚持以预防为主，事前排查，从细微处下功夫，力求将安全隐患消灭在萌芽状态，将所有可能的损失降到最低，为企业发展保驾护航。

三、加强法务管理与全面风险管理

（一）法务管理

中国海运组建初期，其法务管理主要集中于总部总裁事务部下设的法务处。2006 年 9 月，集团设置专职总法律顾问，并成立总法律顾问办公室。2012 年，集团总部架构调整，设立法务与风险管理部，以增强集团的法制工作与法务管理。“十二五”期间，中国海运的法务管理主要概括如下：

1. 制定并落实企业法制工作三年目标

2011 年 9 月国务院国资委召开中央企业法制工作会议，并于 2011 年 12 月 6 日下发《关于落实中央企业法制工作第三个三年目标有关事项的通知》，正式启动中央企业法治建设第三个三年目标。按照国资委“建立机制、发挥作用、完善提高”的总体推进思路，中国海运通过连续前两个三年（2006—2008、2009—2011），尤其是第二个三年的大力推进，集团企业法治建设整体上实现了“四个基本”，即企业法务工作机构与法务队伍基本建立，法务管理制度基本形成，法务工作职能基本发挥，法务工作效果基本显现，为保障企业依法经营、促进企业发展起到了积极作用，也为集团深入推进企业法治建设等各项工作、进一步发挥和提升法务职能创造了较好的条件。

随着社会法治环境、市场环境和企业对法务工作内生需求的不断变化，企业法务工作面对新的要求和挑战。在充分分析法务工作面临的新形势、新要求、新任务的基础上，结合企业实际，集团确定了中国海运第三个三年目标，即：按照全面风险管理的要求，进一步健全完善法律风险防范体系，有效融入企业日常经营与管理，切实发挥法律风险预防的作用；进一步强化企业规章制度、经营合同、重大决策的法律审核机制，确保在集团和二级企业层面实现法律审核全覆盖；进一步严格规范案件报告制度，强化纠纷案件的事先预防机制，杜绝因违法违规经营而引发重大法律纠纷案件，历史遗留重大案件基本了结；进一步重视和加强企业法律顾问队伍建设，继续深入推进重要子企业总法律顾问制度，重要子企业总法律顾问专职率达到 80%；集团和二级企业法律顾问持证上岗率达到 85%。

为确保这一目标有效实现，中国海运就完善法务工作体系、夯实风险防范运行机制、提升队伍素质、改进服务效果等作出具体部署。例如，结合目标的制定，强化了法务管理的考核，以提升对法务工作的重视程度。自 2012 年以来，中国海运将法务管理的要求正式纳入对所属企业年度业绩考核之中，集团法务部根据法务管理制度体系、法律风险防范机制成效、纠纷案件发案情况等指标，对所属企业提出考核意见和建议，并与领导层薪酬业绩挂钩。2013 年，中国海运所属 5 家境外控股公司因法律管理制度建设未达到要求而被扣减分值，欧洲控股因法律风险防范工作较为出色而获得加分。通过将法务管理指标纳入年度业绩考核等手段，有效推进了整个集团的法制建设。

2. 强化三项法律审核

三项法律审核包括：规章制度法律审核、合同审核及重要决策的法律审核。

在规章制度法律审核方面，集团法务部对集团各部室制定的规章制度全面进行法律审核，对重要规章制度和公司治理文件进行法律审核，全程参与《董事会议事规则》《总经理办公会议事规则》等16项重要规章制度的制定工作，从制度体系、主要内容、可操作性、文字表述等方面提出全面的修改完善建议，确立了法务管理在制度建设领域的权威。与之相对应，集团所属企业的法律事务机构也加强规章制度的审核把关，涉及企业主营业务管理、财务管理、劳动人事管理等诸多方面，有效确保了规章制度的依法合规，规章制度的法律审核已形成成熟的工作机制。

在合同审核方面，突出强调防范合同的法律风险。一是健全和完善管理制度。在集团总部实施《合同管理办法》的基础上，督促所属企业制定和完善本企业的合同管理规定，并将该项内容纳入对所属企业的法律管理考核之中，确保集团所属企业建立规范有效的合同管理制度。二是强化合同的法律审核，在集团总部率先实现合同法律审核100%达标的基础上，推进重点企业的合同法律审核流程再造，确保重点企业合同法律审核有效实现。三是加大对日常主营业务推行标准文本的力度，所属企业标准合同文本涵盖70%的主营业务。通过推行标准文本，大大提升了合同签署效率，有效防范了合同风险。四是结合集团信息化建设，将合同标准文本和审核流程逐步嵌入航运标准化信息管理系统，确保合同法律审核得到有效执行。

在重要决策法律审核方面：一是进一步完善重要决策法律审核的实施保障机制。集团将总法律顾问制度明确写入公司章程，在中国海运《"三重一大"决策制度实施办法》中明确规定重要决策需履行法律审核事项，在《集团总经理办公会议事规则》中明确总法律顾问作为总经理办公会的组成人员，为总法律顾问参与公司重要决策审议、履行法律把关职责提供了明确依据。二是进一步细化操作规则。集团法务部在会商集团办公厅、董事会办公室后，对需要事先履行法律审核的"重要决策"范畴制定清单，对于未经法务部审核会签的事项，退回发起部门或补充征求法务部门意见。三是注重法律审核效果。"十二五"时期，集团通过总经理办公会、会签、发送法律意见等方式，对数百项重要决策实施法律审核，特别是加强对重大资产并购、股权投资、金融交易等项目的法律审核，进一步降低了企业的决策风险，为企业依法经营提供有效支持。

3. 提升对纠纷案件的应对处置能力

一是健全案件管理制度，完善纠纷案件的报告程序。在制定《诉讼（仲裁）案件、非诉讼纠纷管理暂行办法》《诉讼（仲裁）案件办理暂行规则》等制度的基础上，所属企业按照集团要求，全部建立了本企业的纠纷案件管理办法，确保与集团纠纷案件管理要求相衔接。同时运用信息化手段，所属企业通过集团法律管理信息模块（IMP），向集团报送案件信息和案件处置进度；对于未及时上报案件信息的单位，集团则予以通报批评，以确保纠纷案件信息及时有效传递。

二是定期发布集团纠纷案件报告。自2013年起，在全面掌控所有成员单位发案信息的基础上，集团实行每月通报纠纷案件信息、每季度和年度发布全集团纠纷案件报告制度，对纠纷案件总体情况、发案特点、新类型问题进行分析和提示，对处理效果较好的案件进行点评总结，并对纠纷案件管理工作提出要求。第三个三年目标期间，集团及所属企业未发生应予上报的重大法律纠纷案件，集团和所属企业的法律部门共协调、处置各类诉讼、仲裁案件130余件，为企业挽回损失3亿余元。

三是精心应对诉讼，相关案件被最高法院确定为典型指导案例。针对所属企业发生案件，在全面收集证据和查明事实的基础上，注重系统法律研究论证，并形成完整的诉讼应对策略。对于司法实践中既有的观点或认识，不轻易盲从，敢于从法律角度提出独立的观点，并尽最大努力去争取实现，从而有效维护了自身的合法权益。如中海工业江苏公司承建的“安民山”轮在试航途中发生碰撞码头事故，中海工业按照其投保的船舶建造险向中国太保索赔遭拒后提起诉讼。对于试航中的船舶是否构成海商法意义上的船舶并享受船舶海事赔偿责任限制，我国法律并未明确规定。对此，集团法务部、中海工业和专业律师进行充分论证，并通过召开专家讨论会等寻求支持，最终法院采纳我方“试航船舶不属于海商法意义上的船舶，且不享受责任限制”观点，判决太保向我方全额支付保险赔款。最终该案被《最高人民法院公报》刊登，并确立了“试航船舶不享受责任限制”的司法裁判标准。

4. 不断强化企业法务队伍建设

一是切实保障总法律顾问“专”和“责”。自2006年中国海运设置专职总法律顾问以来，集团领导层高度重视并积极支持总法律顾问履责和作用的发挥，在首任专职总法律顾问到龄退休后，集团再次引进并任命专职总法律顾问。与此同时，在7家重要子企业均任命兼职总法律顾问的基础上，集团严格标准，稳步推进“兼转专（兼职转为专职）”，协调各单位研究“兼转专”的方案和时间表。上海船研所、中海海盛分管副总相继通过考试取得企业法律顾问执业资格证书，实现重要子企业总法律顾问专职化。此外，中海财务、中海投资积极推行总法律顾问试点工作，率先设立总法律顾问并实现专职化。

二是完善法律机构设置，确保法律风险防范职责有效发挥。2012年8月，为适应集团转型发展的需要，中国海运总部机关实施改革，在内设机构总数减少的情况下，集团法务机构不仅保留，而且管理职能进一步扩大，涵盖了法律管理、规章制度管理、内部控制和风险管理等领域，既强化了法务机构的地位，更为法律管理进一步融入企业日常经营管理、统筹发挥风险管控作用提供了更为宽广的舞台。集团所属企业也根据企业实际，参照集团法务部的职责调整，逐步完善法务机构的职能，为法务管理向下推广延伸夯实了组织基础。

三是创新法务人员培养使用模式，提升法务队伍的素质能力。对此，集团积极采取多种措施，如强化岗位培训，结合企业实际，设计培训课程；进一步增加企业法律顾问年度培训课时，进一步加强法务人员的业务培训。针对上海自贸区建设等热点问题，专门邀请主管部门和专家授课。每年与上海市企业法律顾问协会、上海政法学院等联合举办企业法律顾问执业资格考试辅导班，鼓励商务、业务人员积极报考，为集团提供法务人才储备。此外，还尝试开展“大法务”培养模式；在中海油运等企业进行试点，在企业商务、业务部门和专业经营管理团队内，选择具有法律背景、持有企业法律顾问执业资格或司法资格的人员，采用由业务部门和法务部门“双重管理”的模式；在保持已有岗位不变的基础上，增加法务管理职责；此举促使其更好地在业务经营一线发挥法律风险管控的职能，也有利于培养懂业务、懂经营、懂管理的企业法律顾问人才。

5. 不断培育提升企业的合规理念与法治文化

“十二五”时期，中国海运认真贯彻落实全国普法办、国务院国资委提出的“六五”普法规划，制定细化本企业“六五”普法工作计划，充分利用集团《海运报》《中海通讯》以及企业网站等载体资源，紧密结合国家有关法律法规的颁布实施，围绕企业战略发展对企业法务的新要求，采取灵活多样的普法形式，加强法制宣传，定期编发风险案例评析，促进企业各级经营管理人员自觉主动地学法、守法、用法，切实提高企业领导人员的法律意识和法律素养，培育法律至上、诚实守信、合规经营的企业法制理念，努力树立责任央企、法治央企的良好形象。

6. 提升法务工作服务企业与行业的新能力

随着企业内外部环境的变化，企业法务工作也面临新的转型，法务人员的能力与作用也要升级，需从“内部律师”向行业或管理专家转变。对此，中国海运注重发挥集团作为航运央企的地位优势和业务优势，针对市场热点，结合自身实际，开展专题研究，服务企业与行业。通过开展研究项目，进一步带动法务人员素质能力的提升，也进一步树立集团在业界的影响力。例如，集团积极参与交通部《海商法》修改的相关研究以及国际海事委员会《船舶司法出售国际承认公约》草案的起草、《1989 年国际救助公约》的修订、《2012 年约克—安特卫普规则》草案前期论证等工作，对《航道法》《海上安全交通法》的修订积极提出企业的想法和建议，促进完善法律规定和有效执行；通过积极开展航运法律研究工作，提升了中国海运在航运司法界的影响。再如，2013 年 6 月，马士基、地中海、达飞三家排行前三的国际集装箱运输巨头宣布组建 P3 联盟，将传统海运联盟演化为实质上的统一经营体。针对这一重大事件，集团法务人员对国际班轮联盟模式深入研究，依据我国反垄断法，就联盟运营模式可能存在的问题以及对国际班轮运输市场和我国航运业乃至国家利益的影响进行深入分析，提出相关研究报告和建议，该建议引起上级部门和行业协会的关注，取得重大效果。通过开展研究项目，进一步激发了法务队伍对专业问题的探索热情和钻研精神，也为法务人员提升素质、增强能力搭建了很好的平台。

（二）全面风险管理

全面风险管理是中国海运集团对企业内各项业务和管理工作的全过程、全方位的动态风险管控。2008 年 3 月，中国海运成立风险控制和管理委员会，由集团总裁担任委员会主任，集团分管领导任副主任，委员会成员包括分管战略发展、生产经营、财务工作和法务工作的集团领导。在推行全面风险管理的过程中，中海集团坚持以体系建设为先导，采取“自上而下，先试点后推广”的工作思路，在集团总部和所属主要航运企业中先行开展风险管理体系建设。

2009 年，集团总部和中海发展率先完成体系建设试点工作。在总结经验的基础上，集团又进一步提出“全面风险管理的范围涵盖集团主营业务”的阶段性建设目标，随即启动了中海海盛、中海集运 2 家上市公司的体系建设项目。中海海盛体系建设项目于 2009 年 8 月正式启动，历经 24 周，于 2010 年 2 月底完成，2010 年 3 月起体系正式运行。中海集运体系建设项目于 2009 年 11 月正式启动，历经 32 周，于 2010 年 6 月底完成，2010 年 7 月起体系正式运行。上述单位的体系建成，实现了使全面风险管理体系基本覆盖集团集装箱、油轮、干散货航运主业的阶段性建设目标，为集团提高主业防范风险能力、增强协同发展优势、实现全面协调可持续发展提供了有力保障。

2011—2015 年，是中国海运进入“十二五”阶段并全面推进转型发展的时期，健康可持续发展的目标对风险管理提出了更高要求。在此期间，集团的风险管理开始从重点单位向整个集团全面推行。全面风险管理主要工作归纳如下：

1. 加强集团规章制度管理

集团制定了《全面风险管理办法》《全面风险管理工作职责》《全面风险管理工作细则》三个管理制度，明确了各职能部门的风险管理工作职责；编制了《全面风险管理手册》《全面风险管理预警机制》《全面风险管理策略》三个体系文件，规范了风险辨识、评估、应对、监控、评价改进等风险管理基本工作流程。风险管理制度体系框架不断完善，为全面风险管理各项工作的有序开展提供了制度保障。在此基础上，集团对已有规章制度进行全面梳理，根据制度的完善和有效程度，分别对其进行修订、调整、整合以及逐步清理，提升规章制度的科学性和有效性。同时，进一步研究制订重点领域投资管理办法制度以及船舶投资、股权投资、资产转让、投资后评价等配套制度；制订招投标管理办法修订制度；结合集团集中采购工作，完成第一阶段燃油、租船等六大品类电子采购流程（试行）建设。

2. 持续推进集团重点领域和重点业务经营风险管理

一是自上而下全面提升重点领域的风险控制水平。2014 年 8 月，集团召开重点领域风险管理专题会议，针对运价管理等十项重点业务的内部控制、应收账款商务风险防范等问题，明确责任主体，分解工作任务，进一步加强对重点领域的管理力度。二是不断完善航运上市公司内部控制系统；中海集运加强国际对标，改进公司船舶租赁、货运代理、集装箱运价、滞箱费、船用物资等控制流程，研究公司销售网络与运价管理机制目标和对标改进路线图；中海油运加强内控诊断，确定制度管理、船用物资、营销定价、系统管理四个方面 17 项改进任务。三是持续加强物流板块创新业务风险防范；强化法律服务保障，推动相关单位调整金融质押业务策略，完善供应链金融业务风险管理机制，建立健全项目物流风险防范流程标准。四是切实加强工业板块修造船业务商务法律风险防范；全面排查合同履约和应收账款情况，做好重点条款的实施管理和潜在风险应对，建立新造船订单履约风险评估和管理制度。

3. 大力推进集团内部控制运行保障机制建设

一是探索实施集团内控运行季度报告制度。在集团各单位，定期分析核心流程和重点岗位的内控运行情况，查找内控不符事项，评估关键内控措施设计和执行的有效性，强化集团业务单位内控执行主体责任意识。二是大力推进集团内控信息化试点项目。开发建立集团风险控制信息集中管理平台，并以中海油运为试点单位，同步对集团航运标准化管理平台进行内控改造，制定集团航运主业内部控制自动化注入、系统运行在线监测开发方案，总计涉及 181 个高优先级内部控制项、190 个重点权限监控点、96 个高优先级运行监控项的实施开发。三是深入开展全集团责任追究工作。加强集团责任追究制度的顶层设计，加强规范问责管理，通过严格问责，推动各级单位风险防范体系的有效运行。四是做好风控培训和典型案件剖析宣传。开展各专业公司内控与风险管理现场培训，讲解各业务领域内控体系日常运行维护重点；下属重点单位从内部控制角度对典型案例进行分析总结，发挥教育警示和提升管理的作用。

4. 加强境外财务风险专项管理

为支持和保障集团“走出去”战略的顺利实施，确保海外资金安全和国有资产保值增值，集团建立并完善了外派商务经理和专职审计人员管理措施，同时以加强海外财务风险专项管理为突破口，逐步完善境外风险防控体系。在有效执行已有各项规章制度规定上，集团进一步健全完善境外公司资金内控治理结构，提高境外单位负责人财经管控水平，建立完善境外会计基础工作属地化实施细则，强化审计工作风险防范作用，规范核算，不断加强总部资金实时管控能力。2012 年 5 月，根据国资委境外国有资产管理办法和集团“三重一大”决策制度实施办法，制定并下发了《关于进一步加强海外财务风险管理有关问题的通知》，大力加强相关重点单位的风险监控。

5. 进一步加强金融业务专项风险管理

“十二五”时期，中国海运首先加强了金融衍生业务专项风险管理。2010 年底，国务院国资委下发了《关于建立中央企业金融衍生业务临时监管机制的通知》。根据国资委要求，集团加强对金融衍生业务的集中管理，规范操作，建立有效的风险防范机制。整个管理体系的推进分为两个阶段：第一阶段是制定《金融衍生业务管理规定》，明确管理目标、原则和模式，确定部门分工和职责，建立统一规范的授权审批流程，并对业已开展的相关业务制定风险控制标准。第二阶段是根据上一阶段制定的《金融衍生业务管理规定》，对集团的各类衍生业务，按照交易流程和风险特征，制定分类操作手册及专项风险管理制度。2011 年 4 月 27 日，集团下发《中国海运（集团）总公司金融衍生业务管理规定（暂行）》，该规定对集团开展金融衍生业务的目的、管理原则、交易品种、风险控制、审批流程、报告制度等事项进行了明确和规范；强调集团各级单位在开展金融衍生业务时，应以控制经营风险为目的，严格遵守套期保值原则，严禁利用金融工具从事投机交易；规定未经集团审核批准，各所属单位不得擅自开展金融衍生业务。管理规定下发后，集团内已开展或计划开展金融衍生业务的所属单位，在集团总部的指导下，参照集团的管理模式和组织架构，对金融衍生业务管理制度作了修订和完善。2012 年，集团在完成金融产业发展规划基础上，进一步出台《金融股权投资暂行管理办法》《交易性金融投资暂行管理办法》，以风险防范为重点，稳妥推进金融投资重点项目实施；加强金融产业规范体系建设，有效协同产业发展和风险控制目标。同时，集团以中海财务和集团资金管理部为平台，从组织架构、业务流程、制度体系三个方面健全专业风险控制措施，合法合规、积极稳妥开展流动性管理业务，在风险可控前提下稳步提升价值贡献。2014 年，集团进一步加强内部制度流程建设，积极开展金融业务单元授权投资专项检查评估，不断提高金融投资投研能力和风险监测管理水平。

6. 加强风险控制监督评价

按照集团内控建设计划进度，集团陆续将各产业板块专业公司全面纳入年度评价范围，对内部控制情况及效果进行监督评价，提出缺陷与问题并加强整改；通过内控评价，不断完善集团风险防范体系。在实施监督评价中，积极开展财务大检查。通过各单位自查和集团重点抽查，全面查找各单位在财务内控体系建立及执行、资金管理、依法纳税、会计核算、薪酬管理等方面的薄弱环节和管理漏洞，不断完善财务内控体系，进一步发挥财务监督职能。同时，集团还积极推进专项效能监察，运用“巡审结合”工作模式，增强监督合力；重点加强对基建、投资等方面的监管，完善重大投资项目后评价工作；加强经济责任审计，落实离任必审和轮审的工作制度。

四、中海集运：加强燃油成本控制（2014 年卓越运营优秀案例之一）

国际金融危机以来，受全球航运市场持续低迷的影响，国际大型班轮公司普遍陷入经营困境。中海集运作为中国海运的核心主力船队，同时还是 A 股、H 股上市公司，经营压力犹如泰山压顶。同时中海集运人也在思考，在全球航运业普遍亏损的大背景下，马士基航运却实现连续盈利，2012 年盈利 5.25 亿美元，2013 年盈利再创新高，达到 15.7 亿美元。面对同样的市场环境，为什么马士基能盈利而我们不能?

严酷的现实让人沉思，尖锐的问题令人清醒。中海集运直面问题，深刻查找自身存在的短板。经过与马士基航运的对标分析，中海集运发现，马士基业绩领先的原因可找出许多，而其中最重要一条是它的成本控制，特别是燃油成本管控水平。2013 年，马士基航运燃油成本同比下降 21%，仅此一项就节支近 14 亿美元。由此可见，在市场低迷的大环境下，卓越的成本竞争力是确保公司在市场激烈竞争中胜出的利器。

在集装箱班轮公司的成本结构中，燃油成本是重头。抓住燃油成本，就抓住了成本管控的核心。经过进一步的比较分析，中海集运找出了自身与马士基航运在燃油成本管控方面的两个主要差距：一是燃油均价偏高。2013 年，外贸平均燃油采购价格为 601 美元 / 吨，而马士基的平均燃油采购价格则为 595 美元 / 吨。二是油耗下降缓慢。2013 年，中海集运完成箱量同比持平，全年油耗同比下降 3.2% ；马士基航运却在完成箱量同比增长 3.5% 的情况下，全年油耗同比下降达到 12%。

找到了差距所在，中海集运迅速行动起来，针对性采取一系列措施，一手抓“单价”，一手抓“单耗”，系统性地提高燃油成本管控水平，努力打造卓越的成本竞争力。

（一）一手抓“单价”，千方百计降低燃油采购单价

1. 周密论证，增购低价燃油

在对标先进船公司过程中，中海集运发现包括马士基航运在内的多家船公司已经在传统的 380CST 燃油的基础上，开始使用 500CST 甚至 700CST 高黏度燃油。与 380CST 燃油相比，500/700CST 燃油便宜 8—10 美元 / 吨。经过周密论证和试操作，公司认为引入高黏度燃油是可行的。为确保船舶安全，进一步对船舶主机进行了针对性的调整优化。在做好充分技术准备之后，中海集运加大了对 500CST 及 700CST 燃油的采购力度。

2014 年 4 月初，中海集运派出技术人员就推进国内 HSFO500CST 燃油赴营口港实地调研，认真考察了当地燃油油源、储存、运输、质检等各环节，分析了 SGS 质量检验公司对营口港 HSFO500CST 的检验报告，决定由内贸船舶“新防城”轮第一个“吃螃蟹”，首次在营口港补给 HSFO500CST 燃油 500 吨。经过连续跟踪观察，确认相关机械运行稳定无异常，随后加大力度在内贸航线推广使用，取得了很好的降本效果。

截至 9 月底，中海集运共安排内、外贸船舶补给 500CST 和 700CST 燃油 63.4 万吨，节省燃油费用 657 万美元。全年采购内、外贸高黏度燃油 90 万吨，节约燃油成本 950 万美元。

2. 细致安排，新增低价加油港

过去几年来，马士基航运等集装箱班轮公司为节省燃油支出，陆续安排其美西线船舶在回航时改到俄罗斯的东方港加油。当地燃油不仅品质好，价格也实惠，比新加坡便宜 80—100 美元 / 吨。经测算，去东方港加油，扣除绕航 15 小时所额外增加的燃油消耗和停泊加油所需时间的船舶租金成本，依然有很大的成本降幅。中海集运根据市场反馈信息，迅速行动，2013 年共安排俄罗斯东方港补油 90 艘次，合计 30 万吨，平均价格 556.1 美元 / 吨，节约燃油成本 2100 万美元。

2014 年 2 月，中海集运发现位于黑海的俄罗斯新罗西斯克港的油价也远低于新加坡，差价高达 130 美元 / 吨。经综合测算，决定尝试开辟新的加油港。恰逢 ABX 航线的“新大连”轮因航线调整而有 7 天的富余班期，于是该轮作为“开路先锋”前往新罗西斯克港加油。在克服天气情况多变等困难后，“新大连”轮于 3 月 24 日成功完成补给；除去绕航成本，节约燃油费用 38.5 万美元，为后续船舶在黑海补油找到了一条新路。

2014 年 1—9 月，中海集运安排船舶在俄罗斯远东及黑海港口加油 73 艘次，共 28 万吨，平均价格 515.1 美元 / 吨，扣除绕航等额外费用后，节约 2534.3 万美元，取得了明显的经济效益。

（二）一手抓“单耗”，下大力气降低燃油消耗

中海集运从管理、经营及技术三方面着手，系统化地降低燃油消耗，进而大幅降低燃油成本。

1. 管理节能：细化指标降成本

2014 年初，中海集运着手强化领导班子的成本管理责任，并专设一位分管成本的副总，统筹管理各主要成本项目；同时根据集团提出的 23 项成本管控目标，落实预算管理，明确责任部室和责任人，将包括燃油在内的各项成本控制指标分解到相关部门、个人，实行联动考核，确保管控措施责任到人，任务到位。

2014 年初，中海集运把分航线燃油定额制管理作为燃油成本管控的突破口，改变以往只将油耗指标分解到各航线部门的粗放做法，进一步细化精确到航线：公司根据每条航线的经营实际以及对外合作计划，预测全年油耗数量，设定燃油定额，实施滚动考核，充分发挥相关部门和主管人员的主观能动性。

为保证航线燃油定额制落到实处，中海集运全面启动了对日常油耗的一系列监控程序，包括“船舶日常油耗”“最佳纵倾优化”“主机转速运用”“异常停航”“班期管理”等项目，建立了需分级签字确认的“主机负荷使用授权制度”，并指派专人进行实时监控，把要求落实到每一条航线的每一艘船舶的每一个航段，对各船型的主机油耗跟踪甚至精确到了 0.1 转。对发现的油耗超标船舶，坚持“每日、每周、每月”通报，并持续跟踪监控，直至整改完毕，严格防止“跑、冒、滴、漏”。2014 年 1—9 月，中海集运已监控船舶 13120 艘次，其中发现耗油超标 15% 以上船舶 2066 艘次，引起超耗超标的原因均已查明并整改，成功实现了“闭环管理”。

在加强日常油耗监管的同时，中海集运对看似不起眼的清退污油等项目也不放过，全面推进飞行量油、港口检查和清退污油集中管理，扎紧口袋，颗粒归仓。仅 2014 年 1—9 月，3 名轮机长就飞行量油 118 艘次，量油归账 HFO1180.6 吨，MGO184.1 吨，折合人民币约 500 万元。

由 14000TEU 超大型船舶营运的 AEX7 航线是耗油大户，2013 年单船每航次耗油约 9000 吨。自 2014 年年初，在航线、安管等部门和主管人员的通力合作下，中海集运通过实施主机超低负荷运行、加船减速、过海盗海域不加速等一系列措施，单船每航次耗油降到约 8000 吨，节油效果显著。据统计，2014 年 1—9 月，国内运营部同比节油 3.9 万吨，美洲运营部同比节油 11.2 万吨，欧洲运营部同比节油 11.8 万吨，亚太运营部在运力同比增长 4.5 万 TEU 的情况下耗油仅微升 0.3 万吨。

2. 经营节能：优化航线降成本

受市场低迷的大环境影响，众多班轮公司为降本节能，改变以往高速快班的做法，普遍采取低速航行策略。对此，中海集运积极研究更有建设性的航线经营策略，既做到减速节油，又要保证对客户的服务质量不滑坡，而“加船减速、稳定班期”就是其中一个已被证明节支效果明显的方案。在综合考虑市场、挂港等因素后，中海集运将远东—美东的 AAE1 航线选定为“加船减速”改造的样板航线。AAE1 原有 9 条 4250TEU 船舶营运，每艘船每圈耗油 4417 吨。改造后，AAE1 改为 10 条船营运，每艘船每圈油耗降低到 4065 吨，单圈节油 352 吨，全年节省燃油将近 1.8 万吨，节约成本 1000 万美元。而且，在增加 1 艘船后，由于航行时间更加充裕，该航线上的船舶还可绕航去俄罗斯东方港加油，进一步降低了燃油成本。

除航线改造外，中海集运还结合市场形势和富余运力情况，对航线进行临时调整。2014 年初，AEX1 航线临时增加 1 艘 4250TEU 船舶，多出来的船期使得该航线上的其他 7 艘 9700TEU 船舶均能使用最低负荷航行，平均每艘船节油 850 吨，合计 5950 吨。4 月初，中海集运又在 AEX7 航线上临时增加 1 艘 9600TEU 船舶，使得该航线上的其他 6 艘 14100TEU 船舶平均每艘节油 900 吨，合计 5400 吨。据初步统计，该项措施不仅消化了富余运力，全年还可为公司节约燃油成本近 700 万美元。

3. 技术节能：技术革新降成本

中海集运密切跟踪船舶节能技术的新动态、新进展，积极评估、研究和实施船舶技术改造项目；对于节油效果明显的项目及时推进，向技术节能要效益。

降速航行是目前技术节油的主要途径，这要求船舶主机必须能实行低负荷以至超低负荷运行。随着主机低转速运行技术的逐步成熟，原来的超低负荷 30%MCR 已经成为一般标准。为此，中海集运花大力气组织技术攻关，突破技术瓶颈：通过给主机安装电子汽缸油注油器，进一步将主机汽缸注油率优化到更佳状态；通过船舶主机增压器切断改造，提高主机在超低负荷状态下的增压器利用效率；重新细化高速冲车的频率、时间和负荷要求，保护主机安全。2014 年，中海集运在 4200TEU、5600TEU 船舶中全面推行 Alpha 主机汽缸油注油器的升级改造，18 艘 8530TEU 以上的自有船完成了主机增压器切断改造，进一步降低了船舶运行负荷。截至 2014 年 9 月，已有 13 艘 5600TEU 船舶和 20 艘 4250TEU 船舶的主机负荷降低到 15%，油耗下降显著。仅 2014 年 1—9 月，电子注油器、主机增压器切断和冲车这三个技改项目就为中海集运节约燃油 29817 吨，折合人民币 10555 万元。在实施自有船舶主机超低负荷运行的同时，中海集运积极与期租船船东协商，要求对期租船舶也实施主机超低负荷运行。截至 2014 年 9 月底，在全部 29 艘外贸期租船舶中，21 艘船舶已实施 10%—15%MCR[①] 超低速航行。

主机挖潜几乎已到极限，中海集运又把目光聚焦到船舶纵倾问题上：船舶在航行中发生纵倾时，会产生首尾吃水差，对船舶航速、油耗带来直接影响。中海集运引入船研所和中国船级社开发的“最佳纵倾优化软件”，经过理论论证、流体力学仿真模拟、水池实验、实船试航，成功在业内率先应用船舶纵倾优化技术，取得了积极的节油效果，2014 年 1—9 月就为中海集运节约燃油 17644 吨，折合人民币 6245 万元。

（三）主要成效

2014 年 1—9 月，在运力较去年同期增长 4.79% 的情况下，同比节约燃油 26.7 万吨，降幅达 16.33%；费用同比下降 20571 万美元，降幅为 20.14%；燃油均价同比下降 28.7 美元 / 吨，降幅 4.59%。

（四）几点启示

打造卓越的成本竞争力，坚持成本领先战略，是当前航运企业应对市场新常态、实现可持续发展的关键。中海集运加强燃油成本控制的管理实践证明，成本控制是一道真功、一桩细活，来不得半点敷衍。只要积极动脑筋，想办法，深挖潜力，苦练内功，就一定能抓出成效。打造卓越的成本竞争力，需要大力加强学习力、创新力和执行力。

1. 学习力是打造卓越成本竞争力的基础

在地球的进化史上，只有那些能通过快速改变自身来适应新环境的物种才能幸存下来。根据达尔文物竞天择理论，自然界生存下来的，既不是四肢最强壮的，也不是头脑最聪明的，而是有能力适应变化的物种。对于企业来说，同样需要对外部市场环境变化的适应能力，这就需要加强学习，以应对新挑战，1970 年的世界 500 强企业到 20 世纪末已所剩无几，大多数企业就是因为学习力不强而无法跟上新环境的变化，最终被无情淘汰。

中海集运在市场低迷、油价高企的新市场环境下，快速反应，主动调整经营管理策略，

---

① MCR 即 Maximum Continuous Rating 的缩写，为船舶主机的额定最大持续功率

准确抓住业绩逊于先进企业的症结所在，对症下药，狠抓燃油成本管控，迅速占据市场竞争制高点。根据“树根理论”，如果将一个企业比作一棵大树，学习力就是大树的根，也就是企业的生命之根，是企业基业长青的保证。经过 2014 年与马士基航运对标学习，中海集运在 2014 年 1—9 月就打了一场漂亮的翻身仗——在运力同比增长 4.79% 的情况下，耗油同比下降 16.33%，燃油成本同比下降 20.14%，成效斐然，充分展示了强劲的学习力对其可持续发展的重要拉动作用。

2. 创新力是打造卓越成本竞争力的利器

经营创新、管理创新和技术创新是企业前进的动力，不断创新才能不断提升企业竞争力，才能保证企业的效益稳定和可持续发展。多年来，中海集运深感身处完全竞争的市场环境，强烈的忧患意识和争创一流的高度使命感促使他们不断寻求新的突破，在经营、管理和技术等方面勇于创新，善于创新。

在中海集运燃油成本管控的工作中，创新的亮点时时闪现：在油价一路走高时敏锐看到未来潜在的波动风险，以对自身预判的自信和敢于担当的勇气果断改变锁油策略，避免 2200 万美元的油价损失；跳出眼花缭乱的节能新技术概念炒作的迷雾，准确抓住船舶纵倾等要害问题，在业内率先应用船舶纵倾优化技术，2014 年 1—9 月节约燃油 17600 吨；打破惯常思路，实施“加船减速”，既保证了稳定的班期服务，又大幅降低了燃油消耗，还能“挤”出富余班期前往俄罗斯补给低价燃油，同时还消化了富余运力，可谓一举四得；凡此种种，不一而足。

3. 执行力是打造卓越成本竞争力的保证

再好的策略，再优的方案，如果没有高效、到位的执行力，就如同空中筑楼，沙中堆塔。提高执行力，需要从每一项制度、每一道流程、每一个环节抓起；同时需要从每一艘船、每一个团队、每一名员工做起。中海集运在燃油成本控制过程中，从锁油操作到采购安排，从节油指标考核到技改方案落实，无不强调执行力，强调管理精细化。例如，负责飞行量油的三名轮机长不讲任何条件，自己想办法克服集装箱船挂港频繁、在港作业时间短等困难，紧密跟踪船期，见缝插针，随时出发，奔波在全国沿海各口岸，尽最大努力将公司的节油要求落到实处，执行到位。截至 9 月底，他们实施飞行量油 118 艘次，量油归账折合人民币约 500 万元，相当于每飞一次就为公司挽回燃油损失 4.2 万元。

纵观国际航运市场走势，2015 年乃至未来几年，市场供求关系失衡短期内难以逆转，船舶大型化、经营联盟化、竞争低成本化越来越成为班轮业的“新常态”。中海集运的管理实践证明，要想成功应对航运市场新常态的挑战，实现卓越运营目标，打造卓越的成本竞争力，就必须要花大力气、下大功夫提高企业的学习力、创新力和执行力。通过提升这“三力”，就能有效落实节能降本目标，进而一点一滴挤压成本，积累效益，真正使企业从外延式发展走向内涵式发展，从市场机会型发展走向“卓越运营”型发展。

五、中海油运：实行跨界管理（2014 年卓越运营优秀案例之二）

2008 年金融危机过后，寒潮频频袭击整个航运市场，且愈演愈烈，航运企业普遍陷入困境。为了应对突破逆境，加快推进转型发展，中海集团于 2013 年初对中海油运领导班子进行了调整。新班子上任后面临的首要问题就是能否在市场逆境中站稳脚跟，实现突围。一度以经营稳健著称的中海油运，过去两年来连续亏损，如何扭转困局，查找问题、改革创新是关键。那么，企业究竟存在什么问题呢？

新班子首先分析市场经营面临的挑战：一是各细分市场仅海洋油运输有利润贡献，内贸原油市场份额却逐步下滑；二是国际市场运价低迷，占公司运力比重最大的 VLCC 运输亏损；三是国际油价居高不下，燃油费用占营业成本比重高达 47%，同时公司财务费用和折旧费用也在逐年增加。

新领导班子接着查找企业自身管理机制上存在的问题，通过梳理，认为以下这些问题亟待解决：

一是干部职工的内生动力未能充分激发。“向内看、往后看”的封闭守旧意识明显，部分员工在长期固定的思维和行为模式下成为“沉淀层”，面临市场变化缺乏危机感。

二是组织结构存在缺陷。目前单纯地直线式组织结构部门边界壁垒过于分明，层级过多，信息传递、决策、执行等工作效率低下，应变能力和抗风险能力不高。

三是公司现有的管理和激励机制不能有效实现优化资源配置，不利于提高营运效率与质量，在优胜劣汰、奖勤罚懒以及鼓励学习创新、鼓励开拓进取等方面，亟待改进。

四是安全管理水平亟待提高。安全制度体系难以切实落地，存在“两张皮”现象，机关管理中消防队式的管理明显多于预控式管理，管理理念与模式亟待改进。

这些问题有些是公司多年积淀下来的深层次问题，解决起来并非易事，一时难以下手。抓问题的切入点在哪里？经过反复讨论和深入研究，新领导班子认为，要从变革管理模式入手，抓住主要矛盾：打开边界。

“边界”究竟是什么？从管理学意义上说，设定部门之间、层级之间组织边界的初衷是为了明确分工，明确职责，最终目的是要提高管理效率。然而，当组织架构演化成官僚架构时，组织边界就成了效率的瓶颈，成了助长不思进取、保护慵懒作风的围墙，最终阻碍企业的健康发展。

就从打开组织边界入手。于是，一场围绕卓越运营、优化组织的管理模式变革在中海油运悄然展开。

（一）突破边界，成立跨部门工作小组

中海油运新班子通过结构剖析，提出了新的经营思路，如重新确定八大细分市场，全力抑制内贸原油市场份额持续下滑局面，加快推进北海股权工作，确立创新营销、安全营销、全员营销、服务营销等经营理念，倡导综合节能和卓越经营，等等。

经营思路有了，组织边界又如何打破呢？中海油运首先从跨部门的工作小组抓起，成立了两个工作小组。

一个小组是“市场营销快速反应工作小组”，由公司总经理挂帅，主管副总经理牵头，成员包括营销部、运营部、船管部和企划部的人员。每周至少召开一次会议，研究分析当期各细分市场的变化、重要客户合作、重点项目的推进情况，研究分析主要竞争对手的重要动向等，以便及时调整策略，快速反应。

另一个小组是“综合节能监控工作小组”，由公司总经理挂帅，主管副总经理牵头，横跨多个部门，实行船岸联动，涵盖各主要节油环节的全新综合节能机制，旨在实现由船舶营运源头营销抓起，对船舶节油工作进行总体策划、量化指标、动态监控、效果评估的全面、全员、全过程管控。

两个跨边界的小组，既是协同作战的组织，也是打造学习型文化的组织。中海油运借助小组活动，在全公司着力培养员工的危机意识、学习意识和创新意识；同时以工作小组为平台，广泛开展“金点子”活动，请船岸广大职工为公司转型发展、创新发展建言献策，激发提升他们对公司经营管理的参与热情和主人翁精神；邀请专家给全体员工进行“商业模式创新”培训，并强调全员营销、用心营销、智慧营销、强化营销的经营理念，要求全体干部职工牢固树立“三强”理念，即以“强于竞争对手的忧患意识，强于竞争对手的攻势，强于竞争对手的创新能力”取胜市场竞争对手。

打开边界，就打开了视野，打开了思路，进而打通了部门联系，打通了信息渠道，打通了提升管理效率的路径。

（二）纵向深化，推行平台式管理

跨部门工作小组的运作，提升了管理效率，但这只是几个关键部门的边界突破，属于局部突破。而要提升全公司的运营效率，还必须全方位地突破，立体化地突破。

那么，还有哪些边界需要进一步突破？

跨部门工作小组突破的是“横向边界”。而在企业内部，除“横向边界”，还有“纵向边界”。突破“纵向边界”的直接办法就是简化层级，减少“纵向边界”。于是，中海油运探索出新的管理模式，即“无边界 + 扁平化”，这是横向与纵向的交汇，是全方位的边界突破，它基本上属于矩阵式管理架构，中海油运人将其称之为平台式管理。

在新的管理模式下，中海油运继组建工作小组后，又成立了跨部门的运营团队，将市场营销、客户服务、船舶管理以及货运质量管控这一链条的全部关键环节融会在一个平台上进行操作。以“扁平化”来解决信息纵向传递过程中层层衰减的问题，以确保信息的保真度以及对决策执行的效率和质量；以“无边界”来解决信息横向传递中效率低下、部门之间本位主义严重等问题，以确保信息的覆盖面。

中海油运首先成立了 VLCC 运营团队，将 VLCC 营销、船舶管理、运营操作的相关工作整合在一个平台，以各自部室为技术支持和资源依托，每天固定时间碰头，就 VLCC 市场营销、船舶管理等各项工作互相交换信息并进行甄别，提出问题并即时解决问题，公司领导层全程参与讨论和决策。

公司原本计划以这个团队为试点，积累一定经验后再将之推广到公司整个船队。而出乎意料的是，VLCC 运营团队仅运作短短一个月时间，工作效率的提升就相当明显。不仅机关管理人员、船员反响热烈并积极配合，而且从客户方面也得到许多“赞赏”。于是，公司顺势而为，又先后成立了内贸运营团队、外贸运营团队及广州分公司明河轮运营团队。

除 VLCC 运营团队外，其他三个团队的主要任务和目标包括：

外贸运营团队：借助数量多、国际化程度高的优势，充分协调和调动平台资源，最大限度地发挥内外贸联动优势，加大船舶期租和入POOL（航运企业联营）力度，作为推动公司多元化经营的主要平台和抓手，为公司实施“走出去”战略积累经验。

内贸运营团队：充分利用公司的规模优势、管理优势、成本优势和人才优势等，通过与大客户加强战略合作等方式，稳定现有市场格局，巩固船东和货主关系，确保公司生产效益。

广州分公司“明河”轮运营团队：以点带面，实现对船舶的科学调度和统筹安排，提高船舶营运效率，控制燃油消耗，缩短装卸时间，巩固公司在华南市场、海洋油东西部公司的市场优势。

四个运营平台既各自独立，又互相对标学习，对于好的思路、理念、模式互为复制借鉴，实现共同提高。平台内成员之间交流学习，全体成员工作业绩显性化。公司领导层和普通员工坐在一条板凳上探讨和分析问题，有效激发了青年员工参与企业管理和经营策划的热情，也刺激了那些处于“沉淀层”的员工不断增强危机意识、学习意识和创新意识。

（三）突破边界，提效明显

是否真的提高效率，需用事实和数据说话。

从“两个小组”到“四个平台”，中海油运的运营组织变革有效弥补了原有的直线式组织结构的缺陷，使纵向直线式管理的专业优势和横向团队式管理的协同优势得到了融合发挥，进而提升了决策效率与信息传递效率，提升了执行效率与部门间的协同效率，提升了全体员工的学习效率，也提升了安全管理效率。通过提高效率，增强了企业发展的乘数效应。

青年员工们对此深有感触。VLCC团队成立后，他们的工作明显有了“突破”，在做好原先工作的基础上，开始向市场营销和船舶技术方面进行延伸，其个人业务素质有了很大的提升，知识面也得到了很大扩展，这主要源于团队的良好氛围。突破了传统观念的边界，运营平台就成为企业员工交流学习、共同提高的阵地，成为促进跨界思维的舞台，成为“让想干事的有机会、能干事的有舞台、干成事的有地位”的赛马场。

“节省一小时、节约一吨油、节支一元钱，就为中海油运做一分贡献”。这是“明河”轮运营团队提出的效率和效益理念。围绕增收节支、降本增效，“明河”轮运营团队协同作战，在创新船舶安全管理、监装监卸、客户服务、船岸联动、多装快跑、深挖节能潜力方面成果显著。团队成立后的短短8个月内（2014年3—11月），“明河”轮共完成24个航次，货运量超110万吨，收入涨幅103.6%，单航次平均卸货时间同比减少15.69小时，节约燃油1537吨，节省燃油费用约700万元，收入同比增加3588万元。

实现卓越运营是目标，创新营销模式是动力。内贸运营团队发挥各部门之间的互补和协同效应，破除了过去市场营销部单凭一己之力挑战竞争对手的思维定式，转而升级为公司价值链主导下的联合营销、安全营销、服务营销以及创新营销模式，与港口、客户打造利益共同体模式实现多方共赢，内贸船舶载重量利用率同比提高7.84%，平均每航次在港停时同比下降12.5%。特别是压港严重的莱州港指泊准确率达100%，平均停泊时间同比降低12.3%，莱州航线平均单船燃油消耗同比下降10.3%。

相对其他三个平台，外贸运营平台成员跨越上海、广州、新加坡三地，船组包括外贸白油、黑油、期租，平台会议每天三地连线，并制定了红黄牌制度，显著提高了传递信息、解决问题和执行决策效率。平台中每个人感受最深刻的就是："只要在平台中提出的问题都能得到有效反馈和解决。"船管人员感受尤深，对于过去从不涉足的期租船业务，现在更是加强了管理，并赢得了国际租家的认可，已有越来越多的客户主动要求和中海油运建立期租合作关系。

效率提升了，自然就大大促进企业创利增效。2014 年 1—9 月份，中海油运的整体经营业绩明显改观，运输收入同比涨幅 5.2%，运输成本同比降幅 10.9%，一升一降创造的运输毛利同比增加 6.93 亿元，其中燃油成本降低 13%，中海油运在市场逆境下的稳健发展能力明显增强。尽管企业业绩的取得包含许多因素，但通过突破边界开展平台式管理，进而提升管理效率，无疑是十分重要的因素。

（四）突破边界带来的启示

中海油运用他们平台式管理的实践诠释了一个道理，即优化运营组织就可以带来神奇功效，突破边界就可以激活组织、改善运营。

1. 深化"认识论"：平台式管理改变了旧有思维观念

卓越运营的难点是转变思想观念。从理论上说，企业越大，分工越细，功能越庞杂，边界也就越多，因此采用纯粹的传统直线制组织模式也似乎变得天经地义。然而，恰恰是这种所谓的"天经地义"，容易让企业染上架构庞杂、人浮于事、效率下降、墨守成规、官僚风气弥漫的"大企业病""企业老化病"；也恰恰是这些越来越多的"边界"，助长了本位主义，进而滋生了不思进取的消极思想，滋生了混一天是一天的和尚撞钟观念。中海油运的管理实践证明，突破边界，拆除篱笆，构筑平台，就可以改变与"大企业病""企业老化病"相伴而生的旧有思维观念，就可以减除各种消极思想的藏身之处。在中海油运干部职工中，从过去学习意识淡漠到现在主动加强学习，从过去抱着"事不关己、高高挂起"的心态到现在人人讲安全、讲效益，思想观念的转变，对现代管理"认识论"上的升华，正是中海油运突破边界、构筑平台所带来的效果。

2. 运用"方法论"：平台式管理激发了员工的敬业精神

企业员工的工作状态有三个层次、三种境界，即尽职、尽责、尽心。所谓尽职，就是在其位谋其事，在其岗干其活，管好自己分内事，这是最起码的工作底线；传统直线式管理解决的就是尽职问题。所谓尽责，就是带着责任感工作，除了尽好本职本分之外，还要为大局、为整体承担更多工作责任，这就需要有跨越职能边界的胸怀。中海油运的平台式管理，不是大拆大卸，另起炉灶，而是在现有直线管理基础上搭建新的平台，因而在保证员工尽职的同时，还增强了"尽责"意识。工作的最高的境界叫尽心，即把工作作为人生价值来追求，竭尽全力，呕心沥血，不用扬鞭自奋蹄。应该说，仅仅依靠搭建组织架构还不能解决"尽心"问题，因而需要运用"方法论"，需要卓越的组织运营。中海油运在平台式管理运营中，除了企业日常的经营管理事项，更注重多点发力，多措并举，打造平台的"文化磁场"，如积极开展"金点子"活动、商业模式创新培训活动等，同时积极研究平台管理的薪酬考核方案，以激发员工的敬业精神。依靠系统性的“方法论”，此时的平台，就不仅是一个工作平台，同时还是学习培训平台、思想教育平台、员工成长平台，是让员工不仅尽职尽责、更要尽心尽力的平台。

3. 把握“矛盾论”：平台式管理抓住了问题的关键

如前所述，中海油运在企业发展中面临一系列的内部问题。市场好、压力小时，内部问题往往被掩盖，而当市场持续低迷、企业陷入经营困境时，这些问题就显得格外突出。然而，问题经过多年积累，错综复杂，如果眉毛胡子一把抓，头痛医头脚痛医脚，上述问题是无法得到有效解决的。如何看清问题的本质，把握事物的规律，抓住矛盾的核心，事关企业能否突破瓶颈，提高效率，进而决定能否战胜市场挑战，摆脱经营困境，实现可持续发展。事实上，组织运营系统是保障组织健康高效率运行的关键，坚持优化运营组织，就抓住了主要矛盾和矛盾的主要方面，也就牵住了“牛鼻子”。中海海油运突破边界、搭建平台的做法，恰恰抓住了问题关键，因而就能一子落而满盘活，就能激活各环节，协调各方面，就能化负能量为正能量，化低效率为高效率。

4. 坚持“进化论”：平台式管理体现了“随需应变”规则

企业运营中总会出现新的问题，每一位管理者都必须跳出昨天的视野，不断在企业内部培育新的增长点，形成新的企业生命曲线，以实现企业可持续发展。因此，企业管理者必须坚持“进化论”，善于“随需应变”。随着外部环境的不断变化，市场业务的不断调整，运营组织也必须不断优化，否则，陈旧的组织运营与制度流程就有可能成为企业发展的短板乃至成为阻力。这就意味着，组织变革是不断循环、不断改进的过程，它必须是动态的。中海油运的管理实践证明，改革创新永无止境，追求卓越永在进行时，优化运营组织必须“随需应变”，要不断整合与企业相关的一切资源，构建流程通畅的内部价值链和管理链。

六、鑫海航运：积极开拓东南亚支线业务（2014 年卓越运营优秀案例之三）

2012 年 11 月，鑫海航运公司在新加坡挂牌成立。短短一年，公司即取得经营佳绩。2013 年，公司累计完成揽货总箱量 52.45 万 TEU，共实现主营总收入 65177 万元人民币，主营业务毛利人民币 2892 万元，税前利润总额人民币 1875 万元。

2014 年，公司经营业绩又上一个新台阶。2014 年，完成运输总箱量 54.8 万 TEU，同比增长 4.5%；主营总收入 73645 万元人民币，同比增 13%；累计完成主营毛利总额 3851 万元，同比增 33.2%；利润总额 2515 万元，同比增 46.2%；对比当年预算考核目标净利人民币 1700 万元已超额完成进度 50%。

鑫海公司自成立以来，实现了一年一跨越。那么，鑫海是如何在东南亚这个增长潜力与红海竞争并存的环境中快速成长的呢？

鑫海航运的管理实践案例，蕴含深深的“大学问”。

答案是：专注于公共支线。

过去几年来，随着东盟国家经济贸易的迅速发展，东南亚市场的重要性更加凸显。区域内贸易运输每年都在大幅度增加，东盟的零关税政策使得物流链非常活跃；东盟与中国的贸易增长率长期保持在 10% 以上，至欧美市场的物流需求也迅速增加。该地区的发展无疑给班轮公司提供了新的商机。开拓东南亚支线业务，既是集团实施国际化战略的需要，也是中海集运推行船舶大型化与航线升级的需要。

2012 年 11 月，在集团的顶层设计下，在浦海航运东南亚业务基础上，鑫海航运在新加坡正式挂牌成立。根据集团确定的经营方向，鑫海海运首先明确自身的定位，即东南亚公共支线供应商，并确定了“租船经营、自主经营、自负盈亏”三原则。

（一）推行扁平化管理，坚持快速决策

对中国海运而言，开发东南亚区域内的支线市场面临瓶颈。最早涉足该市场的是集团属下的浦海航运。得益于中海集运干线的快速扩张，浦海的东南亚支线也一度得以快速发展，但和同期其他公司跨越式发展相比，浦海开拓的步伐尚显落后，主要体现在网络扩张不够、船型升级缓慢、航线效益提升有限。究其原因，是由于航线设置过分依赖集运，缺少平抑集运货量波动的手段。同时，浦海航运总部设在上海，远离业务活动中心的新加坡，无法第一时间参与到联营航线的规划与合作当中。船队结构不合理也是一个重要因素，浦海航运为了消化从集运接手的多艘小型船舶，在航线设计时不得不采取“因船定线”的策略，造成航线品质及单箱成本缺乏竞争力。

所以，鑫海航运成立伊始就确立了扁平化的组织架构，目的是方便管理、快速决策，以应对支线市场的瞬息万变。支线的成败全看细节，航线的输赢皆在管理。从路径设计到码头选择，从选船找船到合作营销，每个细节都关系着航线的成败。为了把握关键环节，鑫海采用了“一专多能、交叉管理”的用人制度：船舶调度兼管租船，市场营销负责合作谈判，公司的主要业务部门直接对总经理负责，形成了以总经理为核心的经营团队。航线开设等重要事项，都是集体讨论，共同决策。同时，公司恪守内控要求，通过不断改进流程制度来克服岗位不兼容等问题。

2012 年 11 月，鑫海挂牌当天，公司就确定了开发仰光市场为第一目标。为了降低开线风险，总经理亲自带队，逐家拜访，寻找合作伙伴。但结果却令人失望：从干线到支线，没有一家公司看好这条航线。面对业内的质疑，公司进一步深入研究，反复论证，认为该航线潜力很大，只是“躲在深山无人识”。于是，他们坚信自己的想法，于 2013 年 3 月 10 日果断租入 GSS YANGON 号船舶。该船首航 1000TEU 的实践证明了鑫海不是空想，但还是没人愿意合作联营。鑫海退而求其次，希望通过互换舱位引入合作伙伴，但依然无人问津。经过 5 个月的跟踪，公司几经波折，再次入手了 GSS YANGON 的姊妹船 NINOS。在走访新加坡大大小小几十家船东均无功而返之后，鑫海经营团队在金星和东方海外两家公司看到了一线曙光，果断决策开辟泰越航线，并以优惠条件与金星和东方海外迅速结成合作关系，并置换到了金星手上另一艘 GSS YANGON 的姐妹船——Kuo Hisung。

三船在手，MTS 航线终于成型，不仅打通了泰缅之间的通道，同时解决了缅甸多箱、泰国缺箱的问题，避免了市场上普遍存在的两次调箱。经过几个月的市场培育，2013 年 12 月在仰光进入枯水期的时候，MTS 航线凭借直达优势和超强的装载能力在市场上大放异彩，持续爆舱长达半年之久。MTS 让鑫海一战成名，一举成为仰光市场话语权最重的公司。

（二）发挥租船优势，船型好中选优

为了避免和干线公司正面竞争，发挥自身的独特优势，鑫海深入研究区域内的所有港口，有针对性地选择有特殊限制的港口进行航线设计，努力打造差异化产品，避免同质化竞争，让自己与马士基、达飞等一流干线公司站在了同一起跑线上。鑫海和达飞联营的GMI印尼航线开设已经六年有余，六年内数家公司进进出出印尼市场都以失败告终，GMI凭借合理的航线设置，一直被模仿，从未被超越。

经营仰光的支线公司虽然大大小小有20多家，但对于仰光最大船型从来都没有明确的标准和共识。鑫海敢为人先，提出了船舶“相对大型化”的概念，即在特定港口特定航线尽可能使用最大的船型，以降低单箱成本。穿过仰光河道要经过两个浅点，船长不能超过167米，而船舶吃水随季节变化被限定在6—8.5米之间。满足这两个条件不难，但要同时实现“大船低成本”却绝非易事。一番大海捞针般的搜寻，公司终于锁定了理想中的船型：船长166.7米，8.5米吃水时17000吨载货吨。它比仰光市场上的主流船型足足多了4000—5000吨，这让鑫海的单箱成本比同行低了20%，也让MTS成为仰光市场上最具成本优势的航线。之后历时九个月，鑫海又先后成功租进另外两艘姊妹船，控制了市场上此类4艘船舶中的3艘，MTS成为名副其实的“无法复制的航线”。

除了专注于船型的研究，鑫海对租船市场的走势也密切关注，抓住时机果断决策。2013年租船市场整体低迷，租金水平相对较低。鑫海在锁定仰光航线的最佳船型后，以USD6250的价钱将GSS YANGON牢牢锁定了三年。短短一年的时间，类似船型的租金已经上涨了近35%。仅此一项可每年为鑫海节省82万美元。经过船队结构的调整，鑫海已有的单箱成本同比2012年下降了20—40美元。20美元对于干线公司不算什么，但这却是一条成功支线的单箱毛利。

（三）网络建设联营化，市场营销差异化

对中海集运来说，船舶大型化和航线升级都需要更多的支线港喂给，主干航线的快速发展倒逼支线建设迎头赶上。支线市场因为合约货较多，可以起到平抑现货市场的作用，特色支线服务还可以丰富产品菜单，有助于锁定大客户。最有效的控制支线成本、保证舱位供应的手段就是自营支线。在东南亚区域，干线公司自营支线已成主流，其中做得最出色的是MCC公司，凭借马士基强大的货源基础，稳坐亚洲区域航线的头把交椅，全球班轮排名第22位。东南亚支线市场的另一面旗帜是法国达飞，其在网络铺设上主要是满足自身需求，辅以少量合作来提升服务。而很多公共支线公司则在干线公司自营支线的浪潮下逐渐走向消亡。

鑫海除MTS外，三组联营航线都是和比自己体量大很多的干线公司合作，如中远、阳明、东方海外、金星等，这一方面是借助干线公司的货量将船型放大，分摊航线成本；另一方面避免了彼此间的竞争，并能树立对其他支线公司的差别优势。为此，鑫海不惜大幅让利，例如以成本价出售泰国舱位给UASC，在VTS上悉数回购金星和东方海外不需要的舱位等，有效地绑定了货源，分摊了航线成本，更减少了市场竞争。

在市场营销方面，鑫海针对 SOC 和 COC 执行分类销售政策，对不同类型的客户和货源执行不同的运价政策。鑫海通过大力开展 COC 业务，丰富了中海产品菜单，提升了区间运输实力；帮助集运平衡空箱盘存，减少了调空成本；开发了一批自有货源，巩固了航线装载。

坚持“有所为有所不为”是鑫海的原则，也是鑫海的风格。在 2014 年 5 月份吉大港市场极度火爆的时候，多家公司提议与鑫海联营吉大港航线。经过客观分析，公司认为自营航线条件尚不具备。11 月吉大港市场因为运力投入过多，市场运价出现了断崖式下跌。不跟风，不盲从，保持定力，让鑫海走得十分稳健。

（四）不断完善激励与约束办法，积极推动市场开拓

长期以来，东南亚区间运输由于运价低，在考核中几乎没有占比，始终得不到重视，更谈不上深度开发。为了推动鑫海航运业务的进一步拓展，母公司东南亚控股不断完善考核办法，于 2014 年将鑫海区间货箱量计算办法完全等同于长航线的箱量计算办法，总体计入代理的揽货考核体系中，还针对特定航线的 COC 箱量额外制定了奖惩办法，充分调动了代理的积极性。在不到两年的时间内，东南亚区间货运输箱量从浦海时期不足 3 万 TEU 已经增长了 1.3 倍，而且流向更加合理；SOC 业务也出现了 122% 的增长，增长的速度和幅度都远超市场整体水平。

（五）鑫海航运跨越式发展的启示

启示之一：租船经营好调头。

租船经营首先意味着轻资产，此举保证了鑫海能在激烈支线市场竞争中“轻装上阵”，但更重要的是东南亚的支线挂港普遍存在吃水、船长等限制，航线设置受船型影响较大，要保证航线产品有持续竞争力，船型必须始终保持“最合适”，但船型的快速更替和码头、航道条件的不断变化，使得“最合适”的支线船型也在不断发生着变化。租船经营为船型选择提供了最大的空间和便利，让鑫海能够及时应对这些变化，航线调整更加自由，始终快人一步。中海在国内的支线建设中实施租船经营已有成功先例，如五洲航运就是通过租船经营奠定了珠三角支线运输市场上的领军企业地位，此次鑫海在东南亚支线市场上成功的租船经营实践又进一步丰富了中海的支线经营经验，为下一步在北欧、波罗的海、黑海、西亚、非洲和加勒比海等区域的支线经营打下了良好基础。

启示之二：自主经营拼市场。

自主经营为鑫海市场化运作奠定了基础。从“依赖集运”转为“服务集运”，这要求鑫海真正做到市场化运作，提供有生命力的、差异化的航线产品，不仅要满足集运的要求，更要符合市场的需要。通过市场化运作的磨砺，鑫海向市场要效益，向市场要发展，成功实现了从“依赖集运”向“服务集运”、从干线公司的“配角”到独立市场竞争“主角”的成功转型，在硬碰硬的市场竞争中打造出了具有自身特色的核心竞争力。

启示之三：差异化经营创效益。

新加坡的商业环境既有其优势，也有成本高昂和竞争激烈的压力，这让鑫海航运始终抱有强烈的危机意识。对此，他们本着“敢拼才会赢”的理念，上下一心，锐意进取，坚持差异化战略，积极寻找最合适船型，精心设计航线产品，将低成本战略发挥到了近乎极致，创业初期以低于竞争者的运价拼市场，提高市场占有率；在市场上站稳脚跟后，则与竞争者同价甚至高价揽货，提高盈利水平，最终在激烈的市场竞争中脱颖而出。

在过去的两年中，鑫海航运充分利用了新加坡有利的商业环境，走差异化经营道路，发挥差别优势，通过与干、支线公司的合作联营实现了大船低成本、航线全覆盖和船舶高装载。通过对合作方的精挑细选，对船型的好中选优，辅以航线产品的精雕细琢，鑫海实现了箱量的稳步增长，盈利能力的不断提升。而“船舶相对大型化，航线合作高端化，营销渠道多样化，盈利模式个性化”的发展策略则有力助推鑫海在打造有全球影响的支线服务供应商的征程上不断前行。

第八节　国际化经营

一、国际化经营基本情况

中国海运集团自组建初期，就确立了“巩固沿海、发展远洋”的战略方向；“十五”期间，又进一步确立了建设世界一流航运企业的战略目标。经过 18 年的发展，中国海运已建设成为全球知名的跨国航运公司。特别是“十二五”时期，集团按照国家倡导的“走出去”战略，加快拓展国际化业务的步伐，加强海外 / 境外企业管理，不断提升国际竞争力。

作为大型航运企业，实现全球化经营是中国海运建设世界一流的必然选择；而国际化产业的发展，是扩张集团产业规模、强化国际竞争优势、创造利润增长点的有效途径，是中国海运能否成功实现全球化经营的关键因素。为此，中国海运始终高度重视国际化外产业发展，充分认识到没有强大的境外产业和境外业务网络，就不可能有全球化的中海，就不可能有强大的国际竞争力。早在企业初创期，中国海运就专门成立了以集团总裁直接领导的境外发展工作组，目的就在于强化对海外产业发展和管理工作的指导、协调，确保集团境外事业持续、快速、健康发展，努力提升中海的国际竞争力和全球品牌形象。

从“十五”到“十二五”，中国海运围绕发展海外 / 境外航运业、建设全球营销网络、拓展相关产业、加强境外企业监管和制度建设、培养国际化人才等方面，制订境外发展长远规划，明确海外 / 境外产业的发展方向，主要强调三个方面：一是坚持科学发展，做到合理规划、科学布局；二是紧密配合集团全球航线的发展，以服务主业为宗旨，以经济效益为中心，注重投资回报；三是依托主业但不依赖主业，积极拓展新的市场，使海外 / 境外产业真正成为增强集团核心竞争力和提高集团整体经济效益的重要保障，成为中国海运全球化经营的关键要素。

截至“十二五”末，中国海运集团远洋航线覆盖了全球 160 多个国家和地区的 1500

多个港口，形成了以日本、韩国、澳大利亚、中国香港等国家和地区，以及东南亚、西亚、北美、南美、欧洲、非洲等区域为辐射点，以船舶航线为纽带，遍及世界各主要地区的跨国经营网络。海外企业和机构分布在海外 40 余个国家和地区，400 余个营销网点遍及境外近 100 个国家（地区）。中国海运国际化产业实现了跨越式发展，已具有了相当的规模和一定的抗风险能力；建成了遍及全球的多级营销服务体系，形成了一套基本适应中海国际化经营的海外企业管理体制机制。海外 / 境外产业涉及远洋运输、船代、货代、租船、租造箱、供贸、劳务、码头、集卡运输、计算机信息技术、船舶管理、物流等，业已成为中海全球化经营的重要支持保障体系，成为中国海运建设世界一流航运企业的重要组成部分和经济效益的增长点。

2014 年，是集团海外 / 境外业务发展的高峰。截至年底，集团境外企业总资产为 953.68 亿元，占集团的 45.29%，同比增加 36.13%；净资产为 190.96 亿元，占集团的 22.9%，同比增加 35.08% ；其中 7 家境外控股公司实际经营管理的境外资产为 303.58 亿元，同比增加 37.73% ；净资产为 102.11 亿元，同比增加 75.11%。全年境外业务收入为 310 亿元，占集团的 37.32%，同比增加 24.24%，利润总额为 18 亿元，占集团的 58.83%，同比增加 222.62% ；其中 7 家境外控股公司实现收入为 39.28 亿元，同比增加 28.12%，实现利润 13.83 亿元，同比增加 101.22%。境外员工总数达到 3228 人（含境外公司在华南地区的雇员），其中中国海运驻外干部 124 人，外聘 3104 人。

2015 年，受国际航运市场特别是集装箱运输市场大幅下滑的影响，海外 / 境外业务经济效益同比减少，但依然取得较好的业绩。截至 2015 年底，境外资产规模为 1110.52 亿元，总收入 298.16 亿元，利润总额 10.44 亿元（表 3–22）。

中国海运集团境外资产及经营情况统计 表 3–22

年份（年）	总资产（亿元）		总收入（亿元）		利润总额（亿元）	
	总计	境外	总计	境外	总计	境外
2010	1429.26	485.44	648.11	250.49	70.17	49.74
2011	1610.34	567.19	635.01	255.43	1.49	–9.97
2012	1758.14	613.9	663.42	250.7	7.25	16.07
2013	1764.68	748.67	684.22	262.07	4.13	–10.80
2014	2105.85	953.68	830.65	310.02	30.60	18.00
2015	2321.59	1110.52	799.41	298.16	49.30	10.44

“十二五”时期，外贸货运量占集团总货运量比重约 30%，而外贸货物周转量占比则达到 75% 左右。2015 年，中国海运集团货运量为 5.46 亿吨，外贸货运量为 1.83 亿吨，占比为 33.52%，其中铁矿石占比高达 70.49%。外贸周转量的占比 2011 年为 71.84%，2013 年为 75.22%，而到 2015 年则升至 76.91%，呈现逐年递增趋势（表 3–23）。

中国海运集团外贸货运量情况统计　　表 3-23

年份（年）	货运量（亿吨）		其中铁矿石（亿吨）		货物周转量（亿吨海里）	
	总量	外贸	总量	外贸	总量	外贸
2010	3.90	1.03	0.23	0.08	7.03	5.05
2011	4.35	1.16	0.32	0.16	7.72	5.54
2012	4.62	1.47	0.41	0.25	8.82	6.69
2013	4.90	1.59	0.47	0.31	9.32	7.01
2014	5.33	1.73	0.59	0.40	10.55	7.99
2015	5.46	1.83	0.61	0.43	11.30	8.69

二、“一带一路”建设基本情况

在“一带一路”建设上，中国海运集团积极发挥海外业务以及各相关业务板块资源优势，以船舶为纽带，以港口投资为支点，以综合物流为延伸，积极打造高效立体运营网络，为“一带一路”沿线国家及地区间的贸易往来、商品流通、基础设施建设等提供了全方位的综合物流供应链服务。

（一）亚欧非航线的海上运输

“一带一路”贯穿亚欧非大陆，连接东亚经济圈和欧洲经济圈。以完善基础设施为先导，通过推进“五通”实现资源有效配置和市场深度融合，我国与“一带一路”沿线国家形成更加紧密的经贸合作关系，这为航运市场带来大量的货源需求。中国海运以二十一世纪“海上丝绸之路”为主线，优化全球航线布局，相继开通了远东至欧洲、远东至地中海、远东至黑海、远东至中东、远东至红海等多条集装箱班轮航线，同时还经营东南亚的区域航线。在加密航线服务频率的同时，把“海上丝绸之路”上的航线与美洲、非洲、南亚、加勒比等区域市场连接起来，提升了全球航线网络的连通性。截至 2015 年底，中国海运旗下的中海集运在“一带一路”沿线投入约 59 艘集装箱船舶、54 万 TEU 运力，占集运公司总营运船队规模的 62%，涉及“一带一路”沿线的主要航线已有 72 条。对于新兴市场开发，通过提高有效供给来挖掘和引导市场需求，在船型选择、班期密度以及航线产品设计等战略性决策上及时调整思路，力争获得市场先占优势。

在欧洲市场，2012 年，在由英国《国际集装箱》杂志等国际权威机构举行的一次欧洲货主民意调查中，中海集运被评为“欧洲航线最受客户欢迎的班轮公司”。

对于石油运输，主要为中东、西非到远东的原油及成品油运输。2015 年，中国海运外贸原油及成品油运输为 3900 万吨，其中约 80% 为沿线货源。

对于干散货运输，主要为印尼到远东的煤炭运输。2015 年煤炭外贸运输 1700 万吨，其中约 50% 为沿线货源。

（二）“一带一路”沿线码头投资布局

海运通道是互联互通重要的基础设施。海运通道的建设，除了开辟新航线外，还包括航线上港口码头资源的投资和建设，这是保障海运通道畅通、安全和高效的重要环节。航运企业投资港口码头，有利于打造港航一体的综合航运运输网络，实现海运全供应链的资源整合。

码头业是中国海运的核心资源，是集团全球网络布局的基础和战略支撑点，它与集团的船舶运输业及产业链上下游相关业务形成了相互促进、协同发展的良好格局。在“十二五”时期，中国海运以“一带一路”为主线，重点布局海上丝绸之路的新兴市场和战略要地；加快推进码头产业国际化经营，加快推进国际集装箱码头项目投资经营，努力提升码头国际化比重及发展水平；立足国际重要枢纽港和中转港集装箱码头，研究发展欧洲意大利、荷兰、德国以及东南亚等国家和地区的集装箱码头项目；注重新兴国家及区域码头项目开发，研究开发喀麦隆、牙买加等港区及产业园区项目；加强与国际码头运营商的合作，探索实施国际码头整体参股投资的途径方式，扩大国际码头体量。2015 年，中国海运集团码头的集装箱总吞吐量达到 3197 万 TEU，在全球码头运营商排名中列第 7 位；权益吞吐量（按企业在某港口投资权益股比计算企业在该港口的吞吐量）为 965 万 TEU，也居世界第 7 位。在投资的国际化码头中绝大多数分布在“海上丝绸之路”沿线区域，主要包括中国香港和台湾、新加坡、比利时等国家和地区。

2015 年，集团在“一带一路”沿线的码头集装箱吞吐量共计 304 万 TEU，其中比利时 APMT 泽布吕赫码头集装箱吞吐量 27 万 TEU，台湾高雄高明货柜码头吞吐量 152 万 TEU，香港亚洲货柜码头 125 万 TEU。

（三）“一带一路”沿线综合物流

“一带一路”沿线国家的经贸发展，也为综合物流特别是海铁联运业务的发展带来了机遇。“一带一路”倡议提出以来，中国海运集团加大了对亚欧海铁联运、亚欧国际班列业务的投入。在陆路上，先后开通渝深、蓉深、“连云港—哈萨克斯坦—欧洲”等多条班列等，其中以渝新欧国际班列以及天津—蒙古国国际班列为代表。

渝新欧国际班列是在原新欧亚大陆桥的基础上进一步优化完善的国际物流大通道，从重庆始发，经阿拉山口进入中亚，最终抵达比利时的安特卫普。据海关总署统计，重庆通过渝新欧运出的货物，占全国铁路运输到欧洲货物总量的 73%，是中国最成熟的第三条欧亚大陆桥的线路。全球最大的集装箱运输公司马士基、全球最大的工业及物流基础设施提供商美国普洛斯公司等国际物流巨头纷纷布局重庆。“十二五”时期，中海该项业务取得了新进展。针对在重庆地区 40HC（一种集装箱箱型，长 12 米，宽 2.7 米，高 2.38 米）空箱富余的问题，中海集运创新合作模式，先后与 HP 物流供应商 SCHENKER、重庆公运集团联运分公司等开展合作，零风险切入渝新欧班列项目，既减少了调空成本，加快了空箱周转，盘活富余空箱资源，增加了公司收入，同时还满足了中海集运在西欧市场的出货用箱需要，为开发欧洲内陆市场提供了箱源保证。

对于天津—蒙古国国际班列，中海自 2008 年开始参与该国际班列项目；依托自身完善的内外贸航线网络，与当地铁路代理合作，逐渐打造形成“天津—蒙古国—内蒙古—天津”的三角班列运作模式，即外贸重箱运进蒙古国，再将蒙古国空箱调至包头、呼和浩特等缺箱点，用于内外贸出口，形成重进重出的良性循环，既增加了外贸航线的回程箱量，又在零成本调空的情况下解决了内陆地区的缺箱难题，综合效益明显，大大提高了中海集运在内陆地区的竞争力。2013 年上半年，中海集运在蒙古国际班列项目中也引入付费用箱的合作模式，进一步增加了收入。“十二五”时期，中海集运的蒙古国际班列项目的完成箱量每年均稳定在 5000TEU 水平，约占蒙古国总发运总量的 10%，单箱平均净利润达 200 美元以上。

三、国际化业务发展及管理

（一）全球营销网络日臻成熟

随着中国海运国际集装箱运输业的迅速发展，建立覆盖全球的营销服务网络就成为海外产业发展中最为迫切的任务。为适应这一形势，中国海运根据世界经济和贸易发展趋势和布局，按照“航线开到哪里，营销网点就要延伸到哪里”的原则，全力投入全球营销网络的建设。中国海运确立了建设两级投资管理构架的境外营销服务网络体系，即由中国海运总公司直接投资设立并管理区域控股公司，控股公司作为区域内的投资和管理中心，再设立和管理区域内的营销服务网点。

为及时完成营销网络的建设，中国海运从两方面推进建设工作：

一方面，对原下属企业设立的境外企业实行资产重组，按照中国海运的部署，对在新加坡、日本、德国及中国香港等国家和地区的企业按照现代企业制度的要求和“专业化分工、规模化经营”的原则进行资产重组和人员调整。经过资产重组，完成了企业新的业务定位，改变了原有境外企业规模小、经营重复、管理模式落后的状况，理顺了集团对上述地区企业的投资管理关系，同时也建立起了境外企业的区域控股管理体制。

另一方面，对网点空白地区，按照航线布设情况，加快组建新的区域控股公司和境外代理公司。对于合资形式组建的代理公司，集团则充分利用当地公司和员工的本土化优势，快速提升市场开拓能力，迅速形成营销服务网络。

到 2015 年，中国海运已经建成了覆盖全球的营销服务网络，完成了地区控股公司的布设，形成了区域成片、全球联网的多级代理和揽货体系。

（二）境外业务稳步增长

在发展境外业务中，集团积极开拓以现代物流业为主的相关产业，加快境外资本扩张，提高抗风险能力，为客户提供高附加值的服务，这是中国海运强化竞争优势、创造利润增长点的有效途径。多年来，配合集运业务的扩张和转运中心的建设，中国海运重点发展了境外的码头、集卡运输、供贸、船舶管理（船员劳务输出）、金融等境外相关产业。

1. 码头业：是中国海运境外发展中的又一个重点产业。中国海运现已在美国洛杉矶、西雅图和埃及的达米埃塔港投资建立了码头公司；同时，有计划地开拓欧洲、地中海、东南亚地区的码头项目。

2. 集装箱卡车运输业：是具有良好发展潜力的物流产业。中国海运依托主业，按照规模化、产业化的原则积极发展海外集卡运输业，在德国、英国、泰国组建了集卡运输公司，并以此为基础，根据各国、各地区的具体情况，加强集卡业的拓展，逐步形成规模。

3. 船舶管理及劳务输出：以境外劳务代表处为基础，积极发展境外国际船舶管理业，以全新的业务定位推进境外劳务代表处的整合工作，实现向国际船舶管理业转型；充分利用集团现有的海外机构，大力发展境外船舶管理和船员劳务输出业市场。

4. 金融业：是确保中海发展资金需要、提高中国海运整体经济效益和经济质量的重要支持和保证。中国海运建立了中国香港和北美两大境外资本运作中心，并积极拓展境外融资渠道，增强融资能力，控制融资成本，为造箱、造船、购船等项目提供资金支持。

5. 供贸业：以船舶、船舶设备及备件国际贸易应为重点，以香港地区专业公司为基础，加强境外供贸业的拓展。主要包括 3 家企业：一是中海国际贸易公司，主要经营船舶进口代理业务；二是中海通船舶公司，该公司是中海和招商合资企业，双方各占 50%，主营进口船舶备件及其他有偿服务；三是东方国际投资公司：是中海香港控股在香港的独资公司，从事集装箱采购、租赁、买卖以及其他资产管理业务。

（三）不断提升海外 / 境外企业的品牌形象

集团海外 / 境外业务的发展，受到境内外媒体的广泛关注。新华社、人民网、国资委《国企》杂志等境内外各大媒体对集团在德国、埃及、荷兰、土耳其的业务发展情况进行了广泛深入报道；我国多位驻外大使分别到集团所在地的单位进行调研或参加集团海外的商务活动，对集团在当地的发展、为所在国经济社会发展做出的贡献予以了充分肯定。海外 / 境外企业还积极参加所在地商业活动、公益活动、文体活动，塑造中国海运乃至中资企业、中国人在所在地的良好形象，集团在海外 / 境外的品牌形象得到进一步提升，取得良好的成效。欧洲控股做好习近平主席见证中海比利时泽布吕赫码头投资项目签约仪式、“中海环球”首航欧洲、国家“一路一带”倡议的宣传等各项工作，确保了各项活动圆满成功；西亚控股当选为阿联酋中国商会新一届会长单位，提升了集团在当地的品牌形象。

2012 年，时任国家副主席习近平同志在访美期间，视察了中海洛杉矶码头，对中国海运的国际化经营给予了充分肯定。《求是》杂志 2012 年第 10 期以较大篇幅刊登了集团董事长、党组书记李绍德的文章《中国海运：国际化经营的实践与思考》，文章介绍了集团国际化经营的情况与成果、国际化经营的经验以及进一步推进国际化经营的思考。

（四）境外管理体系不断完善

随着境外企业的迅速壮大，加强境外企业的规划和管理、完善管理制度的建设就成为保障境外企业健康有序发展的重要因素。

2008 年 1 月 31 日，集团接中海韩国公司电话报告，称公司财务经理失踪。后经查实，该财务经理假借为船公司垫付业务费用或支付法律诉讼保证金等理由，利用职务之便越过公司的财务操作管理工作程序，自 2004 年 2 月起至 2008 年 1 月，从公司设在韩国的银行账户多笔多次将公司资金直接汇入自己的私人账户，总计侵占公款 643.5 亿韩元，按当时的汇价比折算为 6684 万美元。此一案件的发生，为集团的海外管理工作敲响了警钟。

对此，集团深刻吸取教训，全方位加强财务管理、审计监督、法律工作与风险控制，全方位推进集团综合管理水平，重点完善海外管理制度建设，堵塞管理漏洞，细化管控措施。

1. 不断完善境外管理制度建设

一是建立健全境外管理规章制度。在境外企业管理、董事会运作、财务和资金管理、海外人员管理、海外工资管理等各方面制订了一系列的管理制度，形成一套有效的管理办法，规章制度的建设也在业务拓展中不断修订完善。

二是规范境外企业董事会运作，完善法人治理机制。为加强对境外企业的监管和指导，对境外企业的经营和发展实施科学的决策，中国海运按照境外企业董事会运作管理办法，加强对境外企业董事会的规范化运作，进一步明确了集团与公司的职责，明确董事会、监事会和管理层等公司治理各方关系以及明确董事履职规范。香港控股成为境外企业中第一家董事会规范建设试点企业，该公司通过董事会制度建设，充分发挥发挥董事会作用，充分运用董事会授权，不断提高决策效率和水平，提升防范风险能力、改善经营管理水平，进一步推进可持续发展。

三是定期召开集团境外工作会。中国海运每年初召开境外工作会，总结一年来海外工作中的成绩、经验和不足，制订发展规划，明确下一步奋斗目标，为未来海外事业发展指明方向。

四是完善境外企业考核激励机制，深化海外工资改革。根据海外事业发展新需要，集团不断完善海外工资分配体系。一方面，逐步推广境外企业属地化工资、年薪制试点工作；另一方面，加大境外企业的考核力度，制订切实可行的考核体系，建立与境外企业发展相适应、激励与约束相结合的考核分配机制，充分发挥工资分配的激励作用。

2. 建立全球现金管理系统

按照国资委的要求，中国海运积极推进境外企业风险的识别、监测、控制和化解机制，特别是对从事金融等高风险业务以及对外收购兼并和担保等资本运作活动建立起了内控制度，加强了资金业务权限管理，规范境外公司的金融交易，严格控制财务风险；切实落实检查措施，加大检查力度，进一步完善集团逐级监管和内审责任制，充分发挥海外控股公司的监管作用，加强现场监管力度。

建立全球现金管理系统是中国海运多年来为实践所证明的成功经验。为强化境外资金管理，防范境外资金风险，中国海运与花旗银行合作，建立了全球现金管理系统（GCM），对境外资金的流转与调动实施严格的实时监控。要求全球现金管理系统要覆盖中国海运所有境外企业，坚持境外企业资金管理的“统一开户、统一结算、统一调用、统一管理”制度。 经过多年的运行，目前全球现金管理系统功能运用日趋成熟，网络初具规模，控制了境外代理 90%以上的账户，资金安全、规模优势和流转效率得到进一步加强和提高。

3. 加强境外组织建设与人才培养

围绕境外企业经济建设的目标任务，中国海运大力加强境外企业领导班子建设和驻外干部队伍建设，抓好驻外干部管理和人员调配等日常工作；成立了海外企业党工委，集团党组书记亲自兼任党工委书记，以加强党组织和党员队伍建设，指导境外企业开展党建工作和思想政治工作，发挥党组织的战斗堡垒作用和驻外干部党员的先锋模范作用。

为满足建设世界一流航运企业的需要，中国海运加快了建设高素质海外人才队伍的步伐，重点培养高级经营管理人才和集装箱运输、油轮散货运输、海外代理、码头、物流、船管、金融、IT等领域的复合型、专业化海外人才。一方面，集团加大了驻外后备干部的选拔和锻炼力度，通过赴境外工作、挂职锻炼等多种方式加以培养；每年举办两期驻外后备干部培训班，扩充后备干部队伍。另一方面，建立起市场引进机制，加大人才引进力度，实施全球化招聘，为境外事业的发展构筑人才优势。

四、转型发展中的海外控股公司

早在2000年以前，中国海运集团就先后组建了香港控股、欧洲控股、北美控股、东南亚控股等境外公司；2006年组建了中海西亚控股公司；2013年，又先后组建了非洲控股公司和南美控股公司。至此，集团已形成7大境外控股公司，包括香港控股公司和6家海外控股公司。"十二五"期间，7大控股公司坚持转型发展，创新驱动，不断拓展国际市场，业务规模与经济效益不断提升，国际化品牌和市场影响力不断增强。

（一）中国海运（欧洲）控股有限公司

"十二五"期间，中海欧洲控股发展迅猛，资产规模不断扩大，经济效益不断攀升，市场竞争能力不断增强。

一是创新市场营销，实现"两优化、两提高"。"十二五"末，欧洲航运市场运力过剩矛盾愈加突出，东西行运价不断走低。中海集运欧洲航线全面调整，主力航线大小船交替、超低经济航速和频繁空并班等给出口市场营销带来了诸多不利影响。针对上述情况，欧洲控股抓住管理提升的工作重点，积极创新营销理念，完善奖惩考核机制，通过优化出口货源结构和流向地结构（两优化），达到了出口平均运价和航线销售收入的大幅提高（两提高），经营亮点纷呈。在优化出口货源结构方面，加强舱位管控，做好箱源保障，特种箱等高价货源市场开拓取得新的突破；2015年完成出口特种箱4.83万TEU，同比增长66%。在优化出口流向结构方面，依托新的航线布局，积极开拓新市场和第三国市场，2015年出口至中国以外地区的箱量比例达到54%，同比提高近10个百分点；在第三国流向中，效益更高的中东、红海等流向箱量达到13.3万TEU，同比增长79%；重点开发的日本流向箱量达到1.9万TEU，同比增加7倍。在"两优化"的同时，公司努力提高出口平均运价和销售收入，欧洲基本港出发的单箱平均运价同比增长16.3%；全年出口总揽货收入同比增幅高于箱量增幅14个百分点，实现了"两提高"。

二是新市场开发进步显著。欧洲控股充分利用已有干、支线网络的发展，加大对欧洲区间货市场开拓力度。2015年，区间货量达到同比增长58.6%；其中汉堡至圣彼得堡的区间货量同比增加5.4倍。在黑海区域，旗下的罗马尼亚公司创新市场营销，大力拓展摩尔多瓦、保加利亚和格鲁吉亚市场，积极协助各地分代理做好新市场开发；其中，摩尔多瓦代理克服政局不稳的影响，实现了揽货箱量的大幅增长；格鲁吉亚代理揽取的日本进口二手车箱量增长翻番。旗下的土耳其公司重点开发伊斯肯德仑的冷箱货源，箱量增长迅速。爱尔兰作为新兴市场，2015年出口货量同比增长123%。新成立的中欧公司积极作为，辖区内全年揽货量同比增长51%，其中特种箱同比增长67%。

三是提高舱位管控水平，完善支线布局。针对欧洲航线超大型集装箱船日益增加的状况，欧洲控股公司总结摸索出一套行之有效的船期控制应变方案，保证了超大型船舶在欧洲的班期。面对超大型船陆续投入、频繁的船舶进出调整及经常发生空班的挑战，公司着力加强舱位管控，科学管理，优化舱位分配，千方百计用足舱位。同时，公司还注重完善支线布局，进一步推进代理网络建设。继 2014 年第一条自有支线 RFS 开设后，公司继续大力加强在欧洲区域内支线网络建设，先后开辟黑海、波罗的海及爱尔兰地区等 7 条自有支线。在荷兰鹿特丹设立了支线操作中心，保障了新开支线的顺利操作运营，更好地支持配合好集运的干线运营。在加强自有支线业务的同时，还注重公共支线服务建设。根据航线和市场开发需要，公司积极协调公共支线公司提供新的服务，先后开辟衔接马耳他、贝鲁特、丹吉尔和比雷埃夫斯等港口的新公共支线，为保障中海集运欧洲航线的业务拓展、效益增加和提升竞争力做出了积极贡献。

四是开拓综合物流业务，推进发展转型。“十二五”时期，欧洲控股成功注册了埃及物流公司，并积极推进与中资企业的密切合作；2015 年完成了中石化中萨石油勘探公司大型修井机运输和巨石二期工厂、新希望班尼斯为夫第二工厂、REGENCO 玻璃工厂、江苏牧羊埃及工厂建设门到门物流服务等多个重点项目。旗下的罗马尼亚公司深化内部管理，提高重进重出比例，增加内陆运输箱量和降低车队费率，延伸服务收入占到操作总收入的 40%。德国拖车对外全面拓展货运代理、空箱调运、仓储、项目物流、空运等，全年增加收入 150 万欧元。英国公司综合物流业务从无到有，其中拖车业务完成第三方运输箱量同比增长约 150%。此外，欧洲控股公司还积极推进振华重工物流项目进展顺利。欧洲控股旗下的德国集卡公司与中国海运集团的“一海通”公司通力协作，优势互补，正式中标振华重工（ZPMC）欧洲采购零配件的全程物流项目，欧洲控股成为 ZPMC 物流战略合作伙伴。ZPMC 欧洲供货商自 2015 年开始通过德国集卡公司订舱，服务涉及陆运、仓储、拼箱、报关和货运保险等全程业务。而“一海通”物流系统与 ZPMC 内部采购物流系统实现交互对接，帮助 ZPMC 提升了物流管理水平和效率，也提高了双方合作的深度和广度。

五是加强国际化品牌建设，不断提升中国海运的市场形象。2015 年，欧洲控股以 19100TEU“中海环球”号首航欧洲庆典活动为契机，精心组织筹划在汉堡、鹿特丹、泽布里赫和菲利克斯多等港的首航活动，中国驻所在国大使、当地政要和重要客户热情参与了各港活动，欧洲主要媒体对首航仪式进行了广泛报道，提升了中海品牌在欧洲地区的影响力。在 2015 年意大利米兰世博会上，欧洲控股及下属的意大利公司为米兰世博会项目中企馆物流运输提供良好服务，并精心安排了中国国务院汪洋副总理参观中企馆内中国海展运展台的活动，成功举办了米兰世博会“中国海运日”活动，进一步提升了中国海运在欧洲的企业形象和影响力。此外，欧洲控股还积极开展新航线推介活动，在 2015 年 6 月和 12 月分别在摩尔多瓦首都基希讷乌、格鲁吉亚首都第比利斯筹办货主推介会，宣传中海开展摩尔多瓦和格鲁吉亚集装箱海运服务，中国驻当地使领馆，当地政府官员、重要客户和合作方参加活动，新华社和当地主流媒体均进行了详细报道，中海品牌和航线宣传均得到了很好的市场反响。

2015 年，欧洲控股公司完成东行出口箱量 55 万 TEU，同比增加 10%；出口揽货收入同比增长 23.7%；总资产 9.18 亿元人民币，负债率 61.44%；总收入 14.63 亿元，完成利润总额 1.95 亿元；成本费用占收入比重为 87.5%；管理费用同比下降 10%；均较好地完成了全年奋斗目标；净资产收益率达到 34%，同比上升 10 个百分点；公司的可持续发展能力进一步增强。

（二）中国海运（北美）控股有限公司

北美控股作为中国海运集团在北美地区的投资、管理和服务中心，主要经营中海集运在美洲地区的船舶代理、揽货及冷箱、底盘车租赁服务和码头投资业务，同时也为集团散装船和油轮提供代理服务（图 3–16）。

图 3–16　坐落于美国新泽西州蒙特韦尔市的北美控股公司办公大楼。

“十二五”时期，北美控股按照集团海外发展发展战略，积极推进集装箱业务及多元化产业发展。

一是加强北美地区的代理网络建设，不断提升代理服务的功能和质量。根据集团海外发展的总体战略及北美控股推进代理网络建设的规划，为适应中海集运业务发展的需要，北美控股独资设立的中海墨西哥代理公司于 2015 年 5 月份正式挂牌运作，各项工作顺利展开。此举止住了集运箱量连续 3 年下滑的趋势，逐步稳定已有客户并积极开发新的客户，在市场上打造新的品牌形象，在业内排名也有所提升。中海墨西哥代理公司的设立，进一步完善了集团在北美的国际代理网络，提升了北美控股的市场竞争力和服务能力。

二是积极做好对船东的服务工作，配合做好大客户签约工作。北美控股积极配合中海集运的揽货策略与市场政策，结合美国当地的实际市场情况，坚持做好市场营销与客户签约工作。东行航线做好 BCO 客户的服务以及签约工作，稳定“高收入”FOB 客户对中海集运的运量支持，同时进一步扩大签约数量以及大客户所占总体客源中的比例。西行航线以发现新市场、培育新客户、优化市场结构和货源结构为切入点，争取努力提升重箱装载率。通过积极开拓新客户、新市场，多承揽高附加值货物，为航线升级和舱位扩大打下坚实基础。

三是开拓综合物流业务，扩大底盘车业务规模化。北美控股按照集团海外控股多元化产业发展战略，加大底盘车产业投资力度，“十二五”末完成收购中海集运 4005 辆底盘车项目，达到底盘车运作总规模 5581 辆，并获得良好的租金回报。而底盘车业务也进一步提升了北美控股的盈利能力，壮大了控股公司的产业规模。

四是加强内外联动，提升散运业务的规模与效益。2015 年，北美控股深入研究区域市场，对北美市场尤其是美国散运市场进行了详尽的数据收集、整理和分析。以此为基础，确定了北美市场开发的重点，为中海散运有针对性地开发市场打下良好基础。2015 年，北美控股为中海散运在北美的运力承揽了 4 载货源，实现运费收入约 600 万美元。此外，还积极配合参与中海散运船队 COA 合同招标，运量达到 20 多万吨，取得了较好的效益。

2015 年，北美控股公司完成箱量 106.1 万 TEU，同比去年增长了 3.9%；总资产 16.11 亿元，总负债 13.41 亿元；全年实现营业收入 3.51 亿元，利润总额 0.59 亿元。

（三）中国海运（东南亚）控股有限公司

2011—2015 年，随着经济全球化的进展以及亚太地区繁荣发展，东南亚地区经济发展迅速，特别是新加坡已成为发展速度最快的国际金融中心、贸易中心和航运中心。东南亚控股公司充分利用新加坡优质的经商环境、健全的商业法规体系、高效率的政府工作能力、便利的融资环境和快捷的贸易及航运信息等多种优势，利用“一带一路”倡议的发展机遇，不断加快公司转型发展的步伐。

一是强化欧洲航线的市场营销。随着远东制造产业逐步向东南亚区域转移，中海集运总部对东南亚控股在欧洲航线的箱量份额提出了更高要求。在东南亚控股和各代理公司的共同努力下，2015 年总计完成欧地箱量 7.20 万 TEU，同比取得了 47.86% 的增幅，并创造了当年 10 月欧地航线连续 3 周的周箱量突破 2000TEU 的好成绩。

二是确保新开航线首航成功和后续货源组织。按照中国海运集团的计划，东南亚控股积极做好新航线开通前的市场调研、运价需求、中转路径申请以及后续的舱位协调等工作。“中海之星”轮成功首航越南，成为挂靠越南的最大集装箱船，引起了强烈反响，大大提升了中海在当地的品牌知名度；CIX 航线成为首条挂靠泗水 TTL 码头的国际班轮航线，进一步提升了中海集运航线覆盖，提高了市场竞争力和影响力。

三是积极拓展属地管理公司的业务。东南亚控股原来主要负责集装箱船舶代理及揽货业务，“十二五”时期，随着中海新加坡石油、鑫海航运、中海发展散运及油轮工作部等公司和机构的成立，需要建立完善的属地化管理制度体系。因此，东南亚控股参考香港控股的经验，着手制订下属管理公司的规章制度，强调管理的制度化、规范化，为拓展东南亚区域的各项业务提供制度保障。在拓展业务中，中海新加坡石油公司加强市场研判，与集团集运、油运、散运三大航运公司共同做好燃油成本控制工作。2015 年，三大航运公司已通过平台锁定燃油需求 91.7 万吨。在此基础上，保持对市场的持续跟踪，做好锁价动态管理。在做好批量采购的同时，通过紧密跟踪国际市场原油及燃料油价格的变化，尽量抓住在油价波动的阶段性低段，进入市场并做好单船现货采购。

2015 年，东南亚控股公司完成揽货箱量 51.1 万 TEU，其中欧地航线完成箱量 7.2 万 TEU，远东航线完成箱量 7.0 万 TEU；总资产 8.64 亿人民币，总负债 6.82 亿元；全年完成总收入 1.75 亿元人民币，同比增长 6.9%；实现利润总额 0.65 亿元，同比上升 27.6%。

（四）中国海运（西亚）控股有限公司

中国海运（西亚）控股有限公司（以下简称“西亚控股”）注册在迪拜海运城，2006 年 5 月挂牌成立，注册资金 50 万美元。公司主要从事航运、船代、货代、物流、空运、船管、供贸以及投资等业务，业务范围覆盖南亚、中东、红海区域。公司下设中海印度代理公司、中海阿联酋代理公司。

“十二五”时期，特别是 2014—2015 年，中东地区经济随着国际原油价格下滑，不少国家的经济和政局深受影响，给西亚地区的航运业务也造成了不稳定的因素。面对新的挑战，西亚控股以积极向上的姿态，努力拼搏的意识，坚定信心，坚持发展。

一是提升市场营销能力，应对市场挑战。2014 年，随着中海集运投放中东市场运力和航线的增加，西亚控股加大市场揽货力度，推动运价提升。面对 MINA，MEX1，FAL1，FAL3 和 GEM 航线船舶升级所带来的市场形势新变化，精细布置舱位分配，优化货源结构，按照新航线上线的时间节点实施揽货计划，拓展市场业务。2015 年，中海集运陆续开设了 EPIC 和 MINA 两条欧地美航线，扩大了网络覆盖，增加了西亚的出口舱位需求。但由于国际油价下跌导致中东各传统石油输出国收入减少，购买力下降，市场经济萧条；国际化工品销售价格下滑，沙特化工企业出口货量大幅减少，加之也门、叙利亚和伊拉克的内战，不稳定因素充斥着西亚地区，这给揽取新货源工作带来压力。尽管如此，西亚控股公司凭借与主要中东大客户多年来建立的良好合作关系和优质的服务，仍取得了稳定的箱量增长，2015 年同比 2014 年出口揽货箱量增加了近 18%，特种箱揽货增长 274%，为拓展欧亚航线做出了积极贡献。

二是强化箱务管理，提升管理效益。在深入挖掘市场货源、努力提高装载率的同时，西亚控股还从集装箱管理过程中控制成本，实现增收节支。处理超期重箱是箱务管理的重点。针对伊朗、伊拉克、沙特和巴基斯坦等超期箱数量较多的国家，坚持把管理责任落实到小组和管理人员，实行逐一跟踪清理的原则；同时用足每一艘船的舱位调空，力争缩短集装箱周转时间；积极密切与堆场、码头和公共支线公司沟通联系，在每一个环节上降低箱管成本。积极通过与码头协商增加空箱在码头的 free-pool（免费空箱堆存数量）方式降低空箱堆存成本，通过增加码头 MOVE 数（自然箱吊装量）等方式提高船舶在码头的作业效率；多方面降低单箱成本，提高船舶运营效益。

三是大力拓展物流业务，推进集装箱业务延伸服务。“十二五”时期，西亚控股物流业务进展明显，主要体现在集装箱运输延伸服务、区域内外及周边服务、提供增值服务三个方面。在集装箱运输延伸服务方面，发展包括报关清关、陆运、海运、内装箱、门到港、门到门在内的多种进出口运输延伸服务模式，货物流向覆盖西亚控股业务范围之外，还辐射到非洲控股、东南亚控股、欧洲控股和国内口岸公司。在区域内外及周边服务方面，积极开发迪拜出口缅甸润滑油门到门物流项目、印度出口吉布提建筑材料物流项目、缅甸出口迪拜冷箱运输、迪拜出口东非赞比亚车辆贸易、科威特至迪拜跨越沙特三国边境全程陆运中铁设备运输项目等。在提供增值服务方面，西亚控股作为中海集团在西亚区域的窗口单位，向包括中海集运、中海物流和其他控股单位就物流业务方面提供了大量增值服务，如配合欧洲控股、中海物流为山东电建沙特项目查找空运货物，为中海集运开发跨区域冷藏箱运输，提升高运价货物比例，配合香港控股贸易公司开发原油贸易及钢材贸易等。

2015 年，西亚控股完成集装箱揽货量 16 万 TEU；总资产 3762.21 万元人民币，资产负债率 14.85%；全年完成总收入 1453.96 万元，利润总额 482.62 万元。

（五）中国海运（非洲）控股有限公司

中国海运（非洲）控股有限公司（以下简称“非洲控股”）于 2013 年 4 月 2 日揭牌

成立。公司注册地为南非约翰内斯堡，注册资本为 200 万美元，中海集运持有 100% 的股权；主要从事航运、船代、货代、物流与集卡运输等相关产业的投资与管理。

“十二五”时期，中海在西非线投入 4 艘 2500TEU 型船舶挂靠；另有南美东一线和南美东二线同时挂靠南非德班港。中海集运在非洲各港年平均箱量约为 9 万 TEU，年平均运费收入约为 800 万美元。

自非洲控股成立以来，重点抓好三项工作：

一是做好 WAX 航线升级工作。从 2015 年 3 月起，中海集运 WAX 航线船舶升级，航线也增加一条“2 线”。东、西行取消挂靠德班港，增挂南非开普敦、科特迪瓦阿比让以及尼日利亚的 APAPA 港和 ONNE 港。在此期间，非洲控股协助总部，指导并督促代理做好航线升级工作，包括签署分代理协议，新增码头、堆场协议，保证德班及约翰内斯堡空箱及时有序调运、新增港口系统对接及相关订舱等数据的及时报送，实现了航线升级过程中各项工作不断不乱，无缝衔接。

二是千方百计加强揽货，提高航线收入。按照集团和集运的要求，非洲控股结合自身条件，千方百计地揽取箱量，提高收入。包括积极与远东代理合作，成功开发远东至西非的长期稳定 FOB 业务，2015 年 FOB 揽货与上年同比上涨 449% ；通过参加 CMC 可可豆份额分配会议，为加纳出口可可豆争取到了超过 1000 多箱的货源。

三是积极推进多元化业务发展。按照集团多元化发展的要求和规划，非洲控股积极配合中海物流 / 国投公司的件杂货船在非洲区域的业务，加强市场调查与揽取货物，并提供码头、代理、内陆运输等方面的服务；与香港控股合作，在毛里求斯注册海捷物流公司，进一步推进开发非洲物流业务。此外，还配合中海物流，为上海电气集团、中车、金风科技等大型企业在国际重大工程投标中，提供内陆清关、仓储、运输等方面的配套服务。

2015 年，非洲控股集装箱揽货量为 2.34 万 TEU ；总资产 3851.12 万元人民币，资产负债率 70.33% ；全年完成总收入 3542.01 万元，利润总额 238.99 万元。

（六）中国海运（南美）控股有限公司

中国海运（南美）控股有限公司（以下简称“南美控股”）于 2014 年 3 月 28 日成立。公司注册和经营地为巴西圣保罗，注册资本为 250 万美元，中海集运和其子公司中海集运运输（香港）有限公司分别持有 95% 和 5% 的股权。

成立南美控股，旨在进一步拓展中海在南美洲的业务，扩大品牌影响力，加强对中海在南美洲各代理的管理，理顺代理操作，更有效地进行风险控制。“十二五”时期，中海在南美洲的集装箱运输业务呈现不断上升的趋势。中海在南美洲主要经营航线包括 ACSA2、ACSA4、SEAS1、SEAS2，投入 6 条 5600TEU 船舶和 1 条 4200TEU 船舶；2011 年，中海在南美洲地区完成重箱量超过 18 万 TEU，年应收运费超过 1 亿美元。

自南美控股成立以来，重点抓好三项工作：

一是加强市场营销，优化货源结构。公司坚持优化货源结构，鼓励和支持各代理公司加大高价轻质货的揽取力度，严格控制和降低“三废”货物比例。其中重点加强冷箱高附加值货物的开发，通过拜访客户，加强沟通，提升服务等措施，冷箱箱量上升明显，南美航线冷插利用率和运费水平提升显著。同时结合粮食等大宗散货出口的需求，积极参与中粮来宝、尼德拉、ADM 等公司大宗基础货源投标和开发，推动散改集项目的开发。

二是优化操作流程，加快集装箱周转。南美控股加强成本控制，梳理所辖地区内码头、堆场、拖轮、引水、支线等协议，控制中海在南美地区各项成本支出。在航线操作方面特别关注缩短船舶在港作业时间，提高装卸效率，减少节假日额外加班费用等支出。在细化箱管工作方面，特别关注加快集装箱周转、合理控制区域集装箱保有量、控制超期箱数量、加强集装箱退租工作、加强滞期费收取、管控区域内港口间的调箱，特别是在巴西相关码头推进客户直接还空，减少空箱调运成本，通过多种方法全面管控箱管成本。通过关注回程货物流向，争取进出口箱型平衡等措施降低空箱调运成本，配合集运实现航线效益最大化。

三是大力开发增值服务，拓展延伸业务。自 2014 年 3 月起，南美控股发挥属地优势，通过市场调研，协助中海集运开辟到巴西玛瑙斯支线服务，有效提升了中海在巴西北部自贸区的业务，增加了航线网络的覆盖面，满足了客户的需求。同时，公司还积极参与集团的航运电商业务。巴西作为南美地区最大经济体和两亿人口的消费市场，是集团航运电商项目的营销重点。南美控股积极配合集团“一海通”在南美开展电商业务和完善物流配套服务功能。根据集团与中粮最新签订的战略合作框架协议，加大与中粮的联系和合作，推进双方在集装箱和散货运输的合作。

2015 年，南美控股集装箱揽货量为 7.3 万 TEU ：总资产 1203.92 万元人民币，资产负债率 2.88% ；全年完成总收入 1203.92 万元，利润总额 133.17 万元。

五、香港控股：“走出去”的桥头堡

香港控股公司作为集团成立的第一家境外区域控股公司，经过十多年的发展，已经成为中国海运集团的“走出去”的桥头堡。香港控股的成绩得益于集团坚持国际化经营的战略实施，也得益于香港控股大力推进创新驱动与转型升级（图 3–17）。

图 3–17　2014 年 9 月 10 日，集团在香港召开中海香港控股建设规范董事会启动大会。

“十二五”时期，集团在港业务形成上市公司在港业务、非上市公司在港业务和香港控股直属业务三大板块：

上市公司在港业务板块为中海集运和中海发展的在港业务，主要包括中海集运的船货代、船舶融资、资产管理、航线经营、航线核算、船舶及集装箱租赁、支线运输等业务和中海发展的部分远洋运输业务、中海发展与部分大货主成立的合资公司等。

非上市公司在港业务板块为集团相关船岸公司在港注册的公司以及办事机构，主要包括船舶登记、船员管理、贸易销售、资金结算、船舶代理、船舶租赁等业务。

香港控股直属业务板块包含了国际干散货运输、集装箱租赁与管理、船舶备件供应、

保险经纪、集装箱货运代理、投融资及资金管理等。在国际金融危机当中，香港控股直属业务始终保持了较高的盈利水平，实现了平稳较快的发展，为集团做出了重要的贡献。2015 年，香港控股总资产 321.51 亿人民币，资产负债率 63.08% ；全年实现总收入 29.26 亿元人民币，利润总额 9.7 亿元。

（一）优化产业结构，加快转型升级

“十二五”时期，香港控股围绕“调结构、促转型”，其经营业务从过去以航运经营、航运代理为主逐步形成产融结合、多元互补的产业结构和多种经营业务。特别是充分利用香港国际航运中心与国际金融中心的优势，加大产融结合力度，加大金融产业投资，在集装箱租赁、船舶租赁、保险经纪等业务领域有了长足的发展。

东方国际公司是香港控股旗下的一家集装箱租赁公司。最初以集团内部集装箱租赁业务开始起步，到“十二五”时期，已经成为全球排名第 10 位的业界知名公共租赁公司，客户涵盖全球前 20 大班轮公司，业务扩展到集装箱管理与贸易，成为“十二五”时期全球集装箱租赁业成长最快的公司，也成为支撑香港控股应对金融危机冲击的核心企业。2015 年，东方国际继续以租箱业务为重点，在控制客户风险和利率风险的基础上，优先发展与船东的新旧箱售后回租业务，先后开展与韩进海运、太平船务等航运企业的售后回租业务。同时，公司还在全球范围内寻找特种箱租赁商机，成功拓宽产品线；2015 年新签约达成的特种集装箱业务总计近 10000TEU，主要涉及罐箱、开顶箱、折叠箱和集装箱配件等，单笔项目内部收益率高达 13%。

在船舶租赁方面，香港控股以旗下的中海绿舟公司为平台，加大在船舶融资租赁领域的投资。为配合中海集运的运力发展需要，同时考虑到“十二五”末船价处于相对低位，香港控股向中国船舶工业贸易公司及上海外高桥造船有限公司订造了 6 艘当时世界最大的 21000TEU 集装箱船，并以光租形式租予中海集运，租期 12 年。同时，在中海工业江都船厂建造的 4 艘 6.4 万吨干散货船中，第一艘“清平山”轮于 2015 年 10 月顺利接船，并向市场出租。

香港控股旗下的海宁保险经纪公司自 2008 年成立后，成为业界快速崛起的一匹黑马，利润每年上一个台阶，是香港控股新的利润增长点。海宁保险公司坚持按照集团“集中采购，降低成本”的工作要求全力保障对集团船队的保险服务，积极完成集团船壳险和保赔险的续保工作；2015 年集团续保船舶为 313 艘，续保保费总计为人民币 3.92 亿元，保费同比下降 3.03%，实现了集团船舶保险保费同比“保平争降”目标要求，受到集团和各船东公司的高度评价。上海海宁公司在推进集团陆岸产业保险统一采购工作的同时，积极开拓外部市场，努力降本增效，新增多项业务和多个险种。2015 年新增的外部客户涵盖租赁相关保险、船壳险、保赔险、人员险和车险等业务范围。

在资本经营方面，香港控股积极转变经营理念与经营模式，充分利用和发挥香港作为国际金融中心以及简单税制低税率的优势，积极开展资产和资本运营，努力实现产融结合、双轮驱动。东方国际由单一的业务经营向业务经营与资产、资本运营相结合转型，由以往的主要关注租箱市场开发和租金水平转向了全面关注集装箱在采购、租赁、处置及融资安排整个生命周期中的价值实现，开拓了集装箱贸易和管理业务，实现了经营理念与模式的根本性转变，赢利能力明显提升。香港控股通过低吸新物业高抛旧物业的方式，在市场相对低位完成了香港办公物业的置换项目，同时抓住金融海啸时期澳大利亚地产和澳元大幅贬值以及港澳两地贷款利率存在明显差值的机遇，在市场低位购入了澳大利亚办公楼，实现了资产的保值增值。

（二）聚焦金融投资，创新合作模式

“十二五”时期，香港控股按照集团建立境外融资平台新定位的要求，全面理顺金融投资授权关系，建立健全金融投资内控制度及操作规程，积极开展各项金融投资管理工作，研究制定了香港控股未来金融产业投资规划，积极主动与各投行建立业务联系渠道和沟通机制，积极承担境外金融投资项目的开发工作，取得了较好投资效益。2015 年，香港控股借助金融机构专业平台寻找合作项目，积极开辟财务性投资渠道，成功开拓了新华稳健收益基金项目，取得了高达 21% 的投资回报，远远高出其他基金项目的平均回报水平。同时，香港控股还扎实推进 IPO 项目跟踪研究。自 2014 年下半年开始，香港控股独立开展 IPO 项目的立项及可行性研究，加强与中外资投行联系，关注大型国企 IPO 项目，先后立项近 20 个。

香港控股还坚持探索创新金融投资业务合作模式。2015 年，为打造专业化的国际化金融投资操作平台，延伸产业链，公司积极尝试与金融机构深度合作，创新合作模式。项目包括与中国人寿富兰克林探讨建立境外 IPO 业务专户；与新华资产香港公司洽谈合资设立资产管理公司，发起募集专注于国企混合所有制改革的私募基金；与瑞士银行接洽，研究利用较低融资成本投资于中资银行优先股项目。通过对上述金融投资项目的积极探索和研究，公司积累了相当的创新性金融投资业务的经验和资源。

（三）发展代理业务，提高航运效益

中国海运日本株式会社、中国海运（韩国）株式会社和中国海运（澳大利亚）代理有限公司均为香港控股所属的海外代理公司，三家代理公司以提高集运航线效益、降低船东费用为工作重点，强化市场营销，提升服务水平，经营业绩显著。

日本代理在加强出口揽货的同时，积极调整货源结构，通过对优质客户的营销促进高附加值货物出口，压缩三废比例，2012 年以来三废货物的出口比例连续 3 年下降，2015 年预计进一步降至 38%。同时积极推进大客户第三国揽货业务，2015 年第三国货量约占到日本代理揽货总量的 30%。

韩国代理多措并举，勇创出口箱量新高，以“大客户责任制”和“航线经理人责任制”两个“责任制”为抓手，选择主力航线开展对标管理工作，加强特种箱业务货源开发，2015 年公司出口货量为 10.6 万 TEU，同比增长 10%。

澳洲代理实行“航线经理”和“产品经理人”制度，逐船、逐线跟踪货源，2015 年揽货量同比增长 4.5%；同时不断提高冷冻集装箱和特种箱等高附加值货品的比例，冷箱、特种箱承揽量同比分别增长 13.2%、5%。在澳洲出口市场保持了干箱第二、冷箱第三的排名地位。

此外，三家代理公司还积极践行“互联网 +”战略，借助集团跨境平台综合优势，加强市场推广，完善自身的仓储、配送和服务功能，推动采购物流一体化，实现运贸结合，

以贸促运。

（四）加强资金管理，加强制度建设

1. 加强境外资金管理，提高整体资金收益

香港控股作为集团区域投资和管理中心，高度重视管理方式的转型，努力推进精细化管理的逐步深入，不断建立健全规章制度，加强财务、资金和人员管理，加强风险防范，取得明显的成效。香港资金管理部作为集团境外资金管理中心，在加强资金监管、防范资金风险方面发挥了核心作用。

“十二五”期间，香港控股充分利用资金池管控能力强、有效降低企业资金成本的优势，加强账户资金管理，加强审计监督，确保资金安全；充分利用香港金融环境优势，积极推动集团境外自有资金纳入资金池管理，提高集团资金整体使用效率和境外资金收益；不断加强理财产品研究，拓展资金收益渠道，做好资金的头寸管理，认真开展内部资金占用业务，进一步提升汇率管理水平；及时反映香港地区资金存量情况，确保资金需求，提高资金利用率。

2. 加强信息化建设，建立电子商务售箱贸易平台

为顺应“互联网 +”的发展趋势，发挥电子商务优势，东方国际积极搭建集装箱网上贸易平台，自主开发并在 2015 年上线、验收并推广使用了“东方国际集装箱贸易（OIET）平台”。该平台不仅是业内首个支持在线交易的电子商务网站，也是东方国际首次使用 OIET 独立品牌，打造全新企业形象的有力实践。OIET 平台的成功推出，为公司率先抢占市场，扩大销售渠道，挖掘潜在客户，减少操作成本提供了优势和便利。

3. 强化内控体系建设，充分发挥监审职能

为推动内控体系建设全覆盖目标的实现，香港控股于 2015 年完成了对海宁保险的内控体系建设工作，协助海宁保险公司做好风险管理工作。为充分发挥内部审计“免疫系统”的功能，香港控股认真履行纪检监察审计监督职责，坚持“全面审计，突出重点”的工作方针，全面履行审计责任，2015 年按年度计划完成审计项目共 9 项。

创新驱动、转型升级，使香港控股实现了快速发展，赢利能力、抗风险能力和可持续发展能力有了新的飞跃，成为集团国际化经营的桥头堡。香港控股的实践是集团实现转型升级的具体体现，也是集团在全球范围内不断优化资源配置，打造新优势，谋求新发展，实现从跨国经营向跨国公司转变过程中的重要组成部分。

第九节　科技创新与教育培训

一、“十二五”时期的科技管理与科技创新

（一）科技创新体系

中国海运技术创新体系由“一个技术中心、一个专业研发机构、一个协同创新模式”

构成。

1. 一个技术中心

一个技术中心，即中国海运总部设置技术中心，统筹科技创新规划和集中管理工作。2001 年经上海市技术中心认定，核准成为市级技术中心。集团技术中心坚持以原始创新为主，建立牢固的研究基础支撑，运用集成创新方式，努力提高产品和服务的灵活性、多样性。根据集团中长期发展目标，结合航运业特点，大力扶持以发展自主关键核心技术为主的集成创新，积极鼓励先进技术引进和消化吸收、创新相结合，开发具有自主知识产权的核心技术，逐步形成集团自主创新能力。“十二五”时期，集团科技活动经费投入逐年增加。每年年初，围绕企业战略规划和业务计划，合理制定本年度的科技和技改投资计划；每年年中，对编制的计划进行调整；每月通过集团综合管理平台，跟踪和监管科技技改计划的执行情况。

2. 一个专业研发机构

一个专业研发机构，即中国海运集团所属的上海船舶运输科学研究所。该所设立有经国家科技部认定的“航运技术与安全国家重点实验室”、国家发改委认定的“船舶运输控制系统国家工程研究中心”和交通运输部认定的“航运技术交通行业重点实验室”。上海船研所及其控股子公司中海网络科技均被认定为上海市企业技术中心。作为集团主要的专业研发机构，上海船研所的科研体系主要由两级科研体系构成：一是以重点实验室、工程研究中心为主体的基础研究和共性技术开发基地，主要从事涉及航运领域的前瞻性、关键性和共性技术创新；二是以产业部门、公司为主体，开展新技术、新系统、新产品的产业化研究。

3. 一个协同模式

一个协同创新模式，即充分利用集团内外部的科技研发资源开展产学研合作开发模式。在集团内部，通过各子公司之间的合作，加强内部协同创新；在集团外部，借助外部科技研发力量，加强外部协同创新。

在集团内部层面，主要开展“所企协同创新”，把上海船研所的科技研发与生产企业研发机构组合协同，结成创新共同体，面向企业需求开展科技协同创新。如中海散运和船研所联合开发了“船舶远程监控系统”，对 20 世纪 90 年代建造的船舶进行信息化改造。该系统实现了企业远端对船舶的实时管理能力，提高了船舶及船队管理效率。在数据储存方面，该系统可以保留过去导入的所有历史数据，以便进行数据更深层次的挖掘和分析。此外，该系统还具有可拓展性，能根据客户需求，增加相应的功能模块，使之成为公司所需的定制系统，实现航运公司个性化管理。

第二个层面，是集团与外部高等院校、科研机构等相关单位合作开展的“校所企协同创新”。

上海船研所作为集团专业研发机构，依托上海市高新技术产业化重大项目、上海张江国家自主创新示范区重点专项，与上海振华重工合作开展动力定位系统关键技术研究及系统研制，以技术开发带动产业发展，完成产品实船试验，获得产品型式认可；与上海振华重工联合申报国家高技术船舶科研项目“海工装备建造专用大型超吊高浮吊自主研制”；

与沪东重机签订战略合作框架协议，依托国家高技术船舶科研项目开展低速柴油机高压共轨及电控系统关键技术研究，合作开展电喷柴油机控制系统关键技术研究和样机研制；联合中船重工702研究所、中船工业708研究所、中国船级社、中海集运、中海散运以及武汉理工大学共同申报国家高技术船舶科研项目“基于船舶能效指数（EEDI）验证状态实船测试及航速预报技术研究”；联合中国船级社、上海浦海航运公司共同申报国家高技术船舶科研项目“江海直达节能环保集装箱船开发”。除应用研究外，还积极开展船舶建造理论研究。如与上海交通大学合作开展高频绕射增阻三维势流计算方法研究，与哈尔滨工程大学合作开展多用途船结构优化研究、风阻测试与CFD技术计算分析研究、船舶破损进水模拟以及破损后船舶运动性能理论研究。广州中海电信有限公司，积极探索海上宽带通信应用领域技术创新，与广州海格通信集团联合向国家发改委和国家财政部申报“TDMA／FDMA技术船载卫星通信系统”项目，该项目利用国产卫星实现船岸之间的宽带联系，实现网络的一体化和信息传输，推动我国的海上运输和安全生产迈上一个新的台阶。中海工业江苏公司技术中心在注重生产设计和船舶建造的基础上，与其他设计院所开展合作设计、船型优化、低温高强度板焊接工艺和万箱船无余量大合拢等技术的研究，并着力创建数字化现代造船体系，在引进Trib0nM3造船软件后，2014—2015年，继续深入开展自主生产设计，自主设计和建造能力有显著提高。2014年江苏公司技术中心被认定为江苏省级企业技术中心。

（二）科技管理与科技创新机制

2011年，集团落实国资委中央企业科技创新工作会议精神，按照科技创新工作目标，制定了《中国海运科技创新工作管理办法（试行）》，组织召开集团首次科技创新工作会议，成立中国海运科技委员会，规范了科技立项、项目验收、科技成果鉴定及应用推广的程序，完善了科技创新机制。

1. 科技投入机制

中国海运始终将科技投入视为科技创新的重要保障，确立“没有实际投入，创新就是纸上谈兵”的理念，积极编制科技投入计划并抓好落实。例如上海船研所严格要求财务部门按照年度工作计划，落实科技投入项目资金；以《科研生产项目管理办法》《纵向科研项目管理办法》为管理依据，配合相关部门做好科技投入过程中的管理工作。主要包括四项内容：

一是实施科研项目投入集中预算审批。研究所和各企业全年形成科技项目立项预算，报集团进行预算审批，确保全年各单位科研投入的保证。

二是实施科研项目立项审批和验收。集团科信部在企业年度科技预算的基础上，对科研项目实施立项审核，进行项目科研和论证分析，确保项目资金投入的合理有效；完成后还进行项目评估和验收，确保项目投入落到科研工作中，并取得实效。

三是在企业中强化单独核算，确保专项资金专款专用。各单位将项目的专项经费纳入单位统一管理，并进行单独核算，杜绝了专项经费移作他用现象的发生。集团在项目验收中也重点审查资金使用情况，确保专款专用。

四是规范使用，严格专项资金支出规定。集团对科研经费开支，要求建立集团和企业两级科研项目管理办法，确保专项资金使用合理，核算准确。

为确保科技创新工作的可持续性，集团每年围绕科技发展战略，采取企业自主立项、集团集中审批的方式，形成科技创新工作的经费投入机制，并确保每年预算投入不断增加。比如 2011 年，船研所科技投入额 4102 万元，同比增长 3%。2012 年，船研所科技投入额 4511 万元，同比增长 99%。2013—2015 年科技投入年均增长 3%。持续的投入，为集团科技创新活动注入了活力。

2. 项目管理机制

科技创新项目是集团技术创新体系的重要支撑。集团坚持对科研项目实施集中立项，对重大项目实施过程管理。集团科信部作为集团科技创新管理部门，对所属企业创新项目实施全过程集中管理，战略发展部、人力资源部、财金部等共同参与相关管理工作，对集团在科技项目立项、国家政策导向和支持、资源能力配备、资金投入、经济效益、社会效益以及资金运用、项目运行质量和效果等进行全面管控。集团直属企业作为实施企业科技创新项目主要单位，负责内部预立项审查、项目实施前期管控。由于创新性项目资金量大，运转周期往往较长，收益具有不确定性，集团特别强调两级管理职能部门努力增强管理创新的“内功”，建立良好、规范的创新项目管理机制，保证创新制度的权威性和执行力。为进一步规范和统一科技成果管理，鼓励技术创新、构建一个良好的科研创新环境，推动科技进步和业务转型，集团还制订并发布了《科技成果管理暂行办法》，对已有的《知识产权保护管理办法》进行修订。

3. 评价与考核机制

集团按照科技创新集中管理和分级管理的要求，在评价考核上也实行集中评价和分级考核。在集团层面，集团坚持对所有项目在立项和验收两个环节中，实施严格的评审淘汰制度；对于与集团发展战略和企业发展方向不相符合的项目，效益不确定、风险较突出或者发展前景不明朗的科研项目，则严格把握效益导向、成本导向和成果导向原则进行评审验收，严格按照项目准则把住立项关口。

在企业层面，强调评价考核“定量化”和“精细化”，做到以岗位职责为基础，实施分级管理、逐级考核的原则，客观评价和考核各类人才的工作能力和业绩，建立各类人才绩效考核管理体系，制定相应的绩效考核办法和考评标准，将考核结果与收入分配相挂钩，与职位升降、岗位调整相结合。对不同类型的员工采取不同的考核方法，研发人员以突出技术创新、技术开发和学术提升为重点，采取月报、年中和年终考核形式；普通科技人员以突出技术服务、产品质量和技术开发为重点，采取年中、年终考核相结合的形式；科技管理人员以突出管理创新、制度创新、机制建立和服务效率为重点，采取季度、年中和年终考核相结合的形式，同时采取 360 度绩效考核方法，全面、综合评价管理人员。

4. 员工创新激励机制

为充分激发科技类员工开展科技创新的积极性，集团确定了创新激励的导向要求和基本原则，坚持以岗位职责为基础，客观评价各类人才的工作能力和业绩，鼓励结合本企业实际，建立各类人才绩效考核管理体系。如明确了船研所科技人员重要个人资质补贴、科技创新研发条件保障、创新成果个人获益和奖励等激励措施，并指导各类型企业结合实际，分别制订创新激励机制。如船研所了制定《人才培养发展支持帮助金管理暂行办法》，对持有影响经营资质的国家注册职业资格的29名科技人员给予人才培养发展支持帮助金。

（三）重大科技成果与转化

中国海运围绕航运安全保障关键技术、航运能效控制关键技术、航运能效控制技术转化应用、动力定位控制系统技术、电力推进及综合能量管理技术等方面开展研究，并取得一批重大创新成果。与此同时，还紧密结合航运业实际，深入开展前瞻性应用基础研究，坚持“以需求引领研发、市场促进成果转化”原则，积极服务我国相关民生和国防现代化产业，切实解决行业发展中急需解决的关键技术问题，加强关键技术的应用开发与科技成果转化。

1. 航运效率及节能技术运用付诸实践

中国海运航运能效技术领域涉及船型开发、水动力性能试验研究、能效验证与控制等各个方面，主要服务的客户对象涵盖了大型造船企业和机构，如708研究所、上海船舶研究设计院、中船重工民船中心、江南造船集团、外高桥造船集团、广船国际等。自主开发的整流导管、整流鳍、船舶舵球和毅帽鳍在北海公司18万吨散货船、广船公司8.2万吨散货船和11.5万吨油船、欧得力公司3万吨自卸船上取得良好应用；开发的浮态节能软件在12艘5600TEU和6艘8500TEU共18艘大型集装箱船上得到应用；完成5600TEU船球鼻艏改造和线型优化设计研究，并实现实船建造；利用适伴流设计方法，结合CFD数值分析开发了推进效率较高的MR型油船螺旋桨，试验验证效果良好，得到实船应用；采用CFD与EFD结合手段，研发了具有国际先进水平的20万吨级散货船船型，较国外的设计线型性能指标有较大提高，为船舶建造单位顺利承接订单提供了强有力的支持，船厂为此获得多艘订单；自主开发的最小推进功率评估软件、船舶操纵手册分析与编制软件，在船舶性能评估中得到很好应用。

2. 航运安全与保障技术转化成果丰硕

在航运安全技术研究方面，关于矿砂运输船货物液化流动及倾覆机理的研究项目，研制了六自由度晃荡平台，开发了专用测力机构，在矿砂运输船货物液化流动与船舶运动的互相影响理论及方法上取得突破性成果，为制订相关国际海事规则奠定了基础，填补了国内空白，推进了航运安全与应急保障技术发展；关于液化天然气（LNG）海上转运系统技术的研究项目，系统开展了船舶水动力性能理论与模型试验研究，为LNG传输系统设计提供基础参数。此外，还完善了POD推进操纵试验控制装置，为研究相关船型操纵能试验研究和安全靠泊模拟研究提供有效手段，在研究相关船型操纵性能试验和安全靠泊模拟等方面取得突破性成果；关于新船能效设计指数风浪失速因子预报和最小推进功率的研究项目，建立了最小推进功率计算分析软件；采用该软件进行多艘船舶的最小功率评估工作，为造船企业提供了应对最小功率的技术支持。在航运安全保障技术及航运能效控制关键技术上，开展了“洋山深水港区四期工程船舶通航模拟试验研究”“港珠澳大桥岛遂工程标准管节浮运拖航物理模型试验”“沈海复线宁德特大桥船舶撞击力标准研究”“福鼎至宁德高速公路下白石特大桥防船撞研究”等项目的研究。在浙江舟山官山至秀山公路大桥防撞标准与防撞方案专题中，开展了10万吨级大型船舶撞击桥墩的风险分析研究，且首次提出了采用复合材料FRP应用于桥墩防撞设施的设计方案。

3. 针对船舶节能改造热点开发节能技术和软件

在船舶节能改造方面，针对集装箱船降速、轻载情况如何降低船舶航行阻力的问题，开展最佳纵倾优化技术研究和球鼻艏改造成果的应用。船舶运营实践证明，在最佳纵倾情况下，船舶节能效果达到5%以上。2014年中海集运分别联合中国船级社在4250TEU集装箱船，联合上海船研所在5600TEU、8500TEU集装箱船上实施最佳纵倾优化项目，完成了上述船型41艘船舶的软件安装，并制定实施最佳纵倾优化操作规定，船舶出港后按最佳纵倾调节。“十二五”时期，上海船研所牵头开发的“船舶经济航速辅助决策系统”在散运公司投入使用。该系统与中海散运已有的航运管理信息系统结合，快速计算出最佳航次效益的主机转速，并通知和指导船舶按照最佳效益航速进行航行。在当时航运市场持续低迷的情况下，经济航速辅助决策系统通过精确测算航次效益最大化和选用最佳航速，大大降低了燃油消耗与运输成本，有力提升了船舶运营效率与经济效益。经测算，一艘23万吨散货船一个远东/澳洲往返航次，在经济航速指导下的航行比正常航速航行，可节约燃油150吨，节省燃油费约55万元。

4. 智能交通信息化多地推广

“十二五”时期，上海船研所加强智能交通科技创新研发，在智能交通系统集成领域共有4个重点项目，包括违章停车自动抓拍系统研发项目、高清视频交通事件检测器、视频交通事件检测算法升级研究、基于视频检测的智能交通处理系统。在交通信息化领域有4个重点项目，包括新一代高速公路收费综合业务平台研发推广及技术支持服务中心研究、基于“云服务”的移动终端应急指挥平台软件开发、道路交通状态自动判别及行程时间预测系统研究、城市智慧交通总体技术架构研究。在工业自动化领域有2个重点项目，包括大型起重机械监控管理系统、经济型燃煤热载体炉燃烧控制器研制。中海网络科技公司为上海浦东公路署开发的浦东公路管养平台是一套用于设施养护、道路保畅、应急处置的综合管理系统；该平台的开发源于浦东新区政府提出的综合交通信息管理系统整体规划，于2014年达成全面上线实施；该平台技术还在贵州等地区得到推广及应用，产生了可观的经济效益和良好的社会效益。

5. 船舶监控与信息集成技术取得新突破

在航运监控与信息集成技术研究方面，关于动力定位控制系统技术的研究，构建了船舶运动模型和算法数据库，建立了计算机仿真开发环境；自主研制的动力定位控制系统样机，先后通过英国劳氏和中国船级社产品型式试验，并取得产品认证证书；关于电力推进及综合能量管理技术的研究，设计和研制了基于综合平台管理系统架构，应用海洋工程标准化硬件技术和组态软件技术的柴电燃联合动力装置推进控制系统功能样机，取得了自主知识产权，填补了国内该技术领域的空白。开发的电力推进及综合能量管理技术专题的研究成果部分应用于“布缆船”和“J27船”等重要工程项目，这些船均采用全电力推进方式，由实验室舰船自动化科研团队承担综合能量管理系统研制任务。电力推进及综合能量管理技术还应用于商船“新奥内河 200m^3 LNG 移动加液船”，该船的推进方式采用全电力推进，由依托单位利用实验室技术总承包推进动力电力系统；该船是为适应我国清洁能源发展战略而建造，形成批量生产后，会产生显著的经济效益和社会效益。

6. 积极开展环保新技术研发

围绕节能减排，集团开展了多项新技术和新业务的研发，包括船舶压载水处理系统、新型船用生活污水处理装置、无线以太网远距离传输用于污水分散处理站集控、新型声屏障、船舶污染海洋环境风险评价、码头防污染专项验收试点研究、玻璃幕墙光反射影响分析等。关于船舶、航运相关的环境新技术、新业务研发，是集团发展绿色船舶、绿色航海的核心，是集团打造绿色竞争力的基础。由中海工业牵头，联合中国科学院广州能源研究所和山西高行液压股份有限公司两家单位，向国家海洋局就“海洋能发电装备产品化设计制造”领域申报“100kW 鹰式波浪能发电装置工程样机研建”项目，并获国家海洋局批复立项，正式列入“2013 年海洋可再生能源专项资金项目”；该项目是国家级的海洋能专项资金项目，专项资金总额为 1900 万元；该项目可利用海洋的波浪能通过核心装置转换成稳定的交流电源，并通过预设的海底电缆将电流传回岸上使用。这不仅是一项节能环保的绿色项目，同时对弥补沿海电力不足、解决海岛和海上装备的电力供应问题具有重要现实意义。此外，为贯彻落实国家关于节能减排和能源结构调整的要求，集团在大型国有航运企业中率先开始实施集装箱船 LNG 双燃料动力试点改造项目，该项目船体改造方案由船研所自主设计，施工部分由中海工业承接，由中石油济柴动力总厂提供技术支持，通过中国船级社的一系列规范认证，首艘试点船舶改造全部完成并进入实船试运行阶段。

7. 高度重视知识产权的积累和保护

“十二五”时期，中国海运不断加强自主创新能力建设，不断加强知识产权的积累和保护。以 2014 年和 2015 两年情况为例：2014 年，集团共申请各类专利 17 项，其中发明专利 8 项；获得专利授权 21 项，其中发明专利授权 4 项。2014 年船研所“船岸协同远程监控信息管理系统”和“船舶附体节能机理与应用关键技术研究”项目分获中国航海学会航海科技二等奖和中国造船工程学会科技三等奖。中海工业江苏公司获得江苏省经信委认定的省级企业技术中心资格。2015 年，集团共申请专利 29 项，其中发明专利 15 项；获得专利授权 12 项，其中发明专利授权 1 项。船研所的“风浪作用下线型优化及船—桨匹配技术研究”，解决了提高主力船型风浪中航行性能的问题，有效减少风浪失速系数，提高风浪中的运营效能。中海物流广瀛公司在工程项目物流领域，持续开展以重大型设备水平位移（运输）和垂直位移（吊装）为对象的全程物流服务技术研究，先后申请 10 项实用新型专利和 1 项发明专利。2015 年，中海工业长兴船厂在中国船舶重工集团公司标准化研究中心组织的基础上，从修船业务实际出发，针对 1992 年中海工业立新船厂牵头制定发布的《船用柴油机机械式调速器修理技术要求》和《船用柴油机液压式调速器修理技术要求》两项行业标准要求，联合天津修船技术研究所共同修订了该行业标准。

二、“十二五”时期信息化建设

“十二五”期间，中国海运根据“顶层设计，战略驱动，集中投入”的原则，按“纵到底、横到边”的建设思路，不断加强信息化建设。针对信息化规划、考核、重点项目建设等工作，在集团层面设立领导小组和工作小组，由集团领导挂帅，业务管理部门参与，各单位逐级落实。在管理资源分布上，集团总部设立科技信息部，负责集团信息化工作的组织落实和总体管控；各单位设立 IT 管理部门或岗位，负责本单位信息化管理；上海船研所作为集团内的信息化专业技术团队，负责集团信息化项目的研发、建设、管理和运维等工作。

（一）加强信息化整体规划，推进重点项目建设

为了使信息化更好地服务于集团战略目标，中国海运编制了“十二五”信息化规划，并编制三年滚动规划，明确了建设目标、内容和重点任务。根据整体规划和管理要求，中国海运通过重点推进、系统整合，逐步实现信息的集中化、流程的精细化、操作的透明化以及责任的可追溯性。重点推进的工作包括：

（1）统一实施集团版 0A 系统。中国海运各下属单位以往使用不同的 0A 产品，导致 0A 系统无法贯通、管理成本高且使用效果不佳。为使集团总部和下属各单位的 0A 系统能够无缝连接，自 2013 年起，中国海运统一推广实施了集团版 0A 系统，从原来 39 套 0A 统一为一套；2015 年完成了境内直属单位的上线，最终目标是实现集团公文的分权共享，提升公文流转效率，减少档案系统等关联接口的建设，提高安全性。

（2）自主开发航运管理平台。为解决各航运公司业务系统无法融合、集团层面缺乏数据统一的问题，自 2013 年起，中国海运自主研发航运管理平台，旨在建设集团内航运业务（集装箱业务除外）、收入、成本、节能降耗和船舶管理等全过程管理的系统，实现集团、直属航运公司和船舶的无缝对接。2015 年，平台已在中海散运全面上线使用，中海国际部分上线，中海油运等其他航运公司开始逐步推广。通过集团和各船公司的平台共用，使航运生产经营信息实现在集团内按权限共享。平台与人力资源管理、财务管理等其他系统进行了信息对接，集团航运信息管理的整体性得到提高；在开发过程中，尤其关注业务人员的深入参与，充分考虑了界面友好性、操作便捷性等因素，确保应用简单，降低培训成本。

（3）全面推广人力资源管理系统。自 2010 年起，中国海运开始建设全集团统一的人力资源系统，可为其他系统提供组织架构和人员信息。系统集中部署，分权管理，分级维护。到 2015 年，已实现了人力资源的数据共享、人事业务、薪资发放等在线操作功能，满足了员工信息的查询、管理、统计和分析需要。在确保运行稳定基础上，系统还按照管理要求不断完善功能，并通过薪酬发放、人事信息共享等机制，持续提高系统数据的准确性。

（4）建设船员管理信息系统。根据集团加快推进船员体制改革、全面整合船员资源的需求，中国海运 2014 年启动了船员管理信息系统的建设，主要涵盖船员管理、薪资管理等 9 大类内容，以进一步理顺集团内船员单位与各船公司之间的业务关系。2015 年，进一步开发了船员薪资管理等功能，并通过接口实现了与各相关系统的对接。例如：提供船员考核、船舶动态、船舶费用等信息到航运管理平台，保证船员业务管理数据源的唯一性；提供船员薪资福利数据到 NC 财务系统，保证财务支出的及时性、准确性。

（5）建设集团集中采购系统。按照国资委和集团对集中采购的管理要求，中国海运

2014 年开始建设集团集中采购系统，主要包括供应商管理、采购申请、采购执行、合同管理等功能。2015 年，根据实际管理需要，工业主材、投资主材等七大集中采购品类已上线实施；通过竞价、询价等功能，使供应商能在平台上公平竞争，提高了采购管理的透明度，使采购环节和采购成本得到有效控制。同时，平台与各相关生产管理系统进行了对接，实现了采购信息的共享，避免了重复录入，提升了效率。

（6）打造资金管理系统。“十二五”时期，中国海运已初步形成“财务信息化基本框架体系”，航运企业和陆岸企业分别实施统一集中管控的 SAP 和 NC 财务核算系统，所有企业统一使用久其报表系统。为了加强资金管理，中国海运积极建设资金管理系统，主要包括集团资金管理、财务公司业务运营、全方位金融服务等功能。为实现信息的共享互通，系统将与集团内的核算、报表等相关系统对接，并通过银企的直连接口，与各家银行安全、准确、及时地交换数据。

（7）建立电商供应链平台。中国海运 2013 年开始建设电商供应链平台，旨在整合集团内的多元产业优势，逐步形成“一站式”服务能力，提高核心竞争力。电商平台主要从客户需求出发，调动内部资源，为客户量身定做集金融、贸易、保险理赔、物流为一体的供应链整体解决方案，创新经营模式。平台建设分为“一海通”和“四海通”两个部分：“一海通”平台主要服务于阿里巴巴的中小微客户；“四海通”平台主要以贸易和金融为核心，整合内部资源，为企业提供物流供应链服务。

（二）统一和规范技术标准，逐步实现信息共享

中国海运成立了集团信息化标准委员会，开展信息规范的基础工作。2015 年业已发布 20 类标准代码，结合航运业务管理、船舶管理等代码标准化覆盖，规范了信息采集标准，确保同一事件在不同系统中有相同的数据属性，以在系统间逐步实现数据共享，增强系统的扩展性。在新系统的开发建设过程中，从集团整体规划角度，注重技术架构、开发平台和数据库的统一，以便实现跨系统数据的集中管理、基础模块的共享以及同类权限的统一维护。

（三）以应用需求为导向，持续提升用户体验

中国海运以应用需求为导向，推出各种便捷的措施，以便使信息化更好地服务于用户。为了方便业务信息在移动终端的查询和处理，集团搭建统一的移动框架，建设集团版移动 APP，提供统一的安装使用入口；只需要扫描二维码后即可自动安装。此外，还引进各种便捷的操作方法，例如用户名的自主修改、密码的自主找回、制作简单易懂的培训视频等，尽可能实现在系统上线时少培训甚至不需培训，以方便用户。

（四）建立信息安全体系，加强信息安全管理

一是建立信息安全管理体系（ISO27001）和服务（运维）管理体系（ISO20000）。通过划分信息安全控制范围，切实做好数据资产、软件资产、实物资产、人员资产、服务资产和无形资产等评估工作，识别信息安全风险，逐步提升信息安全，提高整体抗风险能力。同时，为了促进集团 IT 运维服务更加专业化和流程化，参照 ISO20000 标准，中国海运建

立了以流程为导向、以客户为中心的IT服务（运维）管理体系，通过整合IT服务与业务，不断提高IT服务运维能力，减少安全隐患。

二是整合网络资源，合并下属公司的网络线路，使网络充裕度更高，具备平峰调谷的作用，在网络费用支出不变的情况下，成倍提升人均可用带宽，并通过互联网出口线路的减少，提高网络安全性。

三是加强网络和信息安全管理。通过VNP（虚拟专用网络技术）和上网行为管理等软件，提高了外网进入内网的安全性，解决了上网带宽分配的问题，能追踪并监控上网行为，为提高网络的安全性起到重要的作用。

四是按照国家等级保护和集团安全管理的要求，对集团内的信息系统进行重新梳理和整合，对74个系统进行等级保护认证，其中一级系统56个、二级系统17个、三级系统1个。

五是不断提高信息系统备份能力，建设了广州备份数据中心，针对核心系统，形成"生产中心＋备份中心"模式，当生产中心的数据出现问题时，备份中心能够接管并维持运行。

三、上海船研所的科技创新

"十二五"时期，上海船舶运输科学研究所坚持强化科技创新战略，推动企业转型升级，以科技进步、科技创新驱动发展，促进经济发展方式加快转型。

（一）上海船研所对集团内科技创新的拉动

上海船研所并入中国海运集团后，即加强与集团相关部室、相关单位的沟通协调，主动融入中国海运集团，业务结合日渐紧密。

2011年，中国海运集团主要领导在工作会议上明确提出船研所要尽快完成与中国海运集团相关产业的接轨、转换工作，加强对船舶节能减排、降耗增效等航运相关课题的研究，努力把自身科技优势转化为中国海运集团的产业优势，促进中国海运集团的整体技术进步。据此，船研所主要领导带队，先后赴中海工业（江苏造船基地）、中海散运、中海电信、中海码头、中海集运和中海信息等单位学习交流，了解其业务和科技需求。8月初，与中海货运在上海签订了科技创新合作框架协议，并与中海散运共同成立技术合作推进组，加强双方技术交流与合作。8月底，船研所属下的中海科技就集装箱航运信息化领域项目研发同中海集运签订战略合作框架协议。

2012年，船研所先后与中海集运、中海散运和中海工业等单位，在科技创新和战略合作框架协议指导下，组织开展了中海散运"宁安"轮船舶远程技术监控系统改造、航速优化辅助决策系统、中海集运滞箱费管理项目和中海码头洋山储运数据整合改造项目等工作。"宁安"轮改造项目经过半年多的试运行，于2012年11月通过集团组织的专家验收，专家组审核认为，该项目有效提高了航运公司的信息化管理水平，其成果具有完全自主知识产权，达到所属专业领域国际先进、国内领先水平。由船研所下属的中海科技、运输系统事业部共同为中海散运合作研发的"船舶经济航速辅助决策系统软件"也成功得到运用，该系统依据船舶航次任务，通过计算航次相关费率给出最佳经济航速，指导船舶合理安排航行速度，达到节能增效的目的，同时为船舶航行绩效的考评提供参考依据。

2013 年，中国海运集团领导多次到船研所现场调研，对有关工作提出要求；船研所坚持以项目切入为抓手，推进与中国海运集团的产业对接和资源整合。承担了中海集运 5618TEU 集装箱船球鼻艏改造、浮态节能项目以及 8530TEU 集装箱船浮态节能项目；同时，为中海散运完成 5 条“宁安”型系列船的远程监控系统改造。在集团科信部主持下，船研所承担的浦海公司“船舶双燃料动力改造设计”项目进入实船施工阶段。6 月，中海科技与中国海运集团签订了辅助决策分析系统（DSS）一期项目的开发实施合同，从而标志着中国海运集团航运信息化开发进入新的阶段。

2015 年，船研所根据中国海运集团的业务需要，开展了“57000DWT 散货船甲板及舱口盖堆装货物”改装项目的设计评估工作、散货船改大件商品运输船的市场论证研究和中国海运集团国内沿海散货船船型方案论证；推进集装箱船的浮态优化，在 5600TEU 基础上开展了万箱船浮态优化软件的开发。承担了广州海运油污水处理厂维修改造项目。与中海投资签订了战略合作协议，重点围绕污水处理箱开发、集装箱信息化、箱体结构、节能减排等方面，合作开展技术研究与运用；持续进行自主架构平台的完善和移动架构的开发，积极研究制订中海云和新机房项目的建设思路；主动提升 IT 基础设施服务能力、完善 IT 服务和信息安全体系建设，积极引入 ITSS 信息技术服务标准流程，并完成资质认证；加快“四海通”平台的开发工作，打造面向中大型用户，提供集“物流、贸易和供应链金融”于一体的“一站式”O2O 供应链管理服务。平台于 2015 年 9 月 1 日正式在中海物流内部用户中进行试用推广，并根据用户体验进行功能深度优化。

（二）国家重点实验室的建设

船研所航运技术实验室的研究主要涉及船舶航行及通航安全模拟研究与评估、桥梁防撞船技术研究、运输技术论证和船舶能效技术研究等领域，1999 年成为交通行业首批认定的重点实验室；2006 年该实验室通过了交通部组织的专家复评审。作为国际水池会议成员单位（ITTC），该实验室在舰船水动力试验领域的相关研究代表了国家水平。

2010 年 1 月，科技部办公厅下发了《关于组织制定第二批企业国家重点实验室建设计划的通知》，该实验室被正式列入第二批启动建设的国家重点实验室名单。获批后，实验室建设工作正式开展。

实验室以建设世界一流航运科研机构为目标，根据国家中长期科技发展规划和航运、造船业发展的需求，综合运用船舶水动力性能、海事安全和自动控制等技术，围绕新船型开发、船舶性能优化、航运安全、航运效率、节能减排、航运信息化数字化智能化等领域开展共性技术、前瞻性技术的关键性技术研究开发，承担国家和行业重大科研和科技攻关项目，为航运发展提供先进技术，为航运安全提供技术保障，为行业标准提供技术支撑。

该实验室按《建设计划任务书》的要求，共投入 2577 万元人民币，用来添置重点实验室仪器设备；安排重点实验室科研用房 19309 平方米，并投入 957 万元配套设施改善费用。实验室建设全部在原实验室内进行，在原实验室的基础上对实验设施进行升级改造和添置必需的科研仪器设备。根据实验设备设施对环境的要求，对部分实验室进行土建改造和装修，以满足实验设施安装、调试及运行的要求。按《建设计划任务书》要求完善了航海安全综合试验设施、构建了船舶航行安全数字化评估系统、航运监控系统开发平台与仿真系统以及船舶综合性能预报平台等重大设施，保证了实验室先进的试验条件。

在开展重点科研项目上，根据国家重点实验室边建设边科研的要求，按照《建设计划任务书》的科研计划安排和行业发展的需求，开展并完成了一批科研项目。建设期内（2011—2014 年），重点实验室共承担国家和省部级科研项目 31 项，承担国际合作课题 18 项，横向科研项目 43 项；成果获得省部级科技奖 10 项，获得专利 9 项，发表科技论文 105 篇。

在实验室开放性运营中，建立了对全行业开放的船舶综合性能预报共享平台“船舶航行综合性能评估系统（SPPS）”，其主要功能是提供船模试验数据库。在实验室运营中，上海船研所积极支持兄弟单位的研究工作，如 2012 年 11 月上海交通大学在该实验室进行了“浅水中航行船舶船体下蹲模型”实验；积极组织专题培训活动，将新技术向生产第一线推广，如 2012 年底组织了“船级社船舶效能指数（EEDI）技术人员培训交流会”；积极为高校相关专业学生提供实习条件，使得该实验室成为上海海事大学的实习基地，大连海事大学也常有学生来实验室参观实习；积极开展实验室国际合作，与荷兰海事研究所建立了联合机构合作开展航运能效的研究。

在实验室建设期间，注重落实专家在实验室建设计划可行性论证中给出的改进意见。根据专家的意见，实验室学术委员会专门讨论了实验室的研究方向和科研规划，对研究重点项目作了梳理。以此为基础，进一步集中了研究方向，突出能效和安全技术研究，加强基础性前瞻型科研，积极申报国家和上海市重大科研项目，在 2010—2014 年建设期承担了 30 多项国家、省部级科研项目，其中包括“矿砂运输船货物液化流动及倾覆机理研究”“船舶附体节能机理及优化关键基础技术研究”“液化天然气 LNG 海上转运系统技术研究”“风浪作用下船体线型优化及船—桨匹配设计技术研究”“高效节能螺旋桨应用技术研究”“超大型散货船和油船水动力性能预报优化技术研究”“船舶能效指数（EEDI）验证评估技术研究”等。

2014 年 9 月，全面完成了《建设计划任务书》要求的各项工作，并于 9 月 19 日通过了科技部组织的专家验收。

（三）水动力试验设施易址重建

重点实验室的主要设施始建于 20 世纪 70 年代末，随着船舶的大型化和航速的提高，结合 IMO 新规出台等所带来的新的研究任务，其基本设备试验水池能力的局限性日益突出，一些试验不能达到期望的精度，有些试验甚至不能有效进行。中国海运集团在船研所并入以后，大力支持船研所的科研设施建设和持续发展，决定对船研所重点实验室的重大科研设施和基地进行重新规划与配置，以国际一流为标杆进行易址重建，旨在强化重点实验室在航运技术与航运安全方面的科研能力，从而将重点实验室建设成国际一流、国内领先的航运技术与安全重要研究基地。

重建项目选址上海市崇明区长兴岛船舶制造基地，上海长兴海洋装备产业园区 9 号地块，占地面积 80209.3 平方米，总投资 9.85 亿元，主要包含：

一是深水拖曳水池实验室。深水拖曳水池长 437 米，宽 18 米，水深 9.4 米，配有拖车、造波机、平面运动机构、水下摄影及 PIV 等试验设备，最大试验模型长度可达 12 米，主要承担各类水面船舶及水下潜器水动力特性理论研究及试验测试、流场分析、船舶性能预报、型线优化等工作。

二是航海安全水池实验室。航海安全水池长 225 米，宽 45 米，水深 6 米，配有 X–Y 拖车系统，L 型造波系统、消波系统，四自由度适航仪等试验设备，主要承担水面及水下船舶、海洋工程和过驳平台等项目的各种试验任务，最大试验模型长度可达 8 米。

三是空泡水洞实验室。包含一座新建大型空泡水洞和一座中型空泡水洞（改造搬迁）。拟建大型空泡水洞试验段长 13.5 米、宽 3 米、高 2 米，配有声学测量舱（内置水听器阵列），PIV、LDV 等先进的试验测量仪器，可开展最长 12 米的完整模型试验。大型空泡水洞系统将以面向民船为主，考虑中高速船以及新型、节能型船等船舶试验对象，用于开展螺旋桨、舰船等模型水动力、空泡、水声学等特性试验。

四是模型综合加工车间。模型综合车间长 84 米，宽 48 米，高约 24 米，主要由模型加工区域、模型准备区域及模型储存区域三大部分组成，配备先进的五轴联动数控机床、数控加工中心、智能化数字套裁设备及大型拼板机等先进设备，可进行来料处理、套裁下料、桨模加工与检验、试验准备及模型储存。

五是科研综合楼。科研综合楼由主楼、辅楼及裙楼三部分组成，建筑面积超过 6000 平方米，主楼布置科研办公室、防撞研究中心、CFD（流体力学软件）仿真中心及会议中心等；辅楼布置三维航海模拟器、大型报告厅等设施，裙楼布置资料室、员工中心及食堂等。

六是船模及原材存储仓库以及辅助配套设施。

2012 年下半年，船研所根据集团要求，针对该建设项目推进过程中遇到的困难，请求上海市政府和有关主管部门在落实项目建设用地、人才引进和税收减免等方面给予必要的支持。此外，先后走访了上海市科委等政府职能部门，与上海市长兴岛海洋工程装备开发基地管委会就土地的性质、价格等内容进行了多次咨询和沟通，使得该项目得以有序推进。

2016 年 3 月，船研所取得了项目用地规划许可证和土地证，同时加快了施工前期各项准备工作的进程。按照抓进度、控成本、保质量的原则，船研所先后组织落实了工程勘察、投资与施工监理、桩基施工等招标和合同签订工作，组织完成了《建设工程设计方案》和《总体设计文件》的编制，并通过了政府相关部门的意见征询和审批。与此同时，船研所克服了重大非标设备技术指标难以确定、国外技术输出壁垒、国际贸易规则复杂等诸多困难，启动了造波机、拖车、空泡水洞等大型关键设备的招标工作。当年 11 月 28 日，“航运技术与安全国家重点实验室”易址新建启动大会于上海长兴海洋装备产业园区举行。航运技术与安全科研设施及基地的建设有利于改善和增强我国航运科技领域的科研环境和研发实力，促进航运技术创新体系和成果转化体系的完善。科研基地建设的成功启动也为促进航运业和船舶与海洋工程建造业的科技成果转化及产业化、研究制定行业标准、聚集和培养优秀人才、引领及带动行业技术进步发挥更加积极的贡献。

（四）航运领域的科技创新

上海船研所的研究领域主要涉及船舰自动化、船舶水动力、智能交通、环境工程四个方面，其中创新成果主要集中在航运领域。围绕“航运安全关键技术研究”“航运效率及节能技术研究”和“航运监控与信息集成技术研究”等三个主要研究方向，船研所先后在航运安全研究、绿色航运研究、智慧航运研究等领域取得多项有重要影响的成果，并且在船型开发技术、通航安全技术、桥梁防撞技术、船舶智能化技术、数值水池技术和船舶监控技术等领域取得一批应用型创新成果，为国家重大工程项目、建设项目和行业技术进步做出了贡献（图 3–18）。

图 3–18　上海船研所的航模拖曳水池。

从 2010 年开始建设至 2016 年底，实验室共承担国家科技计划课题 4 个，国家和省部委重大科研项目 34 项，重大工程科研项目 10 项。此外，承担中国海运集团科研计划项目 4 项。重点开展的应用基础研究工作及承接的代表性项目如下：

1. 航运效率及节能技术研究

针对国际社会、国家限制温室气体排放、节能、环保要求和航运企业提高船舶营运效益需求，在船舶综合性能评估体系构建与完善、船型优化技术提升与应用、附体节能装置开发与推广、船舶能效管理与控制等涉及船舶航运节能减排应用基础科研领域加强研究，并实现落地应用，为降低船舶营运油耗、提高经济效益发挥重要作用。

（1）在船型数据库建设开发方面，建立了包含三大主力船型在内的常规船舶船型数据库系统，并在此基础上持续更新和完善，扩充新的船型与开发更为精确的分析预报方法，形成常态，使该系统数据库内船型始终保持指标的先进性，预报精度逐步提高，实用价值进一步突显，可为行业评估船舶指标、分析能耗指标提供技术支撑。

（2）在 CFD 数值分析与应用研究方面，结合商用 CFD 软件应用，以三大主力船型为主要研究目标，重点突破前期设计阶段船舶快速性评估分析所需的高精度、高精细度数值模拟及其验证方法，开发了具有自主知识产权的船舶快速性数值计算软件，实现船模阻力试验、自航试验、螺旋桨敞水试验及微观流场观测的数值模拟功能，形成数值水池船舶快速性数值水池系统，构建船舶水动力性能分析评估虚拟模型试验手段，为船舶快速性性能分析评估、船型优化设计及新船型开发提供先进的技术手段。

（3）在数值水池技术研究方面，通过在 CFD 计算深度和广度等方面进行深入研发，建立了船型全参数化优化设计体系和方法，逐步实现了自动化、多方案的船型高效优化模式。此外，开发和优化出大量性能指标先进的优良船型，达到了船舶能效设计指数（EEDI）第二阶段甚至第三阶段的指标要求，船舶能效水平显著。

（4）在智能船舶能效管理技术研发方面，研发船舶营运监测系统，实现船舶营运监测和数据库管理；通过风浪等海洋环境对船舶性能的影响研究，建立船舶性能指标风浪影响模型和实船航行性能评估标准；开展经济航速、纵倾优化等营运节能技术研究，提供营运船舶节能辅助决策和效果预估模型，实现船舶营运能效的综合评估及指导。通过系列研究及有效整合，开发智能船舶能效管理平台，实现为单船提供包括船舶能耗监测、能效分析和节能建议等管理工具，为航运公司提供船舶状态监控、船队营运管理等服务。

（5）在实船航行性能研究方面，在国内率先开展风浪中船舶型线优化和螺旋桨权衡优化技术研究，建立了波浪增阻预报方法，系统开展波浪增阻测试与分析方法研究；建立了兼顾静水和风浪影响的船型优化理念，波浪中自航模型试验方法、推进因子变化规律研究、波浪中流场数值计算、伴流评估方法和权衡优化设计等研究成果处于国际领先水平，该研究对国内外船舶水动力精准测试技术、船型开发及航运能效提升研究具有重要支撑作用和应用价值，技术成果在行业内广泛推广应用，在我国参与 IMO 谈判中发挥了重要作用。

（6）在船舶营运经济性研究、推进装置及节能附体研究、船舶性能研究软件自主研发等方面，船研所均有诸多科技创新成果。如在船舶营运经济性研究方面，针对国际社会和我国限制温室气体排放、节能、环保要求和航运企业提高船舶营运效益需求，从船舶营运全过程出发，对船舶状态、自然条件、通航法规、船期综合条件与环境进行分析研究，研发船舶节能技术，建立了船舶经济航速决策模型，解决了船舶风浪中失速预报、燃油消耗计算模型、能效指数计算模型全航程优化算法等关键技术问题，设计开发出船舶经济航速辅助决策系统，实船应用效果明显，在行业内得到广泛推广应用，并取得良好的经济效益和社会效益。

2. 航运安全关键技术研究

面向绿色航运、保障航运安全、促进和谐发展的需要，依托国家项目资金支持，开展了包括恶劣海况的航行安全、深水海域桥梁防船撞技术、船体破损生存能力动态分析及控制方法、复杂航道桥隧结构的船撞风险与防撞措施、螺旋桨空泡性能评估、复现海事实景模拟技术等研究工作。

（1）在国家重大工程项目安全保障研究方面，围绕交通行业港口、码头、航道、桥梁重大工程建设和船舶节能减排等项目开展安全和节能研究，对洋山港、洋浦港、海口港、连云港港、港珠澳大桥等进行了船舶通航安全和靠离泊安全、系泊安全研究，同时围绕国家“一带一路”倡议，积极参与国际港口、桥梁建设，开展吉布提多哈雷港、马尔代夫大桥船舶通航安全研究，为优化港口码头设计，保障通航安全发挥作用。

（2）在船舶航行安全研究方面，先后开展了航海模拟仿真研究、航行安全保障与控制技术研究、港口及航道通过能力模拟研究、船舶通航安全评估、海上事故仿真等技术的研发工作，为船舶航行安全、港口码头建设等提供技术支持。

（3）在桥梁防撞技术研究方面，开展了船舶碰撞事故动力仿真分析、桥梁船舶撞击力标准研究、防船舶碰撞装置的研发设计等研究，率先在国内开创了桥梁防船撞技术，完成 50 多座大型桥梁防船撞研究项目及 5 个跨江跨海隧道船舶碰撞落锚拖锚风险评估及防护技术研究项目。

（4）在航运安全管理方面，通过系统计算分析和稳定试验测试技术开发，开发船舶最小安全功率评估软件，建立了船舶最小安全功率评估研究手段；研究开发了复杂工况下船舶操纵性能分析方法，为开发固有安全性能优良的船型提供技术支持。

3.航运监控与信息集成技术研究

（1）智能船舶技术研究。积极落实国家“互联网＋智能制造”战略，依据IMO关于E–航海和MRV规则的有关要求，联合中国船级社、中船708所等单位，开展智能船舶顶层规划及设计技术、智能船舶集成平台网络设计技术、窄带与宽带通信混合条件下的信息处理和传输技术、设备健康管理技术、全船能耗设备监控管理及全船能源利用效率优化技术等船舶智能运营和维护的关键技术，制定智能船舶入级标志和分级标准，设计适应智能需求的航行管理、能耗管理、安全管理、装载管理、设备管理的操作流程，构建基于互联网和大数据的岸端网络平台和船端网络平台，实现船岸信息对接和协同信息应用，为探索工业4.0和智能船舶发展理念的有机融合打下技术基础。

（2）船舶岸电技术研究。为推动船舶关键设备的国产化工作，开展了船舶中压交流岸电系统研制，在船东、船厂、船级社、设计所等相关方共同见证下成功完成船岸供电实验。该项目对减少船舶污染排放有重要作用，可推广到远洋、沿海和内河船舶及海洋工程船舶上。

（3）动力定位控制技术研究。选择动力定位控制系统关键技术开展研究，首次完成国产动力定位控制系统工程应用样机研制，取得了船级社产品认证。

（4）在应用基础研究成果转化方面，以企业工程项目、国家科研项目为依托，不断地将研发的成果应用到项目实际中去，并且在实际应用中总结形成新的技术；完成了众多国家科研项目和企业工程项目，内容包括船模快速性性能的准确模拟，船舶上层建筑风阻模拟，船型、上层建筑及节能装置的优化，浮态节能与球鼻艏改造技术等。

四、中国海运党校组建与干部人才培训

（一）中国海运（集团）党校的组建

中国海运集团成立后的一段时间，集团内干部培训主要由上海海运党校承担。1981年2月20日，经上海海运局党委会议讨论，决定在上海海运党校的基础上，成立上海海运党校。此后，交通部党组于1993年2月6日发文，批准在上海海运党校基础上，建立交通部党校上海分校；于是，上海海运党校遂成为交通部党校第一个挂分校牌子的单位。由此，上海海运党校既是公司内的党校，也是交通部党校上海分校；交通部正式确定部属在沪单位处级干部培训、轮训由上海海运党校承担。中国海运集团成立后，上海海运党校延续了原有干部培训的功能，继续发挥在沪单位干部船员教育培训基地的积极作用，每年对包括中国海运集团在内的交通运输部在沪的处级干部、船舶政委、党支部书记、党员和入党积极分子进行培训。

2011年9月26日，为贯彻落实中央提出的“大规模培训干部、大幅度提高干部素质”战略决策，中国海运集团党组决定，要大力加强集团党校建设。10月，集团组成党校建设项目工作小组，开展党校建设调研，形成了集团党校建设调研报告。11月3日，集团党校

建设项目工作小组提交了《关于加强中国海运集团党校建设方案》。

集团党组于2011年12月30日印发《关于成立中国海运（集团）总公司党校的通知》（中海党发〔2011〕125号），决定成立中国海运（集团）总公司党校，明确中海党校由集团党组直接领导，明确了中海党校的组建目的、主要职责、领导体制。同日，集团党组印发《关于徐文荣等同志任职的通知》，任命徐文荣同志任中国海运党校校长，同时任命了中海党校常务副校长、副校长和校务委员会主任、委员。

自2012年1月1日始，中海党校开始进行基础设施建设、组织机构组建、规章制度构建、人员选聘等工作。经过半年筹备，中共中国海运（集团）公司党校于2012年6月27日在源深路118号正式揭牌。

2013年5月21日，集团印发《关于成立中国海运管理干部学院的通知》（中海人〔2013〕377号），明确中国海运管理干部学院与中海党校实施“两块牌子，一套班子”。同日，集团印发《关于徐文荣等任职的通知》，并任命了中国海运管理干部学院院长、常务副院长、副院长。

2013年5月30日，中国海运管理干部学院在中海党校举行了揭牌仪式（图3–19）。

图3–19　2013年5月30日，中国海运管理干部学院举行揭牌仪式。

（二）明确党校的功能定位和工作方针

2012年4月1日，中海党校印发《关于印发〈中共中国海运（集团）总公司党校章程〉的通知》，明确了中海党校的功能定位、工作方针、机构设置、主要任务、教学管理和学员管理等方面的规定。

章程明确党校在集团党组的直接领导下，以建设与“百年中海、世界一流”战略目标相匹配的具有中国海运特色的干部队伍建设培训基地、一流的企业培训学校为目标，从事企业党员干部、入党积极分子、业务和技术骨干等的教育、培训工作；明确党校是学习、研究、宣传马克思列宁主义、毛泽东思想、邓小平理论、“三个代表”重要思想和全面贯彻落实科学发展观、构建社会主义和谐社会的重要阵地，是增强党性锻炼的熔炉，是对党员、管理干部进行经常性教育，培训入党积极分子的主渠道。党校教育是企业党建和思想政治工作的重要组成部分。

党校的工作方针是：坚决贯彻党中央规定的教育方针，坚持正确的政治方向，以邓小平理论和“三个代表”重要思想为指导，认真贯彻科学发展观和构建和谐社会的理论，贯彻理论联系实际的原则，加强各类教育、培训，努力为集团建设一支党性强、作风正、素质高的党员队伍，建设一支德才兼备的干部队伍，为中国特色社会主义事业培养合格的建设者和可靠接班人。

中海党校主要任务：一是对党员干部、入党积极分子等开展经常性教育和轮训，促进企业党建工作科学化；二是加强对集团各类管理干部、党务工作者进行思想政治、领导能力、管理能力和业务知识的培训；三是组织开展教学研究和专题调研等活动，为企业决策提供智力支持；四是完成集团交给的其他教育、培训任务。

在机构设置上，中海党校设校务委员会（简称“校委会”)。校委会主任、委员由集团党组任命。设校长一名，设常务副校长一名，主持党校日常工作，配备副校长。内设三个职能部门：教务部、教研部、综合管理部，分工负责党校的日常工作。

中海党校的教学内容主要包括五个方面：一是学习马列主义、毛泽东思想、邓小平理论、“三个代表”重要思想和科学发展观理论；二是学习党的基本路线、方针、政策；三是学习党史、党建和党性修养的基本知识；四是学习当代社会科学知识；五是学习其他理论知识和业务知识。

（三）中海党校的培训体系

中海党校实行集团党组抓总规划、党校实施、专业公司参与的三位一体的培训工作机制。中海党校培训项目体系设置，坚持“战略引领，需求导向”“覆盖全员，突出重点”“系统设计，分级分类”原则，根据人才队伍结构、员工职业发展规划，建立分对象类别的培训项目架构和模型，采取高管人员年训、后备干部集训和系统直训、行业专训等不同形式，构建不同类别、不同层级的培训项目综合体系，使教育培训覆盖各层级员工。

2012 年以来，中海党校按照集团关于干部培训的总体部署和要求，加强干部培训体系的建设规划，立足企业的战略发展要求和经营管理实际，初步形成以组织架构、项目体系、课程体系、师资体系、培训方式、实施流程、效果评估、E-learning 共 8 个要素组成的干部培训体系。

（1）构建集团干部教育培训组织体系。中海党校强调整合资源，协同发展，利用改革之机，充实党校资源，同时通过集团整合资源，发挥系统内其他培训资源与集团党校的协同效应，形成分层分级管理的干部教育培训组织体系。

（2）立足“三个基于”的培训项目体系。中海党校按照“基于领导干部思想政治水平提升”“基于各职级岗位能力提升”“基于各专业业务能力提升”的工作原则，筹划组织符合集团战略、人才成长规律、业务发展需要的培训项目体系。

培训项目主要包括：

①干部进修：各级党员领导干部培训；

②专题培训：专业岗位业务能力培训；

③委托培训：按各单位需要组织培训；

④在线培训：学习管理系统在线学习培训。

（3）构建内外部资源合理配置的师资体系。中海党校坚持扩大师资来源口径，注重发掘集团内部教师，增加内部师资比例，努力构建一支结构合理、素质优良的集团内外部师资队伍。在培训工作中，党校坚持外部师资为主、内部师资为辅的原则。外部师资主要包括：各类党校、科研院校、培训机构的专家、学者。内部师资主要包括：集团领导、各部门和各单位负责人、技术骨干等。

（4）构建集团案例为重要内容的课程体系。中海党校将各单位优秀管理实践资源作为企业培训的重要资源，推进资源共享，提高培训针对性和有效性。

中海党校自成立以来，积极积累培训课程资源，加大与各院校、研究机构、专业培训机构等的合作，因地制宜安排课程设置，组织师资资源，抓好自有课程开发，初步构建了党校培训课程体系。课程体系主要分为三大模块：政治素质、管理素质和职业素质，在每个素质模块下划分若干个知识和能力模块。

党校围绕集团战略设置了航运形势分析、集团战略转型、营销管理、金融产业、科技创新、管理提升和风险管控等课程；围绕精细化管理设置了基层管理的系列课程，卓越运营管理系列培训课程；突出“党校姓党”，围绕着提高干部的政治理论素养，设置了党史党性教育的系列课程、中国特色社会主义理论教育、支部书记系列课程、纪检监察审计的系列课程。对于三天以上课程，则设置一个单元的廉政教育；长班课程中确保一定比例的党性教育和党的理论课时；对于三个月的培训班，则成立临时党支部，开展一次以上的组织生活会。

根据培训需求方的不同要求，中海党校将各班次分为：主体班、专题班、委托班。

主体班为由集团人力资源本部 / 组织部、党组工作部等职能部门抓总，在集团层面举办的围绕集团战略发展开展的人才队伍建设和党的政治理论专题培训重点班次。自 2012 年以来主体班主要有：中青年干部培训班、中央党校国资委分校中海党校处级干部进修班、十八大及十九大精神专题培训班、党的群众路线专题培训班、学习习近平系列重要讲话精神专题培训班、国际化人才班、党务干部“两学一做”专题培训班、集团高级管理人员培训班等。

专题班为集团各职能部门根据自身工作需要和队伍建设需要，围绕业务人员的素质和能力提升举办的班次。自 2012 年以来专题班主要有：基层党务干部培训班、工会干部培训班、营销班、法务风控人员专题培训班、财务人员培训班等。

委托班为集团所属的二级公司根据发展需要委托中海党校举办的各类培训班（表 3–24）。

（四）培训的运营与效果

中海党校自成立以来，坚持“党校姓党”根本原则，坚持“着重干部培训，助力集团团队建设；强化文化传播，助推集团战略发展；做好知识积淀，助升集团核心能力”的功能定位，聚焦干部培训的中心工作，致力于“服务于集团战略发展需要、服务于各专业公司竞争力提升、服务于党员干部能力素质提高”，广泛开展党员、领导干部、专业人才等培训业务，助力集团发展。

面授培训班类型表 表 3–24

类　别	主要班次
主体班（50%）	中央党校国资委党校分校班（90 天）、集团管理干部轮训班（60 天）、优秀中青年干部班（15 天）、国际化人才班（90 天）等
专题班（30%）	各类专职人员培训班、团队绩效管理班、高效办公室班、营销管理班、财务知识培训班、人力资源管理培训班等
委托班（20%）	集团各直属单位司管干部培训班、中青年干部培训班、专业干部培训班、党务干部培训班等

1. 加大培训力度，服务集团发展

党校围绕集团转型发展，以集团干部人才发展纲要为指引，在完善培训体系上花力气。一是加强培训组织，强化培训工作顶层设计，开展集团管理干部轮训工作；二是狠抓重点班次，强化骨干培训，打造了一批如中央党校分校班、国际化人才班、营销实务班、基层党支部书记班等较强影响力的培训品牌；三是拓展培训范围，开发在线培训，全年组织在线培训班 20 期；四是突出党校职能，优化培训内容，将党性修养和专业能力作为培训重点内容，完成主体班次的主要培训模块设计，汇集了分类别、分层次相对固定的培训课程内容，涵盖政治理论、党风党纪、专业能力、综合素质等课程。

2012 年，党校 / 管理干部学院完成培训班 28 班次、培训 1132 人次 5338 人天；2013 年，党校 / 管理干部学院完成培训班 55 班次、培训 2466 人次 9290 人天；2014 年党校 / 管理干部学院完成培训班 61 班次、培训 2620 人次 11112 人天。

2015 年，党校 / 管理干部学院完成培训班 75 期培训 3958 人次 15455 人天，其中面授培训 55 期 2220 人次、在线培训 20 期 1738 人次，培训满意率为 99.2%。此外，全年还辅助集团职能部门、各单位组织会议及培训 33 期 2450 人次。

2. 规范培训管理，强化培训效果

一是强化培训设计与预算管理，做好培训调研工作。在预算管理方面，各单位教育经费按比例交由集团统筹使用，党校主体班次办班费用由集团统筹拨付。党校负责做好每个班次的成本费用预算，报集团审批同意后执行，培训班结束后，以实际开支申请集团拨付费用。

二是规范培训管理，执行教学质量管理体系，项目组织流程化，保障管理有效。在质量管理上，党校建立了教学质量管理体系，设立了 12 个要素对管理质量进行控制，设立了质量手册、程序文件和支持性管理文件三个层级的文件体系，针对教学全过程进行流程设计，规范要求。培训班实行项目管理责任制，设项目负责人（班主任）和联络员、后勤保障员、设备技术员，一主多辅。由班主任负责培训项目管理，执行教务管理、班主任操作手册、评教管理、学员管理等制度，保障教学安排有序、高效。

三是抓好培训评估，抓好培训质量调查与分析，提升培训绩效。在评估方法上，党校培训评估主要包括党校培训执行评估和培训效果评估。从党校工作执行角度出发，主要采取月度培训质量评估会、季度培训活动分析会的形式进行，总结和分析培训办班工作质量，提出改进措施；从学员培训效果角度出发，主要采取一级评估、二级评估，了解掌握学员培训的收获和效果。

四是改进培训方法，综合运用课堂讲授、结构化研讨、案例教学、现场教学、互动交流等多种形式，提高培训的有效性。

3. 加强资源和能力建设，做好培训保障

一是加强师资建设，注重开发内部师资，建立了一支由集团内外部学者、专家组成的多层次、多专业师资队伍。截至 2015 年年底，到党校 / 管理干部学院授课的师资近 300 余人，其中集团内部教师 50 余人。二是升级在线系统，丰富课程资源，组织开发学习管理系统二期项目，采购完成中欧、哈佛、时代光华等线上培训课件 500 余门；三是优化管理流程，推进 OA 应用，提高工作效率和质量；四是开展教学研究，提升创新能力，开展培训体系建设课题研究，编辑出版《中海党校研究》内部刊物，编辑出版了中央党校分校班学员毕业论文集。五是做好后勤保障。党校统筹学员食、住、行等安排，配备保障服务人员，执行安全管理、办班后勤服务细则、成本费用管理等制度，满足培训学员需要。

2012—2015 年，中海党校累计举办 219 个培训班，共培训 10176 人次、41195 人天，其中面授培训班 199 个培训 8424 人次，在线培训班 20 个培训 1738 人次（表 3–25）。

中海党校培训班统计表（年度）　　表 3–25

年份（年）	主体班	专题班	委托班	在线班	合　计
2012	9 班次 398 人次 1854 人天	14 班次 577 人次 2930 人天	5 班次 157 人次 554 人天	0	28 班次 1132 人次 5338 人天
2013	14 班次 753 人次 1580 人天	15 班次 552 人次 3115 人天	26 班次 1161 人次 4595 人天	0	55 班次 2466 人次 9290 人天
2014	9 班次 381 人次 5007 人天	20 班次 926 人次 1622 人天	32 班次 1313 人次 4483 人天	—	61 班次 2620 人次 11112 人天
2015	3 班次 128 人次 9598 人天	34 班次 1416 人次 4651 人天	18 班次 676 人次 1206 人天	20 班次 1738 人次	75 班次 3958 人次 15455 人天

五、船员教育培训

多年来，集团按照建设学习型企业的要求，始终重视对船员的培训，在提升船员素质的同时，努力营造事业留人、感情留人、适当的待遇留人的氛围，并投入大量的人力物力，将教育培训这一系统化智力投资作为船员职业发展的重要手段。

（一）船员学历教育的演变

船员学历教育主要集中于上海海事职业技术学院和广州海运技校两所学校。

1. 上海海运职业技术学院

1958 年 11 月，在国民经济快速发展的形势下，上海市委为加快航运人才的培养，决定将上海市东昌中学划归交通部上海海运局，筹办上海海运学院中专部。次年 2 月，上海海运学院中专部宣布正式成立。1961 年，根据交通部决定，“上海海运学院中专部”正式更名为“上海海运学校”，隶属交通部，同年 9 月学校被确定为交通部重点中等专业学校。

1978 年，交通部委托上海海运局主管上海海运学校，并确立了上海海运学校与上海海运局工人大学两块牌子、一套班子的管理体制，形成了中专学历教育和成人高等学历教育并行的教育格局。

1984 年，为进一步扩大办学规模，经交通部批准，对上海海运学校实施扩建，至此学校占地总面积达 73 亩，总建筑面积达 35000 平方米，学校的教学条件、学生住宿条件及教职工的办公条件都有明显改善。这一时期建成的实验实习室包括：驾驶专业的导航、电航、天象、气象、海图、VHF、船艺、水手工艺等；轮机专业的动力、机舱自动化、热工、柴油机拆装等；电讯专业的接收机、发讯机检修、计算机等；船电专业的电工、电站、拖动、电子等；基础学科的物理、化学、电教、语言等 20 多个。此外，还建成拥有 20 台车床、40 台钳床等设备的金工实习工厂。这些实验实习室的建成，使学校教学设施设备建设上了一个新的台阶，在同类学校中达到领先地位。

20 世纪 80 年代中期到 90 年代中期的十年中，该校共培养高职毕业生 600 多人，中专毕业生 1530 人。同时，学校还为企业举办在职船员各类考证培训班、继续教育班与岗位培训班等，每年有 1000 人次左右的高级船员和其他人员参加培训。

1996 年，上海海运（集团）公司对教育资源进行重组，将公司举办的上海海运职工大学、上海海运学校、上海海运技工学校合并，同年 8 月，组建“上海海运（集团）公司教育培训中心”，对内实行“三校一中心”四块牌子、一套班子、一本账，对外继续延用三所学校校名，保持高职、中专和技工三个层次的学历教育功能，并承担集团内船员培训和干部业务培训任务。

1997 年 7 月，中国海运（集团）总公司在沪成立。组建后的新集团对资产实行重组，将学校划归集团所属二级地方公司——上海海运（集团）公司管理。1999 年，公司将上海海运（集团）公司党校并入学校，实行五块牌子、一套班子、一本账。

自 1996 年，随着国际海事组织（IMO）《经 1995 年缔约国大会通过修订的〈1978 年海员培训、发证和值班标准国际公约〉》（简称《STCW78/95 公约》或《公约》）的颁布，我国作为 IMO 的 A 类理事国，交通部开始全面履行《STCW78/95 公约》，颁布了一系列履约文件，预示着我国航海教育面临重大改革。1997 年，学校根据交通部和主管企业的要求，积极参与履约工作，参加交通部科教司组织的相关课题研究和交通部海事局组织的部分履约文件的起草工作。为适应《STCW78/95 公约》和我国颁布的履约文件要求，学校对航海教育的格局进行重新调整，停办船舶电工和船舶无线通信两个专业，实行驾通合一、机电合一；全面修订航海类专业教学计划和课程大纲，打破原有课程体系，按《公约》规定的三个级别七个功能块要求，重新进行课程组合；课程内容按《公约》要求重新设置，使之符合国际标准，与国际接轨，并在国内同类航海院校中率先实施。

根据主管企业履约的需求，学校提出“企业的需求就是我们的任务”，为满足企业在职船员“履约换证”的需要，学校在上级主管企业和上海海事局的指导下，开发了符合《STCW78/95公约》和我国履约文件要求的船员适任培训、专业培训和特殊培训三大类培训项目，接受国家海事局验收。1998年11月24日，国家海事局发文公布，学校取得22个船员培训项目的培训许可证，成为国内航海院校中船员培训项目最多、培训种类最全、培训规模最大的院校之一。1998—2001年，完成履约培训40000多人次，为中国船员在履约培训最后期限到来之前如期换证，确保中国船舶的正常航行不受履约影响，做出了最大努力，为我国政府全面履行《STCW78/95公约》做出了贡献。

1997年底，国家海事局为进一步推进全面履行《STCW78/95公约》，颁布《中华人民共和国船员教育和培训质量管理规则》，并要求国内船员教育和培训机构应按规则要求建立船员教育和培训质量管理体系。同年7月，国家海事局组织专家组一行9人对学校质量体系进行初次审核，国家审核组经过为期5天的文件审核和现场审核，对学校质量体系及运行情况予以高度肯定，审核顺利通过。1998年9月2日，学校正式成为我国首批通过质量体系认证，并由我国政府向国际海事组织申报，取得履约资质的国内6所航海院校之一。

进入20世纪90年代后期，学校教育教学层次不断提高。1996年，经交通部教育司推荐，上海海运职工大学成为“全国成人高校示范性学校”；1997年，通过交通部成人高校办学水平评估；1998年7月，“中海劳务外派上海培训基地”挂牌；1999年12月，上海海运学校通过教育部“国家级重点中专”评估。这一时期，学校硬件建设进入快车道。在上海市教委、市财政局和主管企业的支持下，一大批实验、实训室相继建成。至2000年，完成建设大型船员操纵模拟器、大型轮机仿真模拟器、GMDSS实训室、散装液化气（LPG）船模拟训练系统、中挪高级焊接技术培训基地和杨林高级消防训练中心等一批具有国内先进水平的教学培训设施设备，使学校的设施设备建设不断满足日益增长的教学培训需要。这一时期，学校办学得到各方充分肯定。1999年，海洋船舶驾驶专业和轮机管理专业被上海市教委确定为上海市成人高校高等职业技术教育特色专业；2000年，轮机管理专业被教育部确定为国家级高职高专教育教学改革试点专业。

2000年12月，上海海运职工大学接受上海市教委评审，经专家投票表决，学校转型获得通过。2001年4月29日，上海市人民政府正式发文，决定将“上海海运职工大学”更名为“上海海事职业技术学院”，并转型为全日制普通高校。同时，经上海市教委同意，保留上海海事职业技术学院成人高等学历教育功能，保留上海海运学校独立建制；撤销上海海运技工学校建制。学校实行“两块牌子，一套班子”。

上海市教委于2003年4月正式发文，确定上海海事职业学院为上海市高职高专示范性院校建设单位。同年，上海海事职业技术学院航海技术和国际航运业务管理专业被确定为上海市高职高专教育教学改革试点专业。

2004年12月，中国海运将船员管理、船舶管理、劳务外派和教育培训资源进行整合，组建中海国际船舶管理有限公司。该学院划归中海国际上海分公司管理，教育培训成了中海国际的主要业务板块。

2. 广州海运技术学校

1987 年 3 月，广州海运局开办广州海运技工学校，作为海上运输船舶技术工人培训基地，以适应“先培训，后上岗”的要求。这对以后解决公司新船员先培训、后上岗，开展技术业务培训问题，对从根本上提高普通船员政治、文化、技术、业务素质，将起到重要作用。该校招收初中毕业生，学制三年。同年 9 月 1 日，船舶水手、船舶机工两专业共招生 160 人。1988 年，增设了船舶电工专业。1989 年 9 月，该校归武汉水运工程学院领导，并增设海洋船舶驾驶、轮机管理大专班。至 1990 年底，该校有教职工 123 人，其中高级讲师 3 人、讲师 11 名、助讲 11 名、教员 14；另外还聘请了 4 位校外兼职教师。在校生达 460 人。拥有专用教室 8 个、电化教室 1 个、实验室 8 个。1990 年，首届毕业生 153 人走上了工作岗位。1990 年底，有教师 143 人，其中教授 1 人、副教授 17 人、讲师 46 人、助教 61 人、教员及未定职称等 18 人；另聘教授、副教授等兼职教师 20 人。自建校至 1990 年底，毕业生总数 3771 人，其中中专生 1999 人、技工生 1692 人、“七二一”工人大学生 80 人。

1996 年，广州海运技校在加强企业内部教育培训的同时，积极面向社会开展教育培训。技校通过了校园管理评估，向省重点技校、交通部规范化技校迈进，企业教育培训条件得到优化。为走向市场，减轻企业负担奠定了良好基础。1997 年，海运技校通过了省劳动厅重点技校的评估验收，培训中心油轮、货轮装卸操纵模拟器通过内部验收，为建成油轮特殊培训基地迈出了一大步；同时也为适应《STCW78、95 公约》进行了师资等准备。1997 年 7 月 10 日，广州海运技校经广东省劳动厅批准，成立航海专业技能鉴定站，承担省内“船舶水手、船舶机工、船舶电气”三个专业技能鉴定工作。1998 年 12 月，广州海运技校被批准为交通部重点技校。

2004 年，随着中海国际有限公司成立，广州海运技术学校与上海海运职业技术学院一并划归中海国际管理。

（二）船员教育资源整合与协调

中国海运组建中海国际时，将上海、广州、大连三地的教育培训资源整合，分别成立三地教育培训中心（简称“教培中心”），并全部划入中海国际，形成了船员人才资源与教育培训资源的无缝衔接，从体制上真正做到了“校企一体化”，从而使得从事人才教育培养的“供给方”“教培方”与船员人才的“需求方”“使用方”融为一体，消除了院校与企业的“两张皮”现象，使船员人才的教育培训工作驶上了“快车道”，船员的学习培训坐上了“直通车”。

在加强船员教培工作中，集团坚持“各司其职，各负其责”的教培原则。集团人事部和相关职能部门对船员培训工作进行宏观管理和协调，各船公司、中海国际和培训机构相互支持、相互配合、积极沟通，共同做好船员培训工作。根据航海实践性的特点，建立了能力衡量体系，以检验船员素质，并以此作为培训的要求和检验培训质量的标准；根据不同岗位能力要求实施分类培训，从而大幅度提高船员的基本技能、专业技能、管理技能和文化素养。

2009 年，为进一步加大对教培单位的投入，集团配套建立了每年 1000 万元（连续三年）的基本教育专项经费投入机制。围绕集团人才队伍建设，重点加强水上专业建设、师资队伍建设和学生半军事化管理，以整体规划、重点突出、分步实施和使用高效为工作要求，通过逐年投资，使教培单位的办学能力和水平得到质的提高，航海职业教育的实训特色尤为显著，形成了标志性的教育品牌。通过专项经费的投入，加快了师资队伍建设步伐，保证了课题科研经费，加强了学生的半军事化管理，也使教培单位的实训设施得到进一步完善。

在加强船员教育资源整合与协调的同时，中国海运集团还积极构建船员职业培训体系。职业培训体系是指企业在对自身的组织文化、发展战略和目标以及员工的核心能力分析的基础上，为提高企业管理绩效和提高员工职业发展能力而制定的员工培训管理体系。体系包括制度化的培训管理、全员化的培训目标、系统化的培训机制、标准化的培训内容、精细化的培训实施、差异化的培训层次、专业化的培训机构、信息化的培训文档 8 个方面，具有全面性、科学性、系统性和强制性的特点。

按照船员岗位职责配置标准化课程并建立企业课程体系，是船员职业培训体系的重点。公司根据船员各职岗位的职责，分析其工作特性，归纳出重点和难点，从而设计出相应的培训课程，使船员从实习生开始一直到成为一名船长、轮机长，都经过一个系统、全面和规范的培训过程，内容涵盖职业道德、专业知识、业务技能及企业文化四个方面。通过在校、在船及在线三种培训形式，使船员的综合素质得以全面提升。同时，这些培训课程经过引进消化、创新和不断提炼，成为标准化的培训内容，并提炼升华成为宝贵的企业文化。

（三）建立首席培训官制度和院校管委会

为有效利用集团所属的上海、广州、大连三地的教育资源，加大船员的素质培养力度，集团于 2007 年 12 月建立了中国海运集团船员首席培训官联席会议制度，聘请中海国际常务副总经理沈杰任首席培训官，主要负责培训方案的设计、培训组织运营、联合各单位培训负责人建立完善培训价值体系和提供培训项目支持，结合培训标准化要求，给予督导、监督。同时，还在中海国际设立首席培训官办公室，设立了由集团相关部室、船公司、中海国际和教培单位组成的中国海员首席培训官联席会议，集团培训资源得到整合，船员职业培训体系建设稳步推进。

2008 年集团成立了院校管理委员会，同时加大资金投入，积极完善集团教育培训基础设施建设。自此，集团的中海船员首席培训官制度和集团校委会两个平台的作用得到充分发挥。2009 年，集团船员培养工作迈上新水平。完成了《“三江两区”培训教程》《船舶安全员培训教程》《船舶修理实用教程》等重大课题项目，全年培养干部船员 1674 人、“小三长”136 人，招募水上专业毕业生 1358 人，招募社会干部船员 911 人（其中中海海员 639 人）；共 22383 人次参加各类船员培训，634 名船员参加国家适任证书考试，465 名获得了三副、三管轮以上证书。由于加强了大型船技术干部培养，共培养大型船船长 24 名、政委 18 名、轮机长 19 名、大副 36 名。

集团首席培训官体系和集团校委会的建立，也为进一步提升集团教育培训质量和教学水平拓展了广阔的空间。上海海事职业技术学院经过全院教师员工的努力，质量工程和教科研工作取得新的进展：获得国家级精品课程 1 门，上海市精品课程 3 门，上海市教学团队 1 个；列入“十一五”高职高专国家规划教材 2 本，出版国家“十一五”规划教材 1 本，交通部“十一五”规划教材 1 本，航海非规划教材 2 本，获上海市高校优秀教材奖二等奖 1 本；在“全国优秀职教论文”“交通教育科学优秀论文”等评比中共获得一、二、三等奖 14 篇；《高职航海技术人才培养规范与评估标准研究》课题成果获得首届全国交通职业教育课题优秀成果一等奖和上海市教学优秀成果一等奖；两名青年教师入选上海市“晨光计划”项目；上海海事职业技术学院集体荣获上海市创建“健康校园”奖、上海市职业教育先进单位，连续十年获“上海市文明单位”称号。上海海事职业技术学院的综合竞争力和社会声誉得到了明显的提高。

广州教培中心始终坚持水上专业办学特色，视培训质量为生命，加强师资队伍建设，努力建设一支高素质的教师队伍；该教培中心积极引进航海专业课程老师，高薪返聘退休的优秀教师和学科带头人，进一步充实航海专业课程教师力量。建立聘任客座教授制度，聘请了 10 多名中海广州地区船公司的优秀船长、轮机长和航海业务经验丰富的部门主管领导等为客座教授。大力组织教师参加航海业务资质教学培训班的学习，鼓励老师积极参加各种航海业务知识的学习、进修、研讨及跟船实习、参观。通过学习培训，较好地提高了教师的综合教学素质。在良好教学管理机制的激励下，有多名教师进一步提升了自己的学历教育，多名英语专业教师考取了船舶专业证书，涌现出一批优秀教师，更有教师荣获国家技能人才培育突出贡献奖，赢得船员的广泛赞誉。

（四）加强船员在线培训

从 2008 年 4 月起，“中国海运船员培训在线”远程教育系统正式运行。到 2010 年，网络课程已达到 332 门。2010 年，集团工会举办了“中海杯”船员远程教育知识竞赛，形成了学习培训的热潮。仅当年计，就共为 27721 名集团船员注册了学员账号，网站累计访问量为 289311 人次；有 14416 名船员开始了课程学习，其中的 7782 人开始了课程考试；集团各船公司的 337 艘船舶实施了在船学习。

船员在线培训主要分为三个部分：一是船员培训管理信息系统，二是中国海运船员培训在线远程教育系统，三是中国海运船员适岗能力考试系统。三个系统构成了集团的培训信息化体系，实现了船员培训数据的无纸化迁移，保证了数据的统一性和准确性；覆盖了船员培训的整个流程，保证了信息的唯一性和适用性，提高了管理效率，为 ISO10015 质量培训体系的有效运行提供了可靠的保障。

考虑到海员长期在船上工作，不能连续、便捷地参与培训与学习，集团每年便有针对性地制定覆盖全体船员的船员培训计划，建立由培训在线网、个人学习系统及适岗能力考试系统等 7 个单元组成的标准化船员远程教育系统，为船员职业培训提供数字化的服务和管理平台，满足船员在线、离线、在船和回家学习的各种需求。同时，每三年定期开展集团层面大规模的船员需求分析，确定培训课程，并根据船员职务的岗位职责、任职要求和岗位胜任模式建立固定课程体系，开发一批行业类独创教材，丰富培训内容。

（五）高度关注船员成长与发展

加强船员职业生涯设计，建立具有中海特色的船员职业培训体系，是提高船员综合素质的客观要求，是规范船员管理水平的有效载体，是构建一流船员团队的重要举措。

集团十分关注船员的成长与发展，从船员进入公司起，就帮助他们制定职业生涯规划，通过设定培养目标，明确责任人，形成完整的个人能力提升体系。集团将国内最先进的船员管理信息系统（SSM）与职业生涯规划结合起来，确保公平、公正调配船员；根据培养目标对船员进行素质评估并定级，将等级与船员的任职、激励等挂钩。其中，对普通船员采取技能等级管理，对驾驶员、轮机员和电机员采取晋级管理，对船长、政委和轮机长采取星级管理。此外，集团还通过为船员提供由普通船员晋升为船舶“三长”（即船长、政委和轮机长）的发展通道，阳光选拔船舶“三长”调岸任职等措施，延伸船员发展空间，激发船员的工作热情。

集团内外贸兼营运营模式的变化以及船舶数量和吨位增加，给船员职业生涯的发展提供了实践机会。中海货运积极鼓励船员参加学历教育，并提供一定的经费支持。2009—2011 年，累计投入学历（学位）教育经费约 50 万元，共有 8 人取得硕士研究生学位，4 人取得本科学历，1 人取得大专学历。

（六）“十二五”时期船员教育培训的转型

“十二五”时期，随着中国海运集团的企业转型与深化改革不断推进，船员教育培训的重心也发生了转变，即淡化并逐步退出船员学历教育，强化在职船员的教育培训。从 2012 年下半年起，中海国际针对上海、广州教培中心以学历教育社会化服务为主带来的业务亏损等突出问题，开始进行教育培训重心的调整，成立了集团船员素质培训部，建立了船员培训师队伍，从组织机构和人员配置上保障集团船员素质提高培训工作。广州教培中心从 2012 年开始减少学历教育，将教室、宿舍等资源转为船员培训服务，并与广州分公司一起召开集团广州地区公休“三长”座谈会，共同研究船员培训工作。上海教培中心在领导班子调整后，积极与船员分公司、集团船公司建立船员培训联席会议制度，组织召开集团上海地区船员培训工作联席会议，并调整减少 2013 年学历教育招生计划。上海教培中心 2013 年学历生招生数比 2012 年减少 350 人，广州教培中心在校学历生比上年净减少 318 人，2016 年下半年起上海、广州教培中心本部不再有学历生，而把更多的精力用于集团员工培训，特别是集团船员培训，并从体制机制上对做好船员培训工作进行研究和探索。

在强化船员教育培训过程中，集团强调要以培养培训一支可靠的、高素质的船员队伍为目的，把工作重点调整到集团船员培训上来，更好地服务船员。上海、广州、大连教育培训中心是集团员工培训的战略资源与主阵地，担负着集团员工培训的重要历史责任，为此，中海国际坚持将三地教培中心建设成为中国海运员工的教育培训基地，船员培训基地，员工创新活动基地，员工事业发展的加油站，成为行业领先、国内知名的企业培训中心，为集团建设“百年中海、世界一流”提供人才保障。

三地教培中心按照“立足集团、拓展培训，立足船员、全员培训，立足质量、规范培训”的“三个立足”工作要求，全面推进转型发展。一是立足集团、拓展培训。以集团员工培训服务为宗旨，为集团“百年中海、世界一流”建设服务；同时，作为企业培训中心，要解放思想，面向市场，按市场的效率效益机制运作，拓展有效益的培训项目。二是立足船员、全员培训。船员培训是教培中心核心培训业务，是特色优势，要牢牢坚持，不动摇；为各层次船员提供满足岗位需求、适应自身发展的培训，促进船员队伍素质全面提升；同时，依托集团员工培训战略，积极开拓陆岸员工培训，构建思想、智力、技能、素质培训体系，开发多层次、全方位的陆岸培训项目及课程。三是立足质量、规范培训。遵循“培训成效看质量，培训成败循规范”的质量规律，明确责任，完善制度，加强培训管理，规范计划制订、资源配置、考核评估、日常管理等各个环节，全面提升培训质量；规范化、正规化、制度化地开展培训工作，让集团满意、公司满意、培训学员满意。

中海国际在推进教培中心转型的同时，还加强培训设施设备调整；统筹整合物业资源，为船员提供“一站式”服务，把教培中心退出学历教育后腾出的教室、宿舍进行改建，所属船员公司、船管部和教培中心集中办公，集中船员住宿和集中船员培训，为船员提供“一站式”服务。广州教培中心把学生宿舍改建成船员招待所。上海教培中心把2号学生宿舍楼改建成集团党校培训学员招待所，将教室、会议室改建成轮机模拟器和液化实训室。上海教培中心还首次规范组织了水手/机工技师职业技能鉴定培训，32名中普级船员通过岗位考试和技能考核，成为集团首批海船船员技师。

改革后，中海国际各教培中心聚焦船员培训，船员培训人数和培训收入大幅增加，仅2013年，公司三地培训中心累计完成各类培训55804人次，与2012年增加31749人次。而此前的2006—2012年，三地船员培训累计为18.15万人次，平均每年为25931人次。2015年底，上海、广州教培中心由社会化服务为主正式转型为集团船员培训基地（表3–26）。

上海、广州教培中心改革前后情况对比表 表3–26

项　目	改革前（2012年）	改革后（2015年）
集团船员素质提高培训	1654人次	8526人次
学历生人数	5225人	1061人
教职工人数	453人	280人
经营效益	补贴费用加亏损 每年近2000万元	不再补贴并 实现盈利600万元
教培资源	学生宿舍教室等教培资源主要为社会化服务	建成集团船员培训、住宿、办事三位一体的“一站式”服务中心和船员培训基地

第十节　转型发展中的企业党建

一、积极开展"创先争优"活动

"创先争优"活动，即在党的基层组织和党员中深入开展创建先进基层党组织、争当优秀共产党员活动。这是在基层党组织中广泛开展并富有成效的一种活动形式。

2010年5月13日，中共中央办公厅转发《中央组织部、中央宣传部关于在党的基层组织和党员中深入开展创先争优活动的意见》（以下简称《意见》）。《意见》明确提出，深入开展创先争优活动，要认真贯彻落实党的十七大和十七届三中、四中全会精神，以邓小平理论和"三个代表"重要思想为指导，以深入学习实践科学发展观为主题，坚持从本地区本部门本单位实际出发，改革创新，务求实效，统筹推进党的建设其他经常性工作，充分发挥基层党组织的战斗堡垒作用和共产党员的先锋模范作用，在推动科学发展、促进社会和谐、服务人民群众、加强基层组织的实践中建功立业，努力实现组织创先进、党员争优秀、群众得实惠的工作目标。

《意见》明确提出，贯彻落实这一总体要求，关键是把握好"推动科学发展、促进社会和谐、服务人民群众、加强基层组织"的活动目标和内容。一是推动科学发展。就是要求基层党组织认真落实本地本单位科学发展规划、思路和举措，党员以模范行动带动群众努力完成各项工作任务。二是促进社会和谐。就是要求基层党组织和党员有针对性地做好群众工作，自觉维护社会稳定大局。三是服务人民群众。就是要求基层党组织和党员充分尊重和依靠群众，帮助群众解决生产生活中遇到的实际困难。四是加强基层组织建设。就是要进一步扩大党的组织和党的工作覆盖面，使基层党组织和党员更好发挥先进模范作用。

此次"创先争优"活动的主要形式，是创建先进基层党组织、争做优秀共产党员。《意见》明确提出，创建先进基层党组织要努力做到"五个好"，即领导班子好、党员队伍好、工作机制好、工作业绩好、群众反映好；争做优秀共产党员要努力做到"五带头"，即带头学习提高、带头争创佳绩、带头服务群众、带头遵纪守法、带头弘扬正气。

在"创先争优"活动中，中国海运集团党组紧密结合企业实际，提出阶段性工作重点，确定了"深化结构调整、促进五个转型、推动企业科学发展上水平"的活动主题，形成了"一二三四五"的工作思路：围绕一个中心——促进集团的科学发展，着力提升服务客户、社会、职工的能力；体现两个突出——突出航运企业陆岸企业各自的工作特色；抓好三个层次——机关"三亮"（亮身份、亮标准、亮承诺），服务基层；做到"三心（用心、关心、爱心）"，服务职工；企业"两找三比"（找工作能力差距、找服务缺陷，比技能、比作风、比业绩），服务客户；实现四个目标——推动中心工作与实现科学发展，加强队伍建设与提高服务能力，改进服务作风与提升品牌形象，服务职工群众与构建和谐企业；聚焦五个重点——聚焦细分市场，提升综合竞争力；聚焦总部机关建设，发挥示范引领作用；聚焦海外党建，推动海外企业发展；聚焦服务职工群众，密切党群干群关系；聚焦建立健全联系点制度，扎实推进基层工作。

中央确定 2012 年为基层组织建设年，这是深化“创先争优”活动的重要举措，是加强基层党组织建设的重要机遇。

为此，集团对开展基层组织建设年的工作进行了全面部署。在总结“为民服务创先争优”活动的基础上，把基层组织建设年活动与开展党建课题研究等实际工作紧密结合起来，坚持“五个突出”：一是突出围绕中心、服务大局，拓市场、强管理、降风险、抓服务、建和谐、创先进，为完成全年任务而努力；二是突出分层分类指导，切实提高基层党组织规范化、制度化水平；三是突出队伍建设，切实提升党务工作者和党员队伍的素质；四是突出支部建设，切实提升基层支部的战斗力；五是突出责任，强化落实，确保活动成效。各单位根据“抓落实、全覆盖、求实效、受欢迎”的总体要求，制定实施本单位的基层组织建设年活动方案。本着“突出重点，突出海味”的原则，分阶段、分重点抓好基层组织年活动的落实，切实抓出成效。集团党组分别就船舶单位基层党建工作（包括政委队伍建设）、陆岸单位基层党建进行交流研讨，分层分类推进，进一步巩固创先争优活动成果，提升基层党组织的创造力、凝聚力、战斗力。

活动中，集团先后制定印发《中国海运关于进一步加强和改进基层党组织建设的指导意见》《创先争优先锋谱》等文件材料，把创先争优与企业“诚信四海、追求卓越”的价值观有机融合，形成浓厚的创先争优氛围，引导广大干部职工立足岗位创先进、争优秀。集团“创先争优”活动得到良好成效，得到中央企业创先争优检查组高度评价和广大职工群众的充分认可。

二、深入开展群众路线教育实践活动

根据中央统一部署和中央第 41 督导组的安排，自 2013 年 7 月 2 日起，中国海运在集团领导班子、领导干部、总部机关以及部分基层单位开展了以为民务实清廉为主要内容的党的群众路线教育实践活动。

活动开展以来，中国海运紧紧围绕保持党的先进性和纯洁性，深入贯彻中央“八项规定”，坚决反对“四风”（形式主义、官僚主义、享乐主义和奢靡之风），着力解决党员干部作风建设存在的突出问题，各项工作有序开展、扎实推进，取得了积极成效，为集团应对市场挑战、加快转型发展提供了坚强的作风保证。

（一）主要做法和特点

1. 提高认识，及早准备

中国海运党组高度重视，按照党的十八大对在全党深入开展群众路线教育实践活动做出的重要部署为开展好群众路线教育实践活动做了系列准备：

一是根据中央“八项规定”和国资委党委的有关要求，制定落实集团“二十条规定”，在密切联系群众、改进工作作风方面提出明确要求；组织开展“三个专题”调研工作：中心组学习情况调研、后备干部队伍建设调研、干部作风建设调研，全面了解各级领导班子、领导干部在学风、作风以及干部队伍建设等方面的情况和存在的问题。

二是举办集团中心组专题学习、党委书记例会专题学习以及党委书记群众路线教育研讨班、船舶政委深入贯彻党的十八大精神学习班等系列活动，对集团开展党的群众路线教育实践活动进行研讨，充分听取意见和建议。

三是建立领导机制和工作督导机制。集团成立群众路线教育实践活动领导小组，由集团党组书记、董事长任组长，总经理、分管领导担任副组长，负责总体推进集团群众路线教育实践活动，并成立办公室和三个专项工作组做好日常工作。同时，成立集团教育实践活动督导组，对总部机关和部分基层单位教育实践活动进行全面督促、检查，确保活动的高质量。

2. 把握重点，扎实推进

集团教育实践活动紧紧围绕中央要求的三个环节（学习教育与听取意见、查摆问题与开展批评、整改落实与建章立制）开展，既突出阶段性工作重点，又把每个环节的要求贯通衔接起来。

一是深入开展学习。集团坚持把学习教育作为开展教育实践活动的重要基础，采取了自学、集中学习和辅导报告相结合等方式，坚持每周一上午党政例会后的学习制度，重点学习党章、习近平总书记系列重要讲话精神、“三本书”（《论群众路线——重要论述摘编》《党的群众路线教育实践活动学习文件选编》《厉行节约、反对浪费——重要论述摘编》）以及中央群众路线教育实践活动各类文件、通知精神；邀请集团老劳模杨怀远作发扬“小扁担”精神、服务群众的专题报告，邀请有关专家讲上海自贸区建设、信息化建设等专题讲座。活动中，开展了 11 次领导班子集体学习、4 次专题辅导报告会、9 次党组专题学习讨论会。

二是广泛征求意见。集团制定征求意见工作方案，建立集团领导班子成员基层联系点，全方位征求基层党员干部、群众和对集团领导班子及班子成员、总部机关作风建设存在问题的意见和建议。先后召开机关部门、直属单位党委书记、老干部、一线干部职工、民主党派以及客户等各类座谈会 30 次、650 人参加，“面对面”征求意见；下发了民主测评表以及设立征求意见箱、电话、专用邮箱等，“背对背”“网对网”征求意见。从征求反馈情况来看，广大干部职工对集团领导班子的作风建设总体予以肯定，民主测评对集团领导班子评价“好”占 80%，“较好”占 17.6%。

三是认真查摆问题与对照检查。集团领导班子、班子成员和总部机关对照中央教育实践活动领导小组办公室下发的《企业“四风”问题的具体表现》、中央督导组的反馈意见、基层干部职工提出的意见等，360 度照镜子，认真查摆自身在“四风”方面存在的突出问题。同时，在撰写对照检查过程中，集团班子成员根据中央第 41 督导组审阅意见等反复修订，数易其稿，有的修改达到 20 多次，真正实现了对照检查触及思想、触及灵魂。对于发生在总部机关和基层单位“四风”问题，集团领导进行了认真剖析，深刻认识到问题表现在下面，根子在上头，集团党组和领导班子负有主要责任。

四是深入开展批评和自我批评。集团领导班子成员采取“两两相见”的“大循环”式谈心谈话，主要领导与集团领导班子成员分别进行了两轮以上的谈心谈话，班子成员与总部机关部门负责人、基层直属单位负责人进行了谈心谈话，相互开展批评。集团领导班子成员认真撰写了批评和自我批评提纲，主要领导对批评提纲都进行了审阅，提出修改意见。中央第 41 督导组组长王为强、副组长鲁红星专门约见集团主要领导，对开展好批评和自我批评提出明确要求，认真审阅、修订批评提纲。集团党组先后三次召开党组会，就如何开展好批评的问题进行集体“把脉”、打消顾虑，达成共识。

五是召开高质量的专题民主生活会。在制定方案、精心准备的基础上，2013 年 11 月 20 下午和 21 日上午，集团召开党的群众路线教育实践活动领导班子专题民主生活会，集团党组书记、董事长许立荣同志代表领导班子查摆了作风建设方面存在的突出问题，每位班子成员都紧扣征求到的意见建议，结合个人成长经历、思想实际和岗位职责等，深刻查摆了自身在“四风”方面存在的突出问题，并深刻剖析了思想根源，以整风精神开展批评和相互批评；每位班子成员相互批评时间都在 15 分钟以上，提出批评意见共 108 条，真正触及了思想和灵魂，达到了红红脸、出出汗、治治病的效果。与会的中央 41 督导组等上级领导对集团民主生活会予以了充分肯定。在 11 月 29 日召开的集团民主生活会情况通报会上，与会干部职工对集团领导班子民主生活会质量进行了民主测评，认为“好”的为 87.9%，“较好”的为 12.1%。

六是及时组织“回头看”与上下联动。集团按照中央要求，以召开党组会专题讨论、组织干部职工开展民主测评、班子成员深入基层征求意见等形式，对群众路线教育实践活动开展情况进行了回顾，重点是“六个看”：看学习教育是否扎实、看查摆问题是否聚焦、看自我剖析是否深刻、看谈心交心是否充分、看开展批评和自我批评是否认真、看边查边改是否见成效。通过“回头看”，既总结了好的做法和经验，也查摆了存在的问题和差距，提出了整改方向和具体的整改措施。活动开展以来，集团总部机关和部分基层单位党员干部按照中央第 41 督导组和集团党组要求，把各职党员干部“摆进来”，严格做好活动各个环节工作，与集团领导班子上下联动，同步推进，务求实效。

3. 边查边改，建章立制

一是制定实施整改落实方案。针对活动中查摆出的作风建设突出问题，集团以“六定”原则（即定问题类别、定主要问题、定整改措施、定整改目标、定整改时限、定责任领导）进行整改，制定了“任务书”和“时间表”，形成集团群众路线教育实践活动《整改方案》，做到“三个明确”：明确了整改落实的 4 大任务、13 个目标、52 项具体措施；明确近期（2013 年底前）、中期（2014 年一季度和上半年两个时间段）、长期（2014 年下半年及以后）三个时间节点，限时完成；明确了第一责任人、分管领导、责任部门和整改时限；以踏石留印、抓铁有痕的作风和“钉钉子”精神抓好整改，确保教育实践活动取得实实在在的成效。

二是集中开展突出问题专项整治。在全面推进整改落实的同时，集团围绕中央确定的 7 个方面任务进行重点整治，做到“三个着眼于”：着眼于总部机关建设，整治文山会海、检查评比过多等问题，制定了办文、办会和检查评比等相关制度，并结合深化机关改革、管理提升，努力理顺机关和基层的权限，提高机关的效率和效能；着眼于树立正确的业绩观、权力观，重点整治形象工程、政绩工程，制定完善“三重一大”决策，计划修订干部考核管理等制度，引导党员干部为企业转型发展多做打基础、利长远的事；着眼于加强干部廉洁从业建设，重点整治公款送礼、超标配备公车、违规使用和装修办公用房以及职务消费不够规范等问题，修订职务消费等制定。集团明确了专题整治的19项措施以及责任分工，一项一项排查，一项一项落实。

三是加强制度机制建设。集团深入分析“四风”问题的深层次原因，坚持“废”“改”“立”相结合，切实加强了制度建设，形成反“四风”的长效机制；废止了制定时间较长、内容不符合新要求的有关会议管理、评比表彰办法等9项制度，修订了关于加强和改进集团中心组学习、领导人员和总部机关职务消费管理办法等8项制度，制定了领导班子成员深入基层调查研究工作、信息简报管理、精简会议和改进会风等6项制度；制定干部考核管理、大宗物资采购管理等5项制度，切实以制度机制固化教育实践活动的成果，形成党员干部为民务实清廉的长效机制。

（二）取得成效与工作经验

一是党员干部的思想认识进一步提高。集团领导班子成员自觉学习党章、遵守党章、贯彻党章、维护党章，切实解决世界观、人生观、价值观这个“总开关”问题，切实改进了思想作风，培养了党性观念。广大党员干部强化了对“四风”问题的认识，提升了反对“四风”的思想自觉和行为自觉，如部分干部一开始认为自己不存在“四风”问题，后来主动查摆到“四风”的突出问题并深刻剖析原因、整改落实。同时还强化了对集团转型发展和勤俭节约办企业的认识。深刻认识到了当前国内外经济发展和航运市场形势的严峻性以及推动集团转型的发展艰巨性、复杂性、长期性，做好了长期奋斗、长期攻关、长期吃苦、长期奉献的思想准备。

二是反“四风”成效初步显现。针对形式主义的问题，制定了精简会议和改进会风、信息简报管理等制度，优化了工作流程，对总部办事、办文进行梳理、优化，将办文办事效率、质量纳入总部干部年度考核，定期通报；加强了会议的管理，2013年，集团全系统各类会议、活动数比去年同期减少63个，减少了50%以上。从2013年9月1日起，集团开办《中海管理要情》《中海党建要情》，其他原有各类信息简报全部对口归拢，不再新增其他简报。信息简报在集团内通过OA办公平台发布，不单独印发纸质。针对官僚主义的问题，修订了集团制定的深入基层调研制度，规定明确要求集团领导成员一年之内深入基层一线开展调查研究，时间不少于30个工作日，对总部干部和直属单位班子成员作量化考核；总部党员干部加强和基层群众的联系沟通，将广泛征求群众意见制度化、常态化，设立了集团领导邮箱，并改变《海运报》的发行渠道，通过邮发直接送达基层一线职工，便于基层更全面地了解集团的工作。针对享乐主义和奢靡之风的问题，坚持抓好《党政机关国内公务接待管理规定》和《党政机关厉行节约反对浪费条例》精神贯彻落实，修订完善《中国海运（集团）总公司领导人员职务消费管理办法》《中国海运（集团）总公司总部机关职务消费管理办法》，涉及公务用车、通信、差旅、业务招待（包含礼品）、国（境）外考察等，并明确了具体标准。为确保监督公开透明，每位员工均可登录集团OA网站进行查看。此外，还修订完善了集团“三重一大”决策制度，规范党组会、董事会、总经理办公会等议事决策规则，加强年度职务消费预算管理，实行严格的领导干部公务用车每车审批制度，确保新增、更新的领导干部公务用车符合国资委有关规定，全面清理各单位领导机关和领导干部使用办公用房情况，严禁各单位违反规定搞办公室豪华装修。

三是企业中心工作进一步推进。集团领导班子把这次党的群众路线教育实践活动作为抓手和平台，把改变作风与集团扭亏增盈、管理提升、商业模式创新等紧密结合，研究解决影响集团深化结构调整和效益提升的实际问题，推进优化产业结构、船队结构、货源结构和客户结构各项工作，提高企业风险防范能力和可持续发展能力。集团领导班子围绕企业保增长、转型升级、多元发展等项工作多次进行集体学习和交流讨论，专门成立了九个转型发展工作小组，正在抓紧制定和落实企业转型发展的顶层设计。针对基层单位干部职工提出的集团改革发展方面 60 条意见和建议逐条对照，集团领导和总部机关研究制定了整改落实措施；召开集团党组会、年终务虚会，研究谋划下一年工作思路，着力推动海上运输主业扭亏增盈，陆上产业多元发展，为集团建设世界 500 强做出不懈努力。

四是队伍建设进一步加强。通过此次活动，加强了领导班子思想建设，制定了强化中心组学习制度，提出了每年中心组集中学习不少于 8 次等一系列量化学习标准；严格了党员领导干部民主生活会和“三会一课”等党内组织生活会制度，充分运用好批评和自我批评这一解决党内矛盾、清除党内政治灰尘、政治微生物的有力武器，集团领导班子成员都参加了所在支部的组织生活和专题组织生活会，各基层单位的民主生活会质量特别是批评和自我批评的质量有了较大的提升；加强了对干部的监督管理，以好的机制和作风培养选拔干部；健全后备干部建设制度和培养、锻炼机制，不唯票、不唯分、不唯 GDP（国内生产总值）；认真抓好 2013 年度直属单位“四好”领导班子创建考核和集团管理干部年度考核，并根据集团转型发展的需要，不断推进干部人事制度、薪酬制度的改革。

五是和谐企业建设进一步提升。集团坚持加强企业民主管理，发挥职代会作用，把发扬党密切联系群众、全心全意依靠职工群众办企业的优良传统与现代企业加强管理的要求有机结合，积极推行厂务公开、船务公开，健全和完善职代会制度，将民主管理贯穿于生产经营管理全过程，建立起企业与职工互相沟通的有效平台。坚持凝心聚力，增强企业发展活力，开展了“创新管理、降本增效”专项劳动竞赛，2013 年共 41375 人次参加；结合群众路线教育实践活动征求意见工作，开展了“我为企业转型发展献一计”的合理化建议征集活动，共收到合理化建议 1720 条；坚持以人为本，关心关爱员工特别是关爱船员；在企业面临困难的情况下，做到一线船员收入不减。同时，还不断加大各类帮困送温暖工作力度。

（三）有序开展第二批教育实践活动

中国海运开展党的群众路线教育实践活动，自上而下分两批开展。第一批从 2013 年 7 月开始，参加对象是集团领导班子、领导干部和总部机关以及上海船研所和中海投资领导班子及总部；第二批从 2014 年 1 月初开始，参加对象是直属单位领导班子、领导干部、管理机关和所属基层单位。活动分为三个环节：一是学习教育、听取意见；二是查摆问题、开展批评；三是整改落实、建章立制。

2013 年 11 月 15 日，在集团干部大会上，中央组织部干部五局局长毛定之代表中组部宣布党中央、国务院关于集团主要领导调整的决定：许立荣同志担任中国海运董事长、党组书记，免去其中国海运董事总经理职务，张国发同志担任中国海运董事总经理，李绍德同志因年龄原因不再担任中国海运董事长、党组书记职务。

中国海运领导虽有变动，但企业的群众路线教育实践活动不断不乱。根据中央要求和集团党的群众路线教育实践活动的安排，11 月 29 日上午，集团召开视频会议，新上任的集团董事长、党组书记许立荣代表集团领导班子通报了集团教育实践活动开展以来的初步成效、收获体会以及整改措施，并着手部署第二批群众路线教育实践活动。

从 2014 年 3 月 14 日至 20 日，大连海运、中海发展、中海油运、中海财务、中海码头、广州海运、中海散运、中石化中海燃供、驻深党委、中海海盛先后召开了党的群众路线教育实践活动动员大会，标志着集团第二批群众路线教育实践活动已全面铺开。集团督导组分三路出席了各单位的动员大会。会上，督导组还对各单位领导班子和班子成员的"四风"情况进行了民主测评。

第二批的群众路线教育实践活动依然保持第一批活动的优良传统：坚持领导带头贯穿始终，领导干部特别是一把手发挥了很好的引领示范作用；坚持把学习教育贯穿始终，广大党员干部的思想认识有明显提高；坚持把开门搞活动贯穿始终，上下联动，充分调动广大职工群众的参与热情；坚持把"严督实导"贯穿始终，从严把关，从实指导，确保活动取得实效；坚持把边整边改、立行立改贯穿始终，作风有了明显改进；坚持把两手抓两促进贯穿始终，通过作风建设促进企业改革发展与稳定。

2014 年 10 月 29 日，集团召开党群季度工作例会，中海油运、上海船研所、中海工业分别在会上介绍了开展党的群众路线教育实践活动中好的做法和经验，第二批开展群众性路线教育实践活动圆满完成并取得实效。

（四）总结推广活动好经验，推动企业生产经营

2014 年 10 月 10 日，集团召开党的群众路线教育实践活动总结大会视频会。中央第 14 巡回督导组副组长张富生出席会议并讲话，从六个方面肯定了集团党的群众路线教育实践活动取得的显著成效。

集团董事长、党组书记许立荣作了中国海运党的群众路线教育实践活动总结，并对下阶段工作提出要求。

1. 收获四点经验

第一，加强督导是顺利开展教育实践活动的保障。在集团教育实践活动开展过程中，中央第 41 督导组从一开始就严格把关、严格要求，王为强组长、鲁红星副组长等领导多次莅临集团参加会议，悉心审阅文件，大力指导帮助，并深入集团船舶、车间基层一线调研，自始至终为集团顺利开展活动把握了方向。

第二，群众参与是顺利开展教育实践活动的基础。集团坚持将"开门搞教育"的要求贯穿活动的始终，采取召开座谈会、个别访谈、上门征求意见等多种形式，广泛听取党员干部群众和服务对象的意见，让职工群众全过程参与集团群众路线教育实践活动。集团职工群众考核评价组在参与活动、提意见和建议、监督活动等环节发挥出了重要作用。

第三，领导带头是顺利开展教育实践活动的前提。党的群众路线教育实践活动以来，集团领导班子特别是集团主要领导以身作则，主动把自己“摆进去”，做到“五个带头五个到位”，即带头抓，组织领导到位；带头学，思想认识到位；带头听，征求意见到位；带头找，查摆问题到位；带头改，整改落实到位；起到了强有力的榜样作用，形成了一级带一级、一级抓一级的良好氛围。

第四，聚焦“四风”是顺利开展教育实践活动的关键。群众路线教育实践活动聚焦“四风”，对准了焦距、找准了问题、明确了方向，查摆出了突出问题。大家没有就事论事、浮于表面，而是拿起了批评和自我批评这个有力武器，召开了高质量的专题民主生活会和专题组织生活会，“深挖一锹”、触及灵魂，提出了很多有针对性的整改措施。

2. 确定整改方向

在回顾活动取得的成效的同时，集团也清醒地看到了存在的不足，比如：在思想认识上，存在着个别干部认识不够深刻，对“四风”的顽固性、危害性等认识不足等情况；在查摆问题上，存在个别干部简单地以工作问题代替“四风”问题等情况；在剖析原因上，存在个别干部对“四风”问题比较多的强调客观外部环境、没有从思想深处深挖根源等情况；在整改落实上，存在作风建设制度体系还不够完善、制度的执行和监督的力度需要加强等情况。

对于这些问题和不足，许立荣在2014年10月10日总结会上强调，活动收尾绝不是活动收场；对于下一步深入开展群众路线教育实践活动，要结合集团当前工作，着力抓好五个方面工作：一是抓住整改落实不放松。要落实整改责任，抓好整改督查，建立长效机制，确保整改落实到位与严格制度执行到位。二是抓住干部监督管理不放松。要坚持思想建党和制度建党紧密结合，进一步增强管党治党意识，落实管党治党责任，完善干部监督管理制度。三是抓住基层党建不放松。要严肃党内政治生活，加强党员管理和党组织建设，不断增强基层单位党组织凝聚力、战斗力，船舶党建要更有活力，陆岸党建要更有作为，党员先锋模范作用要更有朝气。四是抓好新形势下群众工作不放松。要坚定依靠群众，加强民主管理，坚持以人为本，凝心聚力。五是以作风成效推进企业转型发展不放松。要总结和推广群众路线教育实践活动中好的经验，以过硬的作风、担当的精神，团结广大干部职工，拼搏奋战，确保完成全年生产经营和效益目标。

三、 建立健全惩防体系

“十二五”期间，中国海运集团扎实推进惩防体系建设，“教育、制度、监督、改革、惩治”力度进一步加强，形成“大体系”工作格局。通过巡视监督、纪检监察监督、内部审计监督、管理监督、职工民主监督、企业董事会制度下的外部监督，通过党务公开、厂务公开的相互结合，构建“大监督”工作机制。

（一）完善党风建设工作大体系

集团党组认真落实中纪委和国资委有关反腐倡廉的要求，坚持把纪检监察组织建设作为反腐倡廉建设的重要基础性工作抓紧抓实。

一是加强组织建设。集团按要求在重点直属企业组建了独立的纪检监察机构，集团总部充实纪检组成员，成立海外企业纪工委，监审部增设了效能监察处，纪检监察干部编制也有显著增加。按照监督重心上移的原则，集团明确大型直属企业专职纪检监察干部的配备数量。各下属单位基本按要求配备到位，全系统专职纪检监察干部总人数增幅达 86%。针对集团业务点多、线长、面广，机构分散的特点，组建了纪检组工作部广州分部，进一步强化了集团在广州、深圳地区的属地管理功能。集团十分注重纪检监察干部的培养使用，直属单位有多名纪委书记提任党委书记，集团纪检组工作部多名干部提任大型直属单位纪委书记，集团直属单位多名监审部负责人提任纪委副书记；采取公开招聘方式选拔集团监审部副部长及处长，纪检监察干部岗位成为干部历练成长的平台。

二是加强制度建设。集团十分注重健全决策制度，修订完善“三重一大”决策制度，进一步明确了集团“三重一大”事项的决策范围、流程和决策权；健全干部管理制度，规范用人权；健全财务资金管理制度，建立了集团资金管理、信贷管理、担保管理、应收账款管理等财务管理制度，规范了财权；健全资产管理制度，建立和修订了工程建设项目、固定资产投资、产权投资重要管理制度，规范了物权、事权。与此同时，集团还注重健全反腐倡廉工作制度，建立和修订了集团党风建设责任制实施办法、领导人员职务消费管理办法、干部报告个人事项规定、述职议廉实施办法等制度，促进了“用制度管人、按程序办事”的管理文化。

2013 年下半年，集团正式立项开展对三级单位、执行“三重一大”决策制度、第三方业务管理（简称“三个三”）的专项检查与效能监察，实行垂直监督模式，以“三个三”效能监察破解基层监督难点。在各单位自查和梳理的基础上，集团抽调相关人员组成三个检查组，分别对集团南方、北方和华东地区的各单位进行现场检查，重点检查生产一线财权、物权等权力相对集中的重要岗位和关键环节。通过监督检查，有针对性地发现问题、解决问题，并通过完善配套制度、健全操作流程、规范业务管理，真正突破对三级及以下企业的监管难点，最大限度地铲除腐败行为滋生蔓延的土壤。

同时，进一步加强廉洁自律工作，组织修订了《集团直属企业领导班子年薪考核中涉及违纪违法案件的扣罚规定》，下发了《中国海运（集团）总公司领导人员廉洁承诺制度》，组织集团领导班子成员、集团管理干部、海外控股公司领导人员分别签订了《廉洁承诺书》；制定了《关于深入推进中国海运廉洁文化建设的意见》，对集团系统 2011—2015 年廉洁文化建设进行部署；按照中纪委文件要求，修订了《中国海运党风建设责任制实施办法》。加强反腐倡廉理论研讨，对企业的反腐倡廉工作机制、教育方式、创新方法进行深入研究，取得了一定成效。制定贯彻落实中央《建立健全惩治和预防腐败体系 2013—2017 年工作规划》实施意见，部署阶段性重点工作任务。党组与各直属单位党政主要领导同时签订《党风建设责任书》，强化“一岗双责”。其中以集团纪检组名义上报的论文入选中央纪委纪念“七一”大会书面交流材料。据统计，仅 2011 年前三季度集团系统开展党性党风党纪教育 349 场次、开展警示、案例教育 425 场次，参加教育 30660 人次。通过加强教育，提高了党员领导干部的廉洁从业自觉性。2012 年全系统共签订党风建设责任书 1180 份、领导人员廉洁承诺书 3269 份。突出纪律教育、制度建设主题，开展反腐倡廉专题教育月活动。加强和上海市虹口区检察院等地方检察院的合作共建，加强预防职务犯罪。全年共有 528 人次上缴礼品、礼金、礼券等，折合人民币 130.3 万元。重视查信办案工作，2012 年受理信访举报 54 件，初核 7 件，党政纪立案 6 件，党政纪处分 6 人，移送司法机关处理 7 人。2015 年，集团紧密围绕纪律审查重点，始终保持惩治腐败的高压态势，严格规范纪律审查流程，工作质量和效果不断提升。集团全系统党政纪立案 16 件，结案 14 件；案 21 人，受到党政纪处分 16 人（包含受党政纪双重处分 10 人），其中：党纪处分 13 人（开除党籍 3 人、留党察看 1 人、撤销党内职务 2 人、严重警告 5 人、警告 2 人），政纪处分 13 人（开除 4 人、撤职 1 人、降级 1 人、记大过 4 人、记过 1 人、警告 2 人），挽回企业损失 49.3 万元。

三是完善组织协调的工作机制。制定并完善纪检监察组织建设方案、纪检监察重要工作制度、阶段性重点工作安排等，注重发挥纪检组集体及每个成员的作用，保障各项工作任务得到顺利推进；集团监审部会同运输部联合开展了商务大检查暨效能监察，规范商务管理运作，检查“三重一大”决策制度执行情况。全集团由纪检监察部门牵头，相关部门密切配合，围绕增收节支、降本增效，开展效能监察，提出监察建议，完善管理制度。审计重点关注“三重一大”决策运行、企业内部控制等，从而有效加大审计监督力度。

四是强化信访举报处置。不断拓宽案件线索来源，充分利用信访举报、审计、司法机关执法中发现的案件线索，加大案件自办、督办和指导力度。2013 年，组建查信办案人才库。抽调直属单位 15 名专职干部组成，选派 5 人次到国务院国资委纪委、上海市虹口检察院挂职锻炼，选调二、三级单位纪检干部参与集团协同办案，多种形式锻炼队伍。集团检企共建合作模式，受到了最高人民检察院、上海市检察院的表扬和肯定。

2015 年，集团全系统共受理信访举报件 175 件，办结信访 309 件，集团监审部自办督办 200 件，采取组织处理 53 人（免职 6 人，降职 2 人，岗位调离 7 人，诫勉谈话 31 人，提醒谈话 9 人，通报批评 8 人，其中包含多重处理 10 人）。

根据国家审计署对中央企业的审计情况通报，集团结合“十二五”内审中发现的问题，组织所属单位自查自纠，推进整改工作落实。选派北美控股专职审计员；组织了海外审计工作座谈会，加强工作交流；完成审计报表系统与财务系统对接及调试，提高审计信息化应用水平；修订经济责任审计工作规程等，完善相关工作制度，提升海外审计工作水平；将海外审计项目全部纳入集团审计管理信息系统，加大指导力度，强化海外审计项目过程监督。

（二）形成党风教育大宣教体系

为筑牢廉洁风险防控的思想防线，集团进一步增强宣传教育力度，突出廉洁风险防控宣传教育主体，重点抓好两级领导班子成员、处及以上干部和人、财、物等重点领域、重要部门、关键岗位干部的廉洁从业教育。每年召开反腐倡廉建设大会和党风建设干部大会，并利用每年两次专题教育月活动的机会，采取集中教育和日常教育相结合，共性教育和个性化教育相结合的方式，分层分类抓好廉洁教育。通过中心组学习、专题辅导报告会、组织参观警示教育基地、发放廉洁从业教育读本、编发自办案件分析警示教育材料，开展干部任前谈话、诫勉谈话、集体廉洁谈话，签订《党风建设责任书》和《廉洁承诺书》，落实干部收入申报，建立干部廉洁档案；在《海运报》每月刊出反腐倡廉建设教育专版，多种形式积极推进廉洁文化建设，注重针对性、实效性，初步形成了“大宣教”工作氛围，不断增强各级领导人员的廉洁从业意识。

2013年，集团积极开展集体廉洁谈话、教育讲座、“廉洁从业在一线”、参观“南京路上好八连”事迹展等活动，编发《身边的教训》教育读本等。教育月活动受到中央媒体关注，《中国纪检监察报》、人民网等以《中国海运反腐倡廉教育“海味”十足》为题进行了报道和宣传。当年，全集团共组织开展各类反腐倡廉教育活动768场次，参加人数达24345人次；共有714人次上缴礼品526件，礼金109.57万元。2014年全系统共组织开展各类反腐倡廉辅导讲座382场次，签订廉洁承诺书5274份，开展干部任前谈话1126人次，领导人员廉洁从业意识进一步增强；全年全系统共有605人次上缴各类礼品791件、礼金礼券69.38万元。

在营造“大宣教”氛围中，集团加大培训力度，选派部分业务骨干参加中纪委、国资委纪委和上海市纪委组织的业务培训；集团监审部邀请上海市纪委领导和资深专家授课，开展案件检查、案件审理业务培训。2011年，集团与中远、商飞等央企，开展审计交流活动，进一步提升审计人员的业务水平；邀请普华永道专家开展内部控制和全面风险管理专题讲座，进一步提升了纪检监察干部的履职能力和业务水准。2014年，集团编印《中国海运廉洁故事》《案例警示教育材料》等方式，坚持正面引导和反面警示相结合，增强教育实效。

按照中央关于推进党的基层组织党务公开工作的有关要求，集团成立了党务公开的领导小组和工作小组，下发了集团的实施办法和党务公开目录，召开了党务公开工作会议，开展了工作培训，进一步明确工作任务、方法、措施和目标。同时不断总结经验，提出深入推进企业廉洁文化建设的指导意见；集团所属各单位加强领导，落实保障机制，分步组织实施，增强了廉洁文化建设的影响力。中海货运与船舶签订党风建设责任书，大连海运在企业报刊公示廉洁承诺内容，中海海盛、中石化中海燃等单位供组织员工参观警示教育基地等以及集团编发警示教育材料，以案说法，发挥查办案件的治本功能，进一步形成并推进“大宣教”工作体系。

（三）完善风险防范大监督体系

“十二五”时期，集团总资产中有三成以上在海外，净资产中有两成以上在海外，加强海外企业反腐倡廉建设任务艰巨、责任重大。为此，集团注重机制创新、管理创新，成立了海外企业纪工委，加强驻外干部廉洁从业教育和外事纪律教育，组织海外企业反腐倡廉建设调研，落实海外企业党风建设责任，完善海外企业管理制度，建立海外企业资金监管联席会议，加强资金监控，先后在集团西亚控股、欧洲控股、南美控股、北美控股派驻专职审计员，确保对海外控股公司及下属企业“两年轮审一遍”，有力地强化了海外企业廉洁风险防控。

为稳步推进廉洁风险防控工作，集团实施了“4+1”试点工作方案，即在境内选择4

家经营管理规模相对较大、具有一定行业代表性直属企业（中海集运、中海油运、中海工业、中海财务）和1家境外控股公司（香港控股）进行先期试点；其他直属企业结合实际，自行选择1家基层单位同步开展试点。集团全系统在廉洁风险防控试点阶段，围绕权力运行，抓好廉洁风险信息收集、风险点排查、风险等级分析评估工作，共查找出各类风险点378个，其中重要风险点22个。

集团廉洁风险防控重点关注两个层级的干部。一是决策层，即各级领导班子成员，其权力涉及范围相对较大，廉洁风险点主要集中在违反“三重一大”决策制度，违反职务消费规定等方面，其中违反决策规定、擅自决策和以权谋私行为的廉洁风险等级也相对较高，必须重点加强防范。二是执行层，即生产经营管理干部，特别是重点领域、重要部门、关键岗位的干部，他们对生产经营的某些重要环节具有决定权、操控权，其权力范围涉及面虽然相对较窄，风险等级不高，但风险点数量占绝对多数，防范工作也不容懈怠。

从集团“6+1”业务板块的廉洁风险点排查情况来看，航运企业的廉洁风险点，主要集中在船舶租赁、航线运价维护、运输合同签订、集装箱修洗、船舶备件采购、燃料油和润滑油补给、港口使费审核、船舶保险理赔、油污水处理等关键业务环节；工业制造企业的廉洁风险点，主要集中在基地厂站工程建设、船舶修造核价、大额物资采购（如钢板、油漆等）、工程业务发转包、废旧物料处置、劳务工管理等业务环节；金融、码头、物流企业的风险点，主要集中在信贷担保、资金审批、现金管理、船舶代理、码头合资合作、物流项目承接、金融物流质押、物资存放流转、新网点开发等业务环节。针对这些廉洁风险防控重点，各单位通过梳理业务流程，完善规章制度，加强监督管理等手段，在廉洁风险防控方面取得了较好的工作成效。2013年全年，集团共立项53项，提出整改意见和建议253条，促进增收节支3494万元。中海散运、中海国际、中海海盛等分别开展船员成本管理、船员调配管理和船舶修理等效能监察，促进降本增效。

在构筑廉洁风险防控制度屏障方面，集团结合廉洁风险防控工作，新建和修订了一系列重要管理制度。主要有：“三重一大”决策制度、领导人员职务消费管理办法、党风建设责任制实施办法、干部廉洁从业承诺制度、职工奖惩条例、财务会计和资金运作配套管理办法、信息化建设项目招投标管理办法、大额物资采购管理办法以及重大固定资产投资、产权交易、船舶买卖、船舶租赁、船舶备件和物料采购等规定，进一步规范了企业的决策权、用人权、物权、财权和事权，优化了管理流程，提升了精细化管理水平，从而最大限度地堵塞了管理漏洞，实现有章可循，做到用制度管人、按程序办事，初步形成了“大体系”工作格局。

据统计，2011年，集团各单位结合廉洁风险防控工作，经过认真梳理分析，共新建、修订各类重要管理制度142个，有效地增强了风险防范和廉洁风险防控能力。2012年，加大效能监察工作力度，全系统共开展效能监察项目46项，提出整改意见96条，推动完善制度25项；全系统共完成审计项目208项，提出审计意见建议730条。工程建设项目费用核减2250万元，核减率达12%；制定优秀项目评价指南，组织专项评比，促进规范运作。中海客运物资采购项目被国资委评为“中央企业效能监察示范项目”。

针对中央巡视组指出的“靠船吃船”等非法利益输送问题，集团深刻反思，下定决心，在 2013 年下半年开展“三个三”专项检查和领导人员私自经商办企业专项整治的基础上，集中开展了“第三方利益输送与领导人员私自经商办企业”专项治理。集团所属 279 家单位开展了自查自纠及网上公示工作，围绕燃油及物资采购、货运代理、劳务外包、油污水处理、修造船代理等航运业重点业务领域，采取申报情况、开展承诺、梳理清单、自查自纠、分级抽查等“拉网式”检查方式，共梳理出第三方企业 33234 家，终止和 260 家“特殊关联企业”的业务往来。在清理关联企业、斩断利益输送链的同时，对查处的违纪违规人员进行责任追究；共查处 2 个单位 3 家公司的违纪违规问题，对 3 名领导人员、关键岗位人员分别进行诫勉谈话，并实施调离岗位、降职等组织处理措施，起到警示震慑作用。

（四）加强纪检监察组织建设

进一步加强队伍建设，通过选送培训、自主办班、轮岗挂职等多种途径，扩大培训覆盖面，提高培训实效，提升队伍的履职能力。2012 年，全年双向交流干部 38 人，选送培训 41 人次，自主办班培训纪检干部 66 人、审计干部 63 人，轮岗培训 10 人，培训覆盖面达到 82%。2013 年，全年共选送参加上级纪委各类培训 35 人次，自主办班培训纪检干部 96 人、审计干部 70 人，轮岗培训 18 人次，培训覆盖面达 83%。2014 年，利用集团党校自主举办了审计业务培训班，委托中国纪检监察学院，举办综合业务培训班；选送人员分别参加中央纪委、国资委举办培训班、研讨班等；选送优秀骨干赴中央纪委、国资委纪委和上海市虹口区检察院挂职锻炼。全年累计培训各类纪检监察审计干部 163 人次。加强办案人才库建设，增聘 9 人进入办案人才库，库内总数达到 23 人。2015 年，集团积极拓宽纪检监察干部培训渠道，先后参与中央纪委、国资委纪委和集团党校等组织的各类培训班 11 班次，共培训纪检监察和审计干部 21 人。2015 年 8 月，首次采用集中培训和在线培训相结合的方式，举办纪检监察综合业务培训班，全集团 121 名纪检监察审计干部系统学习了纪律审查、谈话取证、案件审理等方面的专业知识。

四、建立企业巡视制度

根据中央和国资委精神，集团党组于 2011 年建立了企业内部巡视制度。此举旨在落实中央“党要管党、从严治党”的方针，进一步加强对集团所属各单位贯彻落实党的方针政策和国家法律法规执行情况监督检查，加强对集团直属党委领导班子及成员特别是党政主要负责人的监督，提升党组织的保障监督能力。

2011 年 2 月 16 日，集团制定并下达了《中共中国海运（集团）总公司党组巡视工作领导小组工作规则（试行）》《中共中国海运（集团）总公司党组巡视工作领导小组办公室工作规则（试行）》《中共中国海运（集团）总公司党组巡视组工作规则（试行）》和《中国海运集团总公司被巡视单位配合开展巡视工作的规定（试行）》规定和条例，意味着集团的巡视工作正式启动。

2012 年 3 月，集团党组巡视组正式进驻所属的巡视单位，党组织监督力度进一步加大。结合推进廉洁风险防控，集团在全系统开展了工程建设招投标管理、机关管理费控制、商务合同管理、集装箱修洗箱管理四个大项的效能监察，重点关注国家和集团有关管理规定的执行情况，加强对二、三级企业关键岗位权力运行的监督检查，现场抽查覆盖面都在40% 以上。

2013—2015 年，重点组织开展“三重一大”决策制度执行情况、领导人员职务消费情况两个专项大检查，并落实组队赴东南亚控股、西亚控股和香港控股三家境外企业开展现场抽查和廉洁风险防控工作检查；纪检组工作部派员全过程参加集团办公楼装修、办公家具采购、企业文化展示厅项目等招投标活动。同时，综合运用查信办案、内部审计、管理制约监督、职工民主监督等，结合推进党务公开、厂务公开和船务公开活动，落实对各级领导人员权力运行的全过程、全方位立体监督。

为确保巡视试点工作的顺利推进，集团党组强调重点做好四方面的工作：一是明确目标原则，将巡视工作出发点、落脚点放在督促被巡视单位认真贯彻落实中央和集团工作要求上，放在促进各单位工作的改进和提升上。二是加强舆论宣传，让广大干部了解、理解、支持、配合巡视工作，为巡视工作顺利开展营造良好氛围。三是坚持实事求是，注重总结。既注重总结巡视试点工作的经验，不断完善巡视工作相关制度，注重原则性和可操作性相结合，提高巡视工作实效，也注重总结被巡视单位管理等方面好的经验做法，并视情况予以推广。对于巡视过程中发现的一些涉及党风党纪、“三重一大”决策问题的，必须从严要求、从严查处、从严整顿。四是严格管理和纪律，按程序操作，强调注意巡视工作方式方法；锲而不舍，深化中央八项规定精神贯彻落实。

2013 年，结合集团第一批党的群众路线教育实践活动，集团巡视组对照中央纪委和国资委要求，开展贯彻八项规定精神专项检查，由党组纪检组成员带队，多部门参与，分3 组共现场检查 12 家单位，发现问题 25 项，实名通报情况。召开职务消费管理通报会，促进修订完善相关制度 211 项。全年度总部机关会议费、招待费分别下降了 48.75% 和43.87%，全集团会议费、招待费分别下降 38.83% 和 13.89%。2014 年，明令禁止各境外企业公款接待因私探亲旅游领导干部，实现“八项规定”落实境内外全覆盖。集团主要领导带头落实办公用房、业务招待、会议安排、考察调研等各项规定，以上率下做出示范。

在开展巡视工作中，集团强调总部各部室、各单位必须对巡视工作给予高度重视，大力支持和积极配巡视工作合；巡视组必须加强和总部各部室、各单位的沟通，发挥好协调、服务作用；巡视工作人员必须严格遵守纪律，认真工作、虚心学习，尽快熟悉各项巡视制度规定，完善基础工作，锻炼和提升自身素质。集团党组还将巡视工作作为锻炼干部的平台，在巡视工作中培养人才，发现人才，选拔人才。

五、加强干部人才队伍建设

“十二五”时期，集团处于转型发展与深化改革时期，对干部和人才工作提出了更高要求。集团以改革创新为动力，牢牢把握深化干部人事制度改革的大方向，推动干部和人才工作在新的历史起点上不断发展。

（一）制定干部人才发展纲要

根据党的十八大和全国组织工作会议精神，集团制定了《2014—2015 年中国海运干部人才发展纲要》，确立了干部人才工作的指导思想、主要目标和保障措施。指导思想为：以党的十八大和十八届三中全会精神为指导，深入贯彻落实全国组织工作会议精神，坚持党管干部和党管人才原则，以集团发展战略为主导，遵循企业经营发展规律和干部、人才成长规律，以集团管理干部、后备干部、国际化人才、各产业领军人才为重点，努力把各类优秀干部、人才集聚到企业发展的事业中来，为建设具有国际竞争力、质量效益型的现代化企业集团提供坚强的组织保障和人力资源支持。主要目标为：到2015年年末，初步建立一支规模适当、结构优化、素质优良、备用结合的干部队伍，逐步形成广纳群贤、选贤任能、人尽其才、能上能下、公平公正、充满活力的干部人事制度体系和选人用人机制，基本满足集团改革创新、转型发展的需要，满足集团推进“走出去”战略、实施国际化经营的需要；各类人才队伍逐步向科学配置、合理布局的方向发展，人才队伍建设以培养国际化人才、各产业领军人才为重点，在集团重要战略发展领域，初步建成人才高地。

（二）抓好干部人才的教育和培训

“十二五”时期，举办多期学习贯彻习近平总书记系列重要讲话精神专题培训班和严明党的政治纪律专题培训班，实现集团管理干部“全覆盖”，突出理想信念教育、党性党风教育和政治纪律、政治规矩教育。各单位结合实际，不断创新教育培训的方式，提高培训的针对性和实效性。中海散运针对公司干部创新意识不强、远洋业务人才短缺等情况，制定“海外英才计划”“远洋优才计划”“青年成才计划”三项计划，构建国际化人才开发体系。中海国际在提高培训的实效性上下功夫，从船舶一线选拔一批优秀干部走上讲台，走进机关，言传身教，传经送宝，取得良好效果。中海船务结合商业模式创新对干部能力素质提出的新要求，尝试开展“案例教学”，鼓励“边学边做、边做边学”，用学到的理论直接指导实践。集团党校成功纳入中央党校国资委分校管理序列，举办多期处级干部进修班，进一步丰富了干部教育培训资源，增强了集团干部教育工作的办学质量和实力。

（三）着力开发各类人才资源

各级党组织坚持以创新的思路和方法，积极开展优秀干部人才的发现、培养、选拔和储备工作；不断放宽视野，打破身份、年龄、学历等限制，“不拘一格降人才”，着力缓解干部短缺、人才匮乏的局面；集团管理干部队伍进一步年轻化，符合“高学历、海外经历、基层锻炼”等标准的比例进一步提高。各单位从实际出发，积极开展选贤任能创新，补充干部人才队伍。2015年，中海集运通过打通员工职业发展的管理通道和业务通道，及时补充15名业务骨干走上管理岗位，晋升70余名优秀员工，鼓励他们在专业领域发挥特长，既有效调动了员工的积极性，也缓解了人才紧缺的矛盾。中海油运着力开发已有人才资源，提高人员的复合能力素质，建立6支“总管团队”，通过驻港实践、跟船工作的方式，提高干部的管理能力和实践技能，有效补充人才缺口。中海资产、中海投资等针对集团内置业、地产、融资、租赁等人才匮乏的实际，积极与人才服务机构合作，采用市场化手段，构建灵活多样的工作机制，积极引进专业管理人才，既缓解了燃眉之急，又有助于提升团队的综合素质。

（四）不断完善优化工作机制和程序

集团党组坚持“好干部”标准和“德才兼备、以德为先、突出实绩、群众公认”的选人用人导向，健全完善选人用人工作机制，严格加强干部日常管理和监督。2014 年，中央巡视组在集团专项巡视期间，中央组织部专门开展了对中国海运选人用人工作的检查，对集团选人用人和干部管理工作等给予了较高评价。各级党组织都能认真贯彻落实上级组织要求，坚持党管干部原则，不断提高干部工作的水平和质量。中海散运认真对照集团新修订印发的干部管理规定，认真制订、完善本单位司管干部管理办法、后备干部培养发展管理办法、职工奖惩和考核办法等，从制度上进一步细化、优化干部工作的程序，加强干部管理和监督。上海海运针对队伍老化严重、结构性矛盾突出、干部群众对选人用人工作普遍比较关心的实际，从完善制度、加强培训、扩大视野、规范程序、严格考察等环节着手，不断提高选人用人工作满意度，努力把合适的人选拔到合适的岗位上来。中海客运、大连海运着力扩大选人用人的民主化程度，从人选酝酿提名，到组织考察、征求纪委意见、人选任前公示等，全部及时向群众公开，尽可能用量化的形式体现干部公认程度。中海集运、中海物流、中海工业等认真落实干部监督工作要求，结合实际重点加强对基层一把手和关键岗位人员的管理监督，认真开展干部个人有关事项报告、因私证件集中管理、“裸官”清理等工作，干部日常监督管理工作在基层得到扎实推进。

（五）高度重视干部人才工作的改革创新

“十二五”时期，集团上下坚持进一步深化干部人事制度改革，以贯彻落实 2014—2015 年干部人才规划纲要为抓手，从体制、机制、程序等不同层面积极尝试干部、人才工作创新。利用信息化等手段，改进提高人力资源管理的效力和质量，集团人力资源系统得到强力推进实施，信息化管理的成效初步显现。中海集运围绕企业转型发展的新要求，大力优化人力资源管理体系、积极创新组织机构设置，建设员工职业发展双通道机制和与之配套的薪酬管理考核体系，不断激发团队活力。上海船研所结合科技型企业的实际，深入进行人才队伍“SWOT”分析（优势、劣势、机会、威胁），在此基础上制定人才发展规划，努力保持人才高地优势。中海财务不断完善全员绩效考核体系，加大战略发展、业务创新在考核中的比重，实现战略、创新与员工绩效考核的良性互动。

六、积极发挥政治思想研究会作用

（一）“十一五”时期主要工作

在中央企业党建思想政治工作研究会指导下，集团于 2008 年 2 月成立政治思想研究会政研会，旨在围绕发展大局、服务基层、改革创新的总要求，积极研究企业党的建设、文化建设和思想政治工作有关问题，配合集团系统各级党政组织，不断推进职工思想政治工作。

在选题上，政研会坚持针对企业党建和科学发展中的热点问题展开研究，如进一步优化船队结构，不断增强企业抵御风险能力的问题；坚持做强做大主业，保持相关业务板块相互协调、相互依存，充分发挥集团综合优势的问题；加强思想观念引导，进一步推进企业“软实力”建设，更好地发挥企业党组织的政治核心作用问题等。对于热点问题，集团领导班子带头开展专题调研，在广大党员干部职工群众中开展问卷调查，获得宝贵的第一手资料；并以问题为导向，形成调查报告，探索解决问题的思路和办法。

例如，在开展精细化管理专题研究上，集团和各单位政研会积极研究推进精细化管理的必要性和重要性，从以人为本的要求出发，积极寻找切合实际的精细化管理突破口，发现其与企业科学发展、建设世界一流企业的内在联系，形成了好的思路和好的做法。集团编发了企业精细化管理丛书；集团团委围绕精细化管理创办了“青年发展论坛”；《海运报》及内部刊物等大量刊发了有关精细化管理评论、研讨及经验交流文章300余篇，推动企业精细化管理不断提升。

在形式上，集团不少基层单位政研会充分利用内部OA网，引导广大员工围绕目标任务展开工作研讨，延伸和拓展了党建思想政治工作研究的渠道，不仅适应了新时期、新形势的发展，也使思想政治工作研究从内部专兼职人员封闭性小循环变为开放型的大循环，创新了方式，形成了“大政工”研讨的良好格局。

集团和各级政研会先后召开了由地区、单位主管领导、有关部门负责人、从事精神文明与企业文化专兼职干部、职工代表、船员代表、团员青年代表等参加的多次座谈会，就本地区、本单位精神文明、企业文化建设开展情况、取得的经验和成果及存在的问题作了专题发言，结合精神文明创建工作实际，对加强和完善企业文化建设等项工作提出了很好的意见和建议。

集团政研会于2008出版了《党建政研和企业文化建设成果汇编》上下两册、近50万字。2010年和2011年又分别汇编了《集团党建政研成果交流集》《创先争优先锋谱》《集团企业文化建设成果集》等。以集团政研会名义起草撰写的《关于落实科学发展观，推进和谐企业建设的实践与思考》一文获得中央企业党建政研会成果一等奖，并被国资委宣传工作局收录《深入贯彻落实科学发展观，推进中央企业又好又快发展》一书；集团政研会论文《打造百年中海的共同愿景》，被中央企业党建政研会授予“课题研究成果奖”；集团协助全国交通政研会秘书处编辑了2009年第3期《交通政工研究》；集团先后有18篇论文和调查报告被中央党建政研会主办“成果集”和全国交通职工政研会主办的《交通政工研究》收录刊登，有两篇论文获得“纪念新中国成立60周年交通运输业发展与行业文明建设”征文活动纪念奖；中海油运船舶政委应海波《从反腐倡廉科学化看船舶行风建设》一文入选中央纪委论文选。针对基层（船舶）党建、船员队伍建设等工作内容立项选题，开展调研，取得较好成果。

（二）“十二五”时期的主要工作

“十二五”时期，针对全球化、信息化、多元化的时代特征，针对中国海运转型发展的新要求，集团和各直属单位政研会积极开展了形式多样、内容丰富的政研活动，深入研究和完善企业文化建设评价体系，开展企业文化建设示范、达标单位评选。面对复杂多变市场的形势，集团多次召开工作务虚会和企业文化建设推进座谈会，并对政研会工作提出新的思路目标：

一是强调从时代高度来审视政研会工作的思路，用发展的眼光来研究政研会工作的内涵，以创新精神来提升政研会工作的活力，用开放意识来打造政研会工作的平台，用包容的心态研究当前职工的思想意识，不断推进政研会工作的创新与发展。

二是强调坚持服从服务于党和国家大局，服从服务于企业改革发展稳定大局，服从服务于企业党政主要工作，服从服务于企业职工队伍建设建设需求，充分发挥政研会的桥梁纽带和服务平台作用。

三是强调明确工作重点：着力推动企业社会主义核心价值体系建设，巩固干部职工建设“世界一流”的共同思想基础；着力推动企业党的建设、思想政治工作、企业文化建设和精神文明创建活动，全面提升职工队伍综合素质和企业形象；着力推动提高研究成果应用实践能力建设。

四是强调“五个融入”，即融入集团提出的“深化结构调整、推进‘五个转型’”的科学发展实践中，融入推进企业精细化管理，融入企业党的建设和人才队伍建设，融入企业文化建设实践和文明创建活动，融入企业党风和行风建设，积极撰写和发布一批具有创新价值和实践性强的高质量文章，积极助推企业科学发展、实现“十二五”发展目标。

在推进政研会工作中，集团十分注重成果转化运用，及时把研究成果运用到企业改革发展和党建思想政治工作的具体实践中，在实践中检验和完善研究成果。

一是搭建平台。中海油运、中海集运、广州海运、上海海运等单位分别以发展论坛、周末讲坛、道德讲堂、海运论坛等作为成果发布、推广平台，以启迪思索、鼓励创新为目的，在形式上探索了互动研讨、案例分析、成果讲评等多种形式，较好地发挥了成果推广应用的作用，并成为各自的品牌。

二是汇编成果。集团和各级政研会通过内部网站、报刊等对优秀成果进行发布，一些单位把优秀成果汇编成册，扩大了研究成果的学习推广范围。如：中海国际坚持研究与运用相结合，编写了《政委工作案例选编》,《海运报》进行了转载宣传推广；中海船务全面总结回顾企业发展历程，梳理优秀服务典型和企业文化成果，编纂了《服务为本》专辑、《优秀政研论文汇编》等；上海海运积极总结研究信访维稳工作，总结归纳出信访维稳专兼职干部的“四方面基本素质要求”，接访工作中应努力建立的“四个工作目标”，处置和化解矛盾中的“十大关注问题”，思维运作技巧中的“十二个智慧运用”等内容，将实践成果编撰成讲义教材，在集团信访维稳干部专题培训班上授课辅导。

三是形成制度。“十二五”时期，在推进企业改革发展中，特别是通过开展党的群众路线教育实践活动以来，集团各级政研会协助本单位党组织探索建立了具有实际效用的长效机制。集团政研会会同党组工作部以加强中心组学习为内容，制定了《关于进一步加强和改进集团中心组学习的意见》；为进一步加强和改进企业党建思想政治工作研究，充分发挥好“思想库”和“智囊团”的作用，集团政研会修改完善并印发集团《关于加强和改进企业党建思想政治工作研究的指导意见》。

2014 年，集团直属党委根据上级有关精神将“中国海运（集团）总公司职工思想政治工作研究会”更名为“中国海运（集团）总公司党建思想政治工作研究会”，并重新修订了《章程》，组成了集团党建思想政治工作研究会第一届理事会。

2012—2014 年，集团共收到各单位报送论文成果 200 余篇，16 篇论文成果分别被中国交通职工政研会主办的《交通政工研究》等刊登，9 篇次论文课题分别获得中国政研会、上海市政研会、中国交通政研会优秀论文奖。其中，《现代企业制度优势与党组织政治优势相融合的探索》分获中国政研会 2013 年课题研究成果二等奖、全国交通运输行业优秀政工论文一等奖、上海市党建研究会优秀论文一等奖，中海集运的《新形势下船舶党建工作的探索和实践》分别获得中国政研会课题研究成果三等奖和全国交通运输行业优秀政工论文三等奖。

七、加强集团工会工作

集团工会坚持与时俱进，不断改进和创新工作方式、方法，努力把工会组织打造成为企业党政组织与广大员工的纽带和桥梁，最大限度地激发员工生产积极性。十多年来，集团工会除了做好保障职工权益、关心关爱员工、履行企业社会责任等工作外，还在推进民主管理、开展劳动竞赛与文体活动、打造劳模精神等方面做了大量工作。

（一）不断推进民主管理

集团工会认真落实《工会法》《劳动法》《劳动合同法》《船员条例》等法律法规，结合企业改革重组的实际，制定下发《关于全心全意依靠职工群众办企业的实施意见》《集团职代会实施细则》《职代会民主评议企业领导干部制度》《企业业务招待费使用情况向职代会报告制度》《厂务公开制度》等民主管理制度以及《关于进一步加强集团系统职代会制度建设的指导意见》和《关于进一步加强厂务公开民主管理工作的意见》等制度，使企业民主管理有章可循，逐步建立和形成了长效机制。

集团成立之初，就建立起了职代会制度，强化职代会在企业重大决策中的作用。经过十多年完善，已建立起集团、直属单位、基层单位三级职代会网络体系，职代会覆盖面不断扩大，运行质量不断提高。在处理职工提案上，对因各种原因暂不能解决的问题，全部书面答复，取得职工理解和支持。凡涉及企业重大改革发展方案和职工切身利益的问题，如集团发展规划、船员调资、企业年金、补充医保方案等，都提交职工代表审议通过后实施。工作中，集团工会注重发挥职工代表巡视监督作用，对企业安全生产、防暑降温、食品卫生、劳动保护等进行巡视检查，发现问题及时督促行政整改，维护了职工合法权益。同时建立起与职工的沟通平台，对涉及船舶管理和船员切身利益的热点问题，如船舶伙食费管理、工资奖金分配、船员职务提升与奖惩等内容及时公开，形成了具有航运特色的船务公开民主管理方式，为促进船舶安全生产、稳定船员队伍发挥了重要作用。2015 年，在集团五届一次职代会上，集团工会共征集到 41 份合格提案，内容涵盖安全监督、运营管理、战略发展、人力资源、科技信息和党建工作等方面。总部机关相关职能部门认真出具了承办处理意见，并全部反馈给撰写提案的职工代表。经测评，职工代表对承办处理意见表示“满意”的为 37 份，占 90.2%；“基本满意”为 4 份，占 9.8%。

十余年来，集团充分发挥工会作用，用企业发展取得的优异业绩和未来发展目标鼓舞士气，凝聚力量，坚定信心；加强人文关怀和心理疏导，把党和国家的各项政策措施与企业的决策部署讲清楚，对职工群众的利益安排讲明白，解疑释惑，增进共识；坚持关心职工、关爱船员、关怀困难职工家庭，为职工群众包括离退休职工做实事、办好事、解难事，把企业改革发展的成果惠及广大职工群众；坚持用企业发展的历史、建设世界一流企业的愿景教育引导职工群众尤其是青年职工，激励他们与企业同成长、共发展。

（二）积极开展劳动竞赛与文体活动

1998 年 3 月 6 日，中海集团工会在全系统组织开展以“人均节约 2000 元、船均节约 20 万”为主要内容的“中海杯”劳动竞赛。此后，该项活动就一直被延续下来。直至 2015 年，每年根据不同重心赋予不同的活动主题，从力拼“突破口”到奉献“质量效益年”，从争当“新世纪先锋”到“提素质、创佳绩”，从“新发展新贡献”到“一流企业、一流员工”，从“增收节支”“降本增效”到“节能减排”“精细化管理”，从“同舟共济”到“双有”“双爱”，“中海杯”劳动竞赛紧扣企业发展中心任务，年年都有新主题，年年都有新亮点，在调动职工生产劳动热情、推进企业进步中发挥了积极作用。

“十一五”期间，集团工会发动广大职工群众开展各类劳动竞赛以及“合理化建议”活动。如在职工中开展安全格言和“安全大家谈”征集活动，收到安全格言 2467 条，征文 168 篇，汇编成《安全生产格言》一书。在学习实践科学发展观活动中，开展我为科学发展献计献策“金点子”大赛活动，发放调查问卷 6197 份，征集意见建议 3940 条，“金点子”204 条，充分激发了广大职工的工作热情与聪明才智。

“十二五”时期，集团工会在开展“中海杯”劳动竞赛中，坚持结合企业实际，制定具体方案和工作措施，不断激发职工创新能力，挖掘职工创新潜力，推动企业加快创新驱动、转型发展。2015 年，各单位共开展各类劳动竞赛 411 次，参加人数 40522 人次。开展职工素质教育活动 4499 次，培训职工 67471 人次；组织职工技术比武 228 次，有 6538 人次参加。各级工会还坚持把开展合理化建议活动作为劳动竞赛的主要内容，发动职工为推进企业管理献计献策，共提出合理化建议 3202 条。

在各类竞赛活动中涌现和培育了一大批揽货能手、业务尖子、服务明星、安全标兵、节能高手和安全无缺陷、团队合作好的先进集体，其中不乏获得全国“安康杯”竞赛表彰者以及获得全国技术能手和中央企业、省部级技术能手等称号的集体和个人。劳动竞赛已成为培育职工爱岗敬业、改革创新的重要平台，成为推进企业改革发展的强大动力。

集团职工体育文化事业也蓬勃发展，2002 年 4 月 25 日，中海集团第一届职工体育运动会于拉开帷幕，奠定每年开展的全体职工运动“四件套”（乒乓球、羽毛球、足球和游泳）运动的基础。职工文化体育的蓬勃发展，丰富了职工业余文化生活，增进了各单位和职工之间的交流，增强了企业的凝聚力，已经成为企业文化建设的重要组成部分。

2012 年 6 月 27 日，集团在上海东方艺术中心隆重举行中国海运成立 15 周年纪念大会（图 3–20）。国务院国资委主任、党委书记王勇为集团成立 15 周年发来了贺信。集团董事长、党组书记李绍德在会上致辞，他回顾了集团 15 年的发展历程，并强调指出，在新的起点之上，中海人要积极迎接航运市场的新挑战，坚持稳中求进、转型发展、全面提升管理不懈怠，坚持结构调整不松劲，坚持“一流”目标不动摇。大会举行了“中国海运

八、加强集团共青团工作

1998 年 4 月，集团成立中国海运（集团）总公司团工委。成立之初，团工委设书记 1 人、副书记 1 人、常委 5 人、直属单位团组织 13 家。后随集团业务发展，先后新增团组织 7 个；2005 年增补团工委常委 4 名，新设团工委委员 9 名。2007 年，为贯彻落实中组部、团中央和国务院国资委党委《关于进一步加强和改进中央企业共青团工作的意见》以及集团党组对共青团工作的要求，根据团章规定，将中国海运集团团工委改为团委，成立共青团中国海运（集团）总公司委员会，并于 2007 年 3 月召开共青团中国海运（集团）总公司第一次代表大会，选举产生了共青团第一届委员会。首届团委由 9 名团委常委、17 名团委委员组成，正、副书记由首届团委会选举产生。

中国海运集团自成立以来，就始终围绕"两个服务"（服务企业党政中心与服务青年），积极开展企业共青团工作，加强企业团组织建设，凝聚青年力量，提升青年素质，发挥青年作用，并以此为抓手积极推动集团的改革发展。

（一）积极引领青年成长成才

集团团委根据国内外市场发展变化，加强形势任务教育，每年向船岸广大团员青年发出倡议书，号召青年为集团改革发展多做贡献；邀请集团领导为团员青年作形势报告；组织开展"共话集团发展"和"继往开来、时刻准备"老干部与青年座谈会、"我与中海同成长"英语演讲比赛等活动，引导团员青年加强学习、注重实践，为应对国际金融危机挑战和推动集团科学发展贡献智慧与力量。

在加强青年理想信念教育方面，"十二五"期间，集团团委结合船岸青年群体不同特点，通过举办培训班、座谈交流会、现场教学、海上课堂以及微信平台互动等形式，组织团员青年认真学习党的十八大精神和习近平总书记系列重要讲话精神，积极培育和践行社会主义核心价值观；深入开展爱国主义教育和形势任务教育，开展"奋斗的青春最美丽"主题活动，引导青年正确认识新常态、适应新常态、融入新常态，充分认识"一带一路"倡议为集团发展带来的新机遇、新挑战；先后组织开展了"转型发展，有我同行"主题 PPT 大赛、"中海文明，卡卡传情"电子贺卡设计大赛和"中国梦·中海情"微电影大赛等一系列竞赛类活动。

在团员青年教育培训方面，集团团委和各级团组织充分发挥团组织的育人功能，努力为青年成长成才、施展才华搭建平台和提供舞台，着力打造"世界一流"高素质青年人才队伍。随着集团快速发展，各单位每年都招收大量应届毕业生，为企业补充新鲜血液。各级团组织坚持从源头着手，兼顾机关、船舶、一线不同青年群体的差异化需求，抓好新进员工的教育培训，上好踏入工作岗位的第一课，举办青年骨干业务讲座，引导团员青年在工作中学习、在学习中工作，为提升青年人才职业发展空间打下坚实基础。"十二五"时期，集团团委积极开展各类青年培训；以中海青年讲坛为载体，先后开展了公文写作、古典音乐文化普及、新媒体应用等方面的培训和讨论，促进青年综合素质的提高。直属各单位积极配合人力资源部门开展的入司教育、拓展训练等青年员工培训。中海散运举办"领跑青春"青年大讲堂；中海工业以"向奋斗者致敬"为主题举办上海地区劳模先进与团员青年座谈会，用劳模的示范效应鼓舞青年。

在培养选树先进青年典型方面，集团团委坚持每年评选表彰青年文明号、青年岗位能手、青年安全生产示范岗、十佳青年、五四红旗团组织、优秀共青团员和优秀团干部，并加大宣传力度，在集团内部报刊发布事迹专版，举办先进事迹报告会、团员青年与驻外干部座谈会和援疆干部的报告会，用身边事教育身边人，发挥先进典型的学习示范、技能示范、实践示范作用。“十二五”时期，集团团委进一步加强先进典型培养力度，进一步规范先进评选工作流程，大力挖掘在集团生产运营中涌现出的先进青年典型。如配合有关部门做好《最美一线员工——身边的小扁担》事例推荐工作，努力用身边的实例讲好发展成就、青春奋斗故事，充分展示中海青年良好的精神风貌，鼓励广大青年通过奋斗践行理想，以实际行动响应“青春建功中国梦”的号召。

（二）着力开展青年主题实践活动

各级团组织围绕集团的党政中心工作，通过“看得见、摸得着”的有形载体，运用具体活动形式，体现共青团工作对企业改革发展的积极贡献。

围绕集团创新创效工作，集团团委和企管部坚持每两年举办一届青年创新论坛，鼓励船岸广大团员青年围绕市场营销、企业管理、安全生产、信息化建设、防海盗工作等方面进行交流和发表论文，支持广大团员青年不断深入思考，积极创新。上海船研所“智能研发中心综合业务收费平台”项目荣获中央企业青年创新奖银奖，“大桥防撞研究设计”等三个项目荣获中央企业青年创新奖优秀奖。

围绕集团的安全管理工作，各级团组织以防碰撞、防污染、防海盗、防工伤为重点话题，开展“安全在我心中”“安全无缺陷班组”“百日安全无事故”“我为安全生产献一计”等活动。中海集运、中海油运、中海货运加强船舶过往亚丁湾海域防海盗应急演练，落实船舶团员青年防海盗责任，提升防海盗技能；大连海运（中海客运）团委组织开展“珍惜生命、确保安全”知识竞赛；中海国际团委以安全生产为主题开展青年船员岗位竞赛活动；上海海运船舶污水处理厂开展青年安全承诺活动；中海物流开展“安全生产月”知识竞赛和“119 消防日”消防灭火技能竞赛，提高青年员工的安全知识和技能。

围绕集团转型发展战略，集团团委和各级团组织根据不同时期的发展要求，先后开展了“调结构促转型上水平，我是青年我先行”“我为中国海运科学发展建言献策”金点子大赛和“与祖国共奋进、与中海同前行”“以青春之我奉献百年之中海”等主题实践活动，通过领导寄语、演讲比赛、辅导报告、座谈讨论、征文征图等形式，用中国海运的宏伟事业凝聚广大团员青年。

围绕履行社会责任，集团团委积极开展青年志愿者服务活动。一是持续开展“浪花·心愿”助学结对活动。“十二五”时期，选派志愿者代表赴云南永德开展社会实践，成功为贫困学生搭建一对一助学结对平台；组织开展爱心义卖，充实“港湾”爱心基金。二是持续推进青年志愿服务活动。坚持学雷锋活动常态化，每年 3 月开展“志愿服务月”系列活动，依托微信公众平台，开展“我志愿、我快乐”中海微讲坛，鼓励志愿者分享志愿活动心得体会。积极推进绿色环保活动，在中海工业长兴船厂开展“中海青年林”植树活动。集团青年志愿者服务总队获得亚信峰会“优秀志愿者团队”荣誉称号。三是深化青年与老干部结对工作机制。与上海海运老干部处联合开展老干部与青年“忘年交”联谊活动，“重阳节”期间组织各结对支部广泛开展参观、慰问、座谈、赠送重阳糕等敬老、爱老活动，强化敬老意识，促进老干部与青年之间交流。上海海运、广州海运发挥地区优势，组织开展“和睦文明家庭、好子女”交流座谈会、“老少同乐、体验之旅”暑期夏令营等活动。

（三）坚持党建带团建与团建创新

集团团委认真贯彻全国基层党建带团建工作座谈会精神和《关于进一步加强和改进中央企业共青团工作的意见》《上海共青团加强基层组织建设和基层工作方案》要求，从组织建设、团干部队伍建设、团员队伍建设和信息化建设四个方面入手，不断加强基层工作。中海油运团委以开展基层组织建设试点工作为契机，规范和细化船舶团支部工作细则；中海国际团委按照船舶“三管”要求，与各船公司积极配合，认真做好共青团工作移交和衔接，确保各项工作不断不乱；上海海运、广州海运、大连海运、中海海盛和驻深圳地区团工委切实发挥属地管理职能，不断增强所在地团组织的凝聚力和战斗力；中海货运、中海船务推广《共青团支部工作手册》，进一步加强船舶团支部和基层网点团支部建设。中海工业、中海投资等单位积极探索外来务工群体团组织建设，扩大团组织覆盖面；中海信息协助集团团委加强“青年之家”网络阵地建设，努力把网站建设成集团共青团组织开展工作和活动的重要平台。

在开展团建创新工作方面，集团团委积极参加上海市港航单位网格化团建，与港务、海关、海事等17家港航口岸单位联合，共同举办了学习党的基础知识、青年文明号号长培训、港航青年论坛、青年文明线共建等活动，并以座谈、研讨等方式就项目协作、资源共享、团建交流等方面进行探讨，服务上海国际航运中心建设；加强与上海市虹口区团委的区域合作，通过青年联谊、志愿者服务、与街道团组织文明共建等方式，发挥区域团建优势，进一步扩大团建工作的覆盖面和影响力。各基层团组织加强与行业或所在地街道团工委的工作联系，如中海集运与锦州市团委共建，中海空运参加虹桥开发区团建联席会，上海海运、中海财务等单位与提篮桥街道团工委加强沟通协作，中海工业与学校团组织共同开展文体活动等，在共享中共建，在共建中共进。同时，集团注重加强和创新基层组织建设，如中海国际主动与船舶调配员沟通，确保主营船舶、自管船舶建团率达100%，市场船舶有条件的也尽量成立团支部；工作中坚持在船舶套派前与政委进行工作沟通，与团支部书记谈话，明确工作要求和职责；各船公司结合船舶生产经营特点，组织开展各项活动，并加强跟踪指导。上海海运试行团委委员基层联系点制度，加强对基层团支部的工作指导，上下互动，激发基层组织活力。中海投资成立了公司团委，以“组织找团员”的方式，将各集装箱箱厂外来务工青年中的300多名团员纳入团组织管理范畴，通过组织凝聚、活动凝聚、服务凝聚，加强团员意识，发挥青年先锋模范作用；此外，他们还通过组织选举产生一名外来务工团员参加了连云港市团代会，在增强外来务工团员民主意识和团员意识上作了有益尝试。

推优工作（推荐优秀共青团员作为党组织的发展对象）是共青团的一项重要工作。集团团委和集团组织部于1998年共同制定下发了《推荐优秀团员青年作党的发展对象工作规范》，2006年对《规范》进行了修订，对“推优”入党的对象与条件、原则与程序、责任与分工、组织与领导等方面工作进行了明确；集团直属各单位都结合实际制订了本单位推优工作规范，以“一线、一流、青年”为主体，加大“推优”工作力度，完善“推优”工作程序，不断提高“推优”数量和质量。从集团组建初期直至“十二五”时期，集团团委和各级团组织始终坚持把“推优”工作作为向党组织输送新鲜血液的主要渠道，使共青团员成为党组织发展青年党员的主要来源。

第十一节　打造幸福中海与责任中海

在企业发展过程中，中国海运在创建自身效益的同时，还把社会责任理念融入日常经营当中，把服务社会作为责无旁贷的使命。集团坚持以大局为重，坚决贯彻中央和国务院的战略部署，发挥大型国有航运企业的骨干作用；坚持国家利益至上，为国家社会经济发展提供可靠的运输服务；采取积极措施应对资源环境的挑战，在稳健运营中珍惜自然资源，爱护海洋环境，减少污染物排放；同时，发扬奉献精神，积极援助救灾献爱心；在国家与人民最需要的关键时候，总是挺身而出，为社会公益做出积极贡献，有效促进和谐社会的发展。

一、积极承担海运强国的国家战略使命

（一）着力保障国家重要物资运输

中国海运在国家能源以及关系国计民生的重要物资运输中，发挥了重要的支持和保障作用。

作为国内各大发电企业及煤炭集团重要的战略合作伙伴，中国海运长期提供充足、及时的水路煤炭运输保障服务，为广东省提供约30%的电厂煤炭运输总量，为海南省提供约70%的电厂煤炭运输总量，为上海市提供约90%的电煤运输保障。作为沿海煤炭运输的主力船队、国内大型电厂煤炭运输承运企业，集团旗下的中海散运积极组织运输生产和运力调配，每天关注电厂的存、耗煤炭变化，按电厂要求及时安排运力，保障了电厂用煤需要及电力供应安全。

华能海南公司是海南省主要的电力供应企业。2014年受“威马逊”和“海鸥”两大超强台风的影响，华能海南公司马村电厂港口航道设施受损严重，致使电厂电煤库存告急，电力供应一度出现紧张局面。集团旗下的中海海盛在得知上述情况后，将保障海南电煤供应作为首要任务，按照华能海南公司临时提出的进煤计划，紧急调用运力承运，同时协同华能海南公司协调有关单位尽快落实航道的恢复工作，并多方协调，保证船舶的顺利接卸，

及时将电煤送达，有效保证电力供应做出了贡献（表 3–27）。

中国海运煤炭运量及电厂煤运量统计（2011—2015 年） 表 3–27

年份（年）	煤炭运输总量（万吨）			电厂煤运输总量（万吨）		
	合计	国内	国外	合计	国内	国外
2011	12670.42	11522.18	1148.24	10253.13	10247.63	5.50
2012	12472.87	10473.53	172.93	8046.86	9046.86	0
2013	13981.37	12098.05	1883.32	8854.03	8854.03	0
2014	16268.13	14537.06	1731.07	11304.89	11283.43	21.46
2015	16346.33	14682.62	1663.71	11370.00	11319.12	50.88

随着中国经济的快速发展，中国原油进口量迅猛增加，保障进口原油运输安全日益重要。作为国内最大的石油运输企业之一，集团旗下的中海油运保持船队规模、经营实力、管理能力以及综合素质方面领先的优势，坚持优质运输，优质服务。中国海洋石油公司的一些海洋平台终端，如渤中 25–1，由于产量大、储油船小，每隔 5 天必须有一艘 3 万吨油轮过驳承运，一旦产生不可抗力气象因素，油轮不能按时或提前靠泊承运，海洋终端就会压井停产。为保障渤中 25–1 终端海洋平台的正常生产，中海油运与该终端签订保障协议，公司船舶提前五六天到达终端，随时待命装油。

2015 年，集团承运煤炭运输 1.63 亿吨，其中为国内大型电厂承运的电厂煤 1.14 亿吨；承运石油 8211.78 万吨，其中原油 6230.81 万吨。此外，还承运粮食 114.10 万吨，金属矿石 6131.13 万吨，集装箱 1162.89 万 TEU。

（二）积极拉动国家沿海沿江经济

中国海运与沿海、沿江各省（区市）建立了长期、紧密、稳定的运输战略合作关系，通过海铁联运、集装箱和散货运输等方式，为各省（区市）的发展建设提供了一条经济、快捷、优质的物流通道，带动了港口和临港工业的发展，促进了地方经济的增长。

海南省的经济建设与水运发展息息相关，有 98% 的进出岛货物需通过海运完成。作为海南航运业的龙头企业，中海海盛承担着海南省电煤、铁矿石等关系国计民生的战略物资的运输任务。对此，公司积极服务于特区建设，有力促进海南省经济社会发展。在海南省大宗内贸散货运输市场，集团所占份额始终保持在 70% 以上。中海海盛因出色地完成各项任务被评为中国交通企业百强、海南省“最具影响力十大品牌企业”。

早在“十一五”期间，国务院提出“长江战略”，计划利用内陆水系和海上运输联网，发挥江海联运的优势，带动沿江经济发展。中国海运 2003 年正式进入长江航线，并自 2008 年开始，不断完善支线网络的覆盖面，增加班期密度，在长江各口岸出口集装箱的承运份额每年都达到 7% 以上。集团的“十二五”规划提出，中国海运要让更多的长江沿岸区域享受到更便捷的船运服务，支持沿江区域的产业发展，为长江沿岸区域提供更多个性化、差异化服务，降低企业运输成本。“十二五”期间，为响应国家“长江战略”，为长江中游城市群发展提供运输便利，集团通过加强与上海集海、湖北外运、重庆民生等长江区域船公司以及上港集团的合作，有效提升长江区域运输服务水平，扩大了航线覆盖面，提高了班期密度和准班率，助力“中部崛起”和西部地区发展。

（三）积极投入上海国际航运中心建设

“十二五”时期，上海作为国际大都市，其“四个中心”建设特别是上海国际航运中心建设取得了新成就。上海的港口集装箱吞吐量连续稳居世界第一，自贸区航运管理制度创新有序推进，国际船东总部经济不断壮大，航运金融与海事法律服务体系不断完善，波罗的海国际航运工会、波罗的海国际航运交易所等国际知名航运组织在上海设立分支机构，聚集效应不断显现。随着上海国际航运中心的进一步完善升级，中国海运集团获得了更多的商机、更大的平台。

与此同时，作为总部设在上海市的中央重要骨干航运企业，中国海运集团始终把自身发展融入服务上海经济建设之中，积极参与上海国际航运中心建设。集团旗下大部分专业子公司的总部都设立注册在上海。“十二五”时期，集团在上海市投资的企业约 120 家；从 2002 年至 2015 年，中国海运的集装箱船队连续 13 年在上海集装箱港口吞吐量中排名第一；“十二五”时期，中国海运在上海地区的总资产和营业收入在集团的占比均超过 60%。除船队建设与航运经营业务外，中国海运还在上海积极开展航运金融、海事教育培训等业务，同时对上海的航运信息咨询、海事法律、航海教育、船舶代理及船务代理等产业形成强大需求；并通过开展集装箱沿海捎带、海运国际中转、船舶登记注册等业务，积极支持上海自贸区建设。

（四）支持国家重大科学实验

中国海运积极参与国家重大实验和科学探索，并全力提供船舶航行保障服务。

2013 年，集团担负为国家南极科学考察船“向阳红 09”号和深潜作业船“蛟龙”号提供服务的任务。6 月，厦门中海船务公司接受船东委托，为南极科学考察船“向阳红 09”号在厦门港提供代理服务，保障该船的顺利运行。接到任务之后，厦门中海船务在第一时间组织最精干的人员组成专门的服务小组，并提前布置相关保障工作。“向阳红 09”号抵达厦门后，中海船务员工夜以继日连续工作，及时采取应对台风登陆的措施，安全接送人员及设备 40 批次，保证了“向阳红 09”号的顺利出发与科学考察。

二、大力推进绿色航海

长期以来，航运业对海洋环境以及全球气候变化产生的影响一直被低估，直至进入 21 世纪才开始受到瞩目，“绿色航运”及“绿色竞争力”也成了航运界倡导的一个热点词汇。国际海事组织（IMO）2007 年指出，如果航运业对碳排放不加以控制，将在 2050 年增长近 5 倍，达到全球排放总量的 18%。中国政府同样高度重视环境问题，明确提出将“生态文明建设”作为未来的经济、政治、文化、社会、生态文明“五个建设”的重点之一。

对于培育绿色竞争力的意义，除了保护生态环境，还有益于转变航运企业价值观，激发新的企业管理理念，推动管理创新。为此，许多船公司把培育绿色竞争力视为转变发展方式、促进又好又快发展的需要，视为履行社会责任、塑造品牌形象的必然要求。在打造绿色竞争力方面，中国海运坚持“绿色服务”的理念，把保护环境作为企业义不容辞的责任，长期致力于提高能源利用效率、减少碳排放，大力推进绿色航运。

（一）优化船队结构，打造绿色船队

“十二五”时期，中国海运充分利用国家有关航运新政策，加快推进落后运力报废处置计划，投入节能环保新船型。“十二五”时期，集团共报废处置老旧船 182 艘，共计 525 万载重吨，与“十一五”末（2010 年）相比，中国海运的船舶数量增长 15%，但船队运力规模增长 72%，平均船龄从 11.3 年下降到 6.6 年，船舶大型化、年轻化趋势明显。同时在新建船舶中大量使用节能新技术和新工艺。例如，中海集运的超大型船舶 191000TEU 系列的集装箱船，就充分突显了节能环保性能，该船长、宽、深分别为 400 米、58.6 米及 30.5 米，采用电子喷油控制柴油机，主机功率 77200 马力，并配备 2 台船舶压载水处理装置。船舶停靠码头时，可采用码头岸电供给系统，提升绿色、环保性能。该船在 17 节慢速航行时，燃料消耗在 150—200 吨 / 天的范围，这一结果甚至低于早期 5600TEU 船的耗油量，节能效果显著。其 EEDI（船舶能效设计指数）指标比 IMO 规定的 2015 年第一阶段限值低近 50%，有效地减少了碳排放，船舶能效水平得到大幅度提升。

2013 年，中海集运荣获“中国上市公司环境责任交通运输行业领袖奖”和“中国上市公司环境责任百家企业奖”。

（二）实施经济航速，开展绿色航海

根据市场特点，综合考虑油价、运价等因素，中国海运合理制定船舶降速航行指标，优化运营航线，通过技术改造和新技术应用，推行主机降速航行。中国海运拥有的大型集装箱船舶中，有 93% 的船舶根据需要运行在 15%—20% 的超低负荷，油轮和干散货船队也执行了不同程度的降速航行。根据燃油消耗统计，2015 年中国海运通过实施降速航行，共计节约燃油 50 万吨，减少二氧化碳排放 160 万吨。中海集运在实施经济航速工作中，推行船舶航速分级管理制度，管控各航线的船舶船速。公司海监室每天监控船舶燃油消耗，加强对“异常停航”“班期管理”等要素的监控，做到“全天候、全过程、全覆盖”，执行“每日、每周、每月”通报机制，把每天监控中发现的船舶航段航速超过航线计划规定航速、每周有 2 天以上超过基础油耗 12% 的船舶、每月有 4 天超过基础油耗 12% 的船舶等异常情况进行及时通报，并把异常情况没有消除的船舶列入“黑名单”，进行持续跟踪，直至整改完毕，进行“闭环管理”。

（三）推动改造升级，强化绿色技术

“十二五”期间，集团加快对现有船舶的节能技术改造，节能环保投入逐年增加，“十二五”末节能环保投入比“十一五”末增加 180%，仅 2015 年上半年的节能环保投入也已超过 2010 年全年。2015 年，中国海运已有 90% 的自有船舶完成了汽缸油电子注油器改造和升级，60% 的自有大型集装箱船安装了增压器切断装置，85% 的自有大型集装箱船舶实施最优浮态节能，完成了 4 艘大型集装箱船球鼻艏改造，这些措施的使中国海运船队具备了更大幅度的降速航行和节能空间，有效实现了降本减耗。2015 年，在船队规模和周转量大幅增加的情况下，集团的燃油消耗却比 2010 年下降了 12%，与 2014 年同比下降 7%。

（四）使用清洁能源，确立绿色理念

中国海运成立以来，一直致力于改善企业的能源结构。在航运企业中，集团积极配合上海、深圳港等国内港口开展岸电试点实验，较早开始使用船舶岸电，“十二五”末约有50艘集装箱船舶安装了岸电接收装置，是国内拥有岸电设备船舶数量最多的航运企业（图3-22）。从2011年起，美国洛杉矶港务局连年向中国海运颁发了“减速降污染特别奖”；集团在保护全球环境、减少空气污染上所做的努力得到了洛杉矶当地的广泛赞许。在国内，集团率先按照船级社规范标准进行内河船舶LNG双燃料动力改造，改造后单船年均减少二氧化碳排放500吨以上，环保效果明显。同时，在新造船上，集团秉承绿色航运理念，在新设计的大型集装箱船和矿砂船均满足LNG Ready设计规范要求；在新能源运输领域，积极开拓LNG运输市场，与中石油、中石化等联合组建LNG运输船队。

图3-22　2010年7月5日，中国海运与上港集团联合研发船舶岸电系统，携手共建绿色水运。图为上海港港口岸电系统启动仪式。

（五）加强环保研发，坚持绿色创新

长期以来，中国海运坚持科技创新驱动，通过自主研究和联合开发，先后开展了船舶气膜减阻研究、船舶纵倾优化浮态节能研究、智能船舶及船联网应用研究和船舶尾气一体化后处理系统研究等项目，并探索航空发动机在民船上的应用、电/柴联合和汽/柴联合推进技术的储备。通过一系列能效管理措施的落实，集团的能效水平逐年提升。2015年，中国海运经营船舶的燃油单耗为3.92千克/千吨海里，二氧化硫排放强度为0.24千克/千吨海里，超额完成集团“十二五”节能减排目标。

（六）健全能效管理体系，开展绿色管理

为进一步加强能源管理、提高管理效益，中国海运的主要航运公司构建起一套完善的能源管理体系和标准化流程，并通过建立“主机负荷授权制度”和“燃油消耗分析制度”，加强能效监管。自2007年起，集团经营的集装箱船能效数据收录于中国船级社能效管理系统中，接受船级社的监督。根据系统数据显示，中海集运的集装箱船队能源绩效始终名列前茅，EEOI（船舶能效运营指数）逐年下降，至2015年，已相比“十一五”末（2010年）下降36%，绿色服务成果显著。中海油运在节能减排工作中，运用无边界管理理念，成立了由公司总经理、主管副总经理亲自挂帅，生产运营部、船管部、市场营销部和相关人员参加的“综合节能监控小组”，工作小组每天在生产会后召开专题会议，实时监控每艘船舶的航行油耗、货油加温、洗舱、充惰、压载水置换等主要节油环节。通过推行无边界管理理念，打破了机关的部门界限，实现了机关对于节能工作的全面、全员、全过程管理；通过船岸联动机制，实现了节能工作的船岸无缝接，全面梳理了节能工作的主要质量管理点，包括锁油、加装燃油、经济航速、货油加温、洗舱、充惰、压载水置换等；通过船岸

令，先后派“新秦皇岛”轮、“天杨峰”轮和“新福州”轮（后改为“新常熟”轮）等多艘船舶在利比亚海域集结待命，准备执行中国驻利比亚人员撤离（撤侨）任务。2月23日凌晨，“新秦皇岛”轮先期抵达利比亚班加西港待命，随后“新福州”轮和“天杨峰”轮也来到指定海域锚泊待命。2月26日以后，3艘船舶又按外交部的要求先后驶向利比亚米苏拉塔港待命。待命船舶克服困难，认真做好船舶的舱室、食品、饮水、救助等各项准备，并制定了安全保障措施和应急预案，成为此次利比亚撤侨行动中的重要后备力量保障。外交部对中国海运积极协助撤侨工作先进集体和先进个人提出表彰。交通运输部授予中国海运“利比亚撤侨工作先进集体”荣誉。

一方有难，八方支援。中国海运在危险中勇于承担责任，积极参与国际救援。2011年3月，日本遭受特大地震及其引发的海啸袭击，导致日本国内燃油紧缺。中国政府决定无偿援助日本政府汽油和柴油各1万吨。接到通知后，集团和中海油运高度重视，对有关工作作出了周密部署，指令正在大连锚地的“盛池”轮原地待命，要求妥善做好装卸油的各项准备，确保安全、快捷地完成援日燃油运输任务。“盛池”轮全体船员在16日接到指令后，立即投入紧张的洗舱工作，确保每一个船舱都能符合装载要求，对受载运输等每一个环节都进行了认真的梳理，做到精益求精，确保万无一失。3月28日14时35分，“盛池”轮开始装油。此前，海关、检疫、港口等方面都为“盛池”轮开辟了“绿色通道”，通过验舱等受载前检查，顺利完成联检手续。整个装载过程经历16小时，于29日6时30分结束。至此，“盛池”轮圆满完成运输2万吨燃油的救援任务（图3-24）。

图3-24　2011年3月，中海油运“盛池”轮承担我国向日本地震灾区援助2万吨燃油的运输任务，为日本当地救援工作提供支持。

2012年10月，一级飓风“桑迪”在北美控股公司总部所在地美国东岸新泽西州附近登陆。飓风过后，北美控股积极组织灾后捐款活动，捐款全部上交给新泽西斯坦顿岛飓风救助基金。与此同时，“桑迪”飓风又横扫了纽约港，“中海温哥华”轮的船员放弃休息时间，帮助印度船运公司（SCI）的国际海员中心将一楼的物品搬运到高处。

中国海运集团在实施“走出去”战略的同时，还积极参与当地公益活动，与当地建立和谐的社区关系。集团英国公司坚持捐款给当地儿童基金会、当地市长慈善基金，并向伦敦“中国周”活动提供支持；荷兰公司赞助当地残障儿童健康恢复计划、慈善机构救济等项目；意大利公司和以色列公司赞助针对当地儿童的公益活动。

集团还在海外开展卓有成效的文化交流活动，弘扬中国文化，展示中国形象。随着进驻罗马尼亚的中国企业逐年增多，中国海运罗马尼亚公司与多家当地中资机构联合开展“中国梦企业奖学金”活动；2013年6月29日开展首届颁奖活动，为13名来自罗马尼亚和中国的优秀学生颁发“中国梦企业奖学金”，以鼓励他们继续努力学习。该项活动旨在为中罗两国学生加深彼此了解，并了解中资企业，同时有效推动两国文化交流，促进民间友好交往。

第十二节　结　　语

一、主要成绩和亮点

（一）创造了逆势发展的良好业绩

2011—2015 年，国际航运市场处于历史罕见的航运大萧条时期，全球航运企业普遍出现亏损，一些著名的国际大型航运企业面临财务危机，濒临倒闭，整个国际航运业深陷低谷。在十分严峻的市场环境下，中国海运依然保持连续盈利，创造了逆势发展的良好业绩。2011—2015 年的 5 年间，中国海运集团的利润总额分别为 1.49 亿元、7.25 亿元、4.13 亿元、30.6 亿元和 49.3 亿元；5 年间的国有资产保值增值率为 114.06%。除保持盈利外，船队综合运力、货运量、总资产、净资产保持逐年稳步增长，资产负债率保持在 60% 以下，财务状况保持良好。

（二）形成了“1+6”产业格局

“十二五”时期，中国海运坚持“调结构、促转型”，以提质增效为核心，加快产业结构调整，从最初重点抓三大业务板块（航运、工业制造、金融码头物流），到最后形成“1+6”的产业格局（航运 + 金融、码头、物流、工业、科技信息、航运及社会化服务），不断优化产业结构。2015 年，航运主业与多元产业收入结构比为 57% 和 43%，改变了多年来航运业占比超过 65% 甚至达到 80% 的格局。新的产业结构有效抵御了航运市场持续萧条带来的冲击，增强了物流供应链的整合能力，实现了集团的平稳发展。

（三）突出强调航运主业的发展质量

在转型发展阶段，中国海运本着“逆水行舟、不进则退、不转则退”的理念，积极转变发展方式，提升发展质量，以提升航运主业核心竞争力为重点，加强船队建设与结构优化，实现了船队规模与质量的同步提升。到 2015 年年末，集团船队规模达到 4047 万载重吨，比 2011 增长了 1.45 倍。在规模扩张的同时，船队的大型化、现代化、低碳化更是显著增强。2015 年船队平均吨位为 7.4 万吨，平均船龄 6.5 年，船舶燃油单耗 3.92 千克 / 千吨海里；而 2011 年对应的数字分别为 5.51 万吨、10.3 年和 6.61 千克 / 千吨海里。

（四）大力推进国企改革与创新

在推进供给侧结构性改革方面，加强企业内部资源整合，先后进行了散运、科技、码头、油运、不动产、船员教育培训等多个业务板块的资源整合，较好地解决了资产分散、管理重叠、成本高企、效能低下的问题，优化了业务结构与资源配置。在推进重点改革项目方面，船员管理体制改革取得初步成效，实现了“三增一减”的目标，即提高船舶管理水平、船员个人素质和船员个人收入，减少船舶管理费用。同时，以解决上海海员医院等历史遗留的老大难问题为突破口，积极探索新的改革路径，解决存续企业的生存与发展问题。此外，以“一海通”公司为试点，积极探索互联网＋航运业务，积极探索推行企业职工中长期股权激励机制，大力推进商业模式创新和机制创新。

（五）大力加强现代企业制度建设

按照现代企业制度要求，集团积极推进规范董事会建设，董事会运作的制度和运行的机制日趋完善成熟，为集团发展注入了新的动力与活力，增添了新的体制机制保障。同时，还积极推进所属企业建立规范董事会，先后在中海油运、中海散运、中海香港控股等 11 家下属核心企业推进规范董事会建设，建立了决策高效的授权体系及工作评价机制。此外，还大力加强企业内控体系建设，加强内部审计监督管理，2014—2015 年共完成经济责任审计项目 256 项。积极推进依法治企，实现规章制度全周期管理，率先探索法律与内控、风险管理一体化模式，走在中央企业前列。2011—2015 年，中国海运集团被评为中央企业法治宣传先进单位。

二、主要问题和短板

（一）对经济新常态的适应能力有待提高。航运板块的提质增效能力还不够强，有效应对航运市场“新常态”的措施办法还不够多，一些单位还没有完全摆脱“靠天吃饭”“待市场复苏”的思维定式；一些陆岸企业的营运质量不高，经营效益依旧低下，部分业务板块的发展定位仍不清晰。

（二）管理粗放、效率不高的“大企业病”问题依然存在。总部机关部门依然存在推诿扯皮以及“二传手”现象，对基层反映的矛盾问题、投资项目等调查研究不够，建设性地解决问题的思路和办法不多；部分已经建立的二级公司规范董事会尚未完全发挥作用。

（三）深化改革工作有待继续推进。面对一些重大复杂的改革问题，如“干部能上不能下、人员能进不能出、收入能升不能降”等顽疾，还需采取有效的措施予以解决；对于一些“不改革不行、改革就会导致不稳定”的“两难”问题，部分领导干部抱着能拖则拖、不敢担当的思想，造成一些改革项目仅点题未破题。

（四）在干部人才队伍建设上思路还不够开阔。干部人才的培训培养力度还不够，人才的引进和使用还不够灵活，高级经营管理人员、专业领军人才依然匮乏；干部人事制度改革、市场化的薪酬体制改革没有明显突破。

（五）创新意识、创新发展力度还不够。一些单位领导班子的思维走不出传统市场、旧有业务，市场逆境中缺少前瞻能力与应对策略，大事难事面前缺少新思路、新办法、新举措。

三、启示：创新是转型发展的灵魂

2011—2015 年的五年，是中国海运集团坚持改革发展的五年，也是不断创新的五年。通过创新，突破了旧有的思维模式和经营模式；通过创新，提升了集团内部资源的整合能力和资源配置效率；通过创新，克服了船舶安全管理及各项管理的短板；还是通过创新，破解了航运市场逆势下保持发展的难题。

海上运输业是一个传统行业，但越是传统行业越需要创新，因为不创新就很难超越，也就难以发展。事实上，航海离不开创新，海上运输业一开始就是和创新相伴共生的。看看大航海时代的航海探险活动，本身就是人类最伟大、最有影响力的创新活动。从郑和七下西洋，到哥伦布发现新大陆；从麦哲伦环球航海，到库克船长澳洲与南极探险，无一不是开拓进取、敢为天下先的创新壮举。到了现代，进入后工业化时代，人类最了不起、影响世界最深远的创新还是发生在航运业，那就是：由海上集装箱运输引发的世界性的经济变革。从表面上看，集装箱的作用就是通过标准化提升了运输效率，但正是这一创新推动了全球产业布局和结构的大调整，中国也正是利用这一机遇开始起飞的。所以，集装箱是推动全球化和世界经济格局大调整的幕后推手，也是创造“中国奇迹”的幕后推手。

危机倒逼变革，困境孕育创新。“十二五”时期，国际航运持续大萧条，新一轮技术革命、大数据、人工智能、互联网 + 等新业态的出现，都给整个国际航运业带来严峻挑战。面对新形势、新挑战，中国海运总是通过创新寻找突破路径。从低碳化、现代化大型船舶投入运营，到“大合作大服务”营销战略的实施；从集团建设规范董事会，到船员管理体制深化改革；从“一海通”推行股权激励机制，到海嫂联络站的文化建设；科技创新，经营管理创新，体制机制创新，企业文化创新……一次次创新实践推动了中国海运集团的持续发展，一个个创新成果增强了企业在国际市场上的竞争实力。

在各类创新中，商业模式创新是这一时期的最大亮点。实际上，上述种种新挑战，给古老航运业带来的主要是在传统商业模式上的冲击，所以要应对新挑战，就必须在商业模式上进行突破。中国海运在商业模式创新上主要包括三类：一是产业链整合模式，即从船与船的竞争向链与链的竞争转变。通过优化“1+6”产业结构，积极打造立足于航运的产业链，不断拓展航运金融、码头、物流等航运相关业务。二是共享经济模式，即从单个企业竞争向企业群的竞争。在前期开展“大客户大合作”的基础上，进一步坚持合作共赢理念，加强与货主、港口、金融间的合作，打造航运业的新生态与“企业群”新优势。三是融合发展模式，即从传统经营模式向跨界融合模式转变。积极推进“产融结合”，大力发展航运金融业务；积极开展航运电商业务，打造“互联网 + 航运”的新业态。

中国海运“十二五”的实践证明，创新是人类进步的灵魂，也是企业发展的灵魂，是企业转型发展的灵魂。世界上有不创新的企业，但没有不创新的长寿企业，没有不创新的强大企业。在市场新常态、航运新业态、竞争新格局面前，唯改革者进，唯创新者强，唯改革创新者胜。

附录

1998 年

1 月 1 日 上海海兴轮船股份有限公司正式更名为中海发展股份有限公司。

2 月 6 日 中国船舶工业行业协会发布“1997 全国修船企业三项主要经济指标前 10 名排行榜”，上海海运联合船坞有限公司以工业总产值 14561 万元、修船艘数 229 艘分获两项第一名；修船出口创汇达 2118.6 万美元，排名第六位。

2 月 9—11 日 集团在北京召开成立以来的首次年度工作会议，并提出集团发展战略和到 2000 年、2005 年的中长期发展规划。

交通部部长黄镇东出席集团 1998 年工作会议，并代表交通部宣布中国海运集团作为部深化企业改革的“突破口”。目标是:“一年扭亏持平，三年基本建立现代企业制度”。

3 月 6 日 中海集团工会在全系统组织开展以“人节 2000 元、船节 20 万”为主要内容的“中海杯”劳动竞赛，明确了船舶节支目标，为“突破口”工作做出贡献，劳动竞赛成效显著。

3 月 19 日 中海发展在香港顺利完成配售 21600 万股 H 股股票，并在短短三四小时内获得 2 倍超额认购，表明香港股市对中海发展前景看好。

5 月 15 日 由中国海运（集团）总公司主办、国内公开发行的《海运报》正式创刊。

6 月 30 日 中海上海船员公司成立，标志着整个集团的船员管理实现了“人船分离”的统一模式。

8 月 12 日 中海集团决定向遭受洪涝灾害的地区捐赠 120 万元人民币；上海、广州、大连及各专业公司的广大职工也纷纷解囊，至 8 月底集团赈灾款达 334 万元人民币。

8 月 17 日 经中海工业立新船厂改建的集装箱船“向菊”轮竣工出厂，这是集团 22 艘“货”改“集”改造船中的第一艘集装箱船。

8 月 28 日 上海海运 324 户人均 4 平方米以下的住房特困户职工全部解困，比上海市提出的 2000 年前解决该类困难户目标提前了 2 年 4 个月。

10 月 31 日 集装箱运输首获航线盈利，中海的集装箱运输由此发展壮大。

11 月 9 日 由中国海运与比利时 CMB 集团合资建立“中欧油轮有限公司”，中国第一艘“巨型航母”25 万载重吨超级油船“太平洋力量”号，在新加坡接船投入营运，标志着中国海运的水上石油运输翻开了新的一页。“太平洋力量”轮是当时中国石油运输船中最大的一艘巨轮。

12 月 28 日 中海投资、供贸、电信 3 家公司挂牌成立，至此，集团专业化公司组建工作基本完成。

截至 12 月 31 日 集团顺利完成 1998 年扭亏持平“突破口”任务，标志着中国海运集团开始进入一个新的大发展阶段。

1999年

1月10日 中共中央政治局委员、国务院副总理钱其琛视察中海客运上海分公司“新上海”轮。

3月26日和28日 集团“中国—澳大利亚”集装箱班轮首航仪式分别在青岛、上海举行。

4月21日 英华船员分公司职工贺贤明正气凛然，勇斗歹徒，光荣牺牲，用生命保护了22万元船用公款。

5月26日 油轮“太平洋首脑”号抵达茂名港，中海上海船员公司船员首次操纵VLCC成功。

10月19—20日 集团召开1999年船员管理工作会议，会议研讨了如何进一步做好船员管理工作的有关事项，提出了下一步船员管理工作的目标与任务。

11月17日 中海集运“远东—美国”集装箱班轮首航仪式在厦门举行，此举标志着中国海运向全球运输承运人目标跨上一个新台阶。

11月30日 集团货运量突破1.5亿吨，已完成全年运输指标。

12月16日 中海货运“银杏”轮船员不惧风浪，成功救起已沉没的巴拿马籍“海上紫罗兰”轮17名遇险外国船员。

截至12月31日 中海工业胜利完成22艘散货船改集装箱船任务，平均每艘改造时间仅9.5天。

中海船务已初步建成国内船代网，全年利润翻了一番。

中海集运职工在诸多不利条件下，拼搏创利4.6亿元，胜利实现奋斗目标。

2000年

2月18日 中国海运集团与法国达飞轮船公司举行签约仪式，正式建立了集装箱航线合作关系。

2月20日 中国海运集团在大窑湾港区举行大连中海集装箱储运有限公司开业仪式。

5月8日 海军北海舰队派出直升机，在茫茫大海上成功抢救了“大254”轮患急病的轮机长，子弟兵从天而降，谱写了一曲军民鱼水情深的赞歌。

7月1日 由国家计委主导下的国内原油运费提价方案正式实施。集团属下的中海油运承运的21家原油货主单位全部同意按新运价标准执行，即按交通部35%原油运价上浮幅度支付运费。

7月27日 中国海运集团认真贯彻中央思想政治工作会议精神，召开首次思想政治工作会议和职工思想政治工作研究会年会。

8月28日 顺应世界运输潮流，开拓跨行业、部门、地区与国界的综合物流系统工程，中海物流有限公司挂牌开业。

8月31日 中共中央决定成立中国海运（集团）总公司党组，任命戴金象同志为中国海运（集团）总公司党组书记；国务院任命李克麟同志为中国海运（集团）总公司总裁。

11 月 8 日 集团提前 53 天完成货运量、货物周转量和石油运输量指标，全面完成各项生产任务；油运、集运盈利，货运、客运扭亏，企业经济效益创历史最好水平，两个文明建设取得丰硕成果。

12 月 31 日 中海发展在香港推介业绩；股东应占溢利猛增 11.9 倍，资产负债率降至 46%，受到投资者追捧；中海海盛发起设立清华紫光创业投资公司，增资参股国通证券，备受投资者关注。

截至 12 月 31 日 集装箱运输快速发展，船舶数量 90 余艘，箱位 12 万 TEU，新辟美东等航线，使国内外班轮航线增至 40 余条；国内最大最快的 5500TEU 全集装箱轮“中海上海”号首航美洲，集运公司一跃跻身世界班轮公司第 15 位。

中海客运调整航线、船舶结构适应市场变化，停开已经经营百年的申甬航线，引进渤海湾最大的客滚船“长兴岛”轮。

中海劳务打出优势与品牌，中海船员备受美国、德国、希腊、马来西亚、摩洛哥等国外船公司青睐，全年劳务输出船员 1 万人次以上，经济效益显著。

2001 年

1 月 16 日 中国海运集团和沈阳铁路局正式冠名大连至长春的一列集装箱铁路班列为“中国海运一号”，此举为东北地区的货物流通开辟了一条快速通道，为进一步拓展东北地区物流运输业奠定良好基础。

2 月 21 日 中国海运集团在北京召开两会。新世纪伊始，确定了大手笔绘就集团“十五”发展蓝图，并明确提出要在“十五”期间把中海建设成为世界一流航运企业的目标。

3 月 3 日 爱沙尼亚共和国总统伦纳特·梅里一行，由上海市副市长周慕尧陪同作客中海。李克麟总裁盛情款待，并就加强同爱沙尼亚在航运、代理、港口等多方面合作进行了友好会谈。

5 月 31 日 中海集运一举中标总计为 65000 立方米的上海“十五”规划重大建设工程项目——磁悬浮列车设备的运输任务，成为该工程全套进口设备的海上承运人。

6 月 30 日 “七一”前夕，八路军老战士、老党员，原上海海运局局长刘延穆将他几十年收藏的各类书籍千余册，全部捐献给中海上海地区老干部管理中心，向党的 80 周年献上一份最好的礼物。中海集团党组书记戴金象为刘延穆颁发证书以示嘉奖。

7 月 18 日 继中海码头公司、中海环球空运公司在上海成立后，集团与海南永青集团合资成立中海永青农业有限公司正式成立。与此同时，还开辟了“海上绿色通道”，参与现代农业发展。

9 月 9 日下午 全国人大常委会委员长李鹏在访越期间登上中海的“新上海”邮轮，看望、慰问中海船员，并欣然挥毫题词：“发展海上旅游，增进中越友谊。”

11 月 15 日 中国海运集团捐资 20 万元人民币在河南省洛阳市嵩县建立落成了两座交通希望学校，帮助千余名贫困地区的孩子实现了读书的愿望。

11 月 27 日 中海客运精神文明建设结硕果。在客运服务这个普普通通的岗位上已工作了 23 个年头的王淑慧在第七届全国职工道德评比活动中被授予“全国职业道德建设先进个人”光荣称号，被授予这个称号的个人在全国仅 30 人。

截至 12 月 31 日 中海货运全年共有 82 艘次船舶接受了 PSC 检查，无一艘船舶被滞留，创下了中海货运船舶 PSC 检查的新纪录。

2002 年

1 月 13 日 挪威王国首相谢尔 · 马格纳 · 邦德维克率团访问中国海运集团，并出席集团举办以《航运中人的因素——为迎接 21 世纪新挑战作准备》为主题的中挪海事研讨会。7 月，中海 48 位首届由中挪联合培训的高级海员喜获结业证书。

3 月 29 日 集团开通泰国—美西班轮航线，朱镕基总理发信祝贺，泰国总理他信和我国交通部部长黄镇东为首航剪彩。

4 月 1 日 中国海运集团在基隆港举行台湾—美西航线集装箱班轮首航仪式，中海的 5700TEU 超巴拿马型集装箱船“神户”轮，成为大陆班轮公司在台湾鸣笛启航的第一艘船舶。台湾—美西航线是中国海运集团跨太平洋集装箱班轮航线的重要组成部分。

4 月 2 日 大连海运（中海客运）被授予 2000—2001 年度辽宁省文明单位金色铜牌。同时，大连海运（中海客运）还继续保持着海洋岛轮“全国创建文明行业工作先进单位”的殊荣，并拥有“棒棰岛”轮、“海洋岛”轮两个“交通部文明示范窗口”的光荣称号。

4 月 25 日 中国海运集团第一届职工运动会于拉开帷幕，各基层单位共派出选手两千余人次参加了大小 57 个项目的竞赛，深入推进了集团全民健身活动的开展，充分展示了全体中海职工“爱我中海，勇创一流”的精神风貌。

5 月 13 日 中海发展股份有限公司通过上证所发行了 3.5 亿人民币的普通 A 股，实际募集资金 7.987 亿元。10 天后，中海发展 A 股以每股 4.53 元的集合竞价开盘，比发行价 2.36 元高开逾九成。

6 月 18 日 中海油运“大庆 47”轮在黄海北部海面上成功救助了一艘失火遇难的韩籍杂货船，20 名船员全部获救，奏响了一曲国际人道主义救助的凯歌。

10 月 31 日 中海货运“红旗 200”轮防台抢险先进事迹表彰大会在广州隆重召开。“红旗 200”轮 9 月 7 日深夜在东海海面遭遇 12 级台风“森克拉”的袭击，在狂风恶浪中，全体船员不怕牺牲，英勇抗击，木匠龙云景以身殉职，船长胡良松等 6 人英勇负伤。集团决定授予该轮“抢险护船先进集体”荣誉称号，为船长等人记功授奖，并号召全集团职工学习该轮抢险护船的先进事迹。

截至 12 月 31 日 集团全体员工面对世界航运市场低迷局面，坚定信心，经受考验，奋力拼搏，全面超额完成 2002 年各项经济指标，全年总收入突破 200 亿元，实现利润 5.7 亿元，交出了一份令人满意的答卷。全年货运量、货物周转量首次突破 2 亿吨和 3000 亿吨海里，达 2.13 亿吨，3267 亿吨海里，同比增长 14.5% 和 15.2%。经济效益取得历年来最好成绩，两个文明建设同步推进，建设世界一流航运企业取得可喜进展。

中海集运经受市场严峻挑战，全年完成重箱 277 万 TEU，同比增幅达 34.4%。该司员工 10 月初在“立誓奋战 80 天，以优异成绩向十六大献礼”动员会精神鼓舞下，斗志旺盛，当月利润就突破一个亿，后两个月利润大幅增长，为全集团盈利 5.7 亿元作出重要贡献。

2003 年

2 月 28 日上午　中组部宣布，李绍德担任集团党组书记，徐祖远任集团副总裁、党组成员。

5 月 14 日　中海集团坚决响应中央、国务院号召，全力以赴，严密部署，取得“抗非”斗争全面胜利，集团职工无一人被感染；集团捐赠 800 万元，职工个人捐款赠 100 万元，为上海的安老扶幼、助学济困贡献了一份力量。

7 月 23 日　国务院副总理黄菊在中南海听取了集团总裁李克麟关于经营效益和发展设想的工作汇报，对中海的工作成绩给予了充分肯定。

8 月 13 日　中国海运集团党组决定在集团全系统开展“一个新起点，我该怎么办”的大讨论活动。全体职工热烈响应，为期 3 个月的轰轰烈烈的大讨论取得丰硕成果，进一步推动了集团新一轮的改革发展。

8 月 5 日　停泊的中海货运“长阳”轮被一艘不明小船撞破，溢油 80 吨，造成上海黄浦江自 1996 年来最大的一次溢油事故。集团领导与员工把抢险排污、保护黄浦江水源视为头等大事，投入大量人力、物力，全力配合、支援上海的大规模清污抢险行动，协助追缴肇事船只，胜利完成任务，受到上海市政府的赞扬。

11 月 25 日　中国海运集团和日本川崎株式会社签署合资协议，组建“中海川崎汽车船运输有限公司”。

12 月 30 日　与中石化强强联手，合资组建中石化中海船舶燃料供应有限公司，注册资金 8.7 亿元，决定在汽车船舶运输和原油运输、燃油供应等方面实行更加广泛紧密的合作，共同拓展市场。

12 月 31 日　中国海运集团全面完成 2003 年运输生产指标。2003 年，集团累计完成货运量、货物周转量同比分别较 2002 年增长 15.41% 和 18.87%，创历史新高。总收入增幅为 42.78%，利润总额增长 3.07 倍，增收节支取得显著成效。

截至 12 月 31 日　中海集装箱运输船队继续向大型化、快速化方向发展，总箱位 20 万 TEU，跨入了世界班轮公司前十位，创造了世界航运史上的一个奇迹。2003 年，集团在上海港的集装箱吞吐量达 137 万 TEU，名列各大船公司之首。

集团继续加大全球代理网络建设力度，海外产业实现跨越式发展；境外产业总资产、总收入和利润总额比 2001 年分别增长了 22%、118% 和 133%。

中国海运集团精神文明结硕果。3 月，中海船务女青年徐欣参加上海团市委组织的赴老挝志愿者行动，成为集团第一个跨出国门的国际志愿者，充分展现了中海青年的风采；6月，中海货运“宁安10”轮被共青团中央授予“全国青年文明号”称号。

2004年

1月21日 《中国航运周刊》第四期刊出“国际海运界2003年度新闻人物”，李克麟总裁当选。

5月15日 柬埔寨王国政府为表彰中国海运集团和总裁本人对促进柬进出口贸易和国民经济发展所作的巨大贡献，向李克麟颁发了“国家建设金质勋章”，这是该国最高级别的国家荣誉，也是第一次将该殊荣授予一位外国企业家。

6月16日 中海集运H股在香港成功挂牌上市，成为第一家在境外上市的中国集装箱运输企业，按当时市值排序，已成为世界第五大集运公司，并被纳入摩根士丹利资本国际公司（MCCI）指数系列。中海集运成立7年，实现了持续跨越式发展，已跨入全球十大班轮公司行列。

7月9日 集团8500TEU级集装箱“航母”——“中海亚洲”轮号由上海港首航，这是当时世界最大的集装箱船舶。此后，“中海欧洲”“中海美洲”轮等具有世界先进水平的大型集装箱船也相继下水，极大地提高了中海集装箱运输的核心竞争力。

7月22日 集团首艘VLCC“新金洋”号出坞，并于12月21日首航，成为中国第一艘自主经营且悬挂五星红旗的超级油轮。

7月23日 集团与大连市签订《战略合作协议》。

9月3日 集团与宝钢签订“战略合作伙伴”协议。同时，中海还与连云港、广州等地区、企业相继开拓了一系列项目合作。

9月30日 集团胜利完成我国夏季煤电运输保障任务。2004年，我国夏季煤电油运供需出现紧张局面。中海坚决落实中央指示，讲政治、顾大局，抽调远洋运力保煤运，承担起国有船队在国家经济建设关键时刻的任务和义务；宁可少赚几十亿的利润，也要确保国家发电需要；全年共运输电煤9263万吨，受到了中央和国资委、交通部领导的高度评价。

12月2日 数十家中央媒体开始连续集中宣传中国海运集团改革发展典型经验，集团的社会知名度越来越高。2004年，集团被中宣部、国资委评为“国有企业改革发展重大典型”。

12月8日 “中海国际船舶管理有限公司”成立，该公司拥有3万员工，管理船舶76艘，是当时全国最大的船舶管理公司。为了建立一支与世界一流航运企业相符的一流船员队伍和船舶管理队伍，集团劳务体制经历了大改革、大重组。

12月26日 印度洋大海啸惊心动魄。由于中海船员的奋力拼搏，受海啸影响的14艘中海船舶安然无恙。特别是“桃花山”轮船员，面对滔天巨浪，临危不乱，采取果断措施，确保了人员生命和国家财产安全，受到了交通部的表彰。

12月21日 集团召开“树新风，创一流”主题活动表彰大会，10艘先进船舶，42名优秀船长、轮机长、政委和机关干部，4 个管理先进集体受到集团表彰。2004 年，集团深入开展了“树新风，创一流”主题活动，这是落实集团“两会”精神，巩固大讨论成果的重要举措。广大船舶与陆岸单位职工，“对标”国内外先进企业，确立“诚信四海，追求卓越”的核心价值观，向着世界一流航运企业目标不断迈进。

12 月 31 日 集团坚持实现人才强企战略，建设世界一流航运企业。9 月，集团2004—2005 年“两个一万”“百千万”的人才工程发展规划实施。首次参与国资委向海内外公开招聘高级经营管理人才的举措已有结果，11 月 12 日 48 岁的张国发博士被聘为中国海运集团副总裁。

截至 12 月 31 日 集团各项奋斗目标全面超额完成，收入达 369.6 亿元，利润总额75.2 亿元历史最高。集团仅用了 7 年时间，走过了世界上其他船公司 20 年、30 年，甚至更长时间的发展道路，在中国乃至世界航运史上创造了“中海奇迹”。

2005 年

1 月 1 日 新年伊始，集团总部机关即开始了保持共产党员先进性教育。7 月 1 日起，第二批先进性教育活动在中海集团各单位全面展开。经过学习动员、分析评议、整改提高三个阶段的活动，集团先进性教育结出了丰硕成果，集团先进性教育巡回报告团赴广州、海南、深圳、上海、大连等地宣讲了党员事迹，受到广泛好评。

7 月 1 日 《美国托运人》杂志 7 月正式宣布，年度全球承运人中效益最佳的船公司为中海集运。

7 月 11 日 中国海运集团组织、参与纪念郑和下西洋 600 周年系列活动，庆祝首届“中国航海日”。在此大型系列活动中，中国海运的青年船长辜忠东代表全国海员在人民大会堂召开的座谈会上发言。

8 月 16 日 年产 15 万集装箱的生产线在东方国际（连云港）有限公司投产。

8 月 19 日 国资委公布 179 家央企年度考核结果，中国海运集团名列 25 家 A 级之列。11 月，中国海运集团获国资委特别嘉奖。

10 月 18 日 东方国际锦州集装箱制造基地开工。

12 月 6 日 沪市首家 A+H 股——中海发展通过股改方案。经过 12 月 6—8 日的网络投票和 12 月 8 日的中海发展股份有限公司股权分置改革相关股东会议现场投票，其 10 股送 2.9 股的股改方案高票通过，得到 A 股流通股股东 83.63% 的支持率。

12 月 22 日 中国海运集团与连云港市政府在连云港联合举办连云港港集装箱吞吐量突破 100 万 TEU 暨庙岭三期顺岸式码头建成启用、突堤式码头工程启动的庆典仪式，同时还举行了中海连云港半挂车厂和连云港集装箱（物流）装备工业园区的合作签约仪式。

截至 12 月 31 日 中国海运集团全年完成货运量首次突破 3 亿吨，重箱量 584.61 万TEU。

中国海运集团坚持加快船队结构调整步伐，增强集团核心竞争力；船队继续向大型化、规模化、专业化发展，当年共有 40 艘新船交付使用，为历年来最多的一年。

集团全年投入 1 亿多元巨资进行船员工资改革，船员待遇进一步提高。

2006 年

4 月 18 日　由中国海运集团、上海团市委、上海市希望办编著的《凡人之歌——陈幼人》一书由上海人民出版社出版，让凡人之歌永远传唱。上海海运公安局共产党员民警陈幼人 11 年如一日，关心帮助侗族贫困姑娘蒲燕燕顺利读大学的先进事迹感动全社会。2006 年 2 月份以来，中央电视台、《文汇报》《青年报》《解放日报》《中国水运报》《海运报》等新闻媒体进行了大量报道，引起集团职工和社会读者的巨大反响。

6 月 26—27 日　在全国交通行业精神文明建设大会上，中国海运被授予“全国交通文明行业”荣誉称号。

8 月 18 日　集团经理书记会议召开，发出“坚持科学发展，建设百年中海”的号召，指出建设世界一流航运企业是需要几代人代代传承、长期奋斗、忠诚奉献宏伟事业；在随后召开的集团船舶管理工作会议又指出：建百年中海，就要建和谐中海，就要关爱船员。

11 月 24 日　中组部代表党中央、国务院宣布调整中国海运领导班子决定：李绍德同志任中国海运总裁，马泽华任中国海运党组书记。

11 月 25 日　中国海运“十一五”发展取得良好开局。集团完成货运量 29049 万吨，货物周转量 5109 亿吨海里，提前 36 天顺利完成年度运输任务，全面超额完成全年经营效益指标，实现“十一五”发展开门红。

12 月 31 日　中国海运在“双一流”素质工程建设中涌现出一大批高素质、高技能人才。有被中央电视台新闻联播《劳动者之歌》栏目、《人民日报》、新华社、《经济日报》等全国媒体报道的“英雄式的高技能人才”李伟雄，有获“全国技术能手”称号的邓家瑞，有获“郑和航海贡献奖”荣誉的青年船长辜忠东等先进人物。

截至 12 月 31 日　中国海运的实力和声望进一步提升。8 月，中国海运被国资委再次评为 A 级央企；9 月，在中国企业联合会开展的中国企业年度收入 500 强评审中，中国海运跻身前 50 强行列；11 月，在业界享有盛誉的权威金融杂志《欧洲金融》授予中国海运“中国最佳财资管理奖”。

中国海运积极实施“十一五”船队发展规划，取得成效。共签订了 20 艘船舶建造合同，总计 301.2 万载重吨，使船队结构更加优化，实力进一步大增。

中国海运集团继续加强合作，全年相继与宝钢、首钢、华能、神华、中远、民生实业等众多大企业进一步加强战略合作，积极发挥各自优势，携手共进，共同发展，强强联合，实现共赢。

海工业修、造船业务快速发展。自行建造的 20 万吨级浮船坞“中海九华山”成功投产；2 艘 4000 匹马力拖轮交付使用；为交通部救捞局建造了 3 艘救助船，标志着中海工业由单纯的修船生产向制造高附加值、高科技船舶迈出了坚实的一步。

中国海运帮困扶贫美名传。集团在云南永德县建设希望小学，在新疆柯坪县建设抗震安居工程，职工群众捐钱捐物结对帮困，受到当地群众和政府的高度评价。

2007年

2月28日 中国海运与神华集团在北京签订了战略合作框架协议，当日 还与中铁集团集装箱运输有限公司签订战略合作协议。

4月1日 集团设立的1000万元人民币退休运输船员帮困基金正式启动，这是集团为困难船员筑起的又一道生活保障屏障。

6月26日 中国海运在上海隆重集会，庆祝集团成立10周年。总裁李绍德、党组书记马泽华发表讲话，高度概括了集团10年改革发展6个方面的业绩和6条经验，提出“建设百年中海、创建世界一流”的企业愿景和“十一五”发展的6条方针。

7月1日 集团再次综合提高在船船员工资、奖金、伙食补贴、“社保四金”和住房公积金缴费水平，把关心关爱船员落到实处。

7月12日 时任中共上海市委书记习近平来到中国海运总部调研视察工作，与正在海上航行的“中海亚洲”轮船长通话，向全体船员表示慰问，并勉励集团继续打造航运旗舰，更好更快地全面发展。

8月8日 中海集运与韩国三星重工8艘13300TEU超大型集装箱船舶签字仪式在上海隆重举行，签约建造的集装箱船是当时世界上载箱最大、技术装备最先进的船舶。至2007年底，集团新增集装箱箱位近6万TEU，其中9600TEU船舶5艘，8500TEU船舶2艘。同时，中国海运的油轮和货轮船队也在同步发展。货轮运输签订了16艘5.7万吨级散货船、8艘23万吨级和8艘30万吨级的矿砂船；油轮加大VLCC船队发展步伐，相继订造和购置12艘VLCC，朝建设“世界级油轮船队”的战略目标不断迈进。

10月15日 中国共产党第十七次全国代表大会在北京隆重开幕。中国海运总裁李绍德出席了会议。10月24日下午，刚刚参加十七大归来的李绍德总裁在党组中心组学习扩大会议上传达了十七大精神，谈了6点学习体会。中国海运广大员工掀起学习宣传贯彻十七大精神的热潮。

11月2日 中国海运被国资委授予“业绩优秀企业”称号，国务院副总理曾培炎为李绍德总裁授牌。

11月9日 集团与广东省签署煤炭运输合作协议；同时集团还与首钢、宝钢、武钢、华能、中石化等签订了长期运输协议。与大货主进行战略合作实现双赢成了当年经营活动的主旋律。

11月19日 中国海运提前42天完成了当年生产运输任务。截至11月19日 货运量、货物周转量分别为年计划的103.5%和103.4%；客运量为年计划的107.1%；集装箱重箱完成已超过年度重箱目标。集团经济效益稳步攀升，创成立以来最好水平。

12月12日 中国海运控股的中海集运（601866）在上海证券交易所顺利上市，标志着历时近四个月的回归A股取得圆满成功。

11月28日 中海工业江苏造船基地100亿元造船订单签约，拉开了中海工业（江苏）

有限公司规模化造船的序幕。本次签约的造船合同共 32 艘船，183 万吨位，成为中海工业今后一段时期的长线产品。

截至 12 月 31 日 集团对口支援新疆柯坪县和帮扶云南永德县工作取得了初步成效。集团全年共投入资金 1237 万元，完成了援建柯坪县 120 套抗震安居房，自压式滴水灌溉水利工程正在实施中；为永德县建设希望小学 2 所、帮助劳务输出 66 人上船工作、爱心助学 424 人，还捐赠了大批书籍、电脑等用品，得到了两地政府和群众的肯定。集团员工还向云南捐款 37.8 万元、衣物 5655 件。

2008 年

1 月 10 日—2 月中旬 我国南方由于受冰冻雪灾的侵害，电网中断，电厂告急。作为国有大型企业，中国海运高度重视，积极投入，勇挑重担，保证电煤运输。短短一个多月，集团便先后投入运煤船 160 多艘，600 万载重吨、油轮 5 艘、30 多万载重吨，抢运电煤油，取得明显成效，受到了国资委、交通部的表彰。国内外各大主力媒体纷纷报道了中海职工顾大局、甘吃苦的感人事迹。

4 月 21 日 北京奥运圣火在马来西亚首都吉隆坡开始境外第 13 站传递。中国海运马来西亚公司总经理史方凡担任第 14 棒火炬手。中海共有 7 名领导和职工参加了火炬传递，亲历这一具有历史意义的时刻。同时，来自海运之家的姑娘、国家女排主力马蕴雯，奋勇拼搏奥运赛场。2008 年 8 月 8 日，第 29 届夏季奥运盛会在北京拉开华彩大幕，4 万中海人为之加油，《海运报》也从这天起改为彩报，为奥运喝彩。

5 月 12 日 汶川发生大地震，灾情牵动了全体中海人的心。中国海运全力投入，抗震救灾。截至 6 月 5 日，中国海运已累计向汶川地震灾区捐款 3000 多万元，人数超 4 万人次，其中职工个人捐赠达 675 万元，党员捐赠的“特殊党费”271 万元，“特殊团费”34 万元。5 月 24 日，集团又向中国东方电器集团捐资 300 万元，以支援该集团抗震救灾和恢复重建工作，10 月 29 日，中海职工再次向灾区人民运送去 2500 条“中海棉被”，为灾区人民御寒保暖。

6 月 10 日 集团党组发出通知，《中国海运干部竞争上岗暂行办法》开始实施。至年底，集团已先后通过社会和内部，公开招聘了财务、监审、企业管理、风险管理等岗位中高级管理干部 20 多名，这是集团进一步规范和完善干部选拔任用制度，推进干部工作科学化、民主化、制度化，促使优秀人才脱颖而出而采取的一项重要措施。

6 月 11 日 中共中央政治局委员、上海市委书记俞正声到中国海运视察，了解中国海运改革发展情况，还连线正在太平洋上航行的中海远洋船舶，向中国海员致以亲切问候。

6 月 30 日 是中海造船历史上值得纪念的日子。由中海工业（江苏）有限公司建造的 4.6 万吨成品油船“千池”号正式交船，标志着中国海运从此有了自己建造的第一艘大型船舶。

8 月 30 日 在中国企业联合会、中国企业家协会向社会公布的中国企业排行榜上，中国海运列“2008 中国企业 500 强”第 61 位、“2008 中国企业效益 200 佳”第 26 位，并获得“2008 中国企业纳税 200 佳”称号。

9 月 9 日 香港举行“第三届亚洲品牌盛典”大会，中海集运一举问鼎“中国品牌价值冠军”（海运行业）和“2008 亚洲品牌 500 强”两项大奖。

9 月 28 日 世界最大、技术最先进，由中海工业自行建造的 30 万吨浮船坞“中海峨眉山”号顺利下水，并于 11 月 29 日顺利竣工投产。

10 月 18 日 在北京“首届中国品牌国际化发展高层论坛”上，中海集运又荣获“30 年中国品牌成就奖”，成为国内航运界唯一获此奖项的企业。

12 月 14 日 中国海运集团在天津港隆重举行了第 1000 万只 TEU 起吊仪式。截至年底，全集团集装箱重箱运输为 1016.4 万 TEU，其中中海集运 646.8 万 TEU，浦海航运 128.6 万 TEU，五洲航运 233.8 万 TEU，这标志着中国海运集团的集装箱运输以及中海集运站上了新的发展起点。

12 月 15 日 海峡两岸“三通”迈开了历史性步伐，期盼了 30 年的梦想终于成真。中国海运的“新烟台”“新非洲”两轮担任海上直航，首航台湾基隆港和高雄港。伴随着空中直航和通邮，两岸“三通”基本实现，掀开了历史新篇章。

12 月 16 日 面对国际金融危机环境严峻的国内外航运形势，中国海运保持冷静的头脑和坚定的信心，采取措施，提前 15 天全面胜利完成货运量、货物周转量以及客运量、旅客周转量年度运输任务，其中客运量年度任务还提前了 31 天完成。

截至 12 月 31 日 集团继续推进合作共赢战略，中国海运先后与深圳市、海南省、江苏省等地方政府，以及宝钢、鞍钢、中煤、中船、中电投、大连港、天津港等大企业、大客户签署了战略合作协议，进一步深化改革，实现共赢发展。

2009 年

5 月 27 日 中国海运集团与台湾长荣集团达成了全面开展集装箱班轮航线合作的协议，以携手应对金融危机带来的市场冲击，实现共同发展。

6 月 17 日 中国海运集团、长荣集团欧美直达航线首航庆典仪式在青岛港前湾集装箱码头举行，9600TEU“新香港”轮和 8500TEU“新欧洲”轮两艘超大型集装箱船并肩停靠在码头。集团总裁李绍德、青岛市副市长胡绍军、青岛市口岸管理部门和青岛港集团领导，长荣海运代表，中海集运和集运青岛公司领导和员工，以及货主代表等出席了庆典仪式。

7 月 3 日 国际海事组织（IMO）第 102 届理事会上，中国海运“新欧洲”轮被授予海上搜救特别勇敢奖，以表彰该轮勇敢救助遇难船舶。此奖是该组织众多奖项中的最高奖项。

8 月 8 日 中国海运与美国 SSA 码头公司合营的美国西雅图港 30 号集装箱码头迎来了第一艘集装箱船“中海雅加达”号，并顺利完成装卸作业；该码头于 2009 年 8 月初正式投入营运。

9 月 10 日 由中央宣传部、中央组织部、中央统战部等 11 个部门联合组织开展的

“100 位为新中国成立作出突出贡献的英雄模范人物和 100 位新中国成立以来感动中国人物”（简称全国“双百”）评选结果揭晓，中国海运退休职工、全国著名劳模杨怀远同志光荣入选“百位感动中国人物”。杨怀远在 38 年工作生涯中，始终以雷锋为榜样，挑着一根为人民服务的小扁担，从青年、中年挑到老年，始终不计报酬，全心全意为人民服务，被誉为“小扁担”精神。退休后，他成为上海百老德育讲师团成员，应邀到学校、企事业单位等做报告 600 多场，认真践行着“为人民服务到白头”的承诺。

10 月 7 日 “中池”轮船员在阿曼湾面对多达 10 条海盗快艇的围追堵截，临危不惧、众志成城，采取了一系列防范措施，最终挫败了海盗袭击的企图。

10 月 15 日 从 10 月中旬开始，北方提前出现历史罕见的持续大风大雾天气，造成北煤南运通道严重受阻，华东、华南多家电厂燃煤告急。中海货运坚持“全量电厂优先、救急电厂优先、前期兑现好的电厂优先”的“三优先”原则，不为高额的市场运价和外贸效益所动，充分发挥船队规模优势，抽调大量船舶紧急驰援，确保电厂的用煤安全。

11 月 18 日 中国海运“海口—营口集装箱绿色精品航线”正式开通。

12 月 5 日 中国海运全体职工迎难而上，顽强拼搏，货运量、货物周转量、集装箱运量、客运量等均提前 26 天完成全年生产指标。

截至 12 月 31 日 中国海运先后与中国石化、中国石油、中国海油、首钢集团、华润集团、中国铝业、上海交运等大型企业签署战略合作协议。强强联手，巩固合作关系，拓展合作空间，为中国海运可持续发展奠定更加坚实的基础。

中海工业按照新一轮创业的总体目标，坚持“修造并举”的发展战略，不断推进中海长兴修船基地和中国海运江苏造船基地建设，加快提升企业核心竞争力，努力打造一流修造船企业，圆满完成了为集团建造 10 艘新船的年度任务。

2010 年

1 月 26 日 中海集团财务有限责任公司在上海挂牌成立。

2 月 5 日 由广州中船龙穴造船有限公司为中国海运建造的 23 万载重吨大型矿砂运输船 VLOC“中海兴旺”轮在广州南沙交付使用。该轮是中国海运首艘 VLOC。

4 月 27 日 被评为全国劳动模范的中海工业立新船厂船体车间主任陆金林与来自各地的全国劳动模范和先进工作者一起，参加了在京举办的 2010 年全国劳动模范和先进工作者表彰大会。胡锦涛等党和国家领导人为受表彰的 2010 年全国劳动模范和先进工作者代表颁发荣誉证书。

5 月 1 日 从 5 月开始，中国海运在各级党的基层组织和党员中深入开展以学习实践科学发展观为主题的创建先进基层组织、争当优秀共产党员活动。

5 月 17 日 《人民日报》、新华社、《经济日报》、中央人民广播电台、中央电视台等多家中央媒体以及《解放日报》《第一财经日报》等上海市主要新闻媒体，开始分别用专栏集中报道了中国海运应对国际金融危机，转变生产方式，调整产业结构，勇于承担社会责任，确保平安世博等方面的典型经验和成功做法。

7 月 23 日 国务院国资委召开中央企业负责人会议，对一批中央企业进行表彰。中国海运（集团）总公司荣获 2007—2009 年任期考核“管理进步特别奖”。

8 月 5 日 国务院国资委正式发文，经报国务院批准，上海船舶运输科学研究所整体并入中国海运，成为集团全资子企业。上海船研所是国家最大的交通运输综合技术研究开发基地，在舰船自动化、智能交通、环境工程以及船舶水动力业务领域处于国内领先水平。船研所并入中国海运，有利于提高集团科技创新能力和应用水平。

11 月 11 日 随着中海工业（江苏）有限公司当年第 18 艘 57000 吨散货船“慈云山”轮的成功命名交付，中国海运江苏造船基地实现了 2010年交船 100 万载重吨的目标。

12 月 13 日 在沉着应对国际金融危机的巨大挑战中，集团提前 18 天完成全年生产指标，为“十一五”画上圆满句号，为“十二五”奠定了坚实基础。

截至 12 月 31 日 在上海世博会、广州亚运会期间，中国海运作为保障世博会、亚运会电煤运输的主力军，调集数十艘船舶，数百次穿行在核心区域航道，不仅保障了世博会、亚运会期间的电煤运输，而且实现了进入核心区船舶零事故，为上海世博会、广州亚运会的成功举办交出了一份令人满意的答卷。集团所属多个集体和个人受到国务院、上海市表彰。

2011 年

1 月 9 日 由新华社《经济参考报》社和商务部中国国际经济技术交流中心共同主办的“2010 中国经济发展论坛”在北京人民大会堂隆重举行。本届论坛上，中国海运（集团）总公司荣获“2010 中国经济最具发展潜力企业”荣誉称号。

1 月 20 日 1.4 万 TEU 集装箱船“中海之星”首航。

2 月 1 日 中海货运“嘉宁山”轮在从印度驶往南非德班港途中，突然遭遇一艘海盗船袭击，海盗向“嘉宁山”轮发射了大量的枪弹，并派出小艇强行登轮。“嘉宁山”轮船员及时发现海盗企图，冷静面对，英勇抵抗，最终摆脱了海盗的追击，保护了全体船员的生命和国家财产安全，充分展示了中国船员良好的职业素养。事后，集团对“嘉宁山”轮进行通令表扬和嘉奖。交通运输部、中国海员建设工会等相继给予了表彰。《人民日报》、新华社、新华网等 100 多家媒体相继报道了“嘉宁山”轮抗击海盗事迹。

2 月 21 日 集团接外交部通知，要求集团派遣在利比亚附近海域航行的船舶，准备执行撤侨任务。集团高度重视，根据外交部的指令，先后派“新秦皇岛”轮等多艘船舶在利比亚海域集结待命，准备执行中国驻利比亚人员撤离（撤侨）任务。2 月 23 日凌晨，“新秦皇岛”轮先期抵达利比亚班加西港待命，随后“天杨峰”轮和“新福州”轮也来到指定海域锚泊待命。2 月 26 日以后，3 艘船舶又按外交部的要求先后驶向利比亚米苏拉塔港待命。待命船舶克服困难，认真做好船舶的舱室、食品、饮水、救助等各项准备，并制定了安全保障措施和应急预案。虽未直接承运侨民，但成为这次利比亚撤侨行动中的重要后备力量保障。外交部对中国海运积极协助撤侨工作先进集团和先进个人提出表彰。交通运输部授予中国海运“利比亚撤侨工作先进集团”荣誉称号。

2 月 25 日 集团在广州龙穴造船公司订造的第 4 艘 30.8 万载重吨超级油轮“新厦洋”轮交付使用。

4 月 1 日 集团开始全面实施补充医疗保险制度，使患重大疾病职工和退休人员获得更好的医疗保障。

7 月 15 日 中国海运参与的巴新、高庚两个 LNG 运输项目分别与沪东中华造船集团、埃克森美孚石油公司签署造船合同和定期租船合同。4 艘 LNG 船舶造船合同和期租合同的顺利签约，标志着历经 6 年筹备的中海 LNG 运输业务迈上了一个新的起点。12 月 19 日，中海 LNG 再接再厉，与中石化冠德投资再次签订合资合作协议，组建由中海 LNG 控股的中国能源运输有限公司，计划投资近 14 亿美元，通过招标在国内订造 5 艘 LNG 船舶，承担中石化 APLNG 项目（FOB 项目）的 LNG 运输工作，为中国海运的调结构、促发展增添新的亮点。

8 月 2 日 国务院国资委公布了 2010 年度中央企业负责人经营业绩考核结果，中海集团进入 A 级企业行列。2010 年是央企负责人经营业绩考核第三任期的开始之年，也是央企执行新的考核办法和全面实施经济增加值考核的第一年。上一年纳入国资委考核范围的央企达 121 户，经严格审核，最后确定的业绩考核结果为 A 级企业 47 户，占全部中央企业的 38.84%。

8 月 25 日 在中国海运干部大会上，中央组织部宣布中国海运主要领导调整决定。根据党中央、国务院决定，为完善公司法人治理结构，促进现代企业制度的建立，中国海运（集团）总公司建立董事会制度，李绍德同志任中国海运（集团）总公司董事长、党组书记，许立荣同志任中国海运（集团）总公司董事、总经理、党组成员。

10 月 20 日 根据上海市委宣传部的部署，沪上各知名媒体记者专程前往上海市场中路幸福一村的海嫂联络站采访。10 月 24 日起，沪上各大媒体都集中报道了中海场中路海嫂联络站事迹，上海电视台、东方卫视、上海广播电台也都在黄金时段播出了采访海嫂联络站的相关新闻。

12 月 20 日 在北京召开的全国精神文明建设工作表彰大会上，中海油运被中央文明委授予第三批全国文明单位称号。

12 月 27 日 集团首艘 30 万吨级超大型矿砂船（VLOC）“中海荣华”轮投入营运。自此，中国海运的集装箱、油轮、干散货三大主力船队的“标志性船”都是世界一流的；在船舶大型化方面，中国海运已进入世界前列。

2012 年

1 月 8 日 在北京钓鱼台举行的“2012 中国科学发展大会暨诚信盛典”仪式上，中国海运等多家企业荣获“中国 AAA 级信用企业”和“全国文明诚信示范单位”荣誉称号。

1 月 13 日 据《海运报》报道，由英国刊物《国际集装箱化》组织的“货主体验”

中，由24家欧洲的货主和货代共同参与投票，中海集运成为欧洲货主眼中最受喜爱的船公司，一举超过了航运巨头马士基。

2月16日 正在美国访问、时任中国国家副主席的习近平率中国代表团视察了中海洛杉矶码头。李绍德董事长向习近平副主席一行介绍了中国海运近年来响应国家“走出去”号召、在美国积极拓展航运业务的主要情况，并着重介绍了中海洛杉矶码头积极融入当地社区、建设绿色环保码头的情况。习近平副主席察看了靠泊在码头“新欧洲”轮的岸电连接设施，并询问了有关情况。习近平副主席在现场作了重要讲话。他说，此次来美访问，从艾奥瓦州抵达洛杉矶，第一站就来到中海洛杉矶码头，与中国海运的中美员工见面，感到十分高兴；中国海运在美国拓展航运业务和投资码头，船舶使用岸电，建设绿色码头，是一项领先的创举，码头员工400多人，并在美国间接创造1万多个就业机会，对大家取得的成绩感到高兴；中国海运对促进中美经贸合作做出了贡献，对此表示感谢。交通运输部部长李盛霖、副部长徐祖远都为认真落实习近平同志的指示做了专门批示。

3月22日 国务院国资委在沪召开中国海运建设规范董事会工作会议，会议聘任刘章民、沈红光、林锡忠、徐冬根、曹兴和为中国海运外部董事，董事长李绍德代表集团与5位外部董事分别签订了合约。同天，召开了中国海运第一届董事会。

5月4日 为庆祝中国海运成立15周年，集团决定在全系统范围内开展纪念集团成立15年“优秀事迹、优秀员工”的“双优”评选活动，有影响较大的50件事件和79位优秀员工进入了候选名单。

5月22日 中国海运与中国石油天然气集团公司在北京签署战略合作协议。根据协议，双方进一步加强合作，发挥各自行业优势，贯彻国家有关石油海上运输要求及政策，保障中国石油原油、成品油、化工产品和LNG等海上运输需求。同时，双方将推动船舶动力“以气代油”的技术和产品开发，推动海上油气装运技术的联合研发。

7月19—21日 集团领导李绍德、许立荣参加中央企业、地方国资委负责人研讨会，会议期间，许立荣代表中国海运与中石油签订有关投资项目业务合作协议。

8月3日 集团召开传达贯彻国资委央企负责人研讨会议精神暨总部机关机构改革动员大会，通报了总部机构改革的主要方案，启动总部机构改革。通过此次调整，提高了集团总部的战略管控能力、执行力和工作效率，增强了总部与各专业公司之间的协同效应。

8月8日 中海散货运输有限公司在广州正式揭牌成立，标志着中国海运在理顺干散货运输管理体制上迈出了新的一步。

12月3日 集团通过中国银行全球现金管理平台，由境外公司向境内总部（上海）归集首批资金1500万美元，同时根据境外公司需求，由总部国际资金主账对外放款500万美元，成功完成国内首家跨国公司总部外汇资金集中运营管理试点的首笔交易，标志着该项试点业务进入实质性操作阶段。

12月12日 中海工业承建的4.8万吨世界最大远洋教学实习船“育明”轮，在上海国际客运中心码头交付上海海事大学。交通运输部副部长高宏峰，上海市委副书记殷一璀，上海市副市长沈晓明，中国海运集团董事长党组书记李绍德、董事总经理许立荣，上海海事大学党委书记於世成出席命名交船仪式。上海海事大学教学实习船建造项目是上海市2011年和2012年重大项目工程。“育明”轮总长189.9米，型宽32.26米，型深15.7米，航速17节，集航运教学、科研以及货物运输为一体。船上设施配备先进，各项功能齐全，可同时供160名学生进行海上实习，被誉为“海上移动校园”。

2013年

1月4日 中国海运中海码头发展（香港）有限公司携手中远太平洋、招商国际投资的台湾高雄港高明货柜码头项目，在台湾基隆举行股东协议书交接仪式，海峡两岸航运交流协会名誉理事长、交通运输部原部长李盛霖，中国海运集团董事长李绍德，阳明海运股份有限公司董事长卢峰海以及中远太平洋、招商国际等公司代表出席仪式。中国海运等知名国际企业入股高明码头，对高雄港发展并保持区域性枢纽港地位产生积极作用，也为海峡两岸企业合作树立了成功典范。

2月6日 国务院国资委命名央企企业文化示范单位，中海散运榜上有名。此次共有30家中央企业被命名为央企企业文化示范单位，中海散运成为唯一一家荣获此殊荣的中央航运企业。

4月2日 中国海运（非洲）控股有限公司揭牌成立。公司注册地为南非约翰内斯堡，注册资本为200万美元，中海集运持有100%的股权；主要从事航运、船代、货代、物流与集卡运输等相关产业的投资与管理。

4月11日 集团董事长、党组书记李绍德和纪检组组长徐文荣一行来到云南永德县考察调研，并参加了永德县一中的“中海奖助学金”发放仪式。

5月10日 第5届国际海贸传媒25周年庆典及颁奖典礼在伦敦市政厅举行，集团董事长李绍德应邀出席会议，并获终身成就奖殊荣。

5月6日 中海集运与韩国现代重工签订5艘1.8万TEU型集装箱船建造合同。这是继国际航运巨头A.P.穆勒－马士基集团宣布向韩国大宇造船海洋株式会社订购20艘1.8万TEU型大船后，全球第二家、国内首家航运企业订购的该类型大船。此为中国海运加强结构调整、适应船舶大型化、现代化发展趋势的重要举措。

5月30日 中国海运干部管理学院揭牌暨转型发展战略研讨班开班仪式在集团党校举行。

7月2日 根据中央统一部署和中央第41督导组的安排，中国海运在集团领导班子、领导干部、总部机关以及部分基层单位正式开展了以为民务实清廉为主要内容的党的群众路线教育实践活动。

7月9日 中国海运与云南省政府在上海签订战略合作框架协议。根据协议内容，中国海运把云南省作为发展物流、科技、船员培训及相关业务的重要基地，积极扩展服务网络，积极研究参与云南省相关交通和物流基础设施的投资和建设，大力支持云南省经济建设。云南省对中国海运在云南的经济活动给予相关优惠政策支持。

截至 12 月 31 日 中海集运在深入开展管理提升活动中，把开发 53 英尺集装箱作为提升美西航线绩效的突破口。中海集运将绑扎方式由双绑改为单绑，使重箱装载率由 25% 提高到 50%，技术上超过其他船公司。当年 8 月起，中海集运每个航次的 53 英尺集装箱量明显增加。

2014 年

2 月 11 日 中海码头下属中海码头发展（香港）有限公司投资参股的比利时 APMT 泽布吕赫码头公司在上海召开董事会，标志着中海码头已经顺利完成对该项目股权收购并转入运营，这是中海码头在欧洲投资参股的首个码头。当地时间 3 月 31 日，正在比利时进行国事访问的中国国家主席习近平和比利时首相 Elio Di Rupo 共同见证了中国海运与马士基集团关于比利时泽布吕赫码头投资相关合作的协议签字。

3 月 26 日 根据中国海上搜救中心的指示，当天下午，集团旗下“中海韶华”轮抵达南印度洋相关目标海域，随即展开对马航 MH370 航班的搜寻工作。该轮是马航 MH370 失联航班搜寻重点区域转向南印度洋后，第一艘在该海区参与搜寻的中国商船。

3 月 27 日 集团《船员管理服务协议》签约仪式在集团总部举行，中海国际分别与各主管船公司签订协议。船员管理体制改革是 2014 年集团推出的改革重点之一。《船员管理服务协议》的签订，标志着这一改革迈出了关键一步。

3 月 28 日 中海（南美）控股公司在巴西圣保罗正式开业，这是中国海运在海外成立的第 7 家控股公司，意味着中国海运国际化经营全球网络布局基本完成。

5 月 30 日 中国海运江苏造船工业基地 10000TEU 首制船顺利下水。该船的出坞下水，是集团与中国船舶工业深入贯彻国家海洋强国战略，推进合作模式创新的一次新实践。

6 月 18 日 中国海运资产经营管理有限公司在集团总部举行揭牌仪式。

7 月 10 日 集团董事总经理张国发出席了在连云港市举办的第五届中国国际航运文化节高峰论坛，代表集团领取了第一届“中国航运社会责任大奖”。

7 月 11 日 集团所属中海集运、中海科技与阿里巴巴集团所属阿里巴巴（中国）网络技术有限公司在杭州签署合作协议。此次合作是在大数据的时代背景下，运用互联网将传统航运物流与电子商务进行深度融合，推进集团物流转型发展的一次探索和尝试。三家公司将本着创新发展、服务中小企业的原则，在国际海运领域展开紧密合作，共同打造全球跨境电商物流服务平台。

10 月 10 日 中国海运召开党的群众路线教育实践活动总结大会，总结集团开展群众路线教育实践活动的做法和成效，并对下一步工作进行了布置。

11 月 8 日 中国海运与韩国现代重工集团在韩国蔚山举行隆重的新船命名暨交船仪式，庆祝当时世界最大集装箱船——19100TEU 的“中海环球”轮正式交付投入运营。与普通的 1 万箱级别的集装箱船相比，“中海环球”轮在降低油耗方面的表现更为优越。

11 月 10 日　中海集团租赁有限公司揭牌暨首单融资租赁项目签约仪式在集团总部举行。

11 月 29 日　中国海运召开专项巡视工作动员会，中央第九巡视组组长佟延成作讲话。根据中央统一部署，中央第九巡视组于 11 月进驻中国海运开展专项巡视工作。

2015 年

1 月 9 日　由中国交通运输协会指导、《中国航务周刊》主办的第十一届“中国货运业大奖”在上海举行颁奖典礼，中国海运一举获得 10 余项奖项，集团董事长、党组书记许立荣荣获“2014 年中国航运影响人物”大奖，中海集运荣获“综合服务十佳集装箱班轮公司”荣誉称号，“一海通”供应链管理荣获“中国货运业大奖评委会创新特别奖”，浦海航运荣获“中国—韩国航班航线第一名”和“内支线班轮航线第一名”。

1 月 22 日　中海国际船舶管理有限公司召开 2015 年工作会议；继上年推出关心关爱船员的 10 件实事后，中海国际又制定了 2015 年关心关爱船员十件实事方案。

4 月 3 日　中海港口与有关单位正式签署青岛港前湾港区集装箱码头合作协议，参与投资开发青岛港集装箱码头。该项目由青岛港、中海港口、中远太平洋、招商国际、马士基、迪拜国际、泛亚等全球主要码头运营商和船公司联手，目的是将其打造成亚洲一流的集装箱自动化码头。

4 月 20 日　“国投 107”轮抵达上海港，在此卸完最后一票货后，前往南非德班港、加蓬让蒂尔港、尼日利亚拉各斯港、毛里塔尼亚努瓦克肖特港，标志着集团非洲杂货航班正式开始运营。

4 月 29 日　集团第五艘 19100TEU 集装箱船——“中海大西洋”轮在韩国釜山举行命名交船仪式。自此，集团订造的 5 艘 19100TEU 集装箱船全部投入营运。

5 月 4 日　集团召开集团第 10 次党组扩大会议，布置集团的“三严三实”专题教育活动。党组书记许立荣提出了四点要求。集团“三严三实”专题教育活动帷幕拉开。

5 月 20 日　国务院总理李克强在巴西进行国事访问中，乘坐英辉南方建造的“面包山”客渡船，并与中巴企业家代表座谈。“面包山”客渡船是中海工业下属英辉南方造船（广州番禺）有限公司为巴西里约州建造的 7 艘全客渡船的首艘船，于当年 3 月 1 日投入运营。该船船长 78.4 米、型宽 14.8 米、吃水 1.8 米，设计航速为 18 节。作为超常规铝合金船，该型客渡轮代表了当时世界铝合金造船领域的领先水平。

7 月 8 日　中国海运召开“十三五”规划编制工作启动会。

8 月 24 日　宁波港大型桥吊将一只装满泰国进口大米的特制集装箱从中海“蒙特迪奥”轮装运到集装箱卡车，标志着中国海运与中粮集团联合开辟的“中粮快航”启航。

9 月 9 日　中海投资制造的第 200 万集装箱顺利下线。中海投资自 2005 年起涉足集装箱制造行业，先后在连云港、锦州、广州建设了 3 个集装箱制造基地。

12 月 11 日　中远集团和中海集团旗下中国远洋、中海发展、中海集运与中远太平洋同时发布公告，宣布签订一系列资产重组交易和服务协议。此次重组，将极大提升我国航运企业在国际航运业中的地位。

12 月 25 日 中国海运集团召开 2015 年终工作会议暨五届二次职工代表大会。集团董事长许立荣作工作报告。报告简要回顾了中国海运集团组建 18 年来的主要成就，介绍了中海、中远两家企业重组方案的主要内容，介绍了重组后新集团即中国远洋海运集团有限公司的未来发展前景。

附录二 中国海运（集团）总公司领导班子成员名单（1997—2016）

序号	姓名	职　务	任职时间
1	李克麟	总裁、党委委员	1997.07—2000.08
		总裁、党组副书记	2000.08—2006.05
2	戴金象	党委书记	1997.07—2000.08
		党组书记、副总裁	2000.08—2003.02
3	李绍德	副总裁、党委委员	1997.07—2000.08
		副总裁、党组成员	2000.08—2003.02
		党组书记、副总裁	2003.02—2006.05
		党组书记、总裁	2006.05—2006.11
		总裁、党组副书记	2006.11—2011.08
		董事长、党组书记	2011.08—2013.11
4	马泽华	党组书记、副总裁	2006.11—2011.08
5	许立荣	董事、总经理、党组成员	2011.08—2013.11
		董事长、党组书记	2013.11—2015.12
6	张国发	副总裁	2004.11—2005.12
		副总经理、党组成员	2005.12—2013.11
		董事、总经理、党组成员	2013.11—2015.12
7	孙治堂	党委副书记	1997.07—2000.08
		副总裁、党组成员	2000.08—2005.04
8	吴中校	副总裁、党委委员	1997.07—2000.08
		副总裁、党组成员	2000.08—2001.04

续上表

序号	姓名	职　　务	任职时间
9	张建华	副总裁、党委委员	1997.07—2000.08
		副总裁、党组成员	2000.08—2011.06
10	林建清	副总裁、党委委员	1997.07—2000.08
		副总裁、党组成员	2000.08—2012.05
11	寇来起	党委委员、纪委书记	1997.12—2000.08
		党组成员、党组纪检组长	2000.08—2011.05
12	陈德诚	党委委员、工会主席	1998.01—2000.08
		工会主席	2000.08—2001.02
		党组成员、工会主席	2001.02—2010.06
13	徐祖远	副总裁 、党组成员	2003.02—2004.04
14	王大雄	总会计师、党委委员	1998.01—2000.08
		总会计师	2000.08—2001.02
		副总裁	2001.02—2004.12
		副总裁、总会计师	2004.12—2005.04
		副总裁、党组成员、总会计师	2005.04—2010.05
		副总经理、党组成员	2010.05—2014.03
15	苏　敏	总会计师	2011.04—2012.04
		总会计师、党组成员	2012.04—2015.07
16	徐文荣	党组成员、党组纪检组组长	2011.05—2011.10
		董事、党组成员、党组纪检组组长	2011.10—2014.02
		副总经理、党组成员、党组纪检组组长	2014.02—2015.05
		党组成员、党组纪检组组长	2015.05—2015.12
17	黄小文	副总经理、党组成员	2012.05—2016.01
18	丁　农	副总经理、党组成员	2012.05—2016.01
19	刘锡汉	副总经理、党组成员	2013.07—2014.12
20	俞曾港	副总经理、党组成员	2014.02—2016.01

附录三　中国海运集团个人与集体获得省部级以上荣誉称号名录

中国海运集团职工获得省部级以上劳动模范称号名录（1997—2015 年）

年份（年）	姓名	单位与职务	荣誉称号	授予机关
2000	吴有胜	广东海电船务公司轮机长	全国劳动模范	国务院
2000	沈祖强	上海船员公司油轮船长	全国劳动模范	国务院
2010	陆金林	中海工业立新船厂	全国劳动模范	国务院
2010	胡月祥	中海集运集装箱船船长	上海世博会先进个人	国务院
2014—2015	林松山	中海国际上海分公司	全国劳动模范	国务院
1999	吴有胜	广东海电船务公司轮机长	全国五一劳动奖章	全国总工会
2008	邓家瑞	中海国际广州分公司船舶政委	全国五一劳动奖章	全国总工会
2011	黄铭飞	中海国际上海船员公司船长	全国五一劳动奖章	全国总工会
2013	刘贞太	中海散运船务主管	全国五一劳动奖章	全国总工会
2002	杨国磊	中海国际海技中心船长	中央企业劳动模范	国务院人社部 国务院国资委
2004	王润来	中海国际大连分公司船长	中央企业劳动模范	国务院人社部 国务院国资委
2004	金允龙	上海船研所事业部副主任	中央企业劳动模范	国务院人社部 国务院国资委
2008	曹玉元	中海国际大连分公司船长	中央企业劳动模范	国务院人社部 国务院国资委
2008	张　敏（女）	上海船研所技术总监	中央企业劳动模范	国务院人社部 国务院国资委
2013	刘佳富	中海国际大连分公司船长	中央企业劳动模范	国务院人社部 国务院国资委

续上表

年份（年）	姓名	单位与职务	荣誉称号	授予机关
2013	楼复民	中海国际上海分公司	中央企业劳动模范	国务院人社部 国务院国资委
2000	夏学禹	中海工业上海长兴公司	全国交通劳动模范	交通运输部
2001	李 志	中海散运公司船长	全国交通劳动模范	交通运输部
2001	宋振宝	中海客运客轮船长	全国交通劳动模范	交通运输部
2011	袁思朗	中海集运船舶政委	全国优秀党务工作者	中共中央
1997	陈德斌	上海海运通导公司总经理	上海市劳动模范	上海市政府
1997	方玲玉（女）	中海工业立新船厂	上海市劳动模范	上海市政府
1997	项隆益	中海电信公司工程师	上海市劳动模范	上海市政府
1997—1998	潘耀根	上海海运通导公司修理厂	上海市劳动模范	上海市政府
1998	刘书禄	中海船员公司货运轮机长	上海市劳动模范	上海市政府
1998	王瞿昌	中海上海船员公司船长	上海市劳动模范	上海市政府
1998	龚文益	中海船员公司货运轮机长	上海市劳动模范	上海市政府
2000	徐瑞琨	上海中海中燃石油仓储公司	上海市劳动模范	上海市政府
2001	吴钟琪	上海海运技术学院教师	上海市劳动模范	上海市政府
2001	陆万机	中海国际船舶政委	上海市劳动模范	上海市政府
2000—2001	徐一飞	中海油运公司船长	上海市劳动模范	上海市政府
2003	陆文兴	中海国际货运轮机长	上海市劳动模范	上海市政府
2003	杨福弟	中海国际上海分公司	上海市劳动模范	上海市政府
2004	黄小文	中海集运总经理	上海市劳动模范	上海市政府
2004	刘柳南	中海工业立新船厂	上海市劳动模范	上海市政府
2004—2006	陈 贵	中海油运公司轮机长	上海市劳动模范	上海市政府
2004—2006	周 群	上海船研所副所长	上海市劳动模范	上海市政府
2005	马如华	中海油运公司船舶政委	上海市劳动模范	上海市政府
2007	辜忠东	中海集运集装箱船船长	上海市劳动模范	上海市政府
2007	庞海臣	中海集运船工二部	上海市劳动模范	上海市政府
2007—2009	陈 奇	中海国际上海分公司	上海市劳动模范	上海市政府
2007—2009	陆 良	中海国际上海分公司	上海市劳动模范	上海市政府
2007—2009	支家茂	中海电信通导公司副总经理	上海市劳动模范	上海市政府
2009	王学美	中海工业江苏公司	上海市劳动模范	上海市政府

续上表

年份（年）	姓名	单位与职务	荣誉称号	授予机关
2010—2014	单高永	中海国际上海分公司	上海市劳动模范	上海市政府
2010—2014	程邦武	中海国际上海分公司	上海市劳动模范	上海市政府
2010—2014	孙 峰	中海国际上海分公司	上海市劳动模范	上海市政府
2010—2014	江志军	中海工业获港船厂	上海五一劳动奖章	上海市政府
2005	韩 铮（女）	中海工业立丰船厂	上海五一巾帼奖	上海市政府
2002	陈晋玲	中海货运货轮水手长	广东省劳动模范	广东省政府
2003	陈梦云	中海国际广州分公司船员部	广东省劳动模范	广东省政府
2006	卢尚志	中海国际多经公司	广东五一劳动奖章	广东省政府
2007	李伟雄	中海国际广州分公司政委	广东五一劳动奖章	广东省政府
2010	钟潮海	中海国际广州分公司轮机长	广东五一劳动奖章	广东省政府
1999	李月福	大连海运集团公司	辽宁省劳动模范	辽宁省政府

中国海运集团职工获得中国海员建设工会“金锚奖”称号名录（1997—2015年）

年份（年）	届数	姓名	单位与职务
1998	第六届	陈德诚	中国海运集团 工会主席
1998	第六届	刘国雄	上海海运公司 党委书记
1998	第六届	胡鲁源	上海海运服务总公司 工会主席
1998	第六届	谈凤翔	中海货运公司 船长
1998	第六届	曹孟江	中海客运公司 轮机长
1998	第六届	曹玉元	中海客运公司 船长
1998	第六届	陈 彬	广州海运英华船员劳务公司 船长
1998	第六届	罗勤贵	广州海运英华船员劳务公司 政委
1998	第六届	李亚炳	广州海运英华船员劳务公司 服务员
2001	第七届	吉珍洪	中海油运公司 船长
2001	第七届	郭庆贵	上海海运海服港交船队 副队长
2001	第七届	陆金林	中海工业公司立丰船厂船体队 队长
2001	第七届	宋振宝	中海客运公司 船长
2001	第七届	于生发	中海客运公司 政委
2001	第七届	李 志	广州海运英华船员劳务公司 船长

续上表

年份（年）	届数	姓名	单位与职务
2001	第七届	赖丕参	广州海运菠萝庙船厂　技师
2001	第七届	邓小山	广州海运英华船员劳务公司　船长
2001	第七届	李克麟	中国海运集团 总裁
2001	第七届	戴金象	中国海运集团　党委书记
2002	第八届	徐瑞琨	中海中燃上海公司油库 主任
2002	第八届	闵 捷	中海船务公司 总经理
2002	第八届	王修平	中海集运公司　部门副经理
2002	第八届	王润来	中海客运公司　船长
2002	第八届	胡巨胜	中海油运公司　船长
2002	第八届	燕明义	中海油运公司 总经理
2002	第八届	赵远娜	广州海运船舶工作一部　科长
2002	第八届	巫良富	广州海运船舶工作三部　船长
2002	第八届	徐祖远	广州海运公司　总经理
2003	第九届	杨宗辉	中海客运公司　轮机长
2003	第九届	李亚荣	上海船员公司　船长
2003	第九届	周建华	上海船员公司　大厨
2003	第九届	王松文（女）	中海集运公司　部门副经理
2003	第九届	丁建兴	中海工业立丰船厂
2003	第九届	冯家钦	中海环球空运公司　总经理
2003	第九届	姜运清	广州海运公司英华公司 总经理
2003	第九届	罗宇明	中海油运公司英华公司　油轮船长
2005	第十届	高 峰	中海油运公司　油轮政委
2005	第十届	孙 峰	中海油运公司　油轮船长
2005	第十届	辜忠东	中海集运公司　船长
2005	第十届	周椿炎	中海集运公司　政委
2005	第十届	孙建华	中海货运公司　干散货船政委
2005	第十届	陈 延	中海货运公司　干散货船船长
2005	第十届	王宝增	大连海运公司　主任
2005	第十届	徐逸如	上海浦海航运公司　轮机长
2007	第十一届	朱迈进	中海油运公司　油轮船长
2007	第十一届	吴友海	中海货运公司　轮机长

续上表

年份（年）	届数	姓名	单位与职务
2007	第十一届	寿 健	中海船务代理公司 经理
2007	第十一届	陆 良	中海油运公司 轮机长
2007	第十一届	孟庆宽	大连海运公司 总经理
2007	第十一届	季 涛	中海集运公司 工会主席
2007	第十一届	黄雪麟	中海工业公司 工会主席
2010	第十二届	郭建强	中海集运公司 集装箱船船长
2010	第十二届	贾玉山	中海油运公司 工会主席
2010	第十二届	钱卫忠	中海船务代理公司 总经理
2010	第十二届	丁 农	中海国际船舶管理公司 总经理
2010	第十二届	李全根	中海工业有限公司 总经理
2010	第十二届	宗俊贤	上海海运公司 工会主席
2010	第十二届	张治平	广州海运公司 工会主席
2010	第十二届	常 凯	中海客运公司 客轮船长
2010	第十二届	李 凌	中海货运公司 船长
2010	第十二届	夏 戟	上海中燃船舶燃料公司 船长
2012	第十三届	单高永	中海集运公司 集装箱船轮机长
2012	第十三届	李广庆	中海油运公司 油轮轮机长
2012	第十三届	刘贞太	中海货运公司 货轮轮机长
2012	第十三届	刘佳富	中海客运公司 船长
2012	第十三届	侯建斌	中海海盛船务公司 船长
2012	第十三届	朱乾淳	中海国际船舶管理公司 船长
2012	第十三届	陆士山	中石化中海燃供上海物资分公司 船长
2012	第十三届	季建生	中海国际船舶管理公司 工会主席
2012	第十三届	黄明辉	广州海运公司 工会主席
2012	第十三届	桑史良	中国海员杂志社 秘书长

中国海运集团成立 15 周年优秀员工名录（1997—2012 年）

序号	姓名	单位与职务
1	杨怀远	原上海海运船舶服务员、全国劳动模范
2	陈 延	香港控股副总裁、香港航运总经理
3	辜忠东	中海汽车船总经理

续上表

序号	姓名	单位与职务
4	邱国宣	中海货运总经理、中国海运职工董事
5	李伟雄	中海集运公司船舶水手长
6	陈纪鸿	中海油运公司党委书记
7	方 萌	中海码头公司总经理
8	黄铭飞	中海集运公司船长
9	隋 军	中海集运总经理助理、大连分公司总经理
10	钱卫忠	中海船务代理公司总经理
11	陆金林	中海工业立新船厂船体车间党支部书记
12	曹玉元	中海客运公司安管部指导船长
13	林 洁（女）	中海客运公司船舶客运主任
14	陈秀玲（女）	中海货运公司航运部商务处处长

中国海运集团获得省部级以上先进集体荣誉称号名录（1998—2015 年）

年份（年）	单 位	荣誉称号	颁授机关
1998	中海油运大庆 48 轮	全国五一劳动奖状	中华全国总工会
1998	上海海运贺新轮	全国交通先进集体	人事部、交通部
1998	广州海运南方船务分公司玉龙山轮	全国交通先进集体	人事部、交通部
1998	大连海运海洋岛轮	全国交通先进集体	人事部、交通部
1999	中海油运大庆 42 轮	全国青年文明号	共青团中央
1999	中海油运明池轮	全国青年文明号	共青团中央
1999	上海海运海岸电台发信台维修班	上海市共青团号	共青团上海市委
1999	上海海运燃料供应公司海拖 1 号轮	上海市共青团号	共青团上海市委
1999	中海工业立丰船厂船体装焊组	上海市共青团号	共青团上海市委
1999	上海海员医院门诊药房	上海市共青团号	共青团上海市委
1999	中海电信信息中心青年突击队	上海市青年突击队先进集体	共青团上海市委
2001	中海油运大庆 42 轮	全国五一劳动奖状	中华全国总工会
2001	中海集运向茂轮	全国交通系统先进集体	交通部

续上表

年份（年）	单　　位	荣誉称号	颁授机关
2001	中海油运大庆 28 轮	上海市劳动模范集体	上海市人民政府
2001—2002	中海货运宁安 10 轮	全国交通系统青年文明号	交通部、共青团中央
2001—2002	上海海兴货运分公司振奋 2 轮	全国交通系统青年文明号	交通部、共青团中央
2001—2002	广州海运内部银行	全国交通系统青年文明号	交通部、共青团中央
2001—2003	中海集运预配中心	上海市劳动模范集体	上海市人民政府
2003	中海油运枫林湾轮	中央企业青年文明号	中央企业团工委
2003	中海油运枫林湾轮	上海市劳动模范集体	上海市人民政府
2003—2004	中海集运箱运二部	中央企业先进集体	国务院国资委
2004	中海集运内贸运输部	上海市青年文明号	共青团上海市委
2004—2006	中海集运新盐田轮	上海市劳动模范集体	上海市人民政府
2005—2006	中海集运深圳公司汕头分公司	全国交通行业巾帼文明岗	交通部
2005—2006	中海集运客服中心服务科	上海三八红旗集体	上海市妇联、上海社保局
2006	中海集运新盐田轮	中央企业青年文明号	中央企业团工委
2006	中海油运新金洋轮	上海市劳动模范集体	上海市人民政府
2005	中海集运中海亚洲轮	上海市五一劳动奖状	上海市人民政府
2006—2007	中海货运嘉信山轮	央企全国青年文明号	国资委、共青团中央
2006—2007	中海油运枫林湾轮	中央企业青年文明号	中央企业团工委
2006—2007	中海国际船舶管理公司振奋 8 轮	中央企业青年文明号	中央企业团工委
2006—2007	中海货运振奋 7 轮	中央企业青年文明号	中央企业团工委
2006—2007	中海油运枫林湾轮	全国交通系统青年文明号	交通部、共青团中央
2006—2007	中海油运明池轮	全国交通系统青年文明号	交通部、共青团中央
2006—2007	中海货运摩星岭轮	全国交通系统青年文明号	交通部、共青团中央
2006—2007	中海货运宁安 10 轮	全国交通系统青年文明号	交通部、共青团中央
2006—2007	中海客运棒槌岛轮客运部	全国交通系统青年文明号	交通部、共青团中央
2006—2007	中海集运内贸运输部	全国交通系统青年文明号	交通部、共青团中央
2007	中海集运中海亚洲轮	全国工人先锋号	中华全国总工会
2007	中海工业菠萝庙厂船体车间电工班	中央企业青年文明号	中央企业团工委
2007	上海浦海航运公司船务部	上海市青年文明号	共青团上海市委
2007	中海油运航运部商务处	上海市五一巾帼奖	上海市人民政府

续上表

年份（年）	单　　位	荣誉称号	颁授机关
2008	中海集运内贸部	中央企业先进集体	人力资源部、国务院国资委
2008	中海工业立丰船厂船体装焊组	上海市青年文明号	共青团上海市委
2008	中国海运（集团）总公司结算中心	上海市青年文明号	共青团上海市委
2008	中海集运内贸运输部	上海市青年文明号	共青团上海市委
2008	中海集运箱管部计划科	上海市青年文明号	共青团上海市委
2008	中海货运振奋7轮	上海市青年文明号	共青团上海市委
2008	中海油运新宁洋轮	上海市青年文明号	共青团上海市委
2008	中海船务代理公司船务部	上海市青年文明号	共青团上海市委
2008	中海环球浦东仓储出口客服中心	上海市青年文明号	共青团上海市委
2007—2009	中海集运新长沙轮	上海劳动模范集体	上海市人民政府
2009	中海集运五洲航运商务部	中央企业青年文明号	中央企业团工委
2010	中海集运新北仑轮	中央企业青年文明号	中央企业团工委
2010	中海货运上海分公司	世博交通运输保障先进集体	交通运输部
2010	中海国际船舶管理公司船管一部	世博交通运输保障先进集体	交通运输部
2010	中海集运新威海轮	全国交通系统工人先锋号	交通运输部
2010	中海集运新亚洲轮	全国交通系统工人先锋号	交通运输部
2010	中海货运上海分公司红旗202轮	上海市工人先锋号	上海市总工会
2010	中海国际船舶管理公司红旗121轮	上海市工人先锋号	上海市总工会
2011	中海集运新长沙轮	全国交通系统工人先锋号	交通运输部
2011	中海集运广州公司南沙营业部	全国交通系统工人先锋号	交通运输部
2011	中海集运广州公司佛山营业部	中央企业青年文明号	中央企业团工委
2011	中海集运上海公司浙江公司	中央企业青年文明号	中央企业团工委
2011	中海集运上海公司商务部	上海市巾帼文明岗	上海市妇女联合会
2012	中海集运新欧洲轮	中央企业先进集体	人力资源部、国务院国资委
2012	中国海运场中路海嫂联络站	上海市五一巾帼奖	上海市总工会
2012	中海集运新欧洲轮	全国工人先锋号	中华全国总工会

续上表

年份（年）	单　　位	荣誉称号	颁授机关
2013	中海集运新欧洲轮	中央企业先进集体	人力资源部、国务院国资委
2013	黄骅港中海船务代理公司	中央企业先进集体	人力资源部、国务院国资委
2013	中海集装箱运输股份有限公司	上海五一劳动奖状	上海市总工会
2010—2014	中海油运新平洋轮	上海市模范集体	上海市人民政府
2010—2014	中海集运新大洋洲轮	上海市模范集体	上海市人民政府
2010—2014	中海集运国内运营部	上海市模范集体	上海市人民政府
2010—2014	上海海运社保中心补充医保受理点	上海市模范集体	上海市人民政府
2014	中海油运新汉洋轮	全国工人先锋号	中华全国总工会
2014	中海油运新宁洋轮	中央企业青年文明号	中央企业团工委
2014	中海油运新金洋轮	上海市优秀突击队	上海市总工会
2014	中海油运新岳洋轮	上海市优秀突击队	上海市总工会
2014	中海油运孔雀做轮	上海市青年文明号	共青团上海市委
2014	上海船研所环境影响评价工作小组	上海市巾帼文明岗	上海市妇女联合会
2014	中海油运财会部	上海市巾帼文明岗	上海市妇女联合会
2015	中海油运商务处	全国“五一”巾帼标兵岗	中华全国总工会
2015	中海油运商务处	上海市三八红旗集体	上海市妇联、上海社保局

附录四　航运业常见专业名词解释

远洋运输（Ocean Shipping）：我国与其他国家（地区）间，经过一个或数个大洋的海上运输。如我国至东、西非洲，红海，地中海，欧洲和南、北美洲，澳大利亚等地区所进行的旅客和货物的运送。

近洋运输（Short-range Ocean Shipping）：我国根据船舶航程较短，并以船舶周转的快慢和管理上的具体情况为出发点，与其他国家（地区）间，只经过沿海或太平洋（或印度洋）的部分水域的海上运输。如我国至朝鲜、日本、越南、印度尼西亚等地区所进行的旅客和货物的运送。

沿海运输（Coastwise Shipping）：利用船舶在我国沿海区域各港之间的客货运输，其范围包括自辽宁鸭绿江口起至广西北仑河口止的大陆沿海运输；我国沿海省、自治区、直辖市所属诸岛屿沿海及其与大陆间的全部水域内的运输。

班轮运输（Carriage of Goods by Liner）：船舶在固定航线按照预先公布的船期表定期停靠若干固定的港口，经营班轮业务的船公司按颁布的运价本（Freight Tariff）所列的运价费率收取运费。

三角航线（Triangular Route）：又称三角形组合航线，是一种环行的货运航线。当三个以上港口间的货运规模最低能保证一艘船舶在营运期内有效航行，则可组织该环行的货运航线，以便充分利用船舶运输能力，减少空载，提高运输效率与效益。

多式联运（intermodality）：由两种及其以上的交通工具相互衔接、转运而共同完成的运输过程统称为复合运输，我国习惯上称之为多式联运。《联合国国际货物多式联运公约》对国际多式联运的定义是：按照国际多式联运合同，以至少两种不同的运输方式，由多式联运经营人把货物从一国境内接管地点运至另一国境内指定交付地点的货物运输。而《中华人民共和国海商法》对于多式联运的运输方式的规定是，两种以上的不同运输方式，其中一种是海上运输方式。

货物周转量（Turnover Volume of Freight Traffic）：该指标反映运输机构一定时期内货物运输的工作量，系指实际运送的货物吨数与其到、发港间的里程之乘积，即：货运量（吨）× 运距（海里）= 货物周转量（吨海里）；海运企业用吨海里表示其计算单位，其运距 1 海里 = 1.852 公里。

货物中转（Transhipment）：货物装上船后，不能直接运达目的港，而须在中途港转装，由另一艘船舶接运。中转（转运）在国际海上运输中是经常发生的。有的是由于货载零星、目的港分散，考虑船舶在经济上的合理性而不能一一运达，便安排在中途港口进行中转；也有的因原卸货港或本船发生特殊意外，无法按运输契约将货物运往目的港，承运人可根据提单上的自由转运条款，将货物卸在其他方便的港口，安排转运。

包运租船合同（Contract of Affreightment，COA）：不规定船名或船数，按照同一运价和条款一次签订合同包运较大数量货物的订租方式。合同规定在一定期限内，船舶所有人将一定数量的同类货物，由指定的装运港运往指定的目的地。这种方式适合于货运量大，又可分批、分期装运的货物。COA 一般签订的合同期较长，船方在租船期间解决了货源问题；还可根据合同量和时间，获得稳定收益。而货方把运价锁定在一定水平上，可规避货物运输成本变动的风险。签订 COA 可以让船货双方以双赢的方式共同抵御市场风险。

船舶载重量（Deadweight Tonnage）：船舶所允许装载的重量。有总载重量和净载重量之分。使船舶达到允许最大的吃水所能装载的各种重量的总和，称为船舶总载重量。从总载重量中除去船员及装备重量以及燃油、淡水、供应品等重量后，所允许装载的货物或旅客，包括其行李和携带品在内的最大重量，称为船舶净载重量，也即能用于装载货物的最大重量，一般称为载货量。

总吨位（Gross Tonnage）：根据船舶吨位丈量规范的有关规定，丈量确定的船舶总容积，以吨位来表示。总吨位一般用于：表示船舶大小；表示一个国家或一家船公司拥有船舶的数量；计算造船费用、船舶保险费用；在有关国际公约和船舶规范中用来区别船舶的等级以衡量对技术管理和设备要求的标准；作为船舶登记、检验和丈量的收费标准等。

净吨位（Net Tonnage）：根据船舶吨位丈量规范的有关规定，从总吨位中减除不适于载运旅客、货物处所而得到的船舶有效容积。以吨位来表示。净吨位一般用于交付港口费、引航费、灯塔费和停泊费的计算基准。

TEU（Twenty-foot Equivalent Unit）：是以长度为 20 英尺的集装箱为国际计量单位，也称国际标准箱单位。通常用来表示船舶装载集装箱的能力，也是集装箱和港口吞吐量的重要统计、换算单位。它的尺寸规格为：长 20 英尺 × 宽 8 英尺 × 高 8 英尺 6 英寸。

FEU（Forty-foot Equivalent Unit）：是以长度为 40 英尺的集装箱为国际计量单位，通常用来表示船舶装载集装箱的能力，也是集装箱和港口吞吐量的重要统计、换算单位。它的尺寸规格为：长 40 英尺 × 宽 8 英尺 × 高 8 英尺 6 英寸。

干散货船型分类：从船队结构上看，干散货代表船型可分为五大类：

小灵便型（Handysize）：1 万—3.9 万吨，船舶吃水控制在 9—10 米，主要行使于受特定航区航道水深限制的航线及水域，如劳伦斯水道，我国的长江口、珠江口等。

大灵便型（Handymax）：4 万—5.9 万吨，船舶吃水一般在 11 米左右，符合大部分大中型港口满载进出的需要。

巴拿马型（Panamax）：6 万—8 万吨，该类型船是指可以通过巴拿马运河、吃水在 13 米的干散货船；主要运输煤炭、谷物等大宗物资。该类型船舶是由大西洋通过巴拿马运河到太平洋的最佳船型，是世界船队中很有代表性的船舶，在煤炭、矿石、粮食、化肥等干散货运输中得到广泛的应用。

好望角型（Capesize）：10 万—19 万吨，该类型船是指在远洋航行中可以通过好望角或者南美洲海角最恶劣天气的大型干散货船；主要运输铁矿砂、煤炭等工业原料。常规船型吨位逐步由 12 万载重吨发展到 14 万载重吨和 19 万载重吨。

超大型散货船（Very Large Ore Carrier，VLOC）：20 万吨以上，用于煤炭和铁矿石的远距离运输，主要为北美、澳大利亚、远东航线提供煤炭运输服务，主要为南美、澳大利亚—日本、远东、地中海和欧洲地区提供铁矿石运输服务。

油轮船型分类：

通常，按油轮的吨位，可将其划分为以下几个类别：

中程（Medium Range，MR）成品油轮：从事中程运输的成品油轮，承运载重吨为 3 万 ~5.5 万吨。

远程（Large Range，LR）成品油轮：从事远程运输的成品油轮，其中 LR1 型为 5 万—10 万吨，LR2 型为 10 万吨以上。

巴拿马型（Panamax）：5.5 万—8 万吨，船宽尺寸以通过巴拿马运河为上限。

阿芙拉型（Aframax）：8 万—12 万吨，即平均运费指数（Average Freight Rate Assessment）经济适用性最佳船型，也是适合白令海（Baltic Sea）冰区航行油船的最佳船型。

苏伊士型（Suezmax）：12 万—20 万吨，该型船的上限为在满载中东原油情况下，可经由苏伊士运河运至欧洲，其常规的船型是 15 万—16 万吨。

超大型油轮（Very Large Crude Carrier，VLCC）：20 万—32 万吨，主要用于远距离的原油运输。

超巨型油轮（Ultra Large Crude Carrier，ULCC）：32 万吨以上，按照载重吨衡量，人类曾经建造过的最大船舶是 1979 年日本建造的“海上巨人”号，其载重吨是 56 万吨。

集装箱船船型分类：集装箱船型以装载集装箱的箱量划分为以下几个类别：

支线集箱船（Feeder）：所载箱量在 500TEU 以内的支线集装箱船。

大支线集箱船（Feedmax）：所载箱量为 500—1000TEU 的大支线集装箱船。

灵便型集装箱船（Handy）：所载箱量为 1000—2000TEU 的灵便型集装箱船。

次巴拿马型集箱船（Sub-panamax）：所载箱量为 2000—3000TEU 的中型集装箱船。

巴拿马型集箱船（Panamax）：所载箱量为 3000—5000TEU 的大型集装箱船。

超巴拿马型集箱船（Post-panamax）：所载箱量超过 5000TEU 的超大型集装箱船，最大超巴拿马型集装箱船已经突破 10000TEU。

超大型集装箱船：超过 10000TEU 的巨型集装箱船。截至 2019 年年底，世界最大超大型集装箱船载箱量达 21000TEU；该型船的船长约为 400 米，船宽约为 58.8 米。

BDI（Baltic Dry Index）：波罗的海干散货运价指数。该指数是由若干条传统干散货船航线的运价，按照各自在航运市场上的重要程度和所占比重构成的综合性指数。自 2018 年 3 月 1 日，BDI 航线权重调整为：海岬型占 40%，巴拿马型和超灵便型各占 30%。灵便型期租平均值不再涵盖在内。计算公式中系数变更为 0.1。

BCI（Baltic Capesize Index）：波罗的海好望角型船运价指数。该指数反映 10 万载重吨以上的好望角型散货船市场租金变化情况。2014 年 5 月 6 日其标准船型和典型航线进行了调整。

BPI（Baltic Panamax Index）：波罗的海巴拿马型船运价指数。该指数反映 6 万—8 万载重吨巴拿马型散货船的市场租金变化情况。

BSI（Baltic Supramax Index）：波罗的海大灵便型船运价指数。该指数反映 5.83 万载重吨大灵便型船的市场租金变化情况。主要运输货物有粮食、磷肥、碳酸钾、木屑、水泥。

BHSI（Baltic Handysize Index）：波罗的海小灵便型船运价指数。该指数反映 2.8 万载重吨小灵便型船的市场租金变化情况，主要运输货物有粮食、钢材、磷肥、碳酸钾、木屑、水泥。

CCFI（China Containerized Freight Index）：中国出口集装箱运价指数。由交通部（现交通运输部）主持、上海航运交易所编制的 CCFI 于 1998 年 4 月 13 日首次发布。CCFI 编制与发布方式：第一，以 1998 年 1 月 1 日为基期，基期指数 1000 点。第二，根据典型性、地区分布性、相关性三大基本原则，筛选出 14 条航线作为样本航线，分别为中国香港、韩国、日本、东南亚、澳新、地中海、欧洲、东西非、美西、美东、南非、南美、波红、中国台湾航线，其国内出发港口包括大连、天津、青岛、上海、南京、宁波、厦门、福州、深圳、广州十大港口。第三，由包括中远集运在内的 18 家商誉卓著、航线市场份额大的中外船公司按照自愿原则，组成运价指数编制委员会，提供运价信息。

SCFI（Shanghai Containerized Freight Index）：上海出口集装箱运价指数。上海航运交易所改革并推出的新版 SCFI，于 2009 年 10 月 16 日正式对外发布，取代 2005 年 12 月 7 日发布的原 SCFI。新版 SCFI 是反映上海出口集装箱即期运输市场运价变化的指数，包括 15 条分航线市场运价（指数）和综合指数。航线覆盖上海出口集装箱运输的主要贸易流向及出口地区，分别为欧洲、地中海、美西、美东、波斯湾、澳新、西非、南非、南美、日本关西、日本关东、东南亚、韩国、中国台湾和中国香港航线。

国际油轮运价指数（World Tanker Nominal Freight Scale，WS）：新世界油轮名义运费指数。WS 运费指数其实是一个百分数，指某种类型的油轮在某条航线的运费水平与基准费率的比值（用百分数表示）。例如，如果某日 VLCC 在海湾东行航线的运费指数是 WS110 点，表明其运费与基准费率的比值为 1.1，用百分数表示就是 110 点；如果运费指数是 WS70 点，表明其运费与基准费率的比值为 0.7，用百分数表示就是 70 点。而某航线的基准费率是由"Worldscale 协会"根据上一年度（前一年的 10 月 1 日至当年 9 月 30 日）的港口使费、燃油费和运河费等营运费用水平，计算出一艘航速为 14.5 节、载货量为 7.5 万吨的油轮，在该航线上完成一个标准航次（指满载到港、空载返回）的基准费率即 WS100（或日租金 12000 美元）的费率，以美元 / 吨为单位。因此每年该航线的基准费率都不一样，每年 1 月 1 日由分别位于伦敦和纽约的"Worldscale 协会"向其收费会员公布新年度 60000 多种不同油运航线涉及 1000 多个港口的《新世界油轮（基本）费率表》以用作油轮租船中船货双方商谈运价的基础。历史上，该费率表的计算标准几经修改，最新一次修改自 1989 年 1 月 1 日，从生效之日起一直沿用至今。

远期运费协议（Forward Freight Agreement，FFA）：买卖双方达成的一种远期运费协议，协议规定了具体的航线、价格、数量等，且双方约定在未来某一时点，某一方收取或支付依据波罗的海的官方运费指数价格与现在成交价格的差额。由于国际干散货市场运价波动频繁且波幅巨大，传统经营模式很难获得稳健发展。而科学合理地运用 FFA 这一金融衍生工具，通过对冲功能和套期保值功能，则可平抑市场波动，实现稳健发展。

港口吞吐量（Port Throughput）：是指一段时期内经水运输出、输入港区并经过装卸作业的货物总量，计量单位为“吨”或集装箱“标准箱（TEU）”。港口吞吐量是衡量港口规模大小的最重要的指标，反映在一定的技术装备和劳动组织条件下，一定时间内港口为船舶装卸货物的数量。影响港口吞吐量的因素十分复杂。综合起来看，大体可以分为两种类型，一种是客观的区域因素，如腹地的大小、生产发展水平的高低、外向型经济发展状况和进出口商品的数量等等；另一种是港口本身的建港条件，包括自然条件和社会经济因素。在上述条件一定的情况下，劳动组织与管理水平、装卸机械数量和技术水平、船型、车型、水文气象条件、工农业生产的季节性、车船到港的均衡性，以及经由港口装卸的货物品种与数量，均可能成为影响港口吞吐能力的重要因素，但最直接最关键的要素是泊位能力的大小。

港口吞吐能力（Port Throughput Capacity）：又称港口通过能力。广义上是指在一定时期内和一定的工作条件下，港口所具有的办理旅客到发、货物装卸以及为船舶提供技术服务能力的总和。狭义上是指港口在一定时期内，以现有设备能为船舶装卸货物的最大数量，即最大吞吐量。以“吨”来表示。

港口使费（Port Charges）：船舶在港口发生的各种费用和其他支出款项的总称，大致分为三类，一是有关船舶的费用，如船舶吨税、船舶港务费、引航费、灯塔费、拖轮费、船舶报关费、船舶检验费、船舶代理费等；二是有关货物的费用，如装卸费、堆存保管费、货物检验费、货物监装费、理货费等；三是其他支出款项，如在港口发生的船舶修理费、垫舱物料费、船员借支等。

LPG（Liquefied Petroleum Gas）：液化石油气，是由炼厂气体或天然气（包括油田伴生气）加压、降温、液化得到的一种无色、挥发性气体。该气体主要含丙烷、丁烷、丙烯、丁烯和异丁烷等成分。

LNG（Liquefied Natural Gas）：液化天然气，是通过井下开采的天然气经过净化后，被制冷到其沸点温度零下 165 摄氏度，这种呈液体状态纯净天然气即成为 LNG。该气体主要含甲烷，或少量的乙烷、丙烷、丁烷以及氮类的其他杂质。

船舶租赁（Chartering）：租船人为了获得运输工具来运输货物或承担运输任务，以支付运费或租金的方式，从所有人那里将船舶的整船或部分舱位租入的一项业务。船舶租赁方式主要有航次租船、定期租船、光船租赁。

航次租船（Voyage Charter）：又称程租船，其租金计算以航次为单位。由船舶所有人按双方事先议定的费率与条件，将船舶全部或一部分租与租船人，该船按租船人意愿自某一港口或者若干港口装运整船货物或部分货物至指定的目的港，或某一地区的若干港口。

定期租船（Time Charter）：又称期租船，其租金计算以时间为单位。船舶所有人根据双方签订的租船合同将船舶在一段较长的期限内（数月到几年不等）租与租船人调度和使用。由租船人根据船舶每一夏季载重吨为计算单位在一定时间内（按月或按天）向船舶所有人支付租金，以预付方式支付租金。租金一经议定，在租赁期内，不论租船市场租金涨落情况如何，都不得变更。

光船租赁（Bareboat or Demise Charter）：又称过户租赁或船壳租赁。船舶由船舶所有人按夏季载重吨每例月或30天向租船人收取租金，将“光船”（不配备船员的船舶）在一规定的期限内交与租船人自由使用。光船租赁的船舶由租船人聘用船长、轮机长和船员。光船租赁实际也是定期租船的一种，与一般定期租船的相同之处是两者均按时间计算租金，不同之处是光船租赁的船舶占有权在租船期内由船舶所有人转移至租船人手中。

PSC（Port State Control）：港口国监督。港口国的政府机构或其授权机构（我国为中华人民共和国海事局）对到达本国港口的外国籍船舶的技术状况和船员能力（特别是有关船舶航行安全与防污染方面）进行检查，以保证船舶在海上人命和财产安全，防止海洋环境污染。

FSC（Flag State Control）：船旗国检查。它是一国政府对悬挂本国国旗船舶实施的安全检查。

SMS（Safety Management System）：安全管理体系。它是一个系统的、清晰的和全面的安全风险管理方法，综合了运行、技术系统、财务和人力资源管理，融入公司的整个组织机构和管理活动中，包括目标设定、计划和绩效评估等。

O2O（Online To Offline）：是指将线下的商务机会与互联网结合，让互联网成为线下交易的平台。

IPO（Initial Public Offering）：首次公开募股，是指一家企业或公司（股份有限公司）第一次将它的股份向公众出售。

BOT（Build-Operate-Transfer）：建设—经营—转让，本质上是一种基础设施投资、建设和运营的方式。在政府与民间机构达成协议的前提下，政府向民间机构发放特许权，允许民间机构在一定时期内筹集资金建设基础设施，管理和运营设施及其相应的产品和服务。

附录五　主要历史文件文号索引

1. 关于印发《李克麟总裁在中海集团财务工作会议闭幕式上的讲话》的通知，中海财（1997）464 号

2. 中共中海总公司关于印发《李总裁、戴书记在中海成立一周年庆祝大会和在纪检、监察、审计工作会议上讲话》的通知，中海委字（1998）175 号

3. 中海集团一九九八年党委工作会议交流材料汇编，1998 年

4. 关于印发《孙治堂副书记、陈德诚主席在中海集团 1999 年党委工作会议上的专题报告和总结讲话》的通知，中海委办字（1999）026 号

5. 关于转发中共中央《关于成立中国海运（集团）总公司党组及戴金象同志任职的通知》通知，中海党（组）发（2000）002 号

6. 中海总公司下发关于 2000 年工作会议暨一届一次职代会文件的通知，中海总（2000）135

7. 关于呈送《中海集团领导班子及成员“三讲”学习教育活动总结》的报告，中海党发（2001）110 号

8. 李克麟总裁在中海集团工作会议暨职代会上的报告，1998—2006

9. 戴金象书记在中海集团党组工作会议暨纪检工作会议上的报告，1998—2003 年

10. 关于印发党组书记李绍德在中海集团保持共产党员先进性教育活动动员会上讲话的通知，中海党发〔2005〕010 号

11. 李绍德总裁在中国海运集团工作会议暨职代会上的报告，2007—2011 年

12. 马泽华书记在中国海运集团工作会议暨职代会上的讲话，2007—2011 年

13. 李绍德董事长、党组书记在中国海运集团工作会议暨职代会上的报告，2012—2013 年

14. 许立荣总经理在中国海运集团工作会议暨职代会上的报告，2012—2013 年

15. 许立荣总董事长、党组书记在中国海运集团工作会议暨职代会上的报告，2014—2015 年

16. 张国发总经理在中国海运集团工作会议暨职代会上的报告，2014—2015 年

17. 集团金融产业发展专题研讨会会议纪要，中国海运集团专题会议纪要，2014 第 52 期，2014 年

18. 关于下发《中国海运（集团）总公司所属公司董事会规范运作管理办法（试行）》

的通知，中海董〔2014〕340 号

19. 中国海运 2014 年海外产业链延伸及多元化发展专题会会议纪要，中国海运集团专题会议纪要，2014 第 100 期

20. 关于中海油运、中海散运建设规范董事会相关事项的通知，中海董〔2014〕380 号

21. 中国海运（集团）总公司关于上报落实中央企业法制工作第三个三年目标工作情况的报告，中海法〔2014〕687 号

22. 战发部关于中国海运集团植根海外发展开展当地工作相关情况的报告，2015 年

23. 关于下发《中国海运（集团）总公司 2015—2017 年信息化滚动规划》的通知，中海科〔2015〕213 号

24. 中国海运关于报送 2014 年度科技情况调查的报告，中海科〔2015〕243 号

跋　中远集团与中国海运实施改革重组

2012 年 11 月 8 日　党的十八大在北京召开，大会在确定全面建成小康社会宏伟目标的同时，明确提出了全面深化改革的战略部署。2013 年 11 月，党的十八届三中全会通过《中共中央关于全面深化改革若干重大问题的决定》，正式拉开全面深化改革的大幕。改革总目标之明确、内容之全面系统、力度之大、影响之广泛前所未有。为了加强对全面深化改革的集中统一领导，十八届三中全会之后，中央迅速成立了全面深化改革领导小组，负责改革总体设计、统筹协调、整体推进、督促落实。在这一形势下，国务院国资委主导下的中央企业深化改革得到快速推进，而央企的改革重组被列入重要议事日程。早在国务院国资委成立之初，就曾提出要把 196 家央企合并为 80—100 家；此时，借助全面深化改革的大背景，国资委迅速启动了“新一轮央企整合潮”工作。国务院国资委宣传工作局于 2015 年 4 月 27 日在国资委网站发表文章称，“中央企业将进行大规模兼并重组，数量或减 40 家”。为此，国资委拟定了央企改革重组方案，涉及 22 家中央企业。

2015 年 8 月 3 日　国资委召开中远集团、中国海运重组启动会议，明确提出两家重组的具体要求。在此基础上，中远、中海两大集团领导班子按照党的十八届三中全会精神和国资委对深化国有企业改革的有关部署，分别研究了进一步深化改革的途径，就两大集团进行改革重组的思路进行了研讨，双方高层进行了充分沟通，形成了一致意见。

2015 年 8 月 6 日　中国远洋集团召开 2015 年第 15 次党组会议，研究中远、中海两大集团改革重组事项，会议确定了中国远洋集团参与改革重组筹备工作的领导小组和工作小组人员。

2015 年 8 月 7 日　中国海运集团就两家改革重组事宜分别召开了党组会和董事会，会议确定了中国海运集团参与改革重组筹备工作的领导小组和工作小组人员。

2015 年 8 月 10 日　中远、中海两家航运央企重组整合筹备工作正式启动。为此，成立了由双方相关人员组成的领导小组和工作小组。其中，中远集团一方参与筹备的领导小组成员为：马泽华、李云鹏、万敏。中国海运一方参与筹备的领导小组成员为：许立荣、张国发、徐文荣。参与筹备的工作小组成员为双方相关业务负责人；其中中远一方为集团财务部、证券事务部、运营部、法律部、战略实施管理办公室等相关部门负责人；中海一方为集团总法律顾问叶红军、总经理助理杨吉贵以及集团战略发展部、人力资源部等相关部门负责人。双方派出的工作小组成员在北京的远洋宾馆开展联合办公。

领导小组的主要工作职责是：研究确定改革重组的基本方向、总体战略、工作部署；

研究审核改革重组的整体方案、阶段工作目标和实施计划；协调解决涉及改革重组工作的重大问题，确保工作顺利推进；负责监督检查工作小组的工作进度和成效。

工作小组的职责是：贯彻落实领导小组的工作部署；具体研究提出改革重组的工作思路和推进措施；研究提出改革重组的整体方案，制定阶段工作目标和实施计划；研究梳理改革重组涉及的重要问题和主要矛盾，并提出工作建议；协调、联系涉及改革重组工作的各相关中介咨询和服务机构工作。

2015 年 8 月 12 日　中国海运集团召开干部大会，集团董事长许立荣发表讲话。他在讲话中，阐述了两家央企改革重组的重大意义，并对集团全体干部职工提出四点要求，即做到“四个确保”：一是要确保增强干部职工的大局意识，二是要确保当年经济效益的“稳增长”目标，三是要确保生产经营安全稳定，四是要确保干部职工思想稳定。

2015 年 9 月 8 日　中国远洋集团党组召开 2015 年第 19 次党组扩大会议，会议认真研究讨论并原则通过两大集团的整合方案，同时对改革重组领导小组和工作小组的工作给予充分肯定。会议强调，要在改革重组中坚持党的领导；要统一思想，解放思想，实事求是，妥善解决好新集团注册地问题和纳税地问题；要站在国家和民族立场上维护好中远品牌；要按照国资委改革重组时间节点要求，抓紧推进改革重组各项工作。

2015 年 12 月 3 日　国务院正式批准了由筹备组研究起草的中远、中海改革重组方案，标志着改革重组工作开始进入实质性操作阶段。

2015 年 12 月 23 日　中远集团 / 中国远洋 2016 年工作务虚会在上海召开。集团董事长马泽华发表讲话。他在讲话中，传达了中央经济工作会议精神，强调了两大集团改革重组的有关想法和要求。他强调指出，两大集团改革重组有利于提升企业竞争力，是落实中央深化改革精神的重要举措，是企业发展的必然要求。他还强调，要认真总结改革经验，以积极姿态应对此次改革重组；要加强与中海干部员工学习交流，积极推进企业文化融合；要做好正面引导，有序推进改革重组各项工作。

2015 年 12 月 25 日　中国海运集团召开 2015 年终工作会议暨五届二次职工代表大会。集团董事长许立荣作工作报告。报告包括四个方面内容：一是简要回顾中国海运集团组建 18 年来的主要成就，二是介绍中海中远两家企业重组方案的主要内容，三是介绍重组后新集团的未来发展前景，四是就做好近期工作提出几点要求。

许立荣在报告中阐述了中海、中远改革重组的重要意义。主要包括：

一是有利于推动国家海运强国、海洋强国战略。21 世纪是海洋的世纪，而海洋运输业是海洋战略制高点，它不是一般意义的服务业，而是国家战略性、国际竞争性极强的服务产业，关系国家安全与国民经济命脉。随着中国经贸大国和政治大国的崛起，实施海运强国、海洋强国战略就成为实现“中国梦”的必然选择。尽管改革开放以来，中国海洋运输业取得长足发展，但集约化、规模化不强的问题仍然突出。因此，迫切需要组建一支综合实力强大的海运企业，这是打造强大的中国海洋运输业、推进国家海运强国、海洋强国战略的重要举措。

二是有利于提升中国船队对国家经济安全战略的引领和保障功能。党的十八大以来，党中央、国务院提出了“一带一路”重大构想和中国装备“走出去”、推进国际产能合作等重大战略，出台了“促进海运业健康发展若干意见”。中海中远两个集团重组，将通过扩大海运船队规模与全球网络，进一步落实国家有关航运政策与国家安全战略，加强核心运输资源和通道的控制力、保障力；进一步强化国际枢纽港特别是二十一世纪“海上丝绸之路”战略支点的建设；进一步发挥“服务经贸、服务外交、服务军事”等多重功能。

三是有利于应对全球竞争、打造世界一流航运企业。在全球经济一体化的时代，中国航运企业无论在国内还是国外，都在直面国际航运巨头的激烈竞争。中海中远两大集团在国际市场上各自分散经营，且同质化现象严重，因此，急需通过重组形成合力，使之不断做大做优做强，不断提高国际竞争力。重组后的集成效应和协同效应，将使新集团迅速提升全球船队、码头、物流基础设施等核心战略资源的配置能力，全面提升对全球客户的服务能力，切实增强中国在国际航运市场上的议价能力、规则制定能力和国际影响力。

四是有利于实现国有骨干航运企业提质增效升级。在全球经济形势复杂多变的大背景下，国际航运市场发生了深刻变化，呈现出“产业发展规模化、商业模式联盟化、承载能力大型化”等趋势，国际航运业正在由“高风险、高投入、高回报、强周期”的传统运营模式向“规模化、集约化、长周期、薄利多销”的新运营模式转变；航运市场业绩出现明显分化，除部分规模型企业盈利能力较强外，其他航运企业盈利能力持续削弱。在新形势下，国有骨干企业必须顺应国际航运业发展趋势，必须减少重复投资、减少内耗、降低成本、优化配置，因此通过重组提质增效升级已势在必行。

许立荣的报告介绍了两家央企重组整合的总体思路。主要为：

重组整合涉及两个集团的总部层面、控股上市公司以及其他业务板块。集团总部层面、上市公司层面的重组整合同步推进。

在集团总部层面，新设一家国有独资公司作为控股集团，将中海集团和中远集团的全部权益划入该集团。中海集团和中远集团在法人名义上阶段性存续，在业务整合完成后注销。新集团是国资委履行出资人职责的有限责任公司。

在上市公司层面，两个集团涉及 8 家上市公司，重组整合重点包括中国远洋、中海集运、中海发展和中远太平洋 4 家上市公司。重组整合方案分为两个部分：

第一部分是把中国远洋打造成集装箱事业群上市平台。中国远洋向中远集团出售已有的干散货业务，租入中海集运船舶等资产，收购中海集运 33 家配套业务公司的股权；其控股的中远太平洋拟收购中海集团和中海集运的码头资产。通过重组，中国远洋实现集装箱运输及码头业务的整合。

与此同时，中海集运打造成航运金融事业群上市平台。中海集运出租船舶等资产，同时收购两个集团及中国远洋持有的租赁业务、其他航运金融业务和金融类资产，包括中远财务、中海财务、中海投资、中海租赁、东方国际、中海绿舟、海宁保险、佛罗伦等多家公司。通过重组，中海集运实现产融结合、业务转型，促进新集团的航运金融产业集群不断发展壮大。

第二部分是把中海发展打造成石油油气运输上市平台。在重组过程中，以干散货运输业务置换中远集团的大连远洋油气运输业务。整合完成后，中海发展通过打造专业化、规模化的原油、成品油、液化天然气运输船队，有效保障国家能源运输安全，更好地提升全球能源运输市场的竞争能力，进一步提高企业的盈利能力。

除上述4家上市公司外，其他4家上市公司，根据集团发展战略及资本市场状况择机整合。

对于从上市公司剥离的干散货资产，将和其他非上市专业公司的整合，按照专业化和有进有退的原则逐步推进。

许立荣在报告中还阐述了新集团的发展愿景与业务布局。

新集团的发展愿景是：大力提升企业盈利能力，显著增强抗航运周期性能力，进一步提高国际化经营水平，着力强化规模效应及企业综合实力，打造以航运、综合物流及相关金融服务为支柱、多产业集群、全球领先的综合性物流供应链服务集团。

新集团的功能定位是：作为国有资本出资人代表，承载中国经济全球化使命，紧扣“一带一路”重大倡议、制造装备“走出去”的中国国家战略，着力打造中国融入全球经济的海洋运输通道和物流通道，成为中国经济走向全球的重要支撑；坚持优化全球战略布局，整合优势资源；积极创建盈利能力强、可持续的商业模式；切实履行中央企业的经济、政治和社会责任，实现国有资本保值增值。

新集团将充分释放重组红利。根据测算，新集团通过重组整合与转型发展，将在集装箱航线网络布局、码头费用、多式联运成本、设备利用效率、人力资源优化等方面大大提升协同效益，增强盈利能力；与重组前比较，提升效益可达数十亿元人民币。2014年，中海中远两个集团员工总数11.8万人，总资产共计5700亿元，总收入共计2530亿元，按收入可排世界500强280位左右；截至2015年年底，两个集团总资产约6100亿元人民币，营业总收入预计大体保持在上一年的水平。

新集团的业务布局：新集团将通过加强转型升级，形成“6+1”的业务架构与布局。一是航运产业集群：主要包括集装箱运输、码头投资经营、油轮运输、液化天然气运输、干散货运输和客轮运输业务；二是物流产业集群：主要包括工程/大件物流（包括特种船运输）、货运代理、仓储网络、多式联运、船舶代理等业务；三是金融产业集群：主要包括船舶及设备租赁业务、航运保险业务、供应链金融、物流园区投资、股权投资业务和以“一带一路”基础设施投资为主的资产投资业务；四是装备制造产业集群：主要包括船舶制造、海洋工程制造、船舶维修和集装箱制造等业务；五是航运服务集群：主要包括船舶管理、船员管理、船舶备件采购、通导技术管理和燃料、物料供应等业务；六是社会化产业集群：主要包括地产资源开发、酒店管理、医院学校等社会化服务业务；七是基于商业模式创新的互联网+相关业务。

在“6+1”业务架构中，集装箱运输（包括集装箱码头）、物流和金融为新集团优先发展的业务；油品运输、液化天然气运输、干散货运输、船舶及海洋工程制造为新集团重点发展的业务。

在航运产业集群中，集装箱业务最具国际竞争力，将获得新集团的优先投资发展；通过优化船队结构、优化航线网络布局、增强营销能力、加强联盟合作等举措，力争在“十三五”末成为全球第一梯队的集装箱运输企业。集装箱码头业务有较强的发展潜力和盈利潜力，争取在“十三五”末跻身全球码头运营商第一梯队。油轮运输和LNG运输将努力保持全球领先优势，并保持可持续盈利。干散货运输将通过加强合作与整合，实现平稳发展。

物流产业集群在三大核心主业中发展速度最快、业务延伸能力最强、抗周期性和抗风险能力最佳。未来将进一步加强关键资产投入，重点发展工程物流及大件物流、拓展货代船代、物流地产、多式联运，将新集团的综合物流打造成中国第一、全球领先的综合性第三方物流服务商，成为中国企业走向海外市场优先选择的全球物流合作伙伴。

金融产业集群的业务定位是成为新集团新的盈利增长点，围绕航运、物流核心业务，实现有明显协同性的产融结合。将加强与国内外银行的战略合作，重点发展航运相关租赁业务、航运相关保险业务、供应链金融业务、物流园区投资业务等。其发展目标是，成为中国第一的航运金融及物流金融产业集群，立足中国，逐步在全球范围内建立领先地位。

除三大核心产业集群外，新集团还将布局装备制造、航运服务以及社会化服务产业，从而形成多产业集群协同发展的基本格局。海洋工程及装备制造业将加强精益运营，提升设计能力。航运服务产业将坚持“专业、先进、安全、高效”的发展方向，提高业务运营水平，拓展客户资源。社会化服务产业将实行全面市场化运作，推行混合所有制改革，努力提升盈利能力。

在中国海运集团 2015 年终工作会议暨五届二次职工代表大会的闭幕式上，集团董事长许立荣发表了总结讲话，并提出了新集团确立的“一个团队、一个文化、一个目标、一个梦想”的“四个一”理念，即以同舟共济的合作精神推进文化融合，以能征善战的拼搏精神打造一流团队，以砥砺求索的创新精神支撑目标愿景，以坚忍不拔的执着精神构筑伟大梦想。对于新集团这艘巨轮而言，“6+1”是船体结构，而“四个一”则是船舶动力。

2016 年 2 月 18 日　是一个值得载入史册的一天，是社会各界广泛关注特别是国际同行强烈关注的一天。经过半年多的精心筹划，一家世界最大的航运企业集团——中国远洋海运集团宣告正式成立。这也意味着，中国远洋集团与中国海运集团正式并入新集团；同时意味着，走过 55 年发展历程的中国远洋集团与走过 18 年发展历程的中国海运集团画上一个圆满句号，而这段历史则是中国航运史及世界航运史上极其绚丽、极其辉煌的一页。

参考文献

[1]《习近平谈治国理政（第二卷）》，北京：外文出版社，2017 年。

[2] 中共中央党史研究室编:《中国共产党的九十年（改革开放和社会主义现代化建设新时期）》，北京：中共党史出版社，党建读物出版社，2016 年。

[3] 当代中国研究所著:《新中国 70 年》，北京：当代中国出版社，2019 年。

[4] 上海、广州、大连海运（集团）公司向中海集团的情况汇报，1997 年。

[5]《海运报》，合订本及网络电子版，1997—2015 年。

[6] 克拉克森国际航运市场研究报告，Clarksons Research，1997—2015 年。

[7] 中国海运集团编:《中国海运统计年鉴》（2000—2014 年）。

[8] 席龙飞、宋颖著:《船文化》，北京：人民交通出版社，2008 年。

[9] 中国船舶工业行业协会编:《强船报国——新中国船舶工业七十年大事记》，北京：人民交通出版社股份有限公司，2019 年。

[10] 中华人民共和国交通运输部编:《中国交通运输年鉴》，北京：人民交通出版社股份有限公司，2010—2015 年。

[11] 中海集运《转型》编写组编:《转型》，内部印刷，2011 年。

[12] 中海油运编写组:《制度建设与流程再造（精细化管理专辑）》，内部印刷，2011 年。

[13] 中海国际船舶管理有限公司编:《转型，创新，发展》，内部印刷，2011 年。

[14] 中国海运研究中心编:《继往开来，转型发展，中国海运集团成立 15 周年纪念文章汇编》，内部印刷，2012 年。

[15] 佟成权著:《海之思》，上海：上海交通大学出版社，2012 年。

[16] 黄骅港发展史编写组:《黄骅港发展大事记（1977—2011）》，内部出版，2012 年。

[17] 李宗琦主编 :《交通企业文化》，北京：人民交通出版社，2008 年。

[18] 交通运输部公安局:《中国港航公安史（1949—2014 年）》，内部资料，2015 年。

[19] 中海油运发展史编写组:《中海油运发展史（1998—2015）》，上海：上海书店出版社，2018 年。

[20] 中海船务代理有限公司编:《风雨同舟》，内部印刷，2016 年。

[21] 中远海运（广州）有限公司编:《海之魂》，内部印刷，2019 年。

[22] 全球港口发展报告（2015），上海国际航运研究中心，2016 年。

[23] 王建平主编:《英汉航海大词典》，北京：人民交通出版社，2004 年。

编　后　语

为落实交通运输部关于《中国水运史（1949—2015）》和《中国水运工程建设实录（1978—2015）》编纂工作的通知要求，同时全面梳理中远海运集团发展历程，系统总结企业历史性发展经验，中远海运企业发展史编纂项目组自 2017 年 9 月开始全面梳理集团的历史资料，在参与编纂《中国水运史（1949—2015）》和《中国水运工程建设实录（1978—2015）》的同时，着手编纂集团的企业发展史。

历史是民族安身立命的基础，也是企业基业长青的源泉。编纂集团史志，具有高度的政治性、历史性和现实性，体现了迫切的时代使命，无论对于国家、行业，还是企业，都具有存史、资政、育人的重大意义。新中国成立后，特别是改革开放以来，我国海上运输业取得了跨越式发展，这其中，原中远、中海扮演了中流砥柱的角色。一部中远海运史就是一部新中国航运史。完整准确地记载好这段波澜壮阔的历史，为后人留下一份珍贵记忆与启示，这是当代航运人的责任和义务。

在组织机构上，集团成立了史志编审委员会，由集团董事长、党组书记许立荣任委员会主任；该委员会负责审定工作方案、编纂大纲、定稿文本等，研究决定编纂工作重要事项。编委会下设专业编纂组，具体负责调查、研究和整理集团历史起源、发展脉络、标志性历史节点、重大发展阶段划分、重大历史事件，对历史编纂的主要体例、篇章结构、重点内容提出指导意见；负责制订编纂大纲，通过开展调研、资料研究等，完成相关专题文稿编写和统稿。

在协调机制上，集团成立了由党组工作部牵头的综合协调组，负责贯彻落实编委会工作要求，根据编纂工作进度情况，协调落实各责任单位，组织协调推进编纂工作；负责制订编纂工作计划，联系责任单位，组织完成编印出版等工作；负责组织调研、专题会议、资料收集汇总等工作。协调管理工作中，采取统分结合的方式，充分调动全集团资源，按照编纂大纲，由专家顾问指导、专职人员执笔、相关部门协同、二级公司配合，共同做好集团发展史的编纂工作。

根据交通运输部和集团史志编审委员会要求，在编纂过程中，项目组的同志们不畏辛苦，各地奔波，翻阅大量历史资料，在完成交通运输部下达任务的同时，也全面系统地梳理、研究了集团 1949—2015 年期间 66 年非凡的发展历程，完成了《中国远洋海运发展史》8 卷史稿的编写。8 卷分为中远、中海两个部分；其中中海部分为上海海运发展史（1949—1997）、广州海运发展史（1949—1997）、大连海运发展史（1949—1997）、中国海运集团发展史（1997—2015）4 卷。

编纂工作中，项目组同志们聚焦对公司发展产生重要影响的事件，在总结过去归纳历史资料的基础上，收集了大量新资料，经过研究形成了许多新认识和新观点。例如，深入研究了中国远洋运输公司成立的背景及脉络，对中远成立背景的认识有了新的突破；深入探讨了新中国国有航运企业最早组建时间，解决了长期以来没有弄清楚的历史疑点问题，为中远海运集团的历史传承找到了真实而合理的起算时间；弄清了中国船舶政委制度真实的形成过程，这对于如何坚持和完善世界航运企业管理体系中这种独特的管理制度大有裨益。

《中国海运集团发展史》（1997—2015）本着真实性、可信性、权威性的原则，紧紧围绕中国海运集团在国家改革开放、经济建设以及国际航运市场起伏变化的大背景下所走过的道路，全面而详实地记录了企业的成长经过与发展历程，展示了中海人砥砺奋进、争创一流的精神风貌与奋斗足迹。这其中，既有非凡的业绩与成就，也有深刻的启示与反思。从这个意义上说，这既是一部全面记录企业发展的历史书籍，也是涵盖发展战略、船队建设、市场营销、船舶管理、企业文化建设的航运企业经营管理书籍。

为编纂好中远海运集团企业发展史，集团相关部室和子公司给予了鼎力支持；集团业已退休的老领导、老同志也热心给予指导，提出了许多宝贵意见。在此，我们表示衷心感谢。

需要特别衷心感谢的单位是：上海海运档案室、广州海运、中海油运、上海船研所、中海国际。

需要特别衷心感谢的个人是：赵毅、王湘云、严妙群、梅华、孙治堂、李绍德、刘清卿、张震宇、廖冰、丁羿、王卫国、叶琦、窦文金、沈海龙、张洁、沈志华、黄新明、吴罡、陈鑫、张轶程、于炯、朱超满、余勇、罗开军、周华、黄少鸿、莫侨国。

由于时间紧，任务急，同时受限于编纂组的能力与经验，加之部分资料缺乏，书中难免存在疏漏和谬误，恳请读者不吝赐教。

2020 年 6 月

总 审 校 / 谭　鸿
策划编辑 / 刘继辉
责任编辑 / 黄　蕊
封面设计 / USUN 昱上

ISBN 978-7-114-16354-8
9 787114 163548
定价：280.00 元